엔맵 네트워크 스캐닝

네트워크 발견과 보안 스캐닝을 위한
Nmap 공식 가이드

KOREAN language edition published by ACORN PUBLISHING COMPANY, Copyright ⓒ 2009.

Copyright ⓒ 2008 by Gordon Lyon. Title of English-language original: Nmap Security Scanning, ISBN 978-0979958717. All rights reserved.

이 책은 Insecure.Com LLC와 에이콘출판주식회사가 정식 계약하여 번역한 책이므로
이 책의 일부나 전체 내용을 무단으로 복사, 복제, 전재하는 것은 저작권법에 저촉됩니다.

엔맵 네트워크 스캐닝

네트워크 발견과 보안 스캐닝을 위한
Nmap 공식 가이드

고든 '표도르' 라이언 지음
김경곤 · 김기남 · 장세원 옮김

 한국어판 특별 서문

한국 독자들께

『엔맵 네트워크 스캐닝』 책을 구입해주신 데 대해 감사 드리며, 이 책으로 엔맵을 더 잘 활용할 수 있기를 바랍니다. 엔맵 스캐닝 도구가 여러분이 원하는 바를 충족시켜줄 거라 믿습니다.

엔맵이 12년 전에 미국에서 개발됐지만 지금은 전 세계 사용자와 개발자 커뮤니티에서 토론될 정도로 많이 성장했습니다. 인터넷에는 국가라는 제약이 없습니다. 한국 독자들도 엔맵 개발자 메일링 리스트(http://nmap-dev.org)에 가입하셔서 엔맵 프로젝트에 더 많이 동참해주시기를 바랍니다.

저는 특히 한국 시장에 관심이 많습니다. 한국은 매우 발전적인 보안 커뮤니티를 갖고 있습니다. 블랙 햇Black Hat과 데프콘Defcon 컨퍼런스에서 매년 더 많은 한국인을 만납니다. 특히 캡처 더 플래그Capture the Flag 경기에서 경쟁자로 만난 한국인들은 매우 열정이 넘치더군요.

이 책을 한국에서 번역할 수 있게 도와준 에이콘 출판사에 감사 드립니다.

즐거운 해킹하세요.

표도르 fyodor

저자 서문

1997년 9월 1일 나는 프락Phrack 잡지의 51번째 이슈에 엔맵Nmap이라는 이름의 보안 스캐너를 공개했다. 내 목표는 조각난 필드의 특정 대상 포트를 스캐닝하는 스캐너를 만드는 것으로, 일관성 있는 인터페이스를 갖고 모든 실질적인 포트 스캐닝 기술을 효율적으로 실행할 수 있는 하나의 강력하고 융통성 있는 무료 통합 도구로 만드는 것이었다. 엔맵은 3개 파일(거의 2,000줄의 코드)로 구성됐고, 처음에는 리눅스 운영체제만 지원했다. 또한 단순히 나의 목표였지만 다른 사람들에게도 유용하기를 바라는 마음에서 대중에게 엔맵을 공개했다.

이런 겸허한 시작에서 출발해 오픈소스의 힘을 얻은 엔맵은 전 세계적으로 수백만이 사용하는, 세계에서 가장 인기 있는 네트워크 보안 스캐너[1]로 성장했다. 수년 동안 엔맵은 원격 운영체제 탐지, 버전/서비스 탐지, IP ID Idle 스캐닝, 엔맵 스크립팅 엔진, 빠른 멀티프로브 핑 스캐닝 같은 고급 기능을 계속 추가했다. 이제 엔맵은 주요 유닉스 모두와 윈도우, 맥 OS 플랫폼을 지원한다. 그리고 콘솔과 그래픽 버전 둘 다 사용 가능하다. 리눅스 저널, 정보세상Info World, LinuxQuestions.Org, 코드토커 다이제스트Codetalker Digest 같은 출판사들은 엔맵을 '올해의 보안 도구'로 선정했다. 엔맵은 심지어 매트릭스 리로디드, 본 얼티메이텀, 다이하드 4 같은 여러 영화[2]에도 등장했다.

엔맵네트워크 매퍼은 네트워크 탐색과 보안 감사를 위해 활용할 수 있는 무료 오픈소스 유틸리티다. 많은 시스템과 네트워크 관리자는 엔맵이 네트워크 목록과 서비스 업그레이드 스케줄 관리, 호스트나 서비스 가동 시간 모니터링 같은 여러 작업에도 유용하다는 점을 알아냈다. 엔맵은 네트워크에서 사용 가능한 호스트, 해당 호스트가 제공하는 서비스(애플리케이션 이름과 버전), 대상 시스템에서 돌아가는 운영체제 종류와 버전, 사용된 패킷 필터/방화벽 종류 등 대상 시스템의 다양한 특성을 식별하는 데 사용할 수 있다. 엔맵은 방대한 네트워크를 빠르고

---

1. 다운로드 횟수와 구글 조회 수, Freshmeat.Net의 소프트웨어 인기도 순위 결과에 기반함
2. http://nmap.org/movies.html

효율적으로 스캔하기 위해 설계됐지만 단일 호스트 대상으로도 잘 작동한다.

엔맵은 아주 강력한 반면, 복잡하다. 100개 이상의 커맨드라인 옵션이 네트워킹 구루들에게는 쓸모가 있겠지만 초보자를 당황하게 할 수도 있다. 일부 엔맵 옵션은 문서화되지도 않았다. 이 책은 엔맵의 모든 특성을 정리했고, 더 중요하게는 그런 특성을 사용하는 가장 효율적인 방법을 알려준다. 엔맵이 계속 발전함에 따라 이 책을 완성하는 데만도 거의 4년이 걸렸다.

이 책을 엔맵 사용자와 개발자 공동체에 바친다. 여러분의 열정과 아이디어, 패치, 특성 요구, 플레임 워Flame war, 버그 리포트, 한밤중에 불현듯 떠오른 아이디어들로 인해 엔맵을 지금의 모습으로 만들 수 있었다.

고든 '표도르' 라이언 ⟨fyodor@insecure.org⟩

저자 소개

고든 '표도르' 라이언 Gordon 'Fyodor' Lyon

고든 라이언(닉네임 표도르)은 1997년에 엔맵을 발표한 이후 계속 수정과 개발 중이다. 또한 Insecure.Org, Nmap.Org, SecList.org, SecTools.Org 보안 사이트를 운영하며, 운영체제 탐지와 숨김 포트 스캐닝에 관한 다양한 문서를 작성했다. 허니넷Honeynet 프로젝트의 설립 멤버이자 보안 컨퍼런스에서 유명한 발표자이며, 『Know Your Enemy: Honeynet』과 『Stealing the Network: How to Own a Continent』도 공동 저술했다. 1981년 이래로 보안, 개인 정보, 자유로운 발표를 권장하는 CPSRComputer Professional for Social Responsibility의 회장으로 재임 중이다.

감사의 글

처음으로 nmap-hackers 메일링 리스트에 엔맵 책을 쓰자고 제안했을 때 나는 수많은 제안과 제언을 받았다. 그 엄청난 열정들이 내가 계속해서 나의 계획을 진행할 수 있게 확신을 줬다. 또한 얼마나 많은 일이 포함되는지에 대한 나의 미숙한 생각이 나의 결정에 도움이 됐다. 이것은 꽤 큰일이었지만 내가 한 장 한 장 쓸 수 있었던 것은 nmap-writers라는 검토 그룹 덕분이었다. 그들은 나에게 가치를 따질 수 없는 피드백과 조언, 세세한 검토 노트를 제공했다. 특히 다음 사람들에게 감사를 표하고 싶다.

데이비드 피필드 David Fifield를 처음으로 언급하고자 하는데(이 외의 사람들은 알파벳 순서대로다), 그가 이 책을 쓰는 데 상당히 많은 공헌을 했기 때문이다. 그는 일부 DocBook 문제를 해결해줬고, 나의 엉망인 초고에 멋진 예제들을 제공하고 인덱스를 멋지게 개선해줬으며, 교정을 도왔고, 심지어 12장 '젠맵 그래픽 유저 인터페이스 사용자 가이드'를 집필했다.

매트 박스터 Matt Boxter는 그의 멋진 TCP/IP 머리글 그림(들어가며의 '7. TCP/IP 레퍼런스' 참조)을 사용하게 허락해줬다. 이 책의 다른 일부 그림도 이 스타일에 맞게 작업했다.

사우라브 바신 Saurabh Bhasin은 정기적으로 세세한 피드백을 제공했다.

마크 브루위스 Mark Brewis는 항상 훌륭한 조언을 해줬다.

엘렌 콜롬보 Ellen Colombo는 처음부터 큰 도움을 줬다.

패트릭 도넬리 Patrick Donnelly는 9장 '엔맵 스크립팅 엔진'을 개선하는 데 도움을 줬다.

브랜든 인라이트 Brandon Enright는 책 전체를 프린트하고 모든 장을 검토해줬다.

브라이언 해치 Brian Hatch는 항상 큰 도움을 줬다.

로렌 힐 Loren Heal은 계속 아이디어를 제공해줬다.

댄 헤내게 Dan Henage는 수많은 장에 대한 조언을 해주고 교정을 해줬다.

토 휴튼 Tor Houghton은 모든 장을 검토했으며, 그 어느 누구보다 많은 피드백을 해줬다.

더그 호이트 Dough Hoyte는 그가 첨가한 많은 엔맵 특성을 정리했고, 책 인덱싱 대부분을 다뤘다.

매리어스 휴즈 재이콥슨 Marius Huse Jacobsen은 많은 장을 검토했으며, 세세한 피드백을 제공했다.

크리스 캐터존 Kris Katterjohn은 몇 개 장을 철저하게 검토해줬다.

에릭 크로스네스 Eric Krosnes는 기술적 검토 피드백을 해줬고, 정기적으로 내가 책을 진행하고 있는지 잔소리도 했다. 나에게는 전통적인 편집자가 없었기 때문에 많은 도움이 됐다.

블라드 알렉사 만치니 Vlad Alexa Mancini는 책 표지(그리고 엔맵 웹사이트)를 위해 눈 모양의 엔맵 로고를 만들어줬다.

마이클 네프 Michael Naef는 친절하게 많은 장을 검토해줬다.

No Starch 출판사의 **빌 폴록**Bill Pollock은 언제나 즐겁게 조언을 해줬고, 그의 오랜 경험을 바탕으로 책 출간에 대해 많은 조언을 해줬다.

데이비드 파이버스 David Pybus는 많은 아이디어를 제공해주고 교정을 봐준 공헌자 중 한 사람이다.

타일러 레굴리 Tyler Reguly는 가장 필요할 때에 여러 장을 검토해 줌으로써 많은 도움을 줬다.

척 스털링 Chuck Sterling은 높은 수준의 제언을 해줬고 몇 개 장에 대한 세세한 교정도 해줬다.

앤더스 덜린 Anders Thulin은 많은 장을 세세하게 검토해줬다.

베넷 토드 Bennett Todd는 많은 제언을 해줬다.

다이먼 토도로프 Diman Todorov는 9장 '엔맵 스크립팅 엔진'의 첫 초고를 썼다.

캐서린 토나빈 Catherine Tornabene은 많은 장을 읽고 상세한 피드백을 제공했다.

# 옮긴이의 말

이 책에 흥미를 가진 독자라면 적어도 정보 보안에 관심이 있거나 시스템과 네트워크에 관심이 있는 독자일 가능성이 높다. 엔맵이라는 도구는 너무나도 잘 알려진 네트워크 탐험 도구다. 큰 바다에서 길을 찾거나 원하는 목적지를 찾는 과정에서 항해 지도나 나침반이 필수이듯이 네트워크라는 큰 바다를 탐험할 때 엔맵은 반드시 갖고 있어야 하는 필수 장비다.

한국에서 구글 검색을 사용하든, 페이스북을 사용하든 해당 시스템은 태평양 건너편에 존재한다. 여러분이 인터넷 익스플로러에서 www.google.com이나 www.facebook.com을 입력하면 패킷이라는 조각이 여러분의 컴퓨터에서 출발한다. 패킷의 긴 항해는 여러분이 살고 있는 도시를 빠져 나와 태평양을 열심히 건너 미국에 도착한다. 미국에 도착한 패킷은 다시 www.google.com이 있는 서버로 달려간다. 그 후 해당 서버를 찾은 후 다시 반대로 긴 항해를 한 뒤 여러분의 화면에 결과를 보여준다. 이렇듯 간단한 것 같지만 실제 네트워크상에서 수많은 작업이 이뤄져 결국 여러분 모니터 화면에 뜨게 되는 것이다.

이렇듯 네트워크 세상은 여러분이 상상하고 있는 것보다 훨씬 더 심오하고 복잡하다. 매트릭스의 대사처럼 엔맵을 이용하면 네트워크상에서 '상상하는 것 이상을 보게 될' 것이다.

나도 보안 컨설팅 업무를 할 때 계약한 고객사 네트워크 구조를 파악하기 위해 엔맵을 제일 먼저 꺼내 사용했다. 그러나 엔맵의 기본적인 기능과 일부 확장된 기능만을 이용했을 뿐이다. 이 책은 엔맵을 직접 개발한 저자가 쓴 만큼 엔맵에 대해 아주 상세하고 자세한 설명을 담고 있다. 역자가 이 책을 미리 봤더라면 아마도 다양한 공격 루트를 발견할 수 있었을 것이고, 고객사에 제출한 보고서의 퀄리티도 훨씬 더 높아졌을 거라고 생각한다.

『엔맵 네트워크 스캐닝』이라는 이 책은 총 15장으로 구성돼 있는데, 초보자를 위한 엔맵 설치부터 기본적인 스캐닝 기능을 초반에 설명한다. 중반에는 포트 스캐닝의 알고리즘과 최적화 방법을 설명하고, 서비스와 애플리케이션, 운영체제 탐지 같은 중요한 기능들을 자세히 설명한다. 또한 엔맵을 여러분이 원하는 대로 확장할 수 있는 엔맵 스크립팅 엔진을 설명하고, 후반부에는 엔맵의 결과로부터 생성되는 산출물과 포맷을 설명한다. 마지막으로 엔맵 레퍼런스 가이드 부분에서는 누구나 손쉽게 엔맵의 주요 기능들을 살펴볼 수 있다.

여러분이 보안 컨설턴트라면 이 책을 통해 업무 효율을 확실히 업그레이드할 수 있을 것이다. 여러분이 네트워크 관리자거나 보안 담당자라면 여러분이 속해 있는 조직의 시스템 보안을 조기에 찾아 보완하는 데 이 책은 상당한 도움이 될 것이다.

끝으로 이 책을 번역하기까지 먼 외국에서 물심양면으로 도와준 bitrider 님과 river 님(국승수 님), 그리고 열심히 검토해준 이형관, 박래신 군께 감사한다.

역자 대표 김 경 곤

옮긴이 소개

김경곤 Ray Kim, Nickname: Anesra / anesra@gmail.com

현재 세계적인 글로벌 컨설팅 펌인 딜로이트Deloitte에서 매니저로 일하고 있으며, 주 업무는 정보보안, IT 위험 관리다. 또한 기업, 정부기관 등 100여 개 이상의 클라이언트에 대해 모의해킹과 보안컨설팅을 수행했으며, 금융권, 대기업, 학교를 비롯한 여러 기관에서 보안/해킹 강의를 했다. 숭실대학교 컴퓨터학부를 졸업하고 고려대학교 정보보호대학원 석사 과정 중에 있으며, 삼일PwC, SK 인포섹, A3 Security Consulting에서 내부 감사, IT 감사, 보안컨설팅 업무를 수행했다.

제1회 해킹방어대회에서 대상을 수상해 정보통신부 장관상을 수여했으며, 2007년 세계해킹컨퍼런스인 데프콘에 아시아에서 유일하게 한국 팀 멤버로 참여하기도 했다. 그 외 EBS와 중앙일보에서 보안 컨설턴트에 대해 인터뷰를 하기도 했다.

저서로는 『정보보안 개론과 실습: 인터넷 해킹과 보안』(2005)이 있다. 역서로는 『와이어샤크를 활용한 실전 패킷 분석』(2007, 에이콘출판사), 『웹 해킹 & 보안 완벽 가이드』(2008, 에이콘출판사), 『윈도우 시스템 관리자를 위한 커맨드라인 활용 가이드』(2009, 에이콘출판사), 『엔맵 네트워크 스캐닝』(2009, 에이콘출판사), 『해킹 초보를 위한 무선 네트워크 공격과 방어』(2011, 에이콘출판사)가 있다.

김기남 kinam97@gmail.com

The University of Melbourne에서 MEdMaster of Education, 영어교육학 석사를 취득했으며, 8년간 일선 학교에서 영어 교사로 근무하고 있다. 『윈도우 시스템 관리자를 위한 커맨드라인 활용 가이드』(2009, 에이콘출판사)를 번역한 바 있다.

장세원 jangblue@gmail.com

서울대학교 치과대학을 졸업하고 현재 분당에서 치과 개업 중이며, 국내에서 유명한 보안 관련 그룹에 소속돼 10여 년간 수많은 보안 기술 문서를 연구하고 번역한 경험이 있다.

역서로는『예지성 높은 치주외과치료』(퀸테센스 출판),『[신판] 현대의 임상 보철』(퀸테센스 출판),『前齒部 審美修復 – 자연치 편』(퀸테센스 출판),『前齒部 審美修復 – Implant 편』(퀸테센스 출판) 등 여러 권의 치과 관련 서적이 있다.

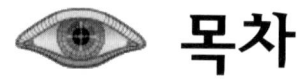# 목차

한국어판 특별 서문 4 저자 서문 5 저자 소개 7
감사의 글 8 옮긴이의 말 10 옮긴이 소개 12
들어가며 33

1장 엔맵 네트워킹 스캐닝 시작 39

1.1 소개 39
1.2 엔맵 개요와 예제 40
    1.2.1 아바타 온라인 40
    1.2.2 인류 구하기 49
    1.2.3 이상한 나라의 MadHat 51
1.3 엔맵 스캔의 단계 55
1.4 법적 이슈 57
    1.4.1 권한을 받지 않은 포트 스캐닝이 범죄인가? 57
    1.4.2 포트 스캐닝이 대상 컴퓨터나 네트워크 기능을 멈추게 할 수 있는가? 65
    1.4.3 엔맵 저작권 67
1.5 엔맵의 역사와 미래 67

2장 엔맵 얻기, 컴파일, 설치, 제거 75

2.1 소개 75
    2.1.1 엔맵의 존재 여부 검사 75
    2.1.2 커맨드라인과 그래픽 인터페이스 76
    2.1.3 엔맵 다운로드 77
    2.1.4 엔맵 다운로드의 무결성 검증 77
    2.1.5 엔맵을 서브버전 저장소에서 얻기 80
2.2 소스코드로부터 유닉스 컴파일과 설치 81
    2.2.1 디렉티브(지시문) 구성 83
    2.2.2 컴파일 오류에 맞닥뜨리면 85

2.3 리눅스 배포판 *86*
    2.3.1 RPM 기반 배포판(레드 햇, 맨드레이크, 수세, 페도라) *87*
    2.3.2 Yum에 의한 레드햇, 페도라, 맨드레이크, 옐로우 독 리눅스 업데이트 *88*
    2.3.3 데비안 리눅스와 우분투 배포판 계열 *90*
    2.3.4 다른 리눅스 배포판 *90*

2.4 윈도우 *90*
    2.4.1 윈도우 2000 의존성 프로그램 *92*
    2.4.2 윈도우 자동 설치 프로그램 *92*
    2.4.3 커맨드라인 Zip 바이너리 *93*
    2.4.4 소스코드 컴파일 *94*
    2.4.5 윈도우에서 엔맵 실행 *95*

2.5 썬 솔라리스 *97*

2.6 애플 맥 OS X *97*
    2.6.1 실행 가능한 인스톨러 *97*
    2.6.2 소스코드 컴파일 *98*
    2.6.3 제3자 패키지 *99*
    2.6.4 맥 OS X에서 엔맵 실행 *100*

2.7 Free BSD / Open BSD / Net BSD *100*
    2.7.1 Open BSD 바이너리 패키지와 소스 포트 사용법 *101*
    2.7.2 Free BSD 바이너리 패키지와 소스 포트 사용법 *101*
    2.7.3 Net BSD 바이너리 패키지 사용법 *102*

2.8 아미가, HP-UX, IRIX, 기타 플랫폼 *102*

2.9 엔맵 제거 *103*

3장 호스트 발견(핑 스캐닝) *105*

3.1 소개 *105*

3.2 대상 호스트와 네트워크 목록 나열 *106*
    3.2.1 목록으로부터 입력(-iL) *107*
    3.2.2 대상을 임의대로 선택(-iR <numtargets>) *107*
    3.2.3 대상 제외시키기(--exclude, --excludefile <filename>) *108*
    3.2.4 실제 예 *108*

3.3 대상 조직의 IP 주소 찾기 *109*
    3.3.1 DNS 속임수 *110*
    3.3.2 IP 레지스트리에 대한 Whois 질의 *115*
    3.3.3 인터넷 라우팅 정보 *117*

3.4 DNS 해석 *118*

3.5 호스트 발견 컨트롤 119
    3.5.1 목록 스캔(-sL) 120
    3.5.2 핑 스캔(-sP) 121
    3.5.3 핑을 사용 불가능하게 하기(-PN) 123
3.6 호스트 발견 기술 125
    3.6.1 TCP SYN 핑(-PS<port list>) 126
    3.6.2 TCP ACK 핑(-PA<port list>) 127
    3.6.3 UDP 핑(-PU<port list>) 129
    3.6.4 ICMP 핑 종류(-PE, -PP, -PM) 130
    3.6.5 IP 프로토콜 핑(-PO<protocol list>) 131
    3.6.6 ARP 스캔(-PR) 131
    3.6.7 기본 조합 133
3.7 종합 정리: 호스트 발견 전략 134
    3.7.1 관련 옵션 134
    3.7.2 핑 옵션 선택과 결합 137
3.8 호스트 발견 코드 알고리즘 142

4장 포트 스캐닝 개요 145

4.1 포트 스캐닝 소개 145
    4.1.1 포트란 정확히 무엇인가? 145
    4.1.2 가장 인기 있는 포트는 무엇인가? 148
    4.1.3 포트 스캐닝이란 151
    4.1.4 포트를 스캔하는 이유 153
4.2 빠른 포트 스캐닝 지침서 155
4.3 커맨드라인 플래그 159
    4.3.1 스캔 기술 선택 160
    4.3.2 스캔할 포트 선택 161
    4.3.3 시간 관련 옵션 163
    4.3.4 출력 형식과 다양한 옵션 164
    4.3.5 방화벽과 IDS 침입 옵션 166
    4.3.6 대상 지정하기 166
    4.3.7 기타 옵션 167
4.4 IPv6 스캐닝(-6) 167
4.5 해결책: 특정 열린 TCP 포트를 위한 거대 네트워크 스캔 168
    4.5.1 문제 168
    4.5.2 해결책 169

4.5.3 토론 *169*

4.5.4 추가 사항 *176*

5장 포트 스캐닝 기술과 알고리즘 *177*

5.1 소개 *177*

5.2 TCP SYN(스텔스) 스캔 *179*

5.3 TCP 연결 스캔(-sT) *184*

5.4 UDP 스캔(-sU) *186*

    5.4.1 필터된 UDP 포트에서 열린 포트 확인 *188*

    5.4.2 UDP 스캔 속도 올리기 *191*

5.5. TCP FIN, NULL, Xmas 스캔(-sF, -sN, -sX) *193*

5.6 --scanflags로 스캔 유형 커스텀 *198*

    5.6.1 커스텀 SYN/FIN 스캔 *199*

    5.6.2 PSH 스캔 *200*

5.7 TCP ACK 스캔(-sA) *201*

5.8 TCP 윈도우 스캔(-sW) *203*

5.9 TCP Maimon 스캔(-sM) *206*

5.10 TCP Idle 스캔(-sI) *207*

    5.10.1 Idle 스캔 단계 *208*

    5.10.2 작동하는 Idle 스캔 좀비 호스트 찾기 *211*

    5.10.3 5.10.3. Idle 스캔 수행하기 *212*

    5.10.4 Idle 스캔 실행 알고리즘 *214*

5.11 IP 프로토콜 스캔(-sO) *219*

5.12 TCP FTP 바운스 스캔(-b) *222*

5.13 스캔 코드와 알고리즘 *224*

    5.13.1 네트워크 상태 모니터링 *225*

    5.13.2 호스트와 포트 병행화 *226*

    5.13.3 왕복 시간 측정 *226*

    5.13.4 혼잡 제어 *227*

    5.13.5 타이밍 프로브 *229*

    5.13.6 추측된 인접 시간 *229*

    5.13.7 적응 재전송 *230*

    5.13.8 스캔 지연 *230*

6장 엔맵 성능 최적화 233

6.1 소개 233

6.2 스캔 시간 축소 기술 235
    6.2.1 중요하지 않은 테스트 생략 235
    6.2.2 타이밍 매개변수 최적화 237
    6.2.3 UDP 스캔 분리와 최적화 237
    6.2.4 엔맵 업그레이드하기 238
    6.2.5 엔맵 인스턴스 병행 실행 238
    6.2.6 선호하는 네트워크 위치에서 스캔 239
    6.2.7 사용 가능한 대역폭과 CPU 시간 증가 239

6.3 장시간이 소요되는 스캔을 위한 대처 전략 241
    6.3.1 다단계 접근법 사용하기 241
    6.3.2 스캔 시간 추정과 계획 241

6.4 포트 선택을 위한 데이터와 전략 243

6.5 로우레벨 타이밍 제어 244

6.6 타이밍 템플릿(-T) 245

6.7 46시간만에 676,352개의 IP 주소 스캔 247

7장 서비스와 애플리케이션 버전 탐지 251

7.1 소개 251

7.2 사용법과 예제 255

7.3 기술적 설명 257
    7.3.1 치트와 폴백 260
    7.3.2 프로브 선택과 래리티 262

7.4 기술적 데모 263

7.5 포스트 프로세서 267
    7.5.1 7.5.1. 엔맵 스크립팅 엔진 통합 267
    7.5.2 RPC 그라인딩 267
    7.5.3 SSL 포스트 프로세서 270

7.6 nmap-service-probes 파일 포맷 271
    7.6.1 Exclude 지시자 271
    7.6.2 Probe 지시자 272
    7.6.3 match 지시자 273
    7.6.4 softmatch 지시자 276
    7.6.5 ports와 sslports 지시자 276

7.6.6 totalwaitms 지시자 *277*
7.6.7 rarity 지시자 *277*
7.6.8 fallback 지시자 *277*
7.6.9 모두 한 번에 담기 *278*

7.7 커뮤니티 배포 *279*
7.7.1 서비스 핑거프린트 보내기 *279*
7.7.2 데이터베이스 수정 전달 *280*
7.7.3 새로운 프로브 전송 *281*

7.8 해결책: 불안정하거나 비표준화된 애플리케이션 버전을 실행하는 모든 서버 찾기 *282*
7.8.1 문제 상황 *282*
7.8.2 해결 방안 *283*
7.8.3 토론 *284*

7.9 해결책: 오픈 프록시 탐지 같은 커스텀 요구를 맞추기 위해 버전 탐지 해킹 *285*
7.9.1 문제 상황 *285*
7.9.2 해결 방안 *286*
7.9.3 토론 *287*

8장 원격 운영체제 탐지 *289*

8.1 소개 *289*
8.1.1 운영체제 탐지 이유 *290*

8.2 사용법과 예 *292*

8.3 엔맵이 지원하는 TCP/IP 핑거프린팅 방법 *298*
8.3.1 프로브의 전달 *299*
8.3.2 응답 테스트 *302*

8.4 엔맵이 사용하지 않는 핑거프린팅 방법 *316*
8.4.1 수동적 핑거프린팅 *317*
8.4.2 익스플로잇 연대기 *317*
8.4.3 재전달 시간 *318*
8.4.4 IP 단편화 *318*
8.4.5 열린 포트 패턴 *319*

8.5 엔맵 핑거프린트의 이해 *320*
8.5.1 조건 핑거프린팅 포맷 디코딩 *320*
8.5.2 참조 핑거프린트 포맷 디코딩 *324*

8.6 운영체제 매치 알고리즘 *329*

8.7 잘못 인식한 것과 인식되지 않은 호스트 다루기 *331*
8.7.1 엔맵의 추측이 틀릴 때 *332*

8.7.2 엔맵이 매치하는 것이 없이 핑거프린트를 출력할 때 333
8.7.3 nmap-os-db 데이터베이스 직접 수정 334
8.8 해결책: 엔터프라이즈 네트워크에서 악의의 무선접속장치 탐지 334
8.8.1 문제 상황 334
8.8.2 해결책 335
8.8.3 WAP의 특징 336

9장 엔맵 스크립팅 엔진 339

9.1 소개 339
9.2 사용법과 예제 342
9.2.1 스크립트 카테고리 342
9.2.2 커맨드라인 인자 345
9.2.3 스크립트에 인자 사용 347
9.2.4 예제 348
9.3 스크립트 형식 348
9.3.1 description 필드 348
9.3.2 categories 필드 348
9.3.3 author 필드 349
9.3.4 license 필드 349
9.3.5 runlevel 필드 349
9.3.6 포트와 호스트 규칙 350
9.3.7 액션 350
9.4 스크립트 언어 350
9.4.1 Lua 기반 언어 351
9.5 NSE 스크립트 352
9.6 NSE 라이브러리 383
9.6.1 모든 라이브러리 목록 384
9.6.2 Nselib에 C 모듈 추가하기 385
9.7 엔맵 API 386
9.7.1 스크립트로 전달되는 정보 387
9.7.2 네트워크 I/O API 389
9.7.3 스레드 뮤텍스 391
9.7.4 예외 처리 393
9.7.5 레지스트리 394
9.8 스크립트 작성 튜토리얼 394
9.8.1 헤더 395

9.8.2 규칙 396
9.8.3 메커니즘 397
9.9 스크립트 문서 작성(NSEDoc) 399
9.9.1 NSE 문서화 태그 402
9.10 NSE를 이용한 버전 탐지 403
9.11 스크립트 예제: finger.nse 405
9.12 구현 상세 사항 406
9.12.1 초기화 단계 406
9.12.2 대상과 스크립트의 매칭 408
9.12.3 스크립트 실행 408

10장 방화벽과 침입탐지 시스템 탐지와 무력화 409

10.1 소개 409
10.2 왜 윤리 의식을 가진 전문가(white hat)가 이런 짓을 해야 하는가? 410
10.3 방화벽 규칙 이해 411
10.3.1 표준 SYN 스캔 411
10.3.2 ACK 스캔 413
10.3.3 IP ID 트릭 417
10.3.4 UDP 버전 스캐닝 420
10.4 방화벽 규칙 우회 422
10.4.1 이색적인 스캔 플래그 422
10.4.2 소스 포트 조작 423
10.4.3 IPv6 공격 425
10.4.4 IP ID Idle 스캐닝 427
10.4.5 다중 핑 프로브 427
10.4.6 단편화 428
10.4.7 프록시 429
10.4.8 MAC 주소 속이기 430
10.4.9 소스 라우팅 431
10.4.10 FTP 바운스 스캔 432
10.4.11 다른 경로를 얻어라 433
10.4.12 방화벽 무력화의 실제 예제 433
10.5 침입탐지 시스템 무력화 438
10.5.1 침입탐지 시스템의 탐지 439
10.5.2 침입탐지 시스템 회피 444
10.5.3 침입탐지 시스템 현혹시키기 451

10.5.4 reactive 시스템에 대한 DoS 공격 456
10.5.5 침입탐지 시스템 익스플로잇 456
10.5.6 침입탐지 시스템 무시 457
10.6 방화벽과 침입탐지 시스템에 의한 패킷 위조 탐지 458
10.6.1 TTL의 일관성 찾기 459
10.6.2 IP ID와 일련번호의 일관성 찾기 461
10.6.3 위조 TCP 체크섬 트릭 462
10.6.4 라운드 트립 시간 463
10.6.5 패킷 헤더와 내용의 세밀한 분석 464
10.6.6 비정상적인 네트워크 균일성 465

11장 엔맵 방어 467

11.1 소개 467
11.2 능동적인 스캔, 포트의 닫기와 막기, 취약점 수정 468
11.3 방화벽으로 엔맵을 막거나 느리게 하기 469
11.4 엔맵 스캔 탐지 471
11.5 영리한 속임수 473
11.5.1 불분명한 포트에 서비스 숨기기 474
11.5.2 포트 노킹 476
11.5.3 허니팟과 허니넷 478
11.5.4 운영체제 속이기 479
11.5.5 타르 피트 482
11.5.6 포트 스캔 탐지 반응 482
11.5.7 군비 경쟁의 증가 483

12장 젠맵 그래픽 유저 인터페이스 사용자 가이드 485

12.1 소개 485
12.1.1 엔맵 GUI의 필요성 486
12.2 스캐닝 487
12.2.1 프로파일 488
12.2.2 스캔 결과 모으기 488
12.3 스캔 결과 해석하기 491
12.3.1 스캔 결과 탭 491
12.3.2 호스트별로 정렬하기 495
12.3.3 서비스별로 정렬하기 496

12.4 스캔 결과 저장과 불러오기 497
    12.4.1 최근 스캔 데이터베이스 497
12.5 네트워크 토폴로지 활용하기 498
    12.5.1 토폴로지 탭 개요 498
    12.5.2 범례 499
    12.5.3 컨트롤 500
    12.5.4 키보드 단축키 503
    12.5.5 호스트 뷰어 504
12.6 엔맵 명령 마법사 504
12.7 프로파일 편집기 505
    12.7.1 새 프로파일 만들기 506
    12.7.2 프로파일 수정하기 507
    12.7.3 기존 프로파일로 새 프로파일 만들기 507
12.8 저장된 결과 검색하기 508
12.9 결과 비교하기 512
    12.9.1 그림으로 비교 513
    12.9.2 텍스트로 비교 513
12.10 젠맵에서 쓰이는 파일 514
    12.10.1 nmap 실행 파일 515
    12.10.2 시스템 설정 파일 515
    12.10.3 사용자별 설정 파일 516
    12.10.4 산출물 파일 517
12.11 zenmap.conf의 내용 517
    12.11.1 zenmap.conf의 섹션 518
12.12 커맨드라인 옵션 520
    12.12.1 요약 정리 520
    12.12.2 옵션 요약 520
    12.12.3 오류 산출물 521
12.13 젠맵의 역사 521

13장 엔맵 산출물의 포맷 523

13.1 소개 523
13.2 커맨드라인 플래그 525
    13.2.1 산출물 유형 제어 525
    13.2.2 산출물의 상세도 조절하기 527
    13.2.3 디버깅 활성화 532

13.2.4 오류 처리와 경고 메시지 533
13.2.5 패킷 추적 활성화 534
13.2.6 중단된 스캐닝을 이어서 계속 수행 535
13.3 인터랙티브 산출물 536
13.4 정규 산출물(-oN) 536
13.5 $crIpT klddI3 OuTPut(-oS) 538
13.6 XML 산출물(-oX) 539
13.6.1 XML 산출물 사용 542
13.7 XML 산출물을 펄로 조작 544
13.8 데이터베이스로 산출물 저장 546
13.9 HTML 보고서 생성하기 547
13.9.1 영구 HTML 보고서로 저장 548
13.10 그렙 가능한 산출물(-oG) 549
13.10.1 그렙 가능한 산출물 필드 550
13.10.2 커맨드라인에서 그렙 가능한 산출물 파싱 556

14장 엔맵 데이터 파일 이해와 커스터마이징 557

14.1 소개 557
14.2 잘 알려진 포트 목록: nmap-services 558
14.3 버전 스캐닝 데이터베이스: nmap-service-probes 561
14.4 SunRPC 번호: nmap-rpc 562
14.5 엔맵 운영체제 탐지 데이터베이스: nmap-os-db 563
14.6 MAC 주소 벤더 프리픽스: nmap-mac-prefixes 565
14.7 IP 프로토콜 번호 목록: nmap-protocols 566
14.8 스크립팅 관련 파일 567
14.9 커스텀 데이터 파일 사용 568

15장 엔맵 레퍼런스 가이드 571

15.1 설명 571
15.2 옵션 개요 573
15.3 대상 명세 576
15.4 호스트 발견 578
15.5 포트 스캐닝 기초 587

- 15.6 포트 스캐닝 기술 589
- 15.7 포트 지정과 스캔 순서 598
- 15.8 서비스 탐지와 버전 탐지 600
- 15.9 운영체제 탐지 602
- 15.10 엔맵 스크립팅 엔진(NSE) 604
- 15.11 시간과 성능 607
- 15.12 방화벽/IDS 회피와 스푸핑 614
- 15.13 출력 621
- 15.14 다양한 옵션 629
- 15.15 실행 시의 상호 작용 632
- 15.16 활용 예 633
- 15.17 버그 634
- 15.18 저자 635
- 15.19 법적 고지 635
  - 15.19.1 엔맵 저작권과 특허 635
  - 15.19.2 이 엔맵 가이드를 위한 Creative Commons License 637
  - 15.19.3 소스코드 가용성과 공공 기여 637
  - 15.19.4 보증을 하지 않음 638
  - 15.19.5 부적절한 이용 638
  - 15.19.6 써드파티 소프트웨어 639
  - 15.19.7 미국 수출 통제 분류 639

부록 A 엔맵 XML 출력 문서 유형 정의 641

- A.1 목적 641
- A.2 전체 DTD 641

찾아보기 651

그림 목차

그림 1   IPv4 헤더 37
그림 2   TCP 헤더 37
그림 3   UDP 헤더 38
그림 4   ICMP 헤더 38
그림 1.1   트리니티가 습격을 시작한다 49
그림 1.2   트리니티가 매트릭스를 스캔한다 51
그림 1.3   포트 스캐닝의 합법성과 도덕성에 관한 강한 의견 58
그림 2.1   윈도우 명령 셸에서 엔맵 실행시키기 96
그림 3.1   명함이 모든 것을 설명한다 110
그림 3.2   Netcraft가 36개의 Target 웹 서버를 찾아낸다 115
그림 5.1   ICMPv4 목적지 도달 불가 헤더 레이아웃 178
그림 5.2   열린 포트 22의 SYN 스캔 180
그림 5.3   닫힌 포트 113의 SYN 스캔 181
그림 5.4   필터된 포트 139의 SYN 스캔 182
그림 5.5   열린 포트 22의 연결 스캔(nmap -sT -p22scanme.nmap.org) 185
그림 5.6   열린 포트의 idle 스캔 209
그림 5.7   closed 포트의 Idle 스캔 209
그림 5.8   filtered 포트의 Idle 스캔 210
그림 5.9   혼잡 윈도우와 한계점 228
그림 5.10   스캔 지연에 의해 영향을 받은 스캔 비율 231
그림 8.1   ICMP echo 요청이나 응답 헤더 레이아웃 299
그림 8.2   ICMP 목적지 도달 불가 헤더 레이아웃 299
그림 10.1   BlackICE가 이상한 침입자를 발견했다 441
그림 10.2   수십 개의 교란 미끼에 섞여 숨은 공격자 452
그림 12.1   젠맵의 스크린샷 486
그림 12.2   젠맵의 메인 윈도우 487
그림 12.3   대상과 프로파일 고르기 488
그림 12.4   호스트 선택 495
그림 12.5   운영체제 아이콘 496
그림 12.6   서비스 선택 496
그림 12.7   하위 경로 그룹핑 501
그림 12.8   토폴로지의 구획을 하이라이트하기 501
그림 12.9   프로파일 고르기 506

그림 12.10 프로파일 편집기 506
그림 12.11 검색 창 508
그림 12.12 키워드 검색 508
그림 12.13 표현식 검색 509
그림 12.14 비교 도구 512
그림 12.15 그림으로 비교 513
그림 12.16 텍스트 모드 비교 514
그림 13.1 웹브라우저로 본 XML 산출물 543

표 목차

표 1   스타일 *35*
표 3.1   target.com IP를 나열하는 첫 패스 *112*
표 3.2   가장 유용한 TCP 프로브 포트(접근 가능성이 높은 순서) *138*
표 5.1   ICMP 목적지 도달 불가(형식 3) 코드 값 *179*
표 5.2   SYN 프로브에 대한 응답의 엔맵 해석 *182*
표 5.3   엔맵이 UDP 프로브에 응답하는 방법 *186*
표 5.4   엔맵이 NULL, FIN, Xmas 스캔 프로브 응답을 해석하는 방법 *194*
표 5.5   엔맵이 ACK 스캔 프로브에 대한 응답을 해석하는 방법 *201*
표 5.6   엔맵이 윈도우 스캔 ACK 프로브에 대한 응답을 해석하는 방법 *204*
표 5.7   엔맵이 Maimon 스캔 프로브에 대한 응답을 해석하는 방법 *206*
표 5.8   엔맵이 IP 프로토콜 프로브에 대한 응답을 해석하는 방법 *220*
표 6.1   다양한 효율성 레벨에 도달하기 위해 요구된 --top-ports 값 *244*
표 6.2   기능별 로우레벨 타이밍 제어 *245*
표 6.3   타이밍 템플릿과 그 효율 *246*
표 7.1   버전 정보(versioninfo) 필드 형식과 값 *275*
표 8.1   O 테스트 값 *307*
표 8.2   DFI 테스트 값 *309*
표 8.3   CC 테스트 값 *310*
표 8.4   S 테스트 값 *311*
표 8.5   SI 테스트 값 *312*
표 8.6   A 테스트 값 *312*
표 8.7   F 테스트 값 *313*
표 8.8   TOSI 테스트 값 *314*
표 8.9   CD 테스트 값 *316*
표 8.10 DLI 테스트 값 *316*
표 8.11 참조 핑거프린트 테스트 표현 연산자 *329*
표 9.1   port.version 값 *389*
표 12.1 diff 글자 코드 *514*

예제 목차

예제 1   전형적인 엔맵 스캔   34
예제 1.1   아바타 온라인 IP 주소에 대한 엔맵 목록 스캔   42
예제 1.2   AO 방화벽에 대한 엔맵 결과   45
예제 1.3   또 다른 흥미로운 아바타 온라인(AO) 장치   47
예제 1.4   nmap-diff 전형적인 출력   53
예제 1.5   nmap-report 실행   54
예제 2.1   엔맵을 검사하고 버전 번호를 확인하기   76
예제 2.2   엔맵과 표도르 PGP 키 핑거프린트 검증하기   78
예제 2.3   PGP 키 핑거프린트 검증하기(성공)   78
예제 2.4   위조 파일 탐지하기   79
예제 2.5   전형적인 엔맵 배포판 다이제스트 파일   79
예제 2.6   엔맵 해시 검증하기   80
예제 2.7   성공적인 환경 설정 화면   82
예제 2.8   엔맵을 바이너리 RPM으로 설치하기   87
예제 2.9   소스 RPM에서 엔맵 만들고 설치하기   88
예제 2.10   시스템 Yum 저장소에서 엔맵 설치하기   89
예제 3.1   흔한 DNS 레코드 타입을 얻기 위해 호스트 명령 사용하기   111
예제 3.2   존 전송 실패와 성공   112
예제 3.3   www.target.com에 대한 엔맵 역방향 DNS와 트레이스라우트 스캔   113
예제 3.4   www.target.com IP 주소의 소유주를 찾기 위해 whois 사용하기   114
예제 3.5   161.225.130.163을 포함하는 넷블록을 찾기 위해 whois 사용하기   116
예제 3.6   목록 스캔으로 www.stanford.edu 주변 호스트 목록화하기   121
예제 3.7   핑 스캔으로 www.lwn.net 주변 호스트 발견하기   122
예제 3.8   인기 있는 인터넷 사이트의 핑 시도   125
예제 3.9   포트 80 SYN 프로브를 사용한 호스트 발견 재시도   127
예제 3.10   마이크로소프트 사에 대한 ACK 핑 시도   129
예제 3.11   오프라인 대상의 로우 IP 핑 스캔   132
예제 3.12   오프라인 대상의 ARP 핑 스캔   132
예제 3.13   50,000 IP 주소 생성하기와 그 후 기본 옵션으로 핑 스캔   140
예제 3.14   여분의 프로브로 핑 스캔 반복   141
예제 4.1   리눅스에서 임시 포트 범위 보기와 증가시키기   147
예제 4.2   간단한 스캔: nmap scanme.nmap.org   156
예제 4.3   더 복잡한: nmap -p0- -v -A -T4 scanme.nmap.org   157

예제 4.4   간단한 IPv6 스캔   *167*
예제 4.5   Playboy의 IP 공간 발견하기   *170*
예제 4.6   지연 시간을 위한 Playboy 웹서버 핑하기   *171*
예제 4.7   Playboy의 DNS 기록을 통해 dig하기   *171*
예제 4.8   MX 서버 핑하기   *172*
예제 4.9   MX 서버를 TCP 핑하기   *173*
예제 4.10   스캔 시작하기   *174*
예제 4.11   열린 포트에 대한 Egrep   *175*
예제 5.1   포트의 3가지 상태를 보여주는 SYN 스캔   *180*
예제 5.2   SYN 스캔을 이해하기 위한 --packet-trace 사용   *183*
예제 5.3   연결 스캔 예제   *185*
예제 5.4   UDP 스캔 예제   *187*
예제 5.5   UDP 스캔 예제   *188*
예제 5.6   버전 탐지로 Felix의 UDP 스캔 결과 향상시키기   *189*
예제 5.7   버전 탐지로 Scanme의 UDP 스캔 결과 향상시키기   *189*
예제 5.8   TTL discrepancies로 UDP 포트 명확히 하기   *190*
예제 5.9   UDP 스캔 시간 최적화   *193*
예제 5.10   FIN과 Xmas 스캔 예제   *195*
예제 5.11   Docsrv의 SYN 스캔   *196*
예제 5.12   Docsrv의 FIN 스캔   *197*
예제 5.13   구글의 SYN/FIN 스캔   *199*
예제 5.14   커스텀 PSH 스캔   *200*
예제 5.15   전형적인 ACK 스캔   *202*
예제 5.16   Docsrv의 ACK 스캔   *203*
예제 5.17   docsrv.caldera.com의 Window 스캔   *204*
예제 5.18   실패한 Maimon 스캔   *206*
예제 5.19   RIAA에 대한 idle 스캔   *213*
예제 5.20   라우터의 IP 프로토콜 스캔과 전형적인 리눅스 2.4 상자   *221*
예제 5.21   FTP 바운스 스캔 시도하기   *223*
예제 5.22   성공적인 FTP 바운스 스캔   *223*
예제 6.1   로컬 100Mbps 이더넷 네트워크에 대해 네트워크 대역폭 사용   *240*
예제 6.2   스캔 시간 추정하기   *241*
예제 7.1   버전 탐지의 간단한 사용법   *253*
예제 7.2   www.microsoft.com에 대해 버전 탐지 수행   *255*
예제 7.3   복잡한 버전 탐지   *256*
예제 7.4   NULL 프로브 치트 예제 결과   *261*
예제 7.5   rpcinfo를 이용해 RPC 서비스 목록화   *268*
예제 7.6   엔맵 다이렉트 RPC 스캔   *269*
예제 7.7   SSL에 대한 버전 스캐닝   *270*
예제 8.1   상세 내역을 포함한 운영체제 탐지(-O -v)   *292*

예제 8.2   운영체제 탐지를 위한 버전스캔 사용 296
예제 8.3   전형적 조건 핑거프린트 321
예제 8.4   정리된 조건 핑거프린트 321
예제 8.5   전형적인 참조 핑거프린트 324
예제 8.6   전형적 핑거프린트 설명과 대응하는 분류 327
예제 8.7   MatchPoints 구조 330
예제 8.8   소비자 WAP에 대한 스캔 결과 336
예제 9.1   전형적인 NSE 출력 341
예제 9.2   연결 지향 I/O 390
예제 9.3   뮤텍스 조작 392
예제 9.4   예외 처리 예제 393
예제 9.5   함수를 위한 NSEDoc 주석 399
예제 9.6   모듈을 위한 NSEDoc 주석 400
예제 9.7   스크립트를 위한 NSEDoc 주석 401
예제 9.8   전형적 버전 탐지 스크립트(Skype 버전 2 탐지) 403
예제 10.1   닫히거나 필터된 TCP 포트들의 탐지 412
예제 10.2   Scanme에 대한 ACK 스캔 414
예제 10.3   Para에 대한 SYN 스캔과 ACK 스캔의 비교 415
예제 10.4   방화벽이 있는 호스트에 대한 UDP 스캔 420
예제 10.5   방화벽이 있는 호스트에 대한 UDP 버전 스캔 421
예제 10.6   상태 비저장 방화벽에 대한 FIN 스캔 422
예제 10.7   소스 포트 88을 이용해 윈도우 IPsec 필터 우회 424
예제 10.8   IPv4 스캔과 IPv6 스캔의 비교 425
예제 10.9   FTP 바운스 스캔으로 프린터를 익스플로잇 432
예제 10.10   Megacorp에 있는 일부 흥미로운 호스트와 네트워크 434
예제 10.11   대상 네트워크에 대한 ping 스캔 434
예제 10.12   한 개의 IP에 대한 패킷 trace 435
예제 10.13   Idle 스캔 테스트하기 436
예제 10.14   소스 라우팅 테스트하기 437
예제 10.15   마침내 성공 438
예제 10.16   호스트명은 거짓일 수도 있다 442
예제 10.17   traceroute에서의 TTL gap들에 주의할 것 443
예제 10.18   IP record route 옵션 이용하기 444
예제 10.19   Snort 2.2.0 Flow-portscan의 고정 시간(fixed time) 스캔 탐지 방법의 기본 설정을 우회하기 위한 느린 스캔 446
예제 10.20   엔맵을 참조하는 Snort 규칙의 기본 값 449
예제 10.21   SecurityFocus의 스텔스 목록 스캔을 위해 DNS 프록시(recursive DNS) 이용하기 455
예제 10.22   닫히거나 필터된 TCP 포트들의 탐지 460
예제 10.23   IP ID 일련번호 일관성 테스트 461

예제 10.24 잘못된 TCP checksum에 의해 방화벽 발견하기 462
예제 11.1 모든 TCP 포트 버전 스캔 475
예제 11.2 IP Personality로 엔맵 속이기 480
예제 13.1 로컬 네트워크를 대상으로 한 Scanrand 산출물 524
예제 13.2 상세도 조건을 그렙해 보기 529
예제 13.3 상세 옵션을 사용하지 않은 인터랙티브 스캐닝 결과 530
예제 13.4 상세 옵션을 쓴 인터랙티브 스캐닝 결과 530
예제 13.5 디버깅 줄의 주요 예제 532
예제 13.6 --packet-trace 옵션을 사용해 Scanme에 대한 핑 스캔 세부 내용 보기 534
예제 13.7 정규 산출물의 전형적인 예 537
예제 13.8 $crlpT kIddI3 0uTPut의 전형적인 예 538
예제 13.9 엔맵 XML 산출물의 예제 539
예제 13.10 엔맵의 XML port 요소 541
예제 13.11 Nmap::Parser 샘플코드 544
예제 13.12 Nmap::Scanner 샘플 코드 545
예제 13.13 그렙 가능한 산출물의 전형적인 예 550
예제 13.14 IP 프로토콜 스캐닝의 그렙 가능한 산출물 553
예제 13.15 핑 스캔의 그렙 가능한 산출물 555
예제 13.16 목록 스캔의 그렙 가능한 산출물 555
예제 13.17 커맨드라인에서 그렙 가능한 산출물 파싱 556
예제 14.1 nmap-services의 일부분 558
예제 14.2 nmap-service-probes의 일부 내용 561
예제 14.3 nmap-rpc 일부분 562
예제 14.4 nmap-os-db 파일의 일부분 563
예제 14.5 nmap-mac-prefixes 파일의 일부분 565
예제 14.6 nmap-protocols 파일의 일부분 566
예제 15.1 대표적인 엔맵 스캔 572

들어가며

초보자를 위한 포트 스캐닝 기초에서부터 고급 해커가 사용하는 패킷 변조 기술 등 엔맵 제작자와 공헌자가 직접 저술한 이 책은 모든 수준의 보안과 네트워킹 전문가들에게 필요한 책이다. 엔맵에서 사용할 수 있는 모든 옵션의 기능을 단순히 열거하지 않는 데 그치지 않고, 침투 테스트나 네트워크 목록을 얻거나, 비인증 무선 액세스 포인트나 열린 프록시를 찾는 데 활용할 수 있으며, 네트워크 웜과 바이러스 발생을 억제시키는 등 실제 네트워크상에서 생기는 문제를 해결하기 위해 엔맵 스캐닝을 어떻게 사용해야 하는지 설명한다. 네트워크상의 실제 통신을 이해할 수 있도록 예제와 도표를 삽입했다. 엔맵을 최대한 활용하고자 하는 독자라면 누구나, 특히 보안 감사security auditor와 시스템 관리자, 네트워크 관리자에게 꼭 필요한 책이다.

이 책의 구성

이 책은 초보자를 위한 포트 스캐닝 기초에서부터 고급 해커에 의해 사용되는 패킷 변조의 종류에 이르기까지 무료 엔맵 보안 스캐너를 설명한다. 이 책은 모든 수준의 엔맵 사용자(혹은 미래의 사용자)에게 도움이 될 것이다.

  이 책은 엔맵에 대한 가장 기본적인 내용을 담고 있는 1장에서 예제를 사용해 엔맵의 개요를 설명한다. 2장에서는 엔맵를 얻고, 편집하고, 설치하는 방법을 설명한다. 3장에서 5장은 침투 테스트를 할 때 사용하는 특성들을 순서대로 설명했다. 먼저 호스트 발견(핑 스캐닝)에 대한 설명이 있는데, 이는 네트워크상에서 사용 가능한 호스트를 식별하는 역할을 한다. 그 후 포트 스캐닝을 깊이 있게 다룬다. 5장에서는 모든 엔맵 스캐닝 기술을 조언과 예제와 함께 자세히 설명한다. 거대한 네트워크를 스캐닝하는 것은 오랜 시간이 걸릴 수도 있다 그래서 6장에서는 성능 최적화에 관련된 내용을 다뤘다. 7장은 엔맵이 단순히 포트 번호에 기반해서 추측하기보다는 정확하게 무엇이 실행되는지를 식별하기 위해 포트에 질의하는 환경인 서비스와 애플리케이션 버전 탐지를 설명한다. 8장은 엔맵의 가장 사랑받는 특성 중의 하나인 원격 운영체제 탐지를 다룬다. 9장은 엔맵의 최근 특성 중 하나인 엔맵 스크립팅 엔진을 설명한다. NSE는 대상 시스템에 대해 효율적으로 실행되는 간단한 스크립트를 사용해 사용자와 개발자들이 새로운 특성으로 쉽게 엔맵을 확장시킬 수 있게 돕는다. 내가 가장 좋아하는 10장은 방화벽과 침입탐지 시스템을 탐지하고 무력화하는 방법을 설명한다. 균형을 위해 11장은 엔맵 스캔을 방어하는 내용을 설명한다. 12장은 젠맵Zenmap 멀티 플랫폼 엔맵 그래픽 유저 인터페이스와 결과 뷰어를 완벽하게 정리한다. 그 다음 두 장은 출력 형태와 데이터 파일을 다룬다. 마지막이며 가장 긴 15장은 엔맵 레퍼런스 가이드인데, 특정 엔맵 옵션을 찾아보기 위한 핵심 내용이다.

책 전반에 걸쳐 열린 특정 단일 TCP 포트를 찾기 위해 네트워크를 스캐닝하거나, 네트워크에서 스캐닝함으로써 무선 액세스 포인트를 조사하는 등의 일반적인 작업을 수행하는 데 관해 세세하게 설명했다. 먼저 각 문제가 묘사되고, 그 후 효과적인 해결책이 제공된다. 각 장의 마지막 절은 해결책을 더 깊이 있게 다루고 이와 유사한 문제점에 관한 다른 해결책이나 통찰을 제공한다.

■ 편집 규약

원리와 특성을 보여주기 위해 엔맵 출력 결과가 이 책 전반에 걸쳐 사용됐다. 그 출력 중 설명하고자 하는 요점과 관련 없는 부분들은 자르고 편집했다. 독자들이 혼란스러워하지 않도록 엔맵이 생성하는 날짜, 시간, 버전 번호도 마찬가지로 필요하지 않은 부분은 삭제했다. 호스트명, IP 주소, MAC 주소 같은 민감한 정보는 바꾸거나 삭제했다. 다른 정보 역시 불필요한 정보는 보이지 않게 했다. 이와 유사한 편집이 다른 애플리케이션의 출력에서도 이뤄졌다. 예제 1을 통해 엔맵의 성능이 어떤 것인지 짐작할 수 있고 출력 형태도 알 수 있다.

예제 1 전형적인 엔맵 스캔

```
# nmap -A -T4 scanme.nmap.org
Starting Nmap ( http://nmap.org )
Interesting ports on scanme.nmap.org (64.13.134.52):
Not shown: 994 filtered ports
PORT     STATE    SERVICE VERSION
```

```
22/tcp   open     ssh        OpenSSH 4.3 (protocol 2.0)
25/tcp   closed   smtp
53/tcp   open     domain     ISC BIND 9.3.4
70/tcp   closed   gopher
80/tcp   open     http       Apache httpd 2.2.2 ((Fedora))
|_ HTML title: Go ahead and ScanMe!
113/tcp closed auth
Device type: general purpose
Running: Linux 2.6.X
OS details: Linux 2.6.20-1 (Fedora Core 5)

TRACEROUTE (using port 80/tcp)
HOP RTT ADDRESS
[Cut first seven hops for brevity]
8    10.59   so-4-2-0.mpr3.pao1.us.above.net (64.125.28.142)
9    11.00   metro0.sv.svcolo.com (208.185.168.173)
10   9.93    scanme.nmap.org (64.13.134.52)

Nmap done: 1 IP address (1 host up) scanned in 17.00 seconds
```

파일명이나 애플리케이션 명령 등과 같은 특정 표시를 위해 특별한 형식을 사용했다. 표 1은 가장 많이 사용한 스타일을 보여준다.

특정 표시	예
리터럴 문자열	closed나 filtered로 보고되는 포트보다 나는 open 상태의 포트가 훨씬 흥미롭다.
커맨드라인 옵션	가장 멋지지만 가장 잘 알려지지 않은 엔맵 옵션 중의 하나는 --packet-trace다.
파일명	입력 파일명에는 다음과 같이 -iL 옵션을 따른다. C:\net\dhcp-leases.txt나 /home/h4x/hosts-to-pwn.lst.
강조	학교나 직장에서 엔맵을 사용해 은행이나 군을 공격하는 것은 나쁜 아이디어다.
애플리케이션 명령	Matrix를 명령 nmap -v -sS -O 10.2.2.2로 스캔한 트리니티
대체 가능한 변수	<원본> 시스템을 운영하는 엔맵이 되게 하고, <대상>은 Microsoft.com이 되게 한다.

표 1 스타일

참고 자료

이 책이 엔맵의 중요한 참고 자료지만 이것이 유일한 것은 아니다. http://nmap.org에 있는 엔맵 웹페이지는 다운로드만을 위한 것은 아니다. 이 웹사이트는 엔맵 개발자와 써드파티가 제공하는 상당량의 문서를 제공한다. 예를 들어 수십여 개의 언어로 번역된 엔맵 레퍼런스 가이드를 이 웹사이트에서 구할 수 있다. 엔맵을 다루는 다른 책이나, 비디오, 기사들도 이용 가능하다.

이 책의 공식 웹페이지는 http://nmap.org/book/이며, 한국어판에 대한 도서정보는 http://www.acornpub.co.kr/book/nmap에서 볼 수 있다.

모든 심각한 엔맵 사용자들은 엔맵과 Insecure.Org에 관해 발표하는 nmap-hackers 메일링 리스트를 구독해야 한다. 아주 중요한 내용만을 공지하기 때문에 트래픽은 아주 적다(매년 약 6개의 포스트). 개발자들과 특히 헌신적인 사용자들은 nmap-dev 메일링 리스트를 구독할 수도 있다. 트래픽은 훨씬 더 무겁지만(한 달에 수백 개의 포스트) 새로운 특성들이 배포되기 전에 그에 대해 배우고, 시도해 볼 수 있으므로, 고급 사용자들로부터 팁을 얻을 수 있는 굉장한 곳이다. 이 두 목록의 구독 정보와 아카이브는 http//seclist.org에서 이용 가능하다.

엔맵이 유용한 반면에 모든 보안 문제를 해결해 줄 수는 없다. 매년 나는 수천 명의 엔맵 사용자의 설문조사를 통해 사용자들이 어떤 다른 도구를 좋아하는지를 결정한다. 그 목록은 http://sectools.org에 포스팅이 되는데, 가장 인기 있는 웹사이트 중 하나가 됐다. 목록을 읽어보면 여러분이 들어본 적도 없는 많은 보석들을 발견할 수 있을 것이다. 대부분의 도구는 무료이고, 공개 소스다.

TCP/IP 레퍼런스

이 책은 여러분이 TCP/IP와 네트워킹 개념을 어느 정도 알고 있다는 전제하에 쓰여졌다. 이 페이지에서 여러분은 OSI 7 계층 모델이나 버클리 소켓 API의 자세한 내용을 찾을 수는 없을 것이다. TCP/IP에 대한 통합적이고 이해하기 쉬운 가이드를 위해 나는 찰스 코지록Charles Kozierok이 쓴 『TCP/IP 가이드』나 W. 리차드 스티븐스W. Richard Stevens가 쓴 『TCP/IP 설명, 제1권』을 권한다.

TCP/IP를 잘 알고 있을 거라 예상하지만 우리도 때때로 패킷 헤더 필드와 플래그를 위한 바이트 오프셋을 잊어버리기도 한다. 이 절은 IPv4, TCP, UDP, ICMP 프로토콜에 대한 간단한 참고 도형과 필드에 대해 설명한다. 이 멋진 도형은

http://www.fatpipe.org/~mjb/Drawings에서 차용했고, 저자 Matt Baxter의 허락을 받고 사용했다.

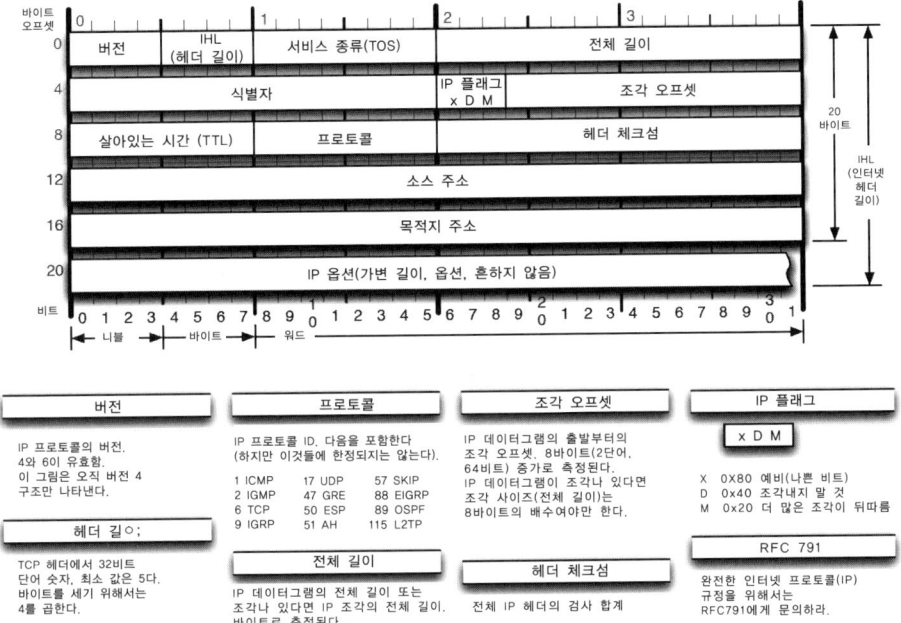

그림 1 IPv4 헤더

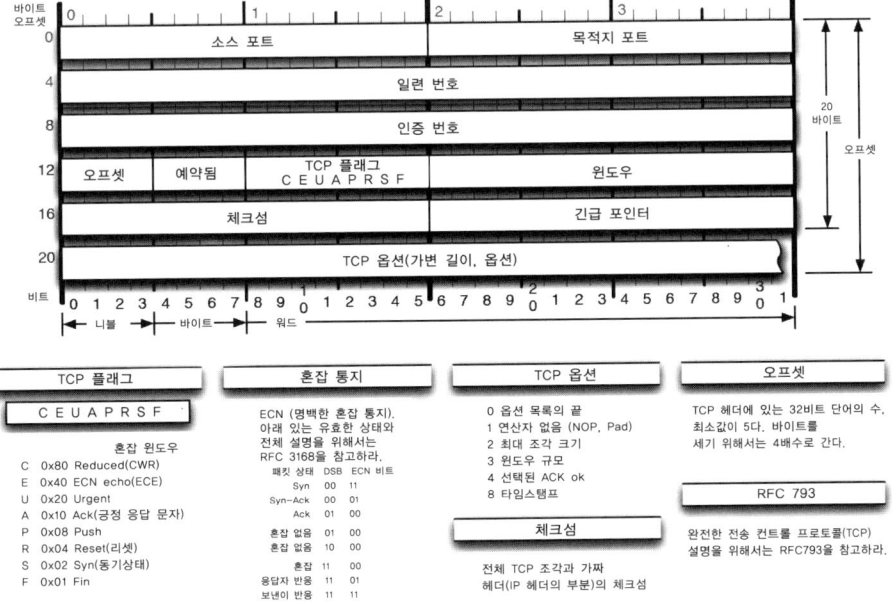

그림 2 TCP 헤더

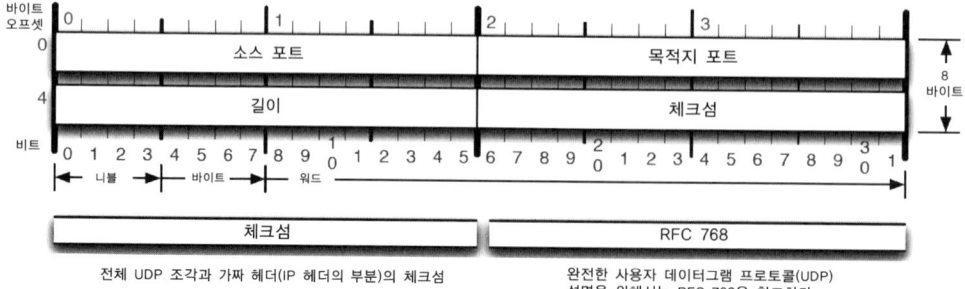

그림 3 UDP 헤더

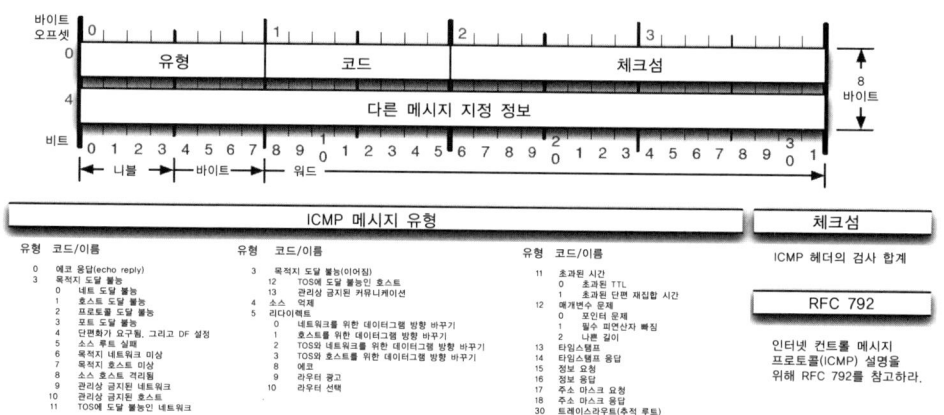

그림 4 ICMP 헤더

■■ 독자 리포트

이 책을 이해하기 쉽고, 정확하고, 최신 정보로 만들려고 최선을 다했지만 우리 모두는 실수하기 마련이다. 어떤 문제점을 발견하든지 이 책을 더 낫게 만들 수 있는 제안이 있다면 <fyodor@insecure.org>로 연락을 주기 바란다. 많은 독자와 공헌자의 공개된 소스 원칙은 소프트웨어를 위한 문서에도 가능하다. 다음 절에서 볼 수 있듯이 많은 사람이 이미 이 책을 성공적으로 만들기 위해 너그럽게도 그들의 소중한 시간과 능력을 제공해줬다.

엔맵(이 책 그 자체보다)에 관한 질문이나 코멘트가 있다면 '15.17 버그'에 설명된 엔맵 개발자 리스트로 보내면 가장 좋다.

01장

엔맵 네트워킹 스캐닝 시작

1.1 소개

엔맵Nmap, 네트워크 매퍼은 네트워크 조사와 보안 감사를 위한 무료 오픈소스 유틸리티다. 또한 수많은 시스템과 네트워크 관리자들은 엔맵이 네트워크 인벤토리와 서비스 업그레이드 스케줄 관리, 호스트나 서비스 가동 시간 모니터링 같은 작업에도 유용하다는 것을 알아냈다. 엔맵은 어떤 호스트가 네트워크에서 사용 가능하며, 그런 호스트가 어떤 서비스(애플리케이션 이름과 버전)를 제공하는지, 그런 호스트가 어떤 운영체제(그리고 운영체제 버전)를 운영하는지, 어떤 종류의 패킷 필터/방화벽이 사용되는지 등 수십 개의 특성을 결정하기 위한 새로운 방법으로 로우 IP 패킷을 사용한다. 엔맵은 거대한 네트워크를 재빨리 스캔하려고 설계됐지만 싱글 호스트 대상으로도 잘 동작한다. 엔맵은 모든 주요 컴퓨터 운영체제상에서 실행되며, 콘솔과 그래픽 버전 둘 다 사용 가능하다.

1장은 엔맵의 광범위한 개요와 엔맵이 보통 어떻게 사용되는지 알려주기 위해 이야기 형식을 사용한다. 중요한 법 관련 절은 사용자가 ISP 계정 취소나 민형사상 소송으로 이어질 수도 있는 논쟁의 여지가 있는 사용을 피할 수 있게(또는 최소한 그것을 깨달을 수 있게) 도와준다. 또한 1장에서는 엔맵 라이선스GNU GPL와 저작권 같은 사소한 이슈뿐만 아니라 원격 시스템과 충돌할 수 있는 위험에 대해서도 설명한다.

1.2 엔맵 개요와 예제

때때로 어떤 사항을 이해하는 최선의 방법은 실제로 일어나는 일을 보는 것이다. 이 절은 만들어낸 이야기지만 전형적인 환경하에서 사용되는 엔맵의 예를 보여준다. 엔맵 초보자들은 한 번에 모든 것을 이해하리라 기대해서는 안 된다. 여기서 다루는 내용은 단지 나중에 여러 장에서 다뤄질 특성의 개요일 뿐이다. 이 책 전반에 포함된 '해결책'은 수많은 보안 컨설턴트와 네트워크 관리자를 위한 여러 가지 잘 알려진 엔맵 작업을 보여준다.

[1.2.1] 아바타 온라인

펠릭스는 체계적인 작업을 많이 기대하지 않지만 의무적으로 12월 15일에 직장에 도착한다. 그가 일하는 작은 샌프란시스코 침투 테스팅 회사는 임박한 휴일로 인해 최근엔 조용했다. 펠릭스는 근무 시간을 최근 취미인 무선 랜 진단과 워드라이빙war driving 연구를 위한 강력한 와이파이Wi-Fi 안테나를 만드는 데 보낸다. 그럼에도 불구하고 펠릭스는 더 많은 일을 바란다. 어린 시절 네트워킹, 보안, 유닉스, 전화 시스템에 관해 배울 수 있는 모든 것을 배우는 데 시간을 보낸 이후로 해킹은 그의 취미였으며, 펠릭스는 해킹에 매료됐다. 가끔 호기심이 너무 지나쳐서 펠릭스는 1990년 선데빌 작전에 기소될 뻔도 했었다. 다행스럽게도 펠릭스는 보안 취약점에 대한 전문 지식을 얻으면서도 아무 범죄 기록 없이 청소년기를 보낼 수 있었다. 전문가로서 이전처럼 네트워크 침입 같은 작업을 수행할 수 있지만 이제 기소로부터 자유로울 수 있는 계약상의 특전(면제)이라는 이점과 함께 심지어 월급도 받는다! 펠릭스는 창의적인 탐구를 비밀로 유지하기보다는 보고서를 발표할 때 클라이언트 관리자(경영진)에게 자신의 능력을 뽐낼 수 있게 됐다. 그래서 펠릭스는 영업 부서가 마침내 아바타Avatar 온라인 게임 회사와의 모의 침투 테스트 계약이 성사됐다는 발표로 그의 안테나 수신을 방해했을 때도 실망하지 않았다.

아바타 온라인은 차세대 대중 멀티플레이어 온라인 롤플레잉 게임MMORPG을 만드는 작은 회사다. 닐 스티븐슨의 스노우 크래시로 기획한 메타버스Metaverse에 의해 영감을 얻은 그들의 제품은 환상적이지만 아직은 극비다. **Valve** 소프트웨어의 곧 공개될 게임 소스코드의 유출[1]을 보고 난 후에 아바타 온라인은 재빨리

---

1. http://www.smh.com.au/articles/2003/10/03/1064988378345.html

보안 컨설턴트를 고용했다. 펠릭스는 동료가 물리적 보안, 소스코드 검사, 사회 공학 작업을 하는 동안 외부(방화벽 밖에서부터의) 취약성이 존재하는지 검사한다. 펠릭스는 발견한 모든 취약점을 공격할 수 있게 허락 받았다.

취약점 검사의 첫 번째 단계는 네트워크 조사다. 이 탐색 단계는 대상 시스템이 어떤 IP 영역을 사용하는지, 어떤 호스트가 사용 가능한지, 그 호스트들이 어떤 서비스를 제공하는지, 일반적인 네트워크 기술 사항, 어떤 방화벽이나 필터링 정책이 동작하는지 식별한다.

스캔할 IP 범위를 측정하는 것은 일반적으로 ARIN(또는 다른 로컬 레지스트리) 검색, DNS 질의, 영역 전송 시도, 다양한 웹 조사 등을 포함하는 정교한 과정이다. 하지만 이 경우에는 침투 테스트할 네트워크 대역을 아바타 온라인이 명확하게 알려줬다. 즉, 6.209.24.0/24에 있는 회사 네트워크와 6.207.0.0/22에 있는 시스템이 운영/DMZ 시스템이다. 어쨌든 펠릭스는 ARIN IP 할당 기록을 체크하고 대상 IP 범주들이 아바타 온라인[2]에 속한다는 것을 확인했다. 펠릭스는 무의식적으로 CIDR 표기[3]를 해독하고 이것을 1,280 IP 주소로서 알아냈다. 아무 문제가 없었다.

펠릭스는 조심스러운 타입이므로 처음에는 엔맵 목록 스캔으로 알려진 -sL 옵션을 사용했다. 이 특징은 간단하게 주어진 대상 넷블록netblock에 있는 모든 IP 주소를 계산하고 각 IP 주소의 (-n이 지정되지 않은 이상) 역방향 DNS 조사를 한다. 이 작업을 맨 처음 하는 이유는 네트워크 운영자가 알지 못하게 조용히 스캔하기 위해서다. 호스트명은 잠재적인 취약점에 대한 힌트가 될 수 있고, 경고 벨[4]을 울리지 않고도 대상 네트워크를 이해하는 데 도움을 준다. 펠릭스는 또 다른 이유, 즉 IP 범위가 옳은지 이중으로 체크하기 위한 이유로 이런 작업을 한다. IP를 제공한 시스템 관리자가 실수를 했을 수도 있고, 잘못된 회사를 스캐닝하는 것은 끔찍한 결과를 불러올 수도 있기 때문이다. 아바타 온라인과의 계약

---

2. 이 IP 주소들은 사실 미국 Army Yuma Proving Ground에 등록돼 있는데, 이는 대포와 미사일, 탱크, 다른 엄청난 무기들을 테스트하기 위해 사용되는 주소다. 도덕적으로 우연히 엄청나게 민감한 네트워크를 건드리지 않도록 어느 대상을 스캔하는지 아주 조심해야 한다. 이 이야기의 결과에 나오는 스캔은 실제 아바타 온라인에 속하지 않은 가상의 주소다.
3. Classless Inter-Domain Routing(CIDR) 표기는 A 클래스(CIDR/8), B 클래스(CIDR/16), C 클래스(CIDR/24) 표기보다 더 많은 개체가 있는 네트워크를 설명하는 방법이다.
4. 대상 네임서버가 펠릭스의 네임서버에서부터 의심스러운 다발의 역방향 DNS 문의를 로그할 것이기 때문에 가능하지만 대부분의 기관은 그런 로그를 보존하지도 않을 뿐만 아니라 그런 로그들을 거의 분석하지도 않는다.

에 따라 아바타 온라인 회사의 네트워크를 침투하는 것에 대해서는 감옥행을 피할 수 있지만 펠릭스가 우연히 다른 회사의 서버를 공격하면 바로 감옥으로 갈 수 있다! 그가 사용하는 명령과 결과를 발췌해 예제 1.1에 보여준다.

예제 1.1 아바타 온라인 IP 주소에 대한 엔맵 목록 스캔

```
felix> nmap -sL 6.209.24.0/24 6.207.0.0/22

Starting Nmap ( http://nmap.org )
Host 6.209.24.0 not scanned
Host fw.corp.avataronline.com (6.209.24.1) not scanned
Host dev2.corp.avataronline.com (6.209.24.2) not scanned
Host 6.209.24.3 not scanned
Host 6.209.24.4 not scanned
Host 6.209.24.5 not scanned
...
Host dhcp-21.corp.avataronline.com (6.209.24.21) not scanned
Host dhcp-22.corp.avataronline.com (6.209.24.22) not scanned
Host dhcp-23.corp.avataronline.com (6.209.24.23) not scanned
Host dhcp-24.corp.avataronline.com (6.209.24.24) not scanned
Host dhcp-25.corp.avataronline.com (6.209.24.25) not scanned
Host dhcp-26.corp.avataronline.com (6.209.24.26) not scanned
...
Host 6.207.0.0 not scanned
Host gw.avataronline.com (6.207.0.1) not scanned
Host ns1.avataronline.com (6.207.0.2) not scanned
Host ns2.avataronline.com (6.207.0.3) not scanned
Host ftp.avataronline.com (6.207.0.4) not scanned
Host 6.207.0.5 not scanned
Host 6.207.0.6 not scanned
Host www.avataronline.com (6.207.0.7) not scanned
Host 6.207.0.8 not scanned
...
Host cluster-c120.avataronline.com (6.207.2.120) not scanned
Host cluster-c121.avataronline.com (6.207.2.121) not scanned
Host cluster-c122.avataronline.com (6.207.2.122) not scanned
Host cluster-c123.avataronline.com (6.207.2.123) not scanned
Host cluster-c124.avataronline.com (6.207.2.124) not scanned
```

```
...
Host 6.207.3.253 not scanned
Host 6.207.3.254 not scanned
Host 6.207.3.255 not scanned
Nmap done: 1280 IP addresses scanned in 331.49 seconds
felix>
```

결과를 읽어 내려가면서 펠릭스는 역방향 DNS 엔트리가 있는 모든 시스템들은 아바타 온라인 네트워크에 포함된다는 것을 알아낸다. 다른 어떤 회사도 IP 영역을 공유하는 것 같지 않다. 게다가 이 결과들을 통해 펠릭스는 얼마나 많은 시스템이 사용되고 있는지에 대한 대략적인 아이디어와 이 시스템들이 무엇을 위해 사용되는지 아이디어를 얻는다. 펠릭스는 이제 좀 더 깊이 들어가서 포트 스캔을 하려고 한다. 네트워크상에 리스닝하고 있는 애플리케이션과 각 서비스의 버전 번호를 알아내기 위해 엔맵 기능을 사용한다. 또한 엔맵이 운영체제 핑거프린팅으로 알려진 로우레벨의 TCP/IP 조사 시리즈를 통한 원격 운영체제를 추측하게 시도한다. 이런 종류의 스캔은 공격을 숨길 수 없지만 펠릭스는 걱정하지 않는다. 그는 아바타 온라인의 관리자가 이런 노골적인 스캔을 알아차렸는지 아닌지에 관심이 있다. 잠깐 생각한 후에 펠릭스는 다음 명령을 시도한다.

```
nmap -sS -p- -PS22,80,113,33334 -PA80,113,21000 -PU19000 -PE -A -T4 -oA
avatartcpscan-121503 6.209.24.0/24 6.207.0.0/22
```

이 옵션들은 다른 장에서 자세하게 설명하므로 여기서는 간략하게 살펴본다.

- **-sS** SYN 스캔으로 알려진 효율적인 TCP 포트 스캐닝 기술을 사용한다. 펠릭스가 UDP 스캔을 사용하려 했다면 끝에 U를 첨부할 수도 있었지만 나중을 위해 잠시 아껴뒀다. SYN 스캔은 기본 스캔의 일종이지만 확실하게 언급한다고 해서 나쁠 것은 없다.

- **-p-** 엔맵이 1에서 65535까지의 모든 포트를 스캔하게 요청한다. 기본 스캔은 1에서 1024까지의 포트만을 스캔하며, **nmap-service** 데이터베이스에서 명확히 언급되는 약 600개의 다른 포트도 추가한다. 옵션 형태는 단순히 -p1-65535로 매우 간단하다. 포트 전체 범위를 스캔하려 했다면 -p0-65535로 좀 더 세분화시킬 수도 있었다. -p 옵션은 아주 유용한 구문으로, UDP와 TCP 포트의 다른 집합까지도 허용한다.

- **-PS22,80,113,33334 -PA80,113,21000 -PU19000 -PE** 호스트가 실제로 사용 가능한지 측정하고 사용하지 않는 IP 주소를 스캐닝하는 데 시간을 낭비하지 않도록 조합으로 사용되는 핑 타입이다. 이 특별한 요청은 TCP SYN 패킷을 포트 22, 80, 113, 33334로 보내고, TCP ACK 패킷을 포트 80, 113, 21000으로 보내며, UDP 패킷을 포트 19000으로 보낸다. 또한 정상적인 ICMP 에코가 패킷을 요청한다. 엔맵이 탐색 요청 중 어떤 대상으로부터든지 대상 호스트로부터 응답을 받으면 엔맵은 이 호스트가 살아 있으며 스캐닝 가능하다고 판단한다. 이것은 단순히 에코 요청을 보내고 ACK 패킷을 포트 80으로 보내는 엔맵 기본값보다 더 대규모다. 침투 테스트 상황에서는 살아 있지 않는 호스트처럼 보여도 모든 호스트를 스캔하고 싶을 것이다. 결국 여러분이 선택한 조사를 무시하는 것과 같은 방법으로 엄격하게 필터될 수 있지만 일부 다른 포트는 이용 가능할지도 모른다. 위에 있는 모든 옵션 대신 **-PN** 옵션을 지정하면 사용 가능한 호스트를 보여주는지 아닌지 모든 IP를 스캔한다. 스캔이 끝나는 데 하루 이상 걸릴 수 있기 때문에 펠릭스는 백그라운드로 스캔을 시작한다.

- **-A** 이 옵션은 운영체제와 서비스 탐지 같은 고급화되고 공격적인 특징을 설정한다. 이 책을 쓰는 시점에서는 **-sV, -sC, -O --traceroute**(버전 탐지, 엔맵 스크립팅 엔진, 원격 운영체제 탐지, 트레이스라우트)를 한꺼번에 포함하는 옵션이다. 더 많은 특성이 나중에 **-A**에 추가될지도 모른다.

- **-T4** 시간을 aggressive 레벨(5 중 4)에 맞춘다. 이것은 -T aggressive를 지정하는 것과 같지만 입력하기도 더 쉽고 철자를 제대로 쓰기에도 더 쉽다. -T4 옵션은 여러분과 대상 네트워크 사이의 연결이 다이얼호출 방식의 모뎀보다 더 빠를 때 권장한다.

- **-oA avatarcpscan-121503** 출력은 확장자가 nmap, xml, gnmap인 **avatartcpscan-121503.<확장자>**라는 이름의 파일에 모든 형식(normal, XML, grapable)으로 나타난다. 모든 출력 형식은 시작 날짜와 시각을 포함하지만 펠릭스는 파일명에 날짜를 명시하는 것을 좋아한다. 정상적인 출력과 에러도 여전히 표준 출력[5]으로 보낸다.

---

[5]. stdout은 유닉스 xterm이나 윈도우 시스템의 커맨드 창에서 엔맵이 실행될 때 시스템의 표준 출력 메커니즘을 표시하기 위한 'C' 표기법이다.

- **6.209.24.0/24 6.207.0.0/22** 앞서 설명한 아바타 온라인 네트워크 영역이다. CIDR 개념으로 주어졌지만 엔맵은 다른 여러 형태로 지정할 수 있게 한다. 예를 들어 6.209.24.0/24는 6.209.24.0-255처럼 지정할 수 있다.

천 개 이상의 IP 주소에 대한 포괄적인 스캔은 시간이 걸릴 수도 있으므로 펠릭스는 간단히 스캔을 백그라운드로 실행하고 다시 야기Yagi 안테나를 만들기 시작했다. 한두 시간 후에 펠릭스는 스캔이 끝났다는 것을 알아채고는 결과를 살펴봤다. 예제 1.2는 발견된 시스템 중 하나를 보여준다.

예제 1.2 AO 방화벽에 대한 엔맵 결과

```
Interesting ports on fw.corp.avataronline.com (6.209.24.1):
(The 65530 ports scanned but not shown below are in state: filtered)
PORT      STATE   SERVICE     VERSION
22/tcp    open    ssh         OpenSSH 3.7.1p2 (protocol 1.99)
53/tcp    open    domain      ISC BIND 9.2.1
110/tcp   open    pop3        Courier pop3d
113/tcp   closed  auth
143/tcp   open    imap        Courier Imap 1.6.X - 1.7.X
3128/tcp  open    http-proxy  Squid webproxy 2.2.STABLE5
Device type: general purpose
Running: Linux 2.4.X|2.5.X
OS details: Linux Kernel 2.4.0 - 2.5.20
Uptime 3.134 days
```

트레이닝을 잘 받은 사람의 경우에는 위 결과로 아바타 온라인의 보안 상태에 대한 상당량의 정보를 얻을 수 있다. 펠릭스는 처음에 역방향 DNS명(첫 번째 시스템은 분명히 그들의 회사 네트워크를 위한 방화벽이어야 한다)을 적었다. 그 다음 열이 중요한데, 보통 사람들은 종종 무시한다. 이에 따르면 첫 번째 시스템은 대다수의 포트가 필터된filtered 상태다. 이는 엔맵이 포트에 도달할 수 없다는 것을 의미하는데, 방화벽 규칙에 의해 차단돼 있기 때문이다. 몇 개의 선택된 것을 제외한 모든 포트가 이 상태라는 사실은 보안 능력의 표지다. 기본적으로 모든 포트를 막는 것은 좋은 보안 정책이다. 기본적으로 모든 포트를 막으면 누군가가 우연히 SunRPC(포트 111)을 해당 시스템에 열어두더라도 방화벽 규칙이 해당 SunRPC 포트로 통신해 공격하는 것을 막는 역할을 한다.

펠릭스는 그 후 차례로 모든 포트 라인을 살펴본다. 첫 번째 포트는 Secure Shell OpenSSH다. 이전 버전에 영향을 미치는 잠재적으로 활용 가능한 버퍼 관리 버그 때문에 많은 관리자가 이 버전을 업그레이드해서 주로 버전 3.7.1p2를 사용한다. 또한 엔맵은 오래된 SSHv1 프로토콜이 지원되는 것을 암시하며, SSH 프로토콜이 1.99라는 것을 알아차린다. 조심스런 시스템 관리자라면 신뢰할 만한 특정 IP 주소로부터 SSH 연결만을 허락하겠지만 어떤 이들은 관리자가 집에서 멀리 떨어져 있는 동안에도 비상 접속을 할 필요를 대비해서 오픈 액세스를 해야 한다고 주장하기도 한다. 보안은 종종 트레이드오프(한 부분을 강조하면 다른 부분이 약해지는 것)이기 때문에 이런 것은 이해할 수 있다. 펠릭스는 무차별 패스워드 대입 공격을 시도하기 위해 서버에 대한 SSH 사용자 목록을 노트에 적어둔다.

또한 펠릭스는 포트 53을 주목한다. 포트 53은 ISC BIND를 실행하는데, ISC BIND는 원격에서 공격할 수 있는 보안 취약점이 있다. 더 상세한 내용은 BIND 보안 페이지[6]를 참조하자. 기본 구조가 취약하지 않더라도 BIND 9.2.1은 잠재적으로 악용 가능한 버퍼 오버플로우 취약점이 있다. 펠릭스는 확인해보고 이 서버가 libbind 취약점은 존재하지 않지만 그것은 관심 외라는 것을 알아냈다. 이 서버는 거의 확실하게 외부에서 접근 가능한 네임서버에서 실행돼서는 안 된다. 방화벽은 외부의 불법적인 침입을 최소화하기 위해 반드시 필요한 포트만 열어놔야 한다. 게다가 이 서버는 어떤 도메인에도 믿을 만하지 않다. 진짜 네임서버는 프로덕션 네트워크상에 있다. 관리자는 아마도 방화벽 내의 클라이언트만이 이 네임서버에 접촉하게 할 생각이지만 오직 내부 인터페이스에서만 접속하도록 막는 것에 대해서는 별로 걱정하지 않았다. 펠릭스는 블록 전송 쿼리와 침투 쿼리를 사용해서 이 불필요한 서버로부터 중요한 정보를 얻으려고 시도한다. 펠릭스는 캐시 포이즈닝 공격을 시도할지도 모른다. Windowsupdate.microsoft.com이나 다른 중요한 다운로드 서버의 IP를 속여 넘김으로써 아마도 예상치 않았던 내부 클라이언트 사용자를 속여서 방화벽 뒤에 있는 완전한 네트워크에 펠릭스가 액세스할 수 있게 하는 트로이 목마 프로그램을 설치할 수 있을지 모른다.

다음 두 오픈 포트는 110(POP3)와 143(IMAP)이다. 114(auth)는 open 대신 closed라는 사실을 주목하자. POP3와 IMAP은 BIND처럼 이 서버에서 동작하고 있는 메일 검색 서비스다. 이 둘은 일반적으로 메일을 전송하고 (더 심하게는) 인증 자격을 암호화하지 않는다는 점에서 보안 위험을 갖고 있다. 사용자는 VPN가상 사설망

---

6. http://www.isc.org/products/BIND/bind-security.html

을 이용해야 하고, 메일을 내부 서버에서 점검해야 할 것이다. 또한 이런 포트들은 SSL 암호화로 보호돼 있다. 엔맵은 그 후 ssl/pop3와 ssl/imap 같은 서비스를 나열했을 것이다. 펠릭스는 사용자 목록과 암호를 사용해서 이런 서비스에 대한 공격을 추측하려고 할 것인데, 이는 SSH에 대한 것보다 훨씬 더 효과적일 것이다.

마지막 오픈 포트는 Squid 프록시다. 이것은 내부 클라이언트 사용을 위한 것이며, 외부(특히 방화벽상이 아닌)에서 접근할 수 없게 설정한 서비스다. 아바타 온라인 보안 관리자에 대한 펠릭스의 최초 긍정적 의견은 훨씬 더 떨어진다. 펠릭스는 이 프록시를 악용해서 인터넷의 다른 사이트와 연결할 수 있는지 테스트할 것이다. 스패머(스팸 사용자)와 악의적인 해커들은 흔적을 숨기기 위해 종종 프록시를 이런 식으로 사용한다. 더 치명적으로 펠릭스는 프록시를 통해 내부(internal) 네트워크에 들어가게 시도할 것이다. 이 흔한 공격은 아드리안 라모[7]가 2002년에 뉴욕 타임즈 내부 네트워크를 깨고 들어간 방법이다. 라모는 뉴욕 타임즈와 다른 회사들[8]에 대한 그의 신나는 모험을 자랑하기 위해 리포터에게 전화를 한 후 경찰에 검거됐다.

그 다음 열은 이것이 리눅스 시스템이라는 것을 보여주는데, 이는 공격을 시도할 때 아주 중요한 정보다. 마지막 줄은 현재 시스템이 부팅 후 동작한 시간이 3일 조금 넘었다는 것을 보여준다.

펠릭스는 그 후 예제 1.3과 같은 또 다른 장치의 엔맵 출력을 확인한다.

예제 1.3 또 다른 흥미로운 아바타 온라인(AO) 장치

```
Interesting ports on dhcp-23.corp.avataronline.com (6.209.24.23):
(The 65526 ports scanned but not shown below are in state: closed)
PORT       STATE      SERVICE          VERSION
135/tcp    filtered   msrpc
136/tcp    filtered   profile
137/tcp    filtered   netbios-ns
138/tcp    filtered   netbios-dgm
139/tcp    filtered   netbios-ssn
445/tcp    open       microsoft-ds     Microsoft Windows XP microsoft-ds
1002/tcp   open       windows-icfw?
```

---

7. http://en.wikipedia.org/wiki/Adrian_Lamo

8. http://www.securityfocus.com/news/340

```
1025/tcp    open    msrpc           Microsoft Windows msrpc
16552/tcp   open    unknown
Device type: general purpose
Running: Microsoft Windows NT/2K/XP
OS details: Microsoft Windows XP Professional RC1+ through final release
```

펠릭스는 네트워크상에서 이 윈도우 XP 박스를 찾았을 때 미소를 지었다. 많은 마이크로소프트 RPC 취약성 덕분에 운영체제 패치가 최신이 아니라면 첫 번째 시스템은 공격에 성공하기 쉬울 것이다. 두 번째 열은 기본 상태가 closed라는 것을 보여주는데, 이는 방화벽이 첫 번째 시스템에 대해 기본적으로 모든 포트를 막는 정책을 갖고 있지 않다는 점을 의미한다. 그 대신 135-139상에 위험하다고 생각되는 윈도우 포트를 막으려고 노력했다. 마이크로소프트가 MS RPC 기능을 윈도우 XP에 있는 많은 다른 포트에 열어놨기 때문에 이 필터는 안타깝게도 적절하지 않다. TCP 포트 445와 1025가 이 스캔에서의 두 예다. 엔맵이 16552를 인식하는 데 실패했지만 펠릭스는 이 포트가 MS 메신저 서비스라는 것을 잘 알고 있다. 아바타 온라인이 기본적으로 모든 포트를 막는 정책을 사용했다면 포트 16552는 처음부터 접근 가능하지 않았을 것이다. 결과를 살펴보면서 펠릭스는 이 DHCP 네트워크상의 여러 다른 윈도우 장치를 알 수 있었다. 펠릭스는 발견된 호스트에 대해 그가 가장 좋아하는 DCOM RPC exploit를 사용하고 싶어 참을 수 없었다. 이 DCOM RPC는 HD Moore가 만든 것인데 http://www.metasploit.com/tools/dcom.c에서 찾을 수 있다. 이것이 실패하면 펠릭스가 시도해 볼 몇 가지 새로운 MS RPC 취약성이 있다.

펠릭스는 네트워크를 공격하는 데 사용할 수 있는 취약점을 찾기 위해 계속해서 결과를 분석했다. 운영 네트워크상의 gw.avataronline.com이 시스템을 위한 방화벽으로 동작하는 시스코Cisco 라우터라는 것을 알아냈다. 해당 방화벽은 수많은 취약한 SunRPC와 해당 네트워크에 접근 가능한 다른 서비스들을 남겨두면서 특별히 허가된 포트(1024 이하인 것들)만을 막는 트랩이다. clust-* 같은 이름을 가진 시스템은 엔맵이 인식하지 못하는 수십 개의 열린 포트를 갖고 있다. 열린 포트들은 아바타 온라인 게임 엔진을 실행하는 수정된 데몬들일 것이다. www.avataronline.com은 HTTP와 HTTPS 포트상에 열린 아파치Apache 서버가 있는 리눅스 박스다. 불행히도 www.avataronline.com은 OpenSSL 라이브러리의 활용 가능한 버전과 링크돼 있다. 이런! 해가 지기도 전에 펠릭스는 회사와 운영 네트워크의 호스트에 대해 특별히 허가된 접근을 이미 획득했다.

펠릭스가 보여준 것처럼 엔맵은 보안 감사자와 네트워크 관리자가 클라이언트/회사 네트워크의 취약점을 찾아내기 위해 종종 사용된다. 다음 장들은 다른 엔맵 특성뿐만 아니라 펠릭스가 사용한 기술들을 훨씬 더 상세하게 묘사한다.

[1.2.2] 인류 구하기

그림 1.1 트리니티가 습격을 시작한다

트리니티는 꽤 곤경에 빠져있다! 우리가 당연시 여겼던 세계가 사실은 기계 신에 의해 운영되는 가상 '매트릭스'라는 것을 발견한 이후로 트리니티는 인류를 이 정신적 노예에서 구하기 위해 싸우기로 결심한다. 설상가상으로 해방된 인간의 지하 콜로니(시온)가 250,000개의 강력한 외부 파수꾼(센티널)에 의해 공격을 받고 있다. 그녀의 유일한 희망은 5분 이내로 28개 도시 블록의 비상 전원 시스템을 차단해야 한다는 사실이다. 이전 팀은 시도 중에 모두 죽었다. 모든 희망이 사라진 어두운 삶의 순간에 여러분은 무엇에 의지하겠는가? 물론 엔맵! 하지만 아직은 아니다.

그녀는 먼저 경계 보안, 즉 많은 네트워크에 설치된 방화벽과 침입탐지 시스템 IDS을 무찔러야 한다. 그녀는 이런 장치들을 교묘하게 피해가는 고급 기술을 잘 알고 있다(이 책 나중에 이 부분을 다룬다). 불행히도 비상 전원 시스템 관리자가 그런 중대한 시스템을 인터넷에 직접 연결하는 것이 위험하다는 점을 알고 있었다. 어떤 소스 라우팅 양이나 IP ID를 속여 넘기는 스캐닝이 트리니티가 이 '공극air gap' 보안을 뛰어넘게 도와주지는 못할 것이다. 트리니티는 근처 빌딩의 지붕에서 오토바이를 점프시켜 전원 스테이션 파수 포스트에 착지한 후 보안 파수꾼들을 기습하는 기발한 계획을 재빨리 고안해 낸다. 이 고급 기술은 어떤 물리적 보안 안내서에서도 다뤄지지는 않지만 꽤 효과가 있다고 증명된다. 이 설명은 해커들이 판에 박힌 스크립트에 쓰여진 대로 행동하는 아이라기보다는 얼마나 영리하게 조사하고 공격을 시도하는지 보여준다.

트리니티는 싸우면서 컴퓨터실로 접근해 터미널에 앉는다. 그녀는 재빨리 네트워크가 사설 10.0.0.0/8 네트워크 주소 공간을 사용한다는 사실을 알아낸다. 네트워크 주소에의 핑ping을 통해 수십 개의 장치에서 반응을 얻는다. 엔맵 핑 스캔은 사용 가능한 장치의 포괄적인 목록을 제공하지만 브로드캐스팅 기술을 사용하면 일 초 일 초를 아껴준다. 그 후 그녀는 엔맵을 꺼낸다.[9] 터미널에는 버전 2.54BETA25가 설치돼 있다. 이 버전은 예전 버전으로(2001년) 새로운 버전보다 덜 효율적이지만 트리니티는 미래로부터 더 나은 버전을 설치할 시간이 없었다. 이 작업은 어쨌든 오래 걸리지는 않을 것이다. 그녀는 `nmap -v -sS -O 10.2.1.3` 명령을 실행시킨다. 이것은 TCP SYN 스캔을 실행하고 10.2.1.3에 대한 운영체제 탐지를 실행시켜 자세한 출력을 제공한다. 호스트는 보안에 상당히 취약한 상태(상당히 많은 열린 포트를 가진 AIX 3.2)인 듯하다. 불행히도 이 호스트는 그녀가 침투해야 할 장치가 아니다. 그래서 그녀는 같은 명령을 10.2.2.2에 대해 실행시킨다. 이번에는 대상 운영체제가 인식되지 않는다(그녀는 엔맵을 업그레이드시켰어야 했다!). 그리고 포트 22만 열린다. 이것은 관리 서비스를 암호화한 Secure Shell보안 쉘이다. 어떤 섹시한 PVC 옷을 입은 해커라 해도 그 즈음(2001년)의 많은 SSH 서버는 CRC32 보상 공격 탐지CRC32 compensation attack detector 취약점이 있다. 트리니티는 모든 조합 가능한 코드를 꺼내 대상 박스의 루트 암호를 `Z10N0101`로 바꾸기 위한 조합을 사용한다. 트리니티는 일반적인 상황에서는 훨씬 더 안전한 암호를 사용한다. 그녀는 루트에 로그인해서 딱 제시간에 28블록에 대한 비상 백업 전원을 사용 불가능하게 만드는 명령을 내린다. 그림 2.1을 보면 트리니티가 공격에 이용한 엔맵의 실행 결과를 살펴볼 수 있다.

---

9. 이전 팀의 섹시한 가죽 옷을 입은 공격자가 사실 세션을 시작했다. 그녀가 언제 죽어 남은 작업을 트리니티에게 남겼는지는 알 수 없다.

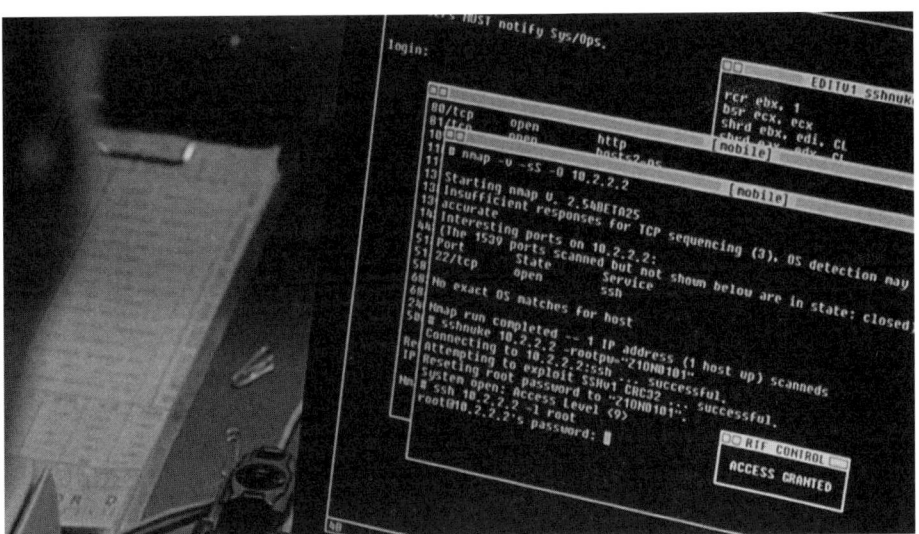

그림 1.2 트리니티가 매트릭스를 스캔한다

게다가 전체 해킹을 보여주는 터미널 뷰 비디오가 인터넷에서 이용 가능하다.[10] 적어도 MPAA가 알아내서 웹마스터 다음에 파수꾼(센티넬)이나 변호사에게 보낼 때까지는 말이다.

[1.2.3] 이상한 나라의 MadHat

이 이야기는 실제 이야기라는 점에서 이전 트리니티의 이야기와는 다르다. 빈번한 엔맵 사용자와 공헌자 MadHat에 의해 쓰여져 어떻게 대규모의 회사에서 일상적인 사용을 위해 엔맵을 발전시키고 커스터마이즈했는지 명한다.

진정한 오픈소스 정신으로 이런 귀중한 스크립트를 그의 웹사이트에[11] 공개했다. IP 주소는 법인 신원을 보호하기 위해 바꿨다. 이 절의 나머지 부분은 MadHat 자신의 이야기다.

지난 수십 년간을 컴퓨터를 배우며 기술 지원자에서 시스템 관리자의 위치에 이르기까지 일을 해오며 주요한 인터넷 회사에서 내가 꿈꾸던 직업인 정보 보안 임원Information Security Officer까지 한 후에 나는 자신에게 문제가 있다는 사실을 발견했다. 회사가 관리하는 전체 IP 공간을 모니터링하는 보안 책임이 오직 나에게만 주어졌다는 것이었다. 이것은 몇 년 전에 내가 일을 시작했을 때 전 세계적

---

10. http://nmap.org/movies.html

11. http://www.unspecific.com/nmap/

으로 약 50,000 호스트였는데, 그 이후로 두 배가 됐다.

이 모든 장치의 잠재적 취약점을 매달 검사와 분기별 검사 부분으로 스캐닝하는 작업은 매우 힘들지만 경영진은 매일 검사하기를 원했다. 공격자들이 새롭게 노출되는 취약점을 악용하기 위해 일주일이나 한 달을 기다리지 않을 것이고, 그래서 나도 패치를 찾기 위해 그만큼 길게 기다릴 수도 없다. 도구를 찾으면서 나는 재빨리 포트 스캐너로 엔맵을 선택했다. 엔맵은 가장 좋은 스캐너로 널리 알려졌으며 나는 네트워크를 트러블슈팅하고 보안을 테스트하기 위해 엔맵을 이미 수 년 동안 사용해 왔다. 다음으로 엔맵 출력을 모으고 각 실행 사이의 차이점을 프린트하기 위한 소프트웨어가 필요했다. 나는 HD Moore의 Nlog를 포함한 기존의 몇 가지 도구를 고려했다.[12] 불행히도 이 도구 중 내가 원하는 방식으로 수행하는 도구는 없었다. 나는 라우터나 방화벽 액세스 컨트롤 목록이 잘못 구성됐는지, 아니면 호스트가 공개적으로 부적절한 내용을 공유하고 있지는 않는지 알아야 했다. 또한 이 다른 해결책의 비례 축소가 가능한지도 걱정됐다. 그래서 그 문제에 나 스스로 태클을 걸어보기로 결정했다.

첫 번째 떠오른 이슈는 속도였다. 우리 회사가 관리하는 네트워크는 전 세계에 위치해 있지만 스캐닝을 하기 위한 시스템으로 오직 미국에 위치한 하나의 호스트만 제공받았다. 많은 경우에 나라 사이의 방화벽은 스캐닝 속도를 상당히 느리게 만든다. 100,000개의 모든 호스트를 스캐닝하는 데는 30시간이 넘게 걸리는데, 하루 스캔으로는 감당하기 어려운 작업이다. 그래서 나는 운영체제 탐지를 포함하면서도 15시간으로 스캔 시간을 줄이기 위해 수많은 엔맵 프로세스를 병렬로 실행시키는 엔맵 래퍼nmap-wrapper라는 스크립트를 만들었다.

다음 문제는 그 많은 데이터를 다루는 것이었다. SQL 데이터베이스가 확장성과 데이터마이닝에 대한 최선의 방법이지만 시간의 압박 때문에 이 아이디어를 포기해야만 했다. 엔맵의 다음 버전은 SQL 데이터베이스를 지원할지도 모른다. 대신 매일 각 C 클래스 주소 범위의 결과를 저장하기 위해 플래그 파일을 사용했다. 이 정보를 분석하고 저장하는 가장 강력하고 확장할 수 있는 방법은 엔맵 XML 포맷이었지만 간단한 스크립트를 분석하는 데 용이한 'grepable'(-oG 옵션) 포맷을 선택했다. 호스트당 타임스탬프는 보고하는 목적으로도 저장된다. 호스트당 타임스탬프를 저장해 놓으면 관리자가 시스템이나 스캐너상의 서비스 충돌 책임을 회피하려 할 때 꽤 유용하다고 증명됐다. 스캔이 오전 9시 45분에 실행됐

---

12. http://www.securiteam.com/tools/3T5QMQ0NFK.html

다는 증거를 내가 갖고 있을 때 관리자가 7시 12분에 서비스가 충돌했다고 주장할 수 없다.

스캔을 통해 시스템에 추가적인 접근 없이도 풍부한 데이터를 얻을 수 있다. 기본 유닉스 diff 도구는 내가 관심을 갖는 변화만을 보여줄 만큼 충분히 영리하지 않으므로 매일의 변화 결과를 얻기 위해 **nmap-diff**라는 이름의 펄Perl 스크립트를 썼다. 전형적인 출력 보고는 예제 1.4에서 보여주는 것과 같다.

예제 1.4 nmap-diff 전형적인 출력

```
> nmap-diff.pl -c3
  5 IPs showed changes
  10.12.4.8 (ftp-box.foocompany.biz)
          21/tcp     open    ftp
          80/tcp     open    http
         443/tcp     open    https
        1027/tcp     open    IIS
      + 1029/tcp     open    ms-lsa
       38292/tcp     open    landesk-cba
  OS: Microsoft Windows Millennium Edition (Me)
      Windows 2000 Professional or Advanced Server
      or Windows XP

  10.16.234.3 (media.foocompany.biz)
          80/tcp     open    http
      +  554/tcp     open    rtsp
      + 7070/tcp     open    realserver

  192.168.10.186 (testbox.foocompany.biz)
      + 8082/tcp     open    blackice-alerts
  OS: Linux Kernel 2.4.0 - 2.5.20

  172.24.12.58 (mtafoocompany.biz)
      +   25/tcp     open    smtp
  OS: FreeBSD 4.3 - 4.4PRERELEASE

  172.23.76.22 (media2.foocorp.biz)
          80/tcp     open    http
        1027/tcp     open    IIS
      + 1040/tcp     open    netsaint
```

```
    1755/tcp    open    wms
    3372/tcp    open    msdtc
    6666/tcp    open    irc-serv
    7007/tcp    open    afs3-bos
OS: Microsoft Windows Millennium Edition (Me)
    Windows 2000 Professional or Advanced Server
    or Windows XP
```

경영자와 직원들은 내가 이 새로운 시스템을 회사 내부 보안 심포지움에서 발표했을 때 다들 감명을 받았다. 하지만 나에게 승리의 휴식을 취하게 해주기보다는 새로운 기능들을 요구했다. 그들은 메일과 웹서버의 수와 대역폭 예측, 그 외에도 많은 것을 원했다. 이 데이터는 모두 스캔에서 이용 가능하지만 접근하기에는 어려웠다. 그래서 나는 또 다른 펄 스크립트 nmap-report를 만들었는데, 이는 데이터 조회를 훨씬 더 쉽게 만들어준다. nmap-report는 열린 포트나 운영체제 같은 상세 내역을 얻고 주어진 날에 매치됐던 모든 시스템을 찾는다.

보안 모니터링에 대한 이 방법의 한 가지 문제점은 직원들이 항상 서비스를 IANA에 등록된 공식 포트에 두지는 않는다는 것이다. 예를 들어 웹서버를 포트 22(SSH)상에 두거나 반대일 수도 있다. 내가 어떻게 이 문제를 다루는지에 대해 고민하고 있을 때 엔맵은 고급 서비스와 버전 탐지하는 기능을 공개했다(7장 '서비스와 애플리케이션 버전 탐지' 참조). nmap-report는 이제 포트 번호에 기반해서 추측하기보다는 실제 서비스를 보고하기 위한 버전 스캐닝 기능을 갖고 있다. 나는 다음 엔맵 버전에서 버전 탐지 기능이 더 확장되고 통합되기를 바란다. 예제 1.5는 nmap-report 목록 FTP 서버를 보여준다.

예제 1.5 nmap-report 실행

```
> nmap-report -p21 -rV
[...]
172.21.199.76 (ftp1.foocorp.biz)
  21/tcp    open    ssl|ftp    Serv-U ftpd 4.0

192.168.12.56 (ftp2.foocorp.biz)
  21/tcp    open    ftp        NcFTPd

192.168.13.130 (dropbox.foocorp.biz)
  21/tcp    open    ftp        WU-FTPD 6.00LS
```

완벽하진 않지만 이 스크립트는 광범위한 네트워크의 변화를 경제적으로 모니터링하는 데 꽤 가치가 있다는 것을 스스로 증명해보였다. 엔맵 자체가 오픈소스이므로 나의 스크립트도 대중에게 공개하는 게 꽤 공평하다고 여겨졌다. 내가 작성한 스크립트들을 http://www.unspecific.com/nmap에서 자유롭게 사용할 수 있게 했다.

1.3 엔맵 스캔의 단계

이제 엔맵의 몇 가지 응용을 봤으니 엔맵 스캔이 실행될 때 어떤 일이 벌어지는지 살펴보자. 스캔은 여러 단계로 진행되는데, 각 단계는 다음 단계가 시작하기 전에 끝난다. 아래 단계에서 볼 수 있듯이 엔맵에는 단순한 포트 스캐닝뿐만 아니라 다양한 기능이 더 많이 있다.

- **대상 열거**Target enumeration 이 단계에서 엔맵은 사용자에 의해 제공된 호스트 식별자를 조사하는데, 호스트 DNS명, IP 주소, CIDR 네트워크 표기 등의 조합일 수도 있다. 엔맵이 여러분을 위해 대상을 선택하게 (`-iR`)을 사용할 수도 있다! 엔맵은 이런 식별자를 스캐닝하기 위해 IPv4나 IPv6 주소 목록으로 분석한다. 이 단계는 앞으로의 스캐닝을 위해 필수적이므로 건너뛸 수 없지만 IP 주소를 그냥 패스시켜 엔맵이 결과를 포워드할 수 없게 처리 과정을 간단화시킬 수 있다. `-sL -n` 옵션(역방향 DNS 해석이 없는 목록 스캔)을 지정한다면 엔맵은 대상을 화면에 보여주고 더 이상 스캐닝을 하지 않을 것이다. 이 단계는 '3.2 대상 호스트와 네트워크 목록 나열'과 '3.5.1 목록 스캔(-sL)'에서 설명한다.

- **호스트 발견**(핑 스캐닝) 네트워크 스캔은 보통 네트워크의 어떤 대상이 온라인인지 그래서 더 자세한 조사를 할 필요가 있는지를 결정하는 것에서 시작한다. 이 프로세스는 호스트 발견이나 핑 스캐닝으로 불린다. 엔맵은 여러 호스트 발견 기술을 제공하는데, 빠른 ARP 요청에서부터 TCP, ICMP, 여러 가지 조사 패킷의 정교한 조합까지 다양하다. 이 단계는 기본값으로 실행되지만 (모든 대상 IP들이 온라인이라는 가정하에) `-PN`(no ping) 옵션을 사용해 생략할 수 있다. 호스트를 발견한 후 스캐닝을 멈추려면 `-sP -n` 옵션을 지정한다. 호스트 발견은 3장의 메인 주제다.

- **역방향 DNS 레졸루션**Reverse-DNS resolution 엔맵이 어떤 호스트를 스캔할 것

인지 결정한 후에는 핑 스캔에 의해 온라인상에서 발견된 모든 호스트의 역방향 DNS명을 찾는다. 가끔 호스트명은 기능에 대한 힌트를 제공하며 이름을 사용하면 IP 숫자만 제공하는 것보다 보고서를 더 읽기 쉽다. 이 단계는 -n(no resolution)을 사용해서 생략할 수 있고, -R(모두 분석)로 모든 대상 IP(정지 상태에 있는 IP까지도)를 포함하게 확장할 수도 있다. 이름 분석은 '3.4 DNS 해석'에서 다룬다.

- **포트 스캐닝** 엔맵의 기본 기능이다. 프로브probe를 보내고 프로브에 대한 반응(또는 비반응)으로 원격 포트를 open, closed, filtered 상태로 분류하는 데 사용한다. 간단한 설명만으로 엔맵의 스캔 유형, 스캔의 설정, 스캔 속도와 정확성을 높이기 위한 알고리즘을 완벽히 알 수는 없다. 포트 스캐닝의 개요는 4장에서 설명한다. 알고리즘과 커맨드라인 옵션에 대한 자세한 내용은 5장에서 다룬다. 포트 스캐닝은 기본적으로 실행되는데, 포트 스캐닝을 건너뛰더라도 트레이스라우트와 병행하는 엔맵 스크립팅 엔진 단계를 핑 스캔(-sP)과 함께 특정 커맨드라인 옵션(--traceroute와 --script)을 지정해서 수행할 수 있다.

- **버전 탐지**Version detection 일부 포트가 열려 있는 것을 발견하면 엔맵은 어떤 서버 소프트웨어가 원격 시스템상에서 실행되고 있는지 확인할 수 있다. 다양한 프로브를 보낸 후 응답을 수천 개의 알려진 서비스 시그니처 데이터베이스와 비교해서 버전을 탐지한다. 버전 탐지는 -sV 옵션으로 사용 가능하다. 버전 탐지는 7장에서 자세히 다룬다.

- **운영체제 탐지**OS detection -O 옵션을 이용하면 엔맵은 운영체제 탐지를 실행한다. 각 운영체제는 미묘하게 다른 방법으로 네트워크 표준을 이행한다. 이 차이점을 측정해 원격 호스트에서 실행되는 운영체제를 확인할 수 있다. 엔맵은 표준 프로브 세트를 수천 개 이상의 알려진 운영체제 응답과 비교한다. 운영체제 탐지는 8장에서 자세히 다룬다.

- **트레이스라우트**Traceroute 엔맵에는 --traceroute 옵션으로 사용 가능한 최적화된 트레이스라우트 실행 기능이 있다. 이전 엔맵의 발견 단계에서 식별된 가장 유효한 프로브 패킷들을 사용해서 많은 호스트를 라우트하는 네트워크를 동시에 찾을 수 있다. 트레이스라우트는 보통 중간 단계 호스트에 대한 역방향 DNS 변환의 또 다른 방법을 포함한다. 자세한 내용은 '15.4 호스트 발견'에서 다룬다.

- **스크립트 스캐닝**Script scanning 엔맵 스크립팅 엔진NSE은 원격 시스템에 대한 더 많은 정보를 얻기 위해 특정 목적 스크립트의 모음을 사용한다. NSE는 Lua 프로그래밍 언어와 네트워크 정보 모음을 위해 설계된 표준 라이브러리를 통해 끊임없이 개선된다. 제공된 시스템 중에는 고급 버전 탐지, 서비스 취약점의 통지, 백도어와 다른 악성 소프트웨어의 발견 등이 있다. NSE는 방대한 주제이며, 9장에서 다룬다. NSE는 --script나 -sC 같은 옵션을 사용하지 않는 한 실행되지 않는다.
- **출력**Output 엔맵은 모든 정보를 수집하고, 화면이나 파일에 수집한 정보를 출력한다. 엔맵은 여러 가지 형식으로 출력할 수 있다. 기본값인 사람이 읽을 수 있는 형식(쌍방향의 형식)이 보통 이 책에서 사용된다. 또한 엔맵은 여러 방식 중에서 XML에 기반을 둔 출력 형식도 제공한다. 출력물의 입력과 출력은 13장의 주제다.

엔맵은 이런 단계 중 어느 단계를 실행할지 조정하는 많은 옵션을 제공한다. 광범위한 네트워크를 스캔하려면 각 단계가 여러 번 반복되는데, 엔맵이 호스트를 더 작은 그룹으로 다루기 때문이다. 엔맵은 각 그룹을 완전하게 스캔하고 그 결과를 출력한 후 다음 호스트를 스캔한다.

1.4 법적 이슈

엔맵은 올바르게 사용됐을 때 여러분의 네트워크를 침입자들로부터 보호해준다. 하지만 올바르지 않게 사용됐을 때 (드문 경우에) 여러분은 고소당하거나, 추방되거나, 감옥에 가거나, 여러분이 속한 네트워크의 ISP에 의해 차단 당할 수도 있다. 엔맵을 실행시키기 전에 이 법적 가이드를 읽음으로써 이런 위험을 줄여라.

[1.4.1] 권한을 받지 않은 포트 스캐닝이 범죄인가?

엔맵을 이용한 네트워크 스캐닝의 법적 효과는 복잡하며, 논쟁거리가 돼 제3기관들은 그 문제에 대한 의견을 널리 퍼뜨리기 위해 그림 1.3과 같은 T셔츠와 범퍼 스티커를 프린트했다.[13] 이 주제는 또한 많은 열정적이면서도 종종 비운영적인 논쟁과 플레임 워를 야기시켰다. 그런 토론에 참여할 기회가 있다면 다른 사람의

---

13. 이것들은 이젠 존재하지 않는 AmericanSushi.Com에서 가져온 것들이다.

현관문을 두드린다든지, 그의 문이나 창문이 잠겨 있는 지 테스트하는 등의 과다 사용과 잘못 맞춰진 비유를 피하려고 노력하라.

그림 1.3 포트 스캐닝의 합법성과 도덕성에 관한 강한 의견

나는 '포트 스캐닝이 불법이 돼서는 안 된다'라는 정서에는 동감하지만 T셔츠에서 법적 조언을 구하는 것은 그다지 현명하지는 않다. 실제로 소프트웨어 엔지니어나 저자에게 법적 조언을 구하는 것도 아주 조금 더 나을 뿐이다. 어떻게 법이 여러분의 특정한 상황에 적용되는지 좀 더 자세히 이해하려면 관할권(사법권, 재판권) 내의 유능한 변호사와 이야기하라. 도움이 될 수도 있는 일반적인 정보가 여기에 있다.

엔맵을 사용할 때 논쟁을 피하는 가장 좋은 방법으로 어떤 스캐닝을 시작하기 전에 대상 네트워크 관리자에게 허가를 받는다. 그들이 스캐닝을 눈치 채면(또는 대상 관리자가 우연히 ISP에 악의적인 리포트를 보낸다면) 여러분의 ISP가 문제될 소지가 여전히 있지만 이런 문제는 보통 풀기 쉽다. 침투 테스트를 수행할 때 테스트 권한이 작업 기술서에 명시돼 있어야 한다. 자신의 회사를 테스트할 때 이 작업이 고용계약서에 분명히 명시돼 있는지 확인하라. 보안 컨설턴트는 이런 상황에 대한 최상의 연습을 제공하는 훌륭한 오픈소스 보안 테스팅 방법 매뉴얼OSSTMM[14]에 익숙해야 한다.

---

14. http://www.osstmm.org/

민사와 (특히) 형사 소송은 엔맵 사용자의 악몽 같은 시나리오지만 이런 경우는 아주 드물다. 결국 어떤 미국 연방법도 명확하게 포트 스캐닝을 불법이라고 명시하지는 않는다. 더 흔하게 일어나는 사건은 대상 네트워크가 스캔을 알아채고 스캔이 시작됐던 (여러분의 ISP) 네트워크 서비스 제공자에게 불평을 보낼 것이다. 대부분의 네트워크 관리자는 그들의 네트워크에서 매일 발생하는 수많은 스캔을 상관하거나 알아채는 것 같지는 않다. 스캔 소스 ISP는 보고된 IP 주소와 시간에 해당하는 사용자를 찾아낸 후 해당 사용자를 비난하거나 서비스에서 쫓아낼지도 모른다. 권한이 없는 포트 스캐닝은 가끔 제공자의 허용 가능한 사용자 정책AUP에 대항한다. 예를 들어 거대한 케이블 모뎀 ISP 컴캐스트Comcast의 AUP는 최근에 다음과 같이 말한다.[15]

> 네트워크 조사나 포트 스캐닝 도구는 오직 거주지(홈) 네트워크와 함께 사용될 때만 또는 대상 호스트와(또는) 네트워크에 의해 권한을 명확히 부여 받은 경우에만 허용된다. 권한이 없는 포트 스캐닝은 어떤 이유에서건 엄격하게 금지된다.

ISP가 권한이 없는 포트 스캐닝을 명확하게 금지하지는 않는다 하더라도 몇 가지의 '안티 해킹anti-hacking' 규정의 적용을 주장할 수도 있다. 물론 이것이 포트 스캐닝을 불법으로 만드는 것은 아니다. 수많은 완벽하게 법적인 활동과 (미국에서) 합법적으로 보호받는 활동이 ISP에 의해 금지된다. 예를 들어 앞서 언급한 AUP도 '일반적인 사람이 반대할 만하고, 공격적이고, 부당하고, 포르노적이고, 당황스럽고, 비참하고, 저속하고, 미워할 만하고, 윤리적이나 인종적으로 공격적이고, 부적절하다고 생각되는 것은 어떤 종류의 정보나 자료도 그런 자료나 배포가 불법인 것과 상관없이' 사용자들이 전송하고, 저장하고, 글을 올리는 것을 금지한다. 다시 말해 일부 ISP는 다른 사람을 공격하거나 화나게 할 가능성이 있는 행동은 어떤 것이든 금지한다. 다른 사람의 네트워크/컴퓨터의 무차별적인 스캐닝은 그런 잠재력이 있다. 그런 논쟁적인 스캐닝을 어찌됐든 실행하고자 하면 절대로 직장이나 학교, 필수적인 생활과 관련된 장소에서 사용하지 마라. 대신 다이얼 업(dialup)이나 상용 브로드밴드 제공자를 사용하라. 여러분의 DSL 접속을 잃거나 제공자를 바꿔야 한다는 것은 조금 귀찮지만 쫓겨나거나 해고되는 것보다는 훨씬 더 낫다.

(뒤따른 해킹 공격 없는) 포트 스캐닝을 포함하는 법적인 경우가 드물긴 하지만 가끔 일어난다. 주목할 만한 경우는 체로키 주의 조지아 응급 911 시스템을 유지

---

15. http://www.comcast.net/terms/use.jsp

하기 위한 계약 상담을 하고 있었던 스콧 몰튼이라는 남자의 경우다. 1999년 12월, 스콧은 조지아 경찰서 칸톤과 E911 센터를 연결하는 라우터 설치 작업 중이었다. 이 작업이 E911센터 보안을 위험하게 할 수도 있다는 우려에서 관련된 네트워크 초기 포트 스캐닝을 시작했다. 그 과정 중 이코노믹 컨설팅 회사 VC3가 소유하고 유지하고 있었던 체로키 주 웹서버를 스캔했다. VC3가 스캔을 알아채고는 스콧에게 이메일을 보냈고, 스콧은 911 센터를 위해 일하고 있으며 보안을 검사하는 중이라고 답했다. 그러자 VC3는 그 활동을 경찰에게 보고했다. 스콧은 E911 유지 계약을 잃었고, 미국법 1030(a)(f)(B)[16]의 컴퓨터 위조와 남용에 관한 조항을 위반했다는 이유로 체포됐다. 이 법은 '권한 없이 고의적으로 보호된 컴퓨터에 접근해 그 결과 손상을 입힌'(그리고 그 필수요건에 부합하는) 누구에게나 적용되는 법이다. VC3가 주장한 손상이란 포트 스캔과 관련 활동을 조사하는 데 소비한 시간을 포함했다. 스콧은 VC3를 명예훼손으로 고소했고, VC3는 조지아 컴퓨터 시스템 보호 법령뿐만 아니라 컴퓨터 위조와 남용 법령에 대한 위반으로 맞고소했다.

스콧에 대한 민사 소송은 장점의 완전한 결여를 암시하며 재판 전에 기각됐다. 그 판결은 수많은 엔맵 사용자를 미소 짓게 만들었다.

> 법원은 원고의 권한 없는 포트 스캔과 피고의 서버에 대한 보안 검사를 수행한 행동이 조지아 컴퓨터 시스템 보호법과 컴퓨터 사기와 남용법에 위배되지 않는다고 생각한다. -Civ. Act. No. 1:00-CV-434-TWT (N.D. Ga. November 6, 2000)

이는 민사 소송에서 흥분되는 승리였지만 스콧은 여전히 형사 기소된 상태였다. 다행스럽게도 스콧는 정신을 가다듬고 nmap-hackers 메일링 리스트에 다음의 내용[17]을 보냈다.

> 나는 내가 컴퓨터 분야에서 전문가들의 권리를 보호하고 방어함으로써 컴퓨터 사회에 이익이 될 수 있었다는 점에서 자랑스럽지만 그런 노력을 지지하는 데 엄청난 비용이 들었고 그에 대해 전혀 행복하지 않습니다. 하지만 나는 계속 싸워나갈 것이며, 포트 스캐닝에는 어떤 불법도 없다는 것을 증명할 것입니다. 특히 내가 단지 나의 일을 묵묵히 했을 뿐일 때 말입니다.

---

16. http://www4.law.cornell.edu/uscode/18/1030.html
17. http://seclists.org/nmap-hackers/2001/0026.html

결국 형사 법정은 같은 결론을 내렸고 모든 고소는 기각됐다. 스콧이 결국 무고하다고 인정됐지만 그는 6자리 숫자의 법적 청구서로 힘든 시간을 보냈고, 법정 시스템과 수년간 싸우면서 받은 스트레스를 견뎌내야만 했다. 그 실낱 같은 희망은 기술적인 문제들에 대해 엄청난 시간 동안 변호사를 교육시킨 덕택이었으며, 스콧은 성공적인 위조 감별 서비스 회사를 시작했다.[18]

몰튼의 경우가 좋은 선례를 세운 반면에(법적 선례가 아니라면) 다른 법정이나 상황은 여전히 더 나쁜 결과를 가져올 수도 있다. 많은 주가 해당 주만의 컴퓨터 남용법을 갖고 있다는 것을 잊지 말라. 그 중 일부는 권한 없이 원격 장치를 핑하는 작업조차 불법으로 규정할 수 있다.[19]

다른 국가의 법도 마찬가지로 분명히 다르다. 예를 들어 한 17살 소년은 핀란드에서 단순히 은행을 포트 스캐닝했다는 이유로 컴퓨터 침입 시도에 따른 유죄를 선고 받았다.[20] 그는 대상 은행이 조사에 소비한 비용을 배상하는 것으로 벌금을 물었다. 몰튼 판정은 VC3 장치가 실제로 충돌했다면 달랐을 것이며, VC3는 법령에 의해 요구된 손해 배상 5,000달러를 받을 수 있었을 것이다.

또 다른 극단적인 예로 이스라엘 판사는 2004년 초기에 모사드 비밀 서비스 취약점 스캐닝에 대해 아비 미즈라히를 무죄 석방했다.[21] 아브라함 테넌바움 판사는 심지어 아비를 다음과 같이 칭송했다.

> 어떤 점에서 웹사이트의 취약점을 확인하는 인터넷 서퍼들은 공적인 이익을 위해 활동한다. 그들의 의도가 악의적이 아니고 어떤 손해도 야기시키지 않는다면 그들은 칭송 받아야 한다.

2007년과 2008년, 새로운 사이버 범죄법의 효력이 독일[22]과 영국[23]에서 발생됐다. 이 법은 '해킹 도구'의 배포, 사용, 심지어는 소유를 금지할 작정이다. 예를 들어 컴퓨터 남용법의 영국 수정안은 '컴퓨터 남용법을 위반하거나 위반에 도움에 될 것 같다고 믿으면서 프로그램 공급을 제안하는 것'을 불법으로 규정한다.

---

18. http://www.forensicstrategy.com/
19. 변호사 이든 프레스톤이 쓴 이 주제에 관한 훌륭한 기사는 http://grove.ufl.edu/~techlaw/vol6/issue1/preston.html에서 볼 수 있다. 또한 보안 정보를 공개하는 것에 대한 법적 위험과 관련된 기사도 썼으며, http://www.mcandl.com/computer-security.html에서 볼 수 있다.
20. http://insecure.org/stf/fin.html
21. http://www.theregister.co.uk/2004/03/01/mossad_website_hacker_walks_free/
22. http://www.beskerming.com/commentary/2007/08/12/249/German_Security_Professionals_in_the_Mist
23. http://www.theregister.co.uk/2008/01/02/hacker_toll_ban_guidance/

이 법은 이미 일부 보안 도구 제작자가 문을 닫거나 프로젝트를 다른 나라로 옮기게 했다. 문제는, 대부분 보안 도구는 네트워크를 방어하려는 윤리적인 전문가들(화이트 햇)과 네트워크를 공격하려는 자(블랙 햇) 둘 다에 의해 사용될 수 있다는 점이다. 이런 위험한 법은 도구 제작자나 사용자의 의도, 즉 주관적이고 간파하기 어려운 사실에 기반을 둔다. 엔맵은 인터넷 보안을 돕기 위해 고안됐는데, 나는 체포 당해 나의 의도를 판사와 배심원들 앞에서 방어하게 강요 당하는 것이 싫다. 이런 법은 엔맵 같이 널리 퍼져있고 인기 많은 도구에 영향을 끼치기 쉽지는 않겠지만 소소한 작은 도구나 컴퓨터 범죄자에 의해 흔히 남용되는 익스플로잇 프레임워크 같은 도구에게는 찬물을 끼얹는 효과를 가져왔다.

포트 스캐닝의 법적 권한과 상관없이 ISP 계정은 많은 불평이 생기면 계속해서 종료될 것이다. ISP의 남용적인 보고나 민사/형사 고소를 피하는 최선의 방법은 먼저 대상 네트워크 관리자를 화나게 하지 않는 것이다. 자, 여기에 몇 가지 실용적인 제안이 있다.

- 적어도 90%의 네트워크 스캐닝은 별 논쟁거리가 되지는 않을 것이다. 자신의 시스템이나 자신이 관리하는 네트워크를 스캐닝하면 거의 괴롭힘 당하지 않는다. 논쟁은 다른 네트워크를 스캐닝할 때 일어난다. 이런 종류의 네트워크 조사를 하는 데는 여러 이유(좋은 이유와 나쁜 이유)가 있다. 여러분은 기숙사나 부서에서 공공으로 공유되는 파일(FTP, SMB, WWW 등)을 찾기 위해 다른 시스템을 스캐닝할 수도 있다. 또는 단지 어떤 특정 프린터의 IP를 찾고자 할 수도 있다. 여러분이 가장 좋아하는 웹사이트가 다른 서비스도 제공하는지 알기 위해 스캔을 했을 수도 있고, 자신의 신용카드 상세 정보를 e-커머스 회사에 제출하기 전에 간단한 보안 검사를 원했을 수도 있다. 또한 인터넷 조사를 수행할 수도 있고, 침입break-in 시도를 위한 준비의 초기 단계를 수행할 수도 있지 않는가? 원격 관리자는 여러분의 원래 의도를 거의 알 수 없으며, 가끔은 의심한다. 최선의 방법은 먼저 허가를 얻어라. 나는 권한을 갖고 있지 않는 몇 사람이 전체 회사나 캠퍼스에 침투하기 위해 스캔을 해 네트워크 위험(불안정)을 '증명하기'로 결심한 후에 말썽거리에 빠지는 것을 봤다. 관리자는 거대한 공격을 당하고 있다는 IDS 경고 때문에 새벽 3시에 깨었을 때보다 미리 허락을 구했을 때 더 잘 협조하는 경향이 있다. 따라서 가능한 한 네트워크를 스캔하기 전에 서면 인증을 받아라. 애드리안 라모가 뉴욕 타임즈를 스캔한 후에 그 결점을 리포터에게 말하기

보다 뉴욕 타임즈에 그들의 보안을 검사하려 한다고 미리 양해를 구했더라면 감옥에 가는 것을 피했을 것이다. 불행히도 그들이 '노'라고 이야기했을 테지만 말이다. 이에 대한 답을 준비해두라.

- 스캔을 가능한 한 타이트하게 목표로 삼아라. 인터넷에 연결된 어떤 장치든 정기적으로 충분히 스캔되고 있기 때문에 대부분 관리자는 그런 인터넷 화이트 잡음white noise은 무시한다. 하지만 많은 네트워크를 스캐닝하거나 매우 잡음적이고 침입적인 스캔 실행은 불평을 만들 가능성이 높다. 따라서 웹서버만을 찾는다면 각 장치의 모든 65,535 TCP를 스캐닝하기보다는 -p80만 지정하라. 사용 가능한 호스트만을 찾으려면 전체 포트 스캔보다는 엔맵 핑 스캔을 하라. /24 넷블록이 충분할 때 CIDR /16(65k 호스트)를 스캔하지 마라. 랜덤 스캔 모드는 영원히 실행되기보다는 호스트의 숫자를 지정하는 인수를 취한다. 따라서 -iR 1000으로 충분하다면 -iR 10000보다는 -iR 1000 사용을 고려하라. -T insane보다는 기본 타이밍(또는 -T polite)을 사용하라. 버전 탐지(-sV) 같은 시끄럽고 상대적으로 침입이라고 알릴만한 옵션 사용은 피하라. 이와 유사하게 SYN 스캔(-sS)은 연결 스캔(-sT) 같은 정보를 제공하며, 가끔 연결 스캔보다 빠르면서도 더 조용하다.

- 앞서 이야기한 바와 같이 직장이나 학교 네트워크에서 어떤 논쟁적인 행위도 하지 마라. 의도가 좋았다 할지라도 힘 있는 누군가(예를 들어 사장이나 학장)가 여러분을 악의적인 크래커라고 결정하면 여러분은 너무나도 많은 것을 잃을 것이다. 패킷이나 포트 스캐너 같은 용어조차 이해하지 못하는 누군가에게 정말로 여러분의 의도를 설명하고 싶은가? 40달러를 매달 다이얼업, 셸, 브로드밴드 계정에 써라. 그런 계정에서 다른 사람을 공격하더라도 그 영향은 훨씬 덜 심각할 뿐만 아니라 대상 네트워크 관리자들은 대중 시장mass-market 제공자에게 불평을 할 리는 거의 없다. 또한 관련되는 AUP를 읽고 그에 따라 제공자를 선택하라. 제공자(앞서 말한 컴캐스트 같은)가 모든 비인증 포트 스캐닝을 금지하고 '공격적인' 자료들을 게시하면 이런 행위로 인해 쫓겨나더라도 놀라지 마라. 일반적으로 서비스 제공자에게 더 많은 돈을 지불할수록 그들은 더 많은 것을 수용한다. 누군가가 포트 스캔을 당하고 있다고 보고했다는 이유로 T1 제공자가 공지 없이 여러분의 접속을 해지시켜버리지는 않을 것이다. 다이얼업이나 DSL/케이블 제공자는 접속을 해지시킬지도 모른다. 이것은 스캔이 다른 누군가에 의해 위조됐을 때도

일어날 수 있다.

- 엔맵은 몰래 하는 스캔을 위해 다양한 옵션을 제공하는데, 소스 IP$_{source-IP}$ 스푸핑, 디코이$_{decoy}$ 스캐닝, 여러 가지 최근의 Idle$_{유휴}$ 스캔 기술 등이 있다. 이에 옵션들은 IDS 우회 장에서 다룬다. 하지만 항상 트레이드오프가 있다는 점을 명심하라. 9개의 오픈 프록시를 통해 그 후의 프로브를 하는 동안 17개의 디코이$_{decoy}$로 여러분의 집에서 먼 곳에 열린 WAP에서 스캔을 시작하면 여러분은 더 찾기 어려울 것이다. 하지만 누군가가 철저하게 조사하면 여러분의 의도를 의심할 수도 있다.

- 항상 스캔을 수행하는 합법적인 이유를 갖고 있어라. 공격 당한 관리자가 어떤 종류의 정당화를 기대하면서 먼저 여러분에게 편지를 쓸 것이다(혹은 여러분의 ISP가 그의 불평을 전달할 수도 있다). 앞서 이야기한 스콧 몰튼의 경우 VC3는 먼저 스콧에게 무슨 일이 일어나고 있는지 묻는 이메일을 보냈다. 그들이 스콧의 답에 만족했다면 민사/형사 소송으로 일이 커지기보다는 거기서 모든 문제가 마무리됐을 것이다. 조사(연구) 목적으로 인터넷의 많은 부분을 그룹 스캐닝하는 것은 가끔 그들의 프로젝트를 묘사하는 역방향 DNS명을 사용하며, 상세한 정보와 독립적인 형식을 가진 웹서버를 실행한다.

부차적이고 수반되는 행동들은 종종 의도의 증거로서 사용된다는 점도 기억하라. 포트 스캔 자체가 항상 공격을 뜻하지는 않는다. 하지만 포트 스캔에 뒤따라 나오는 IIS 익스플로잇은 의도가 확실히 좋지 않다는 것을 의미한다. 이것은 기소(해고, 추방, 불평 등의)에 대한 결정이 종종 한 구성 요소(포트 스캔과 같은)가 아니라 전체 이벤트에 의해 결정되므로 중요하다.

한 드라마틱한 경우는 월터 노바코브스키라는 캐나다인 남자 이야기인데, 이 남자는 분명히 어떤 사람의 비보호화된 와이파이$_{Wi-Fi}$ 네트워크를 통한 인터넷 접근 때문에 통신 절도(캐나다 범죄 코드 섹션 S.342.1)로 캐나다에서 기소된 첫 번째 사람이다. 수천만의 캐나다인이 '워 드라이버' 작업을 하지만 왜 월터가 뽑혔을까? 부차적인 행동과 의도 때문이었다. 알려진 바에 따르면 월터는 앞서 언급한 무선 접근 포인트를 통해 아동 포르노를 다운 받는 도중에 한 손엔 노트북을 들고 허리 아래를 드러내 놓고 일방통행 도로에서 잘못된 방향으로 차를 몰다가 붙잡혔다.[24] 경찰은 분명히 그의 행동을 정말 지독하다고 생각했으며, 월터를 잡아넣

---

24. http://www.ctv.ca/servlet/ArticleNews/story/CTVNews/1069439746264_64848946/

을 방법을 강구하다가 수많은 아동 포르노와 관련된 통신 절도 혐의로 기소했다.

이와 유사하게 포트 스캐닝과 관련된 기소는 보통 가장 악명 높은 경우와 관련되는 경향이 있다. 심지어 강박 관념에 사로잡힌 관리자가 경찰에게 그들이 스캐닝을 당했다고 고지를 해도 기소(또는 그보다 더한 행동)는 정말로 드물다. 몰튼의 경우는 911 비상 서비스가 관련됐다는 사실이 기소자(검찰)에게 동기유발을 시킨 경우다. 나는 이 책을 쓰면서 수천 개의 인터넷 호스트를 스캐닝했는데, 한 건의 불평도 받지 않았다.

이 절 전체를 요약하자면 포트 스캐닝이 합법적이냐 아니냐에 대한 질문에는 간단하게 답할 수가 없다. 나는 그러고 싶지만 "포트 스캐닝이 절대로 범죄가 아니다"라고 절대적으로 말할 수는 없다. 법은 사법 관할권마다 다르고 각 경우는 특정한 상세 내용에 따라 정해지기 때문이다. 사실 자체가 거의 동일한 경우더라도 여러 판사와 검찰은 그것들을 같은 방법으로 해석하지 않는다. 나는 오직 주의를 강조할 수 있을 뿐이고, 앞서 제시한 제안들을 다시 되풀이할 수밖에 없다.

테스팅 목적으로 여러분은 scanme.nmap.org 호스트를 스캔할 허가를 갖고 있다. 여러 예제에서 벌써 사용됐다는 것을 알아챘을 수도 있다. 이 허가는 오직 엔맵을 통한 스캐닝만 포함한다는 점을 명심하라. 또한 테스팅 익스플로잇은 포함하지 않으며 서비스 공격은 사양한다. 대역폭을 유지하기 위해 하루에 그 호스트에 대해 수십 번의 스캔을 하지 마라. 이 무료 스캐닝 대상 서비스가 남용되면 더 이상 제공하지 않을 것이며, 엔맵은 '주어진 호스트를 해석하는 데 실패했음' 이라는 결과를 보여줄 것이다.

[1.4.2] 포트 스캐닝이 대상 컴퓨터나 네트워크 기능을 멈추게 할 수 있는가?

엔맵은 대상 컴퓨터의 기능을 멈추게 하려고 고안된 기능은 아무것도 갖고 있지 않다. 엔맵은 일반적으로 조심하고자 노력한다. 예를 들어 엔맵은 떨어진 패킷을 탐지하고는 이런 일이 발생할 때는 네트워크를 과부하시키는 것을 피하기 위해 속도를 늦춘다. 또한 엔맵은 기본적으로 악의적인 패킷을 보내지 않는다. 목적 호스트가 반드시 그 패킷을 기대하지 않더라도 IP, TCP, UDP, ICMP 헤더들은 항상 적절하다. 이런 이유로 어떤 애플리케이션이나 호스트, 네트워크 구성 요소들도 엔맵 스캔에 기반을 둔 충돌을 일으켜서는 안 된다. 그런 일이 발생하면 이는 벤더가 고쳐야 하는 시스템 버그다.

엔맵에 의한 시스템 충돌에 대한 보고는 드물지만 가끔 일어난다. 이런 시스템 중 여러 시스템이 처음부터 안정적이지 않았거나 엔맵이 시스템을 한도 이상으로 밀어붙여 우연히도 엔맵이 스캔한 그 때에 충돌하는 것이다. 다른 경우에는 완전하지 않게 애플리케이션, TCP/IP 스택, 심지어 운영체제가 특정 엔맵 명령이 주어졌을 때 충돌되는 것을 목격된 바 있다. 이런 것들은 대부분 낡고 오래된 장비이며, 새로운 장치에서 이런 문제는 거의 일어나지 않는다. 영리한 회사들은 출하에 앞서 장치를 테스트하기 위해 엔맵과 여러 다른 알려진 네트워크 도구를 사용한다. 그런 출하 전 테스트를 빠뜨리는 회사들은 종종 시스템이 처음 인터넷에 배치될 때 초기 베타 테스트에서 문제를 발견한다. 시스템과 장치들을 최신 벤더 패치와 펌웨어를 사용해 최신 버전으로 유지시키는 것은 네트워크의 보안과 사용 가능성을 증가시키면서 문제들을 일으키는 것을 막아준다.

많은 경우에 특정 스캔으로부터의 장치 충돌을 찾아내는 것은 귀중한 정보다. 결국 공격자들은 엔맵 자체를 이용하거나 자신 자체의 커스텀 스크립트를 사용해서 엔맵이 할 수 있는 어떤 것이든 할 수 있다. 시스템은 스캔을 통해 충돌돼서는 안 되며, 충돌이 발생하더라도 벤더들은 패치를 제공하게 압박을 받아야만 한다. 일부 가능한 시나리오에서는 약한 장치에 고의로 충돌을 시켜 탐지하는 방식은 바람직하지 않다. 그런 경우 역효과의 위험을 줄이기 위해 아주 가벼운 스캐닝을 해야 할 것이다. 다음에 몇 가지 제안이 있다.

- 연결 스캔(-sT) 대신 SYN 스캔(-sS)을 사용하라. 웹서버 같은 사용자 모드 애플리케이션은 SYN 스캔을 거의 탐지할 수조차 없는데, 이는 SYN 스캔이 커널 공간에서 다뤄지기 때문이며(일부 오래된 리눅스 커널은 예외이다), 따라서 서비스가 충돌할 이유가 없기 때문이다.

- 버전 스캐닝(-sV)은 조잡하게 만들어진 애플리케이션에 충돌하는 위험성이 있다. 이와 유사하게 일부 한심한 운영체제는 운영체제 핑거프린트(-O)될 때 충돌한다는 보고가 있다. 특히 민감한 환경이나 결과가 필요하지 않은 곳에서는 이 옵션을 생략하라.

- -T2나 더 느린 타이밍 모드(-T1, -T0)를 사용하면 포트 스캐닝이 시스템에 해로울 가능성을 줄일 수 있지만 스캔은 엄청나게 느리게 진행된다. 구식 리눅스 박스는 너무 자주 접속되면 서비스를 잠시 차단하는 identd 데몬이 있었다. 이는 포트 스캔에서도 일어날 수 있는데, 정당한 과부하 상황에서도 일어날 수 있다. 이런 때에는 타이밍을 늦추는 것이 도움이 될 수도 있다.

이런 느린 타이밍 모드는 생각 이상으로 스캔을 느리게 할 수 있기 때문에 최후의 수단으로만 사용돼야 한다.

- 스캔하는 포트와 장치의 수를 최소한의 수로 한정지어라. 스캔되는 모든 장치는 아주 적지만 충돌될 가능성이 있다. 따라서 장치 수를 줄이는 것은 가능성을 증가시킨다. 스캔하는 포트 숫자를 줄이는 것은 네트워크 장치뿐만 아니라 호스트를 종료시킬 위험도 줄인다. 대부분 NAT/방화벽 장치는 모든 포트 프로브를 위한 상태 엔트리를 유지한다. 이 중 대부분은 테이블이 차게 되면 오래된 엔트리를 만기시키는데, 때때로 그 대신에 실행이 충돌되기도 한다. 스캔하는 포트/호스트를 줄이는 것은 상태 엔트리 숫자를 줄여 충돌되는 장치들이 살아있게 도와줄 수도 있다.

[1.4.3] 엔맵 저작권

엔맵이 오픈소스이긴 하지만 존중해야 할 저작권이 있다. 무료 소프트웨어로서 엔맵은 품질 보증서가 없다. 이런 문제는 '15.19 법적 공지'에서 훨씬 더 자세히 다룬다. 소유 소프트웨어와 애플리케이션에서 엔맵을 공급하고 사용하려는 회사는 특히 우연히 엔맵 라이선스를 침해하지 않게 이 절을 잘 읽기 바란다. 다행히도 엔맵 프로젝트는 상업적 재배포를 필요로 하는 회사를 위해 상업적 재배포 라이선스를 팔고 있다.

1.5 엔맵의 역사와 미래

넷캣Netcat, tcpdump, 존 더 리퍼John the Ripper 같은 많은 사랑을 받았던 보안 도구들은 오랜 시간에 걸쳐 많이 변하지 않았다. 반면 넷서스Nessus, 와이어샤크Wireshark, 카인과 아벨Cain and Abel, 스노트Snort 같은 다른 보안 도구들은 배포된 이래로 계속 발전해왔다. 엔맵은 두 번째 범주에 든다. 엔맵은 1997년에 단순히 리눅스 전용 포트 스캐너로서 배포됐다. 이후 10년이 넘는 세월 동안 운영체제 탐지, 버전 탐지, 엔맵 스크립팅 엔진, 윈도우 포트, 그래픽 유저 인터페이스 등과 같은 수많은 중요 기능들이 쏟아져 나왔다. 이 절은 엔맵의 지난 10년간의 역사에서 가장 중요한 사건의 타임라인을 제공하고 엔맵 미래를 간략히 예상한다. 모든 중요한 엔맵 변화(수천 개가 된다)는 엔맵 변화 로그Nmap Changelog를 읽어라. 이전에 배포된 엔맵은 http://nmap.org/dist/에서 찾을 수 있으며, 이전 버전은

http://nmap.org/dist-old/에서 찾을 수 있다.[25]

- **1997년 9월 1일** 엔맵이 처음으로 프랙 매거진Phrack Magazine 51판 기사 11[26]에 발표됐다. 새로운 배포가 계획돼 있지 않았으므로 버전 숫자는 없었다. 엔맵은 약 2000열 정도의 길이였으며, 편집은 `gcc -O6 -o nmap nmap.c -lm` 만큼이나 간단했다.

- **1997년 9월 5일** 수많은 인기와 요구로 인해 Phrack 코드의 약간 수정된 버전이 버전 1.25라는 이름으로 배포됐다. Gzipped tarball은 28KB이다. 버전 1.26(48KB)가 19일 후에 배포됐다.

- **1998년 1월 11일** Insecure.Org가 등록되고 엔맵이 DataHaven Project[27] ISP라는 이전 홈에서 Insecure.Org로 이동한다.

- **1998년 3월 14일** 르노드 드레이슨Renaud Deraison이 보안 스캐너를 쓰고 있는데 약간의 엔맵 소스코드를 사용할 수 있는지 나에게 물어봤다. 물론 나는 'yes'라고 말했다. 9일 후에 르노드는 "3133t H4ck3rZ가 아니라 sysadmins를 위해 고안됐다"고 하면서 나에게 Nessus의 배포되기 전 버전을 보내왔다.

- **1998년 9월 1일** 엔맵의 첫 기념일에 영감을 얻어 나는 다가오는 엔맵 2.0을 위한 원격 운영체제 탐지를 추가하는 작업을 시작했다. 10월 7일, 나는 소수의 최고 엔맵 개발자를 위한 첫 개인적인 베타 버전을 배포했고 몇 개월 동안 이 버전에 대해 개발하고 작업을 했다.

- **1998년 12월 12** 엔맵 버전 2.00이 공개적으로 배포됐으며, 엔맵 운영체제 탐지를 처음으로 소개했다. 기술들을 설명하는 조항이 Phrack 54 기사 9[28]에 공개됐다. 이 시점까지 엔맵은 코드 약 8000줄로 구성된 많은 파일로 나뉘져 있었으며, 개인적인 CVS 변경 컨트롤 시스템에 보관됐다. Tarball 사이즈는 275KB였다. nmap-hackers 메일링 리스트가 시작되고 그 후에 55,000명 이상의 멤버로 성장한다.

- **1999년 4월 11일** 엔맵 2.11 베타 1이 발표됐으며 전통적인 커맨드라인 사용에 대한 대안으로 그래픽 유저 인터페이스가 포함된 최초의 버전이다. 엔맵

---

25. http://nmap.org/changelog.html
26. http://nmap.org/p51-11.html
27. http://www.dhp.com
28. http://nmap.org/phrack54-09.txt

FE_{NmapFE}라는 이름으로 번들된 유닉스 전용 GUI가 처음으로 자크 스미스에 의해 작성됐다. 일부 사람은 좋아했지만 대부분의 사람이 커맨드라인 실행을 더 선호했다.

- **2000년 4월 28일** 엔맵 2.50이 공개됐다.[29] 이때쯤 tarball이 461KB로 성장한다. 이 배포는 -T aggressive, 다이렉트 SunRPC 스캐닝 같은 타이밍 모드가 포함됐고, 윈도우와 ACK 스캔 방법도 포함됐다.

- **2000년 5월 28일** 게라드 리거_{Gerhard Rieger}가 엔맵을 위해 개발한 새로운 '프로토콜 스캔'을 설명하며 패치까지 포함해서 nmap-dev 메일링 리스트에 메시지[30]를 보냈다. 이게 너무나 멋져서 12시간도 지나지 않아서 나는 엔맵 2.54 베타 1을 그의 패치와 함께 공개했다.[31]

- **2000년 12월 7일** 엔맵 2.54 베타 16을 수정해 마이크로소프트 윈도우에서 실행되는 첫 번째 공식 버전이 배포됐다.[32] 윈도우 포팅 작업은 라이언 퍼머 _{Ryan Permeh}와 앤디 루토멀스키_{Andy Lutomirski}가 했다.

- **2001년 7월 9일** 엔맵 IP ID Idle 스캔이 엔맵 2.54 베타 26과 함께 소개됐다. 이 기술을 설명하는 문서가 동시에 소개됐다. 매우 멋진 (항상 실용적이지는 않지만) 이 스캔 기술은 '5.10 TCP Idle 스캔(-s1)'에서 설명한다.

- **2002년 7월 25** 나는 Netscape/AOL에서의 직업을 그만두고 내 꿈의 작업인 엔맵에 관련된 일을 풀타임으로 시작했다.

- **2002년 7월 31일** 엔맵 3.00이 배포됐다.[33] Tarball은 922K다. 이 배포는 맥 OS X 지원, XML 출력, 업타임 탐지를 포함한다.

- **2002년 8월 28일** 엔맵이 C에서 C++로 전환되고, 지원되는 IPv6가 엔맵 3.10알파 1 배포[34]의 한 부분으로서 추가됐다.

- **2003년 5월 15일** 엔맵이 영화 매트릭스 리로디드_{The Matrix Reloaded}에 나타나는데, 트리니티가 엔맵(그 후에 실제적인 SSH exploit)을 사용해서 전원 스테이

---

29. http://seclists.org/nmap-hackers/2000/0140.html
30. http://seclists.org/nmap-hackers/2000/0217.html
31. http://seclists.org/nmap-hackers/2000/0219.html
32. http://seclists.org/nmap-dev/2000/q4/0013.html
33. http://insecure.org/stf/Nmap-3.00-Release.html
34. http://seclists.org/nmap-dev/2002/q3/0041.html

션을 해킹하고 세상을 구한다. 이는 엔맵에 대한 더 많은 평판으로 이어지는데, 이전에는 물론이고 이후에도 그만한 인기는 없었다. 자세한 설명과 영화 촬영 사진은 http://nmap.org/movies.html에서 볼 수 있다.

- **2003년 7월 21일** 나는 엔맵 서비스/버전 탐지(7장 서비스와 애플리케이션 버전 탐지)의 첫 실행을 마치고, 수십 명의 최고 개발자와 사용자에게 엔맵 3.40PVT1이란 이름으로 배포했다. 이는 시스템을 개발하고 시그니처를 추가하면서 다음 몇 달 동안 16개의 개인적 배포로 이어졌다.

- **2003년 9월 16일** 엔맵 서비스 탐지가 마침내 엔맵 3.45의 한 부분으로서 공개적으로 배포됐다.[35] 자세한 문서도 동시에 발표됐다.

- **2004년 2월 20일** 엔맵 3.50이 배포됐다.[36] Tarball은 이제 1,571KB다. SCO는 엔맵 재배포를 금지당했는데, GPL에 동의하는 것을 거절했기 때문이다. SCO는 엔맵을 제거하기 위한 칼데라Caldera 배포 ISO를 재건해야만 했다. 이 배포는 패킷 트레이싱과 UDP 핑 옵션을 포함한다. 또한 운영체제 계층 시스템을 포함하는데, 이는 탐지된 수백 개의 운영체제 계층을 벤더명, 운영체제 이름, 운영체제 생성, 장치 종류 등을 기준으로 구별하는 것이다.

- **2004년 8월 31일** 엔맵 3.70[37]을 위한 주요한 엔맵 포트 스캐닝 엔진이 쓰여졌다. 울트라캔ultra_scan이라는 새 엔진의 특징은 정확성과 속도를 증진시키는 알고리즘과 병행 지원을 드라마틱하게 발전시켰다. 그 차이는 엄격한 방화벽 뒤에 있는 호스트에서 특히 드라마틱했다.

- **2005년 6월 25일** 구글의 썸머 오브 코드(SoC)[38]의 시작으로 10개의 대학과 대학원생들이 엔맵에서 풀타임으로 일하는 것을 구글에서 후원했다. 짜오 리Zhao Lei의 제 2세대 운영체제 탐지 시스템, 아드리아노 몬트리오 마르쿠스Adriano Monteiro Marques의 Umit이라는 새로운 크로스 플랫폼 GUI, http://seclists.org/ nmap-hackers/2005/0008.html에서 설명되는 다른 여러 멋진 프로젝트 등이 구글에서 후원하는 프로젝트에 포함됐다.

- **2005년 9월 8일** 엔맵은 버전 3.90의 배포로 지원을 보내는 로우 이더넷

---

35. http://seclists.org/nmap-hackers/2003/0030.html
36. http://insecure.org/stf/Nmap-3.50-Release.html
37. http://seclists.org/nmap-hackers/2004/0010.html
38. http://code.google.com/soc

프레임raw ethernet frame을 얻었다.[39] 이는 윈도우 XP SP2에서 마이크로소프트에 의해 소개된 로우 IP 패킷 금지를 공격하는 것뿐만 아니라 ARP 스캐닝('3.6.6 ARP 스캔(-PR)' 참조)과 MAC 주소 스푸핑을 지원한다.

- **2006년 1월 31일** 엔맵 4.00이 발표됐다.[40] Tarball은 이제 2,388KB다. 이 배포본은 사용자가 요구하는 내용을 수정하는 기능을 제공하는 런타임 대화(상호작용), 윈도우에서 실행 가능한 인스톨러, GTK2를 지원하는 엔맵FE 업그레이드 등을 포함했다.

- **2006년 5월 24일** 구글이 엔맵 썸머 개발자 10명을 구글 SoC 프로그램의 일부분으로 후원했다. 짜오와 아드리안은 자신의 프로그램을 더 개발하기 위해 2006Soc의 한 파트로 되돌아왔다. 다이먼 토로로프Diman Todorov의 엔맵 스크립팅 엔진 개발을 후원했다. 7명의 다른 재능 있는 학생들과 그들의 프로젝트는 http://seclists.org/nmap-hackers/2006/0009.html에서 볼 수 있다.

- **2006년 6월 24일** 2년간의 개발과 테스팅 후에 제 2세대 운영체제 탐지 시스템이 엔맵 4.20 알파 1[41]로 통합됐다. 이 새로운 시스템은 8년 전에 데뷔한 제 1세대 시스템 이래로 우리가 배웠고 인지해왔던 모든 것을 기반으로 했다. DB를 성장시키기 위한 약간의 세월 이후로 새로운 시스템은 이전 시스템보다 훨씬 더 정확한 결과를 내놓는다. 자세한 내용은 8장 '원격 운영체제 탐지'에서 설명한다.

- **2006년 12월 10일** 엔맵 스크립팅 엔진이 엔맵 4.21 알파 1의 일부분으로서 배포됐다.[42] NSE는 사용자가 광범위한 네트워킹 작업을 자동화하는 간단한 스크립트를 쓰게(그리고 공유하게) 허용한다. 이 시스템은 굉장히 성공했으며, 이에 대해서는 9장 '엔맵 스크립팅 엔진'에서 설명한다.

- **2006년 12월 20일** 엔맵의 서브버전 소스코드 저장소가 대중에게 공개됐다.[43] 이때까지는 소수의 개발자만이 개인적인 소스코드 저장소에 접근할 수 있었다. 다른 사람들은 배포될 때까지 기다려야만 했다. 이제 모든 사람이 엔맵 개발에 매일 접근이 허락된다. 심지어 이메일로 실시간 변화 보고

---

39. http://seclists.org/nmap-hackers/2005/0012.html
40. http://insecure.org/stf/Nmap-4.00-Release.html
41. http://seclists.org/nmap-dev/2006/q2/0444.html
42. http://seclists.org/nmap-dev/2006/q4/0184.html
43. http://seclists.org/nmap-dev/2006/q4/0253.html

를 제공하는 nmap-svn 메일링 리스트까지 있다. 자세한 사항은 '2.1.5 엔맵을 서브버전 저장소에서 얻기'에서 설명한다.

- **2007년 5월 28일** 구글은 SoC 프로그램의 일부로서 6명의 여름 엔맵 개발자를 후원했다. 반면에 아드리아노의 엔맵을 위한 Umit GUI가 SoC 스폰서십의 독자적인 프로그램으로 승인 받는다. 후원 받은 학생 중에는 데이비드 피필드David Fifield도 있었는데, 여름이 끝난 후에도 계속해 엔맵의 최고 개발자 중 한 사람이 됐다. 엔맵 학생들과 그들의 프로젝트는 http://seclists.org/nmap-hackers/2007/0003.html에서 볼 수 있다.

- **2007년 6월 27일** '다이하드 4: 자유롭게 살 것인가 힘들게 죽을 것인가'가 극장에서 개봉됐다. 여기에는 해커 메튜 파렐(저스틴 롱)이 자신의 엔맵 기술을 보여주는 간단한 장면이 있다. 그 후 메튜는 지독한 테러리스트 주모자와 싸우는데, 컴퓨터를 떠나 브루스 윌리스와 만나게 된다. 일주일 후 본 얼티메이텀이 개봉됐는데, 여기에도 엔맵 장면이 있었다! CIA가 이 영화에서 엔맵을 사용해 신문 메일서버를 해킹하고, 자신들이 암살한 리포터의 이메일을 읽는다(나이스 가이!). 엔맵이 영화에서 까메오로 출연한 장면들은 엔맵 영화 페이지에서 이용 가능하다.[44]

- **2007년 7월 8일** Umit 그래픽 프론트엔드graphic front-end가 개선되고 테스팅을 위한 엔맵 4.22OC1 배포에 통합됐다.[45] Umit은 후에 젠맵Zenmap으로 이름이 바뀌고, 오래된 엔맵FE GUI가 제거된다. 젠맵은 12장 '젠맵 그래픽 유저 인테페이스 사용자 가이드'에서 다룬다.

- **2007년 12월 13일** 엔맵 4.50이 엔맵의 10주년 기념으로 배포됐다.[46]

- **2008년 6월 1일** 엔맵 4.65가 배포됐고,[47] 처음으로 맥에서 실행 가능한 OS X 인스톨러가 포함됐다. 엔맵 소스 tarball은 이제 4메가바이트다. 이 배포 버전은 41 NSE 스크립트와 1307개의 운영체제 핑거프린트, 2706개의 버전 탐지 시그니처를 포함한다.

- **2008년 8월 18일** 엔맵 프로젝트가 4번째 SoC를 지금까지 중 가장 높은

---

44 http://nmap.org/movies.html
45. http://seclists.org/nmap-dev/2007/q3/0030.html
46. http://insecure.org/stf/Nmap-4.50-Release.html
47. http://seclists.org/nmap-dev/2008/q2/0558.html

성공률(7명의 후원 받은 학생 중 6명)을 보이며 마쳤다. 그들은 젠맵과 엔맵 스크립팅 엔진, 운영체제 탐지, NCat을 http://seclists.org/nmap-dev/2008/q4/0193.html에서 볼 수 있듯이 멋지게 향상시켰다.

- **2008년 9월 8일** 엔맵 4.68의 주요 100여 부분을 개선한 엔맵 4.75가 배포됐다.[48] 이에는 젠맵 네트워크 토폴로지와 스캔 집합 특성(12장 '젠맵 그래픽 유저 인터페이스 사용자 가이드' 참조)이 포함됐다. 또한 Worldscan 프로젝트에서의 포트 주파 데이터를 포함하는데, 이는 8월에 내가 블랙 햇Black Hat과 데프콘Defcon에서 제안했던 것이다.[49]

엔맵의 역사를 목록화하기는 쉬운 반면에 미래는 불확실하다. 엔맵은 어떤 굉장한 개발 계획을 갖고 시작한 것도 아니었고, 선행 타임라인에서 대부분의 중대점도 1년 이상 미리 계획되지도 않았다. 미래의 인터넷과 네트워킹의 모습들을 예측하려고 노력하는 대신에 나는 현재 지금 어디에 있는지를 세밀하게 연구해서 지금과 앞으로 무엇이 엔맵에게 가장 유용할지 결정할 것이다. 그러므로 지금으로부터 10년 후에 엔맵이 어디에 있을지 전혀 모르지만 변함없이 엔맵이 인기 있고 활발하게 사용되기를 바란다. 엔맵 커뮤니티는 충분히 커서 엔맵이 필요한 곳이면 어디라도 엔맵을 가이드할 수 있을 것이다. 엔맵은 윈도우 XP SP2에서의 갑작스러운 로우 패킷 지원이 제거되고, 네트워크 필터링 실행과 기술에 있어서의 드라마틱한 변화, IPv6가 천천히 나타나는 등의 다양한 삶을 마주해왔다. 이런 상황은 엔맵에게 중요한 변화를 요구했으며, 우리는 미래의 네트워킹 변화를 미리 알거나 적어도 대처하기 위해 같은 일을 해야 할 것이다.

10년의 계획이 미궁에 있는 반면에 다가오는 해는 예상하기 더 쉽다. 새로운 기능들이 흥미롭기는 하지만 그런 특성들이 초점이 되지는 않을 것이다. 우리 중 아무도 엔맵이 쓸데없이 부풀려진다든지 흐트러지는 것을 원하지 않는다. 그래서 올해는 터 닦기의 해가 될 것이다. 젠맵과 NSE 시스템은 안정된 엔맵만큼 발전하지 않았다. 그래서 젠맵과 NSE 시스템의 향상이 중요한 우선순위다. 새로운 NSE 스크립트는 굉장하다. 새로운 스크립트는 새로운 소스코드가 엔맵에 포함되는 데 있어 안정성에 문제 없이 엔맵의 기능을 확장시키기 때문이다. 반면에 젠맵은 사용자에게 더 발전된 결과물을 보여주는 것뿐만 아니라 사용성과 안정성의 향상이 필요하다. 또 다른 초점은 엔맵 웹사이트인데, 이 사이트는 더 유용

---

48. http://seclists.org/nmap-hackers/2008/0004.html
49. http://insecure.org/presentations/

하고 다이나믹해 질 것이다. 웹 토론 시스템, 엔맵 데모 사이트, 위키가 계획돼 있다.

또한 엔맵은 웹 스캐닝을 처리하는 능력이 증대될지도 모른다. 엔맵이 처음으로 개발됐을 때 시스템의 서비스는 종종 스캐너가 발견하는 포트 숫자에 기반해 식별됐다. 이제 많은 새로운 서비스가 간단히 HTTP에서 실행되고 포트 번호보다는 URL 경로명으로 확인된다. 알려진 URL 경로를 스캐닝하는 것은 포트 스캐닝(그리고 엔맵이 또한 수년 동안 해왔던 SunRPC 스캐닝)과 많은 면에서 유사하다. 엔맵은 이미 엔맵 스크립팅 엔진(9장 '엔맵 스크립팅 엔진' 참조)을 사용해서 몇 가지 웹 스캐닝을 하지만 기본 지원이 엔맵 자체 내에 제작돼 있다면 더 빠르고 더 효율적일 것이다.

운영체제 탐지와 버전 스캐닝 같은 과거에 가장 멋진 엔맵 특성 중 몇 가지는 비밀리에 개발돼서 서프라이즈 배포로 발표됐다. 이런 것은 너무나 재미있으므로 여러분은 다가오는 해 동안 기대해도 좋을 것이다!

02장

엔맵 얻기, 컴파일, 설치, 제거

2.1 소개

엔맵은 단 하나의 명령으로 설치할 수 있고 업그레이드 할 수 있다. 그러므로 2장의 길이에 겁먹지 마라. 독자 대부분은 목차를 사용해서 바로 관심 있는 부분으로 건너 뛸 것이다. 2장은 소스코드 컴파일과 바이너리 설치 방법 등을 포함해 여러 플랫폼에 엔맵을 설치하는 방법을 설명한다. 그래픽과 커맨드라인 버전의 엔맵을 설명하며, 이 둘은 대조적이다. 마음이 바뀔 때를 대비해서 엔맵 제거 방법도 제공한다.

[2.1.1] 엔맵의 존재 여부 검사

엔맵을 얻기 위한 첫 번째 단계는 이미 엔맵이 있는지 검사하는 것이다. 많은 무료 운영체제 배포판(대부분의 리눅스와 BSD 시스템을 포함해)은 기본적으로 설치되지 않더라도 엔맵 패키지를 포함한다. 유닉스 시스템에서 터미널 창을 열어 `nmap --version` 명령을 실행시켜 보자. 엔맵이 이미 존재하고 경로PATH에 있다면 예제 2.1과 비슷한 출력을 보게 될 것이다.

예제 2.1 엔맵을 검사하고 버전 번호를 확인하기

```
felix~>nmap ?version

Nmap version 4.76 ( http://nmap.org )
felix~>
```

엔맵이 시스템상에 존재하지 않는다면(또는 PATH가 부정확하게 설정돼 있다면) nmap: Command not found라는 오류 메시지가 나타난다. 예제 1.2에서 보듯이 엔맵은 버전 번호(여기서는 4.76)를 출력함으로써 명령에 응답한다. 시스템이 이미 엔맵 복사본을 갖고 있더라도 http://nmap.org/download.html에서 이용 가능한 최신 버전으로의 업그레이드를 고려해봐야 한다. 더 새로운 버전은 종종 더 빨리 실행되며, 중요한 버그를 고치고 업데이트된 운영체제와 서비스 버전 탐지 데이터베이스를 갖는다. 시스템에 이미 있는 버전의 변경 목록은 http://nmap.org/changelog.html에서 찾을 수 있다. 이 책에서의 엔맵 출력 예는 이전 버전에서 생성되는 출력과 일치하지 않을 수도 있다.

[2.1.2] 커맨드라인과 그래픽 인터페이스

엔맵은 전통적으로 유닉스 셸이나 (더 최근에는) 윈도우 명령 프롬프트에서 실행되는 커맨드라인 도구였다. 커맨드라인 방식은 전문가들이 수많은 구성 패널이나 이리저리 흩어진 옵션 필드를 돌아다니는 수고 없이 자신이 원하는 것을 정확하게 수행하는 명령을 재빨리 실행하게 한다. 또한 커맨드라인 방식은 엔맵이 스크립트를 더 쉽게 이용할 수 있게 하고, 사용자 커뮤니티에서 유용한 명령을 쉽게 공유할 수 있게 한다.

커맨드라인 방식의 한 가지 단점은 새로운 사용자나 익숙하지 않은 사용자에게 겁을 줄 수도 있다는 점이다. 엔맵은 백 개 이상의 옵션을 제공하는데, 그 중 많은 것이 모호한 기능이거나 대부분의 사용자가 무시하는 디버깅 컨트롤이긴 하지만 말이다. 많은 그래픽 프론트엔드는 GUI 인터페이스를 선호하는 사용자를 위해 만들었다. 엔맵은 전통적으로 엔맵FE라는 유닉스용 간단한 GUI를 포함했지만 2005년부터 개발된 젠맵으로 2007년에 교체됐다. 젠맵은 엔맵FE보다 훨씬 더 강력하고 효과적인데, 특히 결과 보기에서 더 그렇다. 젠맵의 탭에 기반한 인터페이스를 사용하면 결과를 검색하고 정렬할 수 있으며, 여러 다른 방법(호

스트 세부 설명, 로우 엔맵 출력, 포트/호스트)으로 결과를 검색할 수도 있다. 젠맵은 리눅스, 윈도우, 맥 OS X, 다른 플랫폼에서도 작동한다. 젠맵은 12장 '젠맵 그래픽 유저 인터페이스 사용자 가이드'에서 더 자세히 다룬다. 이 책의 나머지 부분은 커맨드라인 엔맵 옵션에 초점을 둔다. 어떻게 커맨드라인 옵션이 작동하는지 알고 출력을 해석할 줄 알면 젠맵이나 다른 이용 가능한 엔맵 GUI 사용이 쉬워진다. 엔맵의 옵션은 라디오 버튼이나 메뉴에서 옵션을 선택하거나 커맨드라인에서 옵션을 입력하더라도 같은 방법으로 작동한다.

[2.1.3] 엔맵 다운로드

Nmap.Org는 엔맵 소스코드와 엔맵과 젠맵용 바이너리를 다운로드할 수 있는 공식적인 소스다. 소스코드는 tar 파일을 압축한 bzip2와 gzip으로 배포되고, 바이너리는 리눅스(RPM 형식), 윈도우(NSIS 실행 가능한 인스톨러), 맥 OS X(.dmg 디스크 이미지)를 위해 이용 가능하다. 이 모든 것은 http://nmap.org/download.html에서 찾을 수 있다.

[2.1.4] 엔맵 다운로드의 무결성 검증

종종 인터넷을 통한 파일 다운로드는 해당 파일이 악성 코드에 감염됐는지 해당 파일의 무결성에 대해 상당히 민감할 수 있다. Sendmail(예제[1]), OpenSSH(예제[2]), tcpdump, Libpcap, BitchX, Fragrouter 같은 인기 있는 패키지와 많은 다른 패키지가 악의적인 트로이목마 프로그램(트로이의 목마처럼 악의적인 의도를 갖고 몰래 하는 침입 - 옮긴이)에 감염됐었다. 자유 소프트웨어 재단Free Software Foundation, 데비안, 소스포지SourceForge에서의 소프트웨어 배포는 때로 악의적인 트로이목마 프로그램에 감염되는 경우가 있었다. 이런 일이 엔맵에는 절대 일어나지 않았지만 항상 조심해야 한다. 엔맵 배포판의 무결성을 검증하려면 분리된 서명이나 http://nmap.org/dist/sigs/?C=M&O=D에 있는 엔맵 서명 디렉터리에 배포를 위해 쓰여진 암호화된 해시(SHA1과 MD5)에 질의하라.

가장 안전한 검증 메커니즘은 PGP 서명이다. 서명 키가 운영 서버에는 절대 저장되지 않으므로 웹서버를 침투한 공격자라고 해도 토로이목마의 배포를 쉽게

---

1. http://cert.org/advisories/CA-2002-28.html
2. http://cert.org/advisories/CA-2002-24.html

위조하고 적절하게 서명하지는 못할 것이다. 수많은 애플리케이션이 PGP 서명을 검증하는 데 사용 가능한 반면 나는 GNU 프라이버시 가드GPG[3]를 권장한다.

엔맵 배포판은 특별한 엔맵 프로젝트 서명 키로 서명되는데, 주요 키 서버나 http://nmap.org/data/nmap_gpgkeys.txt에서 얻을 수 있다. 내 키도 그 파일에 포함돼 있다. 이런 키들은 `gpg --import nmap_gpgkeys.txt` 명령으로 불러올 수 있다. 이 명령은 한 번만 실행하면 되는데, 그러면 그 장치에서 앞으로의 모든 엔맵 배포판을 검증할 수 있다. 키를 믿기 전에 예제 2.2에서 볼 수 있듯이 핑거프린트가 값과 일치하는지 검증하라.

예제 2.2 엔맵과 표도르 PGP 키 핑거프린트 검증하기

```
flog~> gpg --fingerprint nmap fyodor
pub 1024D/33599B5F 2005-04-24
   Key fingerprint = BB61 D057 C0D7 DCEF E730 996C 1AF6 EC50 3359 9B5F
Uid              Fyodor <fyodor@insecure.org>
sub 2048g/D3C2241C 2005-04-24
pub 1024D/6B9355D0 2005-04-24
   Key fingerprint = 436D 66AB 9A79 8425 FDA0 E3F8 01AF 9F03 6B93 55D0
Uid              Nmap Project Signing Key (http://insecure.org/)
sub 2048g/A50A6A94 2005-04-24
```

모든 엔맵 패키지 다운로드 파일(예를 들어 nmap-4.76.tar.bz2와 nmap-4.76-win32.zip)에는 파일명과 대응하는 파일이 .gpg.txt에 덧붙여진 이름으로(예를 들어 nmap-4.76.tar.bz2.gpg.txt) `sigs` 디렉터리에 있다.

열쇠고리와 다운로드한 분리된 서명 파일에 있는 적절한 PGP 키로 엔맵 배포판을 검증하는 방법은 예제 2.3에서 보듯이 하나의 GPG 명령이면 된다. 파일이 임의로 변경됐다면 결과는 예제 2.4와 같이 나타날 것이다.

예제 2.3 PGP 키 핑거프린트 검증하기(성공)

```
flog> gpg --verify nmap-4.76.tar.bz2.gpg.txt nmap-4.76.tar.bz2
gpg: Signature made Fri 12 Sep 2008 02:03:59 AM PDT using DSA key ID 6B9355D0
gpg: Good signature from "Nmap Project Signing Key (http://www.insecure.org/)"
```

---

3. http://www.gnupg.org/

예제 2.4 위조 파일 탐지하기

```
flog> gpg --verify nmap-4.76.tar.bz2.gpg.txt nmap-4.76-hacked.tar.bz2
gpg: Signature made Fri 12 Sep 2008 02:03:59 AM PDT using DSA key ID 6B9355D0
gpg: BAD signature from "Nmap Project Signing Key (http://www.insecure.org/)"
```

PGP 서명이 권장된 인증 기술인 반면 (다른 것 중) SHA1과 MD5 해시는 더 가벼운 인증을 위해 이용 가능하게 만들어졌다. 실시간으로 여러분의 인터넷 트래픽을 조작할 수 있거나(그리고 아주 숙련된), 또는 Nmap.Org를 공략하고 배포 파일과 다이제스트 파일 모두를 대체시킬 수 있는 해커라면 이 검사를 피할 수 있을 것이다. 하지만 여러분이 엔맵을 써드파티로부터 얻었다든지, 오류가 있을 듯한 느낌이 든다면 믿을만한 Nmap.Org 해시를 확인하는 것이 유용할 수도 있다. 다운로드한 모든 엔맵 패키지는 파일명에 .degest.txt가 덧붙여져 sigs 디렉터리에 들어 있다(예를 들어 nmap-4.76.tar.bz2.digest.txt처럼). 예제 2.5는 이를 보여주는데, 분리된 서명 파일이다. 다이제스트 파일에서의 해시는 예제 2.6 '엔맵 해시 검증하기'에서처럼 sha1sum, md5sum, pgp 같은 일반적인 도구를 사용해서 검증할 수 있다.

예제 2.5 전형적인 엔맵 배포판 다이제스트 파일

```
flog> cat sigs/nmap-4.76.tgz.digest.txt
nmap-4.76.tgz:      MD5 = 54 B5 C9 E3 F4 4C 1A DD E1 7D F6 81 70 EB 7C FE
nmap-4.76.tgz:     SHA1 = 4374 CF9C A882 2C28 5DE9 D00E 8F67 06D0 BCFA A403
nmap-4.76.tgz:   RMD160 = AE7B 80EF 4CE6 DBAA 6E65 76F9 CA38 4A22 3B89 BD3A
nmap-4.76.tgz:   SHA224 = 524D479E 717D98D0 2FB0A42B 9A4E6E52 4027C9B6
                          1D843F95 D419F87F
nmap-4.76.tgz:   SHA256 = 0E960E05 53EB7647 0C8517A0 038092A3 969DB65C
                          BE23C03F D6DAEF1A CDCC9658
nmap-4.76.tgz:   SHA384 = D52917FD 9EE6EE62 F5F456BF E245675D B6EEEBC5
                          0A287B27 3CAA4F50 B171DC23 FE7808A8 C5E3A49A
                          4A78ACBE A5AEED33
nmap-4.76.tgz:   SHA512 = 826CD89F 7930A765 C9FE9B41 1DAFD113 2C883857
                          2A3A9503 E4C1E690 20A37FC8 37564DC3 45FF0C97
                          EF45ABE6 6CEA49FF E262B403 A52F4ECE C23333A0
                          48DEDA66
```

예제 2.6 엔맵 해시 검증하기

```
flog> sha1sum nmap-4.76.tgz
4374cf9ca8822c285de9d00e8f6706d0bcfaa403  nmap-4.76.tgz
flog> md5sum nmap-4.76.tgz
54b5c9e3f44c1adde17df68170eb7cfe  nmap-4.76.tgz
flog> gpg --print-md sha1 nmap-4.76.tgz
nmap-4.76.tgz: 4374 CF9C A882 2C28 5DE9 D00E 8F67 06D0 BCFA A403
```

Nmap.Org에서 배포되는 패키지는 이 절에서 설명하는 바와 같이 서명되는 반면에 특정 엔맵 애드온과 인터페이스와 플랫폼 지정 바이너리들은 다른 서명인에 의해 개발되고 배포된다. 이런 방식은 다운로드에 신뢰성을 확립해주는 메커니즘이다.

[2.1.5] 엔맵을 서브버전 저장소에서 얻기

정규 안정 버전과 개발 버전 배포판을 추가해 최신 엔맵 소스코드는 서브버전 Subversion, SVN 버전 관리 시스템[4]을 사용해 항상 이용 가능하다. 이는 새로운 특성이나 버전/운영체제 탐지 데이터베이스 업데이트가 개발되는 즉시 전달한다. 단점은 SVN 주요 버전이 공식적인 배포판만큼 항상 안정적이지는 않다는 점이다. 그러므로 SVN은 엔맵 개발자와 공식적으로 배포되지 않은 수정이 필요한 사용자에게 대부분 유용하다.

SVN 쓰기 접근(액세스)은 최고 엔맵 개발자들에게만 엄격하게 한정돼 있지만 모든 사람이 저장소에 읽기 접근은 가능하다. `svn co --username guest --password "" svn://svn.insecure.org/nmap/` 명령을 사용해서 가장 최근의 코드를 확인해보자. 그 후 나중에 작업 디렉터리에 `svn up`을 입력해서 소스코드를 업데이트할 수 있다. svnserve 인증 버그 때문에 'guest' 사용자명이 필요하다.

대부분의 사용자가 (/nbase, /nsock, /zenmap을 그 자체로 끌어당기는) svn에 있는 /nmap 디렉터리만을 가져오는 동안 또 다른 흥미로운 디렉터리가 있는데, 이는 바로 /nmap-exp다. 이 디렉터리는 실험적인 엔맵 브랜치를 가지는데, 이는 엔맵 개발자들이 새로운 것을 시도하고자 할 때 엔맵을 적당히 불안정하게 하지 않으

---

4. http://subversion.tigris.org

면서 생성하는 것이다. 실험적 브랜치가 더 큰 단위의 테스팅을 위해 준비가 됐다고 개발자들이 생각할 때 일반적으로 nmap-dev 메일링 리스트에 이메일을 보낸다.

엔맵을 확인하고 나면 엔맵 tarball로 한 것과 마찬가지로 소스코드에서 생성할 수 있다(이는 2장 뒷부분에서 설명한다).

엔맵에 변화가 생길 때 마다 실시간(또는 다이제스트된) 공지와 차이diff를 이메일로 받고 싶다면 http://cgi.insecure.org/mailman/listinfo/nmap-svn에 있는 nmap-svn 메일링 리스트에 가입하고 서명하라.

2.2 소스코드로부터 유닉스 컴파일과 설치

바이너리 패키지(나중에 설명한다)가 대부분의 플랫폼에서 이용 가능한 반면에 소스코드로부터의 컴파일과 설치는 엔맵을 설치하는 전형적이고 가장 강력한 방법이다. 이는 최신 버전을 이용할 수 있고 라이브러리와 디렉터리 구조를 가장 최신으로 유지하게 한다. 예를 들어 엔맵을 소스코드로 설치하면 버전 탐지를 위해 OpenSSL 암호화된 라이브러리를 사용할 수 있지만 대부분의 바이너리 패키지는 이 기능을 포함하지 않는다. 반면에 바이너리 패키지는 일반적으로 설치하기에 더 빠르고, 더 쉬우며, 시스템상의 모든 패키지 소프트웨어의 계속적인 관리(설치, 제거, 업그레이드 등)를 제공한다.

소스 설치는 보통 힘이 별로 안 들며, 빌드 시스템이 가능한 한 자동 탐지로 구성된다. 기본 설치를 위한 필수 단계는 다음과 같다.

1. http://nmap.org/download.html에서 `.tar.bz2`(bzip2 압축)이나 `.tgz`(gzip 압축)의 형태로 엔맵 최신 버전을 다운로드한다.

2. 다음 명령으로 다운로드한 tarball을 압축 해제한다.

   `bzip2 -cd nmap-<버전>.tar.bz2 | tar xvf ?`

   GNU Tar로 더 간단한 `tar xvjf nmap-<VERSION>.tar.bz2` 명령을 실행한다. .tgz 버전을 다운로드했다면 `bzip2`를 압축 해제 명령에서 `gzip`으로 대체시킨다.

3. 새로 생성된 디렉터리를 `cd nmap-<버전>`으로 바꾼다.

4. 빌드 시스템 `./configure`로 환경 설정한다.

환경 설정이 성공하면 예제 2.7에서처럼 성공적인 환경 설정을 축하하기 위해 ASCII 드래곤 그림이 나타나며 주의하라고 경고한다.

예제 2.7 성공적인 환경 설정 화면

```
flog~/nmap> ./configure
checking build system type... x86_64-unknown-linux-gnu
[hundreds of lines cut]
configure: creating ./config.status
config.status: creating Makefile
config.status: creating nsock_config.h
config.status: nsock_config.h is unchanged
         ( )     /\  _                    (
          \ |  ( \ ( \. (                   )                             _____
           \  \ \  `  `   ) \              (  ___                        /  _  \
         (_`    \+   . x  ( .\            \/   \----------/ (o)  \_
         - .-              \+  ;         ( 0                               \____
                              )         _____              `           \  /
         (__                 +- .( -'.- <. - _ VVVVV VV V\                    \/
         (____                .-._: <_ - <-  _ (-- _AAAAAAA__A_/              |
          .    /./.+-    . .- /  +-- - .   _____//_                _____
           (__ ' /x / x _/  (                              \__'       \      /
         , x / ( ' . / .   /                                |           \   /
           / / _/ /      +                                  /            \ /
             ' (__/                                        /              \

              NMAP IS A POWERFUL TOOL -- USE CAREFULLY AND RESPONSIBLY
Configuration complete. Type make (gmake on some *BSD machines) to compile.
```

5. `make` 명령으로 엔맵(그리고 조건이 맞으면 젠맵 GUI)을 생성한다.

    GNU Make가 필수라는 점을 주목하라. BSD에서 파생된 유닉스 시스템상에서 이것은 종종 gmake로 설치된다. 따라서 `make`가 'Makefile, line 1: Need an operator' 같은 오류 메시지를 나타내면 `gmake`를 사용한다.

6. 전 시스템에 걸친 설치를 위해 `su root` 명령을 실행해 권한 있는 사용자로 변경한다.

    이 단계는 시스템상에 권한 없는 셸 계정만 갖고 있다면 건너뛸 것이다.

그런 경우 다음 절의 설명처럼 --prefix 옵션을 이용해 4번째 단계에 있는 configure로 갈 필요가 있을지도 모른다.

7. make install 명령으로 엔맵과 지원 파일, docs 등을 설치한다.

   축하한다! 엔맵이 이제 /user/local/bin/nmap에 설치됐다! 빠른 도움말 화면을 위해 아무 매개변수 없이 실행시킨다.

위에서 볼 수 있듯이 간단한 소스 컴파일과 설치는 루트 권한으로 ./configure;make;make install을 실행하는 것보다 아주 약간 더 많은 명령으로 구성된다. 하지만 엔맵이 생성되는 방법에 영향을 미치는 사용 가능한 구성 옵션은 많다.

[2.2.1] 디렉티브(지시문) 구성

대부분의 유닉스 생성 옵션은 위 4번째 단계에서 사용되는 것처럼 configure 스크립트에 의해 다뤄진다. 엔맵이 구성되는 데는 수많은 커맨드라인 매개변수와 환경 변수가 영향을 미친다. 간단한 설명이 돼 있는 거대한 목록을 얻으려면 ./configure --help 명령을 실행시킨다. 이것들은 윈도우에서 엔맵을 구성하는 데는 사용할 수 없다. 엔맵에 특화되거나 특별히 중요한 옵션들은 다음과 같다.

- **--prefix=⟨디렉터리명⟩** 대부분 소프트웨어의 스크립트를 구성하는 데 표준인 옵션으로 엔맵과 구성 요소가 설치될 위치를 결정한다. 기본값으로 prefix는 /user/local인데, 이는 nmap이 /user/local/bin에 설치되며, man 페이지(nmap.1)는 /user/local/man/man1에 설치되고, 데이터 파일(nmap-os-db, nmap-services, nmap-service-probes 등)은 /usr/local/share/nmap에 설치된다. 특정 구성 요소의 경로만을 바꾸려면 --bindir, --datadir, -mandir 옵션을 사용하라. -prefix의 사용 예로 권한 없는 사용자로서 내 계정에 엔맵을 설치하는 것을 들 수 있다. 나는 ./configure --prefix=</home/fyodor>을 실행할 것이다. 기존에 엔맵이 존재하지 않으면 설치 단계에서 /home/fyodor/man/man1 같은 하위 디렉터리를 생성한다.

- **--without-zenmap** 이 옵션은 젠맵 그래픽 버전으로 설치하는 것을 막는다. 일반적으로 빌드 시스템은 파이썬Python 스크립팅 언어 같은 요구 사항

을 위해 시스템을 점검한 후 이용 가능하다면 젠맵을 설치한다.

- **--with-openssl=〈디렉터리명〉** 버전 탐지 시스템과 엔맵 스크립팅 엔진은 무료 OpenSSL 라이브러리를 이용해서 SSL 암호화된 서비스를 조사할 수 있다. 일반적으로 엔맵 빌드 시스템은 이런 라이브러리를 컴퓨터에서 찾고 발견하면 이 기능을 포함한다. 이런 라이브러리들은 컴파일러가 기본으로 찾을 수 없는 위치에 있지만 그래도 사용하려면 --with-openssl=〈디렉터리명〉으로 해당 디렉터리를 지정하라. 엔맵은 그 후 OpenSSL 라이브러리를 위해 〈디렉터리명〉/libs를 살펴보고 필요한 헤더header 파일을 위해 〈디렉토리명〉/include를 살펴본다. SSL을 전체적으로 사용 불가능하게 하려면 --without-openssl를 지정하라.

- **--with-libpcap=〈디렉터리명〉** 엔맵은 로우 IP 패킷을 캡쳐하는 데 Libpcap 라이브러리[5]를 사용한다. 엔맵은 일반적으로 시스템상에서 이미 존재하는 Libpcap의 복사본을 찾아 버전 숫자와 플랫폼이 적절하다면 그것을 사용한다. 그렇지 않으면 엔맵은 Libpcap의 최신 복사본을 포함하는데, 이는 향상된 리눅스 기능을 위해 수정됐다. 특정 변화는 엔맵 소스 디렉터리 내의 libpcap/NMAP_MODIFICATIONS에 설명돼 있다. 이런 리눅스 관련 변화 때문에 엔맵은 그 플랫폼에서 항상 자신의 Libpcap을 기본값으로 사용한다. 엔맵을 강제로 자신의 Libpcap에 링크시키려면 --with-libpcap=〈디렉터리명〉 옵션을 건너 뛴다. 엔맵은 그러면 Libpcap 라이브러리가 〈디렉터리명〉/lib/ libpcap.a에 있다는 것을 예상하고 〈디렉터리명〉/include에 포함된 파일들이 있다는 것을 예상한다. --with-libpcap=included를 지정하면 엔맵은 tarball 내에 포함된 Libpcap 버전을 항상 사용한다.

- **--with-libpcre=〈디렉터리명〉** PCRE는 http://www.pcre.org에서 이용 가능한 펄 호환 가능한 정규 표현 라이브러리다. 엔맵은 보통 시스템에서 복사본을 찾으며 실패했을 경우는 자신의 복사본으로 반환한다. PCRE 라이브러리가 컴파일러 표준 검색 경로에 있지 않다면 엔맵은 그것을 찾을 수 없을 것이다. 그런 경우 환경 설정 옵션 --with-libpcre=〈디렉터리명〉을 지정함으로써 어디 있는지 엔맵이 찾을 수 있다. 엔맵은 그 후 라이브러리 파일이 〈디렉터리명〉/lib에 있을 거라고 예상하고, 포함된 파일들은 〈디렉

---

5. http://www.tcpdump.org

터리명>/include에 있을 거라고 예상한다. 일부 경우에는 시스템상에 이미 존재하는 라이브러리보다 엔맵을 포함한 PCRE 라이브러리를 사용하고자 할지도 모른다. 그런 경우 --with-libpcre=included라고 지정한다.

- **--with-libdnet=<디렉터리명>** Libdnet은 엔맵이 로우 이더넷 프레임을 보내는 데 사용하는 훌륭한 네트워킹 라이브러리다. 엔맵 계열에서의 버전은 심하게 수정돼(특히 윈도우 코드에서) 기본(디폴트 값)으로 포함된 버전을 사용한다. 시스템상에 이미 설치돼 있는 버전을 사용하려면 --with-libdnet=<디렉터리명>라고 지정한다. 엔맵은 그 후 라이브러리 파일은 <디렉터리명>/lib에 있고 관련된 파일은 <디렉터리명>/include에 있다고 예상한다.

- **--with-localdirs** 이 간단한 옵션은 엔맵이 중요한 라이브러리와 헤더 파일을 위해 /usr/local/lib과 /usr/local/include를 살펴보게 한다. 이는 반드시 필요하지는 않지만 일부 사람이 라이브러리를 찾기 위한 컴파일러를 구성하지 않고 라이브러리를 /user/local에 두는 경우에는 필요하다.

[2.2.2] 컴파일 오류에 맞닥뜨리면

이상적인 세계에서 소프트웨어는 항상 모든 시스템에서 완전하게(그리고 빠르게) 컴파일 된다. 하지만 불행히도 현실에서는 그런 열반의 세계에 아직 도달하지 못했다. 엔맵을 이용 가능하게 만들려는 모든 시도에도 불구하고 컴파일 오류는 가끔 일어난다. 소스 배포 컴파일이 실패한 경우에 대처할 몇 가지 제안은 다음과 같다.

- **최신 버전으로 업그레이드 시켜라** 여러분이 가장 최신의 엔맵 버전을 사용하고 있는지 확인하기 위해 http://nmap.org/download.html을 확인하라. 문제는 이미 고쳐졌을지도 모른다.

- **오류 메시지를 주의 깊게 읽어라** 출력 화면에서 스크롤을 올려 명령이 실패했을 경우 주어지는 오류 메시지를 살펴보라. 보통 맨 첫 번째 오류 메시지를 찾는 게 최선인데, 첫 번째 오류 메시지가 종종 더 많은 오류의 원인을 보여주기 때문이다. 오류 메시지를 주의 깊게 읽어라. 저용량의 디스크나 고장 난 컴파일러 등과 같은 이유일 수 있기 때문이다. 프로그래밍 기술이 있는 사용자는 광범위한 문제들을 스스로 풀 수 있을 것이다. 문제를 고치기 위해 코드를 바꾼다면 (diff -uw <oldfile> <newfile>로 생성된) 패치와 발생한

문제에 관한 자세한 사항을 보내라. 그리고 '15.17 버그'의 설명처럼 nmap-dev에 설치하라. 변경한 내용을 기본 엔맵 배포판에 통합시키면 다른 많은 사용자에게 도움이 되며, 사용자 각자의 새로운 엔맵 버전으로의 변경을 방지한다.

- **구글과 다른 인터넷 자료를 검색하라** 구글이나 다른 검색 엔진에서 정확한 오류 메시지를 찾도록 노력하라. nmap-dev 목록에 있는 최근의 활동을 찾고자 할 수도 있는데, 해당 아카이브와 검색 인터페이스는 http://seclists.org 에서 찾을 수 있다.

- **nmap-dev에 물어보라** 인터넷 검색 결과 어떤 해결책도 제시하지 못하면 '15.17 버그'의 설명처럼 보고서를 nmap-dev 메일링 리스트로 보내보라.

- **바이너리 패키지를 고려해 보라** 엔맵의 바이너리 패키지는 대부분의 플랫폼에서 이용 가능하며, 보통 설치도 쉽다. 단점은 최신 버전이 아닐 수도 있다는 점과 자체 컴파일의 유연성을 어느 정도 잃어버린다는 점이다. 2장의 뒷부분에서 어떻게 많은 플랫폼에서 바이너리 패키지를 찾을 수 있는지 설명하며, 더 많은 내용은 인터넷 검색으로 찾을 수 있다. 반드시 신뢰할 수 있는 사이트에서 바이너리 패키지를 설치해야 한다.

2.3 리눅스 배포판

리눅스는 엔맵을 실행시키는 데 가장 인기 있는 플랫폼이다. 어떤 사용자의 설문조사에 따르면 86%의 사용자가 엔맵을 실행시키는 플랫폼 중 적어도 한 개는 리눅스라고 답했다. 1997년의 첫 번째 엔맵 배포판은 리눅스에서만 실행됐다.

리눅스 사용자들은 소스코드 설치나 배포판이나 Insecure.Org에서 제공하는 바이너리 패키지 중 하나를 선택할 수 있다. 바이너리 패키지가 일반적으로 설치하기에 더 빠르고 더 쉬우며, 종종 배포판의 표준 디렉터리 경로 등을 사용하는 데 약간 커스터마이즈된다. 또한 바이너리 패키지는 시스템에서 업그레이드, 삭제, 소프트웨어 조사의 면에서 지속적인 관리를 도와준다. 단점은 배포판에 의해 생성되는 패키지는 부득이하게 Nmap.Org 소스 배포 뒤에 따른다는 점이다. 대부분의 리눅스 배포(특히 데비안과 젠투)는 엔맵 패키지를 상대적으로 최신 상태로 유지시키지만 일부는 상당히 시대에 뒤떨어졌다. 소스 설치를 선택하면 엔맵이 어떻게 설치되고 시스템을 위해 최적화되는지를 결정하는 데 더 많은 유연성을 제공한다. 소스에서 엔맵을 설치하려면 '2.2 소스코드로부터 유닉스 컴파일과 설치'를 보라. 여기서는 대부분의 공통된 배포판을 위한 간단한 패키지를 안내한다.

[2.3.1] RPM 기반 배포판(레드 햇, 맨드레이크, 수세, 페도라)

나는 모든 엔맵 배포판마다 RPM을 생성해 엔맵 다운로드 페이지 http://nmap.org/download.html에 올려둔다. 나는 두 개의 패키지를 만드는데, nmap 패키지는 커맨드라인에서만 실행 가능한 파일과 데이터 파일을 포함하고, zenmap 패키지는 선택적인 젠맵 그래픽 프런트엔드를 포함한다(12장 참조). zenmap 패키지를 설치하려면 먼저 nmap 패키지를 설치해야 한다. 소스에서 컴파일하는 것에 비해 RPM 설치의 한 가지 단점은, RPM은 버전 탐지를 위한 OpenSSL과 SSL 서비스의 엔맵 스크립팅 엔진 조사를 지원하지 않는다는 점이다.

RPM을 통한 설치는 꽤 쉽다. 적절한 URL을 입력하면 간단하게 해당 RPM을 다운로드할 수 있다. 다음 예제는 프런트엔드를 포함해 엔맵 4.68을 다운로드하고 설치한다. 물론 위 사이트에서 가장 최신 버전을 다운로드해야 한다. 기존에 존재하는 모든 RPM 설치 버전은 업그레이드된다. 예제 2.8은 이 설치 과정을 보여준다.

예제 2.8 엔맵을 바이너리 RPM으로 설치하기

```
# rpm -vhU http://nmap.org/dist/nmap-4.68-1.i386.rpm
Retrieving http://nmap.org/dist/nmap-4.68-1.i386.rpm
Preparing...              ########################################### [100%]
1:nmap                    ########################################### [100%]
# rpm -vhU http://nmap.org/dist/zenmap-4.68-1.noarch.rpm
Retrieving http://nmap.org/dist/zenmap-4.68-1.noarch.rpm
Preparing...              ########################################### [100%]
1:zenmap                  ########################################### [100%]
```

파일명들이 보여주듯 이 바이너리 RPM은 일반적인 PC(x86 아키텍처)용으로 생성됐다. 또한 나는 64비트 리눅스 사용자용 x86_64 바이너리를 배포했다. 이런 바이너리는 상대적으로 SPARC, 알파, 파워PC 같은 플랫폼의 일부 사용자에게는 적용되지 않을 것이다. 이런 바이너리들은 시스템의 바이너리 버전 RPM이 초기

에 설치되는 것과 상당히 다르다면 설치가 안 될 수도 있다. 이런 경우의 한 가지 옵션은 특정 배포판을 위한 리눅스 벤더에 의해 준비되는 바이너리 RPM을 찾는 것이다. 원본 설치 CD나 DVD에서 설치하는 것이 좋지만 최신 버전이 아니거나 사용 가능하지 않을 수도 있다. 또 다른 옵션은 바이너리 패키지 관리 지속성의 장점을 잃더라도 앞서 설명했듯이 엔맵을 소스코드로부터 설치하는 것이다. 세 번째 옵션은 다운로드 페이지에서 배포된 소스 RPM으로부터 자신의 바이너리 RPM을 만들고 설치하는 방법이다. 예제 2.9에서는 소스 RPM에서 엔맵 4.68을 설치하는 방법을 보여준다.

예제 2.9 소스 RPM에서 엔맵 만들고 설치하기

```
> rpmbuild --rebuild http://nmap.org/dist/nmap-4.68-1.src.rpm
[ hundreds of lines cut ]
Wrote: /home/fyodor/rpmdir/RPMS/i386/nmap-4.68-1.i386.rpm
[ cut ]
> su
Password:
# rpm -vhU /home/fyodor/rpmdir/RPMS/i386/nmap-4.68-1.i386.rpm
Preparing...                ########################################### [100%]
1:nmap                      ########################################### [100%]
#
```

이런 방법으로 젠맵을 다시 만들 필요는 없는데, 젠맵 RPM이 아키텍처 독립적 noarch이기 때문이다. 그래서 젠맵 소스 RPM은 없다.

RPM 패키지 제거는 `rpm -e nmap zenmap` 명령처럼 쉽다.

[2.3.2] Yum에 의한 레드햇, 페도라, 맨드레이크, 옐로우 독 리눅스 업데이트

레드햇, 페도라, 맨드레이크, 옐로우 독 리눅스는 소프트웨어 설치를 관리하고 중앙 RPM 저장소로부터 업데이트를 하는 Yum이라는 애플리케이션을 제공한다. 윰은 소프트웨어 설치와 업데이트를 쉽게 만든다. 일반적으로 배포판별 특정 Yum 저장소가 사용되므로 여러분은 소프트웨어가 여러분의 특정 배포판과 최적화되기 위해 테스트됐다는 것을 안다. 배포판 대부분은 Yum 저장소에서 엔맵을 관리하지만 항상 최신으로 업데이트시키지는 않는다. 따라서 (대부분의 사람들처럼)

여러분의 배포판을 최신으로 항상 재빨리 업데이트시키지 않으면 문제가 될 수도 있다. 2년 된 옛 리눅스 배포판을 실행시키고 있다면 Yum은 종종 2년 된 옛 버전의 엔맵을 줄 것이다. 심지어 배포판이 가장 최신 버전조차도 종종 새로운 엔맵 배포판으로 업데이트시키는 데 몇 달이 걸린다. 그러므로 시스템상의 가장 최신 버전 엔맵을 위해서는 앞 절의 설명처럼 우리가 배포한 RPM을 시도해보라. 하지만 우리의 RPM이 여러분 시스템과 호환되지 않거나 여러분이 정말 바쁘다면 yum install nmap처럼 간단히 Yum에서 엔맵을 설치하라(여러분이 GUI를 좋아하면 몇 가지 배포판은 젠맵을 아직 패키지에 넣지 않았지만 yum install nmap zenmap을 실행시켜라). Yum은 인터넷의 저장소에 접근하고 여러분의 아키텍처에 맞는 적절한 패키지를 찾은 후 필요한 의존성 파일과 함께 설치한다. 이 과정은 예제 2.10에서 (간단히 컴파일해) 보여준다. 여러분은 엔맵과 저장소에 있는 다른 패키지에서 이용 가능한 업데이트를 설치하기 위해 나중에 yum update를 수행할 수 있다.

예제 2.10 시스템 Yum 저장소에서 엔맵 설치하기

```
flog~#yum install nmap
Setting up Install Process
Parsing package install arguments
Resolving Dependencies
--> Running transaction check
---> Package nmap.x86_64 2:4.52-1.fc8 set to be updated
--> Finished Dependency Resolution
Dependencies Resolved

=============================================================
 Package         Arch        Version         Repository        Size
=============================================================
Installing:
 nmap            x86_64      2:4.52-1.fc8    updates           1.0 M

Transaction Summary
=============================================================
Install  1 Package(s)
Update   0 Package(s)
Remove   0 Package(s)

Total download size: 1.0 M
Is this ok [y/N]: y
```

```
Downloading Packages:
(1/1): nmap-4.52-1.fc8.x8 100% |=========================| 1.0 MB 00:02
Running Transaction Test
Transaction Test Succeeded
Running Transaction
    Installing: nmap                        ######################### [1/1]

Installed: nmap.x86_64 2:4.52-1.fc8
Complete!
```

[2.3.3] 데비안 리눅스와 우분투 배포판 계열

라몽 존스LaMont Jones는 Nmap.deb 패키지 관리를 환상적으로 잘 처리하는데, 패키지들을 합리적으로 최신으로 유지하는 것도 포함한다. 적절한 업그레이드/설치 명령은 `apt-get install nmap`이다. 이 명령은 우분투Ubuntu 같은 데비안 계열에도 작용한다. 가장 최신의 데비안 'Stable' 엔맵 패키지에 대한 정보는 http://packages.debian.org/stable/nmap에서 이용 가능하고, 개발unstable 엔맵과 젠맵 패키지는 http://packages.debain.org/unstable/nmap과 http://packages.debian.org/unstable/zenmap에서 이용 가능하다.

[2.3.4] 다른 리눅스 배포판

여기에서 목록을 나열하기에는 너무나 많은 리눅스 배포판이 있지만 그 중 많이 알려지지 않은 배포판들도 패키지 빌드에 엔맵을 포함한다. 그렇지 않으면 '2.2 소스코드로부터 유닉스 컴파일과 설치'의 설명처럼 소스코드로부터 간단히 컴파일할 수 있다.

2.4 윈도우

많은 엔맵이 한때 유닉스만을 위한 도구였던 반면에 윈도우 버전이 2000년에 배포됐고, 그 이후로 윈도우는 두 번째로 인기 있는 엔맵 플랫폼(리눅스 다음으로)이 됐다. 이런 인기와 많은 윈도우 사용자가 컴파일러를 갖고 있지 않다는 사실 때문에 바이너리로 실행 가능한 파일이 주요한 엔맵 릴리즈마다 배포됐다. 리눅스 계열에서는 엔맵 기능이 극적으로 향상된 반면에 윈도우에서는 유닉스에서만큼 효율적이거나 안정적이지는 않다. 알려진 한계들은 다음과 같다.

- 여러분은 그 자체로(127.0.0.1이나 등록된 모든 IP 주소와 같은 루프백 IP를 사용해) 자신의 장비를 일반적으로 스캔할 수 없다. 이것은 우리가 아직 극복하지 못한 윈도우의 한계다. 정말로 자신의 장비를 스캔하고 싶다면 핑을 보내지 않고 -sT -PN TCP 연결 스캔을 사용하라. TCP 연결 스캔을 로우 패킷을 보내기보다는 하이레벨의 소켓 API를 사용하기 때문이다.

- 엔맵은 로우 패킷 스캔을 위해 이더넷 인터페이스(대부분의 802.11 무선 카드와 수많은 VPN 클라이언트를 포함한)만을 지원한다. -sT -PN 옵션을 사용하지 않는 한 (PPP 다이얼 업과 같은) RAS 연결과 특정 VPN 클라이언트들은 지원되지 않는다. 이 지원은 마이크로소프트가 로우 TCP/IP 소켓 지원을 윈도우 XP SP2에서 제거했을 때 중단됐다. 이제 엔맵은 대신 더 낮은 레벨의 이더넷 프레임을 보내야만 한다.

유닉스에서의 스캔 속도가 종종 약간 우세하기는 하지만 윈도우에서의 스캔 속도는 일반적으로 유닉스에서의 스캔 속도와 비교할 만하다. 이런 비슷한 스캔 속도의 한 가지 예외는 연결 스캔(-sT)인데, 윈도우 네트워킹 API에서의 비효율성 때문에 윈도우에서 종종 훨씬 더 느리다. 정말 안타까운 일인데, 연결 스캔이 로컬 호스트와 (로우 패킷 스캔과 같은 이더넷뿐만 아니라) 모든 네트워킹 타입에 걸쳐 작동하는 하나의 TCP 스캔이기 때문이다. 연결 스캔 성능은 엔맵이 포함된 nmap_performance.reg 파일에 레지스트리를 수정해서 향상시킬 수 있다. 기본 값으로 이런 변경들은 엔맵 실행 가능한 인스톨러에 의해 적용된다. 이 레지스트리 파일은 윈도우 바이너리 zip 파일의 nmap-<버전> 디렉터리에 있으며, 소스 tarball 내의 nmap-<버전>/mswin32에 있다(버전은 특정 공개본의 버전 번호다). 이런 변화는 (엔맵 같은) 사용자 애플리케이션을 위해 지정된 임시 포트의 수를 증가시키며, closed 연결이 재사용될 수 있기 전에 시간 지연을 줄여준다. 대부분의 사람들은 실행 가능한 엔맵 인스톨러에서 간단히 이런 변화를 적용시키기 위해 박스에 체크하지만 nmap_performance.reg에서 더블 클릭하거나 regedit32 nmap_performance.reg 명령을 실행시켜 적용시킬 수도 있다. 수동으로 변경하려면 다음 세 가지 레지스트리 DWORD 값을 HKEY_LOCAL_MACHINE\SYSTEM\CurrentControlSet\Services\Tcpip\Parameters에 추가시킨다.

- Max UserPort 65534(0x0000fffe) 같은 큰 값을 설정하라. MS KB Q196271[6]을 보라.

- TCPTImedWaitDelay 최소값(0x0000001e)을 설정하라. MS KB Q149532[7]를 보라.

- StrictTimeWaitSeqCheck TimedWaitDelay가 확인되도록 1로 설정하라.

> 엔맵 윈도우 포트에 대해 노력한 eEye의 라이언 퍼머와 맨디 루토멀스키, 젠 복트에게 감사하고 싶다. 수년 동안 엔맵은 유닉스만을 위한 도구였는데, 이들의 노력이 없었다면 여전히 엔맵은 리눅스에서만 사용 가능했을 것이다.

윈도우 사용자가 엔맵을 설치하기 위한 세 가지 옵션이 있는데, 다운로드 페이지 http://nmap.org/download.html에서 설치 가능한 옵션을 얻을 수 있다.

[2.4.1] 윈도우 2000 의존성 프로그램

엔맵은 윈도우 2000을 지원하는데, 마이크로소프트의 의존성 프로그램 몇 가지가 먼저 설치돼야 한다. 이런 의존성 프로그램은 윈도우 인스톨러 3.1(v2)[8]와 윈도우 2000용 보안 업데이트(KB835732)[9]다. 의존성 프로그램들을 설치한 후 엔맵을 설치하기 위한 다음 두 절에서 설명하는 일반적인 지시를 따른다.

[2.4.2] 윈도우 자동 설치 프로그램

모든 엔맵 릴리즈는 nmap-<버전>-setup.exe라는 윈도우 자동 설치 프로그램을 갖고 있다(여기서 버전은 특정 공개본의 버전 숫자를 의미한다). 대부분의 엔맵 사용자는 이 옵션이 아주 쉽기 때문에 이를 선택한다. 자동 설치 프로그램의 또 다른 장점은 젠맵 GUI를 설치하는 옵션을 제공한다는 점이다. 간단히 인스톨러 파일을 실행시켜 설치 경로를 선택하고 WinPcap을 설치하기 위한 패널들을 한번 살펴보

---

6. http://support.microsoft.com/kb/Q196271
7. http://support.microsoft.com/kb/Q149532
8. http://microsoft.com/downloads/details.aspx?FamilyID=889482FC-5F56-4A38-B838-DE776FD4138C
9. http://microsoft.com/downloads/details.aspx?FamilyID=0692C27E-F63A-414C-B3EB-D2342FBB6C00

자. 인스톨러는 오픈소스 Nullsoft Scriptable Install System[10]으로 생성됐다. 완료된 후에는 커맨드라인이나 젠맵을 통해 엔맵을 실행시키는데, 이에 대한 설명은 '2.4.5 윈도우에서 엔맵 실행'을 참조하라.

[2.4.3] 커맨드라인 Zip 바이너리

> 대부분의 사용자들은 앞서 얘기한 자동 설치 프로그램을 이용한 엔맵 설치를 선호한다.

모든 안정적인 엔맵 공개 버전은 Zip 압축 파일 형태로 윈도우 커맨드라인 바이너리와 그에 연관된 파일들을 갖고 있다. 그래픽 인터페이스가 포함되지 않으므로 DOS/명령 창에서 `nmap.exe`를 실행할 필요가 있다. 또는 http://www.cygwin.com에서 이용 가능한 무료 Cygwin 시스템을 포함한 더 강력한 명령 셸을 다운로드해 설치할 수 있다. Nmap.zip 파일을 설치하고 실행시키는 다음과 같다.

엔맵 Zip 바이너리 설치하기

1. .zip 바이너리를 http://nmap.org/download.html에서 다운로드한다.

2. 엔맵을 설치할 디렉터리에 zip 파일 압축을 해제한다. 예제는 `C:\Program Files`가 될 것이다. `nmap-version` 디렉터리가 생성돼야 하는데, 이 디렉터리에는 엔맵 실행 가능한 파일과 데이터 파일을 포함한다. 윈도우 XP와 비스타는 zip 압축 해제를 포함하는데, 탐색기에 있는 파일을 오른쪽 클릭한다. zip 압축 해제 프로그램이 없다면 앞서 설명한 Cygwin에 (unzip이라고 불리는) 하나가 있다. 또는 오픈소스와 무료 7-Zip 유틸리티[11]를 다운로드할 수도 있다. 상용 제품으로는 WinZip[12]과 PKZIP[13]이 있다.

3. 향상된 성능을 위해 앞서 이야기한 엔맵 레지스트리를 적용한다.

4. 엔맵은 무료 WinPcap 패킷 캡처 라이브러리를 필요로 한다. 우리는 자신의

---

10. http://nsis.sourceforge.net/Main_Page
11. http://www.7-zip.org
12. http://www.winzip.com
13. http://www.pkware.com

WinPcap 인스톨러를 만들었는데, zip 파일에서 `wincap-nmap-<버전>.exe`로 이용 가능하며, 여기서 <버전>은 WinPcap 버전이라기보다는 엔맵 버전이다. 대안으로 http://www.winpcap.org에서 최신 버전을 얻어 설치할 수도 있다.

5. 엔맵이 컴파일되는 방법 때문에 런타임 구성 요소의 마이크로소프트 비주얼 C++ 2008 재배포 가능한 패키지가 필요하다. 많은 시스템이 이미 다른 패키지에서 이것을 설치했겠지만 필요한 경우를 대비해 zip 파일에서 `vcredist_x86.exe`를 실행시켜야만 한다.

6. 컴파일된 엔맵을 실행시키는 방법은 '2.4.5 윈도우에서 엔맵 실행'에서 설명한다.

[2.4.4] 소스코드 컴파일

대부분의 윈도우 사용자들은 엔맵 바이너리 자동 설치 프로그램 사용을 선호하지만 옵션으로 소스코드를 컴파일할 수도 있다. 특히 엔맵 개발을 도우려는 계획이 있다면 말이다. 소스코드에서 컴파일은 마이크로소프트 비주얼 C++ 2008이 필요한데, 상용 비주얼 스튜디오 스위트의 한 부분이다. 비주얼 스튜디오의 버전에 관계없이 작용할 것이며, 무료 비주얼 C++ 2008[14] 익스프레스도 포함한다.

➜ 엔맵 소스를 윈도우상에서 컴파일

1. http://nmap.org/download.html에서 최신 엔맵 소스 배포판을 다운로드한다. `nmap-<버전>.tar.bz2`나 `nmap-<버전>.tgz`라는 이름으로 돼 있을 것이다. 이 파일들은 gzip이나 bzip2를 이용해 압축된 작은 tar 파일이다. bzip2 압축 버전이 더 작다.

2. 다운로드한 소스코드를 압축 해제한다. 무료 Cygwin 배포판[15]의 최근 공개본은 .tar.bz2와 .tgz 형식 모두 처리할 수 있다. `tar xvjf nmap-version.tar.bz2`나 `tar xvzf nmap-version.tgz`를 각기 사용한다. 대안으로 .tgz 버전의 압축 해제에 흔한 WinZip 애플리케이션을 사용할 수 있다.

---

14. http://www.microsoft.com/express/vc/
15. http://www.cygwin.com/

3. 비주얼 스튜디오에서 엔맵 솔루션 파일(nmap-<버전>/mswin32/nmap.sln)을 연다.

4. **Build Menu**에서 **Build Solution**을 선택한다. 엔맵이 컴파일을 시작하고 모든 프로젝트가 성공적으로 만들어지면 실패가 없다고 알려주는 '-- Done --'이라는 열로 끝나야 한다.

5. 실행 가능한 파일과 데이터 파일은 nmap-<버전>/mswin32/Release/에서 찾을 수 있다. 그것들을 복사해 나중에 함께 보관할 디렉터리에 붙여넣는다.

6. WinPcap이 설치돼 있는지 확인한다. 바이너리 자동 설치 프로그램을 설치하거나 winpcap-nmap-<버전>.exe를 zip 패키지에서 실행해 WinPcap을 얻을 수 있다. 대안으로 공식적인 인스톨러를 http://www.winpcap.org에서 얻을 수도 있다.

7. 컴파일된 엔맵을 실행시키는 지시문은 다음 절에서 설명한다.

많은 사람들이 엔맵이 Cygwin에 포함돼 있는 gcc/g++나 다른 컴파일러로 컴파일할 수 있는지 질문했다. 일부 사용자는 이것으로 성공했다고 말하는 사람들도 있지만 우리는 Cygwin하에서의 엔맵 설치를 위한 설명을 고수하지는 않는다.

[2.4.5] 윈도우에서 엔맵 실행

엔맵 공개판은 이제 엔맵용 젠맵 그래픽 사용자 인터페이스를 포함한다. 엔맵 인스톨러를 사용하고 젠맵 필드를 체크했다면 바탕화면과 시작 메뉴에 젠맵 항목이 있을 것이다. 시작하려면 젠맵 파일을 클릭한다. 젠맵은 12장에서 자세히 설명한다. 엔맵을 실행시키는 데 많은 사용자가 젠맵을 좋아하는 반면에 다른 사용자들은 전통적인 커맨드라인 접근법을 선호한다. 다음은 커맨드라인 인터페이스에 익숙하지 않은 사용자를 위한 상세 설명이다.

1. 컴퓨터상에 관리자 권한이 있는 상태로 로그인됐는지 확인한다(사용자는 administrators 그룹의 멤버여야 한다).

2. DOS/명령 창을 연다. 프로그램 메뉴 트리에서 찾을 수 있지만 간단한 방법으로 **시작 ▶ 실행**을 선택하고 cmd를 입력한 후 Enter 키를 누른다. (설치했다면) 바탕화면에 있는 Cygwin 아이콘을 더블 클릭해서 Cygwin 창을 여는 방법도 여기의 설명과는 약간 다르지만 동일한 효과를 발휘한다.

3. 엔맵을 설치한 디렉터리로 이동한다. 기본 경로를 사용한다는 전제하에 다음 명령을 입력한다.

```
c:
cd "\Program Files\Nmap"
```

4. nmap.exe를 실행시킨다. 그림 2.1은 간단한 예를 보여준다.

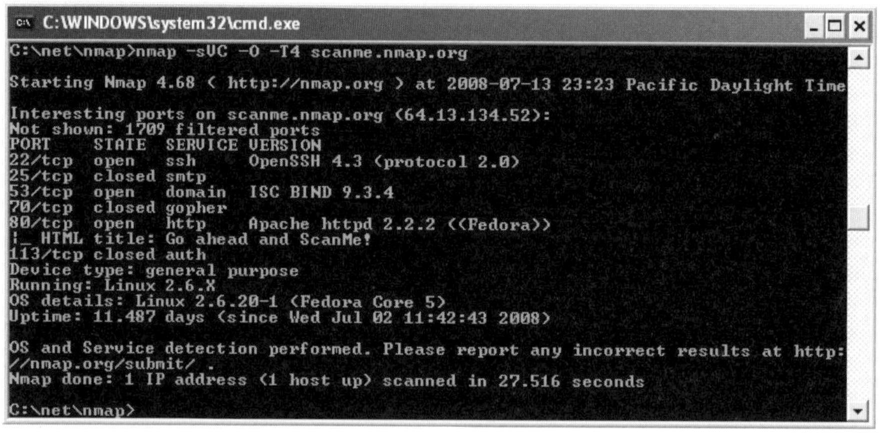

```
C:\WINDOWS\system32\cmd.exe

C:\net\nmap>nmap -sVC -O -T4 scanme.nmap.org
Starting Nmap 4.68 ( http://nmap.org ) at 2008-07-13 23:23 Pacific Daylight Time
Interesting ports on scanme.nmap.org (64.13.134.52):
Not shown: 1709 filtered ports
PORT     STATE  SERVICE VERSION
22/tcp   open   ssh     OpenSSH 4.3 (protocol 2.0)
25/tcp   closed smtp
53/tcp   open   domain  ISC BIND 9.3.4
70/tcp   closed gopher
80/tcp   open   http    Apache httpd 2.2.2 ((Fedora))
|_ HTML title: Go ahead and ScanMe!
113/tcp  closed auth
Device type: general purpose
Running: Linux 2.6.X
OS details: Linux 2.6.20-1 (Fedora Core 5)
Uptime: 11.487 days (since Wed Jul 02 11:42:43 2008)

OS and Service detection performed. Please report any incorrect results at http:
//nmap.org/submit/ .
Nmap done: 1 IP address (1 host up) scanned in 27.516 seconds

C:\net\nmap>
```

그림 2.1 윈도우 명령 셸에서 엔맵 실행시키기

엔맵을 자주 실행한다면 엔맵 디렉터리(기본적으로 c:\Program Files\Nmap)를 명령 실행 경로에 추가할 수 있다. 실행 경로를 설정하는 정확한 위치는 윈도우 플랫폼마다 다르다. 내 윈도우 XP에서는 다음과 같다.

1. 바탕화면에서 **내 컴퓨터**를 오른쪽 클릭한 후 **속성**을 클릭한다.

2. **시스템 속성** 창에서 **고급** 탭을 클릭한다.

3. **환경 변수** 버튼을 클릭한다.

4. **시스템 변수**에서 **경로**를 선택한 후 **편집**을 클릭한다.

5. 세미콜론(;)을 추가한 후 엔맵 디렉터리(기본적으로 c:\Program Files\Nmap)를 값의 끝에 추가한다.

6. 새로운 DOS 창을 열면 어떤 디렉터리에서도 nmap scanme.nmap.org 같은 명령을 실행할 수 있어야 한다.

2.5 썬 솔라리스

엔맵은 솔라리스Solaris에서 오랫동안 잘 지원받았다. 썬Sun은 심지어 완전한 스팍 SPARC 스테이션을 프로젝트에 기부하기도 했는데, 이 스테이션은 여전히 새로운 엔맵을 테스트하는 데 사용 중이다. 이런 이유로 많은 솔라리스 사용자는 '2.2 소스코드로부터 유닉스 컴파일과 설치'에 설명된 대로 소스코드로부터 컴파일하고 설치한다.

원래의 솔라리스 패키지를 선호하는 사용자들은 스티븐 크리슨센이 모든 현대의 솔라리스 버전과 아키텍처를 위해 http://www.sunfreeware.com에서 엔맵 패키지를 유지하는 데 훌륭한 일을 한다는 사실을 알게 돼 기쁠 것이다. 사용법은 스티븐의 사이트에 올라와 있으며, 일반적으로 아주 간단하다. 솔라리스 버전에 맞는 적절한 엔맵 패키지를 다운로드해 압축 해제한 후 `pkgadd -d <패키지명>`을 실행시킨다. 일반적으로 배포된 바이너리 패키지의 경우이므로 솔라리스 패키지는 간단하고 설치도 빠르다. 소스 컴파일의 장점은 더 새로운 버전을 이용할 수도 있으며, 만드는 과정에서 더 많은 유연성을 가지게 된다는 점이다.

2.6 애플 맥 OS X

감사하게도 맥 OS X에 셸 계정을 기부한 일부 사람 덕택에 엔맵이 문제없이 맥 플랫폼에서도 컴파일을 할 수 있다. 모든 사람이 소스를 컴파일하는 데 필요한 개발 도구들을 갖고 있지 않으므로 실행 가능한 인스톨러가 있다. 또한 엔맵은 맥 OS X용 유닉스 소프트웨어 패키지인 Fink와 MacPorts 같은 시스템으로도 이용 가능하다.

[2.6.1] 실행 가능한 인스톨러

엔맵이나 젠맵을 맥 OS X에 설치하는 가장 쉬운 방법은 인스톨러를 사용하는 것이다. 엔맵 다운로드 페이지[16]의 맥 OS X 섹션은 `nmap-<버전>.dmg`라는 파일을 제공하는데, 여기서 <버전>은 가장 최근 공개본의 버전 번호다. .dmg 파일은 '디스크 이미지'로 알려졌다. 설치 과정은 다음과 같다.

---

16. http://nmap.org/download.html#macosx

1. `nmap-<버전>.dmg`를 다운로드한다. 아이콘을 더블 클릭해서 연다(파일을 다운로드한 방법에 따라 자동적으로 열릴 수도 있다).

2. 디스크 이미지의 내용이 나타날 것이다. 파일 중 하나는 `nmap-<버전>.mpkg`라는 맥 메타 패키지 파일일 것이다. 인스톨러를 시작하려면 `nmap-<버전>.mpkg`를 더블 클릭한다.

3. 인스톨러에 있는 지시를 따른다. 엔맵이 시스템 디렉터리에 설치되므로 암호를 입력하라는 요구를 받을 것이다.

4. 인스톨러가 끝나면 Ctrl 키를 누른 상태에서 아이콘을 클릭하고 Eject를 선택해서 디스크 이미지를 추출한다. 디스크 이미지가 쓰레기통에 놓여질 것이다.

설치 후 엔맵과 젠맵을 실행시키는 데 도움을 얻으려면 '2.6.4 맥 OS X에서 엔맵 실행'을 참조하라.

인스톨러에 의해 설치된 프로그램은 맥 OS X 10.4(Tiger)나 이후의 버전에서 실행될 보편적인 바이너리다. 이전 버전의 사용자는 소스로부터 컴파일하거나 써드파티 패키지를 사용해야 한다.

[2.6.2] 소스코드 컴파일

맥 OS X의 소스에서 엔맵 컴파일은 적당한 빌드 환경이 존재하면 다른 플랫폼에서보다 어렵지 않다.

소스코드로부터 엔맵 컴파일

맥 OS X에서 엔맵을 컴파일하려면 Xcode[17]가 필요한데, Xcode는 GCC와 나머지 일반적인 빌드 시스템을 포함하는 애플의 개발자 도구다. Xcode는 기본적으로 설치되지는 않지만 맥 OS X 설치 디스크에서 옵션으로 설치 가능하다. 설치 디스크가 없거나 새로운 버전을 원하면 다음 단계를 이용해서 Xcode를 무료로 다운로드할 수 있다.

1. 애플은 Xcode의 다운로드를 애플 개발자 연결Apple Developer Connection 멤버에게만 제공한다. http://connect.apple.com에 접속해서 계정을 생성하기 위

---

17. http://developer.apple.com/tools/xcode/

해 폼에 정보를 입력한다. 이미 계정이 있다면 다음 단계로 넘어간다.
2. http://connect.apple.com으로 돌아가서 계정 정보를 이용해 로그인한다.
3. 다운로드 링크를 클릭한 후 개발자 도구를 선택한다.
4. 가장 최근의 Xcode를 다운로드해 설치한다.

정확한 단계는 바뀔 수도 있지만 일반적인 방법은 계속 효력을 발생하리라 생각한다.

Xcode를 설치한 후 '2.2 소스코드로부터 유닉스 컴파일과 설치'에서 설명한 컴파일 지침을 따른다. 일부 오래된 맥 OS X 버전에서는 ./configure 명령을 .configure CPP=/user/bin/cpp로 바꿔야 할지도 모른다.

소스코드로부터 젠맵 컴파일

젠맵은 맥 OS X에 없는 일부 외부 라이브러리에 의존하는데, GTK+와 PyGTK가 포함된다. 이런 라이브러리는 자신의 많은 의존성 프로그램을 갖고 있다. 이 모든 것을 설치하는 편한 방법은 써드파티 패키지 시스템을 2.6.3절의 설명처럼 사용하는 것이다. 의존성 프로그램이 설치되고 나면 젠맵을 설치하기 위해 '2.2 소스코드로부터 유닉스 컴파일과 설치'의 지시를 따른다.

[2.6.3] 제3자 패키지

엔맵을 설치하는 또 다른 방법은 맥 OS X용 유닉스 소프트웨어를 패키지로 갖고 있는 시스템을 이용하는 방법이다. 여기서 설명하는 두 가지는 핑크Fink[18]와 맥포트MacPorts[19]다. 패키지 관리자를 설치하는 방법은 각 패키지의 프로젝트 웹사이트를 참조하라.

핑크를 이용해서 엔맵을 설치하려면 `fink install nmap` 명령을 실행한다. 엔맵이 /sw/bin/nmap에 설치될 것이다. 설치한 엔맵을 제거하려면 `fink remove nmap` 명령을 사용한다.

맥포트를 이용해서 엔맵을 설치하려면 `sudo port install nmap`을 실행한다. 엔맵은 /opt/local/bin/nmap에 설치될 것이다. 설치한 것을 제거하려면 sudo

---

18. http://www.finkproject.org
19. http://www.macports.org

`port uninstall nmap`을 실행한다.

이 시스템은 실행 가능한 `nmap` 파일을 글로벌 경로(PATH) 밖에 설치한다. 젠맵이 설치된 엔맵을 찾을 수 있게 하려면 `zenmap.conf`에 있는 `nmap_comman_path` 변수를 '12.10.1 nmap 실행 파일'의 설명처럼 `/sw/bin/nmap`나 `/opt/local/bin/nmap`으로 설정한다.

[2.6.4] 맥 OS X에서 엔맵 실행

맥 OS X에서 종료 에뮬레이터는 Terminal이라 불리는데, `/Applications/Utilities` 디렉터리에 있다. 종료 에뮬레이터를 열면 종료 창이 나타난다. 종료 창에서 명령을 입력한다.

기본적으로 맥 OS X에서는 루트 사용자로 시스템을 사용할 수 있게 돼 있지 않다. 루트 권한으로 스캔을 실행하려면 `sudo nmap -sS <target>`처럼 `sudo`를 명령 앞에 붙인다. 암호를 입력해야 하는데, 일반적인 로그인 암호를 말한다. 관리자 권한을 가진 사용자만이 이런 작업을 할 수 있다.

젠맵은 X11 애플리케이션 설치를 요구한다. 기본적으로 설치가 돼 있지 않다면 맥 OS X 설치 디스크에서 옵션으로 설치할 수 있다.

젠맵이 시작되면 암호를 요구하는 대화상자가 나타난다. 관리자 권한을 가진 사용자는 젠맵이 루트 사용자로서 실행과 고급 스캔 실행을 허용하기 위해 암호를 입력할 수도 있다. 젠맵을 권한 없는 모드에서 실행하려면 인증 대화상자에서 **취소** 버튼을 클릭한다.

2.7 Free BSD / Open BSD / Net BSD

BSD 특징은 엔맵에 의해 잘 지원되므로 '2.2 소스코드로부터 유닉스 컴파일과 설치'에서 설명한 대로 소스에서 간단히 컴파일할 수 있다. 소스에서 컴파일은 항상 최신 버전과 유연한 빌드 과정을 가질 수 있다는 일반적인 장점을 제공한다. 바이너리 패키지를 선호하면 이런 *BSD 계열은 각기 자신의 엔맵 패키지를 관리한다. 또한 수많은 BSD 시스템에는 인기 있는 애플리케이션의 컴파일을 표준화시키는 ports tree가 있다. 가장 대중적인 *BSD 변종에 엔맵을 설치하는 방법은 다음과 같다.

[2.7.1] Open BSD 바이너리 패키지와 소스 포트 사용법

Open BSD FAQ[20]에 따르면 사용자들은 포트에서 애플리케이션을 설치하는 것보다 패키지를 사용하도록 권장 받는다. Open BSD 포트 팀은 포트 자체가 아니라 패키지를 그들의 포트 작업 목표로 인식한다. 같은 FAQ는 각 방법에 대한 자세한 설명서를 담고 있다. 다음은 요약본이다.

바이너리 패키지를 이용한 설치

1. http://www.openbsd.org/ftp.html에서 FTP in mirrors를 클릭한다. 그 후 FTP 사이트에 들어가 /pub/OpenBSD/<version>/packages/<platform>/nmap-<버전>.tgz에서 엔맵 패키지를 얻는다. 또는 Open BSD 배포 CD-ROM에서 구한다.

2. pkg_add -v nmap-<버전>.tgz를 실행한다.

소스 포트 트리를 이용한 설치

1. 기존의 포트 트리 복사본을 갖고 있지 않다면 http://openbsd.org/faq/faq15.html에서 CVS를 통해 포트 트리를 얻는다.

2. 다음 명령을 실행한다(/user/ports가 다르다면 자신의 로컬 포트 디렉터리로 바꾼다).
   cd /usr/ports/net/nmap && make install clean

[2.7.2] Free BSD 바이너리 패키지와 소스 포트 사용법

Free BSD 프로젝트는 패키지와 포트 설치 과정을 설명하는 설명서에서 한 장[21]을 통째로 사용한다. 설치 과정의 요약은 다음과 같다.

바이너리 패키지를 이용한 설치

바이너리 엔맵 패키지를 설치하는 가장 쉬운 방법으로 pkg_add -r nmap을 실행한다. 그 후 X 윈도우 프런트엔드를 원하면 같은 명령을 zenmap 인수로 실행한

---

20. http://www.openbsd.org/faq/
21. http://www.freebsd.org/doc/en_US.ISO8859-1/books/handbook/ports.html

다. 그 대신 패키지를 수동으로 얻으려면 http://freshports.org/security/nmap이나 http://freshports.org/security/zenmap에서 얻거나 CD-ROM에서 얻어 `pkg_add <packagename.tgz>`을 실행한다.

소스 포트 트리를 이용한 설치

1. 포트 트리는 종종 시스템 자체로 설치된다(보통 /user/ports에). 포트 트리를 갖고 있지 않다면 자세한 설치 방법은 앞서 소개한 Free BSD 설명서의 해당 장을 참조하라.

2. 다음 명령을 실행시킨다(/user/ports가 다르다면 자신의 로컬 포트 디렉터리로 대체시킨다).

   ```
   cd /usr/ports/security/nmap && make install clean
   ```

[2.7.3] Net BSD 바이너리 패키지 사용법

Net BSD는 수많은 플랫폼을 위한 엔맵 패키지를 포함하는데, 일반적인 i386에서 플레이스테이션 2, 파워PC, VAX, 스팍, 밉스 아미가MIPS Amiga, 내가 들어보지도 못한 기타 플랫폼까지 포함한다. 불행히도 이것들은 아주 최신은 아니다. Net BSD 엔맵 패키지의 목록은 ftp://ftp.netbsd.org/pub/NetBSD/packages/pkgsrc/net/nmap/README.html에서 이용 가능하며, 애플리케이션을 설치하기 위한 패키지 시스템 사용법은 http://netbsd.org/Documentation/pkgsrc/using.html에서 이용 가능하다.

2.8 아미가, HP-UX, IRIX, 기타 플랫폼

오픈소스 개발의 한 가지 놀라운 점은 사람들의 노력과 열정은 대부분의 회사가 그런 것처럼 이익에 초점을 두기보다는 종종 사람들이 무엇에 흥미를 느끼는가에 이끌린다는 것이다. 이런 배경에서 아미가 포트가 나왔다. 디에고 카소란은 대부분의 작업을 수행하고 주요 엔맵 배포에 통합되는 클린 패치로 보냈다. 일반적으로 아미가 운영체제 사용자들은 '2.2 소스코드로부터 유닉스 컴파일과 설치'에 있는 소스 컴파일 지침을 간단히 따를 수 있어야 한다. 일부 시스템에서 약간의 문제가 생길 수 있지만 아미가 팬들에게는 이런 문제도 재미의 일부분일 것이다.

엔맵은 HP-UX와 SGI IRIX 같은 많은 독점적인 유닉스 시스템을 지원한다. 엔맵 프로젝트는 이런 시스템을 적절히 지원하기 위한 사용자 커뮤니티를 활용한다. 어떤 문제가 발생하면 '15.17 버그'의 설명처럼 자세한 설명과 함께 nmap-dev 메일링 리스트로 보고서를 보내라. 또한 자신의 플랫폼상 지원을 향상시키는 패치를 개발하고 우리에게 알려주면 그 패치를 엔맵에 통합시킬 수 있다.

2.9 엔맵 제거

엔맵을 제거하는 이유가 간단히 최신 버전으로 업그레이드하기 위한 것이라면 대부분의 바이너리 패키지 관리자에 의해 제공되는 업그레이드 옵션을 사용한다. 이와 유사하게 최신 소스코드의 설치('2.2 소스코드로부터 유닉스 컴파일과 설치' 참조)는 일반적으로 이전의 어떤 소스가 설치됐든지 그 위에 덮어 쓴다. 엔맵 제거는 설치 방법(소스에서 설치를 RPM 설치로 바꾼다든지 그 반대의 경우)을 바꿀 때나 엔맵을 더 이상 사용하지 않고 엔맵이 소비하는 얼마 되지 않는 디스크 공간을 염두에 둔다면 좋은 아이디어다.

엔맵을 제거하는 방법은 처음에 엔맵을 어떻게 설치했는지에 달려있다(앞선 내용들을 보라). 바이너리 패키지 대부분의 주요 장점은 제거가 쉬운 점(그리고 다른 관리가 쉬운 점)이다. 예를 들어 엔맵이 리눅스 배포본에 흔한 RPM 시스템을 사용해서 설치됐다면 root 권한으로 `rpm -e nmap zenmap` 명령을 사용해 제거할 수 있다. 이와 유사한 옵션은 대부분의 다른 패키지 관리자에 의해서도 제공되는데, 더 자세한 내용은 해당 문서를 참조하라.

윈도우 인스톨러를 통해 엔맵을 설치했다면 간단히 제어판을 열어서 **프로그램 추가/제거**를 선택하고 **Nmap** 버튼에서 **제거**를 선택한다. 또한 와이어샤크 같은 다른 애플리케이션을 위해 필요하지 않다면 WinPcap도 제거할 수 있다.

엔맵을 소스코드로부터 설치했다면 제거가 약간 더 어려울 수도 있다. 처음(make install을 실행시킨) 빌드 디렉터리를 여전히 사용할 수 있다면 `make uninstall`을 실행시켜 엔맵을 제거할 수 있다. 더 이상 make 디렉터리를 갖고 있지 않다면 엔맵 버전 번호를 얻기 위해 `nmap -V`를 입력한다. 그 후 http://nmap.org/dist/나 http://nmap.org/dist-old/에서 해당 엔맵 버전용 소스 tarball을 다운로드한다. tarball을 압축 해제하고 새로운 디렉터리(nmap-<버전>)로 바꾼다. 처음에 지정했던 인스톨 패치 옵션(`--prefix`나 `--datadir` 같은)을 포함해 `./configure`를 실행시킨다. 그 후 `make uninstall`을 실행시킨다. 다른 방법으로는, 간단히 모든 엔맵 관련 파일을 삭제할 수도 있다. 엔맵 버전 4.50이나 그 이상의 기본 소스 설치를 사용했다면 다음 명령으로 제거할 수 있다.

```
# cd /usr/local
# rm -f bin/nmap bin/nmapfe bin/xnmap
# rm -f man/man1/nmap.1 man/man1/zenmap.1
# rm -rf share/nmap
# ./bin/uninstall_zenmap
```

엔맵을 처음 설치할 때 --prefix나 다른 인스톨 패치 옵션을 지정했다면 위 명령을 약간 조정해야 한다. zenmap, nmapfe, xnmap과 관련된 파일들은 젠맵 프론트엔드를 설치하지 않았다면 존재하지 않는다.

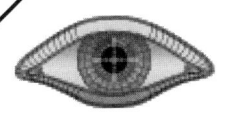

03장

호스트 발견(핑 스캐닝)

3.1 소개

모든 네트워크 예비 조사 임무의 가장 첫 번째 단계 중의 하나는 (때로는 엄청나게 거대한) 대상 IP 범위 중에서 살아있거나 흥미로운 호스트 목록을 만드는 것이다. 모든 IP 주소에 대해 1부터 65535까지 전체 포트를 스캐닝하는 작업은 느리고 불필요한 작업이다. 물론 무엇이 호스트를 흥미롭게 만드느냐는 스캔 목적에 따라 상당히 다르다. 네트워크 관리자들은 특정 서비스를 실행하는 호스트에만 관심이 있을 수도 있지만 보안 감사를 수행하는 사람은 IP 주소를 가진 모든 시스템에 관심을 둘 수도 있다. 외부 침투 테스터들은 방화벽 제한을 회피하기 위한 다양하고 복잡한 방법을 시도할 수 있지만 관리자는 내부 네트워크에 있는 호스트를 찾는 데 ICMP 핑만 사용해도 괜찮다고 생각할 수도 있다.

호스트를 발견하는 방법은 너무나 다양하므로 엔맵은 사용자에게 광범위한 옵션을 제공한다. 핑 스캔이라는 이름에도 불구하고 통합된 핑 도구와 관련된 단순 ICMP 에코 요청 패킷 이상의 것을 수행한다. 사용자들은 목록 스캔(-sL)이나 핑(-PN)을 사용하지 않게 옵션을 줘서 핑 스캔 단계 전체를 건너뛸 수 있거나, 네트워크를 멀티포트 TCP SYN/ACK, UDP, ICMP 프로브의 임의 조합을 가지고 네트워크를 조사할 수도 있다. 이와 같은 조사의 목표는 IP 주소가 실제로 활성화돼 있는지(호스트나 네트워크 시스템에 의해 사용되고 있는지) 확인하기 위해서다. 많은 네트워크에서 적은 비율의 IP 주소만이 실제로 활성화돼 있다. 특히 10.0.0.0/8 같은 사설 주소의 경우 활성화 정도가 낮다. 사설 네트워크는 16,800,000개의 IP를 갖고 있지만 회사에서 천 개도 되지 않는 시스템만이 사용되는 것도 본 적이 있다. 호스트를 발견하는 것은 넓은 IP 주소라는 바다에서 드물게 떠 있는 배를 발견하는 것과 같은데, 엔맵은 이와 같은 작업을 할 수 있게 도와준다.

3장에서는 먼저 핑 스캐닝이 높은 수준의 컨트롤 옵션과 함께 어떻게 동작하는지 살펴본다. 그리고 난 후 세세한 기술에 대해 어떻게 기술들이 동작하고 언제 각 기술을 사용하는 것이 적절한지 설명한다. 네트워크에 있는 방화벽이나 내부와 외부 사이의 보안을 위한 라우터 필터를 통과하려면 조심스럽게 조작된 조합이 필요하므로 엔맵은 수많은 기술을 제공한다. 핑 스캔에 대한 지식을 효율적으로 습득하기 위한 기술을 설명하고 그 후 핑 스캔에서 사용되는 알고리즘을 살펴본다.

3.2 대상 호스트와 네트워크 목록 나열

옵션(또는 옵션 인수)이 아닌 엔맵 커맨드라인에 관한 모든 사항은 대상 호스트 지정으로 취급된다. 가장 간단한 경우는 스캐닝을 위한 대상 IP 주소나 호스트명을 지정하는 것이다.

때로 인접한 호스트의 전체 네트워크를 스캔하고자 할 때도 있을 것이다. 이를 위해 엔맵은 CIDR 형식의 주소를 지원한다. IPv4 주소나 호스트명에 /<numbits>를 추가하면 엔맵은 첫 <numbits>가 참조 IP나 주어진 호스트명과 같은 모든 IP 주소를 스캔한다. 예를 들어 192.168.10.0/24는 192.168.10.0(2진수: 11000000 10101000 00001010 00000000)와 192.168.10.255(2진수: 11000000 10101000 00001010 11111111) 사이의 256 호스트를 스캔한다. 192.168.10.40/24는 정확히 같은 대상을 스캔한다. 호스트 scanme.nmap.org가 IP 주소 64.13.134.52에 있는 경우 scanme.nmap.org/16라고 지정하면 64.13.0.0과 64.13.255.255 사이에 있는 65,536개의 IP 주소를 스캔한다. 사용할 수 있는 가장 작은 값은 /0인데, 이는 전체 인터넷을 스캔한다. 가장 큰 값은 /32인데, 이는 모든 주소 비트가 고정돼 있기 때문에 지정된 호스트나 IP 주소만을 스캔한다.

CIDR 표기는 짧지만 항상 충분히 유연한 것은 아니다. 예를 들어 192.168.0.0/16을 스캔하고 싶지만 .0이나 .255로 끝나는 것은 서브넷 네트워크나 브로드캐스트 주소로 사용될지도 모르기 때문에 생략하길 원할 것이다. 엔맵은 옥텟octet 범위 주소를 통해 이 방식을 지원한다. 정상적인 IP 주소를 지정하기 보다는 각 옥텟의 범위나 번호 목록을 쉼표로 분리시켜 지정할 수 있다. 예를 들어 192.168.0-255.1-254는 .0이나 .255로 끝나는 범위 안에 있는 모든 주소를 건너뛴다. 범위는 마지막 옥텟에 한정될 필요는 없다. 0-255.0-255.13.37로 지정하면 13.37로 끝나는 모든 IP 주소에 대한 인터넷 범위를 스캔한다. 이런 종류의 넓은 샘플링은 인터넷 설문이나 검색에 유용할 수 있다.

IPv6 주소는 완전히 자격 있는 IPv6 주소나 호스트명에 의해서만 지정될 수 있다. CIDR과 옥텟 범위는 유용하게 사용되는 경우가 드물기 때문에 IPv6에서는 지원되지 않는다.

엔맵은 커맨드라인에서 여러 호스트명을 받아들이며, 이런 호스트명 또한 같은 종류일 필요는 없다. `nmap scanme.nmap.org 192.168.0.0/8 10.0.0,1,3-7.0-255` 명령처럼 다양한 형식의 호스트를 받아들인다.

[3.2.1] 목록으로부터 입력(-iL)

방대한 양의 호스트 목록을 스캔하는 작업은 커맨드라인에서는 종종 귀찮긴 하지만 자주 필요하다. 예를 들어 DHCP 서버가 스캔하려는 10,000개의 최근 목록을 이용해야 할 수도 있다. 또는 권한이 부여되지 않은 정적 IP 주소를 사용하는 호스트 지정만 제외하고 모든 IP 주소를 스캔하고 싶을 수도 있다. 간단히 스캔하려는 호스트 목록을 만들고 파일명을 -iL 옵션에 인수로 엔맵에 전달한다. 엔트리는 커맨드라인에서 엔맵이 받아들이는 어떤 형태든 가능하다(IP 주소, 호스트명, CIDR, IPv6, 옥텟 범위). 각 엔트리는 한 개 이상의 스페이스, 탭, 새로운 열 등으로 구별돼야만 한다. 엔맵이 실제 파일보다는 표준 입력에서 호스트를 읽게 하고 싶다면 파일명으로 하이픈(-)을 지정할 수 있다.

[3.2.2] 대상을 임의대로 선택(-iR <numtargets>)

방대한 인터넷 조사와 다른 검색을 위해 대상을 임의로 선택하고 싶을지도 모른다. 이런 임의 선택은 -iR 옵션으로 할 수 있는데, -iR 옵션은 생성할 IP 번호를 인수로 취한다. 엔맵은 자동으로 사설 주소나 멀티캐스트나 할당되지 않은 주소 범위 같은 정상적이지 않은 IP는 건너뛴다. 인수 0은 끝없는 스캔을 위해 지정할 수 있다. 일부 네트워크 관리자는 자신의 네트워크에 대한 권한을 부여받지 않은 스캔에는 화를 낸다는 점을 명심하라. -iR을 사용하기 전에 '1.4 법적 이슈'를 주의 깊게 읽기 바란다.

[3.2.3] 대상 제외시키기(--exclude, --excludefile <filename>)

어떤 상황에서는 스캔하고 싶지 않은 시스템이 있을 수도 있다. 해당 시스템이 너무 중요해서 부작용 위험을 감수하고 싶지 않을 수도 있다. 엔맵 스캔이 아무런 상관이 없다 하더라도 잘못해서 시스템에 장애가 생긴다면 이후에 일어날 수 있는 문제나 책임을 피하고 싶을 것이다. 또는 스캔할 때 기존의 시스템에서 알려진 엔맵과의 충돌 문제를 고치거나 다른 것으로 대체할 수 없을지도 모른다. 또는 특정 IP 범위가 자신이 스캔할 권한이 없는 계열사, 고객, 파트너 회사일 수도 있다. 자문 회사는 종종 고객 네트워크의 스캔 대상에 자신의 시스템이 포함되는 것을 원하지 않는다. 이유가 무엇이건 간에 호스트나 전체 네트워크를 --exclude 옵션을 사용해 제외할 수 있다. 간단히 보통의 엔맵 문법을 사용해 제외된 대상과 넷블록을 쉼표로 구별한 목록을 포함시킨다. 다른 방법으로는 제외할 호스트/네트워크의 파일을 생성해 엔맵에 --excludefile 옵션으로 불러올 수 있다.

[3.2.4] 실제 예

어떤 도구들은 호스트 목록만을 허용하거나 IP 주소의 시작과 끝 범위로 지정할 수 있는 간단한 인터페이스를 갖고 있는 반면에 엔맵은 훨씬 더 강력하고 유연하다. 하지만 엔맵은 배우기 더 어려울 수도 있다. 그리고 잘못된 IP 주소를 스캐닝하는 것은 때때로 큰 문제를 일으킬 수 있다. 다행히도, 엔맵은 목록 스캔(-sL 옵션)을 사용한 드라이 런dry run을 제공한다. 간단히 실제로 스캔을 하기 전에 어느 IP가 스캔될지 보려면 `nmap -sL -n <target>`을 실행시킨다.

위 예는 엔맵에서 호스트를 지정하는 방법을 배우는 데 있어 가장 기본적이고 효율적인 방법이다. 이 절에서는 위와 같이 가장 간단한 예부터 시작해서 엔맵의 사용법을 익숙하게 배우는 데 도움이 되는 예제를 제공한다.

- `nmap scanme.nmap.org, nmap scanme.nmap.org/32, nmap 64.13.134.52`
  이 명령들은 모두 동일한 역할을 수행하는데, 이유는 scanme.nmap.org가 64.13.134.52로 해석되기 때문이다. 이 명령들은 하나의 IP만을 스캔하고 종료한다.

- nmap scanme.nmap.org/24, nmap 64.13.134.52/24, nmap 64.13.134.0-255

    이 명령들은 모두 엔맵이 64.13.134.0에서 64.13.134.255에 이르기까지 256개의 IP 주소를 스캔하게 요청한다. 다시 말해 이 명령들은 scanme.nmap.org를 둘러싼 C 클래스 범위에 있는 주소를 스캔한다.

- nmap 64.13.134.52/24 --exclude scanme.nmap.org,insecure.org

    엔맵이 64.13.134.52 주변의 C 클래스를 스캔하게 명령하지만 scanme.nmap.org와 insecure.org가 범위 내에 있으면 건너뛰게 한다.

- 10.0.0.0/8 --exclude 10.6.0.0/16,ultra-sensitive-host.company.com

    엔맵이 사설 주소 10의 범위 전체를 스캔하게 요청하지만 ultra-sensitive-host.company.com뿐만 아니라 10.6으로 시작하는 모든 주소는 건너뛰게 한다.

- egrep '^lease' /var/lib/dhcp/dhcpd.leases | awk '{print $2}' | nmap -iL -

    할당된 DHCP IP 주소 목록을 얻어 스캐닝을 위해 엔맵에서 사용하게 한다. -iL이 표준 입력에서 읽게 하기 위해 하이픈(-)이 추가됐다는 점을 주목한다.

- nmap -6 2001:800:40:2a03::3

    IPv6 주소 2001:800:40:2a03:3을 스캔한다.

3.3 대상 조직의 IP 주소 찾기

엔맵이 네트워크 스캐닝의 많은 부분을 자동화하지만 여전히 어느 네트워크를 스캔할지는 알려줘야 한다. 여러분은 -iR을 지정하고 엔맵이 대상 회사를 임의적으로 찾아내기를 바라거나 전체 인터넷을 스캔하기 위해 0.0.0.0/0을 지정하는 맹목적인 방법을 시도할지도 모른다. 하지만 둘 중 어떤 방법이든 수개월이나 수년이 걸릴 수도 있고 여러분을 곤경에 빠뜨리게 될 가능성도 크다. 그래서 스캐닝을 하기 전에 대상 네트워크 영역을 주의 깊게 조사하는 작업이 중요하다. 합법적인 침투 테스트를 수행하고 고객이 자신의 네트워크 영역에 대한 목록을 줬더라도 해당 네트워크 영역을 재확인하는 작업이 중요하다. 고객이 때때로 예전의 기록을 갖고 있거나 잘못된 정보를 주는 경우도 간혹 있다. 실수로라도 침투 테스트를 수행하는 회사가 아닌 다른 회사에 침투하면 고객이 서명한 권한 허가서는 아무런 쓸모가 없을 것이다.

대부분 회사 도메인명만으로 시작할 것이다. 이 절에서는 도메인명을 대상 회사가 소유하거나 운영하거나 대상 회사와 관련 있는 네트워크 영역 목록으로 바꾸는 가장 흔하고 효과적인 방법을 설명한다. 전형적인 리눅스 커맨드라인 유틸리티를 설명하지만 유사한 도구가 다른 플랫폼에서도 이용 가능하다.

2006년 쉬무콘ShmooCon 컨퍼런스에서 어떤 사람이 내게 다가와서 엔맵 문서가 *target.com*을 스캔하는 많은 예제를 담고 있다고 불평했다. 그는 ICANN이 이런 목적을 위해 *example.com* 도메인명을 마련해뒀으므로 나에게 맨 페이지man page를 이에 따라 개정하라고 압력을 넣었다. 그가 기술적으로 옳지만 그 부분에 너무 집착하는 점은 좀 이상해 보였다. 그러나 그의 동기는 명함을 나에게 건넸을 때 분명해졌다.

그림 3.1 명함이 모든 것을 설명한다

분명 많은 엔맵 사용자가 man 페이지에서 바로 예제를 복사해서는 대상 호스트를 변경하지 않고 실행시킨다. 그래서 *target.com*이 스캔과 이에 응답하는 IDS 경고로 넘쳐났던 것이었다. 이런 사건에 경의를 표해 이 절의 목적은 Target사에서 사용하는 IP 범위를 지정한다.

[3.3.1] DNS 속임수

DNS의 주목적은 도메인명을 IP 주소로 변경하는 것이므로 시작하기에 논리적인 장소다. 예제 3.1에서 몇 가지 흔한 DNS 레코드 타입을 묻기 위해 리눅스 호스트 명령을 사용한다.

예제 3.1 흔한 DNS 레코드 타입을 얻기 위해 호스트 명령 사용하기

```
> host -t ns target.com
target.com name server ns4.target.com.
target.com name server ns3.target.com.
target.com name server ns1-auth.sprintlink.net.
target.com name server ns2-auth.sprintlink.net.
target.com name server ns3-auth.sprintlink.net.
> host -t a target.com
target.com has address 161.225.130.163
target.com has address 161.225.136.0
> host -t aaaa target.com
target.com has no AAAA record
> host -t mx target.com
target.com mail is handled by 50 smtp02.target.com.
target.com mail is handled by 5 smtp01.target.com.
>host -t soa target.com
target.com has SOA record extdns02.target.com. hostmaster.target.com.
```

다음으로 (다시 호스트를 사용해서) 위의 호스트명을 위한 IP 주소를 해석하고 www.target.com과 ftp.target.com 같은 몇 개의 흔한 하위 도메인명을 시도해본다. ns3.target.com과 smtp01.target.com 같이 동일한 이름에 숫자만 다른 시스템인 경우 앞에 숫자만 변경해서 다른 시스템이 존재하는지 확인해본다. 그 결과 표 3.1에서 보여주는 바와 같이 target.com과 관련된 호스트명을 얻을 수 있었다.

호스트명	IP 주소
ns3.target.com	161.225.130.130
ns4.target.com	161.225.136.136
ns5.target.com	161.225.130.150
target.com	161.225.136.0, 161.225.130.163
smtp01.target.com	161.225.140.120

표 3.1 target.com IP를 나열하는 첫 패스(이어짐)

호스트명	IP 주소
smtp02.target.com	198.70.53.234, 198.70.53.235
extdns02.target.com	172.17.14.69
www.target.com	207.171.166.49

표 3.1 target.com IP를 나열하는 첫 패스

상당수의 호스트명 목록을 이런 방법으로 확인할 수 있는 반면에 호스트명의 머더 로드mother lode는 존 전송zone transfer에서 온다. 대부분의 DNS 서버는 이제 존 전송 요청을 거부하지만 많은 DNS가 여전히 존 전송을 허락하므로 시도해볼 만하다. 도메인 NS 레코드와 포트 스캐닝 통합 IP 범위를 통해 발견한 모든 DNS 서버를 시도하는 것을 잊지 마라. 이제까지 Target이란 이름을 가진 서버 7개를 발견했다(ns3.target.com, ns4.target.com, ns5.target.com, ns1-auth.sprintlink.net, ns2-auth.sprintlink.net, ns3-auth.sprintlink.net, extdns02.target.com). 불행히도 이 모든 서버들은 전이를 거부했거나 존 전송을 위해 요청된 TCP DNS 연결을 지원하지 않았다. 예제 3.2는 dig(도메인 정보 groper) 도구[1]를 이용해 실패한 target.com 존 전송 시도를 보여주며 관련되지 않은 대상 조직에 대한 성공적인 하나를 보여준다(cpsr.org).

예제 3.2 존 전송 실패와 성공

```
> dig @ns2-auth.sprintlink.net -t AXFR target.com
; <<>> DiG 9.5.0b3 <<>> @ns2-auth.sprintlink.net -t AXFR target.com
; Transfer failed.

> dig @ns2.eppi.com -t AXFR cpsr.org
; <<>> DiG 9.5.0b1 <<>> @ns2.eppi.com -t AXFR cpsr.org

cpsr.org           10800  IN   SOA  ns1.findpage.com. root.cpsr.org.
cpsr.org.          10800  IN   NS   ns.stimpy.net.
cpsr.org.          10800  IN   NS   ns1.findpage.com.
cpsr.org.          10800  IN   NS   ns2.eppi.com.
cpsr.org.          10800  IN   A    208.96.55.202
cpsr.org.          10800  IN   MX   0 smtp.electricembers.net.
```

---

[1] 엔맵의 zone-transfer NSE 스크립트를 대신 사용할 수 있다(9장 '엔맵 스크립팅 엔진'을 보라).

```
diac.cpsr.org.          10800  IN   A    64.147.163.10
groups.cpsr.org.        10800  IN   NS   ns1.electricembers.net.
localhost.cpsr.org.     10800  IN   A    127.0.0.1
mail.cpsr.org.          10800  IN   A    209.209.81.73
peru.cpsr.org.          10800  IN   A    208.96.55.202
www.peru.cpsr.org.      10800  IN   A    208.96.55.202
[...]
```

이와 같이 포워드 DNS 결과를 수집할 때 흔한 실수는 도메인명에서 발견된 모든 시스템이 대상 조직 네트워크의 한 부분이고 스캔하는 데 있어 안전하다고 가정하는 점이다. 사실 인터넷상의 대상 조직이 실제로 어디 위치하는지 정확한 위치를 가리키지 않을 수 있다. 이런 경우는 소스 도메인명의 브랜드를 유지하면서 해당 서버는 제3자에게 아웃소싱하는 경우다. 예를 들어 www.target.com은 207.171.166.49로 해석된다. 이것은 Target의 실제 네트워크의 한 부분인지 아니면 스캔하고 싶지 않은 제3자(예를 들어 인터넷 데이터 센터)에 의해 관리되는지 정확하게 알 수 없다. 이것을 알기 위한 빠르고 쉬운 세 가지 테스트가 DNS 역레졸루션, 트레이스라우트, 관련된 IP 주소 레지스트리에 대한 whois 등이다. 첫 두 테스트는 엔맵으로 할 수 있는 반면 whois 명령은 리눅스에서 내장된 명령이다. target.com에 대한 이런 테스트들은 예제 3.3과 예제 3.4에서 보여준다.

예제 3.3 www.target.com에 대한 엔맵 역방향 DNS와 트레이스라우트 스캔

```
# nmap -PN -T4 --traceroute www.target.com

Starting Nmap ( http://nmap.org )
Interesting ports on 166-49.amazon.com (207.171.166.49):
Not shown: 998 filtered ports
PORT     STATE  SERVICE
80/tcp   open   http
443/tcp  open   https

TRACEROUTE (using port 80/tcp)
HOP  RTT      ADDRESS
[cut]
9    84.94    ae-2.ebr4.NewYork1.Level3.net (4.69.135.186)
10   87.91    ae-3.ebr4.Washington1.Level3.net (4.69.132.93)
11   94.80    ae-94-94.csw4.Washington1.Level3.net (4.69.134.190)
```

```
12   86.40   ae-21-69.car1.Washington3.Level3.net (4.68.17.7)
13  185.10   AMAZONCOM.car1.Washington3.Level3.net (4.71.204.18)
14   84.70   72.21.209.38
15   85.73   72.21.193.37
16   85.68   166-49.amazon.com (207.171.166.49)

Nmap done: 1 IP address (1 host up) scanned in 20.57 seconds
```

예제 3.4 www.target.com IP 주소의 소유주를 찾기 위해 whois 사용하기

```
> whois 207.171.166.49
[Querying whois.arin.net]
[whois.arin.net]

OrgName:      Amazon.com, Inc.
OrgID:        AMAZON-4
Address:      605 5th Ave S
City:         SEATTLE
StateProv:    WA
PostalCode:   98104
Country:      US
[...]
```

예제 3.3에서 역방향 DNS(두 장소)와 흥미로운 트레이스라우트 결과가 굵게 표시돼 있다. Amazon.com 도메인명은 웹사이트가 Target 자체보다는 Amazon에 의해 실행될 가능성이 높다. 그리고 난 후 IP 소유자로 'Amazon.com, Inc'를 보여주는 whois 결과는 모든 의심을 없앤다. 웹사이트는 Target 브랜드지만 맨 아래에 'Amazon.com에 의해 운영된다'라는 것을 보여준다. Target에 대해 그들의 보안을 테스트하기 위해 고용됐다면 이 주소 영역을 건들기 위해서는 Amazon으로부터 별도로 허가를 받아야 한다.

웹 데이터베이스는 주어진 도메인에서 호스트명을 찾기 위해서도 사용할 수 있다. 예를 들어 Netcraft는 http://searchdns.netcraft.com/?host에 웹사이트 DNS 검색 특성을 갖고 있다. .target.com을 형식에 입력하는 것은 그림 3.2와 같이 36개의 결과로 나타난다. 간편한 표는 넷블록 소유자도 보여주는데, Amazon이 www.target.com을 운영하는 것과 같은 경우를 잡아낸다. 이미 발견된 호스트

중 몇 개는 이미 알고 있었지만 sendasmoochie.target.com 같은 이름을 추측하기는 어려웠다.

Found 36 sites

	Site	Site Report	First seen	Netblock	OS
1.	www.target.com		October 1995	Amazon.com, Inc.	unknown
2.	weeklyad.target.com		January 2005	Akamai Technologies	Linux
3.	sites.target.com		August 2005	Target Corporation	F5 Big-IP
4.	redcard.target.com		November 2005	Target Corporation	F5 Big-IP
5.	www.target.com.au		June 2000	APNIC	Windows 2000
6.	targetrewards.target.com		August 2005	Target Corporation	F5 Big-IP
7.	cinemared.target.com		August 2005	Target Corporation	F5 Big-IP
8.	recipes.target.com		November 2005	Allrecipes.com, Inc.	Windows Server 2003
9.	bookmarked.target.com		September	Implex.net	Linux

그림 3.2 Netcraft가 36개의 Target 웹 서버를 찾아낸다

구글도 site:target.com 같은 요청을 통해 target.com이 포함돼 있는 도메인을 찾을 수 있다.

[3.3.2] IP 레지스트리에 대한 Whois 질의

초기 '종자seed' IP들이 발견된 후에 해당 IP들이 예상한 회사에 속해있는지 확인하고, 해당 IP가 어느 네트워크 부분인지를 확인하기 위해 조사해야 한다. 작은 회사는 1개에서 16개의 아주 적은 IP 주소를 가지지만 큰 기업은 수천 개의 IP 주소를 사용하는 경우가 많다. IP 주소에 대한 정보는 북아메리카의 경우는 ARINAmerican Registry for Internet Numbers, 인터넷 주소에 대한 미국 등록, 유럽과 중동의 경우에는 RIPE 같은 지역 데이터베이스에 보존된다. 현재의 whois 도구는 IP 주소를 얻고 자동으로 적절한 레지스트리에 요청한다.

소기업이나 중소기업은 보통 ARIN 등에서 할당된 IP 영역을 갖고 있지 않다. 대신 ISP에서 해당 IP를 관리한다. 때로는 ISP 정보를 IP 요청으로 얻을 수 있다. 이는 일반적으로 넓은 네트워크 영역을 보여주므로 여러분은 어느 정도의 양이 대상에 할당됐는지 알 수 없다. 다행히도 이제 많은 ISP는 Shared WhoisSWIP나 Referral WhoisRWhois를 사용한 고객 범위를 재위임subdelegate한다. ISP가 고객 범위를 재위임했다면 여러분은 고객의 정확한 넷블록 사이즈를 알 수 있다.

target.com에 대해 이전에 발견한 IP 주소 중 하나는 161.225.130.163이었다. 예제 3.5는 이 IP의 소유주와 IP 할당 정보를 확인하기 위해 (ARIN에 대해 자동적으로 얻어지는) whois 질의를 보여준다.

예제 3.5 161.225.130.163을 포함하는 넷블록을 찾기 위해 whois 사용하기

```
> whois 161.225.130.163
[Querying whois.arin.net]
[whois.arin.net]

OrgName:        Target Corporation
OrgID:          TARGET-14
Address:        1000 Nicollet TPS 3165
City:           Minneapolis
StateProv:      MN
PostalCode:     55403
Country:        US

NetRange:       161.225.0.0 - 161.225.255.255
CIDR:           161.225.0.0/16
NetName:        TARGETNET
NetHandle:      NET-161-225-0-0-1
Parent:         NET-161-0-0-0-0
NetType:        Direct Assignment
NameServer:     NS3.TARGET.COM
NameServer:     NS4.TARGET.COM
Comment:
RegDate:        1993-03-04
Updated:        2005-11-02

OrgTechHandle:  DOMAI45-ARIN
OrgTechName:    Domainnames admin
OrgTechPhone:   +1-612-696-2525
OrgTechEmail:   Domainnames.admin@target.com
```

놀랍게도 Target은 거대한 B 클래스 넷블록을 갖고 있는데, 161.225.0.0에서부터 161.225.255.255에 이르기까지 모든 65,536개의 IP를 포함한다. OrgName이 Target이므로 Target의 ISP에서부터 결과를 보는 그런 경우는 아니다.

다음 단계는 이 범위에 포함돼 있는 이전에 찾은 모든 IP를 이와 유사하게 찾아보는 것이다. 그러면 좀 더 고급 쿼리를 질의할 수 있다. `Whois -h whois.arin.net \?` 명령은 ARIN에게 질의를 전달한다. 주어진 주소 OrgID나 OrgTechEmail에 해당하는 모든 넷블록을 찾을 수 있다면 좋겠지만 IP 레지스트리는 일반적으로 허락하지 않는다. 하지만 많은 다른 유용한 요청은 허락된다. 예를 들어 `whois -h whois.arin.net@target.com`은 target.com에 있는 이메일 주소를 가진 모든 ARIN 컨텍트를 보여준다. `whois -h whois.arin.net "n target*"` 질의(대소문자 구별이 없다)는 target으로 시작하는 모든 넷블록 핸들을 보여준다. 이와 유사하게 `whois -h whois.arin.net "o target*"`는 target으로 시작하는 모든 대상 조직명을 보여준다. 스캔하려는 회사의 부분인지 아닌지를 확인하기 위해 각 엔트리와 연관된 주소, 전화번호, 이메일을 찾아볼 수 있다. 종종 찾은 정보는 우연히 유사한 이름을 가진 제3자들이다.

[3.3.3] 인터넷 라우팅 정보

인터넷의 주요 라우팅 프로토콜은 BGP_{Border Gateway Protocol}이다. 중소기업과 대기업을 스캔할 때는 BGP 라우팅 테이블이 전 세계에서 해당 기업의 IP 서브넷을 찾도록 도와준다. 예를 들어 마이크로소프트 사에 속한 IP 주소를 스캔하려 한다고 가정해보자. `microsoft.com`을 위한 DNS 검색은 IP 주소 `207.46.196.115`를 제공한다. 앞서 설명한 대로 `whois` 질의는 전체 207.46.0.0/16 블록이 레드몬드_{Redmond}에 있는 적절한 'One Microsoft Way' 주소에 있는 마이크로소프트에 속한다는 결과를 보여준다. whois의 결과는 스캔할 65,536개의 IP 주소를 제공하지만 BGP 테이블은 더 많은 것을 보여준다.

마이크로소프트 같은 엔티티는 라우팅 목적을 위해 자동 시스템_{AS} 번호가 할당된다. 주어진 IP 주소를 광고한 AS 번호를 결정하기 위한 간편한 도구는 http://asn.cymru.com/에서 이용 가능하다. 이 형태에 `207.46.0.0`을 입력하면 마이크로소프트 AS 번호 8075를 제공한다. 다음으로 이 AS에 라우트하는 모든 IP prefix를 찾아보자. 이 작업을 수행하는 데 유용한 도구는 http://www.robtex.com/as/에서 구할 수 있다. AS8075를 입력하고 페이지에서 Go를 누르면 발견된 prefix 42개를 보여주는 요약 화면이 보일 것이다. prefix들은 339,456개의 IP 주소를 표시하고 BGP 탭을 클릭함으로써 개수를 확인할 수 있다.

이와 같이 웹 형태에서 BGP 정보를 획득하는 것이 편리한 반면에 실제 라우터에서 라우팅 데이터를 얻는 것은 더 재미있으며, 더 강력한 맞춤형 쿼리를 요청할 수 있다. 일부 대상 조직은 그런 서비스를 제공한다. 예를 들어 route-views.routeviews.org에 텔넷telnet으로 연결하거나 http://routeviews.org를 방문하라. 물론 이런 서비스는 데이터에 읽기 권한만 허용한다. 인터넷을 접수하기 위한 사악한 계획의 일부로서 글로벌 라우팅 표를 조작하려고 한다면 이 책의 범위를 훨씬 넘어선다.

3.4 DNS 해석

엔맵 호스트 발견의 주요 초점은 어느 호스트가 살아있으며 네트워크상에서 응답하는지 알아보는 것이다. 이 작업은 공격 대상 영역field을 좁히는 작업인데, 존재하지 않는 호스트를 해킹할 수는 없기 때문이다. 하지만 발견이 여기서 끝나게 만들지는 마라. 단지 상대방이 숨을 쉬고 있다고 해서 여자(혹은 남자)와 데이트하지는 않을 것이고, 침투하기 위해 네트워크에서 박스를 선택하는 것도 마찬가지로 특별한 주의를 기울일 만한 가치가 있다. (잠재적인 데이트가 아니라 네트워크된 호스트에 관한) 정보의 대단한 소스는 DNS도메인 네임 시스템이다. 심지어 보안에 관심을 갖고 있는 대상 조직은 종종 시스템의 이름을 통해 해당 시스템이 어떤 기능을 하는지 노출한다. `wap`이나 `wireless`라는 이름의 무선 액세스 포인트나 `fw`나 `fw-1`이라는 이름의 방화벽, `dev`, `staging`, `www-int`, `beta` 등의 이름으로 아직 공개되지 않은 내용을 가진 개발 웹서버들은 흔한 경우다. 시카고 사무실 방화벽이 `fw.chi`라고 이름 붙여진 회사에서처럼 위치와 부서 이름은 종종 노출된다.

기본적으로 엔맵은 호스트 발견 조사에 응답하는 모든 IP(즉, 온라인에 있는 것들)에 대해 역방향 DNS 해석을 수행한다. 호스트 발견이 -PN으로 건너뛴다면 DNS 해석은 모든 IP를 위해 수행된다. 느린 표준 DNS 해석 라이브러리를 사용하기보다 엔맵은 수많은 요청을 병렬 수행하는 커스텀 스텁 해석기custom stub resolver를 사용한다.

기본 DNS 해석이 일반적으로 잘 작동하는 반면에 엔맵은 DNS 해석을 제어하는 데 4가지 옵션을 제공한다. 이 옵션들은 스캐닝 속도와 모이는 정보의 양에 상당한 영향을 줄 수 있다.

- **-n**(No DNS 해석) 엔맵이 발견하는 활동적인 IP 주소에서 역방향 DNS 해석을

절대로 하지 않게 엔맵에게 지시한다. 엔맵이 설치된 병렬 스텁 해석기에도 DNS가 느려질 수 있으므로 이 옵션은 스캐닝 시간을 줄인다.

- **-R(모든 대상을 위한 DNS 해석)** 엔맵이 대상 IP 주소에서 항상 역방향 DNS 해석을 하게 지시한다. 일반적으로 역 DNS는 응답하는 온라인 호스트에 대해서만 수행된다.

- **--system -dns(시스템 DNS 리졸버를 사용하라)** 기본적으로 엔맵은 질의를 직접 호스트에 구성된 네임 서버에 보내고 난 후 응답을 들음으로써 IP 주소를 해석한다. (종종 수십 개의) 많은 질의가 성능을 향상시키기 위해 동시에 수행된다. 시스템 해석기를 대신 사용하려면 이 옵션을 지정한다(getnameinto 콜을 통해 한 번에 한 IP). 이는 엔맵 병렬 해석기에서 버그를 발견하지 않는 이상 (발견하면 우리에게 알려주세요) 아주 느리며 거의 유용하지 않다. 시스템 해석기는 항상 IPv6 스캔을 위해 사용된다.

- **--dns-servers ⟨server1⟩[,⟨server2⟩[,...]] (역방향 DNS 질의에 사용되는 서버들)** 기본적으로 엔맵은 (rDNS 해석을 위한) resolv.conf 파일(유닉스)이나 Registry(윈도우 32)에서 DNS 서버를 결정한다. 다른 방법으로 --dns-servers 옵션을 사용해 다른 서버를 지정할 수도 있다. 이 옵션은 --system-dns나 IPv6 스캔을 사용하면 수행되지 않는다. 여러 개의 DNS 서버를 사용하면 종종 더 빠른데, 특히 대상 IP 영역에 대한 권한 있는 서버를 선택할 때 그렇다. 이 옵션은 질의가 인터넷에서 반복적인 DNS 서버에 대해 응답을 살펴 볼 수 있어 스텔스stealth, 숨김 모드도 향상시킨다.

이 옵션은 또한 사설 네트워크private networks를 스캐닝할 때 편리하다. 때로는 몇 개의 네임 서버만 적절한 rDNS 정보를 제공하고 여러분은 그것들이 어디에 있는지 모를 수도 있다. 포트 53(아마도 버전 탐지와 함께)을 위한 네트워크를 스캔할 수도 있고, 그 후 동작 중인 네임 서버를 발견할 때까지 한 번에 하나씩 --dns-server로 엔맵 목록 스캔(-sL)을 시도해 본다.

3.5 호스트 발견 컨트롤

기본적으로 엔맵은 포트 스캔, 운영체제 탐지 엔맵 스크립팅 엔진이나 버전 탐지 같은 공격적인 조사보다 핑 스캐닝 단계를 포함한다. 엔맵은 보통 핑 스캔 단계에서 이용 가능하다고 보여지는 시스템에 대해서만 공격적인 스캔을 수행할 뿐이다. 이것은 모든 IP 주소에 대해 전체 스캔 수행과 비교했을 때 상당한 시간과 네트워크 대역폭을 절약한다. 하지만 이 방법은 모든 상황에서 이상적인 것은 아니다. 모든 IP를 스캔(-PN)하고자 하는 때가 정말로 있고 또 다른 때는 호스트 발견(-SP)만을 수행하고자 하는 때도 있다. 심지어 대상 호스트를 출력하고 핑 조사(-sL)를 보내기도 전에 종료하고 싶을 때도 있다. 엔맵은 이런 행동을 컨트롤 하는 높은 수준의 몇 가지 옵션을 제공한다.

[3.5.1] 목록 스캔(-sL)

목록 스캔은 어떤 패킷도 대상 호스트에 보내지 않고 간단히 지정된 네트워크에서 각 호스트를 나열하는 호스트 발견의 한 형태다. 기본적으로 엔맵은 대상의 이름을 얻기 위해 호스트에 역방향 DNS 해석을 수행한다. 또한 엔맵은 마지막에 IP 주소의 전체 숫자를 보여준다. 목록 스캔은 대상에 알맞은 IP 주소를 갖고 있는지 아닌지를 확인하기 위한 좋은 방법이다. 호스트가 여러분이 알지 못하는 이름을 보여준다면 잘못된 회사의 네트워크 스캐닝을 피하기 위해 좀 더 조사해 봐야 한다.

대상 IP 범위가 잘못될 수 있는 이유는 여러 가지가 있다. 네트워크 관리자 자신의 넷블록에 오타가 발생하고, 침투 테스터도 오타에 잘 신경쓰지 못할 수도 있다. 어떤 경우에는 보안 컨설턴트에게 잘못된 주소가 주어질 수도 있다. 또 다른 경우에는 whois 데이터베이스와 라우팅 표 같은 리소스 등으로 알맞은 IP 범위를 찾으려고 노력하기도 한다. 데이터베이스가 오래된 것일 수도 있고 회사가 IP 범위를 다른 회사에게 빌려줄 수도 있다. 모회사, 자회사 서비스 제공자, 계열사들을 스캔할지 안 할지는 사전에 고객과 함께 의논해야 하는 중요한 문제다. 예비 목록 스캔은 정확하게 어떤 대상이 스캔되고 있는지 확인하는 데 도움이 된다.

고급advance 목록 스캔을 하는 또 다른 이유는 스틸스숨김 모드를 위해서다. 어떤 경우에는 IDS의 경고나 불필요한 관심을 끌지 않고 공격하고 싶을 때가 있다. 목록 스캔은 비개입적이며, 어느 개인적 시스템을 대상으로 할지 선택하는 데 유용할 수도 있는 정보를 제공한다. 그런 경우는 드물긴 하지만 대상 시스템이 모든 역방향 DNS 요청을 알아챌 수도 있다. 이 부분이 우려되면 'DNS 프록싱' 절에서 설명하는 대로 --dns-servers 옵션을 사용한 익명 재귀적 DNS 서버를 통해 바운스할 수 있다.

목록 스캔은 -sL 커맨드라인 옵션으로 지정된다. 이 아이디어 자체가 간단히 모든 대상 호스트를 출력하는 것이므로 포트 스캐닝, 운영체제 탐지, 핑 스캐닝 같은 더 높은 수준의 기능은 -sL과 통합될 수 없다. 그런 높은 수준의 기능을 수행하는 동안 핑 스캐닝을 사용 불가능하게 하려면 -PN 옵션에 대해 자세히 읽어라. 예제 3.6은 스탠포드 대학 주 웹서버를 둘러싼 CIDR /28 네트워크 범위 (16 IP 주소)를 목록화하기 위해 사용되는 목록 스캔을 보여준다.

예제 3.6 목록 스캔으로 www.stanford.edu 주변 호스트 목록화하기

```
felix~> nmap -sL www.stanford.edu/28

Starting Nmap ( http://nmap.org )
Host www9.Stanford.EDU (171.67.16.80) not scanned
Host www10.Stanford.EDU (171.67.16.81) not scanned
Host scriptorium.Stanford.EDU (171.67.16.82) not scanned
Host coursework-a.Stanford.EDU (171.67.16.83) not scanned
Host coursework-e.Stanford.EDU (171.67.16.84) not scanned
Host www3.Stanford.EDU (171.67.16.85) not scanned
Host leland-dev.Stanford.EDU (171.67.16.86) not scanned
Host coursework-preprod.Stanford.EDU (171.67.16.87) not scanned
Host stanfordwho-dev.Stanford.EDU (171.67.16.88) not scanned
Host workgroup-dev.Stanford.EDU (171.67.16.89) not scanned
Host courseworkbeta.Stanford.EDU (171.67.16.90) not scanned
Host www4.Stanford.EDU (171.67.16.91) not scanned
Host coursework-i.Stanford.EDU (171.67.16.92) not scanned
Host leland2.Stanford.EDU (171.67.16.93) not scanned
Host coursework-j.Stanford.EDU (171.67.16.94) not scanned
Host 171.67.16.95 not scanned
Nmap done: 16 IP addresses (0 hosts up) scanned in 0.38 seconds
```

[3.5.2] 핑 스캔(-sP)

이 옵션은 엔맵이 핑 스캔만을 수행한 후 스캔에 응답한 이용 가능한 호스트만을 출력하게 명령한다. 핑 스캔 옵션을 지정하면 엔맵 스크립팅 엔진(--script) 호스트 스크립트와 트레이스라우트 프로빙(--traceroute)을 제외하고는 (포트 스캐닝이나

운영체제 탐지 같은) 다른 어떤 테스팅도 더 이상 수행하지 않는다. 이것은 목록 스캔보다는 한 단계 더 개입적이며, 같은 목적으로 종종 사용될 수 있다. 핑 스캔은 대상 네트워크에 대해 큰 주의를 끌지 않고 재빠르게 수행한다. 얼마나 많은 호스트가 살아있는지 아는 것은 목록 스캔에 의해 제공되는 모든 하나하나의 IP 목록과 호스트명을 아는 것보다 공격자들에게 더 값진 것이다.

시스템 관리자들은 종종 이 옵션이 가치가 있다는 점도 알게 된다. 이는 종종 네트워크에서 이용 가능한 시스템이 몇 대 있는지 확인하거나 시스템들을 모니터할 때 사용한다. 이는 종종 핑 스윕sweep으로 불리며, 브로드캐스트 주소 핑보다 더 믿을 만한데, 많은 호스트가 브로드캐스트 쿼리에는 응답하지 않기 때문이다.

예제 3.7이 내가 가장 좋아하는 웹사이트 중 하나인 리눅스 위클리 뉴스의 CIDR /24(256 IP)에 대한 재빠른 핑 스캔을 보여준다.

예제 3.7 핑 스캔으로 www.lwn.net 주변 호스트 발견하기

```
# nmap -sP -T4 www.lwn.net/24
Starting Nmap ( http://nmap.org )
Host 66.216.68.0 seems to be a subnet broadcast address (returned 1 extra ping)
Host 66.216.68.1 appears to be up.
Host 66.216.68.2 appears to be up.
Host 66.216.68.3 appears to be up.
Host server1.camnetsec.com (66.216.68.10) appears to be up.
Host akqa.com (66.216.68.15) appears to be up.
Host asria.org (66.216.68.18) appears to be up.
Host webcubic.net (66.216.68.19) appears to be up.
Host dizzy.yellowdog.com (66.216.68.22) appears to be up.
Host www.outdoorwire.com (66.216.68.23) appears to be up.
Host www.inspectorhosting.com (66.216.68.24) appears to be up.
Host jwebmedia.com (66.216.68.25) appears to be up.
[...]
Host rs.lwn.net (66.216.68.48) appears to be up.
Host 66.216.68.52 appears to be up.
Host cuttlefish.laughingsquid.net (66.216.68.53) appears to be up.
[...]
Nmap done: 256 IP addresses (105 hosts up) scanned in 12.69 seconds
```

이 예제는 13초밖에 걸리지 않았지만 귀중한 정보를 보여준다. 이 C 클래스 사이즈의 주소 범위 안에는 105개의 호스트가 온라인 상태다. 그런 작은 IP 공간에 모두 패킹된 관련 없는 도메인명에서부터 LWN은 코로케이션 서버나 전용 서버 제공자를 이용한다는 사실이 명확하다. LWN 시스템이 보안이 높은 것으로 나타났다면 공격자는 이웃 시스템 중 하나를 선택해서 Ettercap이나 Dsniff 같은 로컬 이더넷 공격을 수행할지도 모른다. 이 데이터를 윤리적으로 사용하는 사람은 인터넷 서비스 제공자에게 자신의 시스템을 이동하려고 고려 중인 네트워크 관리자일 것이다. 그는 목록에 나열된 대상 조직 중 일부에 이메일을 보내 장기 계약에 사인하거나 비싼 데이터 센터로 옮기기 전에 서비스에 대한 그들의 의견을 물을지도 모른다.

-sP 옵션은 ICMP 에코 요청과 TCP ACK 패킷을 포트 80에 기본으로 보낸다. 권한이 없는 유닉스 사용자(또는 WinPcap이 설치된 윈도우 사용자)는 이런 로우 패킷을 보낼 수 없으므로 그런 경우 SYN 패킷이 대신 전달된다. SYN 패킷은 TCP 연결 connet 시스템 콜을 사용해 대상 호스트의 포트 80에 보내진다. 권한을 가진 사용자가 로컬 이더넷 네트워크에서 대상을 스캔할 때 --send-ip 옵션이 지정되지 않고 ARP 요청(-PR)이 대신 사용된다.

-sP 옵션은 더 큰 유연성을 위해 '3.6 호스트 발견 기술'에서 설명하는 기술 중 어느 기술과도 함께 사용될 수 있다. 그런 프로브 종류와 포트 번호 옵션 중 어느 하나라도 사용된다면 기본 프로브(ACK와 에코 요청)는 무효화된다. 엄격한 방화벽이 엔맵을 실행하는 소스 호스트와 대상 네트워크 사이에 있을 때 위에서 설명한 고급 기술의 사용이 권장된다. 그렇지 않으면 방화벽이 프로브나 공격자가 요청한 응답을 무효화시켜서 호스트를 놓쳐버릴 수도 있다.

[3.5.3] 핑을 사용 불가능하게 하기(-PN)

또 다른 옵션은 엔맵 발견 단계를 함께 건너뛰는 것이다. 일반적으로 엔맵은 이 단계를 더 무거운 스캐닝을 위한 살아있는 시스템을 찾기 위해 사용한다. 기본적으로 엔맵은 살아있다고 발견되는 호스트에 대해 포트 스캔, 버전 탐지, 운영체제 탐지 같은 무거운 프로빙만을 수행한다. -PN 옵션으로 호스트 발견을 생략하는 방식은 엔맵이 지정된 모든 대상 IP 주소에 대해 요청된 스캐닝 기능을 시도하게 한다. 따라서 B 클래스 크기의 대상 주소 영역(/16)이 커맨드라인에 지정된다면 모든 65,536개의 IP 주소가 스캔된다. 적절한 호스트 발견은 목록 스캔을 통해 생략되지만 대상 목록을 멈추고 출력하는 대신 엔맵은 각 대상 IP가 활동적인 것처럼 요청된 기능을 계속해서 수행한다.

엔맵 핑 테스트를 사용하지 않는 데는 많은 이유가 있다. 가장 일반적인 이유 중 하나는 공격적인 취약성 검사다. 모든 사용 가능한 호스트의 응답을 얻기 위해 수많은 핑 프로브를 지정할 수 있지만 방화벽으로 보호되는 활성화된 시스템은 그런 프로브 중 어떤 것에도 응답하지 않을 가능성이 높다. 따라서 어떤 시스템도 누락하지 않기 위해 감사는 종종 대상 네트워크에 있는 모든 IP를 조사하고 발견하는 시스템에 대해 65,536개의 모든 TCP 포트를 스캔한다. 시스템이 살아 있지 않을 수도 있는데 수천 개의 패킷을 전달하는 것은 어떻게 보면 불필요할 수도 있다. 그리고 이와 같은 작업은 중요성을 가리지 않기 때문에 스캔 시간을 더 느리게 만들 수도 있다. 원본 프로브가 전송 중에 중단될 경우를 대비해서 엔맵은 모든 포트에 재전송을 보내야 하며, 응답하지 않는 IP 주소에 대해서는 왕복 시간RTT 추정이 없으므로 엔맵은 응답을 기다리는 데 상당한 시간을 보내야만 한다. 하지만 생각이 깊은 침투 테스터는 살아있는 시스템을 놓치는 아주 적은 위험이라도 피하기 위해 이런 대가를 기꺼이 치른다. 그들은 백그라운드에서 대규모 PN 스캔이 실행되게 남겨두면서 다른 작업을 수행한다. 6장 '엔맵 성능 최적화'는 더 많은 성능 튜닝을 조언한다.

-PN을 사용하는 데 주어진 또 다른 흔한 이유는 테스터가 이미 살아있다고 알려진 시스템 목록을 갖고 있다는 점이다. 따라서 사용자는 호스트 발견 단계에 시간을 낭비할 필요가 없다. 사용자는 자신의 살아있는 호스트 목록을 생성하고 -iL(목록에서 입력 취하기) 옵션을 사용해 엔맵에 전달한다. 이 전략은 시간 절약 면에서 보면 별 이득이 없다. 재전송과 이미 앞 단락에서 설명한 RTT 추정 문제 때문에 대규모 목록에서 하나의 응답 없는 IP는 전체 핑 스캐닝 단계에서 걸리는 시간보다 스캔하는 데 더 많은 시간을 소비한다. 게다가 핑 단계는 특히 대상 호스트가 강력한 방화벽으로 보호돼 있을 때 엔맵이 다음 포트 스캔의 속도를 높일 수 있는 RTT 샘플을 모으도록 허용한다. -PN을 지정하면 시간 절약 면에서는 별 도움이 안 되는 반면 목록에 있는 시스템 중 일부가 지정될 수도 있는 발견 기술들을 모두 차단하면 이 기능은 아주 중요하게 동작한다. 사용자는 반드시 스캔 속도와 엄격하게 감추어진 시스템들을 놓칠 수도 있는 가능성 사이에서 선택을 잘 해야 한다.

3.6 호스트 발견 기술

IP 주소가 살아있는 호스트에 등록돼 있는지 아닌지를 찾기 쉬웠던 시절이 있었다. 간단히 ICMP 에코 요청(핑) 패킷을 보내고 응답을 기다리면 됐다. 방화벽은 이런 요청들을 거의 차단하지 않았고, 대부분의 수많은 호스트가 ICMP 에코 요청에 거부감 없이 응답했다. ICMP 에코는 1989년부터 RFC 1122에 의해 요청됐는데, 이 RFC 1122는 "모든 호스트는 에코 요청Echo Requests을 받고 이에 대응하는 에코 응답Echo Replies을 보내는 ICMP 에코 서버 기능을 수행해야만 한다"라고 분명하게 명시한다.

네트워크 탐험가들에게는 불행히도 많은 관리자가 보안에 대해 걱정을 하기 시작하면서 RFC 표준을 어겼으며, ICMP 핑 메시지를 차단하겠다고 결정했다. 예제 3.8은 인기 있는 6개 웹사이트에 대한 ICMP만 사용한 엔맵 핑 스캔을 사용하는데, 오직 2개의 응답만 받아냈다. 이는 ICMP 핑 프로브에 응답하지 않는 호스트는 더 이상 살아있지 않다는 가정이 잘못됐다는 점을 보여준다. 이 예제에서 '-sP -PE' 옵션은 ICMP만 사용한 핑 스캔을 지정한다. -R 옵션은 엔맵이 살아있지 않은 것처럼 보이는 호스트를 포함한 모든 호스트에 대한 역방향 DNS 해석을 수행하게 한다.

예제 3.8 인기 있는 인터넷 사이트의 핑 시도

```
# nmap -sP -PE -R -v microsoft.com ebay.com citibank.com google.com \
            slashdot.org yahoo.com

Starting Nmap ( http://nmap.org )
Host origin2.microsoft.com (207.46.250.252) appears to be down.
Host pages.ebay.com (66.135.192.87) appears to be down.
Host ld1-www.citicorp.com (192.193.195.132) appears to be down.
Host 216.239.57.99 appears to be up.
Host slashdot.org (66.35.250.150) appears to be down.
Host w3.rc.dcn.yahoo.com (216.109.127.30) appears to be up.
Nmap done: 6 IP addresses (2 hosts up) scanned in 3.76 seconds
```

다행히도 엔맵은 표준 ICMP 에코 요청을 넘어선 광범위한 호스트 발견 기술을 제공한다. 이런 다양한 기술은 다음 절에서 설명한다.

이 절에서 -P 옵션 중 어느 옵션이든 지정하면 해당 옵션이 기본 옵션에 추가

되기보다는 기본 발견 프로브를 대체한다.

[3.6.1] TCP SYN 핑(-PS<port list>)

-PS 옵션은 SYN 플래그 세트와 함께 빈 TCP 패킷을 보낸다. 기본 목적지 포트는 80(nmap.h 파일 에서 DEFAULT_TCP_PROBE_PORT_SPEC의 값을 바꿔 설정을 변경할 수 있다)이지만 다른 포트가 매개변수로 지정될 수 있다. 포트 목록이 지정될 수도 있지만(예를 들어 -PS22-25,80,113,1050,35000) 그런 경우 프로브는 병렬적으로 각 포트에 대해 시도할 것이다.

SYN 플래그는 연결하기 원하는 원격 시스템에 전달된다. 일반적으로 목적지 포트는 닫히고 RST리셋 패킷이 되돌아올 것이다. 포트가 우연히 열리게 되면 대상 시스템은 SYN/ACK TCP 패킷을 응답해 TCP 3-way 핸드셰이크의 두 번째 단계를 수행할 것이다. 그 후 엔맵을 실행하는 시스템은 3방향 핸드셰이크를 완성하고 전체 연결을 성립하는[2] ACK 패킷을 보내기보다는 RST 패킷을 전달해서 초기 연결을 끊어버린다.

엔맵은 포트가 열렸는지 닫혔는지에 대해서는 관심이 없다. 위에서 설명한 RST나 SYN/ACK 응답은 엔맵에게 호스트가 이용 가능하며 응답한다는 점을 알려준다.

유닉스 시스템에서는 오직 권한 있는 루트(root) 같은 최고 권한을 가진 사용자만이 일반적으로 로우 TCP 패킷을 보내고 받을 수 있다. 권한이 없는 사용자는 연결 connect 시스템 콜을 각 대상 포트에 보내서 회피 방법을 자동으로 사용한다. 이것은 대상 호스트에 SYN 패킷을 보내는 효과를 가져오고, 결과적으로 연결을 성립하게 시도한다. connect가 빠른 성공이나 ECONNREFUSED 실패를 반환하면 우선적인 TCP 스택은 SYN/ACK나 RST를 받고, 해당 호스트는 이용 가능하다는 사실을 알게 된다. 연결 시도가 시간이 다 될 때까지 기다리고 있는 상황이라면 호스트는 다운된 상태로 나타난다. 이와 같은 차선책은 IPv6 연결에서도 사용 가능한데, 이는 로우 IPv6 패킷 생성 지원이 아직 엔맵에서 이용 가능하지 않기 때문이다.

예제 3.8은 6개의 시스템 중 4개를 탐지하는 데 실패했는데, 이 4개가 ICMP 에코 요청에 응답하지 않았기 때문이다. 포트 80(HTTP)에 SYN 프로브를 사용해

---

2. RST 패킷은 엔맵 자체가 아니라 예상치 않은 SYN/ACK에 반응하는 엔맵을 실행하는 장치의 커널에 의해 보내진다.

이 실험을 반복하면 예제 3.9에서처럼 6개 시스템 모두에서 응답을 얻어 낼 수 있다.

예제 3.9 포트 80 SYN 프로브를 사용한 호스트 발견 재시도

```
# nmap -sP -PS80 -R -v microsoft.com ebay.com citibank.com google.com \
                slashdot.org yahoo.com

Starting Nmap ( http://nmap.org )
Host origin2.microsoft.com (207.46.249.252) appears to be up.
Host pages.ebay.com (66.135.192.87) appears to be up.
Host ld1-www.citicorp.com (192.193.195.132) appears to be up.
Host 216.239.57.99 appears to be up.
Host slashdot.org (66.35.250.150) appears to be up.
Host w3.rc.dcn.yahoo.com (216.109.127.30) appears to be up.
Nmap done: 6 IP addresses (6 hosts up) scanned in 0.48 seconds
```

두 번째 방법은 6개 시스템 모두를 탐지하는 것뿐만 아니라 실행 속도가 훨씬 더 빠르다. 시스템이 동시에 스캔되고 스캔이 응답을 기다리는 데 시간을 소비하지 않기 때문에 0.5초도 걸리지 않는다. 이 테스트는 전체적으로 공정한데, 이는 모두 다 인기 있는 웹서버였고, 따라서 TCP 포트 80을 리스닝한다고 예상할 수 있었기 때문이다. 하지만 여기에서도 여전히 다른 종류의 호스트는 다른 프로브 종류에 응답한다는 것을 알 수 있다. 엔맵은 다양한 네트워크의 효과적인 스캔을 위해 병렬적인 여러 종료의 스캔 기능을 제공한다.

[3.6.2] TCP ACK 핑(-PA<port list>)

TCP ACK 핑은 SYN 핑과 유사하다. 추측할 수 있겠지만 차이점은 TCP ACK 플래그가 SYN 플래그 대신 설정된다는 점이다. 그런 ACK 패킷은 설치된 TCP 연결에 걸쳐 인정되는 데이터라고 일컬어지지만 그런 연결은 존재하지 않는다. 따라서 원격 호스트는 항상 연결 과정 중에 호스트의 존재를 드러내면서 RST 패킷에 응답해야만 한다.

-PA 옵션은 SYN 프로브(80) 같은 기본 포트를 사용하며, 같은 형식으로 대상 시스템의 포트 목록을 얻을 수도 있다. 권한이 없는 사용자가 이를 시도하면 IPv6 대상이 지정되고 앞서 설명한 connect 회피 방법이 사용된다. 이 회피 방법

은 불완전한데, connect가 사실 ACK보다는 SYN 패킷을 보내기 때문이다.

SYN과 ACK 핑 프로브 둘 다 제공하는 이유는 방화벽을 회피하는 방법을 최대한 제공하기 위해서다. 많은 관리자가 회사 웹사이트나 메일 서버 같은 공공서비스에 접속하는 것을 제외하고는 라우터와 방화벽을 통해 들어오는 SYN 패킷을 차단한다. 내부 사용자들이 인터넷으로 나가는 연결은 방해하지 않으면서 외부에서 내부 시스템으로 들어오는 연결은 차단한다. 이와 같은 비상태 non-stateful 방법은 방화벽이나 라우터에서 동작하기보다는 주로 하드웨어나 소프트웨어 필터에 의해 동작한다. 이 방식의 예로 리눅스 넷필터/iptables 방화벽 소프트웨어는 설정하기 쉬운 --syn 옵션을 제공하는데, 이에 대해 man 페이지는 다음과 같이 설명한다.

오직 TCP 패킷이 SYN 비트 세트와 매치시키며, ACK와 RST 비트는 지워진다. 그런 패킷은 TCP 연결 시작을 요청하기 위해 사용된다. 예를 들어 외부에서 들어오는 그런 패킷을 막으면 TCP 연결을 방해하겠지만 나가는 TCP 연결은 영향을 받지 않을 것이다. 이는 --tcp-flags SYN, RST, ACK SYN과 상응하는 것이다.

이와 같은 방화벽 규칙이 설정되면 SYN 핑 프로브(-PS)는 닫힌 대상 포트에 전해졌을 때 차단될 가능성이 높다. 이와 같은 경우 ACK 프로브가 이런 규칙을 깨면서 탁월한 효과를 보인다.

또 다른 흔한 방화벽 종류는 예상치 못한 패킷을 중단시키는 안정적인 규칙을 사용한다. 이 기능은 수년간에 걸쳐 훨씬 더 보편화되긴 했어도 초기에는 대부분 최고급의 방화벽만이 사용하는 기능이었다. 리눅스 넷필터/iptables 시스템은 이 특성을 --state 옵션으로 지원하는데, 이 옵션은 다음 man 페이지 설명과 같이 연결 상태에 기반해 패킷을 분류한다.

가능한 상태에는 패킷이 어떤 알려진 연결과도 관련돼 있지 않다는 사실을 의미하는 INVALID, 패킷이 양방향에서 패킷을 이번 연결과 관련이 있다는 사실을 의미하는 ESTABLISHED, 패킷이 새로운 연결을 시작했거나 양방향에서 보지 못했던 연결과 관련이 있다는 NEW, 패킷이 새로운 연결을 시작했지만 FTP 데이터 전송이나 ICMP 오류 같은 기존 연결과 관련이 있다는 사실을 의미하는 RELATED 등이 있다.

ACK 프로브는 그런 예상치 못한 패킷이 INVALID 상태로 구별되고 차단될 것이기 때문에 이런 방법을 사용하는 방화벽에 대해 작업하는 경우는 드물다.

예제 3.10은 마이크로소프트 사에 대한 ACK 핑 시도를 보여준다. 마이크로소프트 사의 상태 보존형stateful 방화벽은 패킷을 차단시키며, 엔맵에게 호스트가 다운됐다고 잘못 인식하게 만든다. SYN 프로브는 이런 경우에 제대로 동작할 경우가 훨씬 더 많다. 이는 대상 네트워크의 방화벽 규칙이 알려지지 않았거나 일정하지 않을 때 어느 기술을 사용할지 고민하게 한다. 알맞은 답은 보통 둘 다. 엔맵은 동시에 다른 호스트 발견 기술을 수행할 뿐만 아니라 SYN과 ACK 프로브를 동시에 보낼 수 있다. 이에 대해서는 3.7 '종합 정리: 호스트 발견 전략'에서 더 자세히 다룬다.

예제 3.10 마이크로소프트 사에 대한 ACK 핑 시도

```
# nmap -sP -PA www.microsoft.com

Starting Nmap ( http://nmap.org )
Warning: Hostname www.microsoft.com resolves to 5 IPs. Using 207.46.192.254.
Note: Host seems down. If it is really up, but blocking ping probes, try -PN
Nmap done: 1 IP address (0 hosts up) scanned in 2.22 seconds
```

[3.6.3] UDP 핑(-PU<port list>)

다른 호스트 발견 옵션은 UDP 핑인데, UDP 핑은 빈(--data-length라고 지정되지 않은 한) UDP 패킷을 해당 포트에 보낸다. 포트 목록은 앞서 이야기한 -PS와 -PA 옵션에서와 같은 형태를 얻는다. 어떤 포트도 지정되지 않으며, 기본은 31,338이다. 이 기본은 nmap.h에서 DEFAULT_UDP_PROBE_PORT_SPEC을 바꿔 컴파일 시 설정될 수도 있다. 잘 알려진well-known 포트가 기본적으로 사용되는데, 열린 포트로 보내는 것이 종종 이런 특정 스캔 종류에는 바람직하지 않기 때문이다.

대상 시스템에 있는 닫힌 포트를 찾아내면 즉시 UDP 프로브는 응답으로 ICMP 포트 도달 불가능한unreachable 패킷을 받는다. 이는 엔맵에게 시스템이 살아있고 사용 가능하다는 것을 알려준다. '호스트/네트워크 도달하지 못함'이나 'TTL 과다' 같은 많은 다른 종류의 ICMP 오류는 대상 시스템이 다운됐거나 접근할 수 없다는 사실을 나타낸다. 응답이 부족한 경우에도 이런 방법으로 해석할 수 있다. 열린 포트에 접속하면 대부분의 서비스는 간단히 빈 패킷을 무시하고 어떤 응답도 보내지 않는다. 이는 기본 프로브가 31,338이기 때문인데, 이

프로브는 거의 사용될 가능성이 없다. 문자 생성기chargen 프로토콜 같은 일부 서비스는 빈 패킷에도 응답할 것이고, 엔맵에게 시스템이 이용 가능하다는 것을 알려준다.

이와 같은 스캔 방법의 가장 주요한 장점은 TCP만 막아내는 필터나 방화벽을 피해간다는 점이다. 예를 들어 한때 나는 Linksys BEFW11S4 무선 브로드밴드 라우터를 소유한 적이 있었다. 이 시스템의 외부 인터페이스는 기본적으로 모든 TCP 포트를 필터했지만 UDP 프로브는 여전히 포트 접근 불가 메시지를 받고 해당 시스템을 알아냈을 것이다.

[3.6.4] ICMP 핑 종류(-PE, -PP, -PM)

앞서 이야기한 다소 일반적이지 않은 TCP와 UDP 호스트 발견 유형에 더불어 엔맵은 어디에나 있는 핑 프로그램으로 보내진 표준 패킷을 보낼 수 있다. 엔맵은 ICMP 타입 8(에코 요청) 패킷을 대상 IP 주소에 보내고, 이용할 수 있는 호스트로부터는 응답으로 타입 0(에코 답변)을 기대한다. 3장 시작부분에서 이미 언급했듯이 많은 호스트와 방화벽은 RFC 1122가 요청하는 대로 응답하기보다는 이제 이런 패킷들을 막아낸다. 이런 이유로 ICMP용 스캔은 인터넷상에서 알려지지 않은 대상에 대해서는 충분히 믿을 만하지는 못하다. 하지만 내부 네트워크를 모니터하는 시스템 관리자에게 이 스캔은 실용적이고 효율적인 방법이다. -PE 옵션을 사용해 이 에코 요청 행동을 사용 가능하게 하라.

에코 요청이 표준 ICMP 핑 질의인 반면에 엔맵은 거기서 멈추지 않는다. 또한 ICMP 표준(RFC 792)은 타임스탬프 요청, 정보 요청, 주소 마스크 요청 패킷을 각기 코드 13, 15, 17로 지정한다. 이런 질의의 표면상 목적은 주소 마스크와 현재 시각 같은 정보를 얻는 것이지만 이런 질의는 쉽게 호스트 발견을 위해 사용될 수 있다. 엔맵은 현재 정보 요청 패킷을 주지는 않고 있는데, 그런 패킷들은 널리 지원되지 않기 때문이다(RFC 1122는 "호스트는 이런 메시지를 수행해서는 안된다"라고 주장한다). 타임스탬프와 주소 마스크 요청은 각기 -PP와 -PM 옵션과 함께 보내질 수 있다. 타임스탬프 응답(ICMP 코드 14)나 주소 마스크 응답(코드 18)은 호스트가 이용 가능하다는 사실을 알려준다. 이런 두 요청은 관리자가 에코 요청 패킷을 명확하게 차단하지만 다른 ICMP 요청들은 같은 목적으로 사용될 수 있다는 사실을 잊었을 때 매우 유익할 수 있다.

[3.6.5] IP 프로토콜 핑(-PO<protocol list>)

가장 최신의 호스트 발견 옵션은 IP 프로토콜 핑인데, IP 패킷을 IP 헤더에 지정된 프로토콜 숫자 세트와 함께 보낸다. 프로토콜 목록은 앞서 언급된 TCP와 UDP 호스트 발견 옵션에서의 포트 목록과 마찬가지로 같은 형태를 가진다. 어떤 프로토콜도 지정되지 않으면 기본적으로 ICMP(프로토콜 1), IGMP(프로토콜 2), IP-in-IP(프로토콜 4)에 다양한 IP 패킷을 보낸다. 기본 프로토콜은 nmap.h에서 DEFAULT_PROTO_PROBE_PORT_SPEC을 바꿔 컴파일 파일에서 구성될 수 있다. 다른 프로토콜은 IP 헤더 이상으로는 어떤 데이터도 추가되지 않고 보내지는데 반해(--data-length 옵션이 지정되지 않는 한) ICMP, IGMP, TCP(프로토콜 6), UDP(프로토콜 17)를 위해서 패킷은 알맞은 프로토콜 헤더와 함께 보내진다는 점을 주목하라. 호스트 발견 방법은 같은 프로토콜을 프로브로 사용하는 응답이나 주어진 프로토콜이 목적 호스트에 의해 지원되지 않는다는 사실을 뜻하는 ICMP 프로토콜 도달 불가 메시지 둘 중 하나를 사용해 응답을 구한다. 두 개의 응답 형식 중 하나는 대상 호스트가 살아있다는 사실을 의미한다.

[3.6.6] ARP 스캔(-PR)

엔맵을 사용하는 시나리오 중 가장 흔한 시나리오 중 하나는 이더넷 LAN을 스캔하는 것이다. 대부분의 LAN에서는(특히 RFC 1918에 의해 주어진 사설 주소 범위를 사용하는 LAN에서는) 광범위한 대다수의 IP 주소들은 보통 사용되지 않는다. 엔맵이 ICMP 에코 요청 같은 로우 IP 패킷을 보내려고 시도할 때 운영체제는 이더넷 프레임을 알맞게 부를 수 있게 대상 IP에 대응하는 목적지 하드웨어ARP 주소를 결정해야만 한다. 이것은 일련의 ARP 요청을 생성하게 요청한다. 이는 예제 3.11에 잘 나타나 있는데, 여기서 핑 스캔이 로컬 이더넷 호스트에 대해 시도됐다. --send-ip 옵션은 로컬 네트워크일지라도 엔맵에게 IP 레벨 패킷(로우 이더넷보다는)을 보내라고 지시한다. 세 개의 ARP 요청과 시간에 대한 와이어샤크 출력은 세션에 덧붙여졌다.

예제 3.11 오프라인 대상의 로우 IP 핑 스캔

```
# nmap -n -sP --send-ip 192.168.33.37

Starting Nmap ( http://nmap.org )
  0.000000 00:01:29:f5:27:f2 -> ff:ff:ff:ff:ff:ff ARP Who has 192.168.33.37?
  0.999836 00:01:29:f5:27:f2 -> ff:ff:ff:ff:ff:ff ARP Who has 192.168.33.37?
  1.999684 00:01:29:f5:27:f2 -> ff:ff:ff:ff:ff:ff ARP Who has 192.168.33.37?
Note: Host seems down. If it is really up, but blocking ping probes, try -PN
Nmap done: 1 IP address (0 hosts up) scanned in 2.04 seconds
```

이 예제는 끝나는 데 2초보다 조금 더 정도 걸리는데, 이는 (리눅스) 운영체제가 세 개의 ARP 요청을 보내고 호스트를 포기하기 전에 따로 1초가 더 걸리기 때문이다. ARP 응답이 보통 1~2밀리초에 도달한다고 봤을 때 1초 이상의 기다림은 과하다. 이 타임아웃 기간을 줄이는 것은 운영체제 벤더에게는 우선순위가 아닌데, 많은 양의 패킷 대부분이 실제로 존재하는 호스트에 보내지기 때문이다. 한편 엔맵은 대상이 10.0.0.0/8과 같이 주어졌을 때 패킷을 16,000,000 IP에 보내야만 한다. 각기 2초씩 기다리는 것은 많은 대상이 동시에 핑된다 하더라도 엄청난 시간적인 지연이다.

LAN에서 로우 IP 핑 스캔을 하는 데는 또 다른 문제점이 있다. 목적 호스트가 앞선 예제처럼 응답이 없다고 확인되면 소스 호스트는 커널 ARP 테이블에서 목적 IP에 일반적으로 불완전한 엔트리를 추가한다. ARP 테이블 영역은 무한하며 일부 운영체제는 ARP 테이블이 가득 찼을 때 부정확한 정보로 응답한다. 엔맵이 로우 IP 모드(--send-ip)에서 사용되면 호스트 발견을 계속할 수 있기 전에 ARP 캐시 엔트리가 다시 비워질 때까지 몇 분이나 기다려야 하는 경우도 있다.

ARP 스캐닝은 엔맵을 컨트롤함으로써 이런 두 가지 문제를 모두 해결한다. 엔맵은 로우 ARP 요청을 멈추고 재전송과 타임아웃 기간을 임의로 정할 수 있다. 시스템 ARP 캐시는 회피된다. 예제 3.12는 그 차이점을 보여준다. ARP 스캔은 로우 IP 스캔에서 걸린 시간의 10분의 1 정도밖에 걸리지 않는다.

예제 3.12 오프라인 대상의 ARP 핑 스캔

```
# nmap -n -sP -PR --packet-trace --send-eth 192.168.33.37

Starting Nmap ( http://nmap.org )
SENT (0.0060s) ARP who-has 192.168.33.37 tell 192.168.0.100
```

```
SENT (0.1180s) ARP who-has 192.168.33.37 tell 192.168.0.100
Note: Host seems down. If it is really up, but blocking ping probes, try -PN
Nmap done: 1 IP address (0 hosts up) scanned in 0.23 seconds
```

예제 3.12에서 -PR이나 --send-eth 옵션 어느 것도 효과를 발휘하지 못한다. 이것은 ARP가 기본 스캔 종류이기 때문이다. 이더넷 호스트를 스캐닝할 때 엔맵은 로컬 이더넷 네트워크를 탐지한다. 이것은 802.11 무선 접속장치뿐만 아니라 전형적인 유선 이더넷도 포함한다. 앞서 한 설명처럼 ARP 스캐닝이 더 효율적일 뿐만 아니라 더 정확하다. 호스트는 종종 IP 기반의 핑 패킷을 차단하는데, 일반적으로 ARP 요청이나 응답은 차단할 수 없고 네트워크에서 여전히 통신된다. 심지어 다른 핑 종류(-PE나 -PS 같은)가 지정되더라도 엔맵은 같은 LAN에 있는 어떤 다른 대상에 대해 ARP를 사용한다. ARP 스캔을 확실하게 하고 싶지 않으면 예제 3.11에서처럼 --send-ip를 지정하라.

엔맵에게 로우 이더넷 프레임을 보낼 수 있게 하면 엔맵이 소스 MAC 주소를 컨트롤하도록 허용한다. 여러분이 보안 컨퍼런스에서 파워북만 갖고 있고 대량의 ARP 스캔이 애플에 등록된 MAC 주소에서 시작된다면 모든 패킷이 여러분의 컴퓨터로 쏟아질 것이다. 여러분은 '10.4.8 MAC 주소 속이기'의 설명처럼 --spoof-mac 옵션으로 MAC 주소를 속일 수 있다.

[3.6.7] 기본 조합

이런 호스트 발견 기술 중 어느 것도 선택하지 않으면 엔맵은 윈도우나 권한 있는 (루트) 유닉스 관리자를 위한 -PA -PE 인수에 대응하는 기본값을 사용한다. 주의 깊은 독자는 이것이 포트 80에 TCP ACK 패킷과 ICMP 에코 요청 질의가 각 시스템에 보내진다는 사실을 알 수 있다. 이에 대한 예외는 ARP 스캔이 로컬 이더넷 네트워크에 있는 어떤 대상을 위해서건 사용된다는 점이다. 권한 없는 유닉스 셸 사용자는 기본으로 -PS(대상 호스트의 포트 80에 대한 TCP connect 콜)에 대응한다. 보안 감사를 위해 나는 '프로브의 이상적인 조합 설계' 절의 설명처럼 더 포괄적인 핑 타입 집합을 사용할 것을 권장한다.

3.7 종합 정리: 호스트 발견 전략

[3.7.1] 관련 옵션

이전 절은 엔맵 호스트 발견 단계와 사용된 기술들을 커스터마이즈하는 데 사용하는 주요 옵션들을 설명했다. 하지만 여기에 관련된 더 일반적인 엔맵 옵션들이 많이 있다. 이 절은 어떻게 옵션 플래그가 핑 스캐닝과 관련 있는지 간략하게 설명한다. 각 옵션에 대한 전체 설명은 15장 '엔맵 레퍼런스 가이드'를 살펴보라.

- **-v(--verbose과 같다)** 기본적으로 엔맵은 일반적으로 살아있고 응답 있는 호스트만을 출력한다. verbose 모드는 살아있는 호스트에 대한 정보뿐만 아니라 다운된 호스트도 출력한다.

- **--source-port <portnum>(-g과 같다)** 지속적인 소스 포트 설정은 다른 엔맵 기능에서의 동작처럼 핑 스캐닝(TCP와 UDP)에서도 작용한다. 일부 순진한 방화벽 관리자들은 DNS(포트53)나 FTP-DATA(포트 20)가 동작하게 하려고 예외 조항을 만든다. 물론 이는 엔맵 핑 스캔이 통과할 수 있을 만큼 큰 구멍을 만든다. '10.4.2 소스 포트 조작'에서 이 기술을 더 상세히 설명한다.

- **-n -R** -R 옵션은 다운된 호스트까지 포함한 모든 호스트에 대한 DNS 질의를 사용할 수 있게 하지만 -n 옵션은 모든 DNS 해석을 사용하지 않게 한다. 기본 동작은 DNS 해석을 살아있는 호스트에 한해서만 수행한다. 이런 옵션은 특히 핑 스캐닝을 위해 중요한데, DNS 해석이 스캔 시간에 굉장히 큰 영향을 미치기 때문이다.

- **--dns-servers <server1>[,<server2>[,...]]**(역방향 DNS 요청을 위해 사용되는 서버들) 기본적으로 엔맵은 (rDNS 해석을 위한) 여러분의 DNS 서버를 resolv.conf 파일(유닉스)이나 레지스트리(Win32)에서 결정한다. 다른 방법으로는, 이 옵션을 사용해서 또 다른 DNS 서버를 지정할 수 있다. 이 옵션은 --system-dns나 IPv6 스캔을 사용 중이라면 수행되지 않는다. 여러 개의 DNS 서버를 이용하면 한 개만 질의하는 것보다 종종 더 빠르고 더 비밀스럽다. 가장 좋은 방법은 대상 IP 영역에 있는 모든 권한 있는 서버를 지정하는 것이다.

- **--data-length <length>** 이 옵션은 모든 패킷 데이터의 <length>에 임의적인 바이트를 추가하며 TCP, UDP, (IPv4를 스캔하는 권한 있는 사용자를 위한)

ICMP 핑 스캔 종류와 함께 작동한다. 이 옵션은 스캔을 덜 의심스럽고 어디에나 있는 핑 진단 프로그램에 의해 생성된 패킷처럼 보이게 한다. 스노트Snort를 포함한 일부 침입탐지 시스템IDS에는 0바이트 핑 패킷에 대한 경고가 있다. 이 옵션은 이런 경고를 빠져 나간다. 옵션 값 32는 에코 요청을 윈도우에서 나온 것처럼 만들어주지만 56는 기본 리눅스 핑인 것처럼 보여준다.

- **--ttl ⟨value⟩** 외부로 나가는 TTL 설정은 권한 있는 사용자가 IPv4 핑 스캔을 하게 지원한다. 이것은 스캔이 로컬 네트워크를 넘어서 다른 네트워크에 전달되지 않게 하는 예방 대책으로 유용하다. 이 옵션은 또한 더 설득력 있게 본래의 핑 프로그램처럼 꾸미는 데 사용될 수도 있다. 일부 기업 네트워크는 쉽게 고칠 수 없는 라우팅 루프로 알려진 문제로 고생한다. --ttl로 외부로 나가는 TTL을 줄이는 것은 루프를 만났을 때 라우터 CPU 용량을 줄이는 데 도움이 된다.

- **Canned 타이밍 옵션**(-T3, -T4, -T5 등) 마치 다른 엔맵 특성의 속도를 높이는 것과 마찬가지로 높은 -T 값은 핑 스캐닝 속도를 높인다. 소스와 목적지 네트워크 간의 적당한 빠르기와 신뢰할 수 있는 연결을 위해(즉, 다이얼 업 모뎀보다 더 높은 차원의 어떤 것이든) -T4 옵션이 권장된다.

- **--max-parallelism, --min-parallelism ⟨value⟩** 이 옵션들은 얼마나 많은 프로브가 한 번에 발행될지에 대한 것이다. 기본적인 핑 종류(두 프로브)로, 병렬 값은 대충 병렬해 스캔하는 시스템의 숫자다. 핑 기술을 한 호스트당 한 프로브로 줄이는 것은(예를 들어 -PE) 주어진 병렬 단계에서 한 번에 스캔하는 호스트 숫자를 두 배로 증가시키지만 한 호스트당 4개의 프로브로 증가시키는 것은(예를 들어 -PE -PS22,113,50000) 숫자를 반으로 줄인다. 대부분의 사용자는 단순히 -T4 같은 진부한 타이밍 옵션에만 매달린다.

- **--min-rtt-timeout, --max-rtt-timeout, --initial-rtt-timeout ⟨time⟩** 이 옵션들은 엔맵이 얼마나 오랫동안 핑 응답을 기다릴 것인지 제어한다.

- **입력 옵션**(-iL ⟨filename⟩, -iR ⟨number⟩) 호스트 입력 옵션들은 엔맵의 다른 옵션처럼 사용된다. 사용자들은 이미 살아있는 호스트에 대해서는 핑 스캔하는 것을 피하려고 목록에서 입력(-iL) 옵션과 -PN 옵션을 같이 사용한다. 시간을 절약하기 위해 입력 옵션과 -PN 옵션 사용하기 전에 '3.5.3 핑 사용

불가능하게 하기(-PN)'를 읽어라. -iR 옵션은 할당된 인터넷 IP 공간에서 호스트를 랜덤으로 선택한다. 스캔하려는 랜덤 호스트의 번호를 인수로 취한다. 절대 끝나지 않는(엔맵 프로세스를 폐지하거나 없앨 때까지) 스캔을 위해서는 0를 이용하라.

- **출력 옵션**(-oA, -oN, -oG, -oX, 등) 모든 엔맵 출력 종류(보통, grepable, XML)는 핑 스캐닝을 지원한다. 13장 '엔맵 산출물의 포맷'에서 어떻게 이것들이 작용하는지 자세히 설명한다.

- **--randomize-hosts** 이 옵션으로 호스트를 스캔하는 순서를 랜덤으로 하는 것은 스캔 출력을 분석하기는 좀 더 어렵지만 관리자가 스캔을 덜 의심하게 만들 수 있다.

- **--reason** 일반적인 엔맵 출력은 호스트가 살아있는지 아닌지를 알려주지만 호스트가 어떤 탐지 검사에 응답했는지는 알려주지 않는다. 이런 자세한 사항을 위해 --reason 옵션을 추가한다. 엔맵이 항상 모든 프로브에 시도하지는 않으므로 그 결과는 호스트 발견을 위해 다소 혼란스러울 수도 있다. 이 혼란은 첫 번째 응답을 얻자마자 멈출 것이다. 따라서 엔맵은 실행되는 동안 호스트에서 ICMP 에코 응답을 보고할 수도 있지만 그 후 RST 응답을 두 번째 실행하는 동안 처음으로 받을 수도 있고 엔맵이 이것을 보고하게 만들 수도 있다.

- **--packet-trace** --reason이 제공하는 내용보다 더 자세히 알고 싶으면 --packet-trace를 시도해본다. 이 옵션은 엔맵이 보내고 받는 모든 패킷에 대한 일련번호, TTL 값, ICP 플래그를 포함한 자세한 내용을 보여준다.

- **-D ⟨decoy1,decoy2,...⟩** 디코이decoy는 진짜 공격자를 감추면서 권한을 부여받은 IPv4 핑 스캔을 완벽히 지원한다.

- **-6** TCP connect 기반의 핑 스캔(-PS)은 IPv6 프로토콜을 지원하는데, 이는 (-PS22,80,113 같은) 멀티 포트 모드를 포함한다.

- **-S ⟨source IP address⟩, -e ⟨sending device name⟩** 엔맵의 다른 기능과 마찬가지로 소스 주소와 보내는 시스템은 -S 옵션으로 지정할 수 있다.

- **일반적인 옵션** 기본으로 -sP와 -sL이 지정되지 않는 한 엔맵은 호스트 발견 단계 이후에 더 침입적인 스캐닝으로 옮겨간다. 따라서 수많은 일반 포트 스캐닝, 운영체제 탐지, 버전 탐지 옵션이 사용될 수 있다. 더 많은 정보는

참조 가이드나 관련된 장을 참조하라.

[3.7.2] 핑 옵션 선택과 결합

효과적인 스캐닝은 이 절과 이전 절에서 설명한 모든 옵션에 숙달하는 것 이상이 필요하다. 사용자는 대상 네트워크 토폴로지와 스캐닝 목적에 맞게 옵션들을 언제 어떻게 사용할지 이해해야만 한다.

➔ TCP 프로브와 포트 선택

TCP 핑 옵션은 엔맵에서 가장 강력한 탐색 기술 중 하나다. 관리자는 대부분의 사용자에게 영향을 미치지 않고 ICMP 에코 요청 패킷을 차단하는 것에서 벗어날 수 있을지도 모르지만 서버는 자신이 제공하는 공공 서비스에 보내진 SYN 패킷에 절대적으로 응답해야만 한다. 반면에 ACK 패킷은 종종 비상태 보존형 non-stateful 방화벽을 통해 얻어진다. 나는 일반적으로 인기 있는 포트뿐만 아니라 대상 네트워크가 갖고 있을지도 모르는 모든 포트 목록을 사용해 SYN과 ACK 프로브 둘 다 사용하길 권장한다. 인터넷에 퍼져있는 10,000개 이상의 IP 주소를 빠르게 스캔하는 데 표 3.2에서 설명하는 포트가 특히 유용하다. 디폴트-드롭 필터(도달하기에 가장 어려운 타입)를 가진 호스트 중에 표 3.2의 포트들은 (열렸든 닫혔든) 가장 접근하기 쉬운 14개 포트다.

포트 번호/서비스	원인
80/http	인터넷에서 웹서버의 보급은 수많은 웹 이용자가 웹이 인터넷이라고 믿게 만들었다.
25/smtp	메일은 회사가 그들의 방화벽을 통해 허락한 또 다른 인터넷 '킬러 app(애플리케이션 시스템의 해커 속어 - 옮긴이)'다.
22/ssh	SSH가 표준 원격 터미널 관리로서 마침내 텔넷을 능가한 것처럼 보인다.
443/https	SSL은 웹사이트가 기밀 디렉터리 정보를 보호하기 위한 인기 있는 방법이다.
21/ftp	이 파일 전송 프로토콜은 수많은 방화벽 관리자가 그 소멸을 슬퍼하지 않는다 할지라도 계속 살아있다.

표 3.2 가장 유용한 TCP 프로브 포트(접근 가능성이 높은 순서)(이어짐)

포트 번호/서비스	원인
113/auth	auth(idented) 서비스는 서버(보통 메일이나 IRC)가 자신에게 연결된 고객의 사용자 이름을 요청하는 것을 허용한다. 관리자들은 종종 이 포트를 필터되지 않은 채로 남겨두는데, 이는 방화벽 규칙이 서버가 포트 113으로 다시 연결되는 것을 막을 때 일어날 수 있는 장기간 타임아웃을 방지하기 위해서다. 핑 스캐닝을 위해 이 포트를 이용하는 것은 때때로 잘못된 긍정 응답을 야기한다. 이는 어떤 시스템도 해당 IP에 존재하지 않더라도 방화벽이 네트워크에 있는 모든 IP에 대한 auth 질의에 응답해서 RST 패킷을 위조하게 일부 관리자가 구성한다고 알려져 있기 때문이다. 관리자들은 포트에 접근하는 것을 방지하는 동안, 서버 타임아웃을 피하기 위해 이를 행한다.
23/telnet	이것이 보안에는 악몽과 같더라도 많은 시스템이 여전히 이 관리자 인터페이스를 지원한다.
53/domain	도메인 네임 서버는 상당히 널리 퍼져있다.
554/rtsp	실시간 스트림 컨트롤 프로토콜(Real Time Stream Control Protocol)은 QuickTime과 RealServer를 포함한 미디어 서버에 의해 사용된다.
3389/ms-term-server	마이크로소프트 터미널 서비스는 사용자들(때로는 해커들)이 원격 컴퓨터에 있는 애플리케이션과 데이터에 접근하는 것을 허락한다.
1723/pptp	포인트 투 포인트 터널링 프로토콜(Point-to-Point Tunneling Protocol)은 종종 마이크로소프트 윈도우에서 VPN 해결책을 실행시키는 데 사용된다.
389/ldap	경량 디렉터리 접근 프로토콜(Lightweight Directory Access Protocol)은 종종 접촉 디렉터리 등을 저장하기 위해 사용된다.
636/ldapssl	SSL보다 LDAP가 기밀 정보에 접근하는 데 더 인기 있다.
256/FWI-securemote	체크포인트 방화벽-1 시스템은 종종 이 관리 포트를 열어둔다.

표 3.2 가장 유용한 TCP 프로브 포트(접근 가능성이 높은 순서)

표 3.2에 나열한 인기 있는 포트 외에도 적어도 하나의 큰 번호high-numbered 포트를 선택하도록 권장된다. 엉성하게 구성된 많은 방화벽은 1,024 아래를 뜻하는 권한 있는 특정 포트만 막는 규칙을 갖고 있다. 나는 보통 발견된 포트 중에서 40,000이나 10,042 같은 큰 수를 골라서 이런 종류의 방화벽 뒤에 있는 시스템을 찾아낸다.

프로브에 대한 포트를 선택하는 데 있어서는 플랫폼의 다양성을 강조하는 것을 잊지 마라. 핑 스캔을 두 포트로 제한하면 HTTP(80)과 SSH(22)가 HTTP(80)과 HTTPS(443)보다 더 나을 것인데, 이는 뒤의 두 개는 관련 있는 웹서비스이며, HTTPS를 갖고 있는 많은 시스템에는 어쨌든 종종 HTTP도 사용 가능하기 때문이다. 같은 시스템에서 두 개의 접근 가능한 포트를 찾는 것은 하나를 찾는 것보다 핑 스캐닝 목적에 있어 별 진전이 없다. 목표는 광범위한 세트의 호스트가 그 중 하나는 적어도 매치되게 하기 위해 포트를 선택하는 것이다.

표 3.2의 목록이 널리 알려진 윈도우 SMB 포트 135 같은 많은 고객 중심의 포트를 포함하지 않았다는 점을 주목하라. 주요한 이유는 이 표가 기본적으로 모든 포트를 막아놓고 필요한 포트만 열어놓는 방화벽 안에 있는 호스트를 조사하고 있기 때문이다. 그런 경우에는 135-139와 445 같은 윈도우 포트가 보통 차단된다. 이런 시스템이 방화벽 뒤에 있지 않을 때 열린 포트는 핑 스캐닝에 중요하지 않은데, 이는 수천 개의 닫힌 포트가 마찬가지로 동작하기 때문이다.

UDP 포트 선택

UDP 포트를 선택함에 있어 열린 포트는 프로브에 별로 응답하지 않는 경향이 있다는 점을 기억하라. 필터되지 않은 포트가 선호된다. 열린 포트를 피하기 위해 DNS(포트 53)과 SNMP(161) 같은 일반적인 UDP 서비스를 제외시키는 방법을 고려해볼 수도 있다. 한편으로 방화벽 규칙은 종종 너무 광대해서 그런 프로브들(특히 포트53)이 통과돼서 닫힌 포트를 찾아낼 수도 있다. 따라서 나는 적어도 포트 53과 37,452 같은 임의적으로 높은 숫자의 포트를 선택하는 것을 권장한다.

ICMP 프로브 선택

ICMP를 위해서는 표준 핑(에코 요청)을 시도해 볼 가치가 있다. 많은 관리자가 특히 이를 허용하는데, 디버깅에 유용하거나 RFC 1122가 필요하기 때문이다. 또한 나는 적어도 주소 마스크나 타임스탬프 요청 중 하나를 이용할 것이다. 이 것들은 관리자가 의도적으로 에코 요청 패킷을 차단하지만 다른 ICMP 질의에 관해서는 잊은 경우에 특히 유용하다.

프로브의 이상적인 조합 설계

이 모든 핑 타입이 어떻게 핑 스캔 전략으로 조합되는지는 대상 네트워크와 스캔 목적에 달려있다. 내부 네트워크에선 기본 핑 타입이 보통 잘 동작한다. 디폴트 스캔은 또한 때때로 호스트를 놓치는 것이 별 문제가 되지 않는 일반적인 스캐닝에서도 괜찮다. 더 많은 프로브를 추가하는 것은 핑 스캔이 좀 더 걸리는 수고를 들여 그런 예비의 비밀스런 시스템을 찾는 데 도움을 준다. 걸린 시간은 대충 각 시스템에 보내지는 프로브 숫자에 비례한다. 인터넷상에서 대상 네트워크의 보안 스캔을 위해서는 더 많은 프로브를 추가하라고 일반적으로 충고한다. 앞서 언급한 다양한 세트의 기술을 포함하게 노력하라. 다음은 가장 광범위한 호스트를 찾는 핑 옵션 집합이다. -PE -PA -PS21,22,23,25,80,113,31339 -PA80,113,443,10042. --source-port 53을 추가하는 것도 의미가 있다. 그 결과가 얼마나 좋으며 시간이 얼마나 더 걸릴 것인가? 그건 물론 대상 네트워크에 따라 다르지만 엔맵 랜덤 대상 선택 옵션(-iR)은 재빠른 테스트 수행을 쉽게 한다. 예제 3.13은 엔맵이 50,000 랜덤 IP 주소를 생성하고 기본 핑 스캔을 수행하는 과정을 보여준다. 포트 80에 기본이 TCP ACK 패킷이고 ICMP 에코 요청 패킷이라는 점을 기억해야 한다.

예제 3.13 50,000 IP 주소 생성하기와 그 후 기본 옵션으로 핑 스캔

```
# nmap -n -sL -iR 50000 -oN - | grep "not scanned" | awk '{print $2}' \
  | sort -n > 50K_IPs
# head -5 50K_IPs
3.100.147.9
3.100.148.119
3.10.160.33
3.10.201.11
3.101.154.139
# nmap -sP -T4 -iL 50K_IPs
# nmap -sP -T4 -iL 50K_IPs -S -oA 50KHosts_DefaultPing
Starting Nmap ( http://nmap.org )
Host dialup-4.177.9.75.SanDiego1.Level3.net (4.177.9.75) appears to be up.
Host dialup-4.181.100.97.SanJose1.Level3.net (4.181.100.97) appears to be up.
Host firewall2.baymountain.com (8.7.97.2) appears to be up.
[thousands of lines cut]
Host 222.91.121.22 appears to be up.
```

```
Nmap done: 50000 IP addresses (3348 hosts up) scanned in 1598.07 seconds
```

50,000개의 IP 주소를 스캔하는 데 약 27분이 걸렸고, 3,348개의 호스트가 탐지됐다. DNS 레졸루션이 -n으로 사용하지 않게 했으면 더 빨랐을 수도 있지만 대부분의 DNS명은 이전 스크래치 실행으로 인해 이미 캐시에 있다. 광범위한 핑 기술 사용 효과를 알아보기 위해 같은 50K 호스트가 기본 두 개보다 포트당 13개의 프로브로 재스캔됐다. 예제 3.14에서 보여지듯이 엔맵은 1,125개(34%)의 더 많은 호스트를 탐지할 수 있었다. 71분이 걸렸는데, 이는 2.5배나 더 걸린 셈이다. 모든 새로운 호스트가 탐지됐다고 보면 여분의 시간을 소비한 가치가 있다. 모든 새로운 호스트가 합법적이지는 않을 것이다. 핑 프로브의 숫자가 증가하면 엔맵이 존재하지 않는 호스트가 살아있는 것처럼 보이게 만드는 네트워크 인공물을 찾을 수 있는 기회도 증가시킨다. SYN에 대한 RST나 포트 113에 대한 ACK 패킷을 반환하는 방화벽들이 한 예다.

예제 3.14 여분의 프로브로 핑 스캔 반복

```
# nmap -sP -PE -PP -PS21,22,23,25,80,113,31339 -PA80,113,443,10042 \
   -T4 --source-port 53 -iL 50K_IPs -oA 50KHosts_ExtendedPing
Starting Nmap ( http://nmap.org )
Host sim7124.agni.lindenlab.com (8.10.144.126) appears to be up.
Host firewall2.baymountain.com (8.7.97.2) appears to be up.
Host 12.1.6.201 appears to be up.
Host psor.inshealth.com (12.130.143.43) appears to be up.
[thousands of hosts cut]
Host ZM088019.ppp.dion.ne.jp (222.8.88.19) appears to be up.
Host 222.92.136.102 appears to be up.
Nmap done: 50000 IP addresses (4473 hosts up) scanned in 4259.28 seconds
```

나는 고객에 대한 보안 감사를 수행할 때 예제 3.14에서 보여지는 것과 같이 광범위한 핑 스캔 옵션으로 대부분의 흔한 1000 포트(기본)에 대해 일반 포트 스캔으로 TCP 분석을 시작한다. 그런 스캔은 특별히 시간이 많이 걸리지 않으면서 작업을 재빠르게 시작하도록 도와준다. 또한 나는 작업하는 동안에 백그라운드에서 모든 65K TCP 포트에 대해 -PN(사용 불가능한 핑)을 착수한다. 작업이 끝났을 때 아마 며칠 뒤 나는 초기의 빠른 스캔과 그것들을 비교하고 발견된 모든 새로운 포트나 시스템을 조사한다.

3.8 호스트 발견 코드 알고리즘

엔맵 같은 오픈소스의 큰 장점 중 하나는 작동에 관해 답을 알고 싶을 때 호기심 많은 사용자가 항상 소스코드를 연구할 수 있다는 점이다. 가장 높은 수준의 핑 스캐닝 기술은 nexthost(targets.cc에 있는데, 이는 massping이 대상 목록을 초기화시키게 요청한다. Maassping은 다시 scan_engine.cc에 있는 ultra_scan으로 목록을 보낸다)다. ultra_scan은 엔맵의 일반적인 목적의 스캐닝 기능이며, 패킷을 보내고 받고 해석하는 모든 어려운 일을 한다. ultra_scan에 대해 더 알고 싶으며 '5.13 스캔 코드와 알고리즘'을 보라.

소스코드 분석이 엔맵의 모든 사소한 세부 사항에 이르기까지 완전한 그림을 얻기 위한 유일한 방법이지만 엔맵을 이해하는 가장 쉬운 방법은 아니다. 많은 경우에 주어진 커맨드라인 집합에 엔맵이 하는 기능을 추적하기 가장 좋은 방법은 --packet-trace 옵션을 추가하는 것인데, 이 옵션은 엔맵이 보내고 받은 모든 패킷을 출력한다.

소스코드와 옵션이 엔맵 동작의 핵심적인 내용을 자세히 배우는 데 훌륭한 자원이므로 여기에서는 어떻게 엔맵이 호스트를 발견하는지 큰 그림만 일단 설명하겠다. 엔맵을 실행하면 수천 개의 호스트나 수백만 개의 호스트를 갖고 있는 네트워크를 통과한다. 따라서 엔맵은 한 번에 다루기 편할 정도로 작은 양(12개에서 몇천 개의 호스트)으로 조각낸다. 그리고 난 후 ultra_scan이 블록들을 통해 길을 내며 패킷을 혼잡 제어가 허용하는 한 빠르게 보낸다. 사용자가 요청한 모든 프로브를 한 번에 각 호스트에 보내기보다는, 엔맵은 첫 프로브를 모든 대상에 보낸 후 두 번째 프로브, 그 다음, 이런 식으로 계속해서 보낸다. 프로브가 결정적인 응답을 얻으면 호스트는 살아있는지 다운돼 있는지 표시되며, 더 이상의 프로브가 보내지지 않는다. 재전송한 프로브에도 응답하지 않는 호스트는 다운된 상태로 표시된다. 엔맵은 모든 호스트에 대해 응답을 얻거나 시간이 다 될 때까지 기다린다. 결국 엔맵은 블록 내에서 새로운 호스트를 전부 조사하고 미해결의 프로브 숫자는 재전송이 완결됨에 따라 0으로 줄어든다. 핑 스캐닝 하위 시스템은 결과를 갖고 와서 엔맵이 포트 스캐닝이나 대상 시스템에 대해 다른 프로빙을 요청하게 한다. 엔맵이 완전하게 호스트 블록을 끝내면 결과를 출력해서 핑 스캐너에게 다음 블록을 전달한다.

보통 호스트당 여러 개의 프로브를 갖고 있는 여러 호스트는 병렬 처리된다. 미해결 프로브 숫자와 타임아웃 기간은 네트워크 잠복과 신뢰도에 기반해 실시간으로 수정된다. `ultra_scan` 수행 알고리즘은 '5.13 스캔 코드와 알고리즘'에서 더 자세히 다룬다.

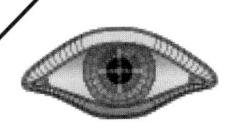

04장 포트 스캐닝 개요

4.1 포트 스캐닝 소개

엔맵의 기능이 수년 동안 발전하면서 엔맵은 점차 효율적인 포트 스캐너로 변하기 시작했고 핵심 기능을 갖게 됐다. 간단한 명령 nmap <target>은 <target> 호스트에서 가장 흔하게 사용되는 1,000개의 TCP 포트를 스캔하는데, 각 포트를 열린open, 닫힌closed, 필터된filtered, 필터되지 않은unfiltered, 열린|필터된open|filtered, 닫힌|필터된closed|filtered 상태로 구별한다.

[4.1.1] 포트란 정확히 무엇인가?

포트는 간단히 말해 통신 채널 사이를 구별하기 위해 사용되는 소프트웨어 추상화다. IP 주소가 네트워크에서 장치를 구별하기 위해 사용되는 것과 마찬가지로 포트는 한 개의 장치에 사용 중인 특정 애플리케이션을 구별한다. 예를 들어 웹 브라우저는 기본적으로 HTTP URL에 있는 장치의 TCP 포트 80에 연결된다. HTTP 대신 보안 HTTPS 프로토콜을 지정하면 브라우저는 기본적으로 포트 443에 연결될 것이다.

엔맵은 포트를 사용하는 두 개의 프로토콜 TCP, UDP와 함께 동작한다. 각 프로토콜에 대한 연결은 4개의 구성 요소로 각기 구별되는데, 4가지 구성 요소는 소스, 목적지 IP 주소, 응답하는 소스, 목적지 포트다. 4가지 구성 요소 모두는 간단히 호스트 사이에 보내진 각 패킷의 헤더에 놓여진 숫자들이다. 프로토콜은 8비트 필드인데, 어떤 종류의 패킷이 IP 데이터 섹션(payload)에 포함돼 있는지를 지정한다. 예를 들어 TCP는 프로토콜 번호 6이며, UDP는 17이다. IPv4 주소는 32비트 길이를 갖고 있지만 포트는 16비트를 갖고 있다. IPv6 주소는 128비트 길이다. IP, TCP, UDP 헤더 레이아웃에 관한 상세한 설명은 '들어가며'의 'TCP/IP 레퍼런스'에서 찾아볼 수 있다.

대부분의 인기 있는 서비스가 잘 알려진 포트 번호에 등록되기 때문에, 종종 오픈 포트가 어떤 서비스를 나타내는지 추측할 수 있다. 엔맵은 `nmap-services` 파일을 갖고 있는데, 이 파일에는 트로얀 백도어로 잘 알려진 포트와 IANA로 등록하는 것을 귀찮아하지 않는 다른 애플리케이션뿐만 아니라 등록된 포트와 프로토콜 번호에 대한 잘 알려진 서비스를 담고 있다. 엔맵은 포트 번호와 더불어 참고로 이 서비스명을 출력한다.

포트 번호 필드가 16비트이므로 포트 번호는 65,535까지 존재할 수 있다. 있을 수 있는 가장 낮은 값은 0이지만 이 값은 유효하지 않다. 보통 어떻게 프로그램이 네트워크 통신을 위해 쓰여지는지 정의하는 버클리 소켓 API는 포트 제로(0)가 그렇게 사용되도록 허용하지 않는다. 그 대신 버클리 소켓 API는 포트 0 요청을 임의 문자 기호로 번역하는데, 프로그래머가 어느 것이 사용되는지 신경 쓰지 않는다는 의미다. 그 후 시스템은 사용 가능한 포트 번호를 선택한다. 예를 들어 프로그래머는 어떤 소스 포트 번호가 외부 연결을 위해 사용되는지 신경 쓰지 않는다. 따라서 프로그래머는 그 값을 0으로 설정하고는 운영체제가 하나를 선택하게 한다.

포트 제로가 유효하지 않은 데 반해 아무것도 누군가가 포트 제로를 헤더 필드에 지정하는 것을 막을 수는 없다. 악의적인 일부 트로얀 백도어는 대부분의 포트 스캔에 나타나지 않고 불법적인 접근을 제공하는 비밀스런 방법으로 시스템의 포트 제로를 훔쳐 듣는다. 이를 제거하기 위해 엔맵은 포트 제로의 스캐닝이 분명하게 지정됐을 때(예를 들어 `-p0-65535`) 스캐닝을 허락한다.

숫자 1에서 1,023까지의 유효 포트 중 첫 번째 종류는 예비 포트로 알려졌다. 유닉스 시스템에서 (윈도우와는 달리) 이런 포트를 결합시키고 훔쳐 듣기 위해서는 애플리케이션이 특별한 (루트) 권한을 갖고 있어야 한다. 이런 생각은 원격 사용자가 일부 악의적이고 권한 없는 사용자에 의해서가 아니라 관리자에 의해 시작된 유효한 서비스에 자신이 접속해 있다는 점을 믿을 수 있게 한다. SSH에 대해 등록된 포트가 22 대신 2,222이라면 악의적인 사용자가 연결돼 있는 사람들의 암호를 수집하면서 그 포트에서 조작된 SSH 데몬을 구동할 수도 있을 것이다. 대부분의 일반적인 서버 애플리케이션이 예비 포트를 리스닝하기 때문에 예비 포트들은 스캔하기에 가장 효과적이다.

또 다른 종류의 포트는 임시 포트 범위다. 포트의 풀pool은 필요한 대로 할당해 시스템이 사용할 수 있게 만들어진다. 애플리케이션이 포트 제로('어느 포트이든'을 의미)를 지정하면 시스템은 이 범위에서 포트를 선택한다. 범위는 운영체제에 따라 다양한데, 보통 설정할 수 있다. 동시에 많은 연결이 열려 있을 때 런아웃을 방지하기 위해 적어도 2,000개 정도를 포함해야 한다. 엔맵 연결 스캔은 각 대상 장치에서 지정된 모든 포트를 스캔할 때 한 번에 수백 개를 사용할 수 있다. 리눅스에서는 /proc/sys/net/ipv4/ip_local_port_range 파일을 이용해 범위를 보거나 지정할 수 있다. 예제 4.1은 내 리눅스 시스템에서 범위가 32,768에서 61,000이라는 것을 보여준다. 그런 넓은 범위는 대부분 모든 경우에 충분하지만 어떻게 그렇게 하는지를 보여주기 위해 범위를 확장해 보겠다.

예제 4.1 리눅스에서 임시 포트 범위 보기와 증가시키기

```
felix/# cat /proc/sys/net/ipv4/ip_local_port_range
32768    61000
felix/# echo "10000 65000" > /proc/sys/net/ipv4/ip_local_port_range
felix/# cat /proc/sys/net/ipv4/ip_local_port_range
10000    65000
felix/#
```

SunRPC 포트는 종종 낮은 포트 범위에서 발견된다. 다른 애플리케이션은 파일 전송이나 다른 이벤트를 위해 임시 포트를 잠시 동안 열어둔다. FTP 클라이언트는 액티브 모드 전송을 요구하면서 종종 임시 포트를 잠시 열어둔다. 일부 P2P와 인스턴트 매시지 클라이언트도 마찬가지다.

IANA는 자체 포트 분류 계획을 갖고 있는데, 이는 이 책의 고유 표현과는 약간 차이가 있다. http://www.iana.org/assignments/port-numbers에 있는 IANA의 권한을 가진 포트 목록은 영역을 다음 세 분류로 나눈다.

- **잘 알려진 포트** 이는 특정 서비스를 위해 IANA로 등록된 예비 포트인데, 앞서의 설명처럼 1에서 1,023의 범위 내에 있다. 서비스 SSH, SMTP, HTTP

에 대한 각 포트 22, 25, 80이 잘 알려진 예다.

- **등록된 포트** 이 포트들은 1,024에서 49,151의 범위 내에 있으며 잘 알려진 포트와 마찬가지 방법으로 IANA에 등록된다. 이 포트들의 대부분은 잘 알려진 포트들처럼 흔하게 쓰이지는 않는다. 주요 차이점은 권한이 없는 사용자가 이 두 포트를 묶어 자신의 등록된 포트에 있는 서비스를 실행할 수 있다는 점이다. 사용자는 잘 알려진 포트를 위해서는 플랫폼 대부분에서 실행시킬 수 있는데, 예비 포트 범위에 존재하고 있기 때문이다.

- **동적**dynamic **그리고/또는 개인적 포트** IANA는 포트 번호를 49152에서 65535까지 임시 포트 부분에서 설명한 것처럼 동적 사용을 위해 예비로 남겨둔다. 회사 내에서만 사용되는 사설 서비스도 이 포트를 사용할 수 있다.

이 책이 IANA에 대한 참조 없이 등록된 포트나 잘 알려진 포트를 언급하면 언급한 포트들은 예비 포트 범위와 상관없이 일반적으로 엔맵에 있는 `nmap-services` 파일에 등록된 포트를 의미한다.

엔맵 포트 등록 파일(nmap-services)은 각 TCP나 UDP가 얼마나 자주 열린 상태로 발견되는지에 대한 경험적 데이터를 담고 있다. 기본적으로 엔맵은 스캔하게 요구받은 각 프로토콜의 가장 인기 있는 1,000개 포트를 스캔한다. '4.3.2 스캔할 포트 선택'의 설명처럼 대체할 수 있는 포트 집합(묵시적으로 해당 포트의 주기나 리스닝에 의해)을 지정하는 많은 옵션이 있다.

[4.1.2] 가장 인기 있는 포트는 무엇인가?

나는 얼마나 자주 각 포트 번호가 열린 채로 발견되는지 확인하기 위해 2008년 여름에 수천억 개의 회사 인터넷 호스트를 스캔하고 데이터를 수집했다. 가장 흔한 서비스 포트에 친숙해지는 것이 중요하며, 어떤 포트 번호들이 목록에 오르는지도 상당히 흥미롭다. 다음 두 개의 목록은 실제로 수집한 스캔 데이터에 의해 확인된 최고 TCP와 UDP 포트들이다. 목록 서비스는 `nmap-services` 파일에서 발견된다. 물론 포트가 다른 기능을 위해 사용 중일 가능성이 있긴 하지만 나는 거기에서 각 포트를 위해 가장 흔한 서비스를 목록화하고자 노력했다.

⊙ 우선순위 20(가장 흔하게 열린) TCP 포트

1. **포트 80**(HTTP) 이 서비스를 모른다면 여러분은 잘못된 책을 읽고 있는 것이

다. 이 포트는 우리가 발견한 열린 포트의 14% 이상을 차지한다.

2. **포트 23**(Telnet) 텔넷은 (암호화되지 않아) 보안이 불안하긴 하지만 (라우터와 스마트 스위치 같은 장치에서 특히 관리 포트로서) 계속 존재했다.

3. **포트 443**(HTTPS) SSL 암호화된 웹서버는 이 포트를 기본적으로 사용한다.

4. **포트 21**(FTP) 텔넷처럼 FTP는 없어져야 하는 보안이 불안한 프로토콜이다. 익명의 FTP(스니핑 걱정을 피하는)로도 데이터 전송은 여전히 임시로 사용할 수 있다.

5. **포트 22**(SSH) 텔넷(그리고 어떤 경우에는 FTP)을 대체하는 암호화된 프로토콜로 보통 보안 셸로 알려졌다.

6. **포트 25**(SMTP) 표준 메일 전송 프로토콜(보안이 돼 있지 않다).

7. **포트 3389**(ms-term-server) 마이크로소프트 터미널 서비스 관리 포트

8. **포트 110**(POP3) 이메일 추출을 위한 포스트 오피스 프로토콜 버전 3(비보안)

9. **포트 445**(마이크로소프트-DS) (파일/프린터 공유 같은) 마이크로소프트 윈도우 서비스에 있는 IP에 대한 SMB 통신을 위한 포트

10. **포트 139**(넷바이오스-SSN) (파일/프린터 공유 같은) 마이크로소프트 윈도우 서비스에 있는 통신을 위한 NetBIOS 세션 서비스(445가 갖고 있는 것보다 더 오래된 윈도우 시스템에서 지원된다)

11. **포트 143**(IMAP) 인터넷 메시지 접근 프로토콜 버전 2. 보안이 안 된 이메일 추출 프로토콜

12. **포트 53**(도메인) 도메인 네임 시스템DNS, 호스트/도메인명과 IP 주소 사이의 대화를 위한 보안이 안 된 시스템

13. **포트 135**(MSRPC) 마이크로소프트 윈도우 서비스를 위한 또 다른 흔한 포트

14. **포트 3306**(MySQL) MySQL 데이터베이스와 통신을 위한 포트

15. **포트 8080**(HTTP-proxy) 일반적인 웹서버를 위한 HTTP 프록시나 다른 포트로써 흔하게 사용되는 포트(예를 들어 다른 서버가 이미 포트 80을 리스닝하고 있거나 높은 포트만 오픈할 수 있는 권한 없는 유닉스 사용자가 실행할 때)

16. **포트 1723**(PPTP) 포인트 투 포인트 터널링 프로토콜(ISP에 브로드밴드 연결을 위해 흔히 요구되는 VPN을 실행하는 한 방법)

17. **포트 111**(RCPBind) 현재 TCP나 UDP 포트 번호에 대한 Maps SunRPC 프로그램 번호

18. **포트 995**(POP3S) 보안을 위해 추가된 SSL이 있는 POP3

19. **포트 993**(IMAPS) 보안을 위해 추가된 SSL이 있는 IMAPv2

20. **포트 5900**(VNC) 그래픽 데스크탑 공유 시스템(비보안)

탑 20(가장 흔하게 열린) UDP 포트

1. **포트 631**(IPP) 인터넷 프린팅 프로토콜

2. **포트 161**(SNMP) 간단한 네트워크 관리 프로토콜

3. **포트 137**(NETBIOS-NS) 파일과 프린터 공유 같은 윈도우 서비스를 위한 많은 UDP 포트 중의 하나

4. **포트 123**(NTP) 네트워크 타임 프로토콜

5. **포트 138**(NETBIOS-DGM) 또 다른 윈도우 서비스

6. **포트 1434**(MS-SQL-DS) 마이크로소프트 SQL 서버

7. **포트 445**(마이크로소프트-DS) 또 다른 윈도우 서비스 포트

8. **포트 135**(MSRPC) 또 다른 윈도우 서비스 포트

9. **포트 67**(DHCPS) 다이내믹 호스트 구성 프로토콜 서버(클라이언트가 네트워크에 조인하면 클라이언트에게 IP 주소를 준다)

10. **포트 53**(도메인) 도메인 네임 시스템DNS 서버

11. **포트 139**(NETBIOS-SSN) 또 다른 윈도우 서비스 포트

12. **포트 500**(ISAKMP) 인터넷 보안 협회와 주요 관리 프로토콜이 IPsecVPN을 설정하기 위해 사용

13. **포트 68**(DHCPC) DHCP 클라이언트 포트

14. **포트 520**(라우트) 라우팅 정보 프로토콜RIP

15. **포트 1900**(UPNP) 마이크로소프트 간편 서비스 발견 프로토콜로 보편적인 Universal 플러그 앤 플레이 장치(꽂으면 바로 실행되는 장치 - 옮긴이)의 발견을 가능하게 한다.

16. **포트 4500**(nat-t-ike) (인터넷 키 교환 동안) Ipsec 연결을 시작하는 동안 네트워크 주소 번역 추출을 하기 위한 포트

17. **포트 514**(Syslog) 표준 유닉스 로그 대몬

18. **포트 49152**(다양함) IANA 지정 다이내믹/사설 포트의 첫 번째로 어떤 공식적인 포트도 여기에서 포트 범위의 마지막(65536)까지 등록되지 않는다. 일부 시스템은 임시 포트를 위해 이 범위를 사용한다. 그래서 특정 번호를 요청하지 않은 채 포트를 할당하는 서비스는 종종 해당 서비스를 구동하는 프로그램이 처음 실행될 때 49152 포트를 할당한다.

19. **포트 162**(SNMPTrap) 간편 네트워크 관리 프로토콜 트랩 포트(SNMP 관리자가 전형적으로 162를 사용하는 반면에 SNMP 에이전트는 전형적으로 161을 사용한다)

20. **포트 69**(TFTP) 간단한 파일 전송 프로토콜

[4.1.3] 포트 스캐닝이란

포트 스캐닝은 수많은 포트들이 어떤 상태에 있는지를 원격지에서 판단하기 위해 검사하는 활동이다. 가장 흥미로운 상태는 일반적으로 열려 있는 상태인데, 이 상태는 애플리케이션이 포트에 있는 연결을 듣고 받아들이는 상태다. 수많은 기술이 스캔을 수행하기 위해 이용 가능하다. 5장 '포트 스캐닝 기술과 알고리즘'에서는 각 기술이 어떤 상황에서 가장 적합한지 설명한다.

많은 포트 스캐너가 전통적으로 모든 포트를 열거나 닫힌 상태로 식별하지만 엔맵은 그보다 훨씬 더 자세하다. 포트를 6개의 상태로 나누는데, 이 상태들은 포트 자체의 내부 특성이 아니라 엔맵이 그것을 어떻게 보느냐를 설명한다. 예를 들어 같은 네트워크에서 한 시스템을 스캔한 결과 엔맵 스캔이 포트 135/tcp를 열린 상태로 보여줄 수도 있지만 동시에 인터넷에서 같은 옵션으로 하는 스캔은 그 포트가 필터된 상태로 보여줄 수도 있다.

엔맵에 의해 인지되는 6개의 포트 상태

- **open**열린 상태 애플리케이션이 이 포트에 있는 TCP 연결이나 UDP 패킷을 활발하게 받아들이고 있다. 열린 포트들을 찾아내는 것이 종종 포트 스캐닝의 주요 목표다. 보안을 걱정하는 사람들은 열린 포트가 공격 장소라는 점을 안다. 관리자들은 합법적인 사용자들을 거부하지 않고 방화벽으로 이

포트들을 보호하거나 닫으려고 노력하는 반면에 공격자들과 침투 테스터들은 열린 포트를 조사하고자 한다. 또한 열린 포트는 또한 비보안 스캔을 위해 흥미로운데, 열린 포트는 네트워크에서 사용 가능한 서비스를 보여주기 때문이다. 열린 포트에 대해 너무 기뻐하기 전에 애플리케이션은 TCP 래퍼(tcpd)로 보호도 가능하다는 점과 애플리케이션 자체가 승인된 클라이언트 IP 주소에게만 서비스되게 설정하기도 가능하다는 점을 기억하라.

- **closed**닫힌 상태 닫힌 포트는 접근이 가능하지만(엔맵 프로브 패킷을 받아들이고 이에 응답한다) 이를 리스닝하는 애플리케이션은 없다. 호스트가 온라인인 상태를 보여주고 IP 주소(호스트 탐색이나 핑 스캐닝)를 사용하거나 운영체제 탐지의 부분으로 유용할 수 있다. 닫힌 포트는 접근 가능하기 때문에 일부가 열릴 경우를 대비해서 나중에 스캐닝할 가치가 있을 수도 있다. 관리자들은 방화벽으로 그런 포트를 막아 필터된 상태로 보이게 하는 것을 고려하고 싶을 수도 있는데, 이는 다음에 설명한다.

- **filtered**필터된 상태 패킷 필터링이 프로브가 포트에 도달하는 것을 막기 때문에 엔맵은 포트가 열렸는지 아닌지를 판단할 수 없다. 필터링은 방화벽 장치, 라우터 규칙, 호스트에 기반을 둔 방화벽 소프트웨어 등에서 설정될 수 있다. 필터된 포트들은 공격자들을 좌절시키는데, 필터된 포트들이 정보를 거의 제공하지 않기 때문이다. 때때로 필터된 포트들은 타입 3 코드 13 (목적지 도달 불가능: 통신 관리적 금지) 등과 같은 ICMP 오류 메시지에 응답하지만 응답 없이 간단히 프로브를 드롭drop 시키는 필터들이 훨씬 더 많다. 이는 프로브가 필터링되기보다는 네트워크 정체로 인해 드롭되는 경우를 대비해 엔맵이 몇 번이나 재시도하게 만든다. 이런 종류의 필터링은 스캔 속도를 엄청나게 느리게 만든다.

- **unfiltered**필터되지 않은 상태 필터되지 않은 상태란 포트가 접근 가능하지만 그것이 열렸는지 닫혔는지를 엔맵이 결정할 수 없는 상태다. 방화벽 규칙 세트를 매핑하는 ACK 스캔만이 포트를 이런 상태로 분류한다. 윈도우 스캔, SYN 스캔, FIN 스캔 같은 다른 종류의 스캔으로 필터되지 않은 포트를 스캔하는 것은 포트가 열렸는지 아닌지를 확인하는 데 도움이 될지도 모른다.

- **open|filtered**열린|필터된 상태 엔맵은 포트가 열렸는지 필터됐는지를 결정할 수 없을 때 포트를 이런 상태로 둔다. 이런 상태는 열린 포트가 응답을 보이지 않는 스캔 타입에서 일어난다. 부족한 응답은 패킷 필터가 프로브의 조

사나 어떤 응답이든지 드롭시켰다는 것을 의미한다. 따라서 엔맵은 포트가 열렸는지 아니면 필터링되고 있는지를 확실하게 알 수 없다. UDP, IP 프로토콜, FIN, NULL, Xmas 스캔은 포트를 이런 식으로 구별한다.

- **closed|filterd**닫힌|필터된 상태 이 상태는 엔맵이 포트가 닫혔는지 필터됐는지 판단할 수 없을 때 사용된다. 이는 '5.10 TCP Idle 스캔(-sI)'에서 설명하는 IP ID Idle 스캔에만 사용된다.

엔맵이 정확한 결과를 내려고 노력하는 반면에 모든 통찰은 대상 장치(또는 그 전에 있는 방화벽)에 의해 돌려보내진 패킷에 기반해서 이뤄진다는 점을 잊지 마라. 그런 호스트들은 믿을 수 없을 수도 있고 엔맵을 혼란스럽게 하거나 엉뚱한 곳으로 유도하려고 응답을 보낼 수도 있다. 더 일반적인 경우는 엔맵 프로브에 응답해야 하지만 응답하지 않는 non-RFC-complaint 호스트들이다. FIN, NULL, Xmas 스캔은 특히 이런 문제에 영향을 받기 쉽다. 그런 이슈는 특정 스캔 종류에 한정되기도 하는데, 그래서 5장 '포트 스캐닝 기술과 알고리즘'에서 이와 관련된 내용을 다룬다.

[4.1.4] 포트를 스캔하는 이유

포트 스캐닝은 재미와 즐거움을 위해서만은 아니다. 자신의 네트워크를 주기적으로 스캐닝하면 엄청난 실제적인 이득이 있다. 이런 무수한 이득 중 가장 첫 번째는 보안 문제다. 네트워크 보안의 중요한 믿음 중 한 가지는 제공되는 서비스의 숫자와 복잡성을 줄이면 공격자들이 깨고 들어올 수 있는 확률도 줄일 수 있다는 점이다. 대부분의 원격 네트워크 공격은 TCP나 UDP 포트를 리스닝하고 있는 서버 애플리케이션을 확인하는 것에서 시작된다. 많은 경우에 확인된 애플리케이션은 목표된 조직에 의해 사용되지도 않지만 기본적으로 장치가 설치됐을 때 사용 가능하게 돼 있다. 그 서비스가 사용 불가능하게 됐거나 방화벽에 의해 보호됐다면 공격은 좌절됐을 것이다.

모든 포트를 공격할 수 있다는 사실을 인식하면서 공격자들은 모든 열린 포트를 조사하고 주기적으로 대상 시스템을 스캔한다. 공격자들은 이와 같이 리스닝하는 서비스 목록을 취약한 소프트웨어를 위한 자신의 즐겨 찾는 목록과 비교한다. 전체 네트워크를 공격하기 위해 첫 단계에서는 시스템에 침투하기 위해 하나의 취약점만 있으면 된다. 누구를 대상으로 할지 별로 신경 쓰지 않는 공격자들은 종종 조사할 수 있는 애플리케이션의 기본 포트를 스캔한다. 이는 기본 포트에서 실행되지 않으면 해당 서비스를 놓칠 수도 있지만 모든 포트의 스캔보다는 훨씬 더 빠르다. 생각 없이 모든 포트를 스캔하는 공격자들은 종종 '스크립트 키드script kiddies'로 취급되는데, 이는 다른 숙련된 사람들에 의해 작성한 스크립트를 실행하는 방법 외에는 보안에 대해 잘 모르기 때문이다. 많은 조직을 통틀어 공격자들은 취약한 호스트를 찾으려고 시도한다. 그들의 완전한sheer 숫자와 인터넷으로 접근할 수 있는 시스템에 대한 끊임없는 시도는 사람들로 하여금 시스템을 재빨리 패치하게 만든다. 패치는 시스템에 있는 심각한 문제를 제거해 주고, 공격 대상 시스템이 공격자로부터 계속해서 공격당할 수 있는 가능성을 줄여준다.

이런 크래커에 대한 중요한 방어는 시스템 관리자들이 자신의 네트워크를 엔맵 같은 도구로 주기적으로 스캔하는 것이다. 열린 포트의 목록을 얻어 사용되지 않는 서비스는 모두 중지시켜라. 사용 가능하게 남은 서비스들도 완전하게 패치해서 벤더의 보안 통지 목록을 주기적으로 관리하고 확인하게 하라. 방화벽 규칙은 합법적인 사용자만 접근 가능하게 제한해야 한다. 명령을 강화시키면 대부분의 인기 있는 애플리케이션을 웹에서 이용 가능하며, 크래커의 기회를 훨씬 더 줄인다. 엔맵이 여러분을 위해 이 모든 작업을 대부분 할 수 없지만 여러분이 처음에 사용할 수 있는 서비스 목록을 만들 수 있다. 일부 관리자는 대신 `netstat`를 사용하려고 하지만 netstat와 엔맵은 비교 대상이 아니다. `netstat`는 모든 장치에 접근해야 하고 일부 이동 장치는 놓치기 쉽다. 게다가 일반적인 무선 액세스 포인트, VoIP 폰, 프린터 등에서 `netstat`를 실행시킬 수는 없다. 또한 공격 당한 장치가 잘못된 정보를 주는 트로얀 `netstat`를 가질 수 있는 위험도 있다. 공격자들이 설치한 대부분의 최신 루트킷은 이런 기능을 포함한다. 엔맵에만 의존하는 것도 잘못이다. 조심스러운 설계와 감사 구성, 정기적인 스캐닝의 조합을 사용하길 충고한다.

보안이 포트 스캐닝의 가장 흔한 이유인 반면에 관리자들은 스캐닝이 또 다른 목적에도 유용하다는 것을 알 수 있다. 장치의 목록을 작성하고, 스캐닝이 제공하는 서비스는 자산 추적과 네트워크 설계, 정책 수락 확인, 소프트웨어 라이선스 추적, 사용 가능성 테스팅, 네트워크 디버깅 등에도 유용할 수 있다.

4.2 빠른 포트 스캐닝 지침서

엔맵을 개발하는 데 있어서 주요 목표 중 하나는 가장 보편적인 사용을 클라이언트와 고급 스캔을 위해 유연성을 갖고 있으면서도 간단하게 유지하는 것이다. 이것은 수십 개의 옵션을 제공하지만 옵션이 지정되지 않았을 때는 합리적인 기본을 선택하는 커맨드라인 인터페이스로 이뤄질 수 있다. 초보자도 nmap <target>처럼 간단한 명령으로 시작할 수 있다. 반면에 고급 사용자들은 때때로 너무 많은 옵션을 지정해 자신의 터미널 라인을 완전히 감쌀 수도 있다.

명령을 출력하는 부분에서도 유사하게 균형을 맞춰야 한다. 가장 중요한 결과는 man 페이지조차 읽지 않은 사용자도 쉽게 읽을 수 있게 해야 한다. 하지만 출력은 매일 수천 개의 장치에 대해 엔맵을 실행시키는 전문적인 침투 테스터들에게도 유용할 정도로 포괄적이고 정확해야 한다. 이 책을 읽을 정도로 충분히 영리한 사용자는 엔맵 소스코드를 통해 엔맵의 출력이 진정 무엇을 의미하는지에 대한 통찰과 스캐너를 더 잘 조종할 수 있는 이점을 얻을 수 있다.

이 절은 일부 보편적인 엔맵 포트 스캐닝 시나리오와 출력을 설명한다. 우리의 목표는 포괄적이기보다는 간단히 새로운 사용자들이 4장의 나머지 부분을 이해할 수 있을 만큼 엔맵에 익숙해지는 것이다.

가장 간단한 엔맵 명령은 nmap 자체다. 이것은 흔한 엔맵 옵션과 구문syntax의 커닝용 쪽지cheat sheet를 출력한다. 더 흥미로운 명령은 nmap <target>인데, 이는 다음을 수행한다.

1. 호스트명에서 DNS를 사용해 <target>을 IPv4 주소로 변환시킨다. 호스트명 대신 IP 주소가 지정된다면 이 검색은 건너뛰어진다.

2. 호스트가 살아있고 실행 중인지를 판단하기 위해 기본적으로 ICMP 에코 요청 패킷과 TCP, ACK 포트 80에 대한 패킷으로 호스트에 핑을 보낸다. 살아있지 않다면 엔맵은 그 사실을 보고하고 종료한다. 이 테스트를 건너뛰기 위해 -PN을 지정할 수도 있다. 3장 '호스트 발견(핑 스캐닝)'을 참조하라.

3. 역방향 DNS 요청을 사용해서 대상 IP 주소를 다시 이름으로 변환시킨다. DNS가 작동하는 방법 때문에 다시 바뀐 이름은 커맨드라인에서 <target>으로 지정된 이름과 같지 않을 수도 있다. 이 요청은 속도와 은밀성을 높이기 위해 -n 옵션을 사용해 생략할 수 있다.

4. `nmap-services`에 나열된 가장 인기 있는 1,000개 포트의 TCP 포트 스캔을 시작한다. SYN 스텔스 스캔이 보통 사용되지만 로우 패킷을 보내기 위해 필요한 권한이 부족한 루트 권한이 없는 유닉스 사용자를 위해 연결 스캔으로 대체된다.

5. 결과를 사람이 읽을 수 있는 일반적인 형식의 표준 출력으로 보여주고 빠져나간다. 다른 출력 형식과 위치(파일)를 13장 '엔맵 산출물의 포맷'의 설명처럼 지정할 수 있다. 예제 4.2는 scanme.nmap.org가 `<target>`으로 사용됐을 때의 결과를 보여준다.

예제 4.2 간단한 스캔: nmap scanme.nmap.org

```
# nmap scanme.nmap.org

Starting Nmap ( http://nmap.org )
Interesting ports on scanme.nmap.org (64.13.134.52):
Not shown: 994 filtered ports
PORT    STATE  SERVICE
22/tcp  open   ssh
25/tcp  closed smtp
53/tcp  open   domain
70/tcp  closed gopher
80/tcp  open   http
113/tcp closed auth

Nmap done: 1 IP address (1 host up) scanned in 4.99 seconds
```

예제 4.2에서 출력의 첫 번째 줄은 간단히 엔맵 다운로드를 위한 URL을 준다. 엔맵이 시작된 시각과 버전 번호가 일반적으로 함께 제공되지만 이 책에서는 일관성을 위해, 그리고 래핑wrapping을 피하기 위해 생략했다.

다음 줄은 대상 IP 주소(이 경우에는 IPv4)와 사용 가능하다면 역방향 DNS명(또한 PTR 기록으로 알려졌다)을 제공한다. 스캔된 모든 포트가 설명되지만 엔맵은 '흥미로운 포트들'을 보여준다. 그들이 열려 있거나 드물게 보여지는 상태에 있기 때문에 가장 흥미롭다고 여겨지는 포트들은 각기 아이템화된다. 많은 포트가 열려 있지 않은non-open 상태라면 해당 포트는 기본 상태로 인식되며, 결과가 수천 개의 흥미롭지 않은 항목으로 인해 묻혀지는 것을 피하려고 하나의 줄에 모은다.

이 예제의 경우 엔맵은 994개의 포트가 필터됐다는 사실에 주목한다.

흥미로운 포트 테이블이 다음에 나오는데, 주요 스캔 결과를 제공한다. 세로 줄은 사용한 옵션에 따라 다양한데, 이 경우에는 포트 번호, 프로토콜, 상태 각 포트에 대한 서비스 프로토콜을 제공한다. 여기에서 서비스는 nmap-services에서 포트를 찾아 만들어진 추측일 뿐이다. 포트 중 어느 것이라도 nmap-services 파일에 등록된 이름을 갖고 있지 않다면 해당 서비스는 unknown으로 표시된다. 이 포트 중 3개가 열려있고 3개는 닫혀있다.

마지막으로 엔맵은 끝내기 전에 기본 시간 상태를 보고한다. 이런 상태는 지정된 대상, 핑 스캔으로 살아있는 것으로 발견된 대상의 숫자, 스캔하는 데 소요된 전체 시간이다.

이 간단한 명령이 일반적으로 사용되는 옵션의 전부지만 고급 사용자들은 종종 이보다 더 많은 옵션을 사용한다. 예제 4.3에서 스캔은 4개의 옵션을 이용한다. -p0-는 엔맵이 모든 가능한 TCP 포트를 스캔하게 하고, -v는 엔맵이 스캔 결과를 상세하게 보여주게 하고, -A는 원격 운영체제 탐지, 서비스/버전 탐지, 엔맵 스크립팅 엔진NSE 같은 공격적인 테스트를 수행하게 한다. 마지막으로 -T4는 스캔 속도를 높이려고 더 공격적인 타이밍 정책을 사용하게 한다.

예제 4.3 더 복잡한: nmap -p0- -v -A -T4 scanme.nmap.org

```
# nmap -p0- -v -A -T4 scanme.nmap.org

Starting Nmap ( http://nmap.org )
Completed Ping Scan at 00:03, 0.01s elapsed (1 total hosts)
Scanning scanme.nmap.org (64.13.134.52) [65536 ports]
Discovered open port 22/tcp on 64.13.134.52
Discovered open port 53/tcp on 64.13.134.52
Discovered open port 80/tcp on 64.13.134.52
SYN Stealth Scan Timing: About 6.20% done; ETC: 00:11 (0:07:33 remaining)
Completed SYN Stealth Scan at 00:10, 463.55s elapsed (65536 total ports)
Completed Service scan at 00:10, 6.03s elapsed (3 services on 1 host)
Initiating OS detection (try #1) against scanme.nmap.org (64.13.134.52)
Initiating Traceroute at 00:10
64.13.134.52: guessing hop distance at 9
Completed SCRIPT ENGINE at 00:10, 4.04s elapsed
Host scanme.nmap.org (64.13.134.52) appears to be up ... good.
Interesting ports on scanme.nmap.org (64.13.134.52):
```

```
Not shown: 65530 filtered ports
PORT     STATE    SERVICE    VERSION
22/tcp   open     ssh        OpenSSH 4.3 (protocol 2.0)
25/tcp   closed   smtp
53/tcp   open     domain     ISC BIND 9.3.4
70/tcp   closed   gopher
80/tcp   open     http       Apache httpd 2.2.2 ((Fedora))
|_ HTML title: Go ahead and ScanMe!
113/tcp closed auth
Device type: general purpose
Running: Linux 2.6.X
OS details: Linux 2.6.20-1 (Fedora Core 5)
Uptime guess: 2.457 days (since Thu Sep 18 13:13:24 2008)
TCP Sequence Prediction: Difficulty=204 (Good luck!)
IP ID Sequence Generation: All zeros

TRACEROUTE (using port 80/tcp)
HOP    RTT     ADDRESS
[First eight hops cut for brevity]
9      10.36   metro0.sv.svcolo.com (208.185.168.173)
10     10.29   scanme.nmap.org (64.13.134.52)

Nmap done: 1 IP address (1 host up) scanned in 477.23 seconds
           Raw packets sent: 131432 (5.783MB) | Rcvd: 359 (14.964KB)
```

예제 4.3에서 엔맵은 확실히 -v로 요구했던 상세한 내용을 보여준다. 다행스럽게도 부가적인 출력은 이해하기 쉽다. 첫 13개의 줄은 사용자가 좋은 소식을 기대하면서 터미널을 바라보고 있을 때 무슨 일이 벌어지고 있는지 사용자에게 알려주는 런타임 정보다. 무엇이 좋은 소식인지는 사용자가 문제를 고쳐야 하는 시스템 관리자인지, 보고해야 할 이슈가 있는 침투 테스터인지, 시스템을 탐험하고자 하는 블랙햇 크래커인지에 따라 다르다. 12줄 정도의 유사한 줄은 간편성을 위해 제거했다. '발견된 열린 포트Discovered open port' 줄은 열린 포트의 실시간 정보를 제공해서 사용자가 스캔이 끝나기 전에 스캔을 중지시킬 수 있게 한다. '스캔 타이밍Scan timing' 줄은 추정되는 종료 시각을 제공해 사용자가 계속해서 스크린을 바라보고 있어야 할지, 점심을 먹으러 가도 될지를 알 수 있게 해주기도 한다. 네트워크 조건(대기 시간, 정체 현상, 대역폭 등)과 패킷 필터링 규칙이 상당히 다양하므로 같은 스캔 옵션이라도 한 호스트에서 30초가 걸리던 것이 다른 호스트에서는 45분이 걸릴 수도 있다. 스캔하는 동안 추정되는 현재 시각을 알고 싶다면 Enter 키를 누른다.

포트 테이블은 어떤 새로운 포트도 보여주지 않는다. 스캔된 모든 여분의 포트는 필터된 상태인데, 필터된 포트는 전체 994에서 65,530개로 늘어났다. 새롭게 식별된 포트는 없는 반면에 항목이 바뀌었다. 새로운 VERSION 줄은 서비스를 리스닝하기 위한 애플리케이션 이름과 상세한 버전 정보를 제공한다. 이는 -A 옵션에 의해 사용 가능해진 특성 중 하나인 서비스 탐지로 인해 알게 된다. 서비스 탐지의 또 다른 특성은 SERVICE 줄에 있는 서비스 프로토콜은 모두 사실상 검증됐다는 점이다. 이전 스캔에서 nmap-services 포트 번호 검색은 상대적으로 휴리스틱에 기반했었다. 테이블 검색은 이번에 우연히 고쳐진 것이지만 항상 그렇지는 않을 것이다.

-A에 의해 추가된 또 다른 옵션은 엔맵 스크립팅 엔진인데, 9장 '엔맵 스크립팅 엔진'에서 더 상세히 다룬다. 여기서 볼 수 있는 유일한 스크립트는 HTML title이다. 수많은 다른 스크립트가 존재하지만 이 장치를 위해 유용한 출력은 아무것도 발견되지 않았다. 트레이스라우트traceroute 결과도 -A에 의해 추가됐다. 이 옵션은 프로브가 병렬로 수행되고 엔맵이 스캔 결과를 즐겨 찾는 프로브 타입(이 경우에는 포트 80에 TCP 패킷)으로 정해지기 때문에 대부분의 트레이스라우트 프로그램보다 훨씬 더 유용하고 강력하다.

남아있는 대부분의 새로운 줄은 운영체제 탐지(또한 -A에 의해 이용 가능해진) 때문에 알 수 있는 것인데, 8장 '원격 운영체제 탐지'에서 더 상세히 설명한다. 마지막 줄은 모든 부가적인 정보가 상당한 대가를 치르고 얻어져 온다는 점을 보여준다. 즉, 완료되는 스캔 시각이 예제 4.2보다 거의 100배나 더 걸렸기 때문이다(간단한 스캔은 5초가 걸린 반면 복잡한 스캔은 477초가 걸렸다).

4.3 커맨드라인 플래그

앞 절에서 엔맵 포트 스캔 실행이 얼마나 간단할 수 있는지 보여준 반면에 수십 개의 커맨드라인 플래그는 시스템을 더 강력하고 유연하게 만들기 위해 사용할 수 있다. 이 절은 포트 스캔과 관련된 부분만 다룰 것이며, 옵션 중 포트 스캐닝 관련 기능만 설명할 것이다. 방대한 양의 옵션 플래그 목록과 해당 플래그가 무엇을 하는지는 15장 '엔맵 레퍼런스 가이드'를 참조하라.

[4.3.1] 스캔 기술 선택

포트 스캔을 고려할 때 가장 먼저 생각해야 하는 것 중 하나는 어느 기술을 사용할지 결정하는 것이다. 엔맵은 약 십여 가지의 방법을 제공하는데, 여기서는 그런 기술들을 간략하게 다루고자 한다. 완전한 설명은 다음 장에서 다룬다. 한 번에 하나의 스캔 방법만 설명할 예정이지만 UDP 스캔(-sU)은 다른 종류의 TCP 스캔과 복합해 사용할 수도 있다. 기억을 돕기 위해 다시 언급하면 포트 스캔 타입 옵션은 -s<C>의 형태이며 <C>는 스캔 이름에서 두드러진 철자인데, 보통 첫 철자를 가리킨다. 이런 형태의 한 예외는 반대된 FTP 바운스 스캔(-b)이다. 기본값으로 사용자가 (유닉스에서 루트 액세스를 요구하는) 로우 패킷을 보낼 적절한 권한을 갖고 있지 않거나 IPv6 대상이 지정되는 경우 연결 스캔을 대신하더라도, 엔맵은 SYN 스캔을 수행한다.

➲ 엔맵에 의해 지원되는 포트 스캐닝 방법

- **TCP SYN 스틸스(-sS)** 대부분의 인기 있는 프로토콜(TCP) 포트를 스캔하는 데 가장 빠른 방법으로 지금까지 단연 가장 인기 있는 스캔 방법이다. 이 스캔은 연결 스캔보다 더 비밀스러우며, (FIN 스캔 같은 일부 특정 목적 스캔과는 달리) 모든 기능적인 TCP 스택에 대해 작동한다.

- **TCP 연결(-sT)** 연결 스캔은 대부분의 다른 방법처럼 로우 패킷에 의존하기보다는 장치를 스캔하는 데 같은 이름의 시스템 콜을 사용한다. 이 스캔은 대부분 권한이 없는 유닉스 사용자들이 사용하며, 그런 경우 SYN 스캔이 작동하지 않기 때문에 IPv6를 대상으로 사용된다.

- **UDP(-sU)** UDP 포트를 잊지 마라. 이 포트들도 수많은 보안 허점을 제공한다.

- **TCP FIN, Xmas, Null(-sF, -sX, -sN)** 특정 목적 스캔 방법으로 방화벽 뒤에 있는 시스템을 탐험하기 위해 방화벽을 몰래 지나치는 데 사용한다. 불행히도 이 스캔들은 일부 시스템(특히 윈도우 변형체)이 보여주지 않는 대상 시스템의 행동에 의존한다.

- **TCP ACK(-sA)** ACK 스캔은 보통 방화벽 규칙 세트를 정밀하게 표시하기 위해 사용한다. 특히 ACK 스캔은 방화벽 규칙이 제대로 된 상태에 있는지

아닌지를 이해하는 데 도움을 준다. 단점은 열린 포트와 닫힌 포트를 구별하지 못하는 점이다.

- **TCP Window(-sW)** 윈도우 스캔은 ACK 스캔과 같은데, 특정 장치에 대해서는 열린 포트와 닫힌 포트를 구별할 수 있다는 점에서는 다르다.

- **TCP Maimon(-sM)** 이 모호한 방화벽-침투 스캔 방법은 FIN 스캔과 유사한데, ACK 플래그도 포함한다. 이는 더 많은 패킷 필터링 방화벽을 잡게 허락하는데, 단점은 FIN 스캔보다 더 적은 시스템에 대해 작동한다는 점이다.

- **TCP Idle(-sI ⟨zombie host⟩)** Idle 스캔은 모든 방법 중 가장 비밀스러운 스캔 방법이며, 때로는 신뢰성 있는 IP 주소 관계조차도 탐험한다. 불행히도 이 스캔 역시 느리고 복잡하다.

- **IP 프로토콜(-sO)** 프로토콜 스캔은 어느 IP 프로토콜(TCP, ICMP, IGMP 등)이 대상 장치에 의해 지원되는지를 결정한다. 이것은 TCP나 UDP 포트 번호보다는 IP 프로토콜 숫자를 통해 순환하기 때문에 기술적으로 포트 스캔이 아니다. 하지만 여전히 -P 옵션을 사용해 스캔된 프로토콜 번호를 선택하고 결과를 보통의 포트 테이블 형식으로 보고하며, 심지어 진짜 포트 스캐닝 방법과 같은 스캔 엔진을 사용한다. 따라서 IP 프로토콜은 포트 스캔에 충분히 가깝다고 볼 수 있다.

- **TCP FTP 바운스(-b ⟨FTP bounce proxy⟩)** TCP FTP 바운스 스캔 종류는 FTP 서버를 속여 프록시로 포트 스캔을 수행하게 한다. 대부분의 FTP 서버는 이제 이 스캔을 방지하게 패치됐지만 이 스캔이 작동된다면 제한된 방화벽을 뚫고 몰래 들어가기에는 좋은 방법이다.

[4.3.2] 스캔할 포트 선택

엔맵의 포트 등록 파일(nmap-services)은 얼마나 자주 각 TCP나 UDP 포트가 열린 상태로 발견되는지에 대한 실제적인 데이터를 담고 있다. 이 데이터는 수백억 개의 인터넷 주소를 스캐닝함으로써 모을 수 있는데, 그 후 결과를 대기업에서 제공하는 내부 스캔 데이터와 함께 결합시킨다. 기본적으로 엔맵은 스캔하게 요구받은 각 프로토콜의 가장 인기 있는 1000개를 스캔한다. 다른 방법으로는 -F (fast) 옵션을 지정해서 각 프로토콜에서 100개의 가장 인기 있는 포트만을 스캔할 수도 있고 옵션을 사용해서 스캔할 포트의 숫자를 지정할 수도 있다.

이런 판에 박힌 포트 세트 중 어느 것도 필요에 맞지 않을 때 임의의 포트 번호를 커맨드라인에서 -p 옵션으로 지정할 수 있다. -p 옵션 구문은 복잡할 수도 있는데, 다음 예를 살펴보자.

➲ -p 옵션으로 포트 선택 예제

- **-p22** -p 인수로 해당 번호만 지정해 하나의 포트를 스캔한다(이 경우에는 포트 22).

- **-p ssh** 번호보다는 포트명이 지정될 수도 있다. 이름이 여러 개의 포트와 매치될 수도 있다는 점을 주목하라.

- **-p 22,25,80** 여러 포트는 쉼표로 구별될 수 있다. 어떤 프로토콜도 지정되지 않았다는 점을 주목하라. 그래서 이런 포트 번호가 커맨드라인에서 지정되는 어느 스캔 방법을 위해서든 사용될 것이다. SYN 스캔(-sS) 같은 TCP 스캔이 지정된다면 TCP 포트 22, 25, 80이 스캔된다. 이 포트들은 SSH, SMTP, HTTP에 각기 대응한다. UDP 스캔(-sU)이 선택된다면 세 개의 UDP 포트가 스캔된다. 둘 다 지정된다면 세 포트가 각 프로토콜에 대해 스캔돼 전체적으로 6개의 포트가 스캔된다. IP 프로토콜 스캔(-sO)으로 세 IP 프로토콜(XNS IDP, Leaf-1, ISO-IP에 대응하는)이 스캔된다.

- **-p80-85,443,8000-8005,8080-8085** 포트 범위는 하이픈으로 시작과 끝을 구별함으로써 지정할 수 있다. 여러 범위나 각 포트는 쉼표로 지정할 수 있다. 이 옵션은 포트 80, 81, 82, 83, 84, 85, 443, 8000 등을 스캔한다. 포트 번호에 기반을 두고 TCP를 스캐닝하고 웹서버를 찾을 것이다.

- **-p-100, 60000-** 가능한 포트 1을 의미하기 위해 범위의 처음이나 마지막 포트를 생략할 수도 있다(TCP와 UDP를 위해 65535, 프로토콜 스캔을 위해서는 255). 이 예에서는 포트 1에서 100까지 스캔하는데, 모든 포트는 60,000보다 크거나 이와 동등하다.

- **-p-** 전체 범위에서 스캔할 숫자의 처음과 끝을 생략한다(0를 제외하고).

- **-pT:21,23,110,U:53,111,137,161** TCP와 UDP 포트의 분리된 목록은 (TCP에서는) T:나 U:에 뒤따라 올 수 있다. 이 예에서는 세 가지 TCP 포트(FTP, 텔넷, POP3)를 스캔하고 4가지 UDP 서비스(DNS, rpcbind, NetBIOS, SNMP)를 스캔한다.

TCP와 UDP 포트 둘 다 지정하는 것은 엔맵이 UDP 스캔(-sU)이라고 지시하거나 -sS, -sA, -sF 같은 TCP 스캔 방법 중 하나를 하라고 지시하는가에 달려있다.

- **-p http*** 와일드카드는 포트와 이와 유사한 이름을 매치시키는 데 사용한다. 이 표현은 http(80), http-mgmt(280), https(443), http-proxy(8080)을 포함하는 8개의 포트 번호와 일치한다. 명령 셸에 따라 파일명 조각으로 취급되지 않게 별표를 없애야 할 수도 있다.

- **-p 1-1023,[1024-]** 사각 괄호에 포트 범위를 넣으면 포트 번호들이 nmap-services에 등록됐을 경우에만 스캔할 수 있다. 이 예에서는 모든 예비 포트(1-1,023)와 모든 높은 포트가 nmap-services에 등록됐다. 그것은 더 정확한 선택을 위해 열린 포트 주기 데이터로 nmap-services를 인자로 받아들이기 전에 엔맵이 하는 기본 동작이다.

[4.3.3] 시간 관련 옵션

포트 스캔은 엔맵 스캔(운영체제 탐지, 버전 탐지, NSE 스크립트를 포함해) 중 가장 시간이 많이 걸리는 부분이다. 엔맵이 기본적으로 빠르고 효율적으로 실행될 수 있게 노력하는 동안에 수동 최적화가 종종 이를 돕는다. 엔맵은 사용자의 정확한 필요와 일치할 수 있게 스캔 강도와 속도를 맞출 수 있는 수십 개의 옵션을 제공한다. 이 절에서는 포트 스캔 시간을 최적화하기에 가장 중요한 옵션들을 나열한다. 시간에 대한 옵션은 s초, m분, h시간를 값에 입력하지 않으면 기본적으로 밀리초로 주어진다. 이 옵션들에 대한 더 상세한 설명은 '15.11 시간과 성능'을 참조하라. 엔맵 성능을 높이기 위한 예제와 최고의 실제 사례들은 6장 '엔맵 성능 최적화'에서 훨씬 더 자세히 다룬다.

최고 포트 스캔 성능 옵션

- **-T0에서 -T5** 이 타이밍 템플릿은 많은 변수에 영향을 주는데, 전체 엔맵 속도를 아주 느리게(-T0)부터 아주 공격적으로(-T5)까지 사용하는 간단한 방법을 제공한다. 타이밍 템플릿은 아래 설명하는 더 세세한 옵션으로 통합될 수도 있는데, 가장 세세한 옵션이 먼저 나온다.

- **--min-rtt-timeout, --max-rtt-timeout, --initial-rtt-timeout** 엔맵이

포트 스캔 프로브가 응답하기를 기다릴 최소, 최고, 시작 시간을 지정한다.

- --host-timeout 엔맵이 주어진 시간보다 더 많이 걸리는 스캔은 포기하게 한다.

- --min-rate, --max-rate 엔맵이 초마다 보내는 프로브 패킷 숫자의 하한과 상한을 지정한다.

- --max-retries 하나의 포트에 전해지는 포트 스캔 프로브 재전송의 최대 숫자를 지정한다.

- --min-hostgroup, --max-hostgroup 엔맵이 병렬로 포트 스캔할 호스트의 최소 개수와 최대 개수를 지정한다.

- --min-parallelism, --max-parallelism 엔맵이 뛰어날 수도 있는 (동시에 스캔된 모든 호스트에 걸쳐) 포트 스캔 프로브의 최소와 최대 숫자를 한정짓는다.

- --scan-delay, --max-scan-delay 엔맵이 프로브를 어느 개인 호스트에 보내는 사이에 적어도 주어진 시간 동안 기다리게 한다. 스캔 지연은 엔맵이 패킷 손실을 탐지하면 할수록 더 커지며, 최대는 --max-scan-delay로 지정할 수도 있다.

[4.3.4] 출력 형식과 다양한 옵션

엔맵은 표준 형식인 간단한 열 중심의 '그렙 가능한grepable' 형식이나 XML로 보고를 할 수 있는 능력을 제공한다. 이 보고서는 -oN(정상), -oG(grapable), -oX(XML) 옵션으로 이용 가능하다. 각 옵션은 파일명을 입력받으며 한 번에 여러 형식으로 출력을 통합할 수도 있다. 출력을 다양하게 하기 위해 여러 옵션을 사용할 수도 있다. 이 절에서는 중요한 출력 관련 옵션을 알아보고, 어떻게 포트 스캐닝에 적용되는 지도 알아본다. 출력 관련 옵션에 대한 더 자세한 설명은 '15.13 출력'을 참조하라. 출력 옵션과 형식을 예제와 함께 더 자세히 알고 싶으면 13장 '엔맵 산출물의 포맷'을 참조하라.

포트 스캔에 적용 가능한 최고 엔맵 출력 옵션

- -v 출력 형식을 다양하게 해 엔맵 진행 중 스캔에 대한 더 많은 정보를 출력하게 한다. 열린 포트는 발견됐다고 보여지며 엔맵이 몇 분보다 더 많

이 걸릴 거라고 생각하면 추정 완료 시간을 제공한다. 더 자세한 내용을 보려면 -vv를 이용하라.

- **-d** 디버깅 레벨을 증가시켜 엔맵이 버그를 추적하는 데 유용할 수도 있는 옵션에 대한 상세한 사항을 출력하게 하거나, 간단히 어떻게 작동하는지에 대한 내용을 출력하게 한다. 높은 레벨은 더 많은 내용을 보여준다. 옵션을 이용해 디버깅 레벨을 1로 설정하고 나면 각 추가적인 -d에 대해 하나씩 증가하게 된다. 또는 -d5처럼 원하는 레벨을 -d에 붙일 수도 있다. 충분한 정보를 볼 수 없다면 더 높은 레벨을 시도해보라. 스캔되는 포트나 대상의 숫자, 사용되는 특성 같은 스캔 강도를 줄이면 원하는 디버깅 메시지만을 출력하게 도와주기도 한다.

- **--packet-trace** 엔맵이 보내거나 받은 모든 패킷의 요약을 출력한다. 이 옵션은 종종 디버깅을 위해 사용되지만 새로운 사용자가 정확하게 엔맵이 수면 아래에서 무엇을 하는지 이해할 수 있는 데 귀중한 방법이 되기도 한다. 수천 개의 줄을 출력하지 않게 -p20-30처럼 스캔할 포트 수를 한정시키고 싶을지도 모른다.

- **-oN ⟨파일명⟩**(일반적인 출력) ⟨파일명⟩으로 지정한 파일에 엔맵의 일반적인 출력 결과를 저장한다. 이 형식은 대부분 런타임으로 엔맵에 의해 출력되는 표준 상호작용 출력과 같다.

- **-oX ⟨파일명⟩**(XML 출력) ⟨파일명⟩으로 지정한 파일에 XML 형식으로 엔맵 출력 결과를 저장한다. 일반적인 (사람들이 읽을 수 있는) 출력은 ⟨파일명⟩으로 지정해 XML로 요구하지 않는 한 표준 출력으로 출력될 것이다. 이는 엔맵 결과를 처리하는 스크립트와 프로그램에 의한 사용 형식에 선호된다.

- **-oG ⟨파일명⟩**(grepable 형식 출력) ⟨파일명⟩으로 지정한 파일에 엔맵의 grepable 형식으로 출력 결과를 저장한다. 이 테이블 모양의 형식은 하나의 줄에 각 호스트의 출력을 딱 맞게 맞추며, 열린 포트, 특정 운영체제, 애플리케이션 이름, 다른 데이터를 grep하기 쉽게 해준다. 일반적인 출력은 ⟨파일명⟩으로 지정하지 않으면 여전히 표준 출력으로 출력된다. 이 형식이 간단한 grep과 awk 커맨드라인을 분석하는 데 잘 작동하는 반면에 중요한 스크립트와 프로그램은 XML 출력 형식을 대신 사용해야만 한다. XML 형식은 grep 가능한 형식이 가지기에는 여유 공간이 없는 상당한 양의 정보를 포함

하며, 수많은 양의 정보가 XML이 갖고 있는 도구를 통해 깨지지 않고, 새로운 정보를 손쉽게 업데이트할 수 있게 한다.

- **-oA 〈베이스명〉**(모든 형식에의 출력) 편리하게 하기 위해 -oA <베이스명>을 지정해 normal, XML, grepable 형식을 한 번에 스캔해 결과를 저장하려고 할 수도 있을 것이다. 이 형식들은 <베이스명>.nmap, <베이스명>.xml, <베이스명>.gnmap으로 각기 저장된다. 대부분의 프로그램과 마찬가지로 유닉스에서는 ~/nmaplogs/foocorp/, 윈도우에서는 c:\hacking\sco처럼 디렉터리 경로로 파일명을 붙일 수 있다.

- **--resume 〈파일명〉** 스캔을 진행하는 동안에 생성된 normal 파일(-oN)이나 grep 가능한(-oG) 출력 파일을 지정해 중단된 스캔을 다시 시작할 수 있다. --resume 외의 다른 옵션을 사용하지 마라. 엔맵이 출력 파일에 지정된 것을 사용하기 때문이다. 그 후 엔맵은 파일을 분석하고 이전 엔맵 실행이 중단됐던 호스트에서 스캐닝(파일에 로깅하기)을 다시 시작한다.

- **--append-output** 엔맵이 스캔 결과를 덮어 쓰기보다는 지정된 모든 출력 파일(-oN이나 -oX 같은 인수)에 추가하게 한다.

- **--open** 엔맵의 흥미로운 포트 테이블 중에서 열린 포트만 보여준다.

[4.3.5] 방화벽과 IDS 침입 옵션

엔맵은 지나간 탐지되지 않은 IDS에 몰래 다가가거나 방화벽 규칙을 침입하기 위한 많은 옵션을 제공한다. 개요는 '15.12 방화벽/IDS 회피와 스푸핑'을 참조하라. 포괄적으로 방화벽과 IDS 침입 기술을 예제와 함께 보려면 10장 '방화벽과 침입탐지 시스템 탐지와 무력화'를 참조하라.

[4.3.6] 대상 지정하기

하나의 호스트(또는 일부)를 스캔하려면 엔맵 커맨드라인의 끝에 대상 이름이나 IP 주소를 추가한다. 또한 엔맵은 대규모 네트워크 스캐닝을 쉽게 하기 위한 구조화된 문법도 갖고 있다. 엔맵에게 대상 목록 파일을 지정하거나 엔맵에게 임의로 목록들을 생성하게 할 수 있다. 이런 방법은 '3.2 대상 호스트와 네트워크 목록 나열'에서 설명했다.

[4.3.7] 기타 옵션

다음은 특정 카테고리에는 맞지 않지만 꽤 유용한 옵션들이다. 설명은 어떻게 각 옵션이 포트 스캐닝과 관련 있는지에 초점을 뒀다. 각 옵션에 대한 포괄적인 설명은 15장 '엔맵 레퍼런스 가이드'를 참조하라.

- **-6** 엔맵이 IPv6 프로토콜을 사용해서 대상을 스캔하게 한다. 이 과정은 '4.4 IPv6 스캐닝(-6)'에서 다룬다.

- **-r** 엔맵은 탐지를 약간 더 어렵게 하기 위해 기본적으로 포트 스캔 순서를 랜덤화한다. -r 옵션은 대신 포트들을 숫자 순서대로 스캔하게 한다.

- **-PN** 엔맵이 핑 테스트를 건너뛰고 제공된 모든 대상 호스트를 간단히 스캔하게 한다. 호스트 발견을 컨트롤하는 다른 옵션들은 3장 '호스트 발견(핑 스캐닝)'에서 알 수 있다.

- **--reason** 왜 엔맵이 포트를 그런 방식으로 구분하는지 설명하는 흥미로운 포트 테이블에 대한 열을 추가한다.

4.4 IPv6 스캐닝(-6)

2002년 이래로 엔맵은 가장 인기 있는 기능을 위해 IPv6를 지원해왔다. 특히 핑 스캐닝(TCP에 한해), 연결 스캐닝, 버전 탐지 모두 IPv6를 지원한다. 명령 구문은 -6 옵션 추가 외에는 일반적인 명령 구문과 똑같다. 물론 호스트명보다 주소를 지정하려면 IPv6 구문을 사용해야만 한다. 주소는 `3ffe:7501:4819:2000:210:f3ff:fe03:14d0`처럼 보일 수도 있다. 그래서 호스트명 사용을 추천한다. 예제 4.4는 전형적인 포트 스캐닝 세션을 보여준다. 출력은 여느 다른 출력과 다름이 없는데, 단지 'Interesting ports' 줄에 IPv6 주소가 나타나서 IPv6 스캔이라는 점을 보여준다.

예제 4.4 간단한 IPv6 스캔

```
# nmap -6 -sV www.eurov6.org

Starting Nmap ( http://nmap.org )
Interesting ports on ns1.euro6ix.com (2001:800:40:2a03::3):
Not shown: 996 closed ports
```

```
PORT     STATE  SERVICE  VERSION
21/tcp   open   ftp      Pure-FTPd
22/tcp   open   ssh      OpenSSH 3.5p1 (protocol 2.0)
53/tcp   open   domain   ISC BIND 9.2.1
80/tcp   open   http     Apache httpd

Nmap done: 1 IP address (1 host up) scanned in 56.78 seconds
```

IPv6가 물론 폭풍처럼 세상을 휩쓴 것은 아니지만 일부 나라에서 중요하게 사용 중이며, 대부분의 현대적 운영체제가 지원한다. 엔맵을 IPv6와 함께 사용하려면 스캔의 소스와 대상 모두 IPv6를 위해 구성돼 있어야만 한다. ISP가 (대부분의 ISP처럼) Ipv6를 주소에 할당하지 않는다면 무료 터널 브로커가 널리 이용되며, 엔맵과도 잘 작동한다. 나는 http://www.tunnelbroker.net에서 무료 IPv6 터널 브로커 서비스를 이용한다. 다른 터널 브로커는 위키피디아Wikipedia[1]에 나열돼 있다. 6to4 터널도 또 다른 인기 있는 무료 접근이다.

IPv6를 지원하는 시스템이 항상 sync에 자신의 IPv4와 IPv6 방화벽 규칙을 갖고 있지는 않다. '10.4.3 IPv6 공격'은 IPv4에서 필터된 IPv6를 거쳐 포트에 도달하는 실제 예제를 보여준다.

4.5 해결책: 특정 열린 TCP 포트를 위한 거대 네트워크 스캔

[4.5.1] 문제

여러분은 네트워크상에서 특정 열린 TCP 포트를 갖고 있는 모든 장치를 재빨리 찾기 원한다. 예를 들어 새로운 마이크로소프트 IIS 취약점이 발견된 후에 열린 TCP 포트 80을 가진 모든 장치를 스캔해 해당 소프트웨어가 취약한 버전을 실행하는지 알고 싶을 것이다. 또는 여러분이 침투한 시스템을 조사하고는 백도어를 남겨뒀거나 포트 31337을 실행하고 있는 다른 공격자를 찾고자 하면 해당 포트에 대해 여러분의 전체 네트워크를 스캔하는 것이 다른 공격 당한 시스템을 찾아내는 데 더 빠를 수도 있다. 전체(모든 포트) 스캔은 나중에 할 수도 있다.

---

1. http://en.wikipedia.org/wiki/List_of_IPv6_tunnel_brokers

[4.5.2] 해결책

가장 간단한 방법으로 다음 명령을 실행한다.

```
nmap -PN -p<portnumber> -oG <logfilename.gnmap> <target networks>
```

다음은 웹서버(포트 80이 열린)를 위한 4096 IP를 찾는 구체적인 방법이다.

```
nmap -PN -p80 -oG logs/pb-port80scan-%D.gnmap 216.163.128.0/20
```

파일명에서 '%D'는 스캔이 실행되고 있는 숫자 데이터로 대체된다(예를 들어 2007년 9월 1일은 '090107'로 대체된다). 이 스캔 명령이 작동하는 동안 스캔되는 네트워크에 대한 적절한 타이밍 값을 선택하는 적은 노력으로 스캔 시간을 상당량 줄일 수 있다. 위 스캔은 1,236초가 걸렸지만 같은 결과를 제공하는 아래의 최적화된 버전은 869초 걸렸다.

```
nmap -T4 -PN -p80 --max-rtt-timeout 200 --initial-rtt-timeout 150
--min-hostgroup 512 -oG logs/pb-port80scan2-%D.gnmap 216.163.128.0/20
```

그리고 대부분의 시간은 역방향 DNS 해석에 소비된다. 위 커맨드라인에 -n을 추가해서 역방향 DNS 해석을 제외하면 4096 호스트 스캔 시간이 193초로 줄어든다. 3분 동안 잠시 참는 것이 21분이나 걸리는 것보다 훨씬 더 편하다.

위 명령은 지정된 파일에 grepable 형식으로 저장한다. 간단한 *egrep* 명령은 그 후 열린 포트 80을 가진 장치를 찾을 것이다.

```
egrep '[^0-9]80/open' logs/pb-port80scan2-*.gnmap
```

egrep 패턴은 3180 같은 가짜로 일치하는 포트를 피하기 위해 [^0-9]를 명령 앞에 쓴다. 물론 포트 80만 스캐닝하므로 위와 같은 일은 일어나지 않겠지만 많은 포트를 스캔하려면 기억해 둘만한 좋은 연습이다. IP 주소만을 원하고 그 외는 아무것도 원하지 않는다면 grep 출력을 awk '{print $2}'로 파이프 시켜라.

[4.5.3] 토론

해결책 절에서 어떻게 커맨드라인을 결정했는지 설명하는 데는 이야기 구조가 최고의 방법이다. 나는 집에 있으면서 지겨웠고 Playboy라는 인기 있는 잡지의 네트워크를 탐색하기 시작했다. Playboy의 주요 사이트는 엄청난 양의 사진으로 이뤄져 있었지만 대부분은 돈을 지불하고 구독 권한을 가진 시스템 뒤에 저장돼 있었다. 플레이보이 네트워크상에 무료로 이미지를 제공하는 다른 시스템을 내가 찾을 수 있을지 궁금해졌다. 혹시 그들이 암호화된 권한보다는 불분명함에 의존하고 있는 단계형 서버나 발전형 서버를 갖고 있을 수도 있지 않을까라는 생각이 들었다. 그런 서버들은 이론적으로 어떤 포트 번호든 리스닝할 수 있지만 대부분은 TCP 포트 80을 리스닝한다. 그래서 나는 가능한 한 빨리 열린 포트에 대한 그들의 전체 네트워크를 스캔하기로 결정한다.

첫 번째 단계는 어느 IP 주소를 스캔할지를 결정하는 것이다. 나는 Playboy라는 이름의 기관에 대한 인터넷 번호ARIN를 찾기 위해 미국 레지스트리American Registry에 whois 검색을 수행한다. 결과는 예제 4.5와 같다.

예제 4.5 Playboy의 IP 공간 발견하기

```
core~> whois -h whois.arin.net n playboy
[Querying whois.arin.net]
[whois.arin.net]

OrgName:        Playboy
OrgID:          PLAYBO
Address:        680 N. Lake Shore Drive
City:           Chicago
StateProv:      IL
PostalCode:     60611
Country:        US

NetRange:       216.163.128.0 - 216.163.143.255
CIDR:           216.163.128.0/20
NetName:        PLAYBOY-BLK-1
NetHandle:      NET-216-163-128-0-1
Parent:         NET-216-0-0-0-0
NetType:        Direct Assignment
NameServer:     NS1-CHI.PLAYBOY.COM
NameServer:     NS2-CHI.PLAYBOY.COM
[...]
```

이것은 Playboy에 등록된 4096개의 IP(넷 범위 216.163.128.0/20)를 보여준다. '3.3 대상 조직의 IP 주소 찾기'에서 설명한 기술을 사용해 그들이 관리하는 더 많은 네트워크 영역을 찾아낼 수 있었지만 4096개의 IP는 이 예를 위해 충분하다.

다음으로 나는 이 장치들에 대한 지연 시간latency을 측정해서 엔맵이 어떤 것을 예상할지 알 수 있게 하고 싶다. 이는 필수적인 부분은 아니지만 엔맵에 적절한 타이밍 값을 부여하면 속도를 올릴 수 있다. 이런 방법은 이처럼 특히 하나의 포트를 -PN 스캔할 때 더 속도를 올릴 수 있다. 엔맵은 각 호스트로부터 정확하게 대기 시간과 패킷 드롭율drop rate을 측정하기 위한 충분한 응답을 얻지 않으므로 나는 커맨드라인에서 이를 이용한다. 나의 처음 생각은 예제 4.6에서처럼 그들의 주요 웹서버를 핑하는 것이다.

예제 4.6 지연 시간을 위한 Playboy 웹서버 핑하기

```
# ping -c5 www.playboy.com
PING www.phat.playboy.com (209.247.228.201) from 205.217.153.56
64 bytes from free-chi.playboy.com (209.247.228.201): icmp_seq=1 time=57.5 ms
64 bytes from free-chi.playboy.com (209.247.228.201): icmp_seq=2 time=56.7 ms
64 bytes from free-chi.playboy.com (209.247.228.201): icmp_seq=3 time=56.9 ms
64 bytes from free-chi.playboy.com (209.247.228.201): icmp_seq=4 time=57.0 ms
64 bytes from free-chi.playboy.com (209.247.228.201): icmp_seq=5 time=56.6 ms

--- www.phat.playboy.com ping statistics ---
5 packets transmitted, 5 received, 0% loss, time 4047ms
rtt min/avg/max/mdev = 56.652/57.004/57.522/0.333 ms
```

최대 왕복 시간은 58밀리초다. 불행히도 이 IP 주소(209.247.228.201)는 내가 스캔하려는 216.163.128.0/20 네트워크 영역에 있지 않다. 나는 보통 이 새로운 네트워크 영역을 대상 목록에 추가하지만 스캔을 원래의 4096개 IP로 한정하기로 결정했다. 이런 시간은 사용하기에는 완벽히 좋겠지만 대상 네트워크의 IP에서 실제 값을 찾는 편이 훨씬 더 낫다. 나는 Playboy의 공식 DNS 기록을 이전 whois 요청에서 보여진 네임 서버에서 얻고자 dig를 사용한다. 출력은 예제 4.7과 같다.

예제 4.7 Playboy의 DNS 기록을 통해 dig하기

```
core~>dig @ns1-chi.playboy.com playboy.com. any
; <<>> DiG 8.3 <<>> @ns1-chi.playboy.com playboy.com. any
[...]
; ANSWER SECTION:
```

```
playboy.com.         1D IN A     209.247.228.201
playboy.com.         1D IN MX    10 mx.la.playboy.com.
playboy.com.         1D IN MX    5 mx.chi.playboy.com.
playboy.com.         1D IN NS    ns15.customer.level3.net.
playboy.com.         1D IN NS    ns21.customer.level3.net.
playboy.com.         1D IN NS    ns29.customer.level3.net.
playboy.com.         1D IN NS    ns1-chi.playboy.com.
playboy.com.         1D IN NS    ns2-chi.playboy.com.
playboy.com.         1D IN SOA   ns1-chi.playboy.com. dns.playboy.com. (
                                 2004092010      ; serial
                                 12H             ; refresh
                                 2h30m           ; retry
                                 2w1d            ; expiry
                                 1D )            ; minimum

;; ADDITIONAL SECTION:
mx.chi.playboy.com.   1D IN A    216.163.143.4
mx.la.playboy.com.    1D IN A    216.163.128.15
ns1-chi.playboy.com.  1D IN A    209.247.228.135
ns2-chi.playboy.com.  1D IN A    64.202.105.36

;; Total query time: 107 msec
```

DNS 요청은 대상 216.163.128.0/20 넷블록 내에서 두 개의 MX(메일) 서버를 찾아낸다. `mx.chi`와 `mx.la`라는 이름이 그들이 다른 지역(시카고와 로스엔젤레스)에 있다는 사실을 의미하므로 나는 지연 시간에 대해 둘 다 테스트하기로 결정한다. `ping` 결과는 예제 4.8과 같다.

예제 4.8 MX 서버 핑하기

```
core~> ping -c5 mx.chi.playboy.com
PING mx.chi.playboy.com (216.163.143.4) 56(84) bytes of data.

--- mx.chi.playboy.com ping statistics ---
5 packets transmitted, 0 received, 100% packet loss, time 4000ms

core~> ping -c5 mx.la.playboy.com
PING mx.la.playboy.com (216.163.128.15) 56(84) bytes of data.

--- mx.la.playboy.com ping statistics ---
```

```
5 packets transmitted, 0 received, 100% packet loss, time 4011ms
```

이런! 이번 시도는 비참하게 실패했다. 호스트는 ICMP 핑 패킷을 차단하는 것 같다. 이들이 메일 서버이므로 TCP 포트 25는 열려있을 것임이 분명해서 나는 예제 4.9처럼 다시 hping2[2]를 시도해 포트 25에 대한 TCP 핑을 수행하기로 한다.

예제 4.9 MX 서버를 TCP 핑하기

```
core# hping2 --syn -p 25 -c 5 mx.chi.playboy.com
eth0 default routing interface selected (according to /proc)
HPING mx.chi.playboy.com (eth0 216.163.143.4): S set, 40 headers + 0 data bytes
46 bytes from 216.163.143.4: flags=SA seq=0 ttl=51 id=14221 rtt=56.8 ms
46 bytes from 216.163.143.4: flags=SA seq=1 ttl=51 id=14244 rtt=56.9 ms
46 bytes from 216.163.143.4: flags=SA seq=2 ttl=51 id=14274 rtt=56.9 ms
46 bytes from 216.163.143.4: flags=SA seq=3 ttl=51 id=14383 rtt=61.8 ms
46 bytes from 216.163.143.4: flags=SA seq=4 ttl=51 id=14387 rtt=57.5 ms

--- mx.chi.playboy.com hping statistic ---
5 packets transmitted, 5 packets received, 0% packet loss
round-trip min/avg/max = 56.8/58.0/61.8 ms

core# hping2 --syn -p 25 -c 5 mx.la.playboy.com
eth0 default routing interface selected (according to /proc)
HPING mx.la.playboy.com (eth0 216.163.128.15): S set, 40 headers + 0 data bytes
46 bytes from 216.163.128.15: flags=SA seq=0 ttl=52 id=58728 rtt=16.0 ms
46 bytes from 216.163.128.15: flags=SA seq=1 ttl=52 id=58753 rtt=15.4 ms
46 bytes from 216.163.128.15: flags=SA seq=2 ttl=52 id=58790 rtt=15.5 ms
46 bytes from 216.163.128.15: flags=SA seq=3 ttl=52 id=58870 rtt=16.4 ms
46 bytes from 216.163.128.15: flags=SA seq=4 ttl=52 id=58907 rtt=15.5 ms

--- mx.la.playboy.com hping statistic ---
5 packets transmitted, 5 packets received, 0% packet loss
round-trip min/avg/max = 15.4/15.8/16.4 ms
```

이것이 내가 찾고 있었던 결과다. 시카고 호스트는 62밀리초나 걸린 데 반해

---

2. http://www.hping.org

LA 호스트는 응답하는 데 16 밀리초도 걸리지 않는다. 이는 내가 캘리포니아에 있는 장치에서 프로빙을 한다고 봤을 때 전혀 놀라운 일이 아니다. 조심하면 좋은데, 지연 시간은 많은 스캐닝 동안 증가할 수 있다. 따라서 나는 엔맵이 응답을 위해 200밀리초까지 기다리게 내버려 두기로 결정한다. 이를 150ms 타임아웃으로 시작하게 한다. 그래서 --max-rtt-timeout 200 --initial-rtt-timeout 150 옵션을 전달한다. 일반적인 공격적인 타이밍 모드를 설정하기 위해 줄의 시작 부분에 -T4를 지정한다.

호스트 결과의 첫 배치가 돌아오기 전까지 걸리는 시간을 최소화하는 것보다 전체 스캔 완료 시간을 줄이는 것에 중점을 뒀기 때문에 대규모 그룹 사이즈 스캔을 지정한다. --min-hostgroup 512 옵션이 지정돼 적어도 512개의 IP가 (가능한 곳에서) 병렬로 스캔될 것이다. 정확한 대상 네트워크 크기(4096)의 요소를 사용하는 것은 --min-hostgroup 500을 지정하면 마지막에 일어날 작거나 덜 효율적인 96 호스트 블록을 막아준다. 이 모든 타이밍 이슈는 6장 '엔맵 성능 최적화'에서 자세히 다룬다.

핑이 하나의 포트 스캔 자체만큼이나 시간이 많이 걸리므로 이전의 핑 단계로 시간을 낭비할 필요가 전혀 없다. 따라서 -PN은 그 단계를 불능으로 만들기 위해 지정된다. 상당한 양의 시간이 역방향 DNS 레졸루션을 -n 인수와 함께 건너뜀으로써 절약된다. 그렇지 않으면 불능해진 핑 스캐닝으로 엔맵은 4096개의 모든 IP를 찾으려고 노력할 것이다. 나는 웹서버를 찾아서 포트 80을 -p80으로 요구했다. 물론 81이나 8080과 같은 비표준 포트에서 실행되는 모든 HTTP 서버를 놓치게 될 것이다. 포트 443에 있는 SSL 서버도 발견되지 않을 것이다. -p 옵션에 그것들을 추가할 수도 있고 하나의 포트도 스캔 시간을 배로 할 수 있는데, 이는 대략 스캔되는 포트의 숫자에 비례하기 때문이다.

마지막 옵션은 저장된 grepable 결과를 얻으려는 파일명이 뒤따라오는 -oG 옵션이다. 대상 네트워크를 명령에 추가한 후 엔맵을 실행시키기 위해 Enter 키를 누른다. 출력은 예제 4.10과 같이 나타난다.

예제 4.10 스캔 시작하기

```
# nmap -T4 -p80 -PN --max-rtt-timeout 200 --initial-rtt-timeout 150 \
   --min-hostgroup 512 -n -oG pb-port80scan-%D.gnmap 216.163.128.0/20
Warning: You specified a highly aggressive --min-hostgroup.
Starting Nmap ( http://nmap.org )
```

```
Interesting ports on 216.163.128.0:
PORT     STATE     SERVICE
80/tcp   filtered  http

Interesting ports on 216.163.128.1:
PORT     STATE     SERVICE
80/tcp   filtered  http

Interesting ports on 216.163.128.2:
PORT     STATE     SERVICE
80/tcp   filtered  http

Interesting ports on 216.163.128.3:
PORT     STATE     SERVICE
80/tcp   filtered  http
[ ... ]
Interesting ports on 216.163.143.255:
PORT     STATE     SERVICE
80/tcp   filtered  http

Nmap done: 4096 IP addresses (4096 hosts up) scanned in 192.97 seconds
```

엔맵은 약 3분 안에 4096개의 모든 IP를 스캔한다. 일반적인 출력은 한 묶음의 포트를 `filtered` 상태로 보여준다. 이런 IP의 대부분은 활성 호스트가 아니다. 포트는 간단히 필터된 상태로 나타나는데, 엔맵이 SYN 프로브에 아무런 응답도 받지 않기 때문이다. 나는 예제 4.11과 같이 출력 파일에 간단한 `egrep`으로 웹서버 목록을 얻는다.

예제 4.11 열린 포트에 대한 Egrep

```
# egrep '[^0-9]80/open' pb-port80scan-*.gnmap
Host: 216.163.140.20 ()    Ports: 80/open/tcp//http///
Host: 216.163.142.135 ()   Ports: 80/open/tcp//http///
```

모든 노력 후에 4096개의 IP 중에서 오직 두 개의 접근 가능한 웹서버만이 발견됐다. 때때로 그런 일도 벌어진다. 첫 번째 서버 216.163.140.20(역방향 DNS 이름이 아님)은 나에게 마이크로소프트 아웃룩 웹 액세스(웹 메일) 서버라고 알려준다. 내가 그들의 네트워크를 공격하고자 했다면 흥미롭겠지만 지금은 만족스럽지 않다. 다음 서버(리버스 이름 mirrors.playboy.com)가 훨씬 낫다. 내가 찾고 있던 기가바이트 크기의 무료 이미지를 제공하는 서버다. 특히 상당한 FreeBSD, CPAN, 아파치Apache 아카이브뿐만 아니라 리눅스 ISO 이미지도 제공한다. 나는 6Mbps로 최신 페도라 코어 ISO를 다운로드한다. Playboy의 넓은 대역폭은 놀랍지 않다. 그 중 어떤 내용은 이 책에 적합하지 않지만 나중에 다른 Playboy 넷블록을 스캔해 수십 개의 더 많은 웹서버를 찾을 것이다.

이것은 포트 스캐닝에 대해 일반적이지 않은 이유지만 단일 포트 스캔은 이전에 설명한 수많은 목적을 위해 보통 사용된다. 여기에 설명한 기술들은 모든 싱글 포트 TCP 탐색에 쉽게 적용할 수 있다.

[4.5.4] 추가 사항

버전 탐지는 네트워크를 리스닝하는 특정 애플리케이션을 찾는 데 사용한다. 예를 들어 열린 포트 22가 있는 모든 호스트를 찾는 대신 OpenSSH의 특정 취약 버전을 찾을 수도 있다. 이는 또한 싱글 포트 UDP 스캔에 유용한데, 이 해결 기술이 TCP에 잘 작동하기 때문이다. 지침서는 '7.8 해결책: 불안정하거나 비표준화된 애플리케이션 버전을 실행하는 모든 서버 찾기'에서 더 자세히 설명한다.

6장 '엔맵 성능 최적화'에서는 스캔 속도 최적화를 더 자세히 다룬다.

05장

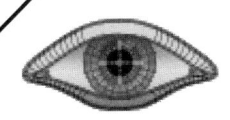

포트 스캐닝 기술과 알고리즘

5.1 소개

초보자인 내가 자동차를 수리하려면 여러 연장(해머, 테이프, 렌치 등)을 작업에 맞게 사용하기 위해 많은 시간을 할애할 수도 있다. 내가 처참하게 실패해 나의 고물차를 정비사에게 넘기면 정비사는 늘 작업을 쉽고 완벽하게 하는 거대한 도구 상자를 찾는다.

포트 스캐닝의 예술도 비슷하다. 전문가는 수많은 스캔 기술을 이해하고 주어진 일에 적절한 하나의 스캔 기술이나 여러 개의 조합된 스캔 기술을 선택한다. 반면 미숙한 사용자와 스크립트 키드는 기본 SYN 스캔으로 발생하는 모든 문제를 해결하려고 노력한다. 엔맵은 무료이므로 포트 스캐닝을 숙달하는 데 방해되는 것은 오직 지식뿐이다. 지식은 확실히 자동화 세상을 이기는데, 자동화 세상에서는 스프링 압축기를 필요로 하는지 결정하는 데 굉장한 기술을 요하며, 그럼에도 그것을 위해 여전히 수천 달러를 지불해야 할 것이다.

4장에서는 '4.3.1 스캔 기술 선택'에서 엔맵이 지원하는 스캔 유형의 간략한 요약을 포함해 일반적인 용어로 엔맵을 이용한 포트 스캐닝을 설명했다. 5장에서는 각 스캔 유형을 심도 있게 다룬다. 각 스캔 유형에 대해 일반적인 사용법 시나리오와 명령을 소개하고 유선상의 패킷이 어떻게 동작하는지 사례를 보여준다. 그 후 스캔 성능을 향상시키기 위해 미세하게 조정할 수 있는 기능을 강조한

`ultra_scan` 알고리즘(대부분의 스캔 방법에서 사용되고 있는)을 설명한다.

대부분의 스캔 유형은 특권을 가진 사용자만 이용할 수 있다. 이는 유닉스 시스템에서 루트 권한을 요구하는 로우 IP 패킷(심지어 이더넷 프레임)을 주고받기 때문이다. 윈도우 시스템의 경우 때로 운영체제에 WinPcap이 설치돼 있으면 권한 없는 사용자도 엔맵을 실행할 수는 있지만 가급적이면 관리자 권한으로 사용하기를 권고한다. 1997년에 엔맵이 공개됐을 때 많은 사용자가 오직 공유된 셸 계정에 접근함에 따라 루트 권한 요구는 심각한 제한이 생기게 됐다. 요즘은 상황이 다르다. 컴퓨터는 더 저렴해졌고 대부분의 사람들은 항상 인터넷에 접속할 수 있는 상황이 됐으며, 데스크탑 유닉스 시스템(리눅스와 맥 OS X를 포함해)은 보편화됐다. 윈도우 버전에서도 엔맵은 사용 가능해졌고, 일반인도 쉽게 윈도우 시스템에서 엔맵을 실행할 수 있다. 이런 이유로 사용자들은 더 이상 제한된 공유 셸 계정에서 엔맵을 실행할 필요가 없다. 이것은 매우 행운이다. 이제 권한의 필요성이 옵션이 됨에 따라 엔맵은 더 강력하고 더 유연해졌다.

엔맵이 어떻게 응답을 조사하고 처리하는지 설명할 때 많은 부분이 응답에 대한 형식과 코드 번호에 의한 ICMP 오류 메시지를 이야기한다. 형식과 코드는 메시지의 목적을 설명하는 ICMP 헤더에서 각 8비트 필드다. 엔맵 포트 스캐닝 기술은 목적지 도달 불가destination unreachable 메시지인 ICMP 타입 3에만 연관돼 있다. 그림 5.1은 패킷의 ICMP 헤더 레이아웃을 보여준다('들어가며'의 '그림 1 IPv4 헤더'에서 보여준 것처럼 IP 패킷의 데이터 영역에 캡슐화돼 있다).

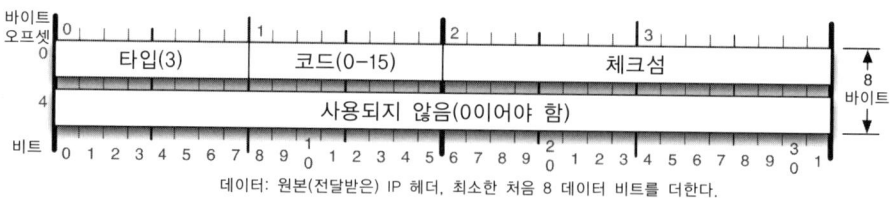

그림 5.1 ICMPv4 목적지 도달 불가 헤더 레이아웃

16가지의 다른 목적지 도달 불가 메시지에 대한 코드를 보여준다. 엔맵은 표 5.1에서 별표로 표시한 코드 0-3, 9, 10, 13만 다루지만 표 5.1은 전체 목록을 보여준다.

코드	설명
0*	네트워크 도달 불가능
1*	호스트 도달 불가능
2*	프로토콜 도달 불가능
3*	포트 도달 불가능
4	필요한 분열과 DF 플래그 세트
5	원본 라우트 실패
6	목적지 네트워크 미확인
7	목적지 호스트 미확인
8	원본 호스트 고립
9*	목적지 네트워크와 통신 금지
10*	목적지 호스트와 통신 금지
11	서비스 타입에 대한 네트워크 도달 불가능
12	서비스 타입에 대한 호스트 도달 불가능
13*	필터링에 의해 권한적으로 금지된 통신
14	호스트 선행 위반
15	선행 차단

표 5.1 ICMP 목적지 도달 불가(형식 3) 코드 값

5.2 TCP SYN(스텔스) 스캔

SYN 스캔은 좋은 결과를 얻기 위해 사용되는 기본적이며 가장 인기 있는 스캔 옵션이다. SYN 스캔은 빠르게 동작하며 방화벽에 의해 방해 받지 않고 빠른 네트워크에서 수초 만에 수천 개의 포트를 스캐닝할 수 있다. SYN 스캔은 완벽한 TCP 연결을 하지 않기 때문에 비교적 조심성 있고 비밀스럽다. 또한 TCP SYN 스캔은 엔맵의 FIN/NULL/Xmas, Maimon, idle 스캔처럼 특정 플랫폼의 특징에 의존하기보다는 어떤 TCP 스택에 대해서든 작동하며, 열린(open), 닫힌(closed), 필터된(filtered) 상태의 차이점에 대해 신뢰할 수 있고 명확한 결과를 보여준다.

엔맵에 -s 옵션을 이용해서 SYN 스캔을 요청할 수 있다. SYN 스캔은 로우패킷 권한을 요구하고 로우 패킷 권한이 있을 때 기본적인 TCP 스캔을 수행한다. 그래서 엔맵이 루트나 관리자 권한으로 실행하면 -sS는 보통 생략한다. 이와 같은 기본적인 SYN 스캔은 예제 5.1에서 보여주며, 포트에 대한 대표적인 3가지 상태(open, closed, filtered)를 볼 수 있다.

예제 5.1 포트의 3가지 상태를 보여주는 SYN 스캔

```
krad# nmap -p22,113,139 scanme.nmap.org

Starting Nmap ( http://nmap.org )
Interesting ports on scanme.nmap.org (64.13.134.52):
PORT      STATE      SERVICE
22/tcp    open       ssh
113/tcp   closed     auth
139/tcp   filtered   netbios-ssn

Nmap done: 1 IP address (1 host up) scanned in 1.35 seconds
```

SYN 스캔은 로우레벨 TCP에 대한 지식 없이도 사용할 수 있지만 TCP에 대한 지식을 알고 있으면 일반적이지 않은 결과를 해석하는 데 도움이 된다. 패킷 레벨에서 사용되는 예제 5.1 SYN 스캔을 이미지화하기 위해 무시무시한 나는 일본인 블랙햇 크래커 에릿 하지와라Ereet Hagiwara를 고용해 일본인 윈도우 사용자[1]에게 테러를 하려고 준비 중이다. 먼저 열린 포트 22에 대한 행동을 그림 5.2에서 볼 수 있다.

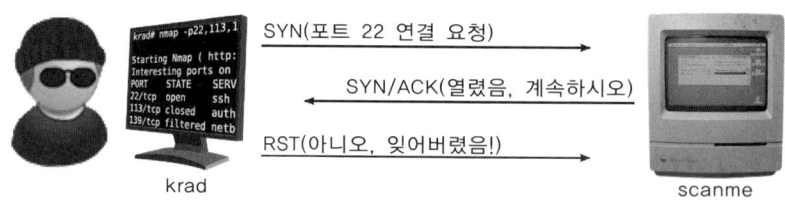

그림 5.2 열린 포트 22의 SYN 스캔

예제에서 보다시피 엔맵은 포트 22에 SYN 플래그 셋을 가진 TCP 패킷을 전달하는 것으로 시작한다(패킷 헤더가 어떻게 생겼는지 기억나지 않는다면 '들어가며'의 '그림 2

---

[1] http://www.microsoft.com/japan/security/bulletins/MS04-003e.mspx

TCP 헤더'를 보라). 이것은 합법적인 연결을 하는 TCP 3-way 핸드셰이크에서의 첫 번째 단계다. 해당 22번 포트가 열려있으므로 scanme이 SYN과 ACK 플래그를 갖고 응답을 하면서 두 번째 단계가 시작된다. 정상적인 연결에서는 Ereet의 장치(krad라는 이름의)는 SYN/ACK를 인지하는 ACK 패킷을 보내며 제3자 핸드셰이크를 완료한다. 엔맵은 제3자 핸드셰이크를 할 필요가 없는데, SYN/ACK 응답이 이미 포트가 열려있다는 사실을 알려주기 때문이다. 엔맵이 연결을 완성하면 그 후에는 연결을 닫을 것에 대해 걱정해야 한다. 이것은 일반적으로 SYN보다는 FIN 패킷을 사용해 또 다른 핸드셰이크를 포함한다. 따라서 ACK는 그다지 좋은 생각은 아니지만 여전히 추가적인 작업이 필요하다. SYN/ACK가 완전히 무시된다면 scanme는 그것이 드롭됐다고 생각해 계속 다시 보낼 것이다. 완전한 연결을 원하지는 않으므로 적절한 응답은 다이어그램에서 보여지듯이 RST 패킷이다. 이는 scanme가 (리셋된) 시도된 연결에 대해 잊었다는 사실을 알려준다. 엔맵은 RST 패킷을 충분히 쉽게 보낼 수 있지만 그럴 필요는 없다. krad에서 실행되는 운영체제도 SYN/ACK를 받는데, 엔맵이 SYN 프로브 자체를 생성하기 때문에 기대하지 않는다. 따라서 운영체제는 RST 패킷으로 예상치 못한 SYN/ACK에 응답한다. 5장에서 설명하는 모든 RST 패킷은 ACK 비트 세트도 갖고 있는데, 이 패킷들이 받은 패킷에 응답으로(그리고 인지해서) 항상 보내지기 때문이다. 따라서 그 비트는 명확하게 RST 패킷을 위해 보이지는 않는다. 제3자 핸드셰이크가 절대 완결되지 않기 때문에 SYN 스캔은 때때로 반열린 스캐닝이라고 불린다.

그림 5.3은 엔맵이 포트 113이 닫혔는지 어떻게 결정하는가를 보여준다. 이것은 열린 경우보다 더 간단하다. 첫 번째 단계는 항상 동일하게 엔맵이 SYN 프로브를 scanme에 보낸다. 하지만 SYN/ACK를 다시 받는 대신 RST가 돌아온다. 결론은 포트는 닫힌 것이다. 이 포트에는 더 이상의 통신은 불필요하다.

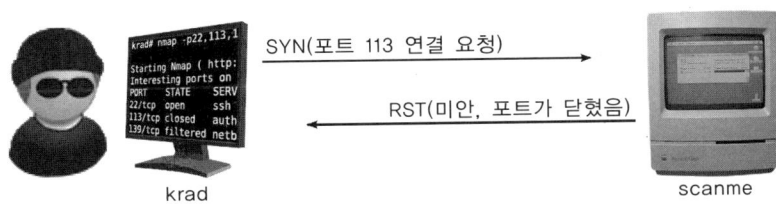

그림 5.3 닫힌 포트 113의 SYN 스캔

마침내 Ereet는 어떻게 필터된 포트가 엔맵에 나타나는지를 그림 5.4에서 보여준다. 항상 그렇듯이 초기 SYN을 먼저 보내지만 엔맵은 어떤 응답도 없다. 응답이 단순히 느릴 수도 있다. 앞선 응답(혹은 타이밍 기초)에서 엔맵은 얼마나 오래 기다려야 하는지, 응답 받는 것을 결국 포기해야 하는지 알고 있다. 비응답 포트는 보통 필터되지만(방화벽에 의해 막히거나 호스트가 다운됐을 수도 있다) 이 하나의 테스트로 확실한 결론을 내릴 수는 없다. 포트가 열려 있지만 프로브나 응답이 간단히 드롭됐을 수도 있고 네트워크가 조각날 수도 있다. 따라서 엔맵은 SYN 프로브를 다시 보내 조사를 다시 시도한다. 또 다른 타임아웃 후에 엔맵은 포기하고 해당 포트를 `filtered` 포트로 표시한다. 이 경우 한 번의 재전송만이 시도된다. '5.13 스캔 코드와 알고리즘'의 설명처럼 엔맵은 주의 깊게 패킷 손실 통계를 기록하고 신뢰할 수 없는 네트워크를 스캔할 때는 더 많은 재전송을 시도한다.

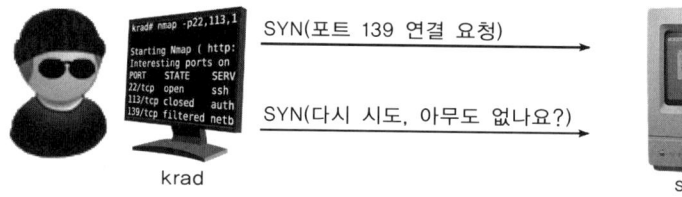

그림 5.4 필터된 포트 139의 SYN 스캔

엔맵은 또한 포트가 특정 ICMP 오류 메시지를 다시 받아들인다면 포트를 `filtered` 상태로 간주한다. 표 5.2는 엔맵이 SYN 프로브에 대한 응답에 기반해 어떻게 포트 상태를 할당하는지 보여준다.

프로브 응답	할당된 상태
TCP SYN/ACK 응답	open
TCP RST 응답	closed
응답 없음(재전송 후에도)	filtered
ICMP 도달 불가능 오류(유형 3, 코드 1, 2, 3, 9, 10, 13)	filtered

표 5.2 SYN 프로브에 대한 응답의 엔맵 해석

이 절에서 예쁜 그림들이 유용한 반면에 어떤 다른 원하는 커맨드라인 플래그에 덧붙여 `--packet-trace` 옵션을 지정할 때 엔맵은 정확히 패킷 수준에서 무엇을 하는지 보고한다. 이는 Ereet이 도울 수 없을 때 초보자가 엔맵의 행동을 이해하는 데 굉장히 좋은 방법이다. 고급 사용자도 엔맵이 자신이 기대하지 않은 결

과를 낼 때 이를 아주 유용하게 생각한다. 또한 -d(또는 -d5)로 디버그 수준을 증가시키려 할지도 모른다. 그 후 목적에 필요한 최소한의 포트와 호스트를 스캔하라. 그렇지 않으면 문자 그대로 수백만 개의 출력 줄을 볼지도 모른다. 예제 5.2는 Ereet의 3포트 SYN 스캔을 가능한 패킷 트레이싱(간략함을 위해 편집된 출력)으로 다시 한 것이다. 커맨드라인을 읽어라. 그러나 계속 읽기 전에 어떤 패킷이 보내질 건지 찾아봐서 스스로 테스트해보라. 그 후 흔적을 'SYN 스텔스 스캔 1.25s 걸렸다'라는 줄까지 읽고나면 계속 읽어 나가기 전에 RCVD 줄에서 포트 상태 테이블이 어떻게 생겼는지를 알아야 한다.

예제 5.2 SYN 스캔을 이해하기 위한 --packet-trace 사용

```
krad# nmap -d --packet-trace -p22,113,139 scanme.nmap.org

Starting Nmap ( http://nmap.org )
SENT (0.0130s) ICMP krad > scanme echo request (type=8/code=0) ttl=52 id=1829
SENT (0.0160s) TCP krad:63541 > scanme:80 A iplen=40 seq=91911070 ack=99850910
RCVD (0.0280s) ICMP scanme > krad echo reply (type=0/code=0) iplen=28
We got a ping packet back from scanme: id = 48821 seq = 714 checksum = 16000
massping done: num_hosts: 1 num_responses: 1
Initiating SYN Stealth Scan against scanme.nmap.org (scanme) [3 ports] at 00:53
SENT (0.1340s) TCP krad:63517 > scanme:113 S iplen=40 seq=10438635
SENT (0.1370s) TCP krad:63517 > scanme:22 S iplen=40 seq=10438635
SENT (0.1400s) TCP krad:63517 > scanme:139 S iplen=40 seq=10438635
RCVD (0.1460s) TCP scanme:113 > krad:63517 RA iplen=40 seq=0 ack=10438636
RCVD (0.1510s) TCP scanme:22 > krad:63517 SA iplen=44 seq=75897108 ack=10438636
SENT (1.2550s) TCP krad:63518 > scanme:139 S iplen=40 seq=10373098 win=3072
The SYN Stealth Scan took 1.25s to scan 3 total ports.
Interesting ports on scanme.nmap.org (64.13.134.52):
PORT     STATE    SERVICE
22/tcp   open     ssh
113/tcp  closed   auth
139/tcp  filtered netbios-ssn

Nmap done: 1 IP address (1 host up) scanned in 1.40 seconds
```

SYN 스캔은 오랫동안 스텔스 스캔이라고 불러왔는데, 엔맵이 배포되기 전에 가장 흔한 스캔 유형이었던 TCP 연결 스캔(다음에 설명할 것이다)보다 더 은밀하기

때문이다. SYN 스캔이 일반적인 네트워크에서는 탐지되지 않지만 절대적으로 의지하지 마라. 광범위하게 설치된 침입탐지 시스템과 개인 방화벽도 기본 SYN 스캔을 꽤 탐지할 수 있다. 스텔스 스캐닝을 위한 더 효과적인 기술들은 10장 '방화벽과 침입탐지 시스템 탐지와 무력화'에서 설명한다.

5.3 TCP 연결 스캔(-sT)

TCP 연결 스캔은 SYN 옵션을 사용하지 않을 때 동작하는 기본 TCP 스캔 유형이다. 이는 사용자가 로우 패킷 권한을 갖고 있지 않거나 IPv6 네트워크를 스캐닝하는 경우다. 다른 대부분의 스캔 유형이 그러하듯 로우 패킷을 쓰는 대신에 엔맵은 기본이 되는 운영체제가 연결 시스템 콜을 생성해 대상 시스템과 포트와 연결을 성립하게 요청한다. 이는 웹 브라우저, P2P 클라이언트, 대부분의 네트워크를 사용하는 애플리케이션들이 연결을 성립하기 위해 사용하는 것과 같은 높은 수준의 시스템 콜이다. 이것은 버클리 소켓 API로 알려져 있는 프로그래밍 인터페이스의 한 부분이다. 로우 패킷 응답을 네트워크상에서 읽기보다는 엔맵은 이 API를 사용해서 각 연결 시도에 대한 상태 정보를 얻는다. 이것과 FTP 바운스 스캔(5.12 'TCP FTP 바운스 스캔(-b)' 참조)은 권한 없는 사용자가 이용할 수 있는 유일한 스캔 유형이다.

SYN 스캔을 이용할 수 있으면 SYN 스캔을 선택하는 것이 보통 더 낫다. 엔맵은 높은 수준의 연결 콜에 대해서는 로우 패킷으로 사용하는 것보다 컨트롤 능력이 낮은데, 이는 결국 덜 효율적이다. 시스템 콜은 SYN 스캔이 그러하듯 반열린 리셋을 수행하기보다는 열린 대상 포트에 대한 연결을 완결 짓는다. 같은 정보를 얻기 위해 더 많은 시간과 더 많은 패킷이 요구될 뿐만 아니라 대상 시스템에 더 많은 접속 로그를 남긴다. 제대로된 IDS는 잡아내겠지만 대부분의 시스템은 그런 경고 시스템을 갖고 있지 않다. 일반적인 유닉스 시스템에 있는 많은 서비스들은 syslog에 메모note를 추가하며 때로는 엔맵이 연결되고 데이터를 보내지 않고 연결을 닫을 때 cryptic 오류 메시지를 추가한다. 흔하지는 않지만 이런 일이 발생할 때 정말 한심한 서비스들은 충돌한다. 시스템 관리자는 로그에 있는 한 뭉치의 연결 시도를 보고 연결 스캔이 시도됐다는 것을 알게 된다.

그림 5.5는 scanme.nmap.org의 열린 포트 22에 대한 연결 스캔이 실행 중인 상태를 보여준다. 그림 5.2에서는 3개의 패킷만 필요했던 점을 기억해보라. 열린

포트에 대한 정확한 행동은 엔맵이 실행되는 플랫폼과 다른 끝에서 듣고 있는 서비스에 따라 달라지지만 이 6개의 패킷 예제가 전형적이다.

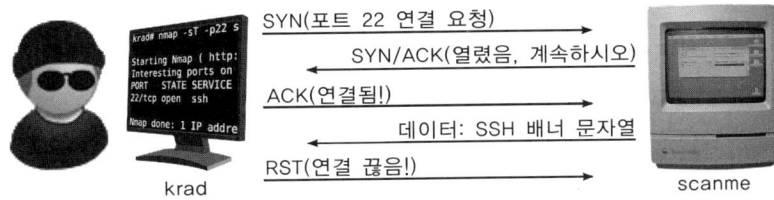

그림 5.5 열린 포트 22의 연결 스캔(nmap -sT -p22scanme.nmap.org)

처음 두 단계(SYN과 SYN/ACK)는 SYN 스캔과 정확하게 똑같다. 그 후 RST 패킷으로 반열린 연결을 중단하는 대신 krad는 자신의 ACK 패킷으로 SYN/ACK를 인지하며 연결을 완성시킨다. 이 경우 scanme는 방금 열린 연결을 통해 SSH 배너 스트링(SSH-1.99-OpenSSH_3.1p\n)을 보낸다. 엔맵이 호스트 운영체제로부터 연결이 성공적이라는 것을 듣자마자 연결을 종료한다. TCP 연결은 FIN 플래그를 포함하는 또 다른 핸드셰이크로 끝나는 경우가 많지만 엔맵은 호스트 운영체제에게 RST 패킷으로 연결을 즉시 종료하라고 요청한다.

이 연결 스캔이 SYN 스캔보다 두 배나 많은 패킷을 사용하는 반면 대역폭 차이는 그렇게 크지 않다. 대용량 스캔에서 많은 수의 포트가 closed나 filtered 상태가 된다. 그런 것들을 위한 패킷 추적은 그림 5.3과 그림 5.4에서 설명된 SYN 스캔과 같다. 열린 포트만이 더 많은 네트워크 트래픽을 생성한다.

연결 스캔의 출력은 SYN 스캔과 많이 다르지 않다. 예제 5.3은 scanme의 연결 스캔을 보여준다. 엔맵이 비권한을 가진 계정에서 실행돼 연결 스캔이 기본 유형이기 때문에 -sT 옵션을 생략할 수도 있었다.

예제 5.3 연결 스캔 예제

```
krad~> nmap -T4 -sT scanme.nmap.org

Starting Nmap ( http://nmap.org )
Interesting ports on scanme.nmap.org (64.13.134.52):
Not shown: 994 filtered ports
PORT     STATE   SERVICE
22/tcp   open    ssh
25/tcp   closed  smtp
```

```
53/tcp   open     domain
70/tcp   closed   gopher
80/tcp   open     http
113/tcp  closed   auth
```

Nmap done: 1 IP address (1 host up) scanned in 4.74 seconds

5.4 UDP 스캔(-sU)

인터넷에서 가장 인기 있는 서비스들이 TCP 프로토콜로 실행되는 동안에 UDP 서비스도 점차 넓게 사용된다. DNS, SNMP, DHCP(등록된 포트 53, 161/162,67/68)가 UDP를 사용하는 가장 잘 알려진 세 가지 서비스다. UDP 스캐닝이 일반적으로 TCP보다 더 느리고 어렵기 때문에 일부 보안 관리자는 UDP 포트들을 무시한다. 탐지 가능한 UDP 서비스가 꽤 흔하고 공격자들이 분명히 전체 프로토콜을 무시하지는 않기 때문에 이 포트들을 무시하는 것은 실수다. 다행히, 엔맵은 인벤토리 UDP 포트를 돕는다.

UDP 스캔은 -sU 옵션을 이용해 활성화된다. 또한 SYN 스캔(-sS) 같은 TCP 스캔 유형과도 함께 사용할 수 있는데, 같은 실행 기간 동안 양쪽의 프로토콜을 모두 확인하기 위해서다.

UDP 스캔은 빈(또는 아무 데이터가 없는) UDP 헤더를 모든 대상 포트에 보내 동작한다. 응답에 따라 포트는 표 5.3처럼 4가지 상태 중 한가지로 결정된다.

프로브 응답	할당된 상태
대상 포트로부터의 모든 응답(일반적이지 않음)	open
어떤 응답도 받지 않음(재전송 후에도)	open|filtered
ICMP 도달 불능 오류(유형 3, 코드 3)	closed
다른 ICMP 도달 불가능 오류(유형 3, 코드 1, 2, 9, 10, 13)	filtered

표 5.3 엔맵이 UDP 프로브에 응답하는 방법

이 표에서 가장 흥미로운 요소는 `open|filtered` 상태다. 이것은 UDP 스캐닝의 가장 큰 도전 현상인데, 열린 포트는 이런 프로브에 거의 응답하지 않는다.

대상 TCP/IP 스택은 간단히 (빈) 패킷을 듣고 있는 애플리케이션에 전달하는데, 그러면 애플리케이션은 이를 유효하지 않다고 판단하고 즉시 버린다. 다른 모든 상태에 있는 포트가 반응하면 열린 포트들은 모두 제거로 추론될 수 있다. 불행히도 방화벽과 필터링 장치들은 응답 없이 패킷을 드롭시키는 걸로도 알려졌다. 따라서 엔맵이 몇 번의 시도 끝에도 아무런 응답을 받지 않으면 해당 포트가 열려있는지 필터됐는지 결정할 수 없다. 엔맵이 배포됐을 때 필터링 장치가 드물어 엔맵이 포트가 열려 있다고 간단히 추론할 수 있었고(또 그렇게 했다), 이제 인터넷이 더 잘 지키고 있기 때문에 엔맵(버전 3.70)이 2004년에 바뀌어 비응답 UDP 포트를 open|filtered로 보고한다. 예제 5.4에서 그것을 볼 수 있는데, 예제 5.4는 Ereet가 Felix라는 리눅스 상자를 스캐닝하는 것을 보여준다.

예제 5.4 UDP 스캔 예제

```
krad# nmap -sU -v felix

Starting Nmap ( http://nmap.org )
Interesting ports on felix.nmap.org (192.168.0.42):
(The 997 ports scanned but not shown below are in state: closed)
PORT      STATE          SERVICE
53/udp    open|filtered  domain
67/udp    open|filtered  dhcpserver
111/udp   open|filtered  rpcbind
MAC Address: 00:02:E3:14:11:02 (Lite-on Communications)

Nmap done: 1 IP address (1 host up) scanned in 999.25 seconds
```

이 Felix 스캔은 또 다른 문제점(UDP 스캐닝이 느릴 수 있다는 점)과 함께 open|filtered 모호성 문제를 보여준다. 이 경우 Felix와 대부분의 다른 리눅스 시스템에 의해 수행된 ICMP 응답율 한계로 인해 1,000개의 포트를 스캔하는 데 거의 17분이 걸렸다. 엔맵은 다음 두 절에서 설명하듯이 이런 두 문제 모두를 해결하는 방법을 제공한다.

[5.4.1] 필터된 UDP 포트에서 열린 포트 확인

Felix 스캔의 경우 세 개의 open|filtered 포트 모두를 제외하고는 모두가 닫혀 졌다. 따라서 스캔은 열린 포트를 잠재적으로 한 움큼으로 좁혀나가면 여전히 성공적일 수 있다. 그러나 항상 그런 경우는 아니다. 예제 5.5는 상당히 필터 된 사이트 scanme에 대한 UDP 스캔을 보여준다.

예제 5.5 UDP 스캔 예제

```
krad# nmap -sU -T4 scanme.nmap.org

Starting Nmap ( http://nmap.org )
All 1000 scanned ports on scanme.nmap.org (64.13.134.52) are open|filtered

Nmap done: 1 IP address (1 host up) scanned in 5.50 seconds
```

이 경우 스캔은 열린 포트를 전혀 좁히지 않았다. 1,000개 모두가 open|filtered다. 새로운 전략이 요구된다.

표 5.3 '엔맵이 UDP 프로브에 응답하는 방법'은 open|filtered 상태가 엔맵 이 특정 포트에 대해 UDP 프로브에서 어떤 반응도 받지 못했을 때 일어난다는 사실을 보여준다. 하지만 드문 경우에 포트를 리스닝하고 있는 UDP 서비스가 포트가 열렸다는 사실을 증명하는 일종의 방법으로 응답한다는 점도 보여준다.

이 서비스들이 응답하지 않는 이유들은 종종 엔맵이 보내는 빈 패킷이 유효하 지 않다고 여겨지기 때문이다. 불행히도 UDP 서비스들은 엔맵이 항상 보낼 수 있는 일반적인 흔한 형식에 매달리기보다는 자신의 패킷 구조를 일반적으로 정 의한다. SNMP 패킷은 SunRPC, DHCP, DNS 요청 패킷 등과는 완전히 다르게 보인다.

모든 인기 있는 UDP 서비스에 적절한 패킷을 보내려면 엔맵은 프로브 형식을 정의하는 거대한 데이터베이스가 필요하다. 다행히도 엔맵은 nmap-service-probes라는 형태의 데이터베이스를 갖고 있는데, 이는 7장 '서비스와 애플리케 이션 버전 탐지'에서 설명하는 서비스와 버전 탐지 하위 시스템의 일부분이다.

버전 스캐닝이 -sV(또는 -A)로 사용 가능할 때 (열린 것으로 알려져 있는 것뿐만 아니라) 모든 open|filtered 포트에 UDP 프로브를 보낸다. 이 프로브 중 어느 하나라도 open|filtered 포트에서 응답을 이끌어 낸다면 열린 상태로 바뀐다. -sV를 Felix 스캔에 추가한 결과는 예제 5.6과 같다.

예제 5.6 버전 탐지로 Felix의 UDP 스캔 결과 향상시키기

```
krad# nmap -sUV -F felix.nmap.org

Starting Nmap ( http://nmap.org )
Interesting ports on felix.nmap.org (192.168.0.42):
Not shown: 997 closed ports
PORT      STATE          SERVICE      VERSION
53/udp    open           domain       ISC BIND 9.2.1
67/udp    open|filtered  dhcpserver
111/udp   open           rpcbind      2 (rpc #100000)
MAC Address: 00:02:E3:14:11:02 (Lite-on Communications)

Nmap done: 1 IP address (1 host up) scanned in 1037.57 seconds
```

이 새로운 스캔은 포트 111과 53이 확실히 열린 상태라는 점을 보여준다. 하지만 포트 67이 여전히 open|filtered이기 때문에 이 시스템도 완전하지는 않다. 이런 특정 경우에 포트는 열렸지만 엔맵은 DHCP에 대해 작동하는 버전 프로브를 갖고 있지 않다. 또 다른 탐지하기 어려운 서비스는 SNMP인데, 보통 올바른 커뮤니티 스트링이 주어졌을 때에만 응답한다. 많은 장치의 커뮤니티 스트링이 public으로 구성되지만 모두 그렇지는 않다. 이 결과들이 완벽하지는 않지만 세 개의 테스트된 포트 중 두 개의 진짜 상태를 알아낸다면 많은 도움이 된다.

Felix 결과를 명확히 하는 데 성공한 후 Ereet는 그의 눈길을 scanme로 돌렸는데, scanme는 지난번에 모든 포트를 open|filtered 상태로 나열했다. Ereet는 예제 5.7에서 볼 수 있듯이 버전 탐지로 다시 시도한다.

예제 5.7 버전 탐지로 Scanme의 UDP 스캔 결과 향상시키기

```
krad# nmap -sUV -T4 scanme.nmap.org

Starting Nmap ( http://nmap.org )
Interesting ports on scanme.nmap.org (64.13.134.52):
Not shown: 999 open|filtered ports
PORT      STATE   SERVICE   VERSION
53/udp    open    domain    ISC BIND 9.3.4

Nmap done: 1 IP address (1 host up) scanned in 3691.89 seconds
```

이전 scanme 스캔에는 5초가 걸린 반면 이 결과는 한 시간이 걸렸지만 이 결과가 확실히 유용하다. Ereet의 미소는 커지고 그가 공격하려는 시스템에 있는 열린 ISC BIND 네임 서버를 발견한 기쁨에 눈이 반짝인다. 그 소프트웨어는 오래 전부터 보안 취약점을 갖고 있기 때문에 이 최신 버전에서도 취약점을 찾을 수 있을 것이다.

Ereet는 열려있다고 확인을 했으므로 UDP 공격 초점을 포트 53에 두는 반면에 다른 포트도 잊지는 않는다. 1,007개의 포트가 open|filtered로 나열된다. Felix에 있는 dhcpserver 포트에서 확인했듯이 특정 열린 UDP 서비스는 엔맵 버전 탐지에서도 숨을 수 있다. Ereet는 이제까지 기본 포트만 스캔했는데, 다른 64529의 포트들이 열린 가능성도 있을 수 있다. 기록을 위해 53이 scanme에서 유일하게 열린 UDP다.

이 버전 탐지 기술이 자동으로 open|filtered 포트를 구별하는 엔맵의 유일한 방법인 반면에 수동으로 시도할 수 있는 여러 다른 트릭이 있다. 때때로 특수화된 트레이스라우트가 도움이 되기도 한다. 알려진 열린 TCP나 UDP 포트를 hping2[2] 같은 도구를 사용해 트레이스라우트할 수 있다. 그 후 의심되는 UDP 포트에도 같은 방법을 시도해보라. 홉Hop 숫자의 차이점은 필터된 포트와 열린 포트를 구별해준다. Ereet는 예제 5.8에서 scanme에 대해 이것을 시도한다. 첫 번째 hping2 명령은 알려진 열린 포트 53에 대해 UDP 트레이스라우트를 한다. -t 8 옵션은 hping2가 8홉에 시작하게 하며, 공간을 절약하기 위해서만 사용된다. 두 번째 명령은 닫혔다고 가정하는 포트 54에 대해 같은 작업을 실행한다.

예제 5.8 TTL discrepancies로 UDP 포트 명확히 하기

```
krad# hping2 --udp --traceroute -t 8 -p 53 scanme.nmap.org
HPING scanme.nmap.org (ppp0): udp mode set, 28 headers + 0 data bytes
hop=8 TTL 0 during transit from 206.24.211.77 (dcr2.SanFranciscosfo.savvis.net)
hop=9 TTL 0 during transit from 208.172.147.94 (bpr2.PaloAltoPaix.savvis.net)
hop=10 TTL 0 during transit from 206.24.240.194 (meer.PaloAltoPaix.savvis.net)
hop=11 TTL 0 during transit from 205.217.152.21 (vlan21.sv.meer.net)

--- scanme.nmap.org hping statistic ---
12 packets transmitted, 4 packets received, 67% packet loss
round-trip min/avg/max = 13.4/13.8/14.1 ms
```

---

2. http://www.hping.org

```
krad# hping2 --udp --traceroute -t 8 -p 54 scanme.nmap.org
HPING scanme.nmap.org (ppp0): udp mode set, 28 headers + 0 data bytes
hop=8 TTL 0 during transit from 206.24.211.77 (dcr2.SanFranciscosfo.savvis.net)
hop=9 TTL 0 during transit from 208.172.147.94 (bpr2.PaloAltoPaix.savvis.net)
hop=10 TTL 0 during transit from 206.24.240.194 (meer.PaloAltoPaix.savvis.net)
hop=11 TTL 0 during transit from 205.217.152.21 (vlan21.sv.meer.net)
--- scanme.nmap.org hping statistic ---
12 packets transmitted, 4 packets received, 67% packet loss
round-trip min/avg/max = 12.5/13.6/14.7 ms
```

이 예제에서 Ereet는 열린 포트와 닫힌 포트 둘 다의 11홉에만 도달할 수 있었다. 따라서 이 결과들을 호스트에 대한 포트 상태를 구별하기 위해 사용하기는 힘들다. 시도할 가치는 있었으며 상당한 경우에 효과도 있다. 이 방법은 스크리닝 방화벽이 대상 호스트 앞에 적어도 한두 개의 홉인 경우에 상당히 효과를 볼 수 있다. 반면에 scanme는 자신의 리눅스 iptables 호스트 기반 방화벽을 운영한다. 따라서 필터된 포트와 열린 포트 사이의 홉수에는 차이가 없다.

또 다른 기술은 잘 알려진 포트에 애플리케이션 지정 도구를 사용하는 방법이다. 예를 들어 무차별 대입 SNMP 커뮤니티 스트링 크래커를 포트 161에 시도할 수 있다. 엔맵의 버전 탐지 프로브 데이터는 계속 발전하면서 외부의 특수화된 도구에 의존하는 경향이 점차 줄어들었으나 커스텀 커뮤니티 스트링이 있는 SNMP 시스템 같이 특별한 경우 여전히 유용하게 사용될 것이다.

[5.4.2] UDP 스캔 속도 올리기

UDP 스캐닝을 이용한 또 다른 큰 도전은 스캐닝을 빨리 하는 것이다. 열리고 필터된 포트는 응답을 잘 보내지 않는다. 그래서 엔맵이 스캔 시간 초과되고 프로브나 응답을 얻지 못할 때를 대비해 재전송을 수행한다. 닫힌 포트는 종종 더 큰 문제를 일으킨다. 닫힌 포트들은 보통 ICMP 포트 도달 불능 오류를 반환한다. 하지만 SYN이나 연결 스캔에 대한 반응으로 닫힌 TCP 포트가 보내는 RST 패킷과는 달리 많은 호스트가 한정 ICMP 포트 도달 불능 메시지를 기본으로 전달한다. 리눅스와 솔라리스는 특히 이에 대해 엄격하다. 예를 들어 Felix에 있는 리눅스 2.4.20 커널은 도착지 도달 불능 메시지를 초당 한 개로 한정 짓는다 (net/ipv4/icmp.c에서). 이는 예제 5.4에서의 스캔이 왜 그렇게 느린지를 설명한다.

엔맵은 대역폭 제한rate limit를 탐지하고는 그에 따라 대상 장치가 드롭시킬 쓸 모없는 패킷으로 네트워크를 플러딩flooding하는 것을 피하기 위해 속도를 늦춘다. 불행히도 초당 한 패킷의 리눅스 스타일 한계는 65,536개의 포트를 스캔하는 데 18시간 이상 걸린다. UDP 스캔 성능을 향상시키는 방법을 여기에 설명한다. 또한 더 자세한 설명과 일반적인 조언은 6장 '엔맵 성능 최적화'를 참조하라.

- **호스트 병렬 증가** 엔맵이 초당 한 개의 대상 호스트에서 한 개의 포트 도달 불능 오류를 받는다면 한 번에 그런 호스트를 100개 스캐닝해 초당 100개를 받을 수 있다. `--min-hostgroup`에 (100과 같은) 큰 값을 입력해 호스트 병렬을 실행하라.

- **인기 있는 포트 먼저 스캔** 아주 적은 UDP 포트 숫자가 보통 사용된다. 가장 흔한 100개의 UDP 포트를 스캔하면(-F 옵션을 사용해서) 스캔을 빨리 끝낼 것이다. 그 후 백그라운드에서 네트워크의 멀티데이 65K 포트 스윕sweep을 시작하는 동안 결과를 조사할 수 있다.

- **버전 탐지 스캔에 `--version-intensity 0`을 추가** 이전 절에서 설명했듯이 버전 탐지(-sV)는 종종 필터된 UDP 포트에서 열린 포트를 구별해 내기 위해 필요하다. 버전 탐지는 많은 수의 애플리케이션 프로토콜 지정 프로브를 대상 장치에서 발견한 모든 `open|filtered` 포트에 보내기 때문에 상대적으로 느리다. `--version-intensity 0`을 지정해 엔맵이 주어진 포트 숫자에 대해 가장 효과적인 것으로 생각되는 프로브만 시도하게 한다. 이는 `nmap-service-probes` 파일에서 데이터를 사용해 수행할 수 있다. 이 옵션의 효과는 상당한데, 이 절의 뒤에서 볼 수 있다.

- **방화벽 뒤에서 스캔하기** TCP에서와 마찬가지로 패킷 필터는 스캔을 상당히 느리게 만들 수 있다. 수많은 현대의 방화벽은 패킷 대역폭 제한을 쉽게 설정할 수 있게 한다. 방화벽을 가로 지르기보다 뒤에서 스캔을 시작해 문제를 피해갈 수 있다면 그렇게 하라.

- **느린 호스트를 건너 뛰는 `--host-timeout` 사용** ICMP 포트 대역폭 제한 호스트는 빠른 도달 불능 패킷으로 인해 모든 프로브에 반응하는 호스트들보다 스캔하는 데 훨씬 더 많은 요청이 필요하다. 최대 스캔 시간(15분 동안 900,000 같이)을 지정하는 것은 엔맵이 해당 시간 내에 호스트 스캔을 완료하지 못하면 각 개인 호스트를 포기하게 한다. 이는 모든 반응하는 호스트를

빨리 스캔하게 허용한다. 그 후 백그라운드에서 느린 호스트에 대해 작업을 할 수 있다.

- **-v 이용해서 chill out 실행** 엔맵은 verbosity(-v)를 사용해 각 호스트에 대한 추정 스캔 완료 시간을 볼 수 있다. 자세히 지켜보고 있을 필요는 없다. 엔맵이 여러분을 대신해 쉬지 않고 스캔하는 동안 여러분은 잠을 자거나, 좋아하는 술집을 가거나, 책을 읽거나, 다른 일을 하거나, 그렇지 않으면 즐겨라.

UDP 스캔 최적화 요구에 대한 완벽한 예는 예제 5.7이다. 스캔으로 원하는 데이터를 얻었지만 하나의 호스트를 스캔하는 데 한 시간 이상이나 걸렸다! 예제 5.9에서 나는 이 스캔을 다시 실행했다. 이번에는 -F를 --version-intensity 0 옵션에 추가했는데, 스캔 지속 시간이 13초로 줄어들었다. 그러면서도 같은 중요 정보(포트 53에서 실행되고 있는 ISC Bind 데몬)가 탐지됐다.

예제 5.9 UDP 스캔 시간 최적화

```
krad# nmap -sUV -T4 -F --version-intensity 0 scanme.nmap.org

Starting Nmap ( http://nmap.org )
Interesting ports on scanme.nmap.org (64.13.134.52):
Not shown: 99 open|filtered ports
PORT    STATE   SERVICE VERSION
53/udp  open    domain  ISC BIND 9.3.4

Nmap done: 1 IP address (1 host up) scanned in 12.92 seconds
```

5.5 TCP FIN, NULL, Xmas 스캔(-sF, -sN, -sX)

TCP FIN, Null, Xmas 스캔 유형(다음 절에서 설명할 --scanflags 옵션으로 더 많은 수가 가능하지만)은 TCP RFC에서 미묘한 허점loophole을 탐험해 열린 포트와 닫힌 포트를 구별한다. RFC 793의 65쪽에 "[대상] 포트 상태가 CLOSED라면... RST를 포함한 들어오는 세그먼트가 응답으로 RST를 보내게 할 것이다"라고 명시돼 있다. 그 후 다음 쪽은 SYN, RST, ACK 비트 설정 없이 열린 포트에 보내진 패킷에 대해 이야기하는데, "여러분은 여기에 도착하기 쉽지 않겠지만 그렇다면 세그먼트를 드롭시키고 돌아가라."라고 시작된다.

스캐닝 시스템이 RFT 텍스트에 대해 불평할 때 SYN, RST나 ACK 비트를 포함하지 않는 어떤 패킷이든 포트가 닫혀있고 포트가 열려있는 데 아무런 반응이 없다면 RST가 반환된다. 이 세 비트 중 어느 것도 포함되지 않는 한 다른 세 개(FIN, PSH, URG)의 조합은 어떤 것이든 괜찮다. 엔맵은 이를 세 가지 스캔 유형으로 구분한다.

- **Null 스캔**(-sN)   어떤 비트도 설정하지 않는다(TCP 플래그 헤더가 0이다).
- **FIN 스캔**(-sF)   TCP FIN 비트만 설정한다.
- **Xmas 스캔**(-sX)   패킷을 크리스마스 트리처럼 밝히며, FIN, PSH, URG 플래그를 설정한다.

이 세 가지 스캔 유형은 동일한 행동을 수행하는데, TCP 플래그 세트만 프로브 패킷에서 다를 뿐이다. 응답은 표 5.4처럼 처리된다.

프로브 응답	할당된 상태
받은 응답 없음(재전송 후에도)	open|filtered
TCP RST 패킷	closed
ICMP 도달 불가능 오류(유형 3, 코드 1, 2, 3, 9, 10, 13)	filtered

표 5.4 엔맵이 NULL, FIN, Xmas 스캔 프로브 응답을 해석하는 방법

이 스캔 유형의 주요 장점은 스캔으로 어떤 비상태 보존형non-stateful 방화벽과 패킷 필터링 라우터를 뚫을 수 있다는 점이다. 위에서 이야기한 방화벽은 SYN 비트 세트와 ACK가 없는 TCP 패킷은 모두 차단함으로써 (나가는 것들을 허락하는 반면에) 들어오는 TCP 연결을 막는다. 이 구성은 리눅스 iptables 방화벽 명령이 이를 실행하기 위해 특정 --syn 옵션을 제공할 정도로 흔하다. NULL, FIN, Xmas 스캔은 SYN 비트를 없애고, 이런 규칙에서 자유롭게 스캔을 수행한다.

또 다른 장점은 이런 스캔 유형은 SYN 스캔보다 약간 더 비밀스럽다는 점이다. 그렇지만 이것에 의존하지 마라. 대부분의 현재 IDS 제품은 이것들을 탐지할 수 있게 설정할 수 있다.

가장 큰 약점은 모든 시스템이 RFC 793을 엄밀히 따르지는 않는다는 점이다. 많은 시스템이 포트가 열렸든지 열리지 않았든지 상관없이 RST 응답을 프로브

에 보낸다. 이는 모든 포트가 closed로 인식되는 결과를 초래한다. 이렇게 작동하는 주 운영체제는 마이크로소프트 윈도우, 많은 시스코 장비, IBM OS/400 등이다. 그렇지만 이 스캔은 대부분의 유닉스 기반 시스템에는 효과를 볼 수 있다. 엔맵 운영체제 탐지가 이런 부분을 테스트하기 때문에 nmap-os-db 파일을 점검함으로써 스캔이 이런 특정 유형의 시스템에 작용하는지 안 하는지를 알 수 있다. 테스트 T2는 NULL 패킷을 열린 포트에 보낸다. 따라서 T2(R=N) 같은 행을 본다면 그 시스템은 RFC를 지원하는 듯하며, 이런 스캔 중 하나가 그 시스템에 작동할 것이다. T2 줄이 더 길다면 시스템은 응답을 보내 RFC를 침해하고, 이런 스캔은 작동하지 않을 것이다. 8장 '원격 운영체제 탐지'에서 운영체제 핑거프린팅을 더 자세히 알아본다.

이런 스캔의 또 다른 단점은 특정 필터된 포트와 열린 포트를 구별할 수 없다는 점이다. 패킷 필터가 ICMP 도착지 금지 오류ICMP destination prohibited error를 보내면 엔맵은 포트가 필터된 것이라고 판단한다. 하지만 대부분의 필터는 어떤 응답도 없이 금지된 프로브를 드롭시키는데, 포트가 열린 것처럼 보이게 한다. 엔맵은 어느 경우인지 구별할 수 없기 때문에 응답이 없는 포트를 open|filtered로 표시한다. 버전 탐지(-sV)를 추가하면 UDP 스캔과 함께 하기 때문에 명확하게 구별할 수 있지만 이 스캔의 비밀스러운 본질을 거의 없애버린다. 어쨌든 간에 포트를 연결시키고자 한다면 SYN 스캔을 사용하는 편이 낫다.

이런 스캔 방법은 사용법이 간단하다. 스캔 유형을 지정하기 위해 간단히 -sN, -sF, -sX 옵션을 추가하라. 예제 5.10은 두 개의 예제를 보여준다. 첫 번째, Para에 대한 FIN 스캔은 모든 5개의 열린 포트(open|filtered로)를 인식한다. 다음 실행에서, scanme.nmap.org에 대한 Xmas 스캔은 그렇게 잘 작동하지 않는다. 닫힌 포트를 탐지하지만 995개의 필터된 포트를 4개의 열린 포트들과 구별해내지 못하며, 999개 모두 open|filtered로 나열한다. 이는 왜 엔맵이 그렇게 많은 스캔 방법을 제공하는지를 설명한다. 어떤 하나의 기술도 모든 경우에 완벽하지는 않다. Ereet은 scanme에 대해 더 알기 위해 또 다른 방법을 시도해봐야 할 것이다.

예제 5.10 FIN과 Xmas 스캔 예제

```
krad# nmap -sF -T4 para

Starting Nmap ( http://nmap.org )
Interesting ports on para (192.168.10.191):
```

```
Not shown: 995 closed ports
PORT         STATE            SERVICE
22/tcp       open|filtered    ssh
53/tcp       open|filtered    domain
111/tcp      open|filtered    rpcbind
515/tcp      open|filtered    printer
6000/tcp     open|filtered    X11
MAC Address: 00:60:1D:38:32:90 (Lucent Technologies)

Nmap done: 1 IP address (1 host up) scanned in 4.64 seconds

krad# nmap -sX -T4 scanme.nmap.org

Starting Nmap ( http://nmap.org )
Interesting ports on scanme.nmap.org (64.13.134.52):
Not shown: 999 open|filtered ports
PORT         STATE      SERVICE
113/tcp      closed     auth

Nmap done: 1 IP address (1 host up) scanned in 23.11 seconds
```

이런 스캔의 완전하고도 방화벽을 회피할 수 있는 기능을 보여주려면 대상 방화벽의 허술한 구성을 필요로 한다. 불행히도 그런 허술한 대상 방화벽들은 찾기 쉽다. 예제 5.11은 Docsrv라는 이름의 SCO/Caldera 장치의 SYN 스캔을 보여준다.

예제 5.11 Docsrv의 SYN 스캔

```
# nmap -sS -T4 docsrv.caldera.com

Starting Nmap ( http://nmap.org )
Interesting ports on docsrv.caldera.com (216.250.128.247):
(The 997 ports scanned but not shown below are in state: filtered)
PORT         STATE      SERVICE
80/tcp       open       http
113/tcp      closed     auth
507/tcp      open       crs

Nmap done: 1 IP address (1 host up) scanned in 28.62 seconds
```

이 예제는 괜찮아 보인다. 오직 두 개의 포트가 열렸고 나머지(113을 제외하고)는 필터된 포트다. 최신의 상태 보존형stateful 방화벽으로 FIN 스캔은 어떤 여분의 정보도 얻지 못했다. 하지만 Ereet은 어쨌든 간에 한 번 시도해보는데, 예제 5.12에서와 같은 결과를 얻는다.

예제 5.12 Docsrv의 FIN 스캔

```
# nmap -sF -T4 docsrv.caldera.com

Starting Nmap ( http://nmap.org )
Interesting ports on docsrv.caldera.com (216.250.128.247):
Not shown: 961 closed ports
PORT      STATE          SERVICE
7/tcp     open|filtered  echo
9/tcp     open|filtered  discard
11/tcp    open|filtered  systat
13/tcp    open|filtered  daytime
15/tcp    open|filtered  netstat
19/tcp    open|filtered  chargen
21/tcp    open|filtered  ftp
22/tcp    open|filtered  ssh
23/tcp    open|filtered  telnet
25/tcp    open|filtered  smtp
37/tcp    open|filtered  time
79/tcp    open|filtered  finger
80/tcp    open|filtered  http
110/tcp   open|filtered  pop3
111/tcp   open|filtered  rpcbind
135/tcp   open|filtered  msrpc
143/tcp   open|filtered  imap
360/tcp   open|filtered  scoi2odialog
389/tcp   open|filtered  ldap
465/tcp   open|filtered  smtps
507/tcp   open|filtered  crs
512/tcp   open|filtered  exec
513/tcp   open|filtered  login
514/tcp   open|filtered  shell
515/tcp   open|filtered  printer
```

```
636/tcp    open|filtered  ldapssl
712/tcp    open|filtered  unknown
955/tcp    open|filtered  unknown
993/tcp    open|filtered  imaps
995/tcp    open|filtered  pop3s
1434/tcp   open|filtered  ms-sql-m
2000/tcp   open|filtered  callbook
2766/tcp   open|filtered  listen
3000/tcp   open|filtered  ppp
3306/tcp   open|filtered  mysql
6112/tcp   open|filtered  dtspc
32770/tcp  open|filtered  sometimes-rpc3
32771/tcp  open|filtered  sometimes-rpc5
32772/tcp  open|filtered  sometimes-rpc7

Nmap done: 1 IP address (1 host up) scanned in 7.64 seconds
```

와! 이건 확실히 엄청난 수의 열린 포트다. 39개의 필터된 포트와 (RST 패킷을 보내는) 다른 961개의 닫힌 포트만을 갖는 것은 일반적인 현상이 아니기 때문에 이들 대부분은 아마 열린 포트일 것이다. 하지만 여전히 이들 중 일부나 모든 포트가 열린 포트 대신에 필터된 상태일 가능성도 있다. FIN 스캔은 확실히 이를 확신할 수 없다. 이 경우로 다시 돌아와 5장 뒷부분에서 Docsrv를 더 자세히 다룬다.

5.6 --scanflags로 스캔 유형 커스텀

진정한 고급 엔맵 사용자는 자신을 정해진 스캔 유형에 맞출 필요는 없다. --scanflags 옵션은 임의적인 TCP 플래그를 지정해 자신의 스캔을 설계할 수 있게 한다. 특정 규칙을 추가한 엔맵 man 페이지를 통해 벤더가 간단히 페이지된 침입탐지 시스템을 침략하는 동안 여러분의 창의적인 생각이 흐르게 내버려두라!

--scanflags 인수는 9(PSH와 FIN) 같은 숫자 플래그 값일 수도 있지만 상징적인 이름을 사용하는 편이 더 쉽다. 단순히 URG, ACK, PSH, RST, SYN, FIN 중 어느 조합이든 함께 뭉쳐라. 예를 들어 --scanflags URGACKPSHRSTSYNFIN는 모

든 것을 설정하지만 스캐닝에 그렇게 유용하지는 않다. 순서는 중요하지 않다.

원하는 플래그를 지정할 뿐만 아니라 (-sA나 -sF 같은) TCP 스캔 유형을 지정할 수도 있다. 그 기본 유형은 엔맵이 어떻게 응답을 해석하는지를 알려준다. 예를 들어 SYN 스캔은 해당 포트가 응답이 없으면 filtered 포트로 인식하는 반면에 FIN 스캔은 똑같은 상태를 open|filtered로 인식한다. 엔맵은 기본 스캔 유형과 같은 방법으로 행동하는데, 단지 지정된 TCP 플래그를 대신 사용한다는 점만 제외하고는 똑같다. 기본 유형을 지정하지 않으면 SYN 스캔이 사용된다.

[5.6.1] 커스텀 SYN/FIN 스캔

한 가지 흥미로운 커스텀 스캔 유형은 SYN/FIN이다. 때때로 방화벽 관리자나 시스템 관리자는 "SYN 플래그 세트만 갖고 있는 패킷은 어떤 것이든 들어오면 드롭시켜라" 같은 규칙으로 들어오는 연결들을 차단하려고 시도할 것이다. 그들은 보내는 연결의 두 번째 단계로서 돌아오는 SYN/ACK 패킷을 차단하고 싶지는 않기 때문에 SYN 플래그로만 차단을 한정시킨다.

이 접근의 문제는 대부분의 종단 시스템end systems이 다른 (비ACK) 플래그를 포함하고 있는 초기의 SYN 패킷도 받아들일 것이라는 점이다. 예를 들어 엔맵 운영체제 핑거프린팅 시스템이 SYN/FIN/URG/PSH 패킷을 열린 포트에 보낸다. 데이터베이스에서 반 이상의 핑거프린트가 SYN/ACK로 응답한다. 따라서 그들은 이 패킷을 가진 포트 스캐닝을 허용하며, 일반적으로 완전한 TCP 연결도 허용한다. 어떤 시스템은 SYN/ACK로 SYN/RST 패킷에까지 응답한다고 알려졌다! SYN/RST가 확실히 가짜처럼 보여도 TCP RFC는 어느 플래그가 초기 SYN 패킷에서 받아들이는지에 관해 모호하다.

예제 5.13은 Ereet이 구글의 성공적인 SYN/FIN 스캔을 행하는 것을 보여준다. 그는 확실히 scanme.nmap.org에 싫증이 나기 시작한다.

예제 5.13 구글의 SYN/FIN 스캔

```
krad# nmap -sS --scanflags SYNFIN -T4 www.google.com

Starting Nmap ( http://nmap.org )
Warning: Hostname www.google.com resolves to 4 IPs. Using 74.125.19.99.
Interesting ports on cf-in-f99.google.com (74.125.19.99):
Not shown: 996 filtered ports
```

```
PORT      STATE    SERVICE
80/tcp    open     http
113/tcp   closed   auth
179/tcp   closed   bgp
443/tcp   open     https

Nmap done: 1 IP address (1 host up) scanned in 7.58 seconds
```

SYN/URG나 SYN/PSH/URG/FIN과 같은 유사한 스캔 유형 또한 일반적으로 효력을 발휘한다. 통과하지 못했다면 이미 언급된 SYN/RST 옵션을 잊지 마라.

[5.6.2] PSH 스캔

'5.5 TCP, FIN, NULL, Xmas 스캔(-sF, -sN, -sX)'에서 RFC 순응 시스템은 FIN, PSH, URG 플래그 중 어느 조합이든 이용해 포트를 스캔하는 것을 허락한다는 사실을 알 수 있었다. 8개의 가능한 수열이 있는 반면에 엔맵은 3개의 짜인 모델(NULL, FIN, Xmas)만을 제공한다. 그 대신 PSH/URG나 FIN/PSH 스캔을 다양한 개인적인 성향에 따라 사용해보라. 결과는 세 개의 짜인 모델에서 크게 다르지 않지만 스캔 탐지 시스템을 우회할 수 있는 기회도 생긴다.

그런 스캔을 수행하려면 플래그를 --scanflags로 지정하고 FIN 스캔(-sF)을 기본 스캔으로 지정한다(NULL이나 Xmas를 선택해도 별 차이가 없다). 예제 5.13은 나의 로컬 네트워크에 있는 리눅스 장치에 대한 PSH 스캔을 보여준다.

예제 5.14 커스텀 PSH 스캔

```
krad# nmap -sF --scanflags PSH para

Starting Nmap ( http://nmap.org )
Interesting ports on para (192.168.10.191):
(The 995 ports scanned but not shown below are in state: closed)
PORT      STATE           SERVICE
22/tcp    open|filtered   ssh
53/tcp    open|filtered   domain
111/tcp   open|filtered   rpcbind
515/tcp   open|filtered   printer
6000/tcp  open|filtered   X11
MAC Address: 00:60:1D:38:32:90 (Lucent Technologies)
```

```
Nmap done: 1 IP address (1 host up) scanned in 5.95 seconds
```

이 스캔들이 모두 같은 방식으로 작동하기 때문에 단지 -sF, -sN, -sX 옵션만을 이용하고, 사용자들이 --scanflags로 다른 것을 모방할 수 있게 했다. 단축 옵션이 기억하고 사용하기에 더 쉽기 때문에 이것을 할 어떤 계획도 없다. 여러분은 여전히 엔맵 기술을 뽐내기 위해 모방된 방법들을 시도해볼 수 있다. 더 지루한 nmap -sX 대상보다는 nmap -sF --scanflags FINPSHURG 대상을 실행시켜라.

> 내 경험상 필요 없이 복잡한 엔맵 커맨드라인이 여자들에게 큰 인상을 남기지는 않는다. 생각하건대 명령이 과다하다고 느끼면서 여자들은 보통 생색내는 듯한 비웃음을 돌려줄 뿐이다.

5.7 TCP ACK 스캔(-sA)

이 스캔은 열린 포트(open|filtered조차)를 절대 확정짓지 않는다는 점에서 이제까지 이야기한 스캔과는 다르다. 이 스캔은 방화벽 규칙 세트를 표시하기 위해 사용되며, 방화벽 규칙들이 상태를 보존하는지 아닌지, 어느 포트가 필터됐는지를 결정한다.

ACK 스캔은 -sA 옵션을 지정해 이용할 수 있다. 이 스캔의 프로브 패킷은 (--scanflags를 사용하지 않는 한) ACK 플래그 세트만 갖는다. 필터되지 않은 시스템을 스캔할 때 열린 포트와 닫힌 포트는 둘 다 RST 패킷을 돌려보낸다. 그러면 엔맵은 해당 포트를 ACK 패킷으로 도달 가능하지만 열렸는지 닫혔는지 결정하지 않는 필터되지 않은(unfiltered)으로 분류한다. 응답하지 않거나 특정 ICMP 오류 메시지를 되돌려보내는 포트들은 필터된(filtered)으로 분류한다. 표 5.5는 자세한 사항을 보여준다.

프로브 응답	할당된 상태
TCP RST 응답	unfiltered
(재전송 후에도) 받은 응답 없음	filtered
ICMP 도달 불가능 오류(유형 3, 코드 1, 2, 3, 9, 10, 13)	filtered

표 5.5 엔맵이 ACK 스캔 프로브에 대한 응답을 해석하는 방법

ACK 스캔 사용은 간단히 하나의 -sA 옵션 플래그를 더하면 된다는 점에서 대부분의 다른 스캔 유형들과 유사하다. 예제 5.15는 scanme에 대한 ACK 스캔을 보여준다.

예제 5.15 전형적인 ACK 스캔

```
krad# nmap -sA -T4 scanme.nmap.org
Starting Nmap ( http://nmap.org )
Interesting ports on scanme.nmap.org (64.13.134.52):
Not shown: 994 filtered ports
PORT      STATE        SERVICE
22/tcp    unfiltered   ssh
25/tcp    unfiltered   smtp
53/tcp    unfiltered   domain
70/tcp    unfiltered   gopher
80/tcp    unfiltered   http
113/tcp   unfiltered   auth

Nmap done: 1 IP address (1 host up) scanned in 4.01 seconds
```

ACK 스캐닝의 가장 흥미로운 사용 중 하나는 상태 보존형stateful 방화벽과 상태 비저장stateless 방화벽을 구분한다는 점이다. 이것을 어떻게 하는지, 왜 이런 구분을 하고자 하는지에 대해서는 '10.3.2 ACK 스캔'을 참조하라.

때때로 스캔 유형의 조합은 시스템에서 부가적인 정보를 모으기 위해 사용한다. 예를 들어 예제 5.12에서 Docsrv의 FIN 스캔을 검토함으로써 스캔을 시작한다. 엔맵은 그 경우 닫힌 포트들을 찾아내지만 그 중 39개는 open|filtered로 구별되는데, 이는 엔맵이 FIN 스캔으로는 이 두 상태를 확인할 수 없기 때문이다. 이제 같은 호스트의 ACK 스캔을 예제 5.16에서 보여준다. 이전의 불명확한 포트 39개 중 두 개가 filtered로 나타난다. (위 표의 기본 포트 줄에 기반한) 다른 37개는 unfiltered의 상태다. 즉, 열려있거나 닫혀있는 상태다. 하나의 스캔 유형이 포트를 열려있거나 필터된 것으로 판명해내고 또 다른 스캔이 그것을 열려있거나 닫혀있는 걸로 판별하면 논리적으로 생각했을 때 그 포트는 열린 상태가 틀림없다. 두 스캔 유형을 조합함으로써 Docsrv의 37개 포트가 open이며, 두 개 포트는 filtered, 961개 포트는 closed라는 사실을 알 수 있다. 여기서는 포트의 상태를 확인하기 위해 논리적 흐름이 잘 들어맞았지만 항상 그 기술에 의지할

수는 없다. 다른 종류의 스캔이 항상 같은 포트에 대해 일관성 있는 상태를 돌려 보낸다고 가정하는데, 이는 잘못된 가정이다. 방화벽과 TCP 스택 속성은 같은 장치에 대해 다른 스캔이 확연하게 다른 결과를 불러오게 할 수 있다. Docsrv에 대해 SYN 스캔이 SSH 포트(tcp/22)를 필터된filtered 상태라고 생각한 것을 볼 수 있지만 ACK 스캔은 이를 필터되지 않은unfiltered 상태로 여긴다. 경계선에 있는 상태나 이상하게 구성된 네트워크를 조사할 때 엔맵 결과를 해석하는 것은 경험과 직감에서 오는 예술이다.

예제 5.16 Docsrv의 ACK 스캔

```
# nmap -sA -T4 docsrv.caldera.com

Starting Nmap ( http://nmap.org )
Interesting ports on docsrv.caldera.com (216.250.128.247):
Not shown: 998 unfiltered ports
PORT        STATE       SERVICE
135/tcp     filtered    msrpc
1434/tcp    filtered    ms-sql-m

Nmap done: 1 IP address (1 host up) scanned in 7.20 seconds
```

5.8 TCP 윈도우 스캔(-sW)

윈도우 스캔은 RST가 되돌아올 때 항상 unfiltered라고 출력하기보다는 열린 포트와 닫힌 포트를 구별하는 특정 시스템의 실행 사항을 조사한다는 점만 제외하면 ACK 스캔과 똑같다. 윈도우 스캔은 돌아온 RST 패킷의 TCP 윈도우 값을 검사해 이를 실행할 수 있다. 어떤 시스템에서는 닫힌 포트가 0 윈도우를 가지는 반면에 열린 포트는 (RST 패킷조차) 긍정적인 윈도우 크기를 사용한다. 윈도우 스캔은 ACK 스캔과 마찬가지로 같은 텅빈 ACK 프로브를 보내는데, 결과를 표 5.6에서 보는 것처럼 해석한다.

프로브 응답	할당된 상태
non-zero 윈도우 필드로 TCP RST 응답	open
zero윈도우 필드로 TCP RST 응답	closed
(재전송 후에도) 받은 응답 없음	filtered
ICMP 도달 불가능 오류 (유형 3, 코드 1, 2, 3, 9, 10, 13)	filtered

표 5.6 엔맵이 윈도우 스캔 ACK 프로브에 대한 응답을 해석하는 방법

이 스캔은 인터넷에 나와 있는 소수 시스템의 실행 사항에 의존하므로 이것을 항상 믿을 수는 없다. 이를 지원하지 않는 시스템들은 항상 모든 포트를 closed 라 보내올 것이다. 물론 시스템에 정말로 열린 포트가 하나도 없을 가능성도 있다. 대부분의 스캔된 포트가 closed이며 몇 개의 일반적인 포트 번호(22, 25, 53 같은)가 open이라면 그 시스템 결과는 받아들일 만하다. 때때로 시스템이 정확히 반대의 행동을 보여줄 때도 있다. 스캔이 997개의 포트가 open 포트이고 3개가 closed거나 filtered 포트라는 결과를 보여준다면 그 3개는 정말로 열린 포트일 것이다.

이 스캔이 모든 상황에 적합하지 않은 반면에 때때로 상당히 유용할 수 있다. 예제 5.12를 떠올려보라. 그 예제에서 많은 open|filtered 포트가 기본적인 SYN 스캔으로 발견되지 않았다. 문제는 FIN 스캔으로는 open 포트와 filtered 포트를 구별할 수 없다는 점이다. 이전 절에서는 FIN과 ACK 스캔 결과를 합쳐 봄으로써 이 둘을 구별할 수 있다는 것을 보여줬다. 이 경우 윈도우 스캔은 예제 5.17처럼 FIN 스캔 결과를 요구하지 않음으로써 이 구별을 더 쉽게 만들어준다.

예제 5.17 docsrv.caldera.com의 Window 스캔

```
# nmap -sW -T4 docsrv.caldera.com

Starting Nmap ( http://nmap.org )
Interesting ports on docsrv.caldera.com (216.250.128.247):
Not shown: 961 closed ports
PORT      STATE    SERVICE
7/tcp     open     echo
9/tcp     open     discard
11/tcp    open     systat
13/tcp    open     daytime
```

```
15/tcp      open       netstat
19/tcp      open       chargen
21/tcp      open       ftp
22/tcp      open       ssh
23/tcp      open       telnet
25/tcp      open       smtp
37/tcp      open       time
79/tcp      open       finger
80/tcp      open       http
110/tcp     open       pop3
111/tcp     open       rpcbind
135/tcp     filtered   msrpc
[14 open ports omitted for brevity]
1434/tcp    filtered   ms-sql-m
2000/tcp    open       callbook
2766/tcp    open       listen
3000/tcp    open       ppp
3306/tcp    open       mysql
6112/tcp    open       dtspc
32770/tcp   open       sometimes-rpc3
32771/tcp   open       sometimes-rpc5
32772/tcp   open       sometimes-rpc7

Nmap done: 1 IP address (1 host up) scanned in 7.30 seconds
```

이 결과들이 정확하게 Ereet이 원했던 것이다! 39개의 흥미로운 포트가 FIN 스캔으로 결과와 같이 보여지지만 이번에는 두 개의 filtered 포트(MS-SQL과 MSRPC)를 구별하며, 37은 사실 open 포트다. 이것은 이전 절에서 Ereet이 FIN 스캔과 ACK 스캔의 결과를 복합해 얻은 것과 같은 결과다. 결과의 일관성을 검증하는 것도 대상 네트워크에 대해 여러 개의 스캔 유형을 시도할 만한 좋은 이유가 된다.

5.9 TCP Maimon 스캔(-sM)

Maimon 스캔은 발견자인 유리엘 마이몬Uriel Maimon의 이름을 따서 지어졌다. 그는 Phrack 잡지 제49권(November 1996)에서 이 기술을 설명했다. 이 기술을 포함하는 엔맵은 두 릴리즈 버전 후에 발표됐다. 이 기술은 정확하게 NULL, FIN, Xmas 스캔과 같은데, 단지 프로브가 FIN/ACK라는 점만 다르다. RFC 793(TCP)에 따르면 RST 패킷은 포트가 open인지 closed인지 프로브에 응답해 생성돼야 한다. 하지만 유리엘은 많은 BSD에서 나온 시스템들이 포트가 open이라면 그 패킷들을 간단히 드롭시킨다는 사실을 알아냈다. 엔맵은 표 5.7에서처럼 이를 open 포트를 확정짓는 데 이용한다.

프로브 응답	할당된 상태
(재전송 후에도) 받은 응답 없음	open | closed
TCP RST 패킷	closed
ICMP 도달 불가능 오류(유형 3, 코드 1, 2, 3, 9, 10, 13)	filtered

표 5.7 엔맵이 Maimon 스캔 프로브에 대한 응답을 해석하는 방법

Maimon 스캔을 위한 엔맵 플래그는 -sM이다. 이 옵션이 1996년에는 꽤 유용했던 데 반해 현대 시스템은 이 버그를 거의 보여주지 않는다. 그들은 모든 포트를 위해 RST를 돌려보내는데, 이는 모든 포트가 closed처럼 보이게 만든다. 이 결과는 예제 5.18에서 보여준다.

예제 5.18 실패한 Maimon 스캔

```
# nmap -sM -T4 para

Starting Nmap ( http://nmap.org )
All 1000 scanned ports on para (192.168.10.191) are: closed
MAC Address: 00:60:1D:38:32:90 (Lucent Technologies)

Nmap done: 1 IP address (1 host up) scanned in 4.19 seconds
```

5.10 TCP Idle 스캔(-sI)

1998년에 보안 연구자 Antirez(이 사람은 이 책에서 자주 사용되는 hping2 도구를 만든 사람이기도 하다)는 버그트랙 메일링 리스트에 독창적인 새로운 포트 스캐닝 기술을 올렸다. Idle 스캔이라고 알려진 이 스캔은 완벽하게 자신을 숨긴 채 포트 스캐닝을 할 수 있게 한다. 공격자들은 실제로 자신의 IP 주소에서 단 하나의 패킷도 보내지 않고 대상을 스캔할 수 있다! 그 대신에 영리한 사이드 채널 공격은 스캔이 멍청한 '좀비 호스트'를 튕겨 보내게 허용한다. 침입탐지 시스템IDS의 결과 보고서에는 아무런 죄 없는 좀비 시스템을 공격자로 지적할 것이다. 극도로 비밀스러운 점 외에도 이 스캔 유형은 시스템 간의 IP에 기반을 둔 신뢰 관계도 발견하게 해준다.

Idle 스캐닝이 이제까지 설명한 다른 어떤 기술보다 더 복잡하지만 Idle 스캐닝을 이해하기 위해 TCP/IP의 전문가가 될 필요는 없다. 다음 세 가지 사실만 이해하면 된다.

- TCP 포트가 open인지 아닌지를 결정하는 한 가지 방법은 SYN(세션 성립) 패킷을 포트에 보내는 것이다. 대상 시스템은 포트가 open이라면 SYN/ACK(세션 요청 인식)으로 응답할 것이고, 포트가 closed라면 RST(리셋)으로 응답한다. 이것은 이전에 언급한 SYN 스캔의 기본이다.

- 원하지 않는 SYN/ACK 패킷을 받은 시스템은 RST로 응답한다. 원하지 않은 RST는 무시한다.

- 인터넷상의 모든 IP 패킷은 조각 식별자(IP ID)를 갖고 있다. 많은 운영체제가 이 번호를 간단히 시스템이 보내는 각 패킷에 증가시키기 때문에 IP ID를 프로빙하는 것은 공격자들에게 얼마나 많은 패킷이 마지막 프로브 이래로 보내졌는지를 알려줄 수 있다.

위 내용을 복합적으로 사용하면 신원을 위조해서 아무런 죄 없는 좀비 시스템이 스캐닝을 한 것처럼 보이게 대상 네트워크를 스캔할 수 있다.

[5.10.1] Idle 스캔 단계

기본적으로 Idle 스캔은 각 포트에서 반복되는 세 단계로 구성돼 있다.

1. 좀비 IP ID를 프로브해서 그것을 기록한다.
2. 좀비에서 SYN 패킷을 위조하고 위조한 SYN 패킷을 대상 시스템의 원하는 포트에 전달한다. 포트 상태에 따라 대상 시스템의 반응은 좀비 IP ID가 증가할 수도 있고 그렇지 않을 수도 있다.
3. 좀비 IP ID를 다시 프로브한다. 대상 시스템의 포트 상태는 그 후 이 새로운 IP ID와 1단계에서 기록된 것을 비교해 결정한다.

이 과정 후에 좀비 IP ID는 하나나 두 개로 증가됐어야 했다. 하나로 증가하는 것은 좀비가 공격자의 프로브에 대한 응답을 제외하고는 어떤 패킷도 외부로 보내지 않았다는 사실을 나타낸다. 보낸 패킷의 부족은 포트가 닫혀 있다는 걸 의미한다(대상 시스템이 좀비에 무시된 RST 패킷을 보냈든지 아니면 아무것도 보내지 않았음이 틀림없다). 두 개로 증가하는 것은 좀비가 두 프로브 사이에 패킷을 보냈다는 사실을 나타낸다. 이 부가적인 패킷은 보통 포트가 열려있다는 것을 의미한다(대상 시스템은 좀비에게 RST 패킷을 포함한 위조된 SYN에 대한 응답으로 SYN/ACK 패킷을 보냈다). 두 개 이상 증가된 것은 보통 악성 좀비 호스트를 나타낸다. 예상 가능한 IP ID 숫자를 갖고 있을 수도 있고 아니면 idle 스캔과 무관한 통신과 관련됐을 수도 있다.

닫힌 포트에 일어난 일이 필터된 포트에서 일어나는 일과 약간 다를지라도 공격자는 두 경우 모두 같은 결과를 얻는데, 즉 1개의 IP ID 주소 증가다. 따라서 idle 스캔이 닫힌 포트와 필터된 포트를 구별하는 것은 불가능하다. 엔맵이 IP 1 증가를 기록하면 그 포트를 closed|filtered로 표시한다.

더 자세한 사항을 원하는 사람들을 위해 다음 3가지 다이어그램은 open, closed, filtered 경우 무엇이 일어나는지를 정확하게 보여준다. 각 역할에 대한 배우들은 다음과 같다.

1단계: 좀비의 IP ID를 프로브한다. 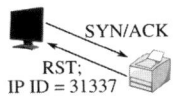 2단계: 좀비에서 SYN 패킷을 위조한다. 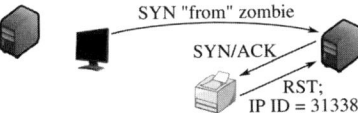 3단계: 좀비의 IP ID를 다시 프로브한다.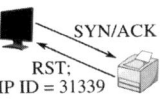

공격자가 SYN/ACK를 좀비에게 보낸다. SYN/ACK를 예상하지 않은 좀비는 RST를 보내는데, 이는 자신의 IP ID를 드러낸다.

대상은 좀비에서 나오는 것으로 보이는 SYN에 대한 응답으로 SYN/ACK를 보낸다. 이것을 예상하지 않은 좀비는 RST를 되돌려 보내고는 자신의 IP ID 처리를 증가시킨다.

좀비의 IP ID가 1단계 이후 2로 증가됐으므로 포트가 열렸다!

그림 5.6 열린 포트의 Idle 스캔

1단계: 좀비의 IP ID를 프로브한다.   2단계: 좀비에서 SYN 패킷을 위조한다. 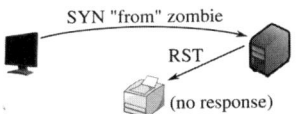 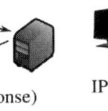 3단계: 좀비의 IP ID를 다시 프로브한다.

공격자들은 SYN/ACK를 좀비에게 보낸다. SYN/ACK를 예상하지 않은 좀비는 RST를 보내는데, 이는 좀비의 IP ID를 드러낸다. 이 단계는 항상 같다.

대상은 좀비에게서 나오는 것과 동일한 SYN에 대한 응답으로 RST(포트는 닫힌다)를 보낸다. 좀비는 요청받지 않은 RST는 무시하며, IP ID는 바뀌지 않은 채로 남게 된다.

좀비의 IP ID가 1단계 이후 1만큼 증가했으므로 포트는 열리지 않는다.

그림 5.7 닫힌 포트의 Idle 스캔

1단계: 좀비의 IP ID를 프로브한다.　　2단계: 좀비에서 SYN 패킷을 위조한다.　　3단계: 좀비의 IP ID를 다시 프로브한다.

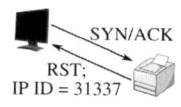 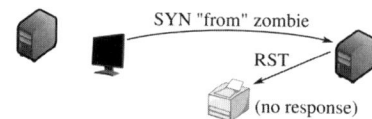 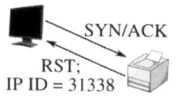

다른 두 경우와 마찬가지로 공격자들은 SYN/ACK를 좀비에 보낸다. 좀비는 IP ID를 드러낸다.　　고집스럽게도 포트를 필터링하며 대상은 좀비에서 나오는 것처럼 보이는 SYN을 무시한다. 어떤 일이 벌어지는지 모르는 좀비는 IP ID를 증가시키지 않는다.　　좀비의 IP ID가 1단계 이후 1만큼 증가했으며, 포트는 열리지 않는다. 공격자의 입장에서는 이 필터된 포트는 닫힌 포트와 구별되지 않는다.

그림 5.8　필터된 포트의 Idle 스캔

 Idle 스캔은 가장 비밀스러운 스캔이다. 엔맵은 디코이 스캐닝(-D)을 이용해 사용자가 신분을 감추는 것을 돕지만 (Idle 스캔과 달리) 엔맵은 스캔 결과를 돌려받기 위해 여전히 공격자에게 그들의 실제 IP 주소에서 대상에 어느 정도의 패킷을 보내게 요구한다. Idle 스캔의 한 가지 결론은 침입탐지 시스템이 일반적으로 좀비 장치가 그들에 대해 스캔을 시작했다는 경고를 보낸다는 점이다. 따라서 Idle 스캔은 스캔을 위한 다른 부분을 프레임하기 위해서도 사용될 수 있다. 여러분의 IDS로부터 경고를 읽을 때 이 가능성을 유념하라.

 Idle 스캔의 독특한 장점은 특정 패킷 필터링 방화벽과 라우터를 무력화하는 데 사용할 수 있다는 점이다. IP 소스 주소 필터링은 민감한 호스트나 네트워크에 연결될지도 모르는 장치를 한정짓기 위한 흔한(그렇지만 약한) 보안 장치다. 예를 들어 회사 데이터베이스 서버가 그 서버에 접근하는 공공 웹서버에서의 연결만 허락할 수도 있다. 그렇지 않으면 집에서 사용하는 사용자가 그의 회사 장치에서 SSH(상호작용적 로그인) 연결만 허락받을 수도 있다.

 더 위험한 시나리오는 일부 고위직이 자신의 집 IP 주소에서 내부 네트워크 자원에 접근할 수 있게 네트워크 관리자에게 방화벽 구멍을 열게 요구하는 경우다. 이는 임원진들이 보안 VPN 대안을 사용하기 원하지 않거나 사용할 수 없는 경우다.

 Idle 스캐닝 스캔은 때로 신뢰 관계를 계획 세우기 위해 사용한다. 주요 요인은 Idle 스캔 결과가 열린 포트들을 좀비 호스트의 관점에서 열거한다는 점이다. 앞서 말한 데이터베이스 서버에 대한 일반적인 스캔은 어떤 포트도 열린 상태가 아니라고 보여줄 수도 있지만 좀비가 데이터베이스 관련 서비스 포트를 열린 상태라고 보여줌으로써 신뢰 관계를 노출시킬 수도 있으므로 웹서버의 IP를 사용하는 동안에 Idle 스캔을 수행한다.

이런 신뢰 관계를 계획 세우는 것은(매핑하는 것은) 대상의 우선 사항을 매기는 공격자에게 상당히 유용할 수 있다. 위에서 설명한 웹서버는 특별한 데이터베이스에 접근하는 것이 알려지기 전까지는 공격자에게 평범하게 보일 수 있다.

Idle 스캐닝의 단점은 대부분의 다른 스캔 유형들보다 훨씬 더 오래 걸린다는 점이다. '5.10.4 Idle 스캔 실행 알고리즘'에서 설명된 최적화된 알고리즘에도 불구하고 15초 걸리는 SYN 스캔이 Idle 스캔으로는 15분이나 그 이상 걸릴 수도 있다. 또 다른 이슈는 패킷이 좀비에게서 오는 것처럼 패킷을 속여 넘겨 대상 장치에 도달하게 할 수 있다는 점이다. 많은 ISP(특히 다이얼업과 주거지 브로드밴드 제공자들)은 이제 이런 종류의 패킷 스푸핑을 막기 위해 출구egress 필터링을 실행한다. 더 높은 최종 제공자(코로케이션과 T1 서비스 같은)들은 이런 일을 할 가능성이 훨씬 적다. 이 필터링이 활동하면 엔맵은 여러분이 시도하는 모든 좀비에 대해 빠른 오류 메시지를 출력할 것이다. ISP를 바꾸는 것이 옵션이 아니라면 여러분은 같은 ISP 네트워크에서 다른 IP를 사용해볼지도 모른다. 때로 필터링은 고객에 의해 사용되는 범위 밖에 있는 IP 주소의 스푸핑만을 막는다. Idle 스캔의 또 다른 도전은 다음 절에서 설명하는 것처럼 작동하는 좀비 호스트를 찾아야만 한다는 점이다.

[5.10.2] 작동하는 Idle 스캔 좀비 호스트 찾기

IP ID Idle 스캔을 실시하는 첫 번째 단계는 적당한 좀비를 찾는 것이다. 이를 위해 IP ID 패킷을 (통신하는 하나의 호스트보다는) 광범위한 기반에 할당할 필요가 있다. 이는 반드시 idle(즉, 스캔 이름)이어야 하는데, 이질적인 트래픽이 IP ID 연결과 부딪혀 스캔 논리를 혼돈스럽게 하기 때문이다. 공격자와 좀비 사이의 지연 시간latency이 적을수록, 좀비와 대상 사이의 지연 시간이 적을수록 스캔은 더 빨리 진행된다.

Idle 스캔이 시도될 때 엔맵은 제안된 좀비를 테스트하고 좀비에 있는 어떤 문제이든 보고한다. 하나가 효과가 없으면 다른 것을 시도한다. 인터넷 호스트는 취약하기 때문에 좀비 후보자를 찾는 건 어렵지 않다. 호스트가 idle 상태가 돼야 하므로 www.yahoo.com이나 google.com 같은 잘 알려지고 항상 동작해야 하는 호스트를 선택하는 건 바보 같은 짓이다.

일반적인 방법은 일부 네트워크의 엔맵 핑 스캔을 간단히 실행하는 것이다. 엔맵의 랜덤 IP 선택 모드(-iR)를 사용할 수도 있지만 상당량의 지연 시간latency이 있는 좀비와는 꽤 먼 결과를 갖고 온다. 여러분의 소스 주소나 대상 주위의 네트워크를 선택하는 것이 더 나은 결과를 가져온다. 작동하는 것을 찾을 때까지 핑 스캔 결과에서 사용 가능한 각 호스트를 사용해 Idle 스캔을 시도해 볼 수 있다. 언제나와 같이 Idle 스캐닝 같은 예상하지 못한 목적으로 다른 사람의 장치를 사용하기 전에는 허락을 구하는 것이 최선이다.

위 예제에서 단순히 웃기기 위해 좀비를 대표하는 아이콘으로 프린터를 선택한 것이 아니다. 간단한 네트워크 장치도 종종 굉장한 좀비를 만들어내는데, 이는 이런 장치들이 보통 덜 사용되고(idle) IP ID 트래픽 탐지에 취약한 간단한 네트워크 스택으로 만들어졌기 때문이다.

단순한 핑 스캔보다 좀비 후보 네트워크에서 포트 스캔과 운영체제 인증(-O)을 수행하면 좋은 좀비를 선택하는 데 도움이 된다. 버보스Verbose 모드(-v)가 사용되는 한 운영체제 탐지는 보통 IP ID 순서 생성 방법을 결정하고 'IP ID 순서 생성: 증분incremental' 같은 줄을 출력한다. 종류가 Incremental이나 Broken little-endian incremental로 주어지면 장치는 훌륭한 좀비 후보다. 그래도 여전히 해당 장치가 작동하리라는 보장은 없으므로 솔라리스Solaris와 다른 시스템이 통신하는 각 호스트를 위한 새로운 IP ID 순서로 생성한다. 호스트가 너무 바빠질 수도 있다. 운영체제 탐지와 열린 포트 목록은 idle이기 쉬운 시스템을 판명하는 데 도움이 될 수 있다.

적절한 좀비를 찾는 데 어느 정도의 초기 작업이 걸리기는 하지만 훌륭한 좀비를 한 번 찾으면 앞으로 유용하게 쓸 수 있다.

[5.10.3] Idle 스캔 수행하기

적절한 좀비를 찾아내고 나면 스캔 수행은 쉽다. 간단히 좀비 호스트명을 -sI 옵션에 지정하면 엔맵이 나머지를 다 알아서 한다. 예제 5.19는 Ereet이 Kiosk라는 어도비 장치에서 Idle 스캔을 튕겨냄으로써 미국 레코딩 협회Recording Industry Association of America를 스캐닝하는 예를 보여준다.

예제 5.19 RIAA에 대한 idle 스캔

```
# nmap -PN -p- -sI kiosk.adobe.com www.riaa.com

Starting Nmap ( http://nmap.org )
Idlescan using zombie kiosk.adobe.com (192.150.13.111:80); Class:
Incremental
Interesting ports on 208.225.90.120:
(The 65522 ports scanned but not shown below are in state: closed)
Port       State       Service
21/tcp     open        ftp
25/tcp     open        smtp
80/tcp     open        http
111/tcp    open        sunrpc
135/tcp    open        loc-srv
443/tcp    open        https
1027/tcp   open      I IS
1030/tcp   open        iad1
2306/tcp   open        unknown
5631/tcp   open        pcanywheredata
7937/tcp   open        unknown
7938/tcp   open        unknown
36890/tcp  open        unknown

Nmap done: 1 IP address (1 host up) scanned in 2594.47 seconds
```

위 스캔에서 RIAA가 보안에 상당히 주의하지 않는다는 사실을 알게 된다(열린 PC Anywhere, portmapper, Legato nsrexec 포트를 주목하라). 아무런 방화벽이 없기 때문에 이들이 IDS를 갖고 있을 가능성은 적다. 그렇다면 kiosk.adobe.com을 스캔 범인으로 보여줄 것이다. -PN 옵션은 엔맵이 초기 핑 패킷을 RIAA 장치에 보내는 것을 막는다. 이는 Ereet의 진짜 주소를 폭로했었을 것이다. 스캔은 오랜 시간이 걸렸는데, -p-가 모든 65K 포트를 스캔하게 지정됐기 때문이다. 이미 제거됐기 때문에 스캔을 위해 kiosk를 사용하지는 마라.

기본값으로 엔맵은 좀비의 소스 포트 80에서 대상에 프로브를 위조한다. 좀비 이름에 콜론과 포트 번호를 추가시켜 다른 포트를 선택할 수도 있다(예를 들어 -sI kiosk.adobe.com:113). 선택된 포트는 공격자나 대상으로부터 필터되지 않아야만 한다. 좀비의 SYN 스캔은 포트를 open이나 closed 상태로 보여줄 것이다(보여줘야 한다).

[5.10.4] Idle 스캔 실행 알고리즘

'5.10.1 Idle 스캔 단계'가 Idle 스캔을 기초적인 수준에서 설명하는 반면에 엔맵 실행은 훨씬 더 복잡하다. 주요 차이점은 빠른 실행과 오탐을 줄이기 위한 병행 구조이다.

병렬 유휴Idle 스캔은 포트 상태를 간접적인 방법으로 추론하기 때문에 다른 스캔 기술들보다 더 교묘하다. 엔맵이 대상 시스템의 수많은 포트에 프로브를 보내고 나서 좀비의 새로운 IP ID 값을 확인하면 IP ID의 증가가 얼마나 많은 대상 포트가 열려있는지를 보여주지만 정확하게 어떤 포트인지는 알 수 없다. 대부분의 포트가 closed|filtered로 나타나기 때문에 이것은 실제로 중요하지는 않다. 오직 열린 포트만 IP ID 값을 증가시키므로 엔맵은 IP ID 값을 증가시키는 데 있어 어떤 방해 요인도 만나지 않고 전체 포트 그룹을 closed|filtered로 표시할 수 있다. 엔맵은 병행으로 한 번에 100개의 포트 그룹을 스캔 할 수 있다. 엔맵이 그룹을 프로브하고 그 후 좀비 IP ID가 증가된 <N>배를 가진다는 것을 알게 되면 그 그룹들 사이에 <N> 열린 포트가 있음에 틀림없다. 엔맵은 그 후 열린 포트를 2진 검색으로 찾는다. 이는 그룹을 두 개로 분리시키고 프로브를 각 그룹에 개별적으로 보낸다. 서브 그룹이 0개의 열린 포트를 보여준다면 해당 그룹은 모두 closed|filtered로 표시된다. 서브 그룹이 하나나 그 이상의 열린 포트를 보여주면 이는 다시 나눠져서 포트가 규명될 때까지 처리 과정이 계속된다. 이 기술이 복잡한 반면에 한 번에 단지 하나씩만 스캐닝하는 방법에 비해 엄청나게 스캔 시간을 줄일 수 있다.

신뢰도reliability도 Idle 스캐닝의 또 다른 주요한 관심 사항이다. 좀비 호스트가 스캔을 하는 동안 패킷을 어떤 상관없는 장치에 보내면 그 장치의 IP ID가 **증가**한다. 이는 엔맵이 열린 포트를 찾았다고 생각하게 만든다. 다행스럽게도 병렬 스캐닝이 여기서도 돕는다. 엔맵이 한 그룹에서 100개의 포트를 스캔하고 IP ID 증가가 두 개의 열린 포트라고 신호를 주면 엔맵은 그룹을 50개 포트씩 하위 그룹 2개로 나눈다. 엔맵이 양쪽의 하위 그룹에서 IP ID 스캔을 하면 총 좀비 IP ID 증가가 다시 두 개가 되는 게 나을 것이다. 그렇지 않으면 엔맵이 일관성이 없는 것을 탐지하고 그룹들을 다시 스캔할 것이다. 엔맵은 그룹 크기와 좀비의 탐지된 신뢰도 비율에 기반을 둔 스캔 타이밍도 수정한다. 엔맵이 너무 많은 불일치 결과를 탐지하면 엔맵은 이를 중단하고는 사용자에게 더 나은 좀비를 제공하라고 요구한다.

때로는 패킷 추적이 복잡한 알고리즘과 이런 기술들을 이해하는 데 최고의 방법이다. 다시 한 번 엔맵의 --packet-trace를 통해 여러분이 원하는 것을 쉽게 만들 수 있다. 이 장의 나머지 부분은 실제 7개의 Idle 스캔에 대한 패킷 추적과 주석도 제공한다. IP 주소는 Attacker, Zombie, Target으로 바뀌었고, 추적 줄(트레이스 줄)의 일부 무관한 부분(TCP 윈도우 크기 같은)은 명확성을 위해 삭제했다.

```
Attacker# nmap -sI Zombie -PN -p20-25,110 -r --packet-trace -v Target
Starting Nmap ( http://nmap.org )
```

-PN은 비밀스런 작업을 위해 필요하며 그렇지 않으면 핑 패킷은 공격자의 실제 주소에서 대상으로 보내질 것이다. 버전 스캐닝도 실제 주소를 노출시킬 것이고, 따라서 -sV가 지정되지 않았다. -r 옵션(포트 임의 추출을 끔)은 이 예제를 이해하기 더 쉽게 만들기 위해 사용했다.

엔맵은 먼저 좀비의 IP ID 순서 생성을 6개의 SYN/ACK 패킷을 그에 보내 응답을 분석함으로써 테스트한다. 이는 엔맵이 즉시 나쁜 좀비들을 걸러 없애는 데 도움을 준다. 또한 일부 시스템(모든 윈도우 박스들이 이를 하는 것은 아니지만 보통 마이크로소프트 윈도우 장치들)이 보내진 각 패킷에 대한 IP ID를 1 차이보다는 256으로 증가한다. 이것은 리틀 엔디언 장치에서 122 5.10. TCP Idle Scan(-sI) IP ID를 네트워크 바이트 순서(빅 엔디언)로 변환시키지 않을 때 일어난다. 엔맵은 이 문제를 탐지하고 해결하기 위해 초기 프로브를 사용한다.

```
SENT (0.0060s) TCP Attacker:51824 > Zombie:80 SA id=35996
SENT (0.0900s) TCP Attacker:51825 > Zombie:80 SA id=25914
SENT (0.1800s) TCP Attacker:51826 > Zombie:80 SA id=39591
RCVD (0.1550s) TCP Zombie:80 > Attacker:51824 R id=15669
SENT (0.2700s) TCP Attacker:51827 > Zombie:80 SA id=43604
RCVD (0.2380s) TCP Zombie:80 > Attacker:51825 R id=15670
SENT (0.3600s) TCP Attacker:51828 > Zombie:80 SA id=34186
RCVD (0.3280s) TCP Zombie:80 > Attacker:51826 R id=15671
SENT (0.4510s) TCP Attacker:51829 > Zombie:80 SA id=27949
RCVD (0.4190s) TCP Zombie:80 > Attacker:51827 R id=15672
```

```
RCVD (0.5090s) TCP Zombie:80 > Attacker:51828 R id=15673
RCVD (0.5990s) TCP Zombie:80 > Attacker:51829 R id=15674
Idlescan using zombie Zombie (Zombie:80); Class: Incremental
```

이 테스트는 좀비가 잘 작동하고 있다는 사실을 보여준다. 모든 IP ID가 이전보다 1 증가했다. 따라서 시스템은 idle이며, IP ID 트래픽 탐지에 취약하게 나타난다. 이런 장래성 있는 결과는 여전히 다음 테스트에 영향을 받기 쉬운데, 이 테스트는 엔맵이 4개의 패킷을 좀비에게 마치 그것들이 대상에서 오는 것처럼 속이는 것이다. 그리고 난 후 증가된 IP ID를 확인하기 위해 좀비를 조사한다. 이를 하지 않았다면 공격자의 ISP가 속여진 패킷을 차단하거나 좀비가 통신하고 있는 각 호스트에 대한 각 IP ID 순서 카운터를 사용하게 될 것이다. 둘 다 흔하게 일어나며, 따라서 엔맵은 항상 이 테스트를 수행한다. 마지막으로 알려진 좀비 IP ID는 위에서 알 수 있듯이 15674였다.

```
SENT (0.5990s) TCP Target:51823 > Zombie:80 SA id=1390
SENT (0.6510s) TCP Target:51823 > Zombie:80 SA id=24025
SENT (0.7110s) TCP Target:51823 > Zombie:80 SA id=15046
SENT (0.7710s) TCP Target:51823 > Zombie:80 SA id=48658
SENT (1.0800s) TCP Attacker:51987 > Zombie:80 SA id=27659
RCVD (1.2290s) TCP Zombie:80 > Attacker:51987 R id=15679
```

Attacker로부터의 조사에 의해 4개로 couple된 패킷은 좀비가 IP ID를 15674에서 15679로 증가시키게 만들었다. 완벽하다! 이제 진짜 스캔이 시작된다. 15679가 가장 최근의 좀비 IP ID라는 것을 기억하라.

```
Initiating Idlescan against Target
SENT (1.2290s) TCP Zombie:80 > Target:20 S id=13200
SENT (1.2290s) TCP Zombie:80 > Target:21 S id=3737
SENT (1.2290s) TCP Zombie:80 > Target:22 S id=65290
SENT (1.2290s) TCP Zombie:80 > Target:23 S id=10516
SENT (1.4610s) TCP Attacker:52050 > Zombie:80 SA id=33202
RCVD (1.6090s) TCP Zombie:80 > Attacker:52050 R id=15680
```

엔맵은 포트 20-23을 조사한다. 그 후 엔맵은 좀비를 조사하고는 새로운 IP ID가 그 이전 15679보다 오직 하나 더 높은 15680이라는 것을 알아낸다. 패킷이라고 알려진 이 둘 사이에 어떤 IP ID 증가도 없었는데, 이는 포트 20-23이 아마도 closed|filtered라는 것을 의미한다. 또한 Target 포트에서 나온 SYN/ACK

가 단지 아직 도착하지 않았을 가능성도 있다. 그 경우 Zombie는 RST로 응답하지 않으며, 따라서 IP ID가 증가되지 않는다. 정확히 하기 위해 엔맵은 이 포트들을 나중에 다시 시도할 것이다.

```
SENT (1.8510s) TCP Attacker:51986 > Zombie:80 SA id=49278
RCVD (1.9990s) TCP Zombie:80 > Attacker:51986 R id=15681
```

엔맵이 보낸 마지막 프로브 이후로 1초의 10분의 4가 지나가버렸기 때문에 엔맵은 다시 조사한다. (정말로 idle이 아니라면) Zombie는 이 기간 동안 다른 호스트들과 통신할 수 있을 것인데, 이는 여기서 탐지되지 않으면 나중에 정확하지 않다고 보고한다. 다행히도 그런 일은 일어나지 않았다: 다음 IP ID가 예상했던 대로 15681이다.

```
SENT (2.0000s) TCP Zombie:80 > Target:24 S id=23928
SENT (2.0000s) TCP Zombie:80 > Target:25 S id=50425
SENT (2.0000s) TCP Zombie:80 > Target:110 S id=14207
SENT (2.2300s) TCP Attacker:52026 > Zombie:80 SA id=26941
RCVD (2.3800s) TCP Zombie:80 > Attacker:52026 R id=15684
```

엔맵은 포트 24, 25, 110을 조사하고는 Zombie IP ID를 묻는다. Zombie IP ID는 15681에서 15684로 점프했다. 15682와 15683을 건너뛰었는데, 이는 이 세 포트 중 두 개는 열려 있을 가능성이 크다는 의미다. 엔맵은 어느 두 개가 열려있는지 알 수 없으며, 거짓 양성 응답일 수도 있다. 따라서 엔맵은 좀 더 깊이 조사해나가며 스캔을 하위 그룹으로 나눈다.

```
SENT (2.6210s) TCP Attacker:51867 > Zombie:80 SA id=18869
RCVD (2.7690s) TCP Zombie:80 > Attacker:51867 R id=15685
SENT (2.7690s) TCP Zombie:80 > Target:24 S id=30023
SENT (2.7690s) TCP Zombie:80 > Target:25 S id=47253
SENT (3.0000s) TCP Attacker:51979 > Zombie:80 SA id=12077
RCVD (3.1480s) TCP Zombie:80 > Attacker:51979 R id=15687
```

첫 번째 하위 그룹은 포트 24와 25다. IP ID는 15685에서 15687로 점프했는데, 이는 두 포트 중 하나가 열린 가능성이 높다는 의미다. 엔맵은 이 나눠진 포트를 각기 다시 조사한다.

```
SENT (3.3910s) TCP Attacker:51826 > Zombie:80 SA id=32515
RCVD (3.5390s) TCP Zombie:80 > Attacker:51826 R id=15688
```

```
SENT (3.5390s) TCP Zombie:80 > Target:24 S id=47868
SENT (3.7710s) TCP Attacker:52012 > Zombie:80 SA id=14042
RCVD (3.9190s) TCP Zombie:80 > Attacker:52012 R id=15689
```

포트 24 조사는 IP ID가 하나도 점프하지 않았다는 것을 보여준다. 따라서 그 포트는 열린 것이 아니다. 이제까지의 결과로 엔맵은 임의로 다음과 같은 결론을 내린다.

- 포트 20-23은 `closed|filtered`다.

- 포트 24, 25, 110 중에서 두 개가 `open`이다.

- 포트 24와 25 둘 중 하나가 `open`이다.

- 포트 24는 `closed|filtered`다.

이 충분히 긴 퍼즐을 바라보고 있으면 오직 한 가지 결론에 도달하게 될 것이다. 그것은 바로 다른 5개는 `closed|filtered`인데 반해 포트 25와 110이 `open`이라는 점이다. 이 논리를 사용해 엔맵은 스캐닝을 중단하고 결과를 지금 출력할 수도 있을 것이다. 이제까지는 이렇게 해 왔었지만 Zombie가 진짜로 idle이지 않은 때에는 수많은 잘못된 긍정 `open` 포트를 산출해냈다. 따라서 엔맵은 결과를 검증하기 위해 스캐닝을 계속한다.

```
SENT (4.1600s) TCP Attacker:51858 > Zombie:80 SA id=6225
RCVD (4.3080s) TCP Zombie:80 > Attacker:51858 R id=15690
SENT (4.3080s) TCP Zombie:80 > Target:25 S id=35713
SENT (4.5410s) TCP Attacker:51856 > Zombie:80 SA id=28118
RCVD (4.6890s) TCP Zombie:80 > Attacker:51856 R id=15692
Discovered open port 25/tcp on Target
SENT (4.6900s) TCP Zombie:80 > Target:110 S id=9943
SENT (4.9210s) TCP Attacker:51836 > Zombie:80 SA id=62254
RCVD (5.0690s) TCP Zombie:80 > Attacker:51836 R id=15694
Discovered open port 110/tcp on Target
```

앞서 추론한 것처럼 포트 15와 110의 조사는 이들이 `open`이라는 사실을 보여준다.

```
SENT (5.0690s) TCP Zombie:80 > Target:20 S id=8168
SENT (5.0690s) TCP Zombie:80 > Target:21 S id=36717
SENT (5.0690s) TCP Zombie:80 > Target:22 S id=4063
```

```
SENT (5.0690s) TCP Zombie:80 > Target:23 S id=54771
SENT (5.3200s) TCP Attacker:51962 > Zombie:80 SA id=38763
RCVD (5.4690s) TCP Zombie:80 > Attacker:51962 R id=15695
SENT (5.7910s) TCP Attacker:51887 > Zombie:80 SA id=61034
RCVD (5.9390s) TCP Zombie:80 > Attacker:51887 R id=15696
```

확실히 하기 위해 엔맵은 포트 20-23을 다시 시도한다. Zombie IP ID 질의는 아무런 시퀀스sequence 점프를 보여주지 않는다. Target에서의 SYN/ACK가 Zombie로 늦게 올 수도 있다고 생각하고, 엔맵은 또 다른 IP ID 질의를 시도한다. 이 결과도 아무런 open 포트를 보여주지 않는다. 엔맵은 이제 이 결과에 대해 충분히 자신감을 갖고 이를 출력한다.

```
The Idlescan took 5 seconds to scan 7 ports.
Interesting ports on Target:
PORT      STATE             SERVICE
20/tcp    closed|filtered   ftp-data
21/tcp    closed|filtered   ftp
22/tcp    closed|filtered   ssh
23/tcp    closed|filtered   telnet
24/tcp    closed|filtered   priv-mail
25/tcp    open              smtp
110/tcp   open              pop3

Nmap finished: 1 IP address (1 host up) scanned in 5.949 seconds
```

엔맵 Idle 스캔 실행에 대한 더 자세한 내용은 엔맵 소스코드 배포본에 있는 `idle_scan.cc`를 참조하라.

포트 스캐닝은 예상 가능한 IP ID 시퀀스에 대해 자주 쓰이는 쓸모 있는 방법인 반면 다른 많은 목적을 위해서도 활용할 수 있다. 이에 대한 예제는 이 책을 전체에 많이 나와 있지만 특히 10장 '방화벽과 침입탐지 시스템 탐지와 무력화'에 많다.

5.11 IP 프로토콜 스캔(-sO)

IP 프로토콜 스캔은 어느 IP 프로토콜(TCP, ICMP, IGMP 등)이 대상 장치에 의해 지원되는지를 찾아내는 데 사용한다. 이는 기술적으로는 포트 스캔은 아닌데,

TCP나 UDP 포트 숫자보다는 IP 프로토콜 숫자를 통해 순환하기 때문이다. 하지만 여전히 -p 옵션을 사용해 스캔된 프로토콜 숫자를 선택하고, 일반적인 포트 테이블 형식 내에서 결과를 보고하고, 진짜 포트 스캐닝 방법처럼 기본적인 스캔 엔진을 사용한다. 따라서 여기서는 포트 스캔에 충분히 가깝다고 볼 수 있다.

자체만으로 유용할 뿐만 아니라 프로토콜 스캔은 오픈소스 소프트웨어의 강력함을 보여준다. 기본적인 아이디어가 꽤 간단한 반면에 나는 그런 기능성을 위해 어떤 요청을 추가하거나 받을 생각은 해본 적이 없었다. 그 후 2000년 여름에 Gerhard Rieger가 그 아이디어를 생각해냈고, 이를 실행하는 훌륭한 패치를 썼다. 그런 후 그것을 nmap-hackers 메일링 리스트에 보냈다. 나는 그 패치를 엔맵 트리에 통합시키고는 다음 날 새로운 버전을 배포했다. 상용 소프트웨어의 극소수만이 사용자들이 스스로의 개선점을 디자인하고 공헌할 정도로 열의가 있다!

프로토콜 스캔은 UDP스캔과 비슷한 방법으로 작동한다. UDP 패킷의 포트 번호 필드를 통해 되풀이하는 대신에 프로토콜 스캔은 IP 패킷 헤더를 보내고는 8비트 IP 프로토콜 필드를 통해 되풀이한다. 헤더들은 보통 아무런 데이터를 포함하지 않은 채 비어있으며, 요구된 프로토콜을 위한 알맞은 헤더조차 그렇다. 예외는 특정 인기 있는 프로토콜(TCP, UDP, ICMP를 포함한)에서만 이뤄진다. 이들을 위한 적절한 프로토콜 헤더들은 포함되는데, 그렇지 않은 경우 일부 시스템이 프로토콜들을 보내지 않기 때문이고, 엔맵이 이미 이 프로토콜들을 생성하는 기능을 갖고 있기 때문이다. ICMP 포트 도달 불가능 메시지를 주의하는 대신에 프로토콜 스캔은 ICMP 프로토콜 도달 불가능 메시지를 경계한다. 표 5.8은 IP 프로브에 대한 어떤 조사들이 포트 상태에 맵되는지 보여준다.

프로브 응답	할당된 상태
대상 호스트로부터 모든 프로토콜에 대한 모든 응답	open(응답에 의해 사용되는 프로토콜, 반드시 프로브 프로토콜일 필요는 없다)
ICMP 프로토콜 도달 불가능 오류(유형 3, 코드2)	closed
다른 ICMP 도달 불가능 오류(유형 3, 코드 1, 3, 9, 10, 13)	filtered(대상 장치에서 보내지면 ICMP가 open이라고 증명할지라도)
어떤 응답도 없음(재전송 후에도)	open|filtered

표 5.8 엔맵이 IP 프로토콜 프로브에 대한 응답을 해석하는 방법

TCP 프로토콜이나 UDP 프로토콜처럼 모든 오픈 프로토콜은 잠재적인 탐험

벡터다. 게다가 프로토콜 스캔 결과는 장치의 목적과 어떤 종류의 패킷 필터링이 제자리에 있는지를 결정하는 데 도움을 준다. 최종 호스트들은 보통 TCP, UDP, ICMP, (때로는) IGMP 오픈보다 약간 더 많은 것을 갖고 있다. 반면에 라우터는 종종 GRE와 EGP 같은 라우팅 관련 프로토콜을 포함해 훨씬 더 많은 것을 제공한다. 방화벽과 VPN 게이트웨이들은 IPsec과 SWIPE 같은 암호화 관련 프로토콜을 보여줄지도 모른다.

  UDP 스캔 동안에 받은 ICMP 포트 도달 불가능 메시지 같이 ICMP 프로토콜 도달 불가능 메시지는 종종 빈도가 한정된다. 예를 들어 기본 리눅스 2.4.20 박스에서 1초당 한 개 이상의 ICMP 목적지 도달 불가능 응답은 보내지지 않는다. 245개의 가능한 프로토콜 번호가 있기 때문에 이것은 65,536 포트 UDP 스캔으로 한 것보다 별로 문제가 되지 않는다. '5.4.2 UDP 스캔 속도 올리기'에서의 제안은 IP 프로토콜 스캔의 속도를 높이기 위해서도 적용된다.

  프로토콜 스캔은 커맨드라인에서 대부분의 다른 스캔 기술과 같은 방식으로 사용된다. 간단히 일반적인 엔맵 옵션에 -sO를 지정하는 것만으로 만족할 만한 결과를 얻을 것이다. 일반적인 포트(-p) 옵션은 프로토콜 번호를 선택하기 위해 사용한다. 또는 -F를 사용해 nmap-protocols 데이터베이스에 나열된 모든 프로토콜을 스캔할 수 있다. 기본값으로 엔맵은 모든 256개의 가능한 값을 스캔한다. 예제 5.20은 Ereet이 폴란드에서 내 로컬 네트워크에 있는 전형적인 리눅스 박스에 따라 라우터를 스캔하는 과정을 보여준다.

예제 5.20 라우터의 IP 프로토콜 스캔과 전형적인 리눅스 2.4 상자

```
# nmap -sO 62.233.173.90 para

Starting Nmap ( http://nmap.org )
Interesting protocols on ntwklan-62-233-173-90.devs.futuro.pl  \
(62.233.173.90):
Not shown: 240 closed    ports
PROTOCOL    STATE            SERVICE
1           open             icmp
4           open|filtered    ip
6           open tcp
8           open|filtered    egp
9           open|filtered    igp
17          filtered         udp
```

```
47         open|filtered    gre
53         filtered         swipe
54         open|filtered    narp
55         filtered         mobile
77         filtered         sun-nd
80         open|filtered    iso-ip
88         open|filtered    eigrp
89         open|filtered    ospfigp
94         open|filtered    ipip
103        filtered         pim

Interesting protocols on para (192.168.10.191):
Not shown: 252 closed ports
PROTOCOL STATE SERVICE
1          open             icmp
2          open|filtered    igmp
6          open             tcp
17         filtered         udp
MAC Address: 00:60:1D:38:32:90 (Lucent Technologies)

Nmap done: 2 IP addresses (2 hosts up) scanned in 458.04 seconds
```

5.12 TCP FTP 바운스 스캔(-b)

FTP 프로토콜(RFC 959)의 흥미로운 특징은 일명 프록시 FTP 연결이라 불리는 기능을 지원한다는 점이다. 이는 사용자가 하나의 FTP 서버에 연결하고 그 파일들을 제3 서버로 보내게 요청하는 것을 허락한다. 이런 기능은 다양한 수준에서 악용할 수 있기 때문에 대부분의 서버는 이 기능의 지원을 중단했다. 이 기능이 제공하는 남용 중의 한 가지는 FTP 서버가 다른 호스트를 포트 스캔하게 유발하는 점이다. 간단히 FTP 서버가 대상 호스트의 흥미로운 포트에 차례대로 파일을 보내게 요청하라. 오류 메시지가 포트가 open인지 아닌지에 대해 설명할 것이다. 이는 방화벽을 지나가기에 좋은 방법인데, 조직적인 FTP 서버가 다른 오래된 인터넷 호스트들보다 종종 다른 내부 호스트에 접근하기 더 좋은 곳에 위치하기 때문이다. 엔맵은 FTP 바운스 스캔을 -b 옵션으로 지원한다. <사용자명>:<패스

워드>@<서버>:<포트 번호>라는 형태의 매개변수를 취한다. <서버>는 취약한 FTP 서버의 이름이나 IP 주소다. 일반적인 URL에서 <사용자명>:<패스워드>를 생략할 지도 모르는데, 이런 경우 익명anonymous 로그인 권한(user: anonymous password: -wwwuser@)이 사용된다. 포트 번호(그리고 앞선 콜론)도 생략될 수도 있는데, 이 경우 <서버>에 있는 기본 FTP 포트(21)가 사용된다.

예제 5.21에서 나는 구글을 스캔하기 위해 마이크로소프트 주 FTP 서버의 바운스 오프bounce off를 시도한다.

예제 5.21 FTP 바운스 스캔 시도하기

```
# nmap -PN -b ftp.microsoft.com google.com

Starting Nmap ( http://nmap.org )
Your FTP bounce server doesn't allow privileged ports, skipping them.
Your FTP bounce server sucks, it won't let us feed bogus ports!
```

FTP 바운스 스캔을 자주 사용하는 사용자는 오류 메시지에 익숙해지는 게 나을 것이다. 이 취약점은 엔맵이 배포됐던 1997년에 널리 퍼졌는데, 지금은 상당 부분이 고쳐졌다. 취약한 서버는 여전히 존재하지만 다른 모든 방법이 실패했을 때 시도해볼 가치는 있다. 방화벽을 그냥 지나치는 것이 목표라면 오픈 포트 21(또는 버전 탐지로 모든 포트를 스캔하면 어떤 FTP 서비스든) 대상 네트워크를 스캔하라. 그 후 각기 바운스 스캔을 시도해보라. 엔맵은 호스트가 취약한지 아닌지를 알려줄 것이다. 단지 흔적을 덮으려고 하면 대상 네트워크에 있는 호스트에 한정지을 필요는 없다(사실 그래서는 안 된다). 취약한 FTP 서버를 위해 임의적 인터넷 주소를 스캔하기 전에 시스템 관리자가 자신의 서버를 이런 식으로 남용하는 것을 별로 좋아하지 않는다는 점을 염두에 두라.

예제 5.22는 scanme에 있는 일부 흥미로운 포트에 대한 성공적인 바운스 스캔을 보여준다. verbose 옵션(-v)이 추가로 자세한 사항을 제공하기 위해 주어졌다. 'JD FTP Server'의 주어진 서버 유형은 이것이 HP JetDirect 프린트 서버라는 의미다.

예제 5.22 성공적인 FTP 바운스 스캔

```
krad~> nmap -p 22,25,135 -PN -v -b XXX.YY.111.2 scanme.nmap.org

Starting Nmap ( http://nmap.org )
```

```
Attempting connection to ftp://anonymous:-wwwuser@@XXX.YY.111.2:21
Connected:220 JD FTP Server Ready
Login credentials accepted by ftp server!
Initiating TCP ftp bounce scan against scanme.nmap.org (64.13.134.52)
Adding open port 22/tcp
Adding open port 25/tcp
Scanned 3 ports in 12 seconds via the Bounce scan.
Interesting ports on scanme.nmap.org (64.13.134.52):
PORT      STATE      SERVICE
22/tcp    open       ssh
25/tcp    open       smtp
135/tcp   filtered   msrpc

Nmap done: 1 IP address (1 host up) scanned in 21.79 seconds
```

5.13 스캔 코드와 알고리즘

2004년에 엔맵의 주요한 포트 스캐닝 엔진이 더 훌륭한 실행과 정확성을 위해 다시 쓰여졌다. 그 기능 이름을 따서 ultra_scan이라 알려진 새로운 엔진은 다양한 호스트 발견 스캔뿐만 아니라 SYN, connect, UDP, NULL, FIN, Xmas, ACK, 윈도우, Maimon, IP 프로토콜 스캔을 다룬다. 이는 Idle 스캔과 FTP 바운스 스캔만이 자신의 엔진을 사용하게 남겨뒀다.

5장을 통해 도표들이 어떻게 각 스캔 유형이 작동하는지 보여주는 반면에 엔맵 실행은 포트와 호스트 병렬화, 지연 시간 추정latency estimation, 패킷 손실 탐지, 타이밍 프로파일, 비정상 네트워크 환경, 패킷 필터, 응답율 제한, 기타 많은 기능에 대해 너무 많은 걱정을 해야 하므로 훨씬 더 복잡하다.

이 절은 ultra_scan 엔진에 있는 모든 로우레벨에 대해서까지 상세하게 설명하지는 않는다. 그런 내용을 알고 싶을 정도로 충분히 궁금하다면 소스에서 찾는 게 나을 것이다. 엔맵 tarball에서 ultra_scan과 scan_engine.cc에 정의된 하이레벨의 도움말 기능을 찾을 수 있을 것이다. 여기서는 가장 중요한 알고리즘 특징들을 다룬다. 이런 특징을 이해하면 6장 '엔맵 성능 최적화'의 설명처럼 스캔을 더 나은 성능으로 최적화하는 데 도움이 될 것이다.

[5.13.1] 네트워크 상태 모니터링

일부 개발자는 자신의 스캐너가 상태를 저장하지 않으므로 엔맵보다 더 빠르다고 자랑을 한다. 그들은 단순히 패킷의 홍수를 발행해 응답들을 듣고는 최선을 기대한다. 이것이 간단한 조사나 포괄성comprehensiveness과 정확성보다 속도가 중요한 몇 가지 경우에는 가치가 있을지 몰라도 보안 스캐닝을 위해 적절하다고는 생각되지 않는다. 상태 비저장stateless 스캐너는 재전송을 위한 드롭된 패킷을 탐지할 수 없고 억압할 수 없다. 바쁜 라우터가 스캐너의 패킷 홍수 80%를 드롭시킨다면 스캐너는 그 실행을 성공적이라고 인식하고 심각할 정도로 정확하지 않은 결과를 출력할 것이다. 이와는 달리 엔맵은 실행하는 동안 RAM에 확장 상태를 저장한다. 일반적으로 사용 가능한 메모리는 충분히 많다. PDA인 경우에도 메모리는 충분하다. 엔맵은 각 프로브를 시퀀스 번호, 소스, 목적 포트, ID 필드, 맵이 (프로브 유형에 따라) 응답을 인식하게 (그래서 드롭을) 허락해주는 여러 모양으로 표시한다. 그리고 난 후 속도를 적절히 조종해서는 라인을 교차하거나 정확성이 떨어지거나 불공평하게 공유된 네트워크를 호핑hogging하지 않고 (커맨드라인 옵션을 줘서) 네트워크를 가능한 한 빨리 유지하도록 한다. IDS를 설치하지 않은 일부 관리자는 자신의 전체 네트워크를 스캔하는 엔맵 SYN 스캔을 알아채지 못할 수도 있다. 하지만 관리자의 Quake 핑 타임에 영향을 주는 무자비한 패킷 홍수 스캐너를 사용하면 관리자가 스캔을 의심하고 조사할 것이라고 믿는 게 낫다.

엔맵의 혼잡 제어 알고리즘을 대부분 스캔에 추천하는 데 반해 이 알고리즘들은 오버라이드될 수도 있다. --min-rate 옵션은 엔맵의 일반적인 혼잡 제어 한계를 초과하더라도 지정한 비율대로 (또는 그보다 더 높게) 패킷을 보낸다. 이와 유사하게 --max-retries 옵션은 엔맵이 패킷을 몇 번이나 재전송할지 조종한다. --min-rate 100 --max-retries 0 같은 옵션들은 간단한 상태 비저장 스캐너의 행동을 향상시킬 수 있을 것이다. 100pps보다 초당 200 패킷 비율로 지정함으로써 속도를 두 배로 증가시킬 수 있지만 너무 욕심내지는 마라. 극도로 빠른 스캔은 결과가 잘못됐거나 완전하지 못하다면 거의 가치가 없다. --min-rate의 사용에 따른 어떤 위험도 우리는 책임지지 않으니 여러분 스스로가 책임져야 한다.

[5.13.2] 호스트와 포트 병행화

5장에 있는 대부분의 도표는 하나의 포트 상태를 결정하는 기술 사용법을 설명한다. 프로브를 보내고 응답을 받는 것은 소스와 대상 장치 사이의 왕복 시간RTT을 요구한다. RTT가 200ms이고 자신의 장치에 있는 65,536개의 포트를 스캔하려고 할 때 각 포트를 차례대로 다루면 적어도 3.6시간이 걸릴 것이다. 장치 20,000대의 네트워크를 그런 방법으로 스캔하면 기다리는 시간은 8년 이상으로 기하급수적으로 늘어난다. 이는 분명히 감당할 수 없는 시간이므로 엔맵은 스캔을 병렬화해 수십 개의 장치에 있는 각 수백 개의 포트를 동시에 스캔할 수 있다. 이 방법은 엄청나게 속도를 증가시킨다. 한 번에 스캔하는 호스트와 포트 수는 6장 '엔맵 성능 최적화'에서 설명한 --min-hostgroup, --min-parallelism, -T4, --max-rtt-timeout 등의 여러 인수에 달렸다. 또한 엔맵에 의해 탐지되는 네트워크 상태에 따라서도 다르다.

여러 개의 장치를 스캔할 때 엔맵은 장치 사이의 용량을 효율적으로 펼치기 위해 노력한다. 장치가 overwhelmed(패킷을 드롭시키든지 대기 시간 증가)로 나타나면 엔맵은 해당 호스트에 대한 속도를 늦추는 반면에 다른 호스트들에 대해서는 완전한 속도로 스캔을 계속한다.

[5.13.3] 왕복 시간 측정

프로브 응답을 받을 때마다 엔맵은 프로브가 보내진 이후로 경과된 마이크로초를 계산한다. 나는 이 시간을 instanceRTT라 부르며, 엔맵은 이를 세 가지 중요한 시간 관련 값의 러닝 득점tally을 유지하는 데 사용한다. 이 세 가지 값은 srtt, rttvar, timeout다. 엔맵은 각 호스트에 대한 값을 유지하며, 병렬로 스캔된 전체 호스트 그룹에 대한 값도 합한다. 이들은 다음과 같이 계산된다.

- **srtt** 무난한 평균 왕복 시간으로, 엔맵이 가장 정확한 RTT 추측으로서 무엇을 사용하는지 알려준다. 참 산술 mean을 사용하기보다는 네트워크 환경이 자주 바뀌기 때문에 공식은 더 최근의 결과를 선호한다. 공식은 다음과 같다.

  newsrtt = oldsrtt + (instanceRTT - oldsrtt) / 8

- **rttvar** 왕복 시간에서 관찰되는 변수나 편차다. RTT 값이 꽤 일관성이 있다

면 엔맵이 srtt를 기다린 후 곧 포기할 수 있다는 의미다. 변수가 꽤 높다면 비교적 느린 응답이 흔하기 때문에 프로브를 포기하기 전에 엔맵은 srtt보다 더 오래 기다려야만 한다. 공식은 다음과 같다(ABS는 절대값 연산을 나타낸다).

newrttvar = oldrttvar + (ABS(instanceRTT - oldsrtt) - oldrttvar) / 4

- timeout   엔맵이 프로브를 포기하기 전에 기다리고자 하는 시간의 양이다. 공식은 다음과 같다.

  timeout = newsrtt + newrttvar * 4

프로브가 타임아웃되면 엔맵은 프로브를 재전송하거나 포트 상태를 (스캔 유형에 따라) filtered로 할당한다. 엔맵은 전체적인 스캔이 진행 중인 동안에도 혹시 있을 늦게 도착하는 응답을 대비해 타임아웃 이후에도 일부 상태 정보를 간직한다.

이 간단한 시간 측정 공식은 꽤 잘 작동하는 듯하다. 이들은 RFC 2988의 'TCP 재전송 타이머 컴퓨팅'에서 논의되고, TCP에 의해 사용된 유사한 기술에 근거한다. 우리는 이런 알고리즘들을 포트 스캐닝에 더 맞게 만들기 위해 수십 년 동안 최적화시켰다.

[5.13.4] 혼잡 제어

재전송 타이머가 엔맵이 TCP에서 배운 유일한 기술은 아니다. 엔맵이 TCP와 함께 가장 흔하게 사용되기 때문에 같은 규칙을 많이 따르는 당연하다. 특히 그런 규칙이 모든 사람이 이기적으로 네트워크를 독차지하는 그런 흔한 비극으로 격하시키지 않고 작업량을 최대화하기 위한 상당한 연구 결과이기 때문이다. 엔맵의 기본 옵션은 꽤 점잖은 편이다. 엔맵은 스캔의 공격 정도를 조절하기 위해 TCP를 모델로 해 만든 세 가지 알고리즘을 사용하는데, 혼잡 윈도우, 지수 백오프exponential backoff, 저속 출발이다. 혼잡 윈도우는 엔맵이 한 번에 얼마나 많은 프로브를 생성할 것인지 조절한다. 창이 가득 찬다면 엔맵은 응답이 받아들여지든지 혹은 프로브가 시간 초과될 때까지 더 이상 보내지 못한다. 지수 백오프는 엔맵이 드롭된 패킷을 탐지했을 때 속도를 엄청나게 느리게 만든다. 혼잡 윈도우는 일반적으로 드롭이 탐지될 때마다 하나로 줄어든다. 이름이 느리다고 명시된 것과는 달리 저속 출발은 네트워크의 성능 한계를 결정하는 스캔 속도를 점차적으로 증가시키므로 오히려 빠른 알고리즘이다.

이 모든 기술은 RFC 2581 'TCP 혼잡 제어'에 설명돼 있으며, 네트워킹 구루 리차드 스티븐슨, 베른 팍슨, 마크 올만이 이 문서를 작성했다. 문서는 10페이지 밖에 안 되며, 효율적인 TCP 스택(또는 다른 네트워크 프로토콜이나 포트 스캐너)을 수행하는 데 관심 있는 사람이라면 누구나 이 문서가 멋지다는 점을 알게 될 것이다.

엔맵이 한 그룹의 대상을 스캔할 때 엔맵은 전체로서 그룹에 대한 윈도우와 한계점뿐만 아니라 혼잡 윈도우와 각 대상에 대한 한계 값을 메모리에 유지한다. 혼잡 한계 값은 느린 시작과 혼잡 회피 모드 사이의 경계선을 의미한다. 느린 시작 동안 혼잡 윈도우는 응답에 답해 급속히 증가한다. 혼잡 윈도우가 혼잡 한계점을 초과하면 혼잡 회피 모드가 시작되고, 이 동안에 혼잡 윈도우는 더 천천히 증가한다. 드롭 후에 혼잡 윈도우와 한계점 모두 자신 이전 값의 어느 소수분으로 줄어든다.

하지만 TCP 스트림과 엔맵 포트 스캔 사이에는 엄청난 차이가 있다. TCP 스트림에서는 모든 보낸 패킷(또는 적어도 그 중 많은 부분)에 대해 ACK를 기대하는 것이 정상이다. 사실 혼잡 윈도우의 적당한 성장은 이 가정에 의존한다. 엔맵은 종종 기본적으로 모든 패킷을 거부하는 방화벽과 만나기도 하는데, 이럴 경우 보낸 패킷 중 극소수만이 응답한다. 몇 개의 라이브 호스트만을 갖고 있는 네트워크 주소의 블록을 핑 스캐닝할 때 이런 일이 일어난다. 이런 문제를 해결하려고 엔맵은 받은 응답에 보내진 패킷 비율의 추적을 계속한다. 그룹 혼잡 윈도우가 변할 때면 언제든지 그 변화의 양이 이 비율로 증가된다. 다시 말해 응답을 얻은 패킷이 거의 적을 때 각 응답은 더 많은 양을 실어 나른다.

그룹 혼잡 윈도우와 한계점이 전형적인 포트 스캔 동안에 어떻게 달라지는지에 대한 그래픽 설명은 그림 5.9에서 보여준다. 혼잡 윈도우는 검정색으로 나타나고, 혼잡 한계점은 회색이다.

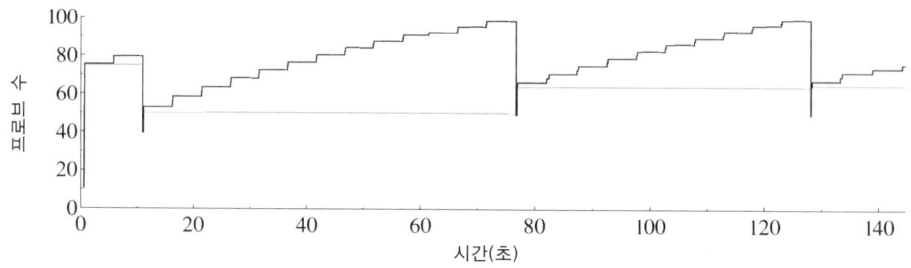

그림 5.9 혼잡 윈도우와 한계점

혼잡 윈도우는 낮게 시작하고 혼잡 한계점은 높게 시작한다. 느린 시작 모드가 시작되면 윈도우 크기가 급격하게 증가된다. 이 거대한 '계단' 점프는 약 10초 동안의 타이밍 핑 결과다. 혼잡 윈도우가 드롭이 탐지되면서 80 프로브까지 증가한다. 혼잡 윈도우와 한계점 둘 다 줄어든다. 혼잡 윈도우는 또 다른 드롭이 탐지되는 약 80초까지 계속 증가한다. 그러고 난 후 이 사이클이 반복되는데, 이는 네트워크 상황이 안정적일 때 전형적인 현상이다. 스캔 중의 드롭은 전혀 두려워할 것이 아니다. 혼잡 제어 알고리즘의 목표는 용량을 발견하기 위해 네트워크를 다이내믹하게 조사하는 것이다. 이런 식으로 봤을 때 드롭은 엔맵이 혼잡 윈도우의 정확한 크기를 결정하는 데 도움을 주는 유용한 피드백이다.

[5.13.5] 타이밍 프로브

이 알고리즘 절에서 설명하는 모든 기술은 네트워크 패킷 손실과 대기 시간을 측정하고 탐지하기 위한 네트워크 모니터링을 (어느 정도) 포함한다. 이는 빠른 스캔 시간을 얻기 위해 정말 중요하다. 불행히도 좋은 데이터는 종종 상당한 방화벽이 구축된 시스템을 스캔할 때 얻기 힘들다. 이런 필터는 종종 어떤 응답도 없이 거대한 양의 패킷을 드롭시킨다. 엔맵은 하나의 응답하는 포트를 찾기 위해 20,000 프로브나 그 이상을 보내야 하는데, 이는 네트워크 상황을 감시를 힘들게 한다.

이 문제를 제거하기 위해 엔맵은 포트 스캔 핑이라 알려진 타이밍 프로브를 사용한다. 엔맵이 상당히 필터된 호스트에 응답하는 포트를 적어도 하나라도 발견하면 다른 어떤 포트에서 응답을 받지 않고 해당 프로브로 1.25초마다 프로브를 보낼 것이다. 이는 엔맵이 네트워크 상황이 허락하는 한 스캔 속도를 올리거나 낮추기 위한 모니터링의 충분한 수준을 수행할 수 있게 한다.

[5.13.6] 추측된 인접 시간

때때로 포트 스캔 핑조차도 도움이 안 될 때가 있는데, 이는 응답하는 포트가 전혀 없기 때문이다. 시스템이 다운됐을 수도 있고 (그리고 -PN으로 스캔됐을 수도 있고) 모든 포트가 필터됐을 수도 있다. 또는 대상이 응답하는 포트를 몇 개 갖고 있지만 엔맵이 그것들을 찾을 수 없었을지도 모른다. 이런 경우 엔맵은 동시에 스캔하고 있는 시스템 전체 그룹에 대해 유지한 타이밍 값을 사용한다. 그 그룹에 있는 어떤 시스템에서든 적어도 하나의 응답이라도 찾아지는 한 엔맵은 일할 무언가가 있는 것이다. 물론 엔맵이 그룹에 있는 호스트가 항상 비슷한 타이밍 특성을 공유한다고 가정할 수는 없다. 그래서 엔맵은 그룹에 있는 응답하는 호스트 사이의 타이밍 변수를 추적한다. 그들이 상당히 다르면 엔맵은 안전하게 이웃하는 호스트들의 롱 타임아웃을 추측한다.

[5.13.7] 적응 재전송

가장 간단한 스캐너(상태 보존형이 아닌)는 일반적으로 프로브를 전혀 재전송하지 않는다. 이들은 간단하게 프로브를 서로의 포트에 보내고 그 응답에 근거해 보고하든지 그것을 생략한다. 이보다 약간 더 복잡한 스캐너들은 하나하나 프로브들을 재전송한다. 엔맵은 대상에 대한 각 스캔의 패킷 손실 통계를 주의 깊게 유지함으로써 더 영리해지고자 한다. 어떤 패킷 손실도 탐지되지 않으면 엔맵은 프로브 응답을 얻는 것을 실패할 때 한 번만 재전송할지도 모른다. 거대한 패킷 손실이 명백하면 엔맵은 10번이나 그보다 더 많이 재전송할지도 모른다. 이는 문제가 있는 네트워크나 장치를 스캐닝할 때 엔맵이 (어느 정도의 속도를 희생하면서) 정확성을 보존하는 동안에 호스트를 재빨리 빠르고 믿을만한 네트워크를 스캔하도록 허락한다. 하지만 엔맵의 참을성도 끝이 없지는 않다. 어느 특정한 순간이 되면 (10번의 재전송) 엔맵은 경고를 프린트하고는 더 이상 재전송하지 않는다. 이는 악의적인 호스트가 고의적인 패킷 드롭과 느린 응답, 이와 비슷한 방법으로 엔맵을 너무 느리게 하는 것을 방지한다. 그런 공격은 타피팅tarpitting이라 알려져 있는데, 종종 스패머들에 대항해 사용된다.

[5.13.8] 스캔 지연

패킷 응답 비율 제한은 엔맵 같은 포트 스캐너가 직면한 가장 유해한 문제일 것이다. 예를 들어 리눅스 2.4 커널은 초당 하나의 UDP(-sU)나 IP 프로토콜(-sO) 스캔 동안 돌려보내지는 ICMP 오류 메시지를 제한한다. 엔맵이 이것들을 정상적인 드롭으로 인식하면 계속해 느려질 것이지만(기하급수적인 백오프를 기억해라) 그래도 여전히 엄청난 양의 프로브가 드롭될 것이다. 대신에 엔맵은 이 상황을 탐지하려고 노력한다. 많은 양의 패킷이 드롭 될 때 엔맵은 하나의 대상에 보내진 각 프로브 사이에 짧은 지연(5밀리초만큼이나 짧게)을 실행한다. 드롭이 계속 큰 문제가 되면 엔맵은 드롭이 멈추거나 허락된 스캔 지연의 최대 허용량에 이를 때까지 계속 그 지연을 증가시킬 것이다. 응답 비율이 제한된 리눅스 호스트의 1-50 포트를 UDP 스캐닝하는 동안에 스캔 지연의 효과는 그림 5.10에서 보여준다. 처음에는 스캔 비율이 스캔 지연으로 인해 무한한데, 물론 혼잡 제어 같은 다른 메커니즘도 그 제한을 부과했다. 드롭이 탐지되면 스캔 지연은 배가 되는데, 이는 최대한의 스캔 비율이 효과적으로 반영됐다는 의미다. 예를 들어 그래프에서 초당 다섯 개의 패킷에 대한 최대한의 스캔 비율은 200밀리초의 스캔 지연에 해당한다.

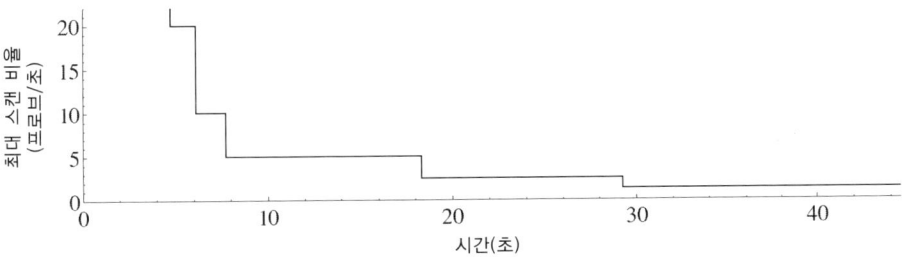

그림 5.10 스캔 지연에 의해 영향을 받은 스캔 비율

최대한의 스캔 지연은 프로브 사이의 1초가 기본이다. 스캔 지연은 때때로 느린 호스트가 따라잡을 수 없을 때 그 호스트가 어떤 명백한 비율 제한 규칙도 없을 때 실행 가능하다. 이는 낭비되는 (드롭되는) 프로브 패킷을 줄임으로써 전체적인 네트워크 트래픽을 상당량 줄일 수 있다. 불행히도 조그마한 스캔 지연 값도 스캔하는 데 걸리는 시간을 늘릴 수 있다. 엔맵은 기본적으로 보수적인데, 이는 TCP와 UDP 프로브에 대한 2초간의 스캔 지연을 허용한다. 여러분의 우선순위가 다르다면 최대한의 스캔 지연을 5장 '포트 스캐닝 기술과 알고리즘'의 설명처럼 `--max-scan-delay`로 환경 설정할 수 있다.

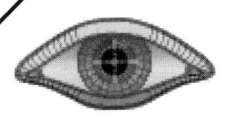

06장 엔맵 성능 최적화

6.1 소개

엔맵 개발에서 가장 중요하게 생각했던 것 중 하나는 성능이다. 로컬 네트워크에서 호스트 하나를 기본 스캔default scan(nmap <호스트명>)으로 스캐닝하는 데 0.2초가 걸린다. 눈 깜빡이는 시간보다 짧지만 수천 수백 개의 호스트를 스캐닝할 때에는 0.2초의 수천 수백 배의 시간이 걸린다. 게다가 UDP 스캐닝과 버전 탐지version detection 같은 특정 스캔 옵션은 스캔 시간을 상당히 증가시킬 수 있다. 특정 방화벽 설정 중 특히 응답 대역폭 제한response rate limiting도 스캔 시간을 증가시킬 수 있다. 엔맵이 스캔을 빠르게 하기 위해 병렬 구조와 수많은 고급 알고리즘을 사용하기는 하지만 결국은 사용자가 엔맵의 실행 방법을 조작한다. 전문적인 사용자는 제한된 시간 내에 관심을 가진 정보만을 얻기 위해 엔맵 명령을 조심스럽게 조작한다.

엔맵 개발에 있어 성능이 중요하긴 하지만 정확성이 성능보다 더 중요하다. 엔맵과 경쟁하는 스캐너 제작자들이 사람들의 주목을 받고자 단 4초 안에 클래스 B 주소 공간 전체를 스캐닝할 수 있는 스캐너를 컨퍼런스에서 발표했다. 솔직히 이 스캐너들은 너무 시시해 설명하기 그렇지만(사실 쓰기에는 가볍다) 발표된 스캐너들 모두 혼잡 제어와 패킷 손실 탐지 알고리즘이 존재하지 않아 시스템이나 네트워크 대역폭이 견딜 수 있는 시간당 패킷의 양보다 더 빠르게 프로브 패킷을 전송해 네트워크 대역폭과 서버의 성능을 고갈시켜버린다. 이런 스캐너들은 상태를 추적하기 위한 코드는 생략하고 프로브를 전송하는 상태 비저장(stateless) 방식으로 개발된다. 엔맵도 1초에 1,000개의 패킷을 전송하기 위해 `--min-rate 1000` 플래그flag와 타임아웃된 프로브를 재전송하지 않게 하는 `--max-retries 0` 플래그를 사용하면 상태 비저장stateless 동작이 가능하다. 그러나 나는 이 방법을 거의 추천하지 않는다. 이 방법을 사용하는 스캐너에 의해 생성된 패킷의 99%는 라우터의 업스트림upstream 제한에 의해 버려지게 될지도 모르고, 해당 스캐너는 프로브 패킷의 상태를 추적하거나 재전송하지 않으므로 엔맵과 스캔 정확성에 대한 차이 발생을 절대 알지 못할 것이다.

측정되지 않은 패킷을 만들어내는 Scanrand[1] 같은 스캐너들도 일부 상황에서는 유용하지만 엔맵은 훨씬 더 보존적이며 정확한 경로를 얻는다. 엔맵은 먼저 스캐닝하려는 대상 네트워크가 최악의 경우(높은 지연 시간latency과 패킷 손실)라 가정하고 안전하게 스캐닝을 할 수 있다는 사실을 알려주는 통계들을 모으면서 스캐닝 속도를 올린다. 이것은 자동으로 일어나지만 관리자는 네트워크에 대한 힌트를 엔맵에 전달해 이 학습 과정을 빠르게 할 수 있다. 그런 힌트의 예가 `--max-rtt-timeout 200`인데, 이는 대상 호스트 프로브에 어떤 응답이 200밀리초 내로 올지 엔맵이 가정하게 한다.

6장에서는 스캔 시간을 향상시키기 위한 높은 수준의 방법들을 먼저 살펴본다. 그 후 정확성에 영향을 미치지 않고 엔맵의 속도를 높이기 위한 타이밍 템플릿timing Templates과 로우레벨 제어 방법을 알아본다. 6장은 마지막으로 Mayo 클리닉의 잭 모건Jack Mogren의 튜토리얼로 끝나는데, 이 튜토리얼은 676,352개의 IP 네트워크를 1주일에서 46시간으로 스캔 시간을 향상시킨 방법을 설명한다. 스캐너의 성능이 매우 중요하다는 점을 고려해볼 때 6장은 비교적 짧다고 생각될지도 모른다. 특정 스캔 기술을 최적화하는데 사용되는 팁이 해당 기술이 설명된 부분에 있어 책 전반에 흩어져있는 반면에 6장은 전반적으로 스캐닝 성능을 향상시킬 수 있는 고수준의 팁에 초점을 두기 때문이다.

---

1. http://sectools.org/tools4.html#scanrand

6.2 스캔 시간 축소 기술

긴 스캔 시간에 대한 이상적인 해결책은 시간을 줄이는 것이다. 이 절은 스캔 시간을 줄이기 위한 높은 수준의 팁을 많이 제공한다. 인생의 여러 상황과 달리 엔맵 커맨드라인의 튜닝만으로 커다란 차이를 만들어낼 수 있다.

혼다 어코드Honda Accord 자동차를 아주 높은 배기량과 3피트 높은 스포일러, 큰 'type R' 빨간색 스티커로 개조하더라도 0-60 시간을 그렇게 많이 줄일 수는 없을 것이다. 하지만 '6.7 46시간만에 676,352개의 IP 주소 스캔'에서는 잭 모건Jack Mogren이 엔맵 커맨드라인에 몇 가지 스티커(엔맵의 옵션을 의미)를 붙임으로써 간단히 엔맵 실행 시간을 46시간으로 줄인 방법을 설명한다.

[6.2.1] 중요하지 않은 테스트 생략

상대적으로 사소한 양의 정보를 얻기 위해 집중적이고 포괄적으로 엔맵을 실행하는 것은 게임 기계에 있는 1,000원짜리 인형을 얻으려고 만원을 소비하는 것과 같다. 호스트당 약간의 시간을 낭비하는 것은 홈 네트워크에서는 거의 문제가 되지 않지만 대기업의 WAN을 매일 스캐닝하는 것은 불가능하다. 아래에서 설명한 실수들은 새내기의 터무니없는 실수에서부터 고급 사용자도 직면하는 미묘한 문제까지 사용자들이 겪을 수 있는 가장 일반적인 과다 스캐닝 실수다.

- **어떤 호스트가 온라인인지 알아낼 필요가 있을 때 핑 스캔(-sP)을 사용하라** 일부 사람들은 nmap <호스트명> 명령을 사용해 호스트가 온라인인지 아닌지를 결정한다. 이 방법으로도 가능하지만 이건 지나친 사용이다. 엔맵은 호스트가 온라인인지 아닌지를 결정하기 위해 두 개의 패킷을 보낼 것이고, 그 후 해당 호스트를 포트 스캐닝하기 위해 최소한 1,000개 이상의 패킷을 보낼 것이다. 이 방법은 전체 네트워크의 모든 온라인 호스트나 하나의 호스트를 찾을 때 문제가 증폭된다.

  알고자 하는 것이 단순히 어느 호스트의 온라인 여부나 MAC 주소라면 포트 스캐닝에 시간을 낭비하지 말고 핑 스캔을 하는 -sP 옵션을 지정하자.

- **스캔되는 포트 수를 한정하라** 기본적으로 엔맵은 가장 일반적인 1,000개의 포트를 스캔한다. 장비의 응답이 빠른 네트워크에서는 호스트당 1초도 걸리지 않을지도 모른다. 하지만 포트 대역폭 제한rate-limiting이나 프로브 패킷을

드롭시키고 응답하지 않는 방화벽을 만난다면 엔맵은 극적으로 속도가 낮아질 수밖에 없다. UDP 스캔은 이런 이유 때문에 괴롭게도 느릴 수도 있다. 하지만 대다수의 열린 포트는 단지 몇백 개의 포트 숫자 내로 떨어진다. 기본값 1,000 대신에 100개의 포트만을 스캐닝하면 약 10배 빠르게 스캐닝할 수 있다. -F(빠른 스캔) 옵션을 이용해 일반적으로 가장 많이 쓰이는 100개의 포트만 스캔하거나, --top-ports 옵션을 이용해 임의로 몇 개의 주요 포트를 지정하거나, -p 옵션을 이용해 사용자 지정 포트 목록을 지정할 수 있다.

- **고급 스캔 유형(-sC, -sV, -O, --traceroute, -A)을 생략하라** 어떤 사람은 -A 엔맵 옵션을 어김없이 지정하는데, 이는 엔맵에게 추가적인 일거리를 주는 것이다. 이 옵션은 엔맵이 기본 포트 스캔뿐만 아니라 운영체제 탐지, 버전 탐지, 스크립트 스캐닝NSE, 트레이스라우트traceroute를 하게 한다. 버전 탐지는 상당히 유용할 수도 있지만 대규모 스캔에 빠트려 꼼짝 못하게 할 수도 있다. NSE도 마찬가지다. 시간의 압박에 시달릴 때 항상 대규모 스캔에서 -sC와 -sV는 생략할 수 있으며, 후에 필요시 각 포트에 대해 실행하면 된다. 운영체제 탐지는 버전 탐지만큼 느리지는 않지만 온라인 호스트당 5-10초 정도는 쉽게 잡아먹을 수 있다. 운영체제 탐지를 사용하지 않더라도 호스트명, 열린 포트, LAN에서의 MAC 주소를 기반으로 종종 운영체제를 추측할 수 있다. 그리고 대부분의 경우 운영체제를 신경 쓰지 않을지도 모른다. 따라서 -O도 필요한 경우에만 쓰면 된다. 절충안으로 --osscan-limit --max-os-tries 1을 지정할 수 있는데, 엔맵이 일치하지 않는 운영체제 탐지를 재시도하지 않고 적어도 하나 이상의 열린 TCP 포트와 하나 이상의 닫힌 TCP 포트를 갖고 있지 않은 온라인 호스트에 대해서는 운영체제 탐지를 생략하게 만든다. 어쨌든 그런 호스트에 대한 운영체제 탐지는 그다지 정확하지도 않다.

- **필요하지 않은 DNS 조회를 꺼두는 것을 잊지 마라** 기본적으로 엔맵은 발견된 모든 온라인 호스트에 대해서 역방향 DNS 조회를 수행한다. 이는 -PN으로 핑 단계를 건너뛰든지, -R을 지정했을 경우 모든 호스트에 대해 실행된다. 이것이 호스트 DNS 라이브러리가 스캔과 동시에 한 IP의 도메인 네임을 찾기 위해 사용될 때 정체의 주요 원인이 된다.

엔맵은 스캔의 속도를 높이기 위해 빠른 병렬 역방향 DNS 시스템을 갖추고는 있지만 여전히 상당한 시간이 걸린다. 이 데이터가 필요하지 않으면 -n 옵션으로 사용 불가능하게 할 수 있다. 예를 들어 대량의 호스트에 대한 (핑 스캔과 같은) 스캔에서 역방향 DNS 조회 기능을 빼면 스캔 시간을 20% 이상 줄일 수 있다. 수천 개의 포트를 조사하거나 버전 탐지 같이 강력한 특징을 사용하는 더 복잡한 스캔에서는 DNS 시간이 주요 정체의 원인은 아니다. 스캔을 수행하는 엔맵 호스트가 (gethostbyaddr 함수를 사용해) 이름을 조회하기 원하면 --system-dns 옵션을 지정하라. 그렇게 하면 스캔을 매우 느리게 할 수 있다.

[6.2.2] 타이밍 매개변수 최적화

엔맵은 스캔 활동을 제어하기 위한 힌트나 규칙을 제공하는 수십 개의 옵션이 있다. 이 옵션들은 '6.6 타이밍 템플릿(-T)'에서 설명하는 -T 옵션으로 제공되는 고수준의 타이밍 공격적 레벨에서부터 '6.5 로우레벨 타이밍 제어'에서 설명하는 세세한 부분의 제어를 모두 포함한다. 이 두 개를 복합해 사용할 수도 있다. 이런 옵션들은 엔맵이 타이밍을 판단하게 해야 하지만 응답이 거의 없어 타이밍을 판단하지 못하는 고도로 필터된 네트워크를 스캔하는 데 특히 유용하다. 스캔 시간은 별일 없다면 대부분 절반으로 줄일 수 있다. 이런 옵션 중 대부분은 응답하는 호스트로 가득 찬 로컬 LAN에서 거의 효과를 발휘하지 못하는데, 이 경우 엔맵 자신이 최적 값을 결정할 수 있기 때문이다.

[6.2.3] UDP 스캔 분리와 최적화

많은 취약 서비스가 UDP 프로토콜을 이용하기 때문에 UDP 포트 스캔이 중요하지만 UDP 스캔의 타이밍 특성이나 성능을 위한 필수 조건은 TCP 스캔과는 상당히 다르다. 특히 ICMP 에러 대역폭 제한에 있어서 그런데, 이 ICMP 오류 트래픽 제한은 TCP보다 훨씬 더 UDP 스캔에서 흔하고 영향을 많이 미친다.

이런 이유로 엔맵이 -sSU 같은 옵션으로 이를 지원하긴 하지만 성능이 매우 중요할 경우 TCP와 UDP 스캔을 복합하는 것을 추천하지 않는다. 종종 각 프로토콜에 대해 다른 타이밍 플래그를 원하는데, 이는 분리된 커맨드라인을 필요로 한다. '5.4.2 UDP 스캔 속도 올리기'에서 UDP 스캔 성능을 향상시키기 위한 방법과 예를 볼 수 있다.

[6.2.4] 엔맵 업그레이드하기

엔맵 성능이 좋지 않다는 보고서를 올린 사람이 옛 버전을 사용하고 있었던 경우가 많다. 엔맵의 최신 버전은 중요한 알고리즘, 버그, 로컬 네트워크 ARP 스캐닝 같은 성능 등이 개선됐다. 성능 문제가 나타났을 때 제일 먼저 해야 하는 작업은 엔맵 버전과 http://nmap.org에서 받을 수 있는 가장 최신 버전을 비교(nmap -V를 실행시켜라)해보는 것이다. 필요하면 업그레이드시켜라. 그래도 여전히 충분히 빠르지 않다면 6장에서 설명하는 다른 기술들을 시도해보라.

[6.2.5] 엔맵 인스턴스 병행 실행

일부 사람들은 각 스캐닝 대상에 대해 병행으로 많은 복사본을 실행해 엔맵의 속도를 높이려고 노력한다. 예를 들어 Nessus 스캐너는 기본적으로 병행 실행되곤 했다. 이 방법은 엔맵을 전체 네트워크를 스캔하게 실행시키는 것보다 훨씬 비효율적이고 느리다. 엔맵은 필요에 따라 최적화된 자신만의 병행 시스템을 갖고 있으며, 엔맵이 대규모 그룹을 스캔할 때 네트워크 신뢰성에 대해 학습하게 됨에 따라 속도를 높일 수 있다. 게다가 B 클래스를 스캔하려고 65,536을 분리된 엔맵 인스턴스로 조각내면 운영체제에 상당량의 부하가 걸린다. 수십 개의 엔맵 복사본을 병렬로 실행시키는 것은 각 인스턴스가 `nmap-services`와 `nmap-os-db` 같은 자신의 데이터 파일을 메모리에 로드하므로 메모리가 낭비된다.

하나의 호스트를 병렬로 스캔하는 방법은 좋지 않은 생각임에도 불구하고 대상이 많을 경우 대상을 나누고 병렬로 스캐닝을 수행하면 전반적인 속도는 일반적으로 향상된다. 그러나 너무 많은 것을 동시에 수행하지 마라. 5개에서 10개 정도의 엔맵 프로세스가 적당하고, 한 번에 100개의 엔맵 프로세스를 실행시키는 것은 추천하지 않는다. 너무 많은 엔맵 프로세스를 동시에 실행시키면 리소스 경합에 빠진다. 동시에 엔맵 프로세스를 실행시키는 다른 방법은 다른 호스트에서 엔맵을 실행시키는 것이다. 네트워크에 존재하는 호스트를 스캔하는 데 cron 스케줄러(윈도우의 경우 At)를 사용하면 동시에 여러 대의 스캐닝 머신을 사용해 동시에 스캔이 가능하며, 결과를 중앙의 데이터 서버로 전송할 수 있다. 미국에서 오스트리아의 네트워크를 스캐닝하는 것은 미국 현지에 존재하는 스캔 호스트로 스캔하는 것보다 느리다. 이 차이점은 원거리 네트워크에 도달하기 위해 추가적인 방화벽을 더 거쳐야 하는 상황에서 더욱 심해진다.

[6.2.6] 선호하는 네트워크 위치에서 스캔

스캔을 제한하는 방화벽은 5초 걸리는 스캔을 몇 시간이 걸리게 할 수도 있다. 일부 인터넷 라우터와 관련된 지연 시간latency과 패킷 손실도 도움이 되지 않는다. 대상 네트워크의 로컬 호스트에서 엔맵을 실행할 수 있다면 그렇게 하라. 물론 목표가 외부 침입자와 같은 관점으로 네트워크를 보는 것이거나 방화벽을 테스트하는 것이라면 외부 스캐닝이 필요하다. 반면에 내부 네트워크를 스캐닝하고 보안하는 것은 내부 위협과 방화벽을 우회하는 약삭 빠른 공격자를 방지하기 위한 단계적인 방어 수단이다(10장 '방화벽과 침입탐지 시스템 탐지와 무력화'를 참조하라).

역방향 DNS 해석을 실행할 경우 심각하게 부하가 걸린 로컬 네임 서버가 있다면 덜 바쁜 네임 서버를 사용하거나 권위 있는authoritative 네임 서버에 바로 질의하는 것이 도움이 된다. 이렇게 하면 일반적으로 약간의 성능 향상을 얻을 뿐이지만 반복적인 스캔이나 대량 스캔에서는 해볼 가치가 있다. 물론 때로는 네임 서버를 선택하는 데 있어서 비성능적인 이유도 존재한다.

[6.2.7] 사용 가능한 대역폭과 CPU 시간 증가

사용 가능한 대역폭이나 CPU 성능을 증가시켜 때때로 엔맵 스캔 시간을 향상시킬 수 있다. 이는 새로운 데이터 라인이나 CPU를 설치하거나 동시에 실행돼 자원을 경쟁하는 다른 애플리케이션을 중지시켜 가능하다. 예를 들어 매트릭스 리로디드의 해적판을 다운로드해 DSL 라인 대역폭을 고갈시킨다면 엔맵은 더 느리게 진행될 것이다.

엔맵이 CPU 바운드나 이용 가능한 로컬 대역폭에 의해 제한되는 것보다 자신의 혼잡 제어 알고리즘에 의해 제한되는 경우가 훨씬 더 흔하다. 이런 제어는 네트워크 대역폭 고갈을 방지하고 정확성을 증가시키는 데 도움이 된다. CPU 능력과 로컬 대역폭을 증가시키는 것은 엔맵에 의한 이런 종류의 셀프 한계를 돕지는 않을 것이다. 그 대신 타이밍 옵션이 조정돼야 한다. 유닉스에 있는 top 애플리케이션이나 윈도우에 있는 작업 관리자 같은 애플리케이션으로 CPU 사용 현황을 모니터링해 제한된 CPU인지 아닌지를 테스트할 수 있다. CPU가 대부분의 시간 동안 유휴 상태라면 업그레이드는 그다지 도움이 되지는 않을 것이다. 엔맵의 대역폭 사용을 테스트하려면 Verbose 모드(-v)에서 실행시켜라. 그러면 엔맵은 예제 6.1에서와 같이 보내고 받은 바이트 수와 실행 시간을 보고한다.

예제 6.1 로컬 100Mbps 이더넷 네트워크에 대해 네트워크 대역폭 사용

```
# nmap -v -n -p- sec.titan.net

Starting Nmap ( http://nmap.org )
[10 lines cut]
Interesting ports on 192.168.0.8:
Not shown: 65534 closed ports
PORT     STATE  SERVICE
22/tcp   open   ssh
MAC Address: 00:1A:6B:C1:33:37 (USI)

Nmap done: 1 IP address (1 host up) scanned in 2.20 seconds
           Raw packets sent: 65536 (2.884MB) | Rcvd: 65536 (2.621MB)
```

바이트 값을 8로 곱하고 실행 시간으로 나누면 초당 비트의 평균 네트워크 대역폭 사용량이 나온다. 예제 6.1에서 엔맵은 2.20초에 2,621,000바이트(엔맵은 1,000,000바이트를 1MB로 여긴다)를 받았다. 따라서 받은 트래픽은 약 9.5Mbps(보낸 비율은 10.5Mbps)였다. 따라서 100Mbps 이더넷 링크의 대역폭이 엔맵 스캔을 제한하는 것 같지는 않으므로 기가 비트 이더넷으로의 업그레이드는 그다지 큰 도움이 되지 않는다.

일부 소비자 브로드밴드 장치와 다른 장치는 심지어 작은 패킷 사이즈(보통 엔맵은 빈 헤더를 보낸다)가 대역폭을 낮게 유지시키고 있지만 엔맵에 의해 보내진 패킷 비율을 처리하는 데 힘든 시간을 보낸다. 예제 6.1에서 엔맵은 초당 약 30,000패 킷을 보냈고 그와 유사한 숫자를 받았다. 그런 높은 패킷율은 낮은 퀄리티 장비가 있는 문제를 야기시킨다. 이런 경우 보낸 패킷과 받은 패킷 수 모두가 65,535라는 사실을 알 수 있는데, 이는 스캔된 포트의 숫자(65,536)에 초기 ARP 핑 프로브에 한 개를 더한 것이다. 따라서 엔맵은 재전송을 필요로 하는 어떤 패킷 드롭도 겪지 않았다. 이는 네트워킹 장치가 제한적 요소(엔맵은 아마 CPU 바운드였다)가 아니라는 점을 한 번 더 암시한다.

6.3 장시간이 소요되는 스캔을 위한 대처 전략

스캔 속도를 높이기 위해 옵션을 최적화했지만 스캔하는 데 여전히 시간이 많이 걸리는 경우 스캔의 정확성과 네트워크 대역폭의 공평성을 유지하면서 스캔의 신속성을 보장하는 것은 한계가 있다. 수천 개의 호스트, 모든 65K 포트, UDP, 버전 탐지 등 장시간이 소요되는 스캔을 수행하는 대규모 스캔은 최적화 이후에도 많은 시간이 걸릴 수 있다. 이 절에서는 최적화 이후에도 시간이 오래 걸리는 스캔에 대처하는 강력한 전략을 제시한다.

[6.3.1] 다단계 접근법 사용하기

광범위한 보안 감사에서는 UDP와 TCP의 각 65,536개 포트에 대한 스캔을 수행할 필요가 있으며, 이 경우 일반적으로 스캔 대상이 온라인이지만 패킷 필터링이 심할 경우에 대비해 -PN도 함께 쓰인다. 아직까지는 대체로 100개 미만의 포트가 주로 사용되며, 대부분의 호스트는 일반적인 옵션이 설정된 스캐닝에 응답한다. 따라서 맨 처음 스캔의 경우 이미 알려진 온라인 호스트에 -F 옵션을 지정해 주로 사용되는 포트에 대해 빠른 스캔quick scan을 수행하라. 그러면 버전과 운영체제 탐지와 함께 모든 TCP와 UDP 포트에 대한 대규모 -PN 스캔을 백그라운드로 수행시키는 동안 이미 알려진 온라인 호스트의 열린 포트 대부분을 분석할 수 있다. 빠른 스캔의 속도를 높이기 위한 옵션 지정은 '6.2.1 중요하지 않은 테스트 생략'에서 다뤘다. 일단 시간이 오래 걸리는 느린 스캔slow scan이 완료되면 이전에 완료된 빠른 스캔의 결과와 비교해보라.

[6.3.2] 스캔 시간 추정과 계획

대부분의 경우 장시간이 소요되는 스캔에 좌절하는 이유는 대부분 스캔이 언제 끝날지 전혀 알 수 없다는 데 있다. verbose 모드(-v)에서는 스캔 완료에 대한 추정 시간을 제공하므로 엔맵의 편리성이 더욱 높아졌다.

예제 6.2 스캔 시간 추정하기

```
# nmap -T4 -sS -p0- -iR 500 -n --min-hostgroup 100 -v

Starting Nmap ( http://nmap.org )
```

```
Initiating SYN Stealth Scan against 29 hosts [65536 ports/host] at 23:27
[...]
SYN Stealth Scan Timing: About 0.30% done; ETC: 09:45 (10:15:45 remaining)
```

예제 6.2에서 SYN 스캔으로 29개 호스트를 스캔하는 데 10시간 18분(23:27 에서 9:45)이 걸릴 것이라는 점을 알 수 있다. 따라서 엔맵이 네트워크를 스캔하는 데 보내는 전체 시간은 온라인 호스트 전체 수(29개)에 21분을 곱해 대략 추정할 수 있다. 버전 탐지나 UDP 스캔이 포함된다면 추정 시간을 지켜봐야 할 것이다.

스캔 시간을 측정하는 다른 방법은 엔맵이 첫 번째 호스트 그룹에 대한 스캐닝을 완전히 끝낼 때까지 기다리는 것이다. 그 후 전체 네트워크 크기와 첫 번째 호스트 그룹의 크기 비율을 이용해 전체 네트워크 스캔 시간을 추정한다. 이 방법이 더 간단한 이유는 복잡하게 스캔 요소별로 걸리는 시간을 측정할 필요가 없기 때문이다. 시간 측정을 위해 스캔한 IP 수와 실제 스캔 대상 IP 대역의 수를 기반으로 스캔 시간을 추정하면 시간이 잘못 측정될 수도 있다. 온라인 호스트의 IP가 대상 네트워크의 IP 대역에 균일하게 배열돼 있는 경우는 드물기 때문이다. 호스트는 일반적으로 특정 IP 대역에 몰린 상태로 발견되며, 주로 IP 대역의 앞부분에 존재한다. 따라서 스캔 자체가 호스트 발견을 포함하고 있다면(즉, -PN 옵션이 없다면) 정확한 스캔 시간 측정을 위해 먼저 전체 네트워크를 핑 스캔하고 그 후 엔맵이 스캔을 완료한 온라인 호스트 숫자와 핑 스캔에 의해 발견된 온라인 숫자로 대상 네트워크 전체 스캔 시간을 추정하라.

스캔 시간에 대한 추정이 verbose 모드에서 자동적으로 출력되며 엔맵의 스캐닝 상태에서 <enter>('15.15 실행 시의 상호 작용' 참조)를 입력해 항상 현재 추정 시간을 확인할 수 있다. 추정 시간이 업무 시간 내라면 그 시간 동안 다른 일을 하게 일정을 잡을 수 있다. 엔맵이 매 20분마다 완료되는지 아닌지를 확인하는 것보다 훨씬 낫다. 엔맵이 업무 시간 내에 끝나지 않는다는 것을 알려주는 추정은 훨씬 더 가치가 있다. 스캔을 최적화하거나 업무 시간을 연장하는 등의 대응이 가능하다. 최종 기한 시간이 지난 후에도 스캔이 너무 느리며 엔맵이 여전히 실행 중이라고 판단되는 경우 스캔 옵션을 훨씬 더 제한한다.

6.4 포트 선택을 위한 데이터와 전략

포트 스캐닝은 버전 탐지나 NSE 스크립트를 포함해 스캔할 경우에도 엔맵 스캔 중 시간을 가장 많이 소비할 수 있다. 포트 스캔 시간은 대략 스캔되는 포트 숫자와 비례하므로 포트 숫자를 줄이는 것은 성능을 상당히 향상시킨다. 단점은 포트 숫자가 줄어든 만큼 열린 포트를 놓칠 수도 있다는 점이다.

실제로는 각 프로토콜에 65,536 포트가 존재하며, 모든 포트가 열려있지는 않다. 나는 각 TCP와 UDP 포트의 선호도를 결정하기 위해 대규모 스캔을 하면서 여름을 보냈다. 이를 위한 내부에서 스캔 가능한 회사 네트워크뿐만 아니라 수백만 개의 인터넷 IP주소를 스캐닝해 데이터를 얻었다. 이 절에서 스캔 효율성과 속도 사이의 적절한 균형을 잡을 수 있는 실질적인 데이터를 제공한다.

십만 개 이상의 TCP와 UDP 포트가 존재하는 반면에 보통 열린 포트는 그보다 적다. 우리의 연구에 따르면 상위 10번째 안의 TCP 포트와 상위 1,075번째 안의 UDP 포트는 각 프로토콜의 열린 포트 중 절반에 해당한다. 열린 포트의 90%를 잡아내기 위해서 576개의 TCP 포트와 11,307개의 UDP 포트를 스캔하면 된다. 기본값으로 엔맵은 스캐닝할 때 각 프로토콜의 상위 1,000개 포트에 대해 스캔한다. 이는 대략 93%의 TCP 포트와 49%의 UDP 포트를 잡아낸다. -F(빠른) 옵션으로 상위 100개의 포트만 스캔되는데, 이 방법은 TCP에서 78%, UDP에서는 39%의 효율성을 제공한다. 다른 포트를 지정하려면 --top-ports를 사용하라. 표 6.1은 해당 프로토콜당 요구되는 효율성에 도달하기 위해 스캔해야 하는 TCP나 UDP 포트의 숫자에 대한 추정치다.

효율성	요구되는 TCP 포트	요구되는 UDP 포트
10%	1	5
20%	2	12
30%	4	27
40%	6	135
50%	10	1075
60%	18	2618
70%	44	5157

표 6.1 다양한 효율성 레벨에 도달하기 위해 요구된 --top-ports 값(이어짐)

효율성	요구되는 TCP 포트	요구되는 UDP 포트
80%	122	7981
85%	236	9623
90%	576	11307
95%	1558	13035
99%	3328	15094
100%	65536	65536

표 6.1 다양한 효율성 레벨에 도달하기 위해 요구된 --top-ports 값

엔맵이 자동으로 (여러분이 기본값에 의존하거나 -F와 --top-ports 같은 옵션을 사용할 때) 스캔할 포트를 선택하더라도 -p 옵션으로 스캔할 포트를 명확하게 지정하는 것이 유용할 때도 있다. 둘 중 어느 경우든 가장 흔하게 사용되는 열린 포트에 익숙해지는 것은 중요하다. 조사된 데이터에 기반한 상위 포트는 '4.1.2 가장 인기 있는 포트는 무엇인가?'에서 설명했다.

6.5 로우레벨 타이밍 제어

엔맵은 스캔 속도를 조종하기 위한 수많은 상세 옵션을 제공한다. 대부분의 사람들은 이런 옵션을 사용해 엔맵의 속도를 올리지만 이런 옵션들은 엔맵의 속도를 낮추는 데도 유용할 수 있다. IDS 시스템을 공격하거나, 네트워크 부하량을 줄이거나, 네트워크 환경이 너무 좋지 않아 엔맵의 기본 스캔조차도 너무 공격적이라고 판단될 때 정확성을 향상시키기 위해 로우레벨 타이밍 조정을 적용한다.

표 6.2는 기능별로 각 로우레벨 타이밍 제어 옵션을 나열한다. 각 옵션에 관한 자세한 사용 설명은 '15.11 시간과 성능'을 참조하라. 이 절은 독자가 '5.13 스캔 코드와 알고리즘'에서 설명한 엔맵 스캐닝 알고리즘에 이미 익숙하다고 가정한다.

기능	옵션
호스트 그룹(동시에 스캔되는 호스트의 단위) 크기	--min-hostgroup, --max-hostgroup
병렬로 실행될 프로브 숫자	--min-parallelism, --max-parallelism
프로브 타임아웃 값	--min-rtt-timeout, --max-rtt-timeout, --initial-rtt-timeout
프로브 재전송 최대 허용 숫자	--max-retries
전체 호스트 스캔을 포기하기 전까지의 최대 시간	--host-timeout
개별 호스트에 전송되는 프로브 간의 전송 지연 값 설정	--scan-delay, --max-scan-delay
초당 보내지는 프로브 패킷 비율	--min-rate, --max-rate
대상 호스트에 의한 Defeat RST 패킷 반응 비율	--defeat-rst-ratelimit

표 6.2 기능별 로우레벨 타이밍 제어

6.6 타이밍 템플릿(-T)

이전 절에서 설명한 로우레벨 타이밍 제어는 강력하고 효과적인데 반해 일부 사람은 이 방법이 혼란스럽다고 생각한다. 게다가 적절한 값을 선택하는 작업이 때로는 최적화하고자 하는 스캔보다 더 많은 시간을 잡아먹기도 한다. 그래서 엔맵은 여섯 종류의 타이밍 템플릿으로 간단한 접근 방법을 제공한다. 이 접근 방법은 -T 옵션과 숫자(0-5), 이름으로 지정할 수 있다. 템플릿 이름은 paranoid(0), sneaky(1), polite(2), normal(3), aggressive(4), insane(5)이다. 처음 두 템플릿은 IDS를 회피하기 위한 것이다. polite 모드는 스캔을 느리게 만들어 네트워크 대역폭과 대상 장치의 리소스를 적게 사용한다. normal 모드 -T3는 기본값이므로 스캔에 어떤 영향도 미치지 않는다. aggressive 모드는 적당히 빠르고 믿을 만한 네트워크에 있다는 가정을 하고 스캔 속도를 높인다. 마지막으로 insane 모드는 매우 빠른 네트워크에 있거나 속도를 위해 정확성을 어느 정도 희생한다고 가정한다.

위에서 설명한 템플릿은 엔맵이 정밀한 타이밍 값을 선택하게 하는 동시에 사용자 자신이 원하는 공격적인 스캔의 정도를 지정할 수 있게 한다. 템플릿은 현재 존재하지 않는 로우레벨 옵션에 대해 소소한 속도 조정을 하기도 한다. 예를 들어 -T4는 TCP 포트에 대해 10밀리초를 초과하는 동적 스캔 지연_{dynamic scan}

delay을 금지하며, -T5는 그 값을 5밀리초로 설정한다. 템플릿은 로우레벨 제어의 조합과 함께 사용할 수 있으며, 로우레벨 제어는 일반적인 타이밍 템플릿의 특정 값을 바꿀 수 있다. 일반적으로 현대적이고 신뢰할 만한 네트워크를 스캔할 때는 -T4 사용을 권장한다. 여분의 시간으로 가능한 한 최적화된 이득을 얻기 위해 로우레벨 제어를 추가할 때조차도 (커맨드라인의 시작에서) -T4 옵션을 유지하라.

표 6.3.은 타이밍 변수가 각 -T 값에 대해 어떻게 달라질 수 있는지를 보여준다. 모든 타임 값의 단위는 밀리초다.

	T0	T1	T2	T3	T4	T5
템플릿 명	Paranoid	Sneaky	Polite	Normal	Aggressive	Insane
min-rtt-timeout	100	100	100	100	100	50
max-rtt-timeout	300,000	15,000	10,000	10,000	1,250	300
initial-rtt-timeout	300,000	15,000	1,000	1,000	500	250
max-retries	10	10	10	10	6	2
초기 (최소) 스캔 지연 (--scan-delay)	300,000	15,000	400	0	0	0
최대 TCP 스캔 지연	300,000	15,000	1,000	1,000	10	5
최대 UDP 스캔 지연	300,000	15,000	1,000	1,000	1,000	1,000
host-timeout	0	0	0	0	0	900,000
min-parallelism	타이밍 템플릿에 영향 받지 않으며, 동적이다					
max-parallelism	1	1	1	동적	동적	동적
min-hostgroup	타이밍 템플릿에 영향 받지 않으며, 동적이다.					
max-hostgroup	타이밍 템플릿에 영향 받지 않으며, 동적이다.					
min-rate	최소 트래픽-제한(rate-limiting) 없음					
max-rate	최대 트래픽-제한(rate-limiting) 없음					
defeat-rst-ratelimit	기본값으로 사용 안 됨					

표 6.3 타이밍 템플릿과 그 효율

괜찮은 광통신이나 이더넷 연결을 사용하고 있다면 항상 -T4의 사용을 추천한다. 일부 사용자는 -T5를 선호하지만 너무 공격적이다. 때때로 -T2를 지정하기도 하는데, 호스트와 충돌할 가능성이 적다고 생각하거나 그들 스스로 일반적으로 안전하다고 생각하기 때문이다. -T polite가 사실 얼마나 느린지 사람들은 잘 깨닫지 못한다. 기본 스캔보다 10배나 더 길어질 수도 있다. 장치 충돌과 네트워크 대역폭 문제는 기본 타이밍 옵션(-T3)에서는 거의 드문 문제이며, 일반적으로 신중한 스캐너에게는 -T3을 권장한다. 버전 탐지를 생략하는 방법이 이런 문제를 줄이는 데 타이밍 값을 조정하는 방법보다 훨씬 더 효율적이다.

-T0와 -T1은 IDS 경고를 피하는 데 유용할 수도 있는 반면에 수천 개의 장치나 포트를 스캔하는 데 상당히 오랜 시간이 걸린다. 그런 긴 스캔에 대해 -T0나 -T1 값에 의존하기보다는 정확한 타이밍 값 지정을 선호할지도 모른다.

6.7 46시간만에 676,352개의 IP 주소 스캔

다음은 Mayo 클리닉의 잭 모건Jack L. Mogren이 제공한 이야기다. 제공한 문서는 엔맵 스캐닝 관리 체제를 정기적으로 수행하고 이 거대한 네트워크를 1주일에서 46시간으로 스캔 시간을 줄이기 위해 그가 거친 단계를 설명해주는 지침서 같은 기능을 한다.

Mayo 클리닉은 상대적으로 거대한 사설 네트워크를 지었는데, ARP 테이블이 70,000개 이상의 IP 주소가 사용 중이라는 것을 나타냈다. 세 가지 주요 캠퍼스와 전국에 걸쳐 있는 몇십 개 위성의 물리적 아키텍처를 창조하고 유지하는 네트워크 관리에 집중했었다. 우리의 모토는 "필요하세요? 우리가 지어드립니다."였다. 실제로 우린 네트워크에 무엇이 연결돼 있는지 관심이 적었다. 네트워크 관리는 편리하게도 데이터 잭에서 끝났고 캔디 바 신드롬으로 피해를 입었다. 외부에서는 단단하고 안전했지만 내부에서는 부드럽고 말랑했다. 우리는 외부와의 경계선은 잘 보호했지만 내부 통제는 별로 좋지 않았다.

이런 환경은 2003년 1월 슬래머Slammer 웜W32.SQLExp과 다양한 변종이 우리의 네트워크를 침투해오면서 바뀌었다. 갑자기 우리 네트워크에 무엇이 연결돼 있는지 아는 것이 아주 중요해진 것이었다. 슬래머의 경우 우리는 MS SQL 서버 2000이나 MSDE 2000을 실행하는 모든 장치가 어디에 위치해 있으며, 누가 관리자인지를 알 필요가 있었다. 이런 정보가 부족했기 때문에 슬래머를 뿌리째 없애는 노력은 몇 달이 걸렸다.

그래서 "우리 네트워크에 무엇이 있는지를 알자."는 노력이 탄생된 것이다. 아주 간단하게 들리지만 주어진 네트워크의 크기와 복잡성, 네트워크 역사로 봤을 때 이는 미래를 향한 거대한 한 걸음이며, 우리 네트워크 관리 서비스를 위한 새로운 방향이었다.

엔맵은 이런 노력에 값진 도구라는 것을 증명해왔다. 이 가격보다 더 좋을 수 없으며, 나는 오픈소스 커뮤니티의 발전에 의한 편의에 감사한다. 특히 운영체제 핑거프린팅과 최종 사용자에 의해 제공되는 많은 공헌에 감사한다.

나는 엔맵으로 실험을 시작했다. 목표는 TCP/IP 핑거프린팅을 통해 원격 호스트의 운영체제 종류를 재빨리 알아내기 위해 엔맵 -O 옵션을 사용해 의미 있는 네트워크 목록을 만드는 것이었다.

우리의 IP 환경과 내 스캐닝 플랫폼에 대해 잠시 얘기하고 가겠다. 우리는 현재 대부분의 사설 주소 공간을 사용하는 것은 물론 B 클래스 1개와 44개의 C 클래스 범위를 소유하고 있다. 이것으로 총 676,352개의 IP 주소를 만들 수 있다. 나는 내 스캔을 레드햇 리눅스 8.0이 실행되는 컴팩 DL380에서 수행했다. 나의 첫 시도는 운영체제 탐지(-O)와 호스트 발견(-PE)을 위한 ICMP 에코 요청만을 추가한 일반적인 TCP SYN 스캔을 하는 것이었다.

```
# nmap -O -PE -v -oX mayo.xml -iL ip_networks.txt
```

불행히도 이것은 너무 느리게 진행돼 우리 전체 네트워크를 스캔하는 데 1주일이 걸릴 것이다. 우리 네트워크의 모든 중요한 부분이 적어도 하나의 T1 라인(1.54Mbps)에 연결돼 있다고 보고, 나는 미리 준비된 insane 타이밍 정책(-T5)을 추가했다. 또한 빠른 스캔 모드(-F)를 추가했는데, 이는 스캔할 포트 수를 1600에서 1200으로 줄였다.[2] 또한 엔맵이 열린 포트가 없는 호스트를 운영체제 스캔하는 데 시간을 낭비하지 않게 하려고 --osscan-limit을 추가했다. 그 결과는 다음 명령으로 나타났다.

```
# nmap -O -T5 -PE -F --osscan-limit -v -oX mayo.xml -iL ip_networks.txt
```

불행히도 이는 여전히 며칠 걸릴 것처럼 보였다. 그래서 포트 숫자를 270개로 줄이기 위해 nmap-services 파일을 편집했다. 그 후 스캔은 약 49시간이 약간 초과돼 끝났으며, 66,558개의 장치를 발견했다. 타이밍 값을 조정하고 verbose 옵션을 제거하고 출력을 /dev/null로 리다이렉팅함으로써 스캔 시간을 46시간으로 줄였다. 이에 대한 커맨드라인은 다음과 같다.

---

[2]. 엔맵 버전 4.75나 그 이상으로 -F는 스캔할 포트를 100으로 줄인다는 점에서 훨씬 더 효율적이다.

```
# nmap -O -T5 -PE -F --osscan-limit --max-rtt-timeout 100      \
        --max-parallelism 100 --min-hostgroup 100 -oX mayo.xml  \
        -iL ip_networks.txt
```

나는 이 스캔을 일주일마다 실행하기로 계획하고 XML 형식의 출력 파일을 MS SQL 데이터베이스에 입력했다. 우리의 다른 스캔 방법은 이미 이 데이터베이스에 입력돼 우리 네트워크에 무엇이 있는지를 알기 위한 최초의 목표를 만족시키는 데 도움을 줄 보고서를 생성할 수 있다. 나는 일부 시스템에 이 스캐닝의 일부분을 실행해 부하를 분산시킬지도 모른다.

07장

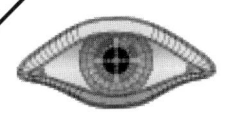

서비스와 애플리케이션 버전 탐지

7.1 소개

엔맵은 다양한 기능을 갖고 있지만 가장 기본적인 기능은 단연 포트 스캐닝이다. 원격 시스템을 엔맵 포트 스캐닝하면 엔맵은 해당 시스템에 25/tcp, 80/tcp, 53/udp가 오픈돼 있다고 알려줄 것이다. 엔맵은 2,200개 이상의 잘 알려진 서비스를 담고 있는 `nmap-service` 데이터베이스를 이용해 해당 오픈된 포트가 메일 서버(SMTP), 웹서버(HTTP), 네임 서버(DNS)와 각기 대응한다고 보고한다. 보통 이런 포트 정보는 꽤 정확하다. 사실 포트 25번에서 리스닝하고 있는 데몬의 대부분은 메일 서버로 동작한다. 하지만 때로 사람들은 이상한 포트에서 서비스를 돌리거나 실행할 수도 있기 때문에 엔맵이 제공한 정보만으로 해당 포트에서 리스닝하는 서비스를 완전히 신뢰해서는 안 된다.

이미 웹서버가 80번 포트에서 동작 중이라면 테스트 웹서버를 위해 다른 포트를 선택했을 것이다. 시스템 관리자들은 '악의적인 해커'가 취약한 포트를 찾지 못하게 이상한 포트에 취약한 서비스를 숨기려고 한다. ISP에서 코드레드CodeRed나 님다Nimda 같은 마이크로소프트 IIS 웜을 포트 80번에서 막으면 개인적으로 웹서버를 사용하려는 사용자들은 80번 포트가 아닌 다른 포트에서 웹서버를 구동시킨다. 일반 기업에서 심각한 보안 위험 때문에 텔넷 접근을 막고 텔넷 데몬을 보안 셸SSH 포트에서 구동하는 경우도 많다.

엔맵이 포트를 정확하게 탐지했더라도 SMTP, HTTP, DNS가 동작한다고 예측한 서버에 대해 많은 정보를 보여주지 않는다. 고객사나 여러분 회사의 취약점을 평가(또는 간단한 네트워크 저장소)할 때 메일 서버와 네임 서버의 버전을 알고 싶을 것이다. 서비스에 대한 정확한 버전 정보는 공격하려는 서버에 어떤 취약점이 있는지 파악하는 데 많은 도움이 된다. 주의해야 할 점은 보안 취약점을 고친 소프트웨어는 종종 취약한 버전을 그대로 보여주는 경우도 있으므로 엔맵에서 확인된 버전 번호에 무조건 의존해서는 안 된다는 점이다. 거짓 음성False negative(취약점이 존재하지만 취약점을 보고하지 못하는 경우)는 드물지만 관리자가 취약한 버전에 대해 패치를 하고 난 후 일부러 공격자를 속이기 위해 취약한 버전을 그대로 보여주는 경우가 있다.

서비스 유형과 버전 번호를 찾아야 하는 다른 좋은 이유는 많은 서비스가 같은 포트 번호를 공유한다는 점이다. 예를 들어 258/tcp 포트는 체크포인트 방화벽-1 GUI 관리 인터페이스와 yak 윈도우 챗chat 클라이언트에 둘 다 사용된다. 포트 번호만 갖고 서비스를 찾는 것은 `nmap-service` 테이블을 이용하기 때문에 실제와 약간 다를 수 있다.

수많은 스캐닝 작업을 수행하는 사람들은 등록되지 않은 포트에서 리스닝하는 서비스를 종종 발견하고 엔맵에서 버전 탐지를 하지 못해도 직감과 경험으로 해당 포트가 어떤 서비스를 하는지 아는 경우도 있다. 대상 시스템이 엔맵 버전 탐지에서 전달한 서비스 지정 프로브에 응답하면 해당 포트가 열려있다는 사실을 알 수 있다(그리고 종종 뭐가 동작하고 있는지도 알 수 있다).

서비스 스캔은 서비스 유형과 버전 번호뿐만 아니라 다양한 정보를 보여주는 경우도 있다. 서비스 스캔을 수행해 발견한 추가적인 정보는 '정보info' 필드에 나타난다. 이 정보는 제품 이름과 버전 번호 다음에 따라오는 버전VERSION 칼럼에 나타난다. 정보 필드는 SSH 프로토콜 번호나 아파치 모듈이나 그 외 더 많은 정보들을 보여준다.

또한 놀랍게도 일부 서비스는 시스템의 역방향 DNS 호스트명과 다른 해당 서비스가 설정한 호스트명도 보여준다. 호스트명 필드는 포트 테이블 다음에 있는 서비스 정보 라인에 보여진다. 이 말은 중요하지 않은 정보가 노출된 것처럼 들리겠지만 이런 정보가 공격자에게는 꽤 유용하게 사용될 수 있다. 한 예를 들어보자. 내가 켄섹웨스트CanSecWest 보안 컨퍼런스에 참석했을 때 노트북을 내 방에서 사용하고 있었다. 갑자기 노트북의 화면 구석에 있는 tcpdump 윈도우가 많은 패킷을 받고 있었고, 나는 즉시 내 컴퓨터가 공격당하고 있다는 사실을 알아차렸다. 나는 즉시 컴퓨터에 연결된 공격자의 시스템에 포트 스캔을 한 후 잘 사용하지 않는 높은 숫자의 포트가 열려있는 것을 확인했다. 해당 포트에 연결하자 한 뭉치의 파악하기 힘든 바이너리 문자를 쏟아냈지만 그 결과 중에서 하나의 ASCII 필드에는 설정한 도메인명이 있었다. 해당 도메인은 작은 보안 회사에서 사용되던 것이었고 나는 즉시 누가 내 컴퓨터에 집적거리는 건지 알았다. 나는 그의 호텔 방으로 가서 내 컴퓨터를 공격하는 것을 멈추라고 말했을 때 내 컴퓨터에 집적이던 그 소년은 깜짝 놀랐었다.

버전 탐지가 발견할 수 있는 추가적인 두 개의 필드는 운영체제와 장치 유형이다. 이 두 가지 필드는 서버 정보 라인에도 나타난다. 나는 여기서 두 가지 기술을 이용한다. 하나는 애플리케이션 배타적인 방법이다. 서비스가 마이크로소프트 익스체인지인 걸로 식별되면 익스체인지Exchange는 윈도우 운영체제 이외 시스템에서는 동작하지 않으므로 해당 시스템은 윈도우 시스템이라는 것을 알 수 있다. 또 다른 기술은 플랫폼 정보를 얻을 가능성을 더 높일 수 있는 방법이다. 수많은 서버(특히 웹서버)는 매우 작은 정보만 요청해도 해당 플랫폼 정보를 공격자에게 알려주는 경우가 많다. 엔맵의 운영체제 탐지 옵션(-O)을 추가해 운영체제를 탐지할 수 있게 하고 때론 운영체제 이외의 다른 결과를 보여주기도 한다. 포트 포워딩 유닉스 방화벽 뒤에 숨겨진 마이크로소프트 익스체인지 서버를 생각해보라.

엔맵의 버전 스캐닝은 열린 포트에 연결해 해당 포트에서 응답하는 모든 데이터를 수집하고 구체적인 서비스 정보를 이용해 더 많은 정보를 얻기 위한 추가 질문을 보낸다. 이런 과정을 통해 엔맵은 단지 해당 포트가 열려있다는 사실뿐만 아니라 어떤 서비스가 실제로 동작하고 있는지 자세히 확인할 수 있다. 예제 7.1은 실제 결과를 보여준다.

예제 7.1 버전 탐지의 간단한 사용법

```
# nmap -A -T4 -F insecure.org

Starting Nmap ( http://nmap.org )
Interesting ports on insecure.org (205.217.153.53):
(The 1206 ports scanned but not shown below are in state: filtered)
PORT     STATE  SERVICE  VERSION
22/tcp   open   ssh      OpenSSH 3.1p1 (protocol 1.99)
25/tcp   open   smtp     Qmail smtpd
53/tcp   open   domain   ISC BIND 9.2.1
80/tcp   open   http     Apache httpd 2.0.39 ((Unix) mod_perl/1.99_07-dev)
```

```
113/tcp closed auth
Device type: general purpose
Running: Linux 2.4.X|2.5.X
OS details: Linux Kernel 2.4.0 - 2.5.20

Nmap finished: 1 IP address (1 host up) scanned in 34.962 seconds
```

엔맵 버전 탐지는 다음의 고급 기능을 제공한다(자세한 설명은 뒤 부분에 설명한다).

- 빠른 속도, 비블록킹Non-blocking 소켓을 통해 병렬 작업과 효율적인 강력한 수행을 할 수 있게 설계한 프로브/매치 정의 문법을 갖고 있다.
- 서비스 프로토콜에 대한 정보뿐만 아니라 애플리케이션 이름과 버전 번호를 결정한다.
- TCP와 UDP 프로토콜뿐만 아니라 문자 형태의 ASCII와 압축된 바이너리 서비스를 지원한다.
- 리눅스, 윈도우, 맥 OS X, FreeBSD/NetBSD/OpneBSD, 솔라리스뿐만 아니라 그 외 다양한 시스템에서 동작할 수 있게 멀티플랫폼을 지원한다.
- SSL이 탐지되면 엔맵은 OpenSSL(가능하다면)을 이용해 연결하고 암호화 계층 후단에 리스닝하는 서비스가 무엇인지 결정하려고 시도한다. 이것은 버전에 대한 상세한 정보뿐만 아니라 HTTPS, POP3S, IMAPS 같은 서비스도 찾게 한다.
- SunRPC 서비스가 발견되면 엔맵은 프로그램 번호, 이름, 버전 번호를 찾기 위해 무차별 대입 공격을 수행한다.
- TCP, UDP, SSL을 포함한 IPv6를 지원한다.
- **커뮤니티 배포** 엔맵이 인식하지 못하는 서비스로부터 데이터를 얻으면 서비스 핑거프린트는 특정 URL을 보여준다. 추후에 사용자가 해당 패턴을 엔맵 커뮤니티에 배포하면 엔맵 운영체제 탐지 핑거프린트는 해당 패턴을 추가한다.
- **포괄적인 데이터베이스** 엔맵은 1,000개가 넘은 서비스 시그니처와 ACAP, AFP, AIM에서 XML-RPC, Zebedee, Zebra까지 180개의 유일한 서비스 프로토콜을 인식한다.

7.2 사용법과 예제

어떻게 버전 탐지가 수행되는지 기술적인 자세한 방법을 설명하기 전에 버전 탐지의 사용법과 기능에 대한 몇 가지 예와 데모를 설명한다.

버전 탐지를 이용하려면 일반적인 엔맵 사용에 `-sV` 플래그만 더해주면 된다. 또는 `-A` 옵션을 사용하면 버전 탐지뿐만 아니라 나중에 설명할 발전된 기능을 포함한 결과를 보여준다. 예제 7.2는 `-A` 옵션을 사용한 예다.

예제 7.2 www.microsoft.com에 대해 버전 탐지 수행

```
# nmap -A -T4 -F www.microsoft.com

Starting Nmap ( http://nmap.org )
Interesting ports on 80.67.68.30:
(The 1208 ports scanned but not shown below are in state: closed)
PORT     STATE SERVICE   VERSION
22/tcp   open  ssh       Akamai-I SSH (protocol 1.5)
80/tcp   open  http      AkamaiGHost (Akamai's HTTP Acceleration service)
443/tcp  open  ssl/http  AkamaiGHost (Akamai's HTTP Acceleration service)
Device type: general purpose
Running: Linux 2.1.X|2.2.X
OS details: Linux 2.1.19 - 2.2.25

Nmap finished: 1 IP address (1 host up) scanned in 19.223 seconds
```

위 스캔 예제는 여러 개를 보여준다. 무엇보다 www.Microsoft.Com은 Akamai의 리눅스 시스템 중 한 개라고 알 수 있다. 좀 더 관련된 정보는 대상 시스템에 열려있는 443번 포트는 `ssl/http` 서비스라는 점이다. 즉, 서비스 탐지에서 발견한 첫 번째 포트는 SSL이고, 해당 서비스에는 OpenSSL이 동작하고 있으며, AkamiGHost 암호화 통신을 이용한 웹서버가 구동되고 있다는 사실을 알 수 있다. 옵션을 살펴보면 `-T4`는 엔맵을 좀 더 빠르게(더 공격적인 시간으로) 수행하기 위한 옵션이고, `-F`는 `nmap-services`에 등록된 포트만을 스캔하는 옵션이다. 예제 7.3은 좀 더 길고 다양한 예를 보여준다.

예제 7.3 복잡한 버전 탐지

```
# nmap -A -T4 localhost

Starting Nmap ( http://nmap.org )
Interesting ports on felix (127.0.0.1):
(The 1640 ports scanned but not shown below are in state: closed)
PORT       STATE  SERVICE    VERSION
21/tcp     open   ftp        WU-FTPD wu-2.6.1-20
22/tcp     open   ssh        OpenSSH 3.1p1 (protocol 1.99)
53/tcp     open   domain     ISC BIND 9.2.1
79/tcp     open   finger     Linux fingerd
111/tcp    open   rpcbind    2 (rpc #100000)
443/tcp    open   ssl/http   Apache httpd 2.0.39 ((Unix) mod_perl/1.99_04-dev)
515/tcp    open   printer
631/tcp    open   ipp        CUPS 1.1
953/tcp    open   rndc?
5000/tcp   open   ssl/ftp    WU-FTPD wu-2.6.1-20
5001/tcp   open   ssl/ssh    OpenSSH 3.1p1 (protocol 1.99)
5002/tcp   open   ssl/domain ISC BIND 9.2.1
5003/tcp   open   ssl/finger Linux fingerd
6000/tcp   open   X11        (access denied)
8000/tcp   open   http-proxy Junkbuster webproxy
8080/tcp   open   http       Apache httpd 2.0.39 ((Unix) mod_perl/1.99_04-dev)
8081/tcp   open   http       Apache httpd 2.0.39 ((Unix) mod_perl/1.99_04-dev)
Device type: general purpose
Running: Linux 2.4.X|2.5.X
OS details: Linux Kernel 2.4.0 - 2.5.20

Nmap finished: 1 IP address (1 host up) scanned in 42.494 seconds
```

여기서 포트 111번이 rpcbind 버전 2라는 것을 알려고 사용한 무차별 대입 RPC 스캔과 함께 RPC 서비스가 처리되는 방식을 볼 수 있다. 또한 포트 515는 프린터 서비스가 동작하고 있으나 버전 정보는 빈칸으로 나타나는 것을 알 수 있다. 엔맵은 프로브probing를 통해 서비스명은 확인했으나 그 외 버전 정보 등 다른 정보는 확인할 수 없었다. 반면 포트 953번은 'rndc?'라는 서비스명으로 나타난다. 물음표 표시는 엔맵이 프로브를 통해 서비스 이름을 정확하게 확인할 수 없다는 점을 알려준다. nmap-services에서 953 포트가 rndc로 등록돼 있으므로 대안으로 rndc?로 표시된다. 불행히도 엔맵 프로브는 rndc로부터 정확한 응답 종류를 이끌어내지 못했다. 엔맵이 rndc로부터 정확한 응답을 얻으면 엔맵은 서비스 핑거프린트와 URL을 화면에 보여주고 다음 버전을 식별할 수 있다. 실제로 엔맵은 특정한 프로브를 요청한다. 이 프로브에 대해 한 가지 예를 '7.7 커뮤니티 배포'에서 살펴볼 수 있다.

일부 서비스는 버전 번호뿐만 아니라 수많은 다른 정보를 제공하는데, 실제 별로 유용하지는 않다. 위 예에서는 X11이 연결을 허용할 수 있는지 여부와 SSH 프로토콜 번호, 아파치 모듈 버전 목록을 포함한다. 아파치 모듈 중 일부는 위 페이지의 결과에서 일부 생략했다.

일부 재빠른 검토자는 SSL을 통한 finger나 SSH 같은 운영하는 서비스의 온전함에 의문을 가진다. 이것은 병렬 SSL 스캔이 실제로 동작하는지 확인하기 위한 부분으로 stunnel[1]과 함께 즐길 수 있다.

7.3 기술적 설명

엔맵 버전 스캐닝은 실제로 꽤 정확한 편이다. 엔맵 버전 스캐닝은 빠르고 정확하며 확장할 수 있게 최대한 간단하게 설계했다. 엔맵을 다운로드해 소스코드를 살펴보고 어떻게 동작하는지 볼 수도 있겠지만 여기서는 좀 더 쉽게 이해하도록 기술적인 개요들을 설명한다.

엔맵은 처음에 명령에 따라 포트 스캔을 하고 모든 open 포트, open|filteded TCP, UDP 포트를 서비스 스캔 모듈을 통해 확인한다. 개별적인 포트에 대한 정보를 얻었어도 엔맵은 병렬로 다른 포트에 대해 정보를 질의한다.

1. 엔맵은 해당 포트가 nmap-service-probes에 있는 Exclude 지시자로 스캔 대상에서 제외되는 포트인지 검사한다. 제외하는 포트라면 엔맵은 해당 포트에 대해 '7.6 nmap-service-probes 파일 포맷'에서 설명한 이유를 보여주며 스캔을 하지 않는다.

2. 포트가 TCP라면 엔맵은 해당 포트에 연결을 시작한다. 해당 포트에 연결이 성공하고 포트가 open|filteded 상태라면 해당 포트는 열려 있다고 바꾼

---

1. http://www.stunnel.org/

다. 이것은 TCP에 대해서는 드문데, 사용자들은 보통 open|filteded 포트(FIN 스캔처럼)를 유발하는 TCP 스캔 유형을 이용해 스텔스 모드를 시도하는데, 이 작업은 보통 버전 탐지를 통한 스텔스 수행보다 더 잘 알려져 있기 때문이다.

3. TCP 연결이 이뤄지면 엔맵은 5초 정도 리스닝을 한다. FTP, SSH, SMTP, Telnet, POP3, IMAP 서버 같은 대부분의 일반적인 서비스들은 초기 배너를 갖고 있다. 엔맵은 추가적인 어떤 프로브 데이터도 전달하지 않으므로 이것을 'NULL 프로브'라 부른다. 어떤 데이터가 받아지면 nmap-service-probes 파일('7.6 nmap-service-probe 파일 포맷' 참조)에 있는 수천 개의 정규 표현 시그니처와 비교한다. 서비스가 완벽하게 식별되면 해당 포트에 대한 비교를 종료한다. 정규 표현은 응답에 없는 버전 번호를 고르는 데 사용할 수 있는 하위 문자열을 갖는다. 어떤 경우에 엔맵은 서비스 유형에 대해 '소프트 매치soft-match'를 하고 버전 정보를 얻지 않는다. 이 경우에 엔맵은 소프트 매치되는 서비스 유형을 식별하기 위해 알려진 프로브 패킷을 보낸다.

4. 현재는 NULL 프로브가 실패하거나 소프트 매치되면 엔맵은 처음에 UDP 프로브를 하고 끝날 때는 TCP 연결을 시도한다. 대부분의 포트가 nmap-services에 등록돼 있는 서비스에 의해 식별되기 때문에 모든 프로브는 가장 효율적으로 고려하는 포트 숫자의 목록을 갖고 있다. 예를 들어 프로브에서 포트 목록 80-85, 8000-8010, 8080-8085 포트가 발견되면 웹서버로 인식하는 GetRequest를 호출한다. 엔맵은 스캔으로 확인된 포트 번호와 일치하는 프로브들을 계속 실행한다.

각 프로브는 포트에 전달하는 프로브 문자(임의의 ASCII나 \xHH 같은 바이너리)를 갖고 있다. 서버에서 반환되는 응답은 위에서 설명한 NULL 프로브에서 이야기한 같은 유형의 정규 표현 목록과 비교한다. NULL 프로브 검사는 전수비교full match, 소프트매치, 전혀 매치되지 않는 결과를 낼 수도 있다. 매치를 위해 엔맵이 사용하는 정규 표현식의 정확한 목록은 프로브 폴백fallback 설정에 의존한다. 예를 들어 X11Probe에서 반환된 데이터는 GetRequest 프로브에 대해 조작된 어떤 정규 표현과도 일치하지 않는다. 반면 두 개의 프로토콜이 검사하기에 상당히 밀접한 관계가 있으므로 RTSPRequest 같은 Probe에서 반환된 결과는 GetRequest에 대해 조작된 정규 표현식과 일치한다. 그래서 RTSPRequest 프로브는 GetRequest 매치의 대체로 사용될 수 있다. 좀 더 자세한 설명은 '7.3.1 치트와 폴백'을 살펴보라.

버전 탐지하는 동안에 UDP 포트에 대한 응답을 open|filtered 상태로 받으면 해당 상태를 열려있다고 변경한다. 이것은 일부 일반적인 방화벽 규칙이 활동적일 때 모든 스캔된 UDP 포트가 open|filtered 상태로 레이블이 되게 만드는 UDP 스캔이 멋지게 버전 탐지를 할 수 있게 한다. 버전 탐지와 조합한 UDP 스캐닝은 단순 UDP 스캔보다는 좀 더 많은 시간이 걸리지만 이런 스캔 기술은 상당히 효과적이고, 이와 관련된 자세한 설명은 '5.4.1 필터된 UDP 포트에서 열린 포트를 확인'을 참조하라.

5. 대부분의 경우 위에서 설명한 NULL 프로브나 가능한probable 포트 프로브(일반적으로 오직 하나)는 서비스와 일치한다. NULL 프로브가 가능한 포트 프로브와 연결을 공유하기 때문에 대부분의 경우 오직 하나의 명확한 연결을 위해 서비스 검사를 허용한다. UDP에서는 한 개의 패킷만 필요하다. 그러나 NULL 프로브와 가능한 포트 프로브가 실패하면 엔맵은 존재하는 모든 프로브를 계속 전달한다. TCP의 경우 엔맵은 이전 프로브의 결과와 충돌을 피하려고 각 프로브에 새로운 연결을 만든다. 가장 최악의 시나리오는 과도한 시간이 걸린다는 것인데, 특히 엔맵은 각 프로브에 대한 결과를 5초간 기다리지만 느린 네트워크에서는 서비스에 대한 응답이 더 느리다는 점이다. 운 좋게도 엔맵은 스캔 속도를 높이기 위한 몇 가지 자동화된 기술을 이용한다.

- 엔맵은 많은 서비스를 확인하려고 충분한 프로브를 만든다. 예를 들어 GenericLines 프로브는 서비스에 두 개의 빈 줄(\r\n\r\n)을 보낸다. 두 빈 줄은 FTP, ident, POP3, UUCP, Postgres, whois 등의 수많은 서비스 유형 데몬과 일치한다. GetRequest 프로브는 더 많은 서비스 유형과 일치한다. 다른 예들은 'help\r\n'과 일반적인generic RPC, MS SMB 프로브 등이다.

- 서비스가 소프트매치 지시자와 일치하면 엔맵은 오직 해당 서비스와 잠재적으로 일치할 수 있는 프로브를 시도한다.

- 모든 프로브는 동일하게 만들어지지 않는다. 일부는 다른 프로브보다 더 많은 서비스와 일치한다. 이로 인해 엔맵은 확실히 매치되지 않아 보이는 프로브를 시도하는 작업을 피하려고 래리티rarity 매트릭을 사용

한다. 경험이 풍부한 엔맵 사용자는 '7.3.2 프로브 선택과 래리티'에서 설명하는 --version-intensity, --version-all, and --version-light 옵션을 이용해 기본값보다 더 많은 프로브를 강제로 전송할 수 있다.

6. 프로브 검사 중 하나는 목적지 포트가 SSL이 동작 중인지 확인한다. SSL이 동작 중이라면(OpenSSL이 이용 가능하다면) 엔맵은 SSL을 통해 반대로 연결하고 SSL 암호화 뒤편에 열려 있는 포트가 무엇인지 확인하기 위해 서비스 스캔을 다시 수행한다. 특별 지시자는 정상과 SSL 터널 연결에 대해 다른 가능한 포트를 허용한다. 예를 들어 엔맵은 SSL 프로브에 443(HTTPS) 포트를 이용해 시작한다. 그러나 SSL이 탐지되고 활성화되면 SSL 443 포트에 GetRequest 프로브를 시도한다. 포트 443은 보통 SSL 암호화가 동작하는 웹서버가 열고 있는 포트이기 때문이다.

7. 다른 일반적인 프로브generic probe는 RPC 기반 서비스를 식별한다. RPC 서비스가 발견될 때 엔맵 RPC 그라인더grinder(추후 설명)는 RPC 프로그램 번호/이름과 지원하는 버전 번호에 대해 무차별 대입 공격을 한다. 유사하게 윈도우 서비스의 핑거프린트에 대한 SMB 후처리기post-processor를 추가해 대입 공격을 수행한다.

8. 최소한 프로브 중 하나가 응답을 얻으면 아직 엔맵은 서비스에 대해 정확히 식별한 것은 아니며 응답 내용은 핑거프린트의 형태로 사용자에게 보여진다. 사용자가 실제로 어떤 서비스가 리스닝하는지를 알면 사용자들은 엔맵 개발자에게 해당 핑거프린트에 대한 정보를 보내 엔맵에 통합할 수 있게 만든다. 이에 대한 자세한 설명은 '7.7.1 서비스 핑거프린트 보내기'를 참조하라.

[7.3.1] 치트와 폴백

엔맵이 서비스에 대한 응답을 위해 일정 시간 동안 기다릴지라도 때로 애플리케이션은 NULL 프로브에 대해 응답이 상당히 느릴 수 있다. 이런 상황은 일부 서비스에 의해 수행되는 느린 역방향 DNS lookup을 포함한 다양한 이유 때문에 발생한다. 이로 인해 엔맵은 부차적인 프로브로부터 NULL 프로브를 위해 설계한 매치 라인까지의 결과와 매치할 수 있다.

예를 들어 서버에 뭐가 리스닝 중인지 확인하기 위해 포트 25(SMTP)를 스캔한다고 가정하자. 해당 포트에 접속하자마자 해당 서비스는 접속자가 스패머인지 아니면 서비스 거부 공격을 하려는 사람인지를 확인하기 위해 DNS 블랙리스트를 찾는다. 이 작업이 끝나기 전에 엔맵은 NULL 프로브 응답을 기다리는 것을 포기하고 해당 25번 포트에 'HELP\r\n'인 다음 프로브를 보낸다. 서비스가 마침내 안티 스팸 체크를 끝냈을 때 인사 배너를 보여주고 Help 프로브를 읽고 예제 7.4와 같은 결과로 응답한다.

예제 7.4 NULL 프로브 치트 예제 결과

```
220 hcsw.org ESMTP Sendmail 8.12.3/8.12.3/Debian-7.1; Tue, [cut]
214-2.0.0 This is sendmail version 8.12.3
214-2.0.0 Topics:
214-2.0.0      HELO    EHLO    MAIL    RCPT    DATA
214-2.0.0      RSET    NOOP    QUIT    HELP    VRFY
214-2.0.0      EXPN    VERB    ETRN    DSN     AUTH
214-2.0.0      STARTTLS
214-2.0.0 For more info use "HELP <topic>".
214-2.0.0 To report bugs in the implementation send email to
214-2.0.0      sendmail-bugs@sendmail.org.
214-2.0.0 For local information send email to Postmaster at your site.
214 2.0.0 End of HELP info
```

엔맵은 데이터를 소켓에서 읽고 Help 프로브가 반환된 데이터와 일치하는 것으로부터 어떤 정규 표현도 없다는 것을 발견한다. 이것은 엔맵은 보통 NULL 프로브 동안 ESMTP 배너를 받아 반환된 결과와 비교하기 때문이다.

이런 작업은 비교적 일반적인 시나리오이므로 프로브 지정 줄과 어떤 것도 일치하지 않으면 엔맵은 '치트cheats'를 통해 응답을 NULL Probe 매치 줄과 일치시키려고 시도한다. 이 경우 Null 매치 줄은 프로그램이 Sendmail이고 버전은 8.12.3/8.12.3/Debian-7.1, 호스트명은 hcsw.org라고 보고한다.

NULL 프로브 치트는 실제적으로 더 많은 엔맵 기능 대체fallbacks의 구체적인 예다.

폴백fallback 지시자에 대한 자세한 내용은 '7.6 nmap-service-probes 파일 포맷'에서 다룬다. 본래 다른 목적으로 정규 표현과 일치할 수 있는 결과를 초래할 것 같은 조사는 이런 다른 목적을 지시하는 폴백fallback 지시자를 가진다.

예를 들어 유명한 아파치 웹서버의 일부 설정에서 가상 호스트명이 지정되지 않았으므로 아파치 웹서버는 GetRequest(GET / HTTP/1.0\r\n\r\n)프로브에 응답하지 않는다. 엔맵은 아파치 웹서버가 보통 HTTPOptions 프로브에 응답하므로 이 옵션을 통해 아파치 웹서버를 정확하게 식별할 수 있다. 이 옵션은 HTTPOptions 프로브를 통해 아파치의 응답을 식별할 수 있는 충분한 GetRequest 정규 표현식에 폴백을 갖고 있다.

[7.3.2] 프로브 선택과 래리티

어떤 프로브를 사용할지 결정하는 데 있어 엔맵은 래리티rarity를 고려한다. 래리티는 프로브가 어떻게 유용한 데이터를 반환할 것인지에 대한 표시다. 프로브가 높은 래리티를 가지면 덜 일반적이고 덜 시도하는 것으로 고려한다. 아래 설명처럼 엔맵 사용자는 버전 스캔의 강도 수준을 변경하려고 어떤 프로브를 사용할지 지정할 수 있다. 다음은 엔맵이 어떤 프로브를 사용할지 결정하는 알고리즘이다.

1. TCP에 대해 NULL 프로브는 항상 처음에 시도한다.
2. 가능한 포트로서 스캔된 목록에 나타난 모든 프로브('7.6 nmap-service-probes 파일 포맷' 참조)는 `nmap-service-probes`에 나타나는 순서대로 시도한다.
3. 현재 스캔의 인텐시브intensive 값과 같거나 낮은 래리티 값을 가진 다른 모든 프로브를 시도하고, `nmap-service-probes`에 나타난 순서대로 시도한다. 프로브가 일치가 발견되면 알고리즘은 종료되고 결과를 보여준다.

엔맵의 모든 프로브(NULL 프로브 제외)는 프로브와 연관된 래리티 값을 갖고 있으므로 대부분의 프로브가 버전 탐지를 수행할 때 어떻게 시도해야 하는지 관리하기가 비교적 쉽다. 간단히 스캔을 위한 적절한 인텐시브 레벨을 선택한다. 인텐시브 레벨이 높으면 더 많은 프로브를 시도한다. 그래서 매우 포괄적인 스캔이 필요하다면 낮은 인텐시브 레벨에서의 스캔 수행보다 더 시간이 걸릴지라도 높은 레벨의 인텐시브가 필요하다. 엔맵의 기본 인텐시브 레벨은 7이지만 엔맵은 필요에 따라 각기 다른 스캔을 위해 다음 스위치를 제공한다.

- --version-intensity ⟨intensity 레벨 0 ~ 9⟩ 특정한 값으로 버전 스캔의 intensity 레벨을 설정한다. 0이 지정되면 NULL 프로브(TCP에 대해)와 가능한 포트로서 목록에 있는 포트에 대해서만 시도한다.

예: `nmap -sV --version-intensity 3 scanme.nmap.org`

- `--version-intensity` intensity 레벨을 2로 설정한다.

   예: `nmap -sV --version-light scanme.nmap.org`

- `--version-all` intensity 레벨을 9로 설정한다. 모든 프로브가 래리티 레벨 1에서 9 사이이므로 이것은 모든 프로브를 시도한다.

   예: `nmap -sV --version-all scanme.nmap.org`

7.4 기술적 데모

지금까지 설명한 내용이 충분히 명확하지 않다면 `--version-trace`(그리고 보통 `-d`(디버깅)) 옵션을 엔맵 커맨드라인에 추가해 어떻게 동작하는지 볼 수 있다. 옵션은 모든 연결과 서비스 스캔의 데이터 읽기/쓰기 활동을 보여준다. 주석이 달린 실제 예는 다음과 같다.

```
# nmap -sSV -T4 -F -d --version-trace insecure.org

Starting Nmap ( http://nmap.org )
Host insecure.org (205.217.153.53) appears to be up ... good.
Initiating SYN Stealth Scan against insecure.org (205.217.153.53) at 19:53
Initiating service scan against 4 services on 1 host at 19:53
```

SYN 스캔은 4개의 오픈 포트를 발견했다. 이제 각 포트에 대해 병렬적으로 서비스 스캔을 시작한다. NULL 프로브를 위해 TCP 연결을 시도한다.

```
Starting probes against new service: 205.217.153.53:22 (tcp)
NSOCK (2.0750s) TCP connection requested to 205.217.153.53:22 (IOD #1) EID 8
Starting probes against new service: 205.217.153.53:25 (tcp)
NSOCK (2.0770s) TCP connection requested to 205.217.153.53:25 (IOD #2) EID 16
Starting probes against new service: 205.217.153.53:53 (tcp)
NSOCK (2.0830s) TCP connection requested to 205.217.153.53:53 (IOD #3) EID 24
Starting probes against new service: 205.217.153.53:80 (tcp)
NSOCK (2.0860s) TCP connection requested to 205.217.153.53:80 (IOD #4) EID 32
NSOCK (2.0870s) Callback: CONNECT SUCCESS for EID 32 [205.217.153.53:80]
NSOCK (2.0870s) Read request from IOD #4 [205.217.153.53:80]
       (timeout: 5000ms) EID 42
```

```
NSOCK (2.0870s) Callback: CONNECT SUCCESS for EID 24 [205.217.153.53:53]
NSOCK (2.0870s) Read request from IOD #3 [205.217.153.53:53]
                (timeout: 5000ms) EID 50
NSOCK (2.0870s) Callback: CONNECT SUCCESS for EID 16 [205.217.153.53:25]
NSOCK (2.0870s) Read request from IOD #2 [205.217.153.53:25]
                (timeout: 5000ms) EID 58
NSOCK (2.0870s) Callback: CONNECT SUCCESS for EID 8 [205.217.153.53:22]
NSOCK (2.0870s) Read request from IOD #1 [205.217.153.53:22]
                (timeout: 5000ms) EID 66
```

여기서 NULL 프로브 연결은 성공적으로 4개의 모든 서비스에 대해 정보를 얻는다. 핑과 SYN 스캔을 하는 데 걸린 시간 때문에 총 2초 정도 걸렸다.

```
NSOCK (2.0880s) Callback: READ SUCCESS for EID 66 [205.217.153.53:22]
                    (23 bytes): SSH-1.99-OpenSSH_3.1p1.
Service scan match: 205.217.153.53:22 is ssh.
                Version: |OpenSSH|3.1p1|protocol 1.99|
```

SSH는 바로 OpenSSH 3.1p1이라 식별됐고, 4개 중 한 개는 다운됐고 나머지 3개는 동작 중이다.

```
NSOCK (2.0880s) Callback: READ SUCCESS for EID 58 [205.217.153.53:25]
                    (27 bytes): 220 core.lnxnet.net ESMTP..
Service scan soft match: 205.217.153.53:25 is smtp
```

포트 25번에 있는 메일 서버도 유용한 배너 정보를 보여준다. 메일 서버의 유형이 뭔지 알 필요는 없지만 메일(SMTP) 서버라고 알려주는 ESMTP 단어를 포함한 220 코드로 응답하는 것을 볼 수 있다. 이제 엔맵은 smtp와 관련된 의미 있는 프로브만 시도한다. ESMTP 이후에 나오는 '..'이라는 표현을 통해 화면에 출력되지 않는 문자는 라인 종결 문자인 '\r\n'이다.

```
NSOCK (2.0880s) Read request from IOD #2 [205.217.153.53:25]
                (timeout: 4996ms) EID 74
NSOCK (7.0880s) Callback: READ TIMEOUT for EID 74 [205.217.153.53:25]
NSOCK (7.0880s) Write request for 6 bytes to IOD #2 EID 83
                [205.217.153.53:25]: HELP..
NSOCK (7.0880s) Read request from IOD #2 [205.217.153.53:25]
                (timeout: 5000ms) EID 90
```

엔맵은 SMTP 연결을 조금 기다린 후 서버에서 추가 정보를 받는다. 약 5초 후에 Read Request 시간 초과 메시지를 받는다. 그러고 나서 엔맵은 포트 25에 등록돼 있고 SMTP 시그니처를 갖는 다음 프로브를 발견한다. SMTP 시그니처는 간단하게 HELP\r\n으로 구성되고 이 문자를 연결된 포트에 전송한다.

```
NSOCK (7.0880s) Callback: READ TIMEOUT for EID 50 [205.217.153.53:53]
NSOCK (7.0880s) Write request for 32 bytes to IOD #3 EID 99
        [205.217.153.53:53]: ..............version.bind.....
NSOCK (7.0880s) Read request from IOD #3 [205.217.153.53:53]
        (timeout: 5000ms) EID 106
```

53번 포트에 있는 DNS 서버에서는 어떤 응답도 없다. `nmap-service-probes`에 있는 포트 53번에 등록된 첫 번째 프로브는 DNS의 버전 정보를 요청하는 DNSVersionBindReq다. 이 프로브 문자를 53번 포트에 보낸다.

```
NSOCK (7.0880s) Callback: READ TIMEOUT for EID 42 [205.217.153.53:80]
NSOCK (7.0880s) Write request for 18 bytes to IOD #4 EID 115
        [205.217.153.53:80]: GET / HTTP/1.0....
NSOCK (7.0880s) Read request from IOD #4 [205.217.153.53:80]
        (timeout: 5000ms) EID 122
```

80번 포트에 대한 NULL 프로브도 포트에서 어떤 데이터도 전달받지 못했다. 80번 포트에 등록된 프로브 문자인 HTTP GET을 해당 포트에 전송했다.

```
NSOCK (7.0920s) Callback: READ SUCCESS for EID 122
        [205.217.153.53:80] [EOF](15858 bytes)
Service scan match: insecure.org (205.217.153.53):80 is http.
        Version: |Apache httpd|2.0.39|(Unix) mod_perl/1.99_07-dev..
```

아파치는 많은 양의 데이터(15KB)를 반환했지만 화면에 보여주진 않았다. 엔맵은 서버에서 자세한 설정 정보를 보여주는 응답을 얻어냈다. 80번 포트에 대해서는 추가적인 다른 프로브가 없다. 그래서 이런 프로브가 실패하면 엔맵은 `nmap-service-probes`에 있는 첫 번째 TCP 프로브를 시도한다. 첫 번째 TCP 프로브는 간단하게 빈 줄(\r\n\r\n)을 전송한다. GET 프로브가 서비스를 정확하게 파악하지 못한 경우에 새로운 연결이 이뤄진다.

```
NSOCK (7.0920s) Callback: READ SUCCESS for EID 106 [205.217.153.53:53]
        (50 bytes): .0........version.bind.......9.2.1
Service scan match: insecure.org (205.217.153.53):53 is domain.
```

```
                    Version: |ISC BIND|9.2.1||
```

사용자가 보낸 DNS 버전 요청에 대해 53번 포트가 응답한다. 대부분의 응답은 (프로브 요청도 마찬가지로) 바이너리지만 위에서 보다시피 명확하게 버전 9.2라고 볼 수 있다. 프로브가 실패하면 53번 포트에 등록돼 있는 다음 프로브는 DNS 서버 상태 요청(14바이트: \0\x0C\0\0\x10\0\0\0\0\0\0\0\0\0)이다. 이런 보완적인 프로브는 많은 도움이 되는데, 대부분의 서버는 버전 정보 요청에는 응답하지 않지만 상태 요청에는 응답하는 경우가 많기 때문이다.

```
NSOCK (7.0920s) Callback: READ SUCCESS for EID 90 [205.217.153.53:25]
             (55 bytes): 214 qmail home page: http...
Service scan match: insecure.org (205.217.153.53):25 is smtp.
                   Version: |qmail smtpd|||
```

25번 포트는 Help 프로브에 대해 매우 유용한 응답을 준다. Postfix, Courier, Exim 같은 다른 SMTP 서버는 가끔 Help 프로브 요청에 의해 식별되는 경우도 있다. 응답이 일치하지 않으면 엔맵은 이런 서비스를 식별하는 것을 포기하는데, 이미 소프트 매치로써 smtp라는 것을 확인했고 더 이상 nmap-service-probes에서 SMTP 프로브를 할 필요가 없기 때문이다.

```
The service scan took 5 seconds to scan 4 services on 1 host.
```

이와 같은 서비스 스캔은 꽤 잘 동작한다. 어떤 서비스도 한 개의 연결보다 더 많은 연결은 요구하지 않는다. 서비스 스캔은 약 5초가 소요됐는데, Qmail과 아파치는 엔맵이 처음 실제 프로브를 보내기 전에 NULL 프로브는 5초의 시간 초과가 생기기 때문이다. 다음 결과가 이런 노력에 대한 보상이다.

```
Interesting ports on insecure.org (205.217.153.53):
(The 1212 ports scanned but not shown below are in state: closed)
PORT     STATE  SERVICE  VERSION
22/tcp   open   ssh      OpenSSH 3.1p1 (protocol 1.99)
25/tcp   open   smtp     qmail smtpd
53/tcp   open   domain   ISC BIND 9.2.1
80/tcp   open   http     Apache httpd 2.0.39 ((Unix) mod_perl/1.99_07-dev)

Nmap finished: 1 IP address (1 host up) scanned in 7.104 seconds
```

7.5 포스트 프로세서

앞서 예로 보여준 것처럼 엔맵은 서비스와 버전 정보를 식별하고 나면 포트에 대한 스캔 작업을 종료한다. 그러나 특정 서비스에 대해서 엔맵은 추가적인 작업을 한다. 포스트 프로세스post-processor는 엔맵 스크립팅 엔진 통합Scripting Engine Integration, RPC 그라인딩grinding, SSL 터널링을 이용한다. 윈도우 SMB 인터로게이션interrogation은 현재 개발 중이다.

[7.5.1] 엔맵 스크립팅 엔진 통합

버전 탐지 접근 방식에 기반한 정규 표현은 강력하지만 모든 것을 식별할 수는 없다. 일부 서비스는 단순히 표준적인 프로브를 전송하고 그에 대한 응답만으로 식별할 수 없는 경우도 있다. 일부 서비스를 식별하려면 커스텀 프로브 문자열을 요청하거나 복잡한 단계의 핸드셰이크 처리를 해야 한다. 또 다른 서비스는 응답을 받고 서비스를 식별하기 위해 정규 표현보다 더 발전된 분석 처리를 필요로 한다. 예를 들어 Skype v2 서비스는 전화 사업자(DSL 라인을 제공하는 전화 회사처럼)가 Skype 등록자들의 서비스를 멈추거나 서비스에 무리를 주거나 경쟁자로 고려할 수 있는 위험 때문에 서비스를 탐지하기 어렵게 설계했다. 그래서 오직 두 가지 다른 프로브를 통해 응답을 분석해 Skype v2 서비스를 식별할 수 있다. 비슷하게 무차별 대입 공격을 통해 수백 개의 다른 커뮤니티 이름을 시도하면 더 많은 SNMP 서비스를 식별할 수 있다. 이런 두 가지 작업은 전형적인 엔맵 버전 탐지에서는 꽤 적합하진 않지만 두 가지 방법 모두 쉽게 엔맵 스크립팅 엔진과 같이 수행할 수 있다. 이런 이유로 버전 탐지는 '9.10 NSE를 이용한 버전 탐지'의 설명처럼 일부 교묘한 서비스를 처리할 때 기본적으로 NSE를 호출한다.

[7.5.2] RPC 그라인딩

SunRPCSun 원격 프로시저 호출는 NFS를 포함한 많은 서비스를 수행하는 데 사용되는 일반적인 유닉스 프로토콜이다. 엔맵은 거의 600 RPC 프로그램의 `nmap-rpc` 데이터베이스를 갖고 있다. 많은 RPC 서비스가 높은 숫자를 가진 포트 번호를 사용하고 UDP 트랜스포트 프로토콜을 사용하고, 많은 섬세하지 않은 방화벽 설정을 통해 이용할 수 있게 돼 있다. RPC 프로그램은(그리고 인프라스트럭처 라이브러리 자체를 포함한) 오래 전부터 심각한 원격 익스플로잇 취약점을 갖고 있다. 그래서 네트워크 관리자와 보안 감시자는 종종 관리하는 네트워크에 어떤 RPC 프로그램이 있는지 알고 싶어한다.

portmapper(rpcbind) 서비스(UDP나 TCP 포트 111)가 이용 가능하다면 RPC 서비스는 유닉스 rpcinfo 명령을 이용해 목록을 나열할 수 있다. 예제 7.5는 기본 솔라리스 9 서버에 대해 rpcinfo를 수행한 결과다.

예제 7.5 rpcinfo를 이용해 RPC 서비스 목록화

```
> rpcinfo -p ultra
   program  vers  proto   port
   100000    4    tcp     111   rpcbind
   100000    4    udp     111   rpcbind
   100232   10    udp   32777   sadmind
   100083    1    tcp   32775   ttdbserverd
   100221    1    tcp   32777   kcms_server
   100068    5    udp   32778   cmsd
   100229    1    tcp   32779   metad
   100230    1    tcp   32781   metamhd
   100242    1    tcp   32783   rpc.metamedd
   100001    4    udp   32780   rstatd
   100002    3    udp   32782   rusersd
   100002    3    tcp   32785   rusersd
   100008    1    udp   32784   walld
   100012    1    udp   32786   sprayd
   100011    1    udp   32788   rquotad
   100024    1    udp   32790   status
   100024    1    tcp   32787   status
   100133    1    udp   32790   nsm_addrand
   100133    1    tcp   32787   nsm_addrand
[ Dozens of lines cut for brevity ]
```

이 예제는 호스트가 수많은 RPC 서비스를 제공하고 그 중 한 개는 익스플로잇 가능성이 높다는 것을 보여준다. 또한 서비스의 대부분은 이상하게도 높은 숫자의 포트(어떤 이유로 인해 변경될 수도 있다)로 돼있고 UDP와 TCP 트랜스포트 프로토콜 사이에 분리돼 있다는 점을 알 수 있다.

RPC 정보는 매우 민감하므로 많은 관리자가 111번 포트를 막아 민감한 정보를 노출시키지 않게 시도한다. 불행하게도 관리자의 이런 작업은 모든 보안 취약점을 막진 못한다. 엔맵은 다음 세 가지 단계를 통해 오픈 RPC 포트와 직접 통신해 모든 중요한 정보를 얻을 수 있다.

1. TCP와/또는 UDP 포트 스캔으로 모든 오픈 포트를 찾는다.
2. SunPRC 프로토콜을 이용해 오픈 포트의 버전을 탐지한다.
3. RPC 무차별 대입 공격 엔진은 `nmap-rpc`에 있는 600개의 프로그램 번호에 대해 각각 `null` 명령을 시도해 각 RPC 포트의 프로그램 식별자를 결정한다. 엔맵이 잘못 추측하거나 요청한 프로그램 번호에 대해 오류 메시지를 받는 대부분의 시간은 포트가 리스닝하지 않기 때문이다. 엔맵은 그 중 하나가 성공적으로 반환될 때까지 목록에 있는 각 숫자를 계속 시도한다. 알려진 모든 프로그램 번호를 시도했는데도 결과가 없거나 해당 포트에서 RPC가 아닌 이상한 응답을 보낸다면 엔맵은 정보 식별을 그만둔다.

RPC 프로그램 식별 프로브는 병렬로 수행하고 재전송은 UDP 포트를 위해 처리한다. 이 기능은 버전 탐지가 RPC 포트를 식별할 때마다 자동으로 활성화된다. 또는 `-sR` 옵션을 이용하면 버전 탐지 없이도 이와 같은 기능을 수행할 수 있다. 예제 7.6은 버전 탐지의 일부분으로 직접적인 RPC 스캐닝에 대한 데모를 보여준다.

예제 7.6 엔맵 다이렉트 RPC 스캔

```
# nmap -F -A -sSU ultra

Starting Nmap ( http://nmap.org )
Interesting ports on ultra.nmap.org (192.168.0.50):
(The 2171 ports scanned but not shown below are in state: closed)
PORT       STATE  SERVICE        VERSION
[A whole bunch of ports cut for brevity]
32776/tcp  open   kcms_server    1 (rpc #100221)
32776/udp  open   sadmind        10 (rpc #100232)
32777/tcp  open   kcms_server    1 (rpc #100221)
32777/udp  open   sadmind        10 (rpc #100232)
32778/tcp  open   metad          1 (rpc #100229)
32778/udp  open   cmsd           2-5 (rpc #100068)
```

```
        32779/tcp    open    metad        1 (rpc #100229)
        32779/udp    open    rstatd       2-4 (rpc #100001)
        32780/tcp    open    metamhd      1 (rpc #100230)
        32780/udp    open    rstatd       2-4 (rpc #100001)
        32786/tcp    open    status       1 (rpc #100024)
        32786/udp    open    sprayd       1 (rpc #100012)
        32787/tcp    open    status       1 (rpc #100024)
        32787/udp    open    rquotad      1 (rpc #100011)
        Device type: general purpose
        Running: Sun Solaris 9
        OS details: Sun Solaris 9

        Nmap finished: 1 IP address (1 host up) scanned in 252.701 seconds
```

[7.5.3] SSL 포스트 프로세서

기술적인 절에서 살펴봤듯이 엔맵은 SSL 암호 프로토콜을 탐지할 수 있고, 그 후 정상적인 버전 탐지를 실행시키는 암호화된 세션을 구동할 수 있다. 이전에 설명한 RPC 그라인딩을 통해 SSL 포스트 프로세서는 적절한 (SSL) 포트가 발견될 때마다 자동으로 실행된다. 예제 7.7에서 SSL 포스트 프로세서의 예를 보여준다.

예제 7.7 SSL에 대한 버전 스캐닝

```
nmap -PN -sSV -T4 -F www.amazon.com

Starting Nmap ( http://nmap.org )
Interesting ports on 207-171-184-16.amazon.com (207.171.184.16):
(The 1214 ports scanned but not shown below are in state: filtered)
PORT        STATE    SERVICE     VERSION
80/tcp      open     http        Apache Stronghold httpd 2.4.2 (based on Apache 1.3.6)
443/tcp     open     ssl/http    Apache Stronghold httpd 2.4.2 (based on Apache 1.3.6)

Nmap finished: 1 IP address (1 host up) scanned in 35.038 seconds
```

두 오픈 포트의 버전 정보는 동일하지만 한 서비스는 포트 80번에서 `http`가 동작하고, 다른 443번 포트는 `ssl/http`가 동작한다. 하드 코딩되지 않은 포트 443에 있는 HTTPS의 일반적인 경우는 어떤 포트에서든 `ssl`을 탐지할 수 있고 평문에서 엔맵이 탐지할 수 있는 어떤 서비스에 대해 근원적인 프로토콜을 결정할 수 있다. 엔맵이 SSL 뒤에 있는 리스닝 서비스를 탐지하지 못하면 나열된 서비스는 `ssl/unknown`으로 나타난다. 엔맵이 SSL 지원을 내재하고 있지 않다면 나열된 서비스는 간단히 `ssl`로만 표시된다. 위 두 경우에 버전 칼럼은 빈칸으로 나타난다.

엔맵은 SSL 지원을 위해 OpenSSL 라이브러리[2]를 사용한다. OpenSSL 라이브러리는 기본적으로 리눅스 RPM 바이너리에 포함돼 있지 않다. 엔맵 소스코드 배포는 시스템에서 OpenSSL이 있는지 확인하고 이용할 수 있을 때 해당 라이브러리와 연결한다. 추가적인 정보는 2장 '엔맵 얻기, 컴파일, 설치, 제거'에서 OpenSSL을 포함하거나 포함하지 않고 설치하는 방법을 찾아볼 수 있다.

7.6 nmap-service-probes 파일 포맷

엔맵이 원격 운영체제 탐지(-O)를 수행 할 때 버전 탐지 프로브와 비교 문자열을 저장하기 위해 평문 파일을 이용한다. 엔맵에서 배포한 `nmap-service`의 버전이 대부분의 사람에게는 충분하지만 뛰어난 해커는 파일 포맷을 이해하고 탐지 엔진에 해커가 만든 서비스를 추가할 수 있다. 다른 많은 유닉스 파일처럼 `nmap-service-probes`는 라인 기반의 파일이다. 해당 라인이 해시#로 시작하면 주석으로 취급하고 그 뒷부분은 해석하지 않는다. 빈 줄은 물론 똑같이 무시한다. 다른 줄은 아래에서 설명한 지시자 중 하나는 있어야 한다. 일부 독자들은 각 지시자에 대한 자세한 분석을 하기 전에 '7.6.9 모두 한 번에 담기'에 있는 예제를 살짝 살펴보는 것도 좋다.

[7.6.1] Exclude 지시자

문법   `Exclude <포트 기술>`

---

2. http://www.openssl.org

예

```
Exclude 53,T:9100,U-30000-40000
```

Exclude 지시자는 버전 스캔에서 지정한 포트는 포함하지 않게 한다. 이 지시자는 한 번만 사용 가능하며, Probe 지시자의 위에 기술해야 하며 주로 파일의 상단에 작성해야 한다. Exclude 지시자는 엔맵에서 -p 스위치 같은 형식을 사용하므로 범위나 콤마로 구분한 포트 목록도 지원한다. 엔맵에 포함돼 있는 nmap-service-probes는 TCP 포트 9100에서 9107만 포함돼 있다. 이런 포트는 프린터와 관련된 일반적인 포트이고, 해당 포트에 전송된 정보를 출력하는 데 사용된다. 그래서 버전 탐지 스캔은 SunRPC 요청이나 도움말 구문, X11 프로브 같은 수많은 프로브에 대한 페이지를 출력하게 만들 수 있다.

이런 행동은 특히 관리자가 스캐닝을 눈치 채지 못하게 할 때는 그다지 바람직하지 않다. 그러나 엔맵의 이런 포트 스캐닝을 피하게 하는 기본 행동은 비열한 사용자가 서비스를 더 쉽게 숨길 수 있게 한다. 간단하게 9100 같은 포트를 포함하지 않게 하고 이름으로 식별할 수 없게 한다. 포트 스캔은 여전히 열려 있다고 판단한다. 사용자는 --allports 옵션과 함께 Exclude 지시자를 오버라이드override할 수 있다. 이것은 모든 오픈 포트에 대해 버전 탐지를 수행한다.

[7.6.2] Probe 지시자

문법   Probe <프로토콜> <probe 이름> <probe 문자열>

예

```
Probe TCP GetRequest q|GET / HTTP/1.0\r\n\r\n|
Probe UDP DNSStatusRequest q|\0\0\x10\0\0\0\0\0\0\0\0\0|
Probe TCP NULL q||
```

Probe 지시자는 엔맵에게 다양한 서비스를 인식하기 위해 어떤 문자열을 보내야 하는지 알려준다. 나중에 설명할 모든 지시자은 가장 최근 Probe 구문statement에서 동작한다. Probe 지시자에서 사용하는 매개변수는 다음과 같다.

- 〈프로토콜〉 프로토콜은 TCP나 UDP가 와야 한다. 엔맵은 시도하는 스캔 서비스의 프로토콜과 일치하는 프로브만 사용한다.

- 〈probe 이름〉 probe 이름은 프로브의 영문 이름이다. probe 이름은 도출

된 응답 프로브에 대해 서비스 핑거프린트를 설명하기 위해 사용한다.

- **〈probe 문자열〉** 엔맵이 무엇을 보낼 것인지 보여준다. 프로브 문자열은 q로 시작해야 하고, 그 후 문자열의 시작과 끝을 알리는 구분 문자를 가진다. 구분 문자 사이에는 실제로 전달할 문자열을 포함한다. 이것은 보통 표준 이스케이프 문자 \\, \0, \a, \b, \f, \n, \r, \t, \v, \xHH를 허용하는 C나 펄 문자열과 유사한 형식을 갖는다. nmap-service-probes에 있는 하나의 Probe 줄은 위 세 번째 예에서 보듯 빈 프로브 문자열을 가진다. 이것은 TCP NULL 프로브인데, 전송한 수많은 서비스의 초기 배너를 기다린다. 구분 문자(위 예제에서는 |)가 프로브 문자열에 필요하다면 다른 구분자를 선택해야 한다.

[7.6.3] match 지시자

문법 match 〈서비스〉 〈패턴〉 [〈버전 정보〉]

예

```
match ftp m/^220.*Welcome to PureFTPd (\d\S+)/ p/PureFTPd/ v/$1/
match ssh m/^SSH-([.\d]+)-OpenSSH_(\S+)/ p/OpenSSH/ v/$2/ i/protocol $1/
match mysql m/^.\0\0\0\n(4\.[-.\w]+)\0...\0/s p/MySQL/ i/$1/
match chargen m|@ABCDEFGHIJKLMNOPQRSTUVWXYZ|
match uucp m|^login: Password: Login incorrect\.$| p/SunOS uucpd/ o/SunOS/
match printer m|^([\w-_.]+): lpd: Illegal service request\n$| p/lpd/ h/$1/
match afs m|^[\d\D]{28}\s*(OpenAFS)([\d\.]{3}[^\s\0]*)\0| p/$1/ v/$2/
```

match 지시자는 엔맵이 이전 Probe 지시자로 전달한 문자열의 응답을 받고 어떻게 서비스를 알아내는지에 알려준다. 하나의 Probe 줄은 수십 개에서 수백 개의 match 구문을 갖는다. 주어진 패턴이 일치하면 추가적인 버전 식별자는 엔맵의 결과에 애플리케이션 이름, 버전 번호, 추가적인 정보를 생성한다. match 지시자의 매개변수는 다음과 같다.

- **〈서비스〉** 패턴과 일치하는 간단한 서비스 이름을 말한다. 예를 들어 ssh, smtp, http, snmp를 들 수 있다. 특별한 경우로 ssl/처럼 접두어를 사용할 수 있는데, 이런 경우 ssl/vmware-auth를 포함한다. 이 경우에 서비스는 SSL을 터널한 wmware-auth로 저장된다. 이것은 SSL 연결을 생성하는 데

추가적인 낭비 없이 전체를 인식할 수 있는 서비스에 유용하다.

- 〈pattern〉 패턴은 이전 매개변수에 주어진 서비스와 응답 받은 것이 일치하는지 결정하는 데 사용한다. 형식은 펄처럼 m/[regex]/[opts]다. m은 엔맵에게 일치 문자열의 시작을 알려준다. 포워드 슬래시(/)는 구분자인데, 출력 가능한 문자를 두 번째 슬래시와 일치하는 문자로 대체한다. regex는 펄 형식 정규 표현이다. regex는 훌륭한 펄 호환 정규식Perl Compatible Regular Expressions, PCRE으로 만들어진다. 현재 지원되는 유일한 옵션은 케이스 인센시티브 일치를 만드는 I와 '.' 지시자에 새로운 줄을 포함하는 s다. 여러분이 생각하는 것처럼 이 두 개 옵션은 펄에서처럼 같은 의미를 갖는다. 캡처되는 하위 표현식은 (버전 번호와 같은) 위 예의 대부분에서 보여지듯이 괄호로 둘러싼다.

- 〈버전 정보〉 〈버전 정보〉 영역은 6개의 추가적인 필드를 갖고 있다. 각 필드는 문자를 식별할 수 있는 것으로 시작한다. 예를 들어 'hostname'에 대해서는 h로 시작한다. 다음으로 시그니처 작성자 선택을 의미하는 구분 문자가 온다. 필드 자체에서 사용하지 않으면 슬래시(/)가 우선적인 구분자로 사용된다. 다음으로 구분 문자 다음에 필드 값이 따라온다. 표 7.1은 6개의 필드에 대한 설명이다.

필드 형식	값 설명
p/vendorproductname/	Sun Solaris rexecd, ISC BIND named, Apache httpd 같은 서비스명과 벤더를 포함한다.
v/version/	숫자가 아닌 문자와 여러 단어로 돼 있는 애플리케이션 버전 '번호'
i/info/	추가로 활용할 수 있거나 유용한 정보를 보여준다. 예에서는 X 서버가 권한 없이 접속할 수 있게 열려 있거나 SSH 서버의 프로토콜 번호를 포함한다.
h/hostname/	호스트명(존재하면)은 서비스에 의해 제공된다. 이것은 SMTP와 POP3 같은 프로토콜에서는 일반적이고, 이런 호스트명은 내부 네트워크나 똑바른 역방향 DNS 응답과 다르기 때문에 유용하다.

표 7.1 버전 정보(versioninfo) 필드 형식과 값(이어짐)

필드 형식	값 설명
o/operatingsystem/	서비스가 동작하고 있는 운영체제로 정상적으로 운영체제 탐지에 기반한 Nmap IP 스택에 보고되는 운영체제와는 다르다. 예를 들어 대상 IP는 네트워크 주소를 DMZ 영역에 있는 마이크로소프트 IIS 서버에 전달하는 데 사용되는 리눅스 시스템일 수 있다. 이 경우 서비스 탐지가 포트 80번에서 윈도우라고 보고하는 반면 스택 운영체제 탐지는 운영체제를 리눅스로 보고한다.
d/devicetype/	서비스가 동작하고 있는 장치 유형. 일부 서비스는 장치 유형 같은 정보를 보여주고, 더 많은 경우에 추론할 수 있다. 예를 들어 HP-ChaiServer 웹서버는 오직 프린터 장치에서 동작한다.

표 7.1 버전 정보(versioninfo) 필드 형식과 값

6개의 필드 중 어느 것이든 생략할 수 있다. 사실 해당 서비스에 추가 정보를 이용할 수 없으면 모든 필드는 생략할 수 있다. 버전 필드 중 어느 것도 $1이나 $2 같은 숫자로 된 문자열을 포함할 수 있다. $1이니 $2는 (펄의 방법에서 보듯) <패턴>에 있는 상응하는 괄호 안 하위 문자열과 대체된다.

드문 경우인데 helper 기능은 삽입insertion 전에 대체되는 문자로 적용할 수 있다. $P() helper 기능은 출력할 수 없는 문자로 걸러질 것이다. 이것은 W\0O\0R\0K\0G\0R\0O\0U\0P\0 같은 유니코드 UTF-16 인코드된 문자열을 WORKGROUP 같은 적절한 ASCII로 변형하는 데 유용하다. 이것은 :i/$P(3)/처럼 출력할 수 있게 하고 싶은 일치하는 숫자에 전달함으로써 버전 정보 필드에 사용될 수 있다.

다른 helper 기능은 $SUBST()다. $SUBST()는 문자열이 출력되기 전에 일치하는 것 내에서 대체하는 데 사용한다. 첫 번째는 패턴에 있는 대체 번호이고, $1이나 $3 같은 일반적인 대체 변수에만 사용할 수 있다. 두 번째와 세 번째 인자는 각기 찾고 대체하려는 하위 문자열을 지정한다. 매치 문자열의 모든 인스턴스는 첫 번째 하나뿐만 아니라 대체되는 하위 문자열에서 발견된다. 예를 들어 VanDyke, Vshell, sshd은 2_2_3_578 같은 형식으로 버전 번호를 제공한다. 버전 정보 필드에 v/$SUBST(1,"_",".")/를 통해 2.2.3.578 형식으로 더 편리하게 변경할 수 있다.

[7.6.4] softmatch 지시자

문법   softmatch <서비스> <패턴>

예

softmatch ftp m/^220 [-.\w]+ftp.*\r\n$/i
softmatch smtp m|^220 [-.\w]+SMTP.*\r\n|
softmatch pop3 m|^\+OK [-\[\]\(\)!,/+:<>@.\w]+\r\n$|

softmatch 지시자는 위에서 설명한 match 지시자와 형식이 비슷하다. match 지시자와 가장 다른 점은 스캐닝을 소프트매치softmatch한 후에도 계속 하는 점이지만 주어진 서비스와 일치하지 않는 프로브는 제한된다. 이것은 유용한 버전 정보를 제공하는 나중에 발견될 정상적인 (hard) 매치를 허용한다.

이것이 어떻게 동작하는지 더 자세한 설명은 '7.3 기술적 설명'을 참조하라. 매개변수는 위에 있는 match와 <버전 정보> 매개변수를 제외하고는 같기 때문에 여기에 중복으로 설명하진 않았다. 또한, match처럼 많은 softmatch 구문은 하나의 Probe 섹션에 존재할 수 있다.

[7.6.5] ports와 sslports 지시자

문법   ports <포트 목록>

예

ports 21,43,110,113,199,505,540,1248,5432,30444
ports 111,4045,32750-32810,38978

위 예제에 있는 줄은 엔맵이 프로브로 식별하는 서비스와 포트가 무엇인지 지정한다. 이것은 각 프로브 섹션 내에 오직 한 번씩만 사용돼야 한다. 문법은 엔맵 -p 옵션으로 취해지는 꽤 간단한 버전이다. 위 예를 참조하라. 이것이 어떻게 동작하는지 자세한 정보를 보려면 '7.3 기술적 설명'을 참조하라.

문법   sslports <포트 목록>

예

sslports 443

이것은 이런 포트들은 SSL에서 서비스를 감싸는 데 종종 사용되는 외에는 위에서 설명한 `ports` 지시자와 같다. 예를 들어 HTTP 프로브는 'sslports 443'을 선언하고declares SMTP 탐지 프로브는 각기 HTTPS와 SMTPS의 표준 포트이므로 'sslports 465'을 가진다. <포트 목록> 형식은 `ports`와 같다. 이 추가적인 지시자는 한 번 프로브하고 나면 더 이상 나타날 수 없다.

[7.6.6] totalwaitms 지시자

문법   `totalwaitms <밀리초>`

예

`totalwaitms 5000`

`totalwaitms` 지시자는 드물게 사용되는데, 가장 최근에 정의된 프로브가 특정 서비스를 포기하기 전에 엔맵이 대기해야 하는 시간을 지정한다.

[7.6.7] rarity 지시자

문법   `rarity <1에서 9 사이의 값>`

예

`rarity 6`

`rarity` 지시자는 어떻게 주기적으로 이런 프로브가 유용한 결과를 반환하기를 기대하는지를 지시자한다. 높은 숫자는 프로브를 수행할 때 고려하는 경우가 더 적고, 서비스에 대해 프로브를 덜 시도한다. 더 자세한 정보는 '7.3.2 프로브 선택과 래리티'를 참조하라.

[7.6.8] fallback 지시자

문법   `fallback <콤마로 구분된 프로브 목록>`

예

`fallback GetRequest,GenericLines`

이 추가적인 지시자는 현재 프로브 영역에 일치하지 않는다면 어떤 프로브가 폴백fallback으로 사용될지를 지정한다. 폴백에 대한 자세한 정보는 '7.3.1 치트와 폴백'을 참조하라. 폴백 지시자 없는 TCP 프로브에 대해 엔맵은 처음에 프로브 자체에 있는 라인과 비교를 시도하고 NULL 프로브에 있는 폴백을 수행한다. 폴백 지시자를 사용하면 엔맵은 처음에 프로브 자체에 있는 라인과 비교를 시도하고 그 후 fallback 지시자(왼쪽에서 오른쪽으로)에 지정한 프로브를 수행한다. 마지막으로 엔맵은 NULL 프로브를 시도한다. UDP의 경우 NULL 프로브를 시도하지 않는 것을 제외하곤 TCP와 동일하다.

[7.6.9] 모두 한 번에 담기

앞서 설명한 대부분을 포함한 nmap-service-probes의 몇 가지 예를 다음에 보여준다(공간을 절약하기 위해 많은 줄을 생략했다). 앞서 설명한 내용을 다 이해했으면 다음 부분이 이해될 것이다.

```
# The Exclude directive takes a comma separated list of ports.
# The format is exactly the same as the -p switch.
Exclude T:9100-9107

# This is the NULL probe that just compares any banners given to us
###############################NEXT PROBE###############################
Probe TCP NULL q||
# Wait for at least 5 seconds for data. Otherwise an Nmap default is used.
totalwaitms 5000
# Windows 2003
match ftp m/^220[ -]Microsoft FTP Service\r\n/ p/Microsoft ftpd/
match ftp m/^220 ProFTPD (\d\S+) Server/ p/ProFTPD/ v/$1/
softmatch ftp m/^220 [-.\w]+ftp.*\r\n$/i
match ident m|^flock\(\) on closed filehandle .*midentd| p/midentd/ i/broken/
match imap m|^\* OK Welcome to Binc IMAP v(\d[-.\w]+)| p/Binc IMAPd/ v$1/
softmatch imap m/^\* OK [-.\w ]+imap[-.\w ]+\r\n$/i
match lucent-fwadm m|^0001;2$| p/Lucent Secure Management Server/
match meetingmaker m/^\xc1,$/ p/Meeting Maker calendaring/
# lopster 1.2.0.1 on Linux 1.1
match napster m|^1$| p/Lopster Napster P2P client/

Probe UDP Help q|help\r\n\r\n|
```

```
rarity 3
ports 7,13,37
match chargen m|@ABCDEFGHIJKLMNOPQRSTUVWXYZ|
match echo m|^help\r\n\r\n$|
```

7.7 커뮤니티 배포

아무리 기술적으로 발전한 서비스 탐지 프레임워크가 있어도 서비스와 일치하는 포괄적인 데이터베이스가 없으면 거의 쓸모가 없다. 이런 이유로 인해 엔맵의 오픈소스 성격은 빛을 발한다. Insecure.Org 랩은 진정한 표준으로 꽤 가치고 있지만 소수의 시스템 유형과 서비스의 아주 일부분에 대해 실행하기를 희망하지 못한다. 다행히도 운영체제 탐지 핑거프린트는 특이한 장비뿐만 아니라 일반적으로 알려진 거의 모든 시스템의 정보를 보여준다. 엔맵 운영체제 핑거프린트 데이터베이스는 모든 스위치 종류, WAP, VoIP 폰, 게임 콘솔, 유닉스 시스템, 윈도우 시스템, 프린터, 라우터, PDA, 방화벽 등을 포함한 수천 개 이상의 시스템에 대한 정보를 갖고 있다. 또한 버전 탐지는 사용자가 원하는 것을 추가할 수 있게 지원한다. 엔맵 사용자는 수천 개의 서비스를 배포해왔다. 엔맵 커뮤니티는 이런 데이터베이스를 만드는 걸 도와주는 데 있어 3가지 주요 방법이 있다. 서비스 핑거프린트 보내기, 데이터베이스 수정, 새로운 프로브 등이 그것이다.

[7.7.1] 서비스 핑거프린트 보내기

서비스가 엔맵의 프로브에서 하나나 그 이상의 응답을 보내거나 해당 서비스를 식별할 수 없다면 엔맵은 해당 서비스 핑거프린트를 다음과 같이 보여준다.

```
SF-Port21-TCP:V=3.40PVT16%D=9/6%Time=3F5A961C%r(NULL,3F,"220\x20stage\x20F
SF:TP\x20server\x20\(Version\x202\.1WU\(1\)\+SCO-2\.6\.1\+-sec\)\x20ready\
SF:.\r\n")%r(GenericLines,81,"220\x20stage\x20FTP\x20server\x20\(Version\x
SF:202\.1WU\(1\)\+SCO-2\.6\.1\+-sec\)\x20ready\.\r\n500\x20'':\x20command\
SF:x20not\x20understood\.\r\n500\x20'':\x20command\x20not\x20understood\.\
SF:r\n");
```

위와 같은 핑거프린트를 받고 대상 호스트에 어떤 데몬과 버전이 동작하는지 안다면 엔맵이 알려준 URL로 핑거프린트와 해당 데몬과 버전 정보를 전달하길 바란다. 전체 정보를 전달하는 과정은 익명으로 가능하고 (여러분의 식별 정보를 제공한다고 선택하지 않으면) 해당 정보가 제공하는 데는 몇 분도 채 걸리지 않는다. 특별하게 도움을 주고 싶다는 생각이 들면 -d(이 방식을 이용하면 때때로 더 긴 핑거프린트를 얻을 수 있다) 옵션을 이용해 대상 시스템을 스캔하고 엔맵 전송 폼의 핑거프린트 상자에 해당 결과를 보내주길 바란다. 때때로 사람들은 파일 포맷 섹션을 읽고 그들의 작업과 일치하는 줄을 전송한다. 이것도 좋지만 서비스 핑거프린트들도 같이 보내주길 바란다. 기존에 있는 스크립트가 비교적 쉽게 추가한 서비스 핑거프린트를 통합하고 테스트하기 때문이다.

궁금한 사람들을 위해 위에 핑거프린트에 나타난 정보를 살펴보면 포트 번호(21), 프로토콜(TCP), 엔맵 버전(3.40PVT16), 날짜(9월 6), 16진수로 유닉스 시간과 형식 r({<probename>}, {<responselength>}, "{<responsestring>}")의 프로브 응답 순열이다.

[7.7.2] 데이터베이스 수정 전달

이 방법은 데이터베이스를 개선시키게 도와주는 또 다른 쉬운 방법이다. 'changen on Windows XP'나 'FooBar FTP server 3.9.213'에 대해 전송된 서비스 핑거프린트를 통합 할 때 매치를 어떻게 생성할지 결정하기 상당히 어렵다. 솔라리스의 chargen이나 FooBar FTP 2.7과 매치시킬 수 있을까? 정확하게 설명할 수 있는 좋은 방법이 없기 때문에 매치가 생성될 필요가 있을 때 원하는 매치에 대해 매우 구체적인 이름이 리포트될 것이다.

엔맵 DB가 너무 포괄적인 유일한 이유는 수천 명의 사용자가 새로운 정보를 전달하기 위해 매번 몇 분씩 소비하기 때문이다. 호스트를 스캔하고 옳지 않은 운영체제, 버전 번호, 애플리케이션 이름, 서비스 유형을 전달 받았다면 다음 설명 방식대로 우리에게 알려줬으면 한다.

- **가장 최신 엔맵에 업데이트(옵션)** 많은 리눅스 배포판과 다른 운영체제는 오래된 엔맵 버전을 갖고 있다. 엔맵 버전 탐지 데이터베이스는 거의 모든 배포판에서 개선됐고, 그래서 간단하게 nmap -V를 통해 여러분이 갖고 있는 엔맵 버전을 확인하고 http://nmap.org/download.html에 있는 가장 최신 버전과 비교해보라. 오래된 버전에 있던 문제들은 거의 최신 버전에서는 수정됐다. 최신 버전을 설치하는 데는 모든 플랫폼에서 몇 분도 채 걸리지 않고 여러분이 여전히 존재한다고 보고하는 버전 탐지의 결함에도 불구하고 매우

가치 있다. 그러나 지금 바로 업그레이드할 시간이 없어 예전 버전을 사용할지라도 예전 버전도 충분히 가치가 있다.

- **무엇이 동작 중인지 절대적으로 확신하라** 유효하지 않은 '수정'은 버전 탐지 데이터베이스와 충돌할 수 있다. 원격 시스템에서 동작 중인 게 정확히 무엇인지 확신할 수 없다면 전송하기 전에 먼저 무엇인지 프로브하길 바란다.

- **핑거프린트 생성** nmap -O -PN -sSV -T4 -d --version-trace -p<포트> <대상> 명령을 실행한다. <포트>에는 <대상> 호스트에 있는 식별되지 않은 서비스가 동작하고 있는 포트를 지정한다. 서비스가 TCP가 아니라 UDP라면 -sSV 대신 -sUV를 사용한다.

- **수정 사항을 우리에게 보내라** 이제 간단하게 여러분의 수정 사항을 http://insecure.org/cgi-bin/submit.cgi?corr-service에 접속해 우리에게 보내라. 엔맵 커뮤니티에 배포하고 버전 탐지를 더 향상시키는 데 도움을 줘서 감사한다.

[7.7.3] 새로운 프로브 전송

엔맵이 서비스 탐지에 실패했다고 가정하자. 어떤 프로브에 대해 전혀 응답을 받지 못하면 위에서 설명한 것처럼 전송할 수 있는 핑거프린트를 제공해야 한다. 그러나 어떤 응답도 없어 핑거프린트를 이용할 수 없으면 어떻게 할까? 여러분이 스스로 프로브를 만들고 전송하라! 이런 작업은 매우 환영한다. 다음은 그 절차를 설명한다.

새로운 버전 탐지 프로브를 만드는 단계

1. 엔맵의 가장 최신 버전을 http://nmap.org에서 다운로드하고 다시 시도한다. 여러분은 이미 추가됐던 것을 찾기 위해 단지 새로운 프로브를 생성하는 데 약간의 시간이 걸릴 것이라고 느낄 것이다. 가능하다면 너무 많은 새로운 프로브를 만들기보다는 존재하는 프로브를 이용해 서비스를 식별하는 것이 더 나은 것처럼 어떤 핑거프린트도 이용 가능하지 않다는 것을 확신한다. 서비스가 기존에 존재하는 프로브에 반응하지 않는다면 다른 선택은 없다.

2. 서비스를 식별할 수 있는 좋은 프로브 문자열을 결정한다. 이상적인 프로브는 가능한 한 많은 서비스의 인스턴스에서 응답을 추출해야 하고, 이상적으로 응답은 여러 응답 사이에서 차이점을 확인할 수 있게 충분히 유일성을 가져야 한다. 이 단계는 프로토콜에 대해 잘 이해하고 있다면 가장 쉬운 단계이다. 그래서 관련 있는 RFC나 제품 설명서를 읽어보라. 한 가지 간단한 접근 방법은 주어진 서비스로 클라이언트를 간단하게 시작하고 초기 핸드셰이크가 어떻게 되는지 와이어샤크나 tcpdump를 통해 네트워크를 스니핑하거나 넷캣Netcat을 리스닝하고 연결을 해보라.

3. 적절한 문자열을 결정하고 나면 엔맵에 적절한 새로운 프로브 라인을 추가한다('7.3 기술적 설명'과 '7.6 namp-service-probes 파일 포맷'을 참조하라). 등록된 포트에 대해 처음으로 이런 새로운 테스트를 만들기 위한 포트 지시자가 OK이더라도 어떤 매치 라인도 처음에 넣지 마라. 그 후 엔맵으로 서비스 스캔을 몇 번 해본다. 서비스가 여러분이 만든 새로운 프로브에 응답해 보여주는 핑거프린트를 얻어야 한다. 새로운 프로브 라인과 핑거프린트(가능하다면 다른 시스템에 대해, 그러나 몇 개의 동일한 데몬은 차이점을 알려주는 데 도움이 된다)를 프도르Fyodor의 이메일(fyodor@insecure.org)로 보내라. 여러분이 보낸 유용한 정보는 엔맵의 다음 버전에 통합될 것이다. 여러분의 프로브 문자열 특성에 여러분이 제공할 수 있는 어떤 상세한 내용이든 많은 도움이 된다. 여러분의 네트워크에만 존재하는 고객 서비스에 대해 글로벌 엔맵보다 여러분만의 nmap-service-probes에 간단하게 추가하면 된다.

7.8 해결책: 불안정하거나 비표준화된 애플리케이션 버전을 실행하는 모든 서버 찾기

[7.8.1] 문제 상황

일반적인 작업은 특정 버전이나 만족할 만한 특정 자산의 모든 서버를 찾기 위해 IP 주소 범위를 스캐닝한다. 이 작업은 때로 엔맵 버전 탐지를 능가하는 일이다. 오픈 소스 MySQL 서버는 가장 유명한 데이터베이스 애플리케이션 중 하나다. MySQL은 신뢰하지 않은 IP에서 원격으로 로그인하는 것을 금지하는 설정을 할 수 있다. 이런 작업은 원격 로그인이 필요하지 않을 때 적용할 수 있는 좋은 보안 정책이다. 이것과 관련돼 2005년에 MySQL에서 원격 코드 실행 취약점이 발견되고 공개됐다.[3] 다행히도 공격자는 처음에 로그인을 해야만 한다. 확실히 다른 파괴적인 웜으로부터 인터넷을 구출할 수 있다. 이와 같은 문제로 미뤄보아 SQL 로그인과 패스워드가 종종 추측 가능하거나 SQL 인젝션 공격을 통해 발견 가능하고, 네트워크의 내부 지식, 원격 로그인은 가능할 때 거부돼야 한다.

네트워크 관리자에게 필요한 것은 신뢰할 수 없는 IP 주소와 적절한 방어 수단 없이 불필요하게 구동되고 있는 MySQL 서버를 찾는 것이다.

참고

이 문제는 엔맵 개발자인 더그 호이트Doug Hoyte가 언급해줬다.

[7.8.2] 해결 방안

엔맵의 버전 탐지는 이런 상황에서 유용하게 사용할 수 있다. 서버에서 우리 호스트가 접근하지 못하게 했을 때 서비스 탐지 정보 라인에 권한 없는 단어를 추가하기 때문이다. 10.0.0.0/24의 네트워크를 스캔하길 원하면 효율적인 간단한 전략은 신뢰하지 않는 소스에서 다음 명령을 실행하는 것이다.

```
nmap -sV -p 3306 -oG 10.0.0-mysqls-032506.gnmap 10.0.0.0/24
```

다음으로 유닉스의 grep 유틸리티를 이용해 우리 IP로부터 연결을 허용하는 IP들을 찾고 기본적으로 로그인을 허용하지 않는 것을 찾는다(grep의 -v 스위치는 반대 결과를 지정하는데, 주어진 패턴과 일치하지 않는 결과만을 출력한다).

```
grep 'Ports: 3306/open/tcp//mysql' 10.0.0-mysqls-032506.gnmap | grep -v
unauthorized
```

출력 결과는 원격 로그인을 허용하는 MySQL 서버 목록을 보여준다.

```
Host: 10.0.0.33 (foo.com) Ports: 3306/open/tcp//mysql//MySQL 4.1.11/
Host: 10.0.0.72 (bar.com) Ports: 3306/open/tcp//mysql//MySQL 4.0.24-standard/
Host: 10.0.0.99 () Ports: 3306/open/tcp//mysql//MySQL 4.1.11-Debian_4sarge2/
Host: 10.0.0.154 () Ports: 3306/open/tcp//mysql//MySQL 4.0.25-standard/
Host: 10.0.0.155 () Ports: 3306/open/tcp//mysql//MySQL 4.0.25-standard/
```

---

3. http://www.securityfocus.com/bid/12781

[7.8.3] 토론

이런 기술은 일부 MySQL 프로토콜에 대한 기본 개념과 어떻게 nmap-service-probes 파일을 읽는지 이해하는 것이다. Probe와 mysql 매치 줄 그래핑Grepping 은 다음 출력을 보여준다(일부 라인은 생략).

```
$ cat /usr/local/share/nmap/nmap-service-probes | egrep '^(Probe|match mysql)'
Probe TCP NULL q||
match mysql m/^.\0\0\0\xffj\x04.*Host .* is not allowed to connect to this
            MySQL server$/ p/MySQL/ i/unauthorized/
match mysql m|^.\0\0\0\xffj\x04Host hat keine Berechtigung, eine Verbindung
            zu diesem MySQL Server herzustellen\.| p/MySQL/
            i/unauthorized; German/
match mysql m/^.\0\0\0...Al sistema '[-.\w]+' non e` consentita la
            connessione a questo server MySQL$/ p/MySQL/
            i/unauthorized; Italian/
match mysql m|^.\0\0\0\xffi?\x04?Host .* is blocked because of many connection
            errors\.| p/MySQL/ i/blocked - too many connection errors/
match mysql m/^.\0\0\0(3\.[-.\w]+)\0.*\x08\x02\0\0\0\0\0\0\0\0\0\0\0$/s
            p/MySQL/ v/$1/
match mysql m/^.\0\0\0\n(3\.[-.\w]+)\0...\0/s p/MySQL/ v/$1/
match mysql m/^.\0\0\0\n(4\.[-.\w]+)\0.../s p/MySQL/ v/$1/
match mysql m|^.\0\0\0\n(5\.[-.\w]+)\0...\0|s p/MySQL/ v/$1/
match mysql m|^.\0\0\0\xffj\x04'[\d.]+' .* MySQL|s p/MySQL/
Probe TCP GenericLines q|\r\n\r\n|
Probe TCP GetRequest q|GET / HTTP/1.0\r\n\r\n|
Probe TCP HTTPOptions q|OPTIONS / HTTP/1.0\r\n\r\n|
...
```

여기서 우리는 mysql 매치 줄은 NULL 프로브로써 수행되게triggered 설계했고, 그래서 커스텀 프로브는 서버가 원격 로그인을 허용하는지 결정하기 위해 필요하지 않다는 사실을 볼 수 있다('7.9 해결책: 오픈 프록시 탐지 같은 커스텀 요구를 맞추기 위해 버전 탐지 해킹' 참조). 이런 mysql 매치 줄을 살펴봄으로써 원격 로그인을 허용하지 않는 MySQL 서비스가 정보 필드에 unauthorized 단어를 담고 있다는 점을 알 수 있다.

서비스 유형과 버전 번호뿐만 아니라 버전 탐지가 스캔 대상에서 유용한 정보를 얻어올 수 있는 많은 경우가 있다. 프로브 파일은 시간을 줄일 수 있게 프로토콜 연구 작업, 스크립트 코딩, 테스트 서버 지정, 간단한 엔맵 명령 디버깅 같은 귀중한 정보로 가득 차 있다. 버전 탐지가 발견할 수 있는 정보 중 일부 흥미로운 것은 다음과 같다.

- SSH 프로토콜 버전
- CVS pserver가 적절하게 설정돼 있는지 여부
- 유명한 P2P(파일구리나 당나귀 같은 프로그램 - 옮긴이) 파일 공유 클라이언트가 사용하고 있는 사용자명
- X 서버가 연결을 허용하는지 여부
- 많은 서비스의 언어와 지역 매개변수
- 대상 CPU의 워드 크기wordsize
- eggdrop 같은 유명한 IRC 봇의 설정된 봇네임
- 인터넷 뉴스(NNTP) 서비스에서 포스팅을 허용하는지 여부

버전 탐지 데이터베이스는 꾸준하게 발전하고 놀라운 엔맵 사용자 커뮤니티와 고마운 사용자들의 서비스 핑거프린트 전송을 통해 재정의되고 있다. 이 해결 방안은 어떻게 엔맵의 서비스 탐지 능력이 고급스러움을 제공할 수 있는지, 때로 명확하지 않은 다양한 문제 해결을 조사하는 데 좋은 예가 된다.

7.9 해결책: 오픈 프록시 탐지 같은 커스텀 요구를 맞추기 위해 버전 탐지 해킹

[7.9.1] 문제 상황

네트워크에서 중요한 보안 요소는 위험한 호스트를 찾는 것이다. 엔맵의 서비스 탐지 시스템은 유연하고, 이런 작업을 수행하는 데 꽤 신뢰할 수 있다. 서비스 탐지는 소프트웨어의 취약한 버전을 찾고 서버의 잘못된 설정을 발견하거나 그 이상의 것들을 할 수 있다. 해당 대상이 정말로 취약하다면 때로 실제로 서비스를 악용하려고 시도하는 방법은 가장 좋은 방법은 아니다.

오픈 프록시는 신뢰하지 않는 호스트에서 그들이 선택한 호스트로 보이지 않게 릴레이를 해줄 것이다. 네트워크 내에 이런 오픈 프록시가 동작하는 것은 여러 이유로 인해 상당히 위험한데, 공격자는 다음과 같은 작업을 할 수 있다.

- 여러분의 네트워크에 다른 시스템을 공격하는 것처럼 보이기
- 여러분인 것처럼 위장해 다른 네트워크 서비스나 대역폭 사용
- 여러분의 조직 내에서 더 높은 권한을 얻기 위해 내부 사용자인 것처럼 행세하기

특히 오픈 프록시를 익스플로잇하려고 버전 탐지를 이용해 공격하기에 좋은 동기가 된다. 어떤 포트가 엔맵의 정상적인 프록시 매치 줄을 이용해 프록시인지 면밀히 표시하지만 애플리케이션이 취약한지 증명하는 가장 좋고 실질적인 방법은 여러분 스스로 해당 시스템을 실제 익스플로잇해보는 것이다.

참고

> 이 해결 방안은 엔맵 개발자 더그 호이트Doug Hoyte가 만들었다.

[7.9.2] 해결 방안

우리가 해야 하는 첫 번째 작업은 `nmap-service-probes` 파일을 복사해 우리가 작업할 수 있게 임시 파일로 만든다.

```
mkdir ~/proxydetect
cp /usr/local/share/nmap/nmap-service-probes ~/proxydetect
```

다음 임시로 엔맵이 우리가 만든 임의 파일을 강제로 실행하게 설정한다.

```
export NMAPDIR=$HOME/proxydetect
```

이제 파일에 프로브와 일치하는 라인을 추가하는 작업만 남았다. 자, 이제 친숙한 편집기를 실행해 여러분이 복사한 `nmap-service-probes`에 다음 텍스트를 복사한다. 복사하기 가장 적절한 위치는 NULL 프로브에 있는 모든 매치 줄 이후에 넣거나 다음 Probe 라인(GenericLines) 전에 입력한다.

```
Probe TCP ProxyProbe q|GET http://insecure.org/ HTTP/1.1\r\nHost: insecure
.org\r\n\r\n|
rarity 1
```

```
ports 1-65535
totalwaitms 20000
match proxy m|^HTTP/1.[01] 200 OK\r?\n.*TITLE>Insecure.O|s p/Open HTTP Proxy!!/
```

이제 엔맵은 HTTP 포트에 스캔을 시도하고 스캔한 포트가 프록시인지 처리함으로써 insecure.org로부터 다운로드한다. 다음과 같이 오픈 프록시를 포함한 네트워크를 볼 수 있다.

```
PORT   STATE SERVICE VERSION
80/tcp open  proxy   Open HTTP Proxy!!
```

[7.9.3] 토론

프로브의 배치와 낮은 레리티rarity 값, 확장된 포트 범위는 커스텀 프로브가 서비스 스캔을 곧 시도하는지 확인하는 데 도움을 준다. 그래서 GetRequest 같은 다른 프로브들은 우리의 활성화 프록시를 사용하려고 시도하기 전에는 간단히 이것을 프록시로 식별하지 못한다.

또한 `totalwaitms` 지시자를 사용해 엔맵이 해당 프로브의 타임아웃보다 더 기다리게 할 수 있다. 이 작업은 프록시와 여러분 사이에 연결의 비의존성unreliability을 높이고 대기 시간을 늘릴 뿐만 아니라 우리가 요청한 페이지가 있는 서버(insecure.org)와 프록시 사이의 연결 비의존성을 높이고 대기 시간을 늘리는 데 필수적이다.

많은 다른 프로토콜이 HTTP에 추가돼 프록시가 될 수 있다는 사실을 기억한다. 버전 탐지는 FTP, POP3, IMAP, SMTP를 포함한 많은 프로토콜을 프록시로 식별한다. SOCKS 프록시는 프록시에 설정된 인증 옵션상의 정보를 결정하는 데 특별한 매치 줄을 갖고 있다. 이와 같은 해결 방안을 통해 종종 프로브 파일을 커스텀해 버전 스캔 탐지를 프록시가 오픈돼 있는지 아닌지를 찾는 데 이용할 수 있다. 그러나 더 복잡한 테스트는 NSE 스크립트를 이용하면 가장 최적의 결과를 얻을 수 있다.

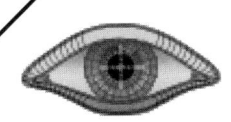

08장 원격 운영체제 탐지

8.1 소개

보안 감사나 조사/관리를 하기 위해 네트워크를 사용하는 동안 식별된 시스템의 IP 주소뿐만 아니라 더 많은 것을 알고 싶을 것이다. 네트워크상에서 프린터를 발견하면 라우터, 무선 접속장치, 전화 교환기, 게임 콘솔, 윈도우 데스크탑, 유닉스 서버를 발견했을 때와는 매우 다른 반응을 보일 것이다. (맥 OS X 10.4와 10.3을 구분하는 것 같은) 상세한 탐지를 통해 시스템상의 특이한 취약점을 찾거나 찾은 취약점이 실제로 공격 가능한지 판단할 수 있고, 또한 발견한 취약점들을 위한 효과적인 익스플로잇exploit을 만드는 데 도움이 된다.

많은 시스템은 시스템의 상세한 정보와 운영체제 환경 등 공격자에게 가치 있을 만한 정보는 최소한으로 노출하려고 한다. 다행이 엔맵은 TCP/IP 프로브의 응답에 기반한 수천 개의 서로 다른 시스템을 구분하는 거대한 추론 데이터베이스를 갖고 있다. 다른 시스템(버전 탐지 부분)은 장치 형태와 운영체제 상세 정보를 얻기 위해 열린 TCP나 UDP 포트를 이용한다. 이들 두 시스템의 결과는 독립적으로 보고됨으로써 윈도우 IIS 서버로 포트 80을 전달하는 체크포인트 방화벽을 식별할 수 있다.

엔맵은 1998년부터 운영체제 탐지를 지원하고 있으며, 8장은 2006년에 배포된 2세대 시스템을 설명한다.

[8.1.1] 운영체제 탐지 이유

네트워크에 있는 운영체제와 장치 유형을 식별할 때의 이득은 명확하지만 다른 것은 조금 불명확하다. 이 절은 내가 들은 내용 중에 추가적인 정보를 발견하고자 하는 최고의 이유들을 나열한다.

▶ 대상 호스트의 취약성 확인

사용 중인 서비스가 취약한지 아니면 특정한 취약점을 패치했는지 원격에서 확인하는 것은 때로 매우 어렵다. 애플리케이션의 버전 번호를 획득하더라도 항상 도움이 되지는 않는데, 운영체제 배포자들도 버전 번호를 변경하지 않고 보안 문제점을 수정하는 경우도 있다. 취약점의 존재 여부를 확인하는 확실한 방법은 취약점을 익스플로잇하는 것이지만 서비스를 크래시시킬 위험성도 있고, 서비스가 이미 패치된 경우에는 몇 시간 이상 하루 종일 익스플로잇하기 위한 노력이 물거품이 될 수도 있다.

운영체제 탐지는 그런 경우를 줄이는 데 도움이 된다. 예를 들어 썬 솔라리스 7부터 9까지의 Rwho 데몬은 원격에서 익스플로잇이 가능하다(Sun alert #57659). 원격에서 취약성을 확인하는 것은 매우 어렵지만 대상 시스템이 솔라리스 10을 실행하고 있다는 점을 확인하면 해당 시스템은 Rwho 데몬에 취약점이 없다고 생각할 수 있다.

침투 테스터가 아닌 시스템 관리자의 관점에서 보면 #57659 경고가 공개됐을 때 많은 수의 썬 시스템을 운영 중이라고 상상해보자. 나쁜 친구들보다 먼저 어떤 시스템이 패치가 필요한지 여러분의 전체 네트워크에 운영체제 탐지를 위한 스캔을 해야 한다.

▶ 익스플로잇 제작

대상 시스템의 취약점을 발견한 경우에도 운영체제 탐지는 취약점을 익스플로잇하는 데 도움이 될 수 있다. 버퍼 오버플로우, 포맷 스트링 익스플로잇과 많은 기타 취약점은 옵셋과 대상 운영체제와 하드웨어 아키텍처에 맞춰 생성된 페이로드 뭉치들을 포함한 고객 맞춤 셸 코드를 자주 필요로 한다. 어떤 경우에는 한 번의 시도만 가능할 수 있는데, 잘못된 셸 코드를 갖고 있으면 서비스가 크래시되기 때문이다. 운영체제 탐지를 처음에 하지 않으면 FreeBSD 서버에 리눅스 셸 코드를 전달해버릴 수도 있다.

네트워크 조사와 지원

특별히 조합된 포맷 스트링 익스플로잇이 루트root를 얻을 수 있는 기회가 더 이상 없을 때 여러분의 네트워크에 어떤 것이 실행 중인지 추적해야 할 수많은 관리적인 이유가 있다. 1년의 IRIX 지원 계약을 갱신하기 전에 아직 그런 시스템을 사용하는 사용자가 있는지 확인하기 위해 검색을 한다. 조사 결과는 IT 예산 수립과 회사 장비가 모두 확인됐다는 점을 보증하는 데 도움이 된다.

무인증의 위험한 장치 확인

어느 곳에나 존재하는 모바일 장치와 값이 싸고 필수품 같은 네트워크 장치들 때문에 조직은 자신의 네트워크를 바람직하지 않은 방법으로 확장하는 직원들이 있는지 알고 싶어한다. 그들은 건물 근처나 주차장에 있는 잠재적인 공격자에게 보호된 회사의 네트워크를 그냥 개방해주는 20달러짜리 무선 접속장치WAP를 신고하지 않고(또는 관리하지 않고) 자신의 사무실에 설치할 수도 있다. WAP은 매우 위험할 수 있으며, 엔맵은 '8.8 해결책: 엔터프라이즈 네트워크에서 악의의 무선 접속장치 탐지'에서 회사 내의 사용자들이 사용 중인 위험한 무선 접속장치를 탐지하는 방법을 설명한다.

사용자들도 신뢰할 수 없거나 웜에 감염된 노트북 컴퓨터를 회사의 네트워크에 연결해 관리자에게 고통을 줄 수 있다. 정기적인 스캐닝은 사전에 웜이나 바이러스를 조사하고 막기 위해 인증되지 않은 장비를 탐지할 수 있다.

사회 공학

다른 사용 가능성은 사회 공학이다. 대상 회사를 스캔하고 엔맵이 'Datavioce TxPORT PRISm 3000 T1 CSU/DSU 6.22/2.06'을 보고한다고 생각해보자. 여러분은 Datavoice의 지원을 가장하고 대상 회사에 전화를 걸어 그들의 PRISM 3000에 대한 약간의 이슈를 상의한다. 그들에게 매우 큰 보안 문제가 있다고 이야기하고 중요한 고객들에게 패치를 처음으로 제공한다고 한다. 순진한 관리자는 Datavoice의 권한이 있는 기술자만이 자신의 CSU/DSU에 대한 정보를 알 것이라고 추측한다. 물론 여러분이 그들에게 보낸 패치는 원격 접속한 뒤 그들의 네트워크를 스니핑하고 돌아다니기 위한 트로이목마일 것이다. 8장의 나머지를 읽는 것은 이런 작업을 시도하기 위한 것이 아니고 정밀한 탐지와 확인 충고를 위한 것임을 확실히 한다. 대상 시스템을 틀리게 추측하고 관리자에게 전화를 하면 관리자는 여러분을 경찰에 신고할 것이고 여러분은 감옥 친구에게 부끄러운 이야기를 들려주게 될 것이다.

8.2 사용법과 예

운영체제 탐지의 내부 동작은 매우 복잡하지만 사용하는 데 있어서는 매우 쉬운 기능 중 하나다. 단순히 -O를 스캔 옵션에 추가하면 된다. 운영체제 관련 상세 정보를 포함한 보고를 원하면 -v를 추가하면 된다. 이것은 예제 8.1에서 보여준다.

예제 8.1 상세 내역을 포함한 운영체제 탐지(-O -v)

```
# nmap -O -v scanme.nmap.org

Starting Nmap ( http://nmap.org )
Interesting ports on scanme.nmap.org (64.13.134.52):
Not shown: 994 filtered ports
PORT     STATE   SERVICE
22/tcp   open    ssh
25/tcp   closed  smtp
53/tcp   open    domain
70/tcp   closed  gopher
80/tcp   open    http
113/tcp  closed  auth
Device type: general purpose
Running: Linux 2.6.X
OS details: Linux 2.6.20-1 (Fedora Core 5)
Uptime guess: 11.433 days (since Thu Sep 18 13:13:01 2008)
TCP Sequence Prediction: Difficulty=204 (Good luck!)
IP ID Sequence Generation: All zeros

Nmap done: 1 IP address (1 host up) scanned in 6.21 seconds
           Raw packets sent: 2021 (90.526KB) | Rcvd: 23 (1326B)
```

-O -v 옵션을 포함했기에 엔맵은 다음의 여섯 가지 추가적인 정보를 만든다.

- **장치 유형**(Device type) 모든 핑거프린트는 router, printer, firewall, (지금의 경우) general purpose로 구분되는 한 개 이상의 고수준 장치 유형으로 분류된다. 이것은 '장치와 운영체제 분류' 절에서 조금 더 설명한다. 여러 개의 장치 유형이 보여질 수 있는데, 그런 경우에는 파이프 기호를 이용해 'Device Type: router|firewall'처럼 분리된다.

- **실행 운영체제**(Running) 이 필드도 '장치와 운영체제 분류' 절에서 설명하는 운영체제 분류 체계와 연관이 있다. 이 필드는 운영체제 패밀리(이 경우 Linux)와 가능한 경우 운영체제 세대 정보(2.6.X)를 표현한다. 다수의 운영체제 패밀리들이 있다면 쉼표로 구분한다. 엔맵이 운영체제 세대를 세분해 하나를 선택할 수 없다면, OpenBSD 3.X, NetBSD 3.X|4.X, Linux 2.4.X|2.5.X|2.6.X처럼 파이프 기호(|)를 이용해 구분시킨다.

    비슷하게 일치하는 핑거프린트가 없다면 이 줄은 생략된다. 정확하게 일치하지 않으면 엔맵은 필드를 진행 중running으로 바꾸고 각 후보 패밀리 이름 다음에 병렬적으로 정확한 %(100%는 완벽한 일치를 의미)를 더한다.

- **운영체제 상세 정보**(OS Details) 이 줄은 일치한 각 핑거프린트를 위한 상세 설명을 제공한다. 장치Device 유형과 실행Running 운영체제 줄은 컴퓨터에 의해 쉽게 분석되는 미리 정의된 열거 목록으로 얻을 수 있지만 운영체제 상세 줄은 사람이 읽기에 편리한 형태의 자유 형식의 자료를 갖고 있다. 이것은 좀 더 정확한 버전 번호, 장치 모델, 아키텍처 특징을 주어진 핑거프린트에 포함할 수 있다. 예제에서 핑거프린트가 유일하게 일치하는 것은 Linux 2.6.20-1 (패도라 코어 5)다. 정확하게 매치되는 내용이 중복돼 존재하면 쉼표로 구분된다. 완벽하게 일치하는 것이 없지만 비슷하게 추측되는 것이 있을 때에는 필드의 이름이 Aggressive OS guesses로 변경되고 얼마나 가깝게 일치하는지 나타내는 비율을 괄호 속에 포함하는 핑거프린트를 보여준다.

- **업타임 추측**(Uptime guess) 운영체제 탐지의 부분으로 엔맵은 몇 개의 가공되지 않은 SYN/ACK TCP 패킷을 수신하고 헤더의 타임스탬프 옵션을 테스트한다. 많은 운영체제는 부팅 이후에 0에서 시작해 초당 두 배로 증가하는 것처럼 일정한 비율로 증가하는 간단한 카운터를 사용한다. 몇 개의 응답을

테스트함으로써 엔맵은 현재 값의 증가 비율을 확인할 수 있다. 간단한 선형 추론으로 부트 시간을 확인한다. 타임스탬프 알고리즘은 운영체제 탐지에도 사용된다('TCP 타임스탬프 옵션 알고리즘(TS)' 절 참조). 서로 다른 시스템에서 증가 비율은 2Hz부터 1,000Hz까지 다양하다.

업타임 추측은 '추측'이라는 꼬리표가 달려있는데, 다양한 부분이 정확도를 기대하기 어렵게 하기 때문이다. 어떤 운영체제는 타임스탬프 카운터를 0에서 시작하지 않고 임의의 값으로 초기화해 약 50일마다 한 번 정도 카운터가 0이 된다. 0에서 시작하는 간단한 카운터를 사용하는 시스템조차 결국에는 오버플로우가 발생해 제자리로 돌아온다.

1,000Hz 증가율의 카운터는 대략 50일마다 0으로 초기화된다. 따라서 102일 동안 실행하고 있는 호스트는 이틀 동안 실행한 것처럼 나타나기도 한다. 이와 같은 위험성에도 불구하고 업타임 추측은 대부분의 시스템에서 정확하지만 상세 모드와 출력이 가능한 경우에만 출력된다. 대상이 응답하지 않거나 SYN/ACK 패킷에서 타임스탬프 옵션을 사용하지 않거나 0으로 제공하면 업타임 추측은 생략된다. 엔맵이 타임스탬프 증가율을 인식할 수 없거나 (30년 실행 기간 같이) 의심스러운 경우에는 해당 라인을 생략할 수 있다.

- **네트워크 거리**(Network Distance) 운영체제 탐지의 부수적인 효과는 엔맵과 대상 시스템 사이에 얼마나 많은 라우터가 존재하는지 계산할 수 있게 한다. 로컬 호스트를 검색하는 경우에는 거리가 0이 되고, 동일 네트워크상의 호스트들은 1이 된다. 대상까지 도달하는 경로상의 각 라우터들은 한 개의 홉 카운트를 증가시킨다. 예제에서 `Network Distance` 줄은 출력되지 않았는데, (관련된 테스트에 응답하지 않는 것과 같이) 계산할 수 없는 경우에는 생략한다.

- **TCP 시퀀스 예측**(TCP Sequence Prediction) 빈약한 TCP 초기 순서 번호를 생성하는 시스템은 블라인드 TCP 스푸핑 공격에 취약하다. 다시 말해 다른 IP 주소라고 속이고 대상 시스템과 (수신을 하지는 않지만) 데이터를 전달하는 완전한 연결 설정이 가능하다. 대상 시스템의 로그들은 속여진 IP만을 보여주게 될 것이고, 여러분은 대상 시스템과 신뢰 관계의 이득을 가져가게 될 것이다. 이 공격은 90년대 중반, 신뢰된 IP 주소를 이용해 비밀번호 없이 계정에 로그인을 허용하는 rlogin을 일반적으로 사용할 때 나타났다.

1994년 12월에 케빈미트닉이 스토무 시모무라의 컴퓨터에 이 공격을 사용한 것으로 알려졌다.

좋은 소식은 rlogin이 더 이상 많이 사용되지 않으며, 많은 운영체제는 RFC 1948에 제시된 예측 불가능한 초기 순서 번호를 사용하는 것으로 수정됐다. 이와 같은 이유로 이 줄은 상세 출력 모드에서만 출력이 된다. 안타깝게도 수많은 벤더가 취약한 운영체제와 장치를 아직도 제공한다.[1]

그러나 수정된 시스템도 운영체제 탐지 목적을 위해 가치 있는 것들을 수많은 구현 속에 포함하고 있다. 클래스는 대상 시스템에서 사용되는 ISN 생성 알고리즘을 설명하며, 난이도difficulty는 블라인드 IP 스푸핑 공격을 하는 것이 얼마다 어려운지 대략적으로 추정하는 값이다(0이 가장 쉬움). 괄호 속의 코멘트는 난이도에 기반하고 있으며 Easy쉬움, Medium보통, Formidable만만찮은, Worthy challenge가치 있는 도전과 Good luck행운을 빌어 등의 간단한 농담으로 나타냈다. 순서 번호 테스트에 대한 상세한 내용은 'TCP ISN 최대공약수(GCD)' 절을 참조하라.

rlogin이 과거의 유물이 돼가는 동안 똑똑한 공격자는 아직도 블라인드 TCP 스푸핑 공격을 효율적으로 할 수 있는 것을 찾는다. 예를 들어 HTTP 요구 사항을 속이는 것이 허용된다. 여러분이 결과를 볼 수는 없지만 URL(POST나 GET 요구 사항)은 극적인 부작용을 포함할 수 있다. 스푸핑은 공격자들에게 그들의 신분을 숨기거나, 누군가를 가두거나 IP 주소 제한을 악용하는 것을 허용한다.

- **IP ID 순번 생성**(IP ID sequence generation) 많은 시스템은 무의식적으로 IP 패킷들 속에 있는 저수준의 16비트 ID필드 생성 방법에 기반한 트래픽 수준에 관련된 민감한 정보를 제공한다. 이것은 '5.10 TCP Idle 스캔(-sI)'에서 설명한 바와 같이 다른 시스템의 포트 스캔에 대한 스푸핑을 하거나 기타 악의적인 목적으로 악용될 수 있다. 이 필드는 엔맵이 인지할 수 있었던 ID 생성 알고리즘을 설명한다. 어떻게 그들을 분류하는지에 대한 자세한 내용은 'TCP IP ID 시퀀스 생성 알고리즘(TI)' 절에 있다. 많은 시스템은 각 시스템이 통신하기 위해 서로 다른 IP ID 영역을 사용함을 주목하라. 그런 경우에 그들은 (인크리멘탈 클래스를 보여주는 것 같은) 취약하게 보일 수 있지만 Idle 스캔

---

1. 환상적인 시각적 표현을 http://lcamtuf.coredump.cx/newtcp/에서 확인할 수 있다.

같은 공격에는 안전하다. 엔맵이 운영체제 탐지 동안에 충분한 정보를 수신하지 못하면 전체 라인을 생략한다. Idle 스캔 좀비가 되기 위한 취약점이 있는 호스트인지 아닌지를 테스트하는 최고의 방법은 -sI과 함께 테스트하는 것이다.

TCP 핑거프린트를 확인하는 것은 강력한 운영체제 탐지 방법이며, 열린 포트에 대한 정보를 획득하는 것은 또 다른 효과적인 접근 방법이다. 마이크로소프트 IIS 같은 특정 애플리케이션은 한 개의 플랫폼에서만 실행되지만(따라서 추측할 필요도 없다) 많은 애플리케이션이 너무나 상세한 배너 메시지를 통해 자신의 플랫폼 정보를 노출한다. (다른 정보 중에서) 이 실마리들을 찾게 훈련된 -sV 옵션을 엔맵 버전 탐지에 활용할 수 있다. 예제 8.2에서 엔맵은 FTP 서버에서 상세한 플랫폼 정보를 얻는다.

예제 8.2 운영체제 탐지를 위한 버전스캔 사용

```
# nmap -sV -O -v 129.128.X.XX
Starting Nmap ( http://nmap.org )
Interesting ports on [hostname] (129.128.X.XX):
Not shown: 994 closed ports
PORT        STATE     SERVICE        VERSION
21/tcp      open      ftp            HP-UX 10.x ftpd 4.1
22/tcp      open      ssh            OpenSSH 3.7.1p1 (protocol 1.99)
111/tcp     open      rpc
445/tcp     filtered  microsoft-ds
1526/tcp    open                     oracle-tns Oracle TNS Listener
32775/tcp   open      rpc
No exact OS matches for host
TCP Sequence Prediction: Class=truly random
                        Difficulty=9999999 (Good luck!)
IP ID Sequence Generation: Incremental
Service Info: OS: HP-UX
```

이 예제에서 'No exact OS matches for host' 줄의 의미는 TCP/IP 핑거프린팅 정보가 정확하게 일치하는 것을 얻는 데 실패했다는 점을 나타낸다. 다행히도 몇 줄 아래의 서비스 정보 필드에서 운영체제가 HP-UX임을 나타낸다. 여러 개의 운영체제가 탐지됐으면(서로 다른 여러 개의 컴퓨터에 포트를 재전송하는 NAT 게이트

웨이를 사용하는 경우에 발생할 수 있다) 여러 개의 운영체제가 쉼표로 분리돼 나타난다. Service Info 줄은 호스트명과 버전 스캔 동안 파악된 장비 유형들의 정보도 포함할 수 있다. 8장의 초점이 TCP/IP 핑거프린팅임에도 불구하고 버전 탐지는 7장 '서비스와 애플리케이션 버전 탐지'에서부터 다뤄왔다.

두 가지 효과적인 운영체제 탐지 방법이 사용 가능한데, 어떤 것을 사용할 것인가? 최고의 대답은 항상 두 개 모두 사용하는 것이다. 프록시 방화벽이 다른 호스트의 애플리케이션으로 포워딩을 하는 경우처럼 몇 가지 경우는 무엇을 사용하는 것이 좋을지에 대한 대답은 명확하다. TCP/IP 핑거프린팅이 프록시를 식별하는 동안 버전 스캐닝은 프록시된 애플리케이션을 실행하는 서버를 탐지한다. 프록시나 포트 포워딩이 관련되지 않은 경우에도 두 가지 기술을 동시에 사용하는 것이 좋다. 이들이 같은 결과를 도출하면 결과를 좀 더 신뢰할 수 있다. 두 가지 결과가 터무니없이 다르다면 어떤 것을 신뢰할지 확인하기 전에 조금 더 상세하게 조사해야 한다. 운영체제와 버전 탐지는 잘 협력할 수 있으며 -A 옵션을 사용해 동시에 이용할 수 있다.

운영체제 탐지는 최소 한 개의 열린 포트와 한 개의 닫힌 TCP 포트가 발견된 경우에 좀 더 효과적이다. -osscan-limit 옵션을 설정하면 엔맵은 이 기준에 맞지 않는 호스트에 대한 운영체제 탐지를 하지 않는다. 이것은 부수적인 시간을 절약할 수 있으며 특별히 많은 호스트들에 대해 -PN 스캔을 사용할 경우에 실행한다. 이런 효과를 위해 아직도 운영체제 탐지에 -O(또는 -A) 옵션을 활성화할 필요가 있다.

또 다른 운영체제 옵션은 -osscan-guess가 있다. 때로 엔맵이 완벽하게 일치하는 운영체제를 탐지할 수 없을 때 가장 유사한 일치 가능성이 있는 것을 제시한다. 엔맵이 유사한 일치 가능성을 제시할 수 있을 정도로 응답으로 얻은 정보는 일치 데이터베이스와 기본적으로 매우 가까워야 한다. 이 옵션(또는 --fuzzy 같은 옵션)을 사용하면 엔맵은 좀 더 공격적으로 추측을 한다. 엔맵은 각 추측에 대해 불완전한 일치를 프린트하거나 신뢰도 레벨(%)을 표시한다.

대상에 대한 운영체제 탐지 중 완벽하게 일치하는 것을 찾지 못했을 때 엔맵은 통상 시도를 반복한다. 기본적으로 엔맵은 운영체제 핑거프린트 조사를 위한 조건이 좋을 때에는 5회, 조건이 좋지 않을 때에는 2회 재시도한다. -max-os-tries 옵션은 운영체제 탐지 재시도 횟수를 여러분이 수정할 수 있게 한다. 숫자를 (일반적으로 1로) 낮추는 것은 엔맵의 속도를 올리지만 운영체제를 식별할 가능성을 놓칠 수도 있다. 바꿔 말해 조건이 좋을 때에는 높은 값을 설정해 추가적인 재시도를 할 수 있다. 이것은 좀 더 좋은 핑거프린트를 위해 전달한 뒤 엔맵 운영체제 데이터베이스에 통합시키는 것을 제외하면 드물게 실행한다.

엔맵의 모든 다른 부분과 같이 최종적으로 모든 결과는 대상 컴퓨터로부터 얻는다. 간혹 엔맵을 속이거나 혼란스럽게 하도록 설정된 시스템이 있다. 일부 프로그램은 엔맵 운영체제 탐지를 속일 수 있게 특별히 제작됐다('11.5.4 운영체제 속이기' 참조). 최고 선택은 네트워크를 돌아다니기 위해 수많은 조사 방법을 사용하고 그 중에 하나만을 신뢰하지 않는 것이다.

TCP/IP 핑거프린팅은 대상의 IP 스택에 대한 상세한 정보를 수집하도록 요구한다. TTL 정보 같은 대부분의 유용한 결과들은 획득되면 언제든지 엔맵의 결과에 출력된다. IP ID 시퀀스 생성이나 TCP 시퀀스 예측 어려움처럼 약간 관련이 적은 정보들은 상세 모드에서만 출력된다. 엔맵이 수집한 모든 IP 스택 상세 정보를 원하면 조건 핑거프린트에서 상세한 정보를 획득할 수 있다. 호스트를 인지할 수 없을 경우에 (사용자 전달을 목적으로) 엔맵은 가끔 이것을 출력한다. -d를 이용해 디버깅을 활성화하면 강제적으로 엔맵이 (일반형, 대화형, XML형으로) 그것을 출력하게 할 수 있다. 해당 출력에 대한 해석은 '8.5 엔맵 핑거프린트의 이해'에서 설명한다.

8.3 엔맵이 지원하는 TCP/IP 핑거프린팅 방법

엔맵의 운영체제 핑거프린트는 대상 시스템의 알려진 열린 포트나 닫힌 포트에 대해 15개까지의 TCP, UDP, ICMP 프로브를 전달해 동작한다. 이 프로브는 표준 RFC 프로토콜 속의 다양한 불명확함을 활용하게 특별히 고안됐다. 그 후에 엔맵은 응답을 기다린다. 응답의 여러 속성은 분석되고 핑거프린트를 생성하기 위해 모아진다. 모든 프로브 패킷은 추적되고 응답이 없을 경우 최소 한 번 이상 재전달된다. 모든 패킷은 불규칙한 IP ID 값을 갖고 있다. 열린 TCP 포트에 대한 프로브는 해당 포트가 발견되지 않으면 건너뛴다. 엔맵은 닫힌 TCP 포트나 UDP 포트를 위해 해당 포트가 발견됐는지 처음에 테스트한다. 발견되지 않았으면 최상의 선택이 되기를 바라면서 임의의 포트를 선택한다.

다음 절은 매우 기술적이며 엔맵의 운영체제 탐지 작업의 숨겨진 부분을 보여준다. 엔맵은 숨겨진 부분에 대한 이해 없이도 효과적으로 사용할 수 있으며, 관련 자료들은 여러분이 원격 네트워크를 더 잘 이해하게 돕고, 특정 비정상적인 것을 탐지하거나 설명할 수 있게 한다. 또한 어떤 기술들은 꽤 훌륭하다. 성격이 급한 독자들은 '8.7 잘못 인식한 것과 인식되지 않은 호스트 다루기'를 읽지 않을 수도 있다. TCP 명시적 혼잡도 통지, 예약된 UDP 헤더 비트들, 초기 일련번호, 위조된 플래그, 크리스마스 트리 패킷 등을 통한 여행 준비가 됐으면 계속 읽어 보라!

경험이 충분한 고수들도 때때로 패킷 헤더 필드들과 플래그의 바이트 옵셋을 잊어버린다. 빠른 참조를 위해 IPv4의 TCP, UDP, ICMP 헤더 배치는 '들어가며' 의 'TCP/IP 레퍼런스'에서 찾을 수 있다. ICMP 응답 요청과 목적지 도착 불가 패킷에 대한 배치는 그림 8.1과 그림 8.2에서 보여준다.

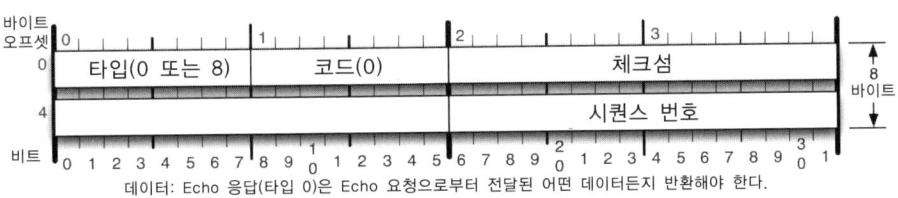

그림 8.1 ICMP echo 요청이나 응답 헤더 레이아웃

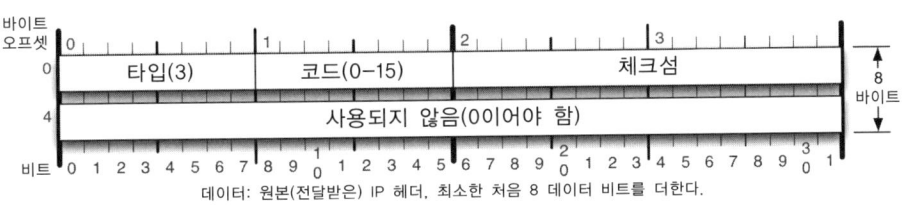

그림 8.2 ICMP 목적지 도달 불가 헤더 레이아웃

[8.3.1] 프로브의 전달

8장은 TCP/IP 핑거프린팅의 부분으로 엔맵이 전달한 각 IP 프로브에 대해 설명한다. 이것은 엔맵 응답 테스트와 다음 절에서 설명할 TCP 옵션들을 참조한다.

시퀀스 생성(SEQ, OPS, WIN, T1)

TCP 프로브 6개 한 묶음은 다음의 4개 테스트 응답 줄을 위해 전달된다. 프로브는 정확하게 110밀리초 동안 전송돼 총 550밀리초가 소요된다. 정확한 타이밍은 시퀀스 알고리즘에서 매우 중요하며 (초기 일련번호, IP ID와 TCP 타임스탬프들의) 탐지는 시간에 의존적이다. 이 타이밍 값은 500밀리초 정도 소요되게 선택됐으며, 보통 2Hz TCP 타임스탬프 시퀀스의 탐지를 신뢰할 수 있다.

모든 프로브는 원격 시스템의 열린 포트를 탐지하기 위한 TCP SYN 패킷이다. 시퀀스와 인증 번호들은 (저장돼 엔맵이 응답을 구분할 수 있지만) 불규칙적이다. 탐지 정확도는 탐지의 일관성을 요구하며, 사용자가 `--data-length`를 사용하더라도 데이터 페이로드는 포함되지 않는다.

이 패킷들이 사용하는 TCP 옵션과 TCP 윈도우 필드 값은 다양하다. 다음 목록은 6개 패킷 모두를 위한 옵션과 값을 제공한다. 나열된 윈도우 필드 값은 윈도우 스케일링을 반영하지 않는다. EOL은 옵션 목록 종단end-of-options-list 옵션으로 많은 스니핑 도구에서는 기본적으로 존재하지 않는다.

- **Packet #1** 윈도우 스케일(10), NOP, MSS(1460), 타임스탬프(TSval: 0xFFFFFFFF; TSecr: 0), SACK 허용. 윈도우 필드는 1.

- **Packet #2** MSS(1400), 윈도우 스케일(0), SACK 허용, 타임스탬프(TSval: 0xFFFFFFFF; TSecr:0), EOL. 윈도우 필드는 63.

- **Packet #3** 타임스탬프(TSval: 0xFFFFFFFF; TSecr: 0), NOP, NOP, 윈도우 스케일(5), NOP, MSS(640). 윈도우 필드는 4.

- **Packet #4** SACK 허용, 타임스탬프(TSval: 0xFFFFFFFF; TSecr: 0), 윈도우 스케일(10), EOL. 윈도우 필드는 4.

- **Packet #5** MSS(536), SACK 허용, 타임스탬프(TSval: 0xFFFFFFFF; TSecr: 0), 윈도우 스케일(10), EOL. 윈도우 필드는 16.

- **Packet #6** MSS(265), SACK 허용, 타임스탬프(TSval: 0xFFFFFFFF; TSecr: 0). 윈도우 필드는 512.

이 테스트의 결과는 네 가지 분류 결과를 갖고 있다. 첫 번째 `SEQ`는 프로브 패킷의 시퀀스 분석에 기반한 결과를 포함한다. 이 테스트의 결과는 `GCD`, `SP`, `ISR`, `TI`, `II`, `TS`, `SS`다. 다음 줄의 `OPS`는 (O1부터 O6까지의 테스트 이름인) 응답 조사 시 수신된 TCP 옵션들을 갖고 있는 라인이다. 비슷하게 `WIN` 줄은 (W1부터 W6까지 명명된) 프로브 응답을 위한 윈도우 크기를 갖고 있다. 마지막은 여러 테스트와 관련이 있는데, `T1`은 패킷 #1의 다양한 테스트 값을 포함한다. 이 결과들은 R, DF, T, TG, W, S, A, F, O, RD, Q 테스트를 위한 것이다. 이 테스트는 각 프로브를 위해 거의 항상 동일하므로 첫 번째 프로브에 대해서만 보고된다.

ICMP echo(IE)

IE 테스트는 대상에 두 개의 ICMP echo 요구 패킷 전달을 포함한다. 첫 번째는 IP DF 비트가 설정돼 있고, 서비스 타입type-of-service, TOS 바이트 값이 0이며, (0이 될 수 있음에도 불구하고) 코드는 9, 일련번호는 295, 불규칙 IP ID와 ICMP 요구 식별자, 불규칙 문자가 120회 반복돼 데이터 페이로드에 들어있다.

두 번째 핑 쿼리도 동일하지만 TOS가 4(IP_TOS_RELIABLITY)로 설정돼 사용되고, 코드 값은 제로(0), 150바이트의 데이터가 전달되고, IP ID, 요청 ID와 일련번호는 이전 쿼리의 순차적인 증가 값을 사용한다.

이 프로브의 두 결과들은 R, DFI, T, TG, TOSI, CD, SI, DLI 테스트를 포함하는 IE 줄에 조합된다. R 값은 두 개의 테스트 모두 응답이 있을 경우 항상 참(Y)이다. T와 CD 값은 첫 번째 테스트에 대한 응답을 위한 값으로 매우 다른 값이다. DFI, TOSI, SI, DLI는 특별한 이중 테스트 ICMP 경우를 위한 맞춤형 테스트다.

이 ICMP 프로브는 공유된 IP ID 일련번호 테스트('공유된 IP ID 시퀀스 불린 (SS)' 참조) 결과를 확인하기 위해 TCP 시퀀스 프로브 바로 뒤에 따라온다.

TCP 명시적 혼잡도 통지(ECN)

이 테스트는 대상 TCP 스택의 명시적 혼잡도 통지ECN를 위한 테스트다. ECN은 혼잡 문제가 발생해 패킷을 버리기 전에 라우터에 신호를 보내 인터넷 속도를 개선하는 방법이다. 이것은 RFC 3168에 문서화돼 있다. 엔맵은 ECN CWR과 ECE 혼잡 제어 플래그가 설정된 SYN 패킷을 전달해 이것을 테스트한다. (ECN 에게) 관련이 없는 테스트로 긴급urgent 플래그가 설정돼 있지 않더라도 긴급 필드의 값으로 0xF7F5가 사용된다. 승인 번호는 0, 일련번호는 불규칙, 윈도우 크기 필드는 3, CWR 비트 앞의 예약된 비트들이 설정된다. TCP 옵션은 WScale(10), NOP, MSS(1640), SACK 허용, NOP, NOP 등이다. 이 프로브는 열린 포트에 전달된다.

응답을 받으면 R, DF, T, TF, W, O, CC, Q 테스트가 수행되고 기록된다.

TCP(T2-T7)

T2부터 T7까지의 6개 테스트는 각기 한 개의 TCP 프로브를 보낸다. 한 가지 예외와 함께 TCP 옵션 데이터는 (16진수로) 03030A0102040109080AFFFFFFFF000000000402다. 이 20바이트는 윈도우 스케일(10), NOP, MSS(265), 타임스탬프(TSval: 0xFFFFFFFF;

TSecr:0)에 해당하고 SACK는 허용한다. 예외는 T7에서 윈도우 스케일 값이 10이 아니고 15다. 각 프로브의 가변적인 특징은 다음과 같다.

- T2는 (플래그들이 설정되지 않은) TCP null 패킷을 IP DF 비트로 설정하고 윈도우 필드는 128로 해 열린 포트에 보낸다.

- T3는 TCP 패킷에 SYN, FIN, URG와 PSH 플래그를 설정하고 윈도우 필드를 256으로 설정한 후 열린 포트에 보낸다. IP DF 비트는 설정하지 않는다.

- T4는 TCP ACK 패킷에 IP DF를 설정하고 윈도우 필드를 1024로 한 후 열린 포트에 보낸다.

- T5는 TCP SYN 패킷에 IP DF를 설정하고 윈도우 필드를 31337로 한 후 닫힌 포트에 보낸다.

- T6은 TCP ACK 패킷에 IP DF를 설정하고 윈도우 필드를 32768로 한 후 닫힌 포트에 보낸다.

- T7은 TCP 패킷에 FIN, PSH와 URG 플래그를 설정하고 윈도우 필드를 65535로 한 후 닫힌 포트에 보낸다. IP DF 비트는 설정하지 않는다.

이들 각 경우에 한 줄이 R, DF, T, TG, W, S, A, F, O, RD, Q 테스트를 위한 결과들과 함께 핑거프린트에 추가된다.

UDP(U1)

이 프로브는 닫힌 포트에 UDP 패킷을 보낸다. 문자 'C$_{0x43}$'가 데이터 필드에 300번 반복해 들어 있다. IP ID 값은 이 설정을 허용하는 운영체제를 위해 0x1042로 설정돼 있다. 방화벽이 존재하지 않고, 정말로 해당 포트가 닫혀 있다면 엔맵은 ICMP 포트 도착 불가 메시지를 반환받는 것을 기대한다. 그런 응답은 R, DF, T, TG, TOS, IPL, UN, RIPL, RIPCK, RUCK, RUL, RUD 테스트에 종속된다.

[8.3.2] 응답 테스트

이전 절들은 엔맵이 보낸 프로브를 설명했고 여기에서는 응답에 실시된 테스트를 집중 설명해 퍼즐을 완성한다. (DF, R, RIPCK 같은) 짧은 이름은 공간 절약을 위해 nmap-os-db 핑거프린트 데이터베이스에서 사용한다. 모든 숫자로 된 테스트 값들은 특별한 경우를 제외하고 0으로 시작하지 않는 16진수 표현 방식으로 주어진다. 테스트는 핑거프린트에 나타나는 순서대로 간략하게 문서화된다.

TCP ISN 최대공약수(GCD)

SEQ 테스트는 여섯 개의 TCP SYN 패킷을 대상 시스템의 열린 포트에 전송하고 되돌아오는 SYN/ACK 패킷을 수집한다. 각 SYN/ACK 패킷은 32비트 초기 일련번호ISN를 갖고 있다. 이 테스트는 대상 호스트가 증가시키는 제일 작은 숫자를 확인한다. 예를 들어 많은 호스트(특별히 구형 시스템)는 64,000의 배수로 ISN을 증가시킨다.

이것을 계산하기 위한 첫 단계는 각 프로브의 응답에 대한 차이를 배열로 만든다. 첫 요소는 첫 번째와 두 번째 프로브 응답의 ISN 차이다. 두 번째 요소는 세 번째, 네 번째 응답의 차이다. 6개의 프로브에 대한 응답을 모두 수신하면 5개의 요소가 생성된다. 이 절 다음의 몇 개의 절은 이 배열을 참조하고 이 배열을 `diff1`이라 한다. 이전 패킷보다 낮은 ISN이 수신되면 엔맵은 두 번째 값을 획득하기 위해 첫 번째 값에서 빼고 그 값을 (32비트를 넘으면 0으로 돌아가는 것을 포함해) 더한다. 두 개의 값 중 작은 값을 `diff1`에 저장한다. 따라서 0x20000뒤에 0x15000이 따라올 때의 차이 값은 0xB000이다. 0xFFFFFF00과 0xC000의 차이는 0xC0FF다. 이 테스트 값은 이들 요소의 최대공약수가 된다. 이 최대공약수 GCD는 SP 결과를 계산하는 데 사용된다.

TCP ISN 계산 비율(ISR)

이 값은 반환된 TCP 초기 일련번호의 평균 증가율을 보여준다. 연속된 두 프로브의 응답에서 차이를 획득하고 이전에 논의된 `diff1` 배열에 저장된다는 점을 기억하자. 이 차이들은 두 개의 프로브 사이에 소요된 시간(일반적으로 0.1까지의 초 단위)으로 나눠진다. 결과는 ISN 누산기accumulator의 초당 증가 값 비율을 갖고 있는 `seq_rates`라는 배열이 된다. 각 `diff1` 값에 대해 한 개의 요소가 배열에 있다. 배열 값에서 평균값을 얻는다. 평균이 1보다 적으면(예를 들어 ISN이 고정된 경우) ISR은 0이다. 그렇지 않으면 ISR은 평균값에 (밑을 2로 하는) 이진 로그의 8배에 가장 가까운 정수에 맞춰진다.

TCP ISN 순서 예측성 인덱스(SP)

ISR 테스트가 초기 일련번호 증가치의 평균 비율을 측정하는 동안 이 값은 ISN의 변화도를 측정한다. 이것은 여섯 개의 프로브 응답에서 다음 ISN을 예측하는 것이 얼마나 어려운지 보여준다. 계산은 이전 절에서 설명한 차이 배열(seq_rates)과 GCD 값들을 이용한다.

이 테스트는 적어도 4개의 응답이 있을 때 수행된다. 이전에 계산된 GCD 값이 9보다 크면 이전에 계산된 seq_rates 배열의 요소는 그 값으로 나뉜다. 더 작은 GCD 값으로 나누기를 하지 않는데, 그것은 일반적으로 우연하게 발생한다. 결과치 배열의 표준편차가 이후에 획득된다. 결과가 1이나 그보다 적다면 SP는 0이다. 그렇지 않으면 결과의 이진 로그가 계산되고 8로 곱한 다음 가장 가까운 정수 값을 얻고 SP로 저장된다.

이 테스트는 운영체제 탐지를 목적으로 수행되고 대상 시스템의 ISN 생성기를 완전히 날리기 위한 테스트가 아님을 기억했으면 한다. 높은 SP 값임에도 쉽게 예측이 가능한 알고리즘의 약점이 많이 있다.

TCP IP ID 시퀀스 생성 알고리즘(TI)

이 테스트는 TCP SEQ 프로브의 모든 응답에서 IP 헤더의 ID 필드를 테스트한다. 이 테스트는 적어도 세 개의 응답이 수신될 때에만 포함된다. 다음 알고리즘에 기반한 대상 시스템의 IP ID 생성기가 분류된다. 차이 값은 카운터가 넘치면 처음부터 다시 시작한다는 점을 가정한다. 따라서 IP ID 값이 65,100 뒤에 700이 수신되면 차이 값은 1136이 된다. 2,000 다음에 1,100이 수신되면 차이 값은 64,636이다. 다음은 상세 계산법이다.

1. 모든 IP ID 숫자가 0이면 TI는 Z로 설정한다.

2. IP ID 시퀀스가 최소 20,000 이상 증가하지 않으면 TI는 RD(랜덤)로 설정한다.

3. 모든 IP ID가 동일하면 TI는 16진수의 해당 값으로 설정한다.

4. 두 개의 연속된 ID들의 차이가 1000을 초과하고 256으로 나눠지지 않으면 TI는 RI(랜덤 양성 증가)로 설정한다. 256으로 나눠떨어지면 이런 RI 결과 값을 초래하기 위해 적어도 256,000 이상이어야 된다.

5. 모든 차이가 256으로 나눠지고 5120보다 크지 않다면 TI는 BI(깨진 증가)로

설정한다. 이것은 마이크로소프트 윈도우와 같이 IP ID가 네트워크 바이트 순서가 아닌 호스트 바이트 순서로 전송되는 시스템에서 발생한다. 이것은 잘 동작하고 어떤 RFC의 위반도 아니며, 호스트 아키텍처를 제공해 공격자에게 유용하게 사용될 수 있다.

6. 모든 차이가 10보다 적다면 TI는 I(증가하는)로 설정한다. 여기에서 (순차적 주문이 요구되는 대신에) 10까지의 차이를 허용하는 이유는 다른 호스트로부터의 트래픽이 시퀀스에 차이를 발생시킬 수 있기 때문이다.

7. 이전 단계에서 생성 알고리즘을 식별하지 못하면 핑거프린트의 결과를 생략한다.

ICMP IP ID 시퀀스 생성 알고리즘(II)

이 테스트는 두 핑 프로브에 대한 ICMP 응답에서 IP ID들을 조사하는 점을 제외하면 위의 TI 테스트와 동일하다. 이것은 두 응답 모두가 수신됐을 때에만 포함된다. IP ID 차이는 (wrapping을 가정하고) 절대값이고, TI에서 설명한 것 같이 계산된다. 결과는 TI보다 계산하기 쉽다. 결과 계산을 지원하기 위한 충분한 샘플이 없기 때문에 RD 결과 값은 없다. II는 다음과 같이 계산된다.

1. 두 ID 번호가 0이면 II는 Z로 설정한다.

2. 두 ID가 동일하면, II는 16진수 해당 값으로 설정한다.

3. ID들의 절대값 차이가 1000을 초과하고 256으로 나눠지지 않으면 II는 RI (랜덤 양성 증가)로 설정한다. 256으로 나눠지면 RI 결과를 얻기 위해 적어도 256,000 이상이어야 한다.

4. IP ID 차이가 256으로 나눠지고 5120보다 크지 않다면 II는 BI(깨진 증가)로 설정한다. 이것은 네트워크 바이트 순서 대신 호스트 바이트 순서를 IP ID로 전달하는 마이크로소프트 같은 시스템에서 발생한다.

5. 차이가 10보다 작으면 II는 I(증가)로 설정한다. 여기서 (순차적인 요청이 요구되는 대신에) 10까지 차이를 허용하는 이유는 다른 호스트로부터의 트래픽이 시퀀스의 차이를 발생시킬 수 있기 때문이다.

6. 이전 단계에서 생성 알고리즘을 식별할 수 없으면 이 테스트는 핑거프린트에서 생략된다.

공유 IP ID 순서 불린(SS)

이 불린 값은 대상 시스템이 IP ID 시퀀스를 TCP와 ICMP 프로토콜 사이에서 공유하는지의 여부를 기록한다. 6개 TCP IP ID 값이 117, 118, 119, 120, 121, 122 일 때 ICMP 결과가 123과 124이라면 점진적인 시퀀스뿐만 아니고 같은 시퀀스의 일부분임이 명확하다. 즉, TCP IP ID 값들이 117-122이고 ICMP 값이 32,917과 32,918이라면 다른 시퀀스를 사용 중인 것이다.

이 테스트는 II가 RI, BI, I이고 TI가 동일할 때 포함된다. SS가 포함됐을 때 시퀀스가 공유됐으면 결과는 S가 되고, 그렇지 않으면 O(기타)가 된다. 그런 확인은 다음 알고리즘에 의해 만들어진다.

최종 TCP 시퀀스 응답 IP ID에서 처음 TCP 시퀀스 응답 IP ID를 차감한 후 프로브 번호의 차이로 나누는 것을 평균으로 보자. 프로브 #1이 IP ID로 10,000을 반환하고 프로브 #6이 20,000을 반환하면 평균은 (20,000 - 10,000) / (6 - 1)이 돼 2,000이 된다.

첫 번째 ICMP echo 응답의 IP ID가 마지막 TCP 순서 응답의 IP ID 더하기 avg의 세 배보다 적다면 SS는 S가 된다. 다른 경우에는 O가 된다.

TCP 타임스탬프 옵션 알고리즘(TS)

TS는 연속된 번호를 발생하는 방법에 기반해 대상 운영체제의 특징을 확인하는 또 다른 테스트 방법이다. 이 테스트는 SEQ 프로브의 응답에 있는 TCP 타임스탬프 옵션을 조사한다. 그것은 echo된 TSecr(마지막 4바이트) 값 대신에 TSval(옵션의 처음 4바이트)을 조사한다. 이것은 연속된 TSval과 응답을 유발시킨 엔맵이 전달한 두 개의 프로브 사이에서 소요된 시간의 합으로 나눈 값의 차이를 얻는다. 결과 값은 초당 타임스탬프의 증가 비율을 제공한다. 엔맵은 모든 연속적인 프로브의 초당 평균 증가치를 계산하고 TS를 다음과 같이 계산한다.

1. 어떤 응답이라도 타임스탬프 옵션이 없으면 TS는 U(입증되지 않음)로 설정한다.
2. 타임스탬프 값이 0이면 TS는 0으로 설정한다.
3. 초당 평균 증가량이 0-5.66, 70-150, 150-350의 사이에 있으면 TS는 각기 1, 7, 8로 설정한다. 이 세 개의 범위들은 특별한 대우를 받는데, 많은 호스트에서 2Hz, 100Hz, 200Hz 주파수에 해당하기 때문이다.
4. 그 외 다른 모든 경우 엔맵은 가장 근접한 정수로 초당 평균 증가치의 이진

로그를 기록한다. 대부분의 호스트들은 1,000Hz의 주파수를 사용하고 공통적인 결과는 A가 된다.

TCP 옵션들(O, O1-O6)

이 테스트는 패킷 속의 TCP 헤더 옵션들을 기록한다. 이 테스트는 원래의 순서를 보존하고 옵션 값들에 대한 약간의 정보를 제공한다. RFC 793은 특별한 순서를 요구하지 않으므로 구현은 자주 유일한 순서들과 함께 제공된다. 어떤 플랫폼은 (당연히 선택적임으로) 모든 옵션을 구현하지 않는다. 구현에서 사용하는 여러 개의 다른 옵션과 함께 순열들을 조합할 때 이 테스트는 유용한 정보를 제공한다. 이 테스트의 가치는 사용 옵션들을 표현하는 문자열이다. 일부 옵션은 문자 바로 뒤에 인수를 갖고 있다. 지원하는 옵션과 인수들은 표 8.1에 모두 나타냈다.

옵션 이름	문자	(있는 경우) 인수
옵션 목록의 끝(EOL)	L	
동작 없음(NOP)	N	
최대 세그먼트 크기(MSS)	M	값이 추가됐다. 많은 시스템은 프로브에서 사용된 값을 echo한다.
윈도우 스케일(WS)	W	실제 값이 첨부된다.
타임스탬프(TS)	T	T는 TSval과 TSecr 값을 표현하는 두 개의 2진 문자가 따라온다. 문자들은 해당 필드가 0이면 0, 다른 경우엔 1이다.
선택적 ACK 허용(SACK)	S	

표 8.1 O 테스트 값

예를 들어 문자열 M5B4NW3NNT11은 NOP가 따라오는 MSS 옵션(값은 0x5B4)을 갖고 있는 패킷을 의미한다. 다음엔 윈도우 스케일 옵션이 3의 값을 갖고 나타나며, 두 개의 NOP가 있다. 마지막 옵션은 타임스탬프고 두 필드 모두 0이 아니었다. 응답에 TCP 옵션이 없었다면 테스트는 존재하지만 문자열은 비어있을 것이다. 아무 응답도 없으면 테스트는 생략된다.

이 테스트의 일반적인 이름은 O인데, 시퀀스 생성 목적을 위해 전달된 6개의 프로브는 특별한 경우다. 이들은 특별한 OPS 테스트 라인에 포함되고 그들이 관련된 탐지 패킷과 구분하기 위해 O1부터 O6의 이름을 부여한다. O는 '옵션'을 나타낸다. 이름은 다르지만 O1부터 O6까지의 테스트는 다른 O 테스트와 같은 방법으로 처리된다.

➔ TCP 초기 윈도우 크기(W, W1-W6)

이 테스트는 단순히 수신한 패킷의 16비트 TCP 윈도우 크기를 기록한다. 이것은 확실히 효과적인데, 거기엔 적어도 한 개의 운영체제가 무엇을 전달했는지 알 수 있는 80개 이상의 값이 있다. 부정적인 면은 일부 운영체제는 십여 가지 이상의 값을 갖고 있다. 이것은 하나의 운영체제에 의해 사용되는 가능한 윈도우 크기들을 모두 수집할 때까지 거짓 음성false negative(잘못된 내용임에도 불구하고 놓쳐버리는 것 – 옮긴이)가 생긴다.

이 테스트의 일반적인 이름은 W인데, 시퀀스 생성 목적을 위해 보내진 여섯 개의 프로브는 특별한 경우다. 이들은 특별한 WIN 테스트 줄에 추가되고, W1부터 W6까지의 이름을 부여한다. 윈도우 크기는 모든 일련번호 프로브를 위해 기록하는데, 일부 운영체제가 다른 윈도우 크기를 광고하는 원인이 되는 TCP MSS 옵션 값에 차이가 있기 때문이다. 이름은 서로 다르지만 각 테스트는 같은 방법으로 처리된다.

➔ 응답성(R)

이 테스트는 단순히 대상이 주어진 프로브에 대해 응답을 했는지 기록한다. 가능한 값은 Y와 N이다. 응답이 없다면 테스트를 위한 나머지 필드들은 생략된다.
이 테스트의 위험은 방화벽에 의해 제거된 프로브와 관련된 경우다. 이것은 조건 핑거프린트에서 R=N을 유도한다. 대상 운영체제가 일반적인 응답을 하면 nmap-os-db 참조는 R=Y 값을 갖는다. 방화벽은 적절한 운영체제 탐지를 방해한다. 이런 문제를 줄이기 위해 일반적으로 참조 핑거프린트는 삭제될 가능성이 높은 IE와 U1 프로브에서 R=Y 테스트를 생략한다. 부가적으로, 엔맵이 대상 시스템을 위한 닫힌 TCP 포트를 누락하면 응답이 없는 포트에 대한 시도일지라도 T5, T6, T7을 위한 R=N은 설정되지 않는다. 마지막으로 모두 필터되는 바람에 닫힌 포트의 지연이 생길 수 있다.

➔ IP 단편화 금지 플래그(DF)

IP 헤더에는 라우터에서 패킷을 쪼개는 것을 금지하는 한 개의 비트를 갖고 있다. 패킷이 라우터가 처리하기에 너무 크다면 해당 패킷은 그냥 버린다(이상적으로는 '목적지 도달 불가, 단편화 필요' 메시지를 반환한다). 해당 비트가 설정돼 있으면 이 테스트는 Y를 기록하고, 그렇지 않으면 N을 기록한다.

단편화 금지(ICMP)(DFI)

이것은 DF 테스트를 약간 수정한 것인데, 특별한 IE 프로브를 위해 사용한다. 이것은 전달된 두 개의 ICMP echo 요청 프로브에 대한 단편화 금지 비트의 결과와 비교한다. 4가지 가능한 값들이 있는데, 표 8.2에서 보여준다.

값	설명
N	두 개의 핑 결과 모두 DF 비트가 설정되지 않음
S	두 개의 응답이 프로브의 DF 값을 echo함
Y	두 개의 응답 모두 DF 비트가 설정됨
O	나머지 하나는 다른 조합 – 두 응답의 DF 비트가 서로 토글돼(toggled) 있음

표 8.2 DFI 테스트 값

IP 초기 생명주기(T)

IP 패킷은 라우터를 통과할 때마다 감소하는 생명주기time-to-live, TTL 필드를 갖고 있다. 이 필드가 0이 되면 패킷은 반드시 버려져야 한다. 이것은 패킷이 끝없이 순환하는 것을 막는다. 운영체제가 사용하는 시작 TTL이 서로 다르므로 운영체제 탐지에 사용한다. 엔맵은 U1 프로브에 대한 ICMP 포트 도달 불가 응답을 조사해 대상 시스템에서 얼마나 많은 홉이 떨어져 있는지 확인한다. 대상 시스템에서 수신한 응답에는 이미 감소된 TTL 필드를 갖고 있는 원래의 IP 패킷을 갖고 있다. 사용자가 전달한 TTL과의 차이 값을 통해 대상 시스템까지 얼마나 많은 홉이 떨어져 있는지 알 수 있다. 엔맵은 ICMP 프로브 응답 패킷이 보내졌을 때 프로브 응답의 TTL에 홉 거리를 더해 초기 TTL이 얼마였는지 확인한다. 초기 TTL 값은 핑거프린트에 T 결과로 저장된다.

TTL이 8비트 필드임으로 0xFF보다 큰 값을 가질 수 없음에도 불구하고 이 테스트는 때로 0x100이나 좀 더 큰 값을 결과에 갖는다. 이것은 (출발, 대상 시스템이나 중간에 있는 시스템이 될 수 있는) 시스템이 훼손되거나 TTL을 정확하게 감소시키는

데 실패할 때 생긴다. 이것은 비대칭 경로를 사용하고 있는 경우에도 일어날 수 있다.

엔맵은 홉 거리가 0(로컬 호스트 스캔)이거나 1(동일 네트워크 세그먼트)일 경우에 라우팅 테이블과 시스템 인터페이스로부터 학습이 가능하다. 이 값은 사용자를 위해 홉 거리를 출력할 때 사용되지만 T 결과 계산을 위해서는 사용되지 않는다.

IP 초기 생명주기 추측(TG)

U1 프로브에 대해 응답을 얻지 못하는 것은 엔맵에 일반적이지 않으며, 엔맵이 대상 시스템과 얼마나 많은 홉이 떨어져 있는지 학습하는 것을 방해한다. 방화벽이나 NAT 장치들은 불필요한 UDP 패킷 차단을 좋아한다. 그러나 일반적으로 TTL 값들이 잘 펼쳐져 있고 대상 시스템이 20홉 이상 떨어져 있는 경우가 드물어 엔맵은 매우 정확한 추측을 한다. 대부분의 시스템은 패킷 전송 시에 32, 60, 64, 128, 255를 초기 TTL 값으로 설정한다. 따라서 얻은 TTL 값은 32, 64, 128, 255로 올림된다. 60이 목록에 없는 것은 64와 구분하기가 어렵기 때문이지만 드물게 나타난다. 추측 결과는 TG 필드에 저장된다. 이 TTL 추측 필드는 실제 TTL(T) 값이 확인된 경우에는 핑거프린트에 출력되지 않는다.

명시적 혼잡 통지(CC)

이 테스트는 ECN 프로브를 위해 사용된다. 그 프로브는 CWR과 ECE 혼잡 제어 플래그가 포함된 SYN 패킷이다. SYN/ACK 응답이 수신됐을 때 이 플래그들은 CC혼잡도 제어 테스트 값을 표 8.3의 설명처럼 설정하기 위해 조사한다.

값	설명
Y	(CWR은 아니고) ECE 비트만 설정됨. 이 호스트는 ECN을 지원함
N	두 비트들이 모두 설정되지 않음. 이 호스트는 ECN을 지원하지 않음
S	두 비트들 모두 설정됨. 대상 시스템은 ECN을 지원하지 않지만 예약된 비트로 생각되는 값을 echo시킴
O	두 비트들의 조합으로 하나만 남아 있음

표 8.3 CC 테스트 값

➔ TCP 여러 가지 변덕(Q)

이것은 일부 TCP 스택에 구현된 두 개의 변덕에 관련한 테스트다. 첫 번째는 TCP 헤더의 (헤더 길이 바로 뒤) 예약된 필드가 0이 아닌 경우다. 이것은 프로브의 예약 비트를 1로 설정한 ECN 테스트에 대한 응답에서 일어날 가능성이 높다. 패킷 속에 이런 것이 보이면 Q 문자열에 'R'이 기록된다.

엔맵이 테스트하는 다른 변덕은 URG 플래그가 설정되지 않은 상태에서 0이 아닌 긴급urgent 포인터 필드 값이다. 이것도 긴급 필드가 0이 아닌 것으로 설정된 ECN 프로브의 응답에서 보일 가능성이 높다. 이것이 보이면 Q 문자열에 'U'가 추가된다.

Q 문자열은 항상 알파벳 순서로 생성된다. 변덕들이 없으면, Q 테스트는 비어 있지만 계속 보인다.

➔ TCP 일련번호(S)

이 테스트는 TCP 헤더의 32비트 일련번호 필드를 조사한다. 다른 테스트가 필드 값을 기록하는 것 달리 응답을 일으킨 프로브의 TCP 수신 통지 번호와 비교하는 테스트를 한다. 비교 후에 적절한 값을 표 8.4의 값으로 기록한다.

값	설명
Z	일련번호가 0임
A	일련번호가 프로브의 수신 통지 번호와 동일함
A+	일련번호가 프로브의 수신 통지 번호 + 1과 동일함
O	일련번호가 (다른) 임의의 값임

표 8.4 S 테스트 값

➔ ICMP 일련번호(SI)

이 테스트는 ICMP echo 응답 패킷의 일련번호를 확인한다. 이것은 두 개의 IE echo 요구 프로브에서만 사용된다. 소유할 수 있는 4가지 값은 표 8.5에서 보여준다.

값	설명
Z	두 일련번호가 0으로 설정됨
S	두 일련번호가 프로브의 것으로 echo됨
〈NNNN〉	둘 다 0이 아닌 숫자가 사용될 때 그대로 기록됨
O	다른 조합

표 8.5 SI 테스트 값

➔ TCP 인증 번호(A)

이 테스트는 각 프로브 속의 일련번호와 응답의 인증 번호가 어떻게 다른지 비교하는 점을 제외하면 S 테스트와 동일하다. 4가지 가능한 값은 표 8.6에서 보여준다.

값	설명
Z	인증 번호가 0임
S	인증 번호가 프로브 속의 일련번호와 동일함
S+	인증 번호가 프로브 속의 일련번호 + 1과 동일함
O	인증 번호가 (다른) 어떤 값임

표 8.6 A 테스트 값

➔ TCP 플래그(F)

이 필드는 응답에 대한 TCP 플래그들을 기록한다. 각 문자는 한 개의 플래그를 표현하고 (높은 비트가 왼쪽에 있는) TCP 패킷에 나타나는 순서대로 위치한다. 따라서 SA 값은 SYN과 ACK 비트들을 반영하고, AS는 (순서가) 잘못된 값이다. 가능한 값들은 표 8.7에서 보여준다.

문자	플래그 이름	플래그 바이트 값
E	ECN echo (ECE)	64
U	긴급자료 (URG)	32

표 8.7 F 테스트 값(이어짐)

문자	플래그 이름	플래그 바이트 값
A	수신 통지(ACK)	16
P	푸시(PSH)	8
R	리셋(RST)	4
S	동기(SYN)	2
F	종료(FIN)	1

표 8.7 F 테스트 값

⊖ TCP RST 자료 체크섬(RD)

어떤 운영체제는 리셋 패킷에 오류 메시지로 아스키 데이터를 전송한다. 이것은 RFC 1122의 4.2.2.12절에 명시적으로 허용됐다. 엔맵이 이런 데이터를 수신하면 CRC16 체크섬을 계산하고 결과를 보고한다. 데이터가 없으면 RD는 0으로 설정한다. 리셋 패킷에 데이터를 반환하는 운영체제로는 HP-UX와 맥 OS X 이전의 일부 맥 OS가 있다.

⊖ IP 서비스 유형(TOS)

이 테스트는 ICMP 포트 도달 불가 패킷의 IP 헤더에서 서비스 유형 바이트를 기록한다. 이 바이트는 RFC 791에 설명돼 있다. (TCP나 echo 응답 같은) 다른 응답에서의 값은 기록되지 않는데, 대상 운영체제를 반영하기보다는 네트워크 장치나 호스트 서비스에 의한 다양한 변형이 존재하기 때문이다.

⊖ ICMP 응답을 위한 IP 서비스 유형(TOSI)

이 테스트는 IE 테스트와 ICMP echo 요구 프로브 응답의 IP 서비스 유형TOS 바이트를 비교한다. 가능한 값은 표 8.8에 보여준다.

값	설명
Z	두 TOS가 모두 0
S	두 TOS 값이 해당 프로브와 같은 값임

표 8.8 TOSI 테스트 값(이어짐)

값	설명
〈NN〉	둘 다 0이 아닌 어떤 값을 사용한 경우 그 값이 기록됨
O	또 다른 어떤 조합

표 8.8 TOSI 테스트 값

➲ IP 전체 길이(IPL)

이 테스트는 IP 패킷의 전체 길이를 (8진수로) 기록한다. U1 테스트가 포트 도달 불가 응답을 이끌어 낼 때에만 사용한다. 이 값은 구현에 따라 다른데, RFC 792 의 최소 요구 사항을 만족할 때 원래 프로브가 갖고 있는 데이터에 얼마나 많은 데이터를 선택할지 허용되기 때문이다. 이 요구 사항은 원래 IP 헤더와 적어도 8바이트의 데이터를 포함하게 한다.

➲ 사용되지 않는 포트 도달 불가 필드 0이 아닌 값(UN)

ICMP 포트 도달 불가 메시지의 헤더는 8바이트 길이지만 4바이트만 사용한다. RFC 792에서는 마지막 4바이트가 반드시 0이어야 한다고 선언한다. 많은 구현 (대부분 이더넷 스위치들과 특화된 임베디드 장치들)이 그것을 사용한다. 마지막 4바이트 는 이 필드에 기록된다.

➲ 반환된 프로브 IP 전체 길이 값(RIPL)

(U1 프로브의 응답을 전달처럼) ICMP 포트 도달 불가 메시지는 해당 메시지를 발생시 킨 IP 헤더를 포함할 필요가 있다. 이 헤더는 해당 메시지를 받은 시스템이 수신 한 헤더를 그대로 되돌려줄 필요가 있는데, 일부 구현은 IP 처리 과정에 변경돼 잘못된 버전을 반환한다. 이 테스트는 단순히 반환된 IP 전체 길이 값을 기록한 다. 0x148(328)이 정확하게 반환되면 실제 값 대신에 G(훌륭함)이 저장된다.

➲ 반환된 프로브 IP ID 값(RID)

U1 프로브는 정적 IP ID 값으로 0x1042를 사용한다. 포트 도달 불가 메시지에 이 값이 되돌아오면 G 값이 이 테스트에서 저장된다. 그렇지 않으면 정확하게 반환된 값이 저장된다. 솔라리스 같은 일부 시스템은 엔맵이 전달한 가공되지 않은 IP 패킷을 위해 IP ID 값을 조정한다. 그런 경우에 이 테스트는 생략된다.

나는 HP와 제록스 프린터 같은 일부 시스템에서 0x4210처럼 바이트를 뒤집어서 전송하는 것을 발견했다.

⊖ 반환된 프로브 IP 체크섬 값의 무결성(RIPCK)

IP 체크섬은 반환된 포트 도달 불가 메시지에 같은 값으로 남아 있기를 기대할 수 없는 값이다. 결과적으로 각 네트워크 홉을 통과하는 동안 TTL이 줄어들어 체크섬이 변한다. 하지만 수신한 전체 IP 패킷의 체크섬이 일치해야 한다. 일치하면 G 값이 이 테스트에 저장된다. 반환된 값이 0이면 Z가 저장된다. 그렇지 않으면 I(무효)가 저장된다.

⊖ 반환된 프로브 UDP 길이와 체크섬의 무결성(RUL, RUCK)

UDP 헤더 길이와 체크섬 값은 해당 값이 전달됐을 때의 값 그대로 반환돼야 한다. 그렇다면 이 테스트에는 G가 기록된다. 그렇지 않으면 실제로 반환된 값이 기록된다. 적절한 길이는 0x134(308)이다.

⊖ 반환된 UDP 데이터의 무결성(RUD)

UDP 페이로드가 기대하는 대로 300개의 'C$_{0x43}$' 문자로 구성돼 있으면 G가 이 테스트에 기록된다. 그렇지 않으면 I가 기록된다.

⊖ ICMP 응답 코드(CD)

ICMP echo 응답(타입 0) 패킷의 코드 값은 0이어야 한다. 그러나 일부 구현은 (IE 테스트 중의 하나가 그렇듯이) echo 요구가 0이 아닌 코드를 갖고 있으면 잘못된 다른 값을 보낸다. 두 개의 프로브를 위한 응답 코드 값은 표 8.9에 설명한 CD 값으로 조합된다.

값	설명
Z	두 코드 값이 모두 0
S	두 코드 값이 해당 프로브의 값과 동일

표 8.9 CD 테스트 값(이어짐)

값	설명
〈NN〉	두 코드 값이 0이 아닌 어떤 값일 경우 여기에 보여짐
O	이외의 다른 조합

표 8.9 CD 테스트 값

ICMP 응답을 위한 IP 데이터 길이(DLI)

ICMP echo 요구 패킷에 데이터가 포함된 경우 해당하는 echo 응답에서 가공되지 않은 상태로 반환돼야 한다. 그러나 일부 구현은 데이터를 잘라낸다. 이 테스트는 IE 프로브에 대한 ICMP 응답을 조사하고 표 8.10에 설명된 값을 할당한다.

값	설명
Z	두 응답이 모두 아무 데이터도 가지고 있지 않음
S	두 응답이 모두 상응하는 요구에서 보내진 데이터를 모두 반환함
〈NN〉	한 개 이상의 응답이 데이터를 잘라내는 경우 제일 많이 되돌려진 데이터가 여기에 저장된다. 둘 다 같은 0이 아닌 값의 데이터 길이로 잘려지는 경우 여기에 보인다. 이 값은 IP나 ICMP 헤더가 아닌 실제 데이터만 계산한다.

표 8.10 DLI 테스트 값

8.4 엔맵이 사용하지 않는 핑거프린팅 방법

엔맵은 다른 어떤 프로그램보다 많은 운영체제 탐지 기술을 지원하고, 우리들은 언제나 새로운 아이디어에 관심이 많다. 토의를 위해 새로운 아이디어를 엔맵 개발자 리스트nmap-dev에 보내줬으면 한다. 하지만 일부 방법은 매우 적합하지 않은 방법도 있다. 이 절은 매우 흥미 있는 방법을 상세히 설명한다. 엔맵에서 지원되지는 않지만 좀 더 상세하게 확인하고 찾아내기 위해 엔맵과 조합하면 그중 일부는 쓸 만하다.

[8.4.1] 수동적 핑거프린팅

수동적 핑거프린팅은 엔맵이 수행하는 능동적 핑거프린팅과 거의 같은 기술을 사용한다. 차이점은, 수동적 시스템은 단순히 네트워크를 들여다보고 트래픽을 살펴본 후 호스트를 분류한다. 이것은 능동적 핑거프린팅보다 어려운데, 사용자 고유의 커스텀 프로브를 설계하는 대신에 통신이 발생하는 것을 수신해야 한다. 이것은 가치 있는 기술이지만 엔맵 같은 능동적 도구에는 기본적으로 포함돼 있지 않다. 다행스럽게 마이클 젤리스키Michal Zalewski가 훌륭한 p0f[2] 수동적 운영체제 핑거프린팅 도구를 작성했다. 마이클은 현재의 엔맵 운영체제 핑거프린팅 테스트 몇 개를 고안하기도 했다. 다른 선택 사항은 GomoR의 SinFP[3]으로 능동 핑거프린팅과 수동 핑거프린팅을 모두 지원한다.

[8.4.2] 익스플로잇 연대기

TCP/IP 핑거프린팅은 여러 운영체제 구분은 아주 잘 되지만 같은 운영체제의 여러 버전을 구분하는 데에는 약간의 문제가 있을 수 있다. 어떤 회사는 자신의 스택을 어떤 방법으로 반드시 변경시키기 때문에 구분이 가능하다. 다행히 많은 운영체제 개발자들은 정기적으로 자신의 시스템을 최근 표준에 적합하게 업데이트한다. 그러나 그렇게 하지 않는 회사는 어떨까? 그들 대부분은 악용 가능성이 있는 스택 버그를 수정하려고 회피 작업을 한다. 그리고 수정 작업은 원격에서 쉽게 탐지가 가능하다. 처음에 랜드어택, 티어드롭, 죽음의 핑, SYN 플러드, 윈누크 같은 악성 페이로드를 보낸다. 한 번에 한 개의 공격을 전달하고 즉시 시스템에 접속을 시도한다. 시스템이 갑자기 응답이 없으면 수정이 적용되지 않은 운영체제의 버전으로 범위를 좁힌 것이다.

경고

> 여러분이 서비스 거부(DoS) 악성 코드를 운영체제 탐지 방법의 하나로 사용하면 이 테스트를 마지막에 시행한다는 점을 기억하고 있어야 한다.

---

2. http://lcamtuf.coredump.cx/p0f.shtml
3. http://www.gomor.org/bin/view/Sinfp

[8.4.3] 재전달 시간

TCP 구현은 정확하게 패킷들을 재전달하기 전에 얼마나 오래 기다릴 수 있는지에 관한 중요한 지연 정보를 갖고 있다. 개념 검증 도구인 Ring과 Cron-OS를 통해 확인할 수 이 도구들은 SYN 패킷을 열린 포트에 전송하고, (연결을 완성하기 위한) ACK나 (리셋하기 위한) RST를 이용해 수신한 SYN/ACK 패킷을 인증하지 않고 무시한다. 대상 호스트는 약간의 시간 뒤에 SYN/ACK를 재전달할 것이고, 이 도구는 기다리는 시간을 추적한다. 이 기술을 통해 정말로 약간의 정보가 획득되더라도 엔맵 패치에 합칠 수 없는 몇 가지 이유가 있다:

- 통상적으로 시스템이 수신한 SYN/ACK 패킷에 대한 RST 응답을 하지 않게 하려고 소스 호스트 방화벽 규칙 수정을 요구한다. 이것은 유연성을 낮게 한다. 그것이 쉽다고 하더라도 많은 사용자는 방화벽 규칙으로 인해 애플리케이션을 사용하는 데 어려움을 겪는 것에 고마워하지 않는다.

- 매우 느려질 수 있다. 재전달은 몇 분에 걸쳐 보내질 수 있다. 그것은 처음부터 많은 정보를 제공해주지 않는 테스트를 위해 대기하기에는 너무 긴 시간이다.

- 부정확한 결과일 수 있는데, 패킷 버림과 (실제 환경에서 여러분이 기대하는) 지연들이 잘못된 결과를 초래할 수 있다.

여기에 이 내용들을 나열한 이유는 다른 목적의 운영체제 탐지 방법에는 적합할 수 있기 때문이다. 나는 새로운 테스트를 추가하는 것을 좋아하지만 반드시 빠르고 적은 패킷을 요구해야 한다. 호스트 방화벽을 혼란스럽게 하는 작업은 수용할 수 없다. 스택 핑거프린팅을 위해 완전한 TCP 연결을 만드는 작업을 피하고자 하는데, 그럼에도 불구하고 운영체제 탐지의 한 부분인 버전 스캐닝 시스템을 위해 연결이 이뤄진다.

[8.4.4] IP 단편화

IP 단편화는 복잡한 시스템이고, 구현은 버그와 모순들 때문에 수수께끼처럼 돼 있다. 가능한 테스트는 중복된 단편화가 어떻게 재조립되는지 테스트하거나 조각 모음 시간 만료의 시간을 측정하는 것이다. 이 테스트는 많은 방화벽과 다른 인라인 장치들이 게이트웨이에서 조각 모음을 하기 때문에 엔맵에서 제외됐다.

따라서 엔맵은 실제 대상 호스트 대신에 방화벽의 핑거프린팅을 하게 될 수도 있다. 따라서 단편화는 특정 운영체제 시스템에 전송하는 것이 매우 어렵다. 리눅스 2.6 커널은 여러분이 전달하려고 하는 단편들을 저장하려는 경향이 있어 전달 전에 해당 단편을 조립한다.

[8.4.5] 열린 포트 패턴

대상 호스트 운영체제는 열린 포트를 찾아봄으로써 간단하게 추측이 가능한 경우가 종종 있다. 마이크로소프트 윈도우 시스템은 주로 열린 TCP 포트 135와 139를 갖고 있다. 윈도우 2000과 새로운 시스템 역시 445 포트에서 대기한다. 한편, 포트 22(ssh)와 631(인터넷 프린팅 프로토콜)에서 서비스가 실행되는 시스템은 거의 유닉스를 실행한다.

이 추론은 때로 유용하지만 엔맵을 위해 신뢰성이 있지는 않다. 포트의 조합은 방화벽 규칙에 의해 불명확하게 되고 대부분의 주요 프로토콜은 다양한 플랫폼에서 사용할 수 있다. 윈도우에서 OpenSSH[4] 서버의 실행이 가능하고 '윈도우 SMB' 포트가 유닉스 시스템이 실행하는 삼바[5]에 의해 서비스될 수 있다. 포트 포워딩은 이 문제를 조금 더 많이 흐릿하게 만든다. 마이크로소프트 IIS를 실행하는 듯한 시스템이 간단히 80 포트를 윈도우 시스템으로 전달하는 유닉스 방화벽이 될 수도 있다.

이런 이유로 엔맵은 TCP/IP 스택 핑거프린팅 과정에서 열린 포트 번호를 고려하지 않는다. 그렇더라도 엔맵은 버전 탐지 정보(7장 '서비스와 애플리케이션 버전 탐지' 참조)를 운영체제와 장치 유형 정보를 구분하기 위해 사용할 수 있다. 분리된 운영체제 탐지와 버전 탐지에 의해 발견된 운영체제 탐지 결과를 보유함으로써 엔맵은 윈도우 웹서버로 TCP 포트 포워딩을 하는 체크포인트 방화벽을 유연하게 관리할 수 있다. 버전 탐지 결과 운영체제가 윈도우라고 추측할 때 스택 핑거프린팅 결과는 'Checkpoint Firewall-1'이 될 수 있다. 버전 탐지 시그니처의 일부 분만이 운영체제와 장치 유형 정보를 갖고 있음을 기억해야 한다. 애플리케이션이 정보를 누설하거나 그것이 특정 운영체제나 장치 형태에서는 실행될 경우 이 필드들을 삽입시킨다.

---

4. http://sshwindows.sourceforge.net/

5. http://www.samba.org/

8.5 엔맵 핑거프린트의 이해

엔맵이 핑거프린트를 메모리에 저장하는 동안 엔맵은 사용자가 잘 알고 있을 필요가 없는 속성과 값에 대한 트리 데이터 구조체를 사용한다. 그러나 시스템이 식별됐을 때 사용자를 위해 엔맵이 출력할 수 있는 특별한 아스키 인코드 버전도 존재한다. 수천 개의 일련화된 핑거프린트는 (운영체제 탐지가 활성화된) 엔맵이 실행될 때마다 `nmap-os-db` 데이터베이스에서 읽혀진다. 핑거프린트 포맷은 사람이 이해할 수 있는 것과 간략함 사이에 균형을 이루고 있다. 포맷이 너무 간단해 처음 보는 사용자는 무슨 말을 하는 건지 이해하지 못할 수도 있지만 이 문서를 읽고 있는 사람은 핑거프린트를 쉽게 해독할 수 있을 것이다. 두 가지 형태의 핑거프린트가 있지만 같은 공통 구조를 사용한다. 알려진 운영체제 시스템으로 엔맵이 읽어 들인 핑거프린트는 참조 핑거프린트reference fingerprints라 하고, 시스템에 대한 스캔 이후에 엔맵이 출력한 핑거프린트는 조건 핑거프린트subject fingerprint라 한다. 참조 핑거프린트는 좀 더 복잡한데, 하나의 가능한 값만이 허용되는 다른 테스트와 달리 지연(또는 누락)이 발생돼 신뢰성이 없는 테스트에 운영체제의 전체 클래스가 일치할 수 있게 맞춰질 수 있기 때문이다. 참조 핑거프린트는 운영체제의 상세 내역과 분류 내역도 갖고 있다. 조건subject 테스트가 좀 더 간단하므로 먼저 설명한다.

[8.5.1] 조건 핑거프린팅 포맷 디코딩

엔맵이 어떤 호스트에 운영체제 핑거프린팅 작업을 수행하고 (대상 시스템의 열린 포트와 닫힌 포트에 접근할 수 있는 것처럼) 장래성 있는 조건들이 있음에도 불구하고 완벽한 운영체제 매치들을 얻을 수 없으면 엔맵은 관련성이 있다고 판단되는 모든 테스트 결과를 보여주는 조건 핑거프린트를 출력하고 사용자에게 그 데이터를 Nmap.org에 제출할지를 묻는다. 관련된 프로브 응답이 수신되지 않는 것처럼 엔맵에게 유용한 결과들을 갖고 있지 않는 경우 테스트는 보여지지 않는다. SCAN이라는 특별한 줄은 (엔맵 버전 같은) 스캔에 관련된 상세 정보를 제공하며, `nmap-os-db`에 핑거프린트 제출을 통합하기 위한 유용한 문맥을 제공한다. 전형적인 조건 핑거프린트는 예제 8.3에서 볼 수 있다.

예제 8.3 전형적 조건 핑거프린트

```
OS:SCAN(V=4.62%D=5/21%OT=80%CT=1%CU=36069%PV=Y%DS=1%G=Y%M=001839%TM=483466E
OS:0%P=i686-pc-linux-gnu)SEQ(SP=C9%GCD=1%ISR=CE%TI=Z%II=I%TS=8)OPS(O1=M5B4S
OS:T11NW0%O2=M5B4ST11NW0%O3=M5B4NNT11NW0%O4=M5B4ST11NW0%O5=M5B4ST11NW0%O6=M
OS:5B4ST11)WIN(W1=16A0%W2=16A0%W3=16A0%W4=16A0%W5=16A0%W6=16A0)ECN(R=Y%DF=Y
OS:%T=40%W=16D0%O=M5B4NNSNW0%CC=N%Q=)T1(R=Y%DF=Y%T=40%S=O%A=S+%F=AS%RD=0%Q=
OS:)T2(R=N)T3(R=Y%DF=Y%T=40%W=16A0%S=O%A=S+%F=AS%O=M5B4ST11NW0%RD=0%Q=)T4(R
OS:=Y%DF=Y%T=40%W=0%S=A%A=Z%F=R%O=%RD=0%Q=)T5(R=Y%DF=Y%T=40%W=0%S=Z%A=S+%F=
OS:AR%O=%RD=0%Q=)T6(R=Y%DF=Y%T=40%W=0%S=A%A=Z%F=R%O=%RD=0%Q=)T7(R=Y%DF=Y%T=
OS:40%W=0%S=Z%A=S+%F=AR%O=%RD=0%Q=)U1(R=Y%DF=N%T=40%TOS=C0%IPL=164%UN=0%RIP
OS:L=G%RID=G%RIPCK=G%RUCK=G%RUL=G%RUD=G)IE(R=Y%DFI=N%T=40%TOSI=S%CD=S%SI=S%
OS:DLI=S)
```

이제 이 핑거프린트를 보면서 위 내용이 의미하는 것을 즉시 이해할 수 있을지 모른다. 위 내용을 즉시 이해할 수 있다면 이번 절을 건너뛰어도 좋다. 그러나 위 내용을 즉시 이해하는 사람은 본 적이 없다. 많은 사람이 위 내용을 보고 버퍼 오버플로우나 엔맵이 쓰레기 데이터를 쏟아냈다고 생각할지 모른다. 이번 절은 위 내용을 해석할 수 있게 돕고 이 시스템에 대한 블라인드 TCP 시퀀스 예측 공격이 꽤 어렵지만 훌륭한 Idle 스캔(-sI) 좀비를 만들 수 있게 해준다. 이 핑거프린트를 이해하는 첫 단계는 줄 바꿈 상태 수정이다. 테스트는 모두 함께 짜여 있고 각 라인은 71 문자에서 줄 바꿈이 됐다. 그 다음 OS:이 각 줄의 앞에 붙여져 74 문자가 된다. 이것은 핑거프린트들이 쉽게 잘라져 엔맵 핑거프린트 제출 양식 ('8.7.2 엔맵이 매치하는 것이 없이 핑거프린트를 출력할 때' 참조)에 붙여질 수 있게 한다. 접두어를 제거하고 (각 줄이 오른쪽 괄호로 끝나게) 줄 바꿈을 수정하면 예제 8.4와 같은 정리된 버전을 만든다.

예제 8.4 정리된 조건 핑거프린트

```
SCAN(V=4.62%D=5/21%OT=80%CT=1%CU=36069%PV=Y%DS=1%G=Y%M=001839%
    TM=483466E0%P=i686-pc-linux-gnu)
SEQ(SP=C9%GCD=1%ISR=CE%TI=Z%II=I%TS=8)
OPS(O1=M5B4ST11NW0%O2=M5B4ST11NW0%O3=M5B4NNT11NW0%O4=M5B4ST11NW0%
    O5=M5B4ST11NW0%O6=M5B4ST11)
WIN(W1=16A0%W2=16A0%W3=16A0%W4=16A0%W5=16A0%W6=16A0)
ECN(R=Y%DF=Y%T=40%W=16D0%O=M5B4NNSNW0%CC=N%Q=)
```

```
T1(R=Y%DF=Y%T=40%S=O%A=S+%F=AS%RD=0%Q=)
T2(R=N)
T3(R=Y%DF=Y%T=40%W=16A0%S=O%A=S+%F=AS%O=M5B4ST11NW0%RD=0%Q=)
T4(R=Y%DF=Y%T=40%W=0%S=A%A=Z%F=R%O=%RD=0%Q=)
T5(R=Y%DF=Y%T=40%W=0%S=Z%A=S+%F=AR%O=%RD=0%Q=)
T6(R=Y%DF=Y%T=40%W=0%S=A%A=Z%F=R%O=%RD=0%Q=)
T7(R=Y%DF=Y%T=40%W=0%S=Z%A=S+%F=AR%O=%RD=0%Q=)
U1(R=Y%DF=N%T=40%TOS=C0%IPL=164%UN=0%RIPL=G%RID=G%RIPCK=G%RUCK=G%RUL=G%RUD=G)
IE(R=Y%DFI=N%T=40%TOSI=S%CD=S%SI=S%DLI=S)
```

아직 바로 알아낼 수 있는 포맷(짧은 상태를 유지해야 함)이 아니지만 처음보다는 조금 더 명확한 포맷이 됐다. 모든 줄은 시퀀스 발생 테스트를 위한 SEQ, 특별한 TCP 프로브에서의 결과를 위한 T3, 두 개의 ICMP echo 프로브에 관련된 테스트를 위한 IE 같은 범주다.

각 테스트 이름 뒤에 따라오는 것은 개별 테스트의 결과를 갖고 있는 괄호다. 테스트는 <테스트 이름>=<값> 형태를 취한다. 모든 가능한 종류, 테스트, 값들은 '8.3 엔맵이 지원하는 TCP/IP 핑거프린팅 방법'에서 설명했다. 테스트의 각 쌍들은 퍼센트 기호(%)로 분리된다. 테스트의 값은 비어있을 수 있고 %나 범주 종료 오른쪽 괄호가 등호 표시 다음에 바로 따라올 수 있다. 예제에서 T4에 있는 문자열 'O=%RD=0%Q=)'은 두 개의 테스트결과가 없음을 보여준다. 비어있는 테스트 결과는 반드시 다른 비어있는 결과와 매치돼야 함으로 이 비어있는 TCP 변화 Q 값은 Q 묶음에서 RU까지 핑거프린트에 매치되지 않을 것이다.

어떤 경우엔 단지 값만이 아니고 테스트 전체가 누락될 수 있다. 예를 들어 예제 핑거프린트의 T2는 W(TCP 윈도우), S(일련번호), A(수신 통지 번호), T(TTL), TG (TTL 추측) 테스트를 갖고 있지 않다. 이것은 R=N이라는 하나의 테스트와 값을 갖고 있으며, T2 프로브에 대한 응답이 반환되지 않았다는 사실을 의미한다. 따라서 윈도우 값이나 일련번호 포함은 의미가 없다. 동일하게 엔맵이 실행되는 시스템에서 잘 지원되지 않는 테스트는 건너뛴다. 예를 들어 RID(반환된 ICMP 패킷 속의 IP ID 필드) 테스트는 솔라리스에서는 잘 동작하지 않는데, 엔맵이 전달한 ID 필드를 변조하는 경향이 있기 때문이다. 결정적이 아닌(TI와 II 테스트를 위한 IP ID 시퀀스 탐지에 실패하는 것 같은) 테스트 역시 생략된다.

조건 핑거프린트의 SCAN 줄 디코딩

SCAN 줄은 조건 핑거프린트의 특별한 경우다. 대상 시스템에 대한 설명보다 스캔의 다양한 조건을 설명한다. 이들은 Nmap.org에 제출된 핑거프린트에 통합하는 데 도움을 준다. 이 줄에 있는 테스트는 다음과 같다.

- 엔맵 버전 번호(V)

- 월/일 구조의 스캔 일자(D)

- 스캔을 위해 (대상 시스템에서) 열려있거나 닫힌 TCP 포트(OT와 CT). 대부분의 테스트와 달리 이 포트들은 10진수 형태로 출력된다. 엔맵이 열려있거나 닫힌 포트를 발견할 수 없으면 (엔맵이 닫힌 포트를 추측하고 프로브를 거기에 전송했더라도) 비어있는 값을 포함한 테스트가 포함된다.

- 닫힌 UDP 포트(CU). 이것은 CT와 동일하지만 UDP를 위한 것이다. 대부분의 스캔들은 UDP를 포함하지 않으므로 이 테스트는 일반적으로 비어있다.

- 사설 IP 영역(PV)은 대상 시스템이 `10.0.0.0/8`, `172.16.0.0/12`, `192.168.0.0/16` 사설 네트워크(RFC 1918)에 있으면 Y다. 다른 경우에는 N이 된다.

- 네트워크 거리(DS)는 대상 시스템으로부터의 네트워크 홉 거리를 의미한다. 로컬 호스트인 경우에는 0이 되고, 직접 연결된 이더넷 네트워크에서는 1이며, 다른 경우에는 엔맵에서 알아낸 정확한 거리가 된다. 거리를 알 수 없으면 이 테스트는 생략된다.

- 좋은 결과(G)는 조건들과 결과들이 Nmap.org에 핑거프린트를 제출하기에 충분히 좋은 상태라면 Y가 된다. 그렇지 않으면 N이 된다. 디버깅(-d)을 강제로 활성화하지 않거나 극단적으로 자세하게(-vv) 하지 않는 이상 G=N 핑거프린트들은 엔맵에 의해 출력되지 않는다.

- 대상 시스템 MAC 프리픽스(M)는 대상 시스템의 MAC 주소에서 처음 여섯 개의 16진수 값으로 벤더 이름에 해당하며, 앞부분의 0은 포함되지 않는다. 이 필드는 대상 시스템이 같은 이더넷 네트워크에 있지 않으면(DS=1) 생략된다.

- 운영체제 스캔 시간(TM)은 유닉스 (16진수의) `time_t` 형태로 제공된다.

- 엔맵이 컴파일된 플랫폼으로 P 필드에 주어진다.

[8.5.2] 참조 핑거프린트 포맷 디코딩

엔맵이 조건 핑거프린트를 생성하려고 대상 시스템을 스캔할 때 엔맵은 nmap-os-db에 있는 수천 개의 참조 핑거프린트와 매치를 시도한다. 참조 핑거프린트들은 초기에 한 개 이상의 조건 핑거프린트에서 형성되므로 공통적인 부분을 많이 갖고 있다. 그들은 대표하는 운영체제 시스템에 대한 설명과 매치를 쉽게 하는 여분의 정보 비트를 갖고 있다. 예를 들어 이전에 봤던 조건 핑거프린트는 예제 8.5의 참조 핑거프린트를 위한 기본 형태가 될 수 있다.

예제 8.5 전형적인 참조 핑거프린트

```
Fingerprint Sony PlayStation 3 game console
Class Sony | embedded || game console
SEQ(SP=F7-101%GCD=<7%ISR=FC-106%TI=RD%TS=21)
OPS(O1=M5B4NNSNW1NNT11%O2=M5B4NNSNW1NNT11%O3=M5B4NW1NNT11%
    O4=M5B4NNSNW1NNT11%O5=M5B4NNSNW1NNT11%O6=M5B4NNSNNT11)
WIN(W1=FFFF%W2=FFFF%W3=FFFF%W4=FFFF%W5=FFFF%W6=FFFF)
ECN(R=Y%DF=N%T=41%TG=41%W=FFFF%O=M5B4NNSNW1%CC=N%Q=)
T1(R=Y%DF=N%T=41%TG=41%S=O%A=S+%F=AS%RD=0%Q=)
T2(R=Y%DF=N%T=41%TG=41%W=0%S=Z%A=O|S%F=AR%O=%RD=0%Q=)
T3(R=Y%DF=N%T=41%TG=41%W=FFFF%S=O%A=S+%F=AS%O=M5B4NNSNW1NNT11%RD=0%Q=)
T4(R=Y%DF=N%T=41%TG=41%W=0%S=A|O%A=Z%F=R%O=%RD=0%Q=)
T5(R=Y%DF=N%T=40%TG=40%W=0%S=Z%A=O|S+%F=AR%O=%RD=0%Q=)
T6(R=Y%DF=N%T=40%TG=40%W=0%S=A|O%A=Z%F=R%O=%RD=0%Q=)
T 7(R=Y%DF=N%T=40%TG=40%W=0%S=Z%A=O|S%F=AR%O=%RD=0%Q=)
U1(DF=N%T=FF%TG=FF%TOS=0%IPL=38%UN=0%RIPL=G%RID=G%RIPCK=G%RUCK=G%RUL=G%RUD=G)
IE(DFI=N%T=FF%TG=FF%TOSI=S%CD=S%SI=S%DLI=S)
```

차이점이 명확하게 바로 나타난다. 제출을 위해서만 중요한 것이므로 줄 바꿈이 없다. 일반적인 대상 운영체제의 특징들이 아니라 특별한 스캔 작업을 설명하는 정보인 SCAN 줄 역시 제거됐다.

Fingerprint와 Class라는 새로운 두 줄을 볼 수 있다. Fingerprint와 Class는 이 참조 핑거프린트에서 처음 나타난다. 좀 더 세밀한 변경 사항은, 일부 개별적인 테스트 결과들이 삭제되고 논리적 표현에서 좀 더 개선됐다.

자유 형식 운영체제 설명(Fingerprint 줄)

Fingerprint 줄은 토큰으로 동작해 엔맵이 새로운 핑거프린트 적재를 시작했다는 사실을 알린다. 각 핑거프린트는 이런 줄을 한 개만 갖고 있다. Fingerprint 토큰(그리고 하나의 공백) 바로 뒤에 이 핑거프린트가 대표하는 운영체제 시스템의 본문 설명이 따라온다. 이들은 시스템이 분석하는 것이 아니라 사람이 번역할 수 있게 설계된 자유 형식의 영문 텍스트다. 그럼에도 불구하고 엔맵은 벤더, 제품명, 버전 번호를 포함해 일관성 있는 형식을 유지하려고 노력한다. 버전 번호 범위와 예전에 설명한 쉼표로 분리된 선택 사항을 이 필드에서 발견할 수 있다. 아래는 Fingerprint 라인에 대한 일부 예다.

```
Fingerprint HP LaserJet printer (4050, 4100, 4200, or 8150)
Fingerprint Sun Solaris 9 or 10 (SPARC)
Fingerprint Linux 2.6.22 - 2.6.24
Fingerprint Microsoft Windows Server 2003 SP1
Fingerprint Microsoft Windows XP Professional SP1
Fingerprint Minolta Di550 laser printer
```

이상적인 세계에서 서로 다른 모든 운영체제는 정확하게 유일한 한 개의 핑거프린트에 대응한다. 그러나 현실적으로 운영체제 벤더는 우리의 삶을 그렇게 쉽게 만들어주지 않는다. 어떤 네트워크 드라이버를 사용하는지, 사용자가 설정 가능한 선택 사항들, 패치 레벨, 프로세서 구조, 사용 가능한 램의 총량, 방화벽 설정, 기타 많은 것에 의해 같은 운영체제에서도 핑거프린트가 다르게 나타날 수 있다. 때로 알 수 없는 이유 때문에 핑거프린트가 다르기도 하다. 참조 핑거프린트 포맷이 약간의 변화가 가능한 문법 표현을 갖고 있으므로 같은 운영체제에 여러 개의 핑거프린트를 생성하는 것은 주요한 차이점이 발견됐을 때에 자주 선호된다.

여러 개의 핑거프린트가 한 개의 운영체제를 위해 가끔 필요한 것처럼 때때로 한 개의 핑거프린트가 몇 개의 시스템을 설명하기도 한다. 두 개의 시스템이 모든 테스트에서 완전히 같은 결과를 제공하면 엔맵은 선택 범위가 적어 가능성에 따라 두 개를 제시하기도 한다. 이것은 몇 가지 이유에 의해 생긴다. 하나는 벤더들이 IP 스택에 대해 중요한 변화 없이 새로운 운영체제를 배포하는 것이다. 중요한 변화는 시스템의 다른 곳에 있거나 작은 변화지만 '업그레이드'라는 돈다발을 원했을지도 모른다. 이런 경우에 엔맵은 Apple Mac OS X 10.4.8 - 10.4.11

이나 `Sun Solaris 9 or 10`처럼 영역을 자주 출력한다.

중복 핑거프린트의 다른 원인은 공통된 운영체제를 공유하는 임베디드 장치인 경우다. 예를 들어 한 벤더의 프린터와 또 다른 벤더의 이더넷 스위치가 써드파티 벤더의 임베디드 운영체제를 공유할 수 있다. 많은 경우에 섬세한 차이점으로 장치를 구분하는 것이 가능하다. 하지만 때로 엔맵은 `Cisco 1200-series WAP, HP ProCurve 2650 switch, or Xerox Phaser 7004N or 8550DT printer`처럼 가능성 있는 그룹의 목록을 단순히 나열한다.

대부분의 경우 다수의 벤더들이 완전히 같은 OEM 장치에 벤더 고유의 상품명과 모델 번호를 부여한다. 그래서 엔맵은 가능성 목록을 단순히 나열하기만 해야 한다. 이런 장치들은 모두 기본적으로 같은 장치이기 때문에 장치들의 구분이 중요하지 않다.

> (Fingerprint 줄의) 엔맵이 출력한 설명이 충분히 유익하지 않다면 좀 더 상세한 정보가 nmap-os-db의 핑거프린트 자체 주석에 있을 수 있다. 14장 '엔맵 데이터 파일 이해와 커스텀'의 설명처럼 자신의 시스템에 설치된 것을 찾을 수도 있고, 최근 버전을 http://nmap.org/data/nmap-os-db에서 찾을 수도 있다. 정확한 운영체제 설명을 확인하면 엔맵은 해당 운영체제에 대한 내용을 보여준다. 완전히 같은 설명과 함께 여러 개의 Fingerprint 줄이 있을 수 있음을 기억하고, 여러 개의 Fingerprint를 모두 조사해야 한다. 또는 엔맵 XML 출력을 사용하면 각 매치에 대한 줄 번호를 보여준다.

장치와 운영체제 분류(Class 줄)

`Fingerprint` 설명이 엔맵 출력을 직접 읽어 분석하는 데 훌륭하게 동작하더라도 많은 사람은 엔맵을 애플리케이션이나 다른 스크립트를 통해 실행한다. 해당 애플리케이션은 운영체제 종속적 취약점을 테스트하거나 예쁜 그래프를 생성하거나 보고서를 위해 운영체제 정보를 사용할 수 있다.

그런 목적을 위해 좀 더 구조화된 운영체제 분류 시스템이 있다. 여러 개가 매치될 때에는 그것도 유용하다. (대상 시스템에 열린 포트가 없어서 많은 테스트가 건너뛰는 바람에) 일부분의 핑거프린트만 획득한 경우에 `nmap-os-db`에서 수십 개 이상 일치하는 핑거프린트가 있을 수 있다. 이런 핑거프린트를 모두 출력하면 엉망이 될 수 있다. 그러나 엔맵이 공통점을 찾아낼 수 있으므로 운영체제 분류에 감사한다. 모든 매치가 리눅스와 동일하게 분류되면 엔맵은 대상 시스템이 리눅스라고 단순히 출력한다.

모든 핑거프린트는 한 개 이상의 Class 줄을 갖고 있다. 각 라인은 4개의 잘 정의된 필드(벤더, 운영체제 이름, 운영체제 집합, 장치 유형)를 포함한다. 이 필드들은 파이프 기호(|)로 분리된다.

장치 유형은 router, printer, game console 같은 포괄적인 분류이고, 8장 앞부분에서 설명했다. 리눅스나 윈도우 같이 어떤 작업을 위해서든 사용할 수 있는 일반 목적 운영체제 시스템은 general purpose로 분류된다.

벤더는 Apple, Cisco, Microsoft, Linksys 같이 운영체제나 장비를 만드는 회사다. OpenBSD와 리눅스 같이 벤더의 통제를 받지 않는 공동체 프로젝트를 위해 운영체제 집합 이름이 벤더 열에 반복된다.

운영체제 집합은 Windows, Linux, (시스코 라우터를 위한) IOS, Solaris, OpenBSD 같은 제품을 포함한다. 또한 스위치와 광대역 라우터, 프린터 같이 알려지지 않은 운영체제를 사용하는 장치들이 수백 개 이상 존재한다. 기초적인 운영체제가 명확하지 않으면 embedded가 사용된다.

운영체제 세대는 운영체제보다 세분화된 설명이다. 리눅스는 2.4.X와 2.6.X 세대를 갖고 있으며, 윈도우는 95, 98, Me, 2000, XP, Vista 같은 세대를 포함한다. FreeBSD는 4.X와 5.X 세대를 사용한다. (운영체제가 단순히 embedded라고 나열되거나) 세대별로 세분화되지 않는 불명확한 운영체제 시스템은 이 필드가 공백이다.

각 필드는 단지 하나의 값을 포함할 수 있다. 핑거프린트가 네 필드에 대해 한 개 이상의 가능한 조합이 있을 때에는 여러 개의 Class 줄이 사용된다.

예제 8.6 전형적 핑거프린트 설명과 대응하는 분류

```
Fingerprint D-Link DSL-500G ADSL router
Class D-Link | embedded || broadband router

Fingerprint Linksys WRT54GC or TRENDnet TEW-431BRP WAP
Class Linksys | embedded || WAP
Class TRENDnet | embedded || WAP

Fingerprint Apple Mac OS X 10.3.9 (Panther) - 10.4.7 (Tiger)
Class Apple | Mac OS X | 10.3.X | general purpose
Class Apple | Mac OS X | 10.4.X | general purpose

Fingerprint Sony PlayStation 3 game console
Class Sony | embedded || game console
```

이 예제들이 충분하지 않다면 http://nmap.org/data/os-classes.txt에서 최신으로 관리되는 분류 목록에서 확인할 수 있다.

테스트 표현식

테스트 표현식은 조건과 참조 핑거프린트 사이에 변화될 필요가 없지만 거의 항상 변화된다. 참조 핑거프린트는 스캐닝하고 있는 시스템에 대한 것보다 특정한 운영체제의 모든 예에 약간씩 매치되는 사항을 일반화할 필요가 있다. 예를 들어 어떤 윈도우 XP 시스템은 T1 프로브에 대해 윈도우 크기를 다른 시스템이 FAF0으로 되돌려줄 때 F424를 되돌려 줄 수 있다. 이것은 특별한 장치 드라이버를 사용하거나 얼마나 많은 메모리가 가용한지가 원인이 될 수 있다. 이런 경우에 사용 윈도우 크기에 관계없이 윈도우 XP를 탐지한 것으로 기대한다.

핑거프린트를 일반화하는 한 가지 방법은 불명확한 결과를 생성하는 테스트를 단순히 삭제하는 것이다. 참조 핑거프린트에서 모든 윈도우 크기 테스트를 삭제하면 시스템은 어떤 크기를 사용하는지에 상관없이 일치한다. 이 방법의 단점은 많은 양의 중요한 정보를 잃을 수 있다는 점이다. 특별한 시스템이 전달하는 윈도우 크기가 항상 F424와 FAF0이라면 여러분은 65,536개의 가능성이 아니라 이 두 개의 값만을 허용하길 원하게 된다.

테스트를 삭제하는 것은 특정한 상황에서 과도할 수도 있지만 다른 상황에선 효과적이다. 응답이 있다는 의미의 R=Y 테스트 값은 `nmap-os-db`에 추가되기 전에 U1와 IE 테스트에서 일반적으로 삭제된다. 이 프로브는 방화벽에서 자주 차단됨으로 운영체제 매치에 대해 응답 누락은 중요하지 않다.

테스트를 삭제하는 것이 바람직하지 않은 경우에 엔맵은 여러 값을 매치하는 테스트를 허용하는 표현식 문법을 제공한다. 예를 들어 `W=F424|FAF0`은 다른 값을 허용하지 않고 이들 둘만 윈도우 XP의 윈도우 값으로 허용할 수 있다. 표 8.11은 테스트 값에서 허용된 동작을 보여준다.

연산자 이름	기호	예	설명
Or	|	O=|ME|MNNTNW	조건 핑거프린트의 해당 테스트가 어떤 조항이라도 취한다. 예를 들어 초기 파이프 기호는 공백 선택 사항 목록도 일치한다는 점을 의미한다.
Range	–	SP=7–A	조건 핑거프린트의 해당 테스트가 주어진 범위에 해당하는 숫자를 생성한다.
Greater than	〉	SP=〉8	조건 핑거프린트의 해당 테스트가 주어진 값보다 큰 숫자를 생성한다.
Less than	〈	GCD=〈5	조건 핑거프린트의 해당 테스트가 주어진 값보다 작은 숫자 값을 생성한다.

표 8.11 참조 핑거프린트 테스트 표현 연산자

표현식은 여러 개의 연산자를 조합할 수 있으며, GCD=〈7|64|256|〉1024는 GCD가 7보다 작거나, 64나 256이거나, 1024보다 크다는 의미다.

8.6 운영체제 매치 알고리즘

엔맵의 탐지 매치를 위한 알고리즘은 상대적으로 간단하다. 조건 핑거프린트를 얻은 후 `nmap-os-db`의 모든 개별 참조 핑거프린트와 비교한다.

참조 핑거프린트와 비교한 뒤에 엔맵은 (SEQ나 T1 같은) 조건 핑거프린트에서 차례대로 각 프로브 범주 줄을 찾는다. 참조 핑거프린트에 존재하지 않는 모든 프로브 줄은 건너뛴다. 참조 핑거프린트가 매치되는 줄이 있으면 서로 비교한다.

프로브 줄 비교를 위해 엔맵은 (R, DF, W 등의) 모든 개별적인 테스트를 조건 범주 줄에서 차례대로 조사한다. 참조 줄에 없는 모든 테스트는 건너뛴다. 테스트에 매치되는 것이 발견되면 엔맵은 `PossiblePoints` 누산기accumulator를 해당 테스트에 부여된 점수 숫자만큼 증가시킨다. 다음에 테스트 값을 비교한다. 참조 테스트가 공백 값을 갖고 있으면 조건 테스트도 공백 값을 갖고 있을 때에만 일치된다. 참조 테스트가 보통 문자열이거나 (연산자가 없는) 번호라면 조건 테스트는 완벽하게 그 값과 매치해야 한다. 참조 문자열이 (|, -, 〉, 〈) 연산자를 갖고 있으면 조건은 '테스트 표현식' 절에서 설명한 대로 반드시 일치해야 한다. 테스트가 매치되면 `NumMatchPoints` 누산기가 테스트의 포인트 값만큼 증가한다.

핑거프린트를 위해 모든 프로브 라인들이 한 번 테스트된 뒤 엔맵은 `NumMatchPoints`를 `PossiblePoints`로 나눈다. 결과는 조건 핑거프린트가 특별한 참조 핑거프린트와 매치할 확률을 설명하는 신뢰 요인이 된다. 그것은 백분율로 취급돼 1.00은 완벽하게 일치한다는 의미고 0.95는 매우 유사하다는 의미다.

테스트 포인트 값들은 `nmap-os-db`의 특별한 `MatchPoints` 요소에 연결돼 있다. 이 요소는 정상적인 핑거프린트처럼 보이지만 각 테스트를 위한 결과를 제공하는 대신에 포인트 값들(음이 아닌 정수들)을 각 테스트를 위해 제공한다. `MatchPoints` 구조에 나열된 테스트는 같은 테스트가 목록에서 발견이 됐을 때에만 적합하다. 따라서 `T1` 테스트의 W(윈도우 크기)를 위한 값은 `T3`의 W 테스트 값에는 영향을 줄 수 없다. `MatchPoints` 구조의 예는 예제 8.7에 있다.

예제 8.7 MatchPoints 구조

```
MatchPoints
SEQ(SP=25%GCD=75%ISR=25%TI=100%II=100%SS=80%TS=100)
OPS(O1=20%O2=20%O3=20%O4=20%O5=20%O6=20)
WIN(W1=15%W2=15%W3=15%W4=15%W5=15%W6=15)
ECN(R=100%DF=20%T=15%TG=15%W=15%O=15%CC=100%Q=20)
T1(R=100%DF=20%T=15%TG=15%S=20%A=20%F=30%RD=20%Q=20)
T2(R=80%DF=20%T=15%TG=15%W=25%S=20%A=20%F=30%O=10%RD=20%Q=20)
T3(R=80%DF=20%T=15%TG=15%W=25%S=20%A=20%F=30%O=10%RD=20%Q=20)
T4(R=100%DF=20%T=15%TG=15%W=25%S=20%A=20%F=30%O=10%RD=20%Q=20)
T5(R=100%DF=20%T=15%TG=15%W=25%S=20%A=20%F=30%O=10%RD=20%Q=20)
T6(R=100%DF=20%T=15%TG=15%W=25%S=20%A=20%F=30%O=10%RD=20%Q=20)
T7(R=80%DF=20%T=15%TG=15%W=25%S=20%A=20%F=30%O=10%RD=20%Q=20)
U1(R=50%DF=20%T=15%TG=15%TOS=50%IPL=100%UN=100%RIPL=100%RID=100%RIPCK=100% ↵
    RUCK=100%RUL=100%RUD=100)
IE(R=50%DFI=40%T=15%TG=15%TOSI=25%CD=100%SI=100%DLI=100)
```

모든 참조 핑거프린트가 한 번씩 테스트되고 난 뒤에 엔맵은 참조 핑거프린트를 정렬하고 (너무 많이 존재하지 않는다면) 완벽하게 매치되는 것을 출력한다. 완벽하게 매치되는 것이 없으면 매우 근접한 것을 출력한다.

8.7 잘못 인식한 것과 인식되지 않은 호스트들 다루기

엔맵이 대형 데이터베이스를 갖고 있지만 모든 것을 탐지할 수는 없다. 엔맵은 대부분의 토스터와 냉장고, 의자, 자동차들이 IP 스택을 갖고 있지 않으므로 탐지할 기회를 가지지 못했다. 주어진 연결 장치들의 확장 목록에서 아직 이들을 어떻게 배제할지 모를 것이다. 엔맵 핑거프린트 데이터베이스는 많은 수의 게임 콘솔, 전화기, 온도계, 카메라, 상호작용 장난감과 미디어플레이어 등을 갖고 있다.

적당한 핑거프린트를 확인하기 위해 IP 주소를 갖고 있을 필요는 있지만 충분하지는 않다. 엔맵은 아직도 잘못된 판단을 할 수도 있고 어떤 추측을 하는 데 실패할 수도 있다. 여기 결과들을 개선하기 위한 제안 사항이 있다.

- **최신 엔맵으로 업그레이드** 많은 리눅스 배포판과 다른 운영체제 시스템은 구 버전의 엔맵과 함께 제공된다. 엔맵 운영체제 데이터베이스는 배포할 때마다 업데이트되므로 `nmap -V`로 실행해 설치된 버전 번호를 확인하고 http://nmap.org/download.html에서 제공하는 최신판과 비교하라.

- **모든 포트를 스캔** 엔맵이 특정 호스트에 대해 운영체제 탐지 장애를 인지하면 경고를 제공한다. 제일 공통적인 경고 중 하나는 'Warning: OS detection will be MUCH less reliable because we did not find at least 1 open and 1 closed TCP port'다. 이것은 그런 포트가 해당 시스템에서 정말로 제공되지 않을 수 있지만 운영체제 탐지를 위해 응답을 할 수 있는 것을 발견하기 위해 `-p-` 를 이용해 모든 포트를 다시 스캔해본다. 스캔이 꽤 느려질 수 있지만 UDP 스캔(-sU)도 조금 더 도움이 될 수 있다.

- **좀 더 공격적인 추측의 시도** 엔맵이 출력하기에 충분히 유사한 매치가 없다고 하면 뭔가 잘못된 것이다. 경로상에 방화벽이나 NAT 박스가 프로브나 응답 패킷을 조작하고 있는 것이다. 이것은 하나의 테스트 그룹이 하나의 운영체제를 찾은 것처럼 보이지만 또 다른 세트에서는 완전히 다른 결과를 찾는 것 같은 혼재된 상황의 원인이 될 수 있다. `--osscan-guess`를 추가하면 어떤 것이 실행되는지에 대한 단서를 좀 더 제공한다.

- **다른 위치에서 스캔** 여러분의 패킷이 대상 시스템에 도달하기 위해 통과해야 할 좀 더 많은 네트워크 홉은 네트워크 장치가 프로브나 응답을 수정(또는 제거)할 기회를 많이 가지게 될 것이다. NAT 게이트웨이, 방화벽, 특별한

포트 전달은 운영체제를 확인하는 데 어려움을 줄 수 있다. 다른 네트워크의 서버로 단순히 패킷을 전달하는 IP 부하 분산장치를 스캔하면 정확한 운영체제 탐지 결과가 될 내용이 존재하지도 않을 것이다.

많은 IPS가 '나쁜' 포트에 대한 트래픽을 제거하고 특정한 포트를 자신의 고유한 서비스로 전환하기 위해 투명한 프록시를 이용한다. 대상 시스템에 열려 있는 것으로 생각하는 25 포트나 80 포트는 ISP의 프록시 서버에 연결되게 속이고 있을 수도 있다. 운영체제 탐지를 혼란스럽게 하는 또 다른 동작은 방화벽이 TCP 리셋 패킷들을 대상 호스트에 보내 속이는 것이다. 포트 113(identd)에 대해서는 매우 흔한 일이다. 리셋 속임과 투명한 프록시들은 심지어 다운돼 있는 것처럼 보이거나 해당 동작이 금지된 호스트들을 포함해 대상 네트워크의 모든 시스템이 응답하는 경우에 쉽게 탐지될 수 있다. 그와 같은 비정상적인 것을 탐지하면 이들 포트를 스캔에서 제거하게 해 결과를 오염시키지 않게 해야 한다. 또한 완전히 다른 네트워크 위치에서 시도해 보기를 원할 것이다. 대상에 좀 더 가까이 있으면 더 정확한 결과를 얻을 수 있다. 완벽한 경우는 대상 시스템이 있는 같은 네트워크에서 스캔을 하는 것이다.

[8.7.1] 엔맵의 추측이 틀릴 때

이따금 엔맵은 여러분이 알고 있는 운영체제의 추측 결과를 틀리게 보고할 수 있다. 오류는 통상 (리눅스 2.4.16을 실행하는 시스템에 대해 'Linux kernel 2.4.8 - 2.4.15'로 보고하는 것 같이) 미미하지만 (웹서버에 대해 ApppleWriter 프린터라고 보고하는 것 같이) 엔맵이 완전히 엉뚱하게 보고하는 경우도 있다. (크든 작든) 이런 문제를 만나면 다른 사람을 위해 해당 문제를 보고해주길 바란다. 엔맵 데이터베이스가 매우 포괄적인 유일한 이유는 수천 명의 사용자가 새로운 정보를 제공하기 위해 몇 분을 투자했기 때문이다. 다음 절차를 지켜주기 바란다.

- **최신 버전의 엔맵을 사용하라** nmap -V를 사용해 갖고 있는 엔맵의 버전을 확인하라(현재 동작하고 있는 엔맵의 성능이 좋더라도). 가장 최근 버전의 엔맵을 사용할 필요는 없지만 이전 버전에서 생성하는 구 형식을 사용하지 않고, 2세대 운영체제 핑거프린트가 필요하므로 4.20이나 그보다 높은 버전을 사용해야 한다. 가장 최근의 엔맵 버전은 http://nmap.org/download.html을 방

문하면 확인할 수 있다. 업그레이드하면 이미 확정된 (운영체제) 식별자를 발견할 수 있다.

- **무엇을 실행하고 있는지 명확하게 한다** 잘못된 '수정들'은 운영체제 데이터베이스를 부정확하게 만들 수 있다. 원격 시스템에서 실행되는 것을 정확히 알 수 없으면 결과를 보고하기 전에 찾아내 주기 바란다.

- **핑거프린트를 생성한다** 잘못 식별된 의문의 시스템 <target>에 대해 nmap -O -sSU -F -T4 -d <target> 명령을 실행한다. 운영체제 탐지 결과에서 아직도 잘못 식별된 내용이 있는지 확인한다.

    (완전히 추측하고 있는) 호스트 운영체제 결과를 위한 엔맵의 출력은 매우 적은 오차만 기대한다. 이 경우의 수정 사항은 제출하지 마라.

    그렇지 않으면 nmap 명령은 OS fingerprint: 줄을 포함하는 결과를 생성했어야 한다. 아래에 (OS: 줄들로 시작하는) 핑거프린트가 있다.

- **다른 호스트들에 대해서 운영체제 탐지가 동작하는지 테스트한다** 다른 운영체제를 갖고 있다고 알고 있는 대상 네트워크의 일부 다른 호스트에 대해 스캔을 시도한다. 해당 시스템이 제대로 탐지되지 않으면 시스템 중간에 패킷을 오염시키는 네트워크 방해 장치가 있을 것이다.

이런 상황이 잘 지켜지고 제출할 것이 아직도 있다면 훌륭하다! 그 정보들을 http://insecure.org/cgi-bin/submit.cgi?corr-os로 제출해주기 바란다.

[8.7.2] 엔맵이 매치하는 것이 없이 핑거프린트를 출력할 때

엔맵은 운영체제 조건들이 이상적인 것으로 보여지지만 정확하게 매치하지 못하면 다음과 비슷한 메시지를 출력한다.

```
No OS matches for host (If you know what OS is running on it, see
http://nmap.org/submit/ ).
TCP/IP fingerprint:
OS:SCAN(V=4.62%D=5/20%OT=21%CT=1%CU=42293%PV=Y%DS=1%G=Y%M=008077%TM=48336D6
OS:D%P=i686-pc-linux-gnu)SEQ(SP=11%GCD=1E848%ISR=A4%TI=I%II=I%SS=S%TS=A)OPS
OS:(O1=M5B4NW0NNSNNT11%O2=M578NW0NNSNNT11%O3=M280NW0NNT11%O4=M5B4NW0NNSNNT1
OS:1%O5=M218NW0NNSNNT11%O6=M109NNSNNT11)WIN(W1=21F0%W2=2088%W3=2258%W4=21F0
OS:%W5=20C0%W6=209D)ECN(R=Y%DF=N%T=40%W=2238%O=M5B4NW0NNS%CC=N%Q=)T1(R=Y%DF
```

```
OS:=N%T=40%S=O%A=S+%F=AS%RD=0%Q=)T2(R=N)T3(R=Y%DF=N%T=40%W=209D%S=O%A=S+%F=
OS:AS%O=M109NW0NNSNNT11%RD=0%Q=)T4(R=Y%DF=N%T=40%W=0%S=A%A=Z%F=R%O=%RD=0%Q=
OS:)T5(R=Y%DF=N%T=40%W=0%S=Z%A=S+%F=AR%O=%RD=0%Q=)T6(R=Y%DF=N%T=40%W=0%S=A%
OS:A=Z%F=R%O=%RD=0%Q=)T7(R=Y%DF=N%T=40%W=0%S=Z%A=S+%F=AR%O=%RD=0%Q=)U1(R=Y%
OS:DF=N%T=FF%TOS=0%IPL=38%UN=0%RIPL=G%RID=G%RIPCK=G%RUCK=G%RUL=G%RUD=G)IE(R
OS:=Y%DFI=N%T=FF%TOSI=Z%CD=S%SI=S%DLI=S)
```

다른 엔맵 사용자들이 도움을 얻을 수 있게 핑거프린트를 제출하는 걸 고려해 주기 바란다. 이것은 1~2분 정도 걸리고 다음 엔맵 버전에서 해당 호스트를 스캔 했을 때 불편한 메시지를 다시 볼 필요가 없다는 사실을 의미한다! 단순히 엔맵 이 절차를 위해 제공한 URL을 방문하라.

엔맵이 매치되는 것을 발견하지 못하고 핑거프린트를 출력하지 않으면 조건들 을 잘못 지정한 것이다. 디버그 모드나 XML 출력을 통해 핑거프린트를 획득했 다고 하더라도 (이전의 예에서처럼) 엔맵이 요구하지 않으면 제출하지 않도록 한다.

[8.7.3] nmap-os-db 데이터베이스 직접 수정

사람들은 Nmap.Org에 제출하는 것보다 직접 핑거프린트를 통합하는 방법을 자 주 문의한다. 이들을 위한 명령이나 스크립트를 우리가 직접 제공하지는 않지만 '8.5 엔맵 핑거프린트의 이해'에 익숙하다면 분명 가능하다. 이 내용이 여러분의 목적에 도움이 되기를 기대하지만 자신에 맞도록 만든 참조 핑거프린트를 우리 에게 보내줄 필요는 없다. 우리는 웹을 이용한 가공되지 않은 조건 핑거프린트만 을 통합시킬 수 있다.

8.8 해결책: 엔터프라이즈 네트워크에서 악의의 무선 접속장치 탐지

[8.8.1] 문제 상황

어디에나 존재하는 모바일 장치들과 값싸고 필수품 같은 네트워크 장치들 때문 에 조직의 네트워크를 바람직하지 않은 방법으로 확장하려는 직원들을 찾아내기 위한 회사들이 늘고 있다. 그 중 가장 위험한 장치들은 802.11 무선 접속장치 WAP다. 사용자들은 20달러짜리 WAP을 그들의 사무실에 설치할 수 있으며, 빌딩 근처나 주차장에 있는 잠재적 공격자들에게 보호된 회사의 네트워크를 그냥 열어주고 있다는 점을 깨닫지 못한 상태에서 사무실 이외의 곳에서 작업할 수 있게 만든다.

어떤 WAP 설치는 순수한 사용자에 의해 설치된 것보다 더 나쁘다. 빌딩의 보안을 침해하는 것은 떨어진 네트워크를 통해 회사의 데이터에 접속하는 것보다 공격자에게 더 위험하다. 그것은 그 자리에서 체포될 위험을 갖고 있다. 따라서 공격자들은 간단한 WAP을 설치할 수 있는 곳을 알고 있고 길거리의 차 안에서 상대적으로 안전하게 네트워크에 침입할 수 있다. 불행하게도 책상에서 연결된 WAP이나 숨겨진 것은 잠시 동안 알려지지 않을 수 있다.

WAP를 찾아내는 해결책에 집중하는 것은 다른 장치를 찾아내는 전략과 같은 전략이 사용된다. 새로운 패치를 적용하기 위한 시스코Cisco 라우터나 솔라리스 시스템의 유료 지원 보증을 위해 충분한 시스템을 보유하고 있는지 찾아내야 할지도 모른다.

인증되지 않은 무선 장치를 찾아내는 한 가지 방법은 Kismet[6]나 NetStumbler[7] 같은 무선 스니퍼를 사용해 네트워크를 훑어보는 것이다. 다른 접근 방법은 유선 쪽을 엔맵을 이용해 스캔하는 것이다. 당연하게 이 해결책은 두 번째 접근 방법에 집중한다. 각 기술은 특별한 WAP를 빠트릴 수 있으며, 최고의 접근법은 둘 다 사용하고 결과를 조합하는 것이다.

[8.8.2] 해결책

전체 주소 공간에 대해 -A 옵션과 함께 스캔해보라. 스캔하는 포트를 1-85, 113, 443, 8080-8100으로 제한해 스캔 속도를 높일 수 있다. 이들은 운영체제 탐지 정확도의 개선에 의해 대부분의 WAP에 대한 열려있는 포트와 닫힌 포트를 찾을 수 있다. 네트워크가 여러 개의 세그먼트로 나뉘졌으면 세그먼트를 동일 세그먼트에 위치하는 지정된 시스템에서 스캔하게 한다. 이것은 (병렬적으로 스캔할 수 있으므로) 스캔의 속도를 높이고 각 장치의 MAC 주소까지 알 수 있다. 동일 세그먼트에서 스캔하면 숨겨진 장치를 알아낼 수도 있다. 모든 포트를 필터한 WAP이라도 ARP 요구에는 일반적으로 응답하기 때문이다. 결과는 적어도 일반적이거나 XML 포맷으로 저장될 수 있으므로 -oA를 잘 사용할 수 있다. 6장 '엔맵 성능

---

6. http://www.kismetwireless.net/

7. http://www.netstumbler.com/

최적화'에서 설명한 속도를 높일 수 있는 모든 옵션을 고려해보라. 훌륭하고 상대적으로 안전한 시작을 위한 성능 옵션은 `-T4 --min-hostgroup 50 --max-rtt-timeout 1000 --initial-rtt-timeout 300 --max-retries 3 --host-timeout 20m --max-scan-delay 1000`이다. 이 명령들은 커맨드라인에 다음과 같이 한꺼번에 사용한다.

```
nmap -A -oA ~/nmap-logs/wapscan -p 1-85,113,443,8080-8100 -T4 --min-hostgroup 50
--max-rtt-timeout 1000 --initial-rtt-timeout 300 --max-retries 3 --host-timeout
20m --max-scan-delay 1000 <target_network>
```

스캔이 완료됐을 때 WAP의 특징을 검색한다. 200대보다 적은 수의 호스트가 네트워크에 있을 때 여러분의 최대 선택 사항은 각기 하나씩 들여다보는 것이다. 거대한 네트워크를 위해서는 자동화된 작업을 원할 것이다. 개별적인 특징을 찾는 것은 grep을 사용할 수 있고, 펄 스크립트를 이용해 XML 출력을 분석하는 방법을 선호할 것이다. 고맙게도 이것은 엔맵 XML 출력을 분석하는 `Nmap::Scanner`나 `Nmap::Parser` 같은 기존 모듈에 쉽게 활용할 수 있다. 예는 '13.7 XML 산출물을 펄로 조작'을 참조하라.

후보 목록을 작성한 뒤에 엔맵의 일반 출력 파일을 열어 각기 거짓 양성 응답으로 제거할지 조사하는 것이 아마 최적이 될 것이다. 예를 들어 Linksys 장치는 무선 기능이 전혀 없이 일반 스위치 중의 하나일지라도 WAP 장치일 가능성이 있다고 표시돼 있을 수 있다.

WAP 장치를 발견한 뒤에 해당 장치를 제거하기 위해 추적한다. 이것은 보통 WAP 장치와 연결된 물리적인 이더넷 포트 번호를 스위치에 요청해 확인할 수 있다.

[8.8.3] WAP의 특징

찾고자 하는 WAP의 특징에 대해 알아보자. WAP의 특징을 이해하면 수동 조사나 WAP나 다른 것을 찾기 위한 스크립트를 수정하는 데 유용하다. 예제 8.8의 전형적인 WAP 스캔 결과를 많이 보았을 것이다.

예제 8.8 소비자 WAP에 대한 스캔 결과

```
nmap -A -v wap.nmap.org
```

```
Starting Nmap ( http://nmap.org )
Interesting ports on wap.nmap.org (192.168.0.6):
Not shown: 999 closed ports
PORT      STATE  SERVICE  VERSION
80/tcp    open   http     Netgear MR-series WAP (MR814; Embedded HTTPD 1.00)
MAC Address: 00:09:5B:3F:7D:5E (Netgear)
Device type: WAP
Running: Compaq embedded, Netgear embedded
OS details: WAP: Compaq iPAQ Connection Point or Netgear MR814
Service Info: Device: WAP

Nmap done: 1 IP address (1 host up) scanned in 10.90 seconds
           Raw packets sent: 1703 (75.706KB) | Rcvd: 1686 (77.552KB)
```

이 장비는 WAP이라는 수많은 명확한 단서(Device Type: WAP은 꽤나 낯 뜨겁다)들을 보여주며 어떤 것은 상세한 것도 있다. 그러나 WAP이 항상 발견하기 쉬운 것은 아니다. 이 절은 WAP의 특징을 나열하고 거짓 양성이 생성됐는지 어떻게 휴리스틱한 방법으로 알아낼 수 있는지에 대한 정보를 제공한다. 각 특징의 목록은 엔맵 XML 출력의 어디에서 그것을 발견할 수 있는지를 보여주는 XPath[8] 표현식을 따른다. 이것은 보안과 관련돼 있어 그들 모두에 대해 수작업으로 거짓 양성을 제거하도록 제안한다.

- **TCP/IP 핑거프린팅 장치 유형** '장비와 운영체제 분류(Class 줄)' 절에서 설명한 바와 같이 모든 참조 핑거프린트는 최소 한 개 이상의 자신과 연관된 (장치 유형을 포함하는) 분류를 갖고 있다. WAP은 (두 개의 분류를 제공하거나) 여러 개의 유형에 들어맞아 우리들이 그것을 사용하고자 할 때에 논쟁의 여지가 너무 많다. 그래서 D-Link DI-624 무선 광대역 라우터 같은 장비는 스위치나 라우터보다는 WAP으로 분류됐다. 장치 유형은 XPath 표현식 /nmaprun/host/os/osclass/@type(이것은 nmaprun 루트 내에 있는 host 내에서 os의 osclass 내에 있는 type 속성이 된다)의 XML 출력에서 찾을 수 있다.

- **TCP/IP 핑거프린팅 상세 사항** 무선 능력이 있는 장치들은 WAP 같은 타입으로 분류돼야 한다. 확실히 하려면 운영체제 설명 부분에 wireless나 wap 같은 단어가 있는지 찾아본다. 설명은 /nmaprun/host/os/osmatch/@name

---

8. http://www.w3.org/TR/xpath

의 XML 출력에 있다.

- **버전 탐지 장비 유형** 버전 탐지도 장비 유형을 확인하기 위한 시도를 하지만 IP 스택보다 대상 시스템에서 실행되는 서비스들의 핑거프린팅을 이용한다. /nmaprun/host/ports/port/service/@devicetype의 XML에서 devicetype 속성이 WAP인지 테스트한다. 이때 완벽하게 하려면 /nmaprun/host/ports/port/service/@extrainfo 필드에 wap이나 wireless 문자열이 있는지 조사해본다.

- **벤더**(MAC 주소, TCP/IP 핑거프린팅과 버전 탐지) 어떤 벤더들은 사무실의 네트워크에서 자신의 은밀한 경로를 만들기 좋아하는 저가의 사용자 네트워킹 장치들을 생성하는 데 특성화돼 있다. 예를 들어 Linksys, Netgear, Belkin, SMC, D-Link, Motorola, Trendnet, Zyxel과 Gateway 같은 것이 있다. 여러분은 MAC 주소 확인(XML 출력에서 /nmaprun/host/address/@vendor에 있다), 운영체제 탐지(XML 출력에서 /nmaprun/host/os/osclass/@vendor), 버전 탐지(XML출력에서 /nmaprun/host/ports/port/service/@product)에 기초해 이들 벤더들을 테스트할 수 있다. 필드는 회사의 형태(예를 들어 Inc.)나 다른 정보를 갖고 있으므로 필드에서 벤더의 문자열을 검색하는 작업은 어렵지 않다.

  이 테스트는 많은 거짓 양성을 초래한다. 인증된 장치들을 위해 벤더를 중요하게 사용하면 Netgear NIC들을 여러분의 데스크탑 시스템에 사용하는 것과 같은 경우 스크립트에서 그 벤더를 제거할 수도 있다.

- **호스트명** wap, wireless, airport 같은 단어를 위해 (역방향 DNS 변환) 호스트명을 테스트하는 작업은 해롭지 않다. 이들은 XML 출력의 /nmaprun/host/hostnames/hostname/@name에서 발견할 수 있다. 관리 권한이 없는 직원들이 드물게 DNS 이름을 변경하기도 하지만 이것은 모의 침투 테스트, 새로운 관리자들과 권한이 있는 접근 지점을 새로운 네트워크에서 찾기 위해 스캔하는 다른 사람들을 위해 유용하다.

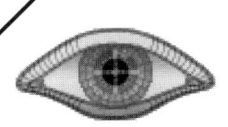

09장

엔맵 스크립팅 엔진

9.1 소개

엔맵 스크립팅 엔진NSE은 엔맵의 가장 강력하고 유연한 기능 중 하나다. NSE는 사용자가 스크립트를 작성해 다양하고 수많은 네트워크 업무를 자동으로 수행할 수 있게 도와주거나 작성한 스크립트를 공유할 수 있게 한다. NSE 스크립트는 병렬로 수행돼 속도나 효율성 측면에서 엔맵을 사용할 때 많은 도움이 된다. 사용자들은 엔맵에서 제공하는 스크립트를 이용하거나 수정해 사용할 수 있으며, 환경에 맞게 새로운 스크립트를 만들 수도 있다.

우리는 NSE를 다음과 같은 작업을 할 수 있게 여러 방면으로 설계했다.

- **네트워크 발견** 이 기능은 엔맵의 가장 기초가 되는 기능이다. 예제는 whois를 이용해 대상 도메인에 대한 정보를 가져오는 작업을 포함했다. whois를 통해 ARIN, RIPE, APNIC에서 대상 IP를 조회해서 소유자와 열린 포트에서 identd를 수행하는 포트를 찾고, SNMP 쿼리, NFS/SMB/RPC 공유 서비스를 조회한다.
- **더 심화된 버전 탐지** 엔맵 버전 탐지 시스템(7장 '서비스와 애플리케이션 버전 탐지' 참조)은 매칭 시스템 기반으로 정규 표현 시그니처와 프로브를 이용해 수천 개의 다른 서비스를 식별할 수 있지만 모든 것을 식별할 수는 없다. 예를

들어 Skype v2 서비스를 식별하려면 버전 탐지가 처리할 만큼 충분히 유연하지 않은 두 개의 개별적인 프로브가 요구된다. 엔맵은 무차별 대입 공격으로 수백 개의 커뮤니티 스트링을 시도해 더 많은 SNMP 서비스를 알아낼 수 있다. 이런 작업은 기존 엔맵에서도 수행할 수 있지만 NSE를 사용하면 훨씬 더 쉽게 알아낼 수 있다. 이런 이유로 인해 버전 탐지는 일부 복잡한 서비스를 처리할 때 기본적으로 NSE를 호출한다. 이 부분은 '9.10 NSE를 이용한 버전 탐지'에서 설명한다.

- **취약점 탐지** 새로운 취약점이 발견되면 종종 다른 악의적인 사용자가 시스템을 공격하기 전에 먼저 여러분의 시스템과 네트워크를 조사하고 싶어질 것이다. 엔맵은 포괄적인 취약점 스캔을 수행하지 못하지만 NSE는 사용자가 요구하는 취약점을 점검할 수 있을 만큼 충분히 강력하다. NSE는 수많은 취약점 탐지 스크립트를 갖고 있으며, 더 많은 추가적인 스크립트가 배포될 계획이다.

- **백도어 탐지** 많은 공격자와 자동화된 웜은 추후에 공격한 시스템을 좀 더 쉽게 공격하기 위해 백도어를 심는 경우가 많다. 백도어 중 일부는 버전 탐지에 기반한 엔맵의 정규 표현식으로 탐지 가능하다. 예를 들어 MyDoom 웜이 인터넷을 강타한 몇 시간 내에 제이 모란Jay Moran은 엔맵 버전 탐지 프로브와 시그니처를 공개했고, 그래서 많은 사람이 MyDoom에 감염됐는지 자신의 네트워크를 빠르게 검사할 수 있었다. NSE로 더 복잡한 웜이나 백도어도 충분히 탐지할 수 있다.

- **취약점 공격** NSE는 일반적인 스크립트 언어로 단지 취약점을 찾는 것뿐만 아니라 발견한 취약점을 공격하는 데도 이용할 수 있다. 메타스플로잇 Metasploit[1] 같은 익스플로잇 프레임워크 내에 엔맵을 넣는 계획이 없을지라도 사용자가 맞춤형 익스플로잇 스크립트를 추가하는 기능은 일부 사람(특히 모의 침투 테스터)에게 매우 유용하다.

이 목록에 나열한 항목들은 우리의 첫 번째 목표이며, 우리는 엔맵 사용자들이 NSE를 더 발전적으로 개발하기를 기대한다.

스크립트는 임베디드 Lua 프로그래밍 언어[2]로 작성됐다. Lua 프로그래밍 언어

---

1. http://www.metasploit.com
2. http://www.lua.org/

는 『Lua로 프로그래밍하기(2nd)』와 『Lua 5.1 참조 매뉴얼』에 잘 문서화돼 있다. 참조 매뉴얼은 『Lua로 프로그래밍하기(1st)』[3]처럼 온라인[4]에서 무료로 이용 가능하다. 온라인에서 이용할 수 있는 훌륭한 Lua 프로그래밍 참고 문서는 엔맵의 스크립팅 엔진에 대한 형태와 확장 기술만을 다룬다.

NSE는 -sC 옵션(또는 특정 맞춤형 스크립트 집합을 지정하려면 --script)을 이용해 활성화되고, 결과는 엔맵의 정상적인 XML 출력 결과에 통합된다. 서비스 스크립트와 호스트 스크립트, 두 종류의 스크립트가 지원된다. 서비스 스크립트는 대상 호스트에 있는 특정 오픈 포트(서비스)에 연관되고, 어떤 결과가 나오면 엔맵 출력 포트 테이블에 있는 포트 다음에 추가된다. 반면 호스트 스크립트는 각 대상 IP에 대해 한 번만 실행하고 결과는 포트 테이블 아래에 출력한다. 예제 9.1은 전형적인 스크립트 스캔을 보여준다. 예제에서 생성된 서비스 스크립트 출력은 시스템의 RSA와 DSA SSH 키를 보여주는 ssh-hostkey와 이용 가능한 서비스를 나열하기 위해 portmapper 쿼리하는 rpcinfo다. 이 예제에서 출력된 호스트 스크립트 생성은 SMB 서버로부터 다양한 정보를 수집하는 smb-os-discovery다. 엔맵은 두 번째와 세 번째 칸에서 이에 대한 모든 정보를 발견한다.

예제 9.1 전형적인 NSE 출력

```
# nmap -sC -p22,111,139 -T4 localhost

Starting Nmap ( http://nmap.org )
Interesting ports on flog (127.0.0.1):
PORT STATE SERVICE
22/tcp open ssh
| ssh-hostkey: 1024 b1:36:0d:3f:50:dc:13:96:b2:6e:34:39:0d:9b:1a:38 (DSA)
|_ 2048 77:d0:20:1c:44:1f:87:a0:30:aa:85:cf:e8:ca:4c:11 (RSA)
111/tcp open rpcbind
| rpcinfo:
|   100000 2,3,4 111/udp rpcbind
|   100024 1 56454/udp status
|_  100000 2,3,4 111/tcp rpcbind
139/tcp open netbios-ssn

Host script results:
```

---

3. http://www.lua.org/pil/

4. http://www.lua.org/manual/5.1/

```
|   smb-os-discovery: Unix
|   LAN Manager: Samba 3.0.31-0.fc8
|_  Name: WORKGROUP

Nmap done: 1 IP address (1 host up) scanned in 0.33 seconds
```

9.2 사용법과 예제

NSE가 다양한 기능을 효율적으로 수행할 수 있도록 복잡하게 설계됐지만 사용은 꽤 간단하다. 간단히 대부분의 일반적인 스크립트를 활성화하려면 -sC만 지정한다. 또는 실행할 스크립트를 선택하려면 --script 옵션을 지정한다. --script 옵션에 대한 값은 제공한 카테고리, 스크립트 파일명, 실행하려는 스크립트의 전체 디렉터리명이 올 수 있다. --script-args 옵션을 실행할 때 인자로 사용해 일부 스크립트를 원하는 대로 변경할 수 있다. 이제 남은 두 개의 옵션인 --script-trace와 --script-updatedb는 보통 디버깅과 개발용으로 사용된다. 스크립트 스캐닝은 -A(공격적인 스캔) 옵션의 일부분에도 포함된다.

[9.2.1] 스크립트 카테고리

NSE 스크립트는 스크립트와 연관된 카테고리의 목록을 정의한다. 현재 정의된 카테고리는 auth, default, discovery, external, intrusive, malware, safe, version, vlun이 있다. 카테고리명은 그다지 민감하지 않다. 다음 목록은 각 카테고리의 설명이다.

- **auth** auth 스크립트는 대상 시스템에 있는 인증을 확인하려고 시도한다, 종종 무차별 대입 공격을 이용한다. 예제 스크립트는 snmp-brute, http-auth, ftp-anon이 있다.

- **default** default 스크립트는 기본 집합과 --script로 스크립트를 나열하는 대신 -sC 옵션이나 -A 옵션을 사용해 실행한다. 이 카테고리는 --script=default를 다른 것을 사용할 수 있도록 지정할 수 있다. 스크립트인지 결정하는 데 고려되는 많은 요소는 default:를 이용해 실행한다.

- **Speed** 기본 스캔은 무차별 대입 인증 크랙, 웹 스파이더, 그 외 서비스를 스캔하는 데 수십 분에서 수 시간이나 걸리는 스캔을 제외해 빠르게 스캔을 마친다.

- **Usefulness** 기본 스캔은 좀 더 가치있고 실용적인 정보를 생성할 필요가 있다. 스크립트 작성자가 왜 평균 네트워킹이나 보안 전문가가 가치 있는 출력물을 발견하는지에 대해 설명하는 데 곤란하다면 스크립트는 기본적으로 실행하지 말아야 한다. 스크립트는 여전히 엔맵에서 가치가 있고, 그래서 관리자들은 추가적인 정보를 얻을 필요가 있을 때 이와 같은 스크립트를 활용할 수 있다.

- **Verbosity** 엔맵의 출력물은 여러 목적으로 다양하게 사용되며, 읽을 수 있고 간결할 필요가 있다. 출력물 전체 페이지를 생성하는 스크립트는 기본 카테고리에 포함되지 말아야 한다. 보고서에 중요한 정보가 없을 때 NSE 스크립트(특히 기본적인 하나)는 아무것도 보여주지 않는다. 변형된 취약점에 대한 검사는 기본적으로 실행되고, 취약점이 발견되면 취약점 결과도 보여준다.

- **Reliability** 많은 스크립트는 휴리스틱과 퍼지 시그니처 매칭을 통해 대상 호스트나 서비스를 결정한다. 예제 파일은 `sniffer-detect`와 `sql-injection`이 있다. 스크립트에 오류가 있거나 틀리면 잘못된 스크립트는 오류나 사용자가 잘못 사용하게 되는 기본 카테고리에 포함되지 않는다. 직접 스크립트나 카테고리를 지정한 사용자는 일반적으로 좀 더 발전되고 어떻게 스크립트가 사용되는지를 알거나 최소한 해당 문서가 어디 있는지를 알고 있는 사람이다.

- **Intrusiveness** 일부 스크립트는 원격 시스템에 있는 중요한 자원을 이용해 원격 시스템이나 서비스를 망가뜨리거나, 원격 관리자가 공격을 알아채게 하기 때문에 매우 공격적이다. 스크립트가 더 공격적일수록 기본 카테고리에 대한 안전성은 떨어진다.

- **Privacy** 나중에 설명할 external 카테고리에 있는 일부 스크립트는 스크립트의 특성으로 인해 외부에 민감한 정보를 노출한다. 예를 들어 whois 스크립트는 대상 IP 주소를 지역 whois 등록자에게 누설한다. 우리는 또한 취약한 키 데이터베이스 인터넷에 대한 대상 SSH와 SSL 키

핑거프린트를 검사하는 스크립트를 고려하고 추가하기로 결정했다. 프라이버시 침해 스크립트가 더 많으면 많을수록 기본 카테고리에 대해 적정성은 떨어진다.

우리는 각 카테고리에 대해 정확한 내용을 갖고 있지 않으며 많은 것은 주관적이다. 이와 같은 요소 모두 기본 카테고리 안에 스크립트를 개선시키는지 여부를 결정할 때 함께 고려된다. 몇 개의 기본적인 스크립트로 `identd-owners`(identd을 사용해 동작하는 원격 서비스의 사용자명을 결정), `http-auth`(인증 스키마와 웹 사이트에서 요구하는 인증의 정보를 얻음), `ftp-anon`(FTP 서버가 익명의 접근을 허용하는지 테스트)이 있다.

- `discovery` discovery 스크립트는 공개 레지스트리, SNMP 활성화 장비, 디렉터리 서비스를 요청해 네트워크에 대한 더 많은 정보를 발견하게 한다. 예를 들어 `html-title`(웹 사이트의 루트 경로의 타이틀을 가져온다), `smb-enum-shares`(윈도우 공유를 나열), `snmp-sysdescr`(SNMP를 통해 시스템의 자세한 정보를 추출)이 있다.

- `external` external 카테고리에 있는 스크립트는 제3자 데이터베이스나 다른 네트워크의 자원에 데이터를 전달한다. 예를 들어 대상 호스트의 주소에 대한 정보를 얻기 위해 `whois` 서버에 연결하는 `whois` 스크립트가 있다. 제3자 데이터베이스에는 여러분의 시스템과 대상 시스템의 IP 주소 같은 제3자에게 전달하는 정보가 그대로 저장될 가능성이 항상 있다. 이 카테고리에 포함되지 않는 대부분의 스크립트는 스캐닝하는 컴퓨터와 클라이언트 사이에 엄격한 트래픽을 포함한다.

- `intrusive` intrusive 스크립트는 대상 시스템을 망가뜨릴 위험이 너무 높거나 대상 호스트의 중대한 자원(CPU 시간의 대역폭 같은)을 고갈시키거나 그렇지 않으면 대상 시스템의 관리자에 의해 악의적으로 파악되는 그 외적인 문제로 인해 안전한 카테고리에 분류할 수 없다. 예를 들어 `http-open-proxy`(대상 서버를 HTTP 프록시로 사용하려 시도)와 `snmp-brute`(`public`, `private`, `cisco` 같은 일반적인 값을 전달해 시스템의 SNMP 커뮤니티 문자열을 추측 시도)가 있다.

- `malware` malware 스크립트는 대상 플랫폼이 멀웨어나 백도어에 감염됐는지 검사하는 데 사용한다. 예를 들어 `smtp-strangeport`(일반적이지 않은 포트 번호에서 SMTP 서버가 동작하는지 살펴보는 것), `auth-spoof`(쿼리를 받기 전에 거짓 응답

을 제공하는 조작된 identd 데몬을 탐지)가 있다. 이와 같은 두 개는 일반적으로 멀웨어 감염과 연관되는 행동이다.

- **safe** 안전하게 취약점을 공격할 수 있다고 알려지거나 네트워크 대역폭이나 다른 자원의 많은 양을 사용해 서비스를 망가뜨리지 않게 설계된 스크립트다. 이런 스크립트는 상대적으로 원격 관리자를 덜 공격하는 것으로 보이지만 부작용에 대해 보장하지 않는다. safe 스크립트의 대부분은 일반적인 네트워크 탐지에 사용된다. 예를 들어 `ssh-hostkey`(SSH 호스트 키를 추출하는 데 사용)와 `html-title`(웹페이지의 타이틀 부분을 가져오는 데 사용)이 있다.

- **version** version 스크립트는 특별한 카테고리로 분류되며, 버전 탐지 기능의 확장이고, 묵시적으로 선택할 수 없다. 버전 탐지(-sV)가 요청될 때만 실행된다. 출력 결과는 버전 탐지 결과와 구분되지 않고 서비스 스크립트나 호스트 스크립트 결과를 생성하지 않는다. 예를 들어 `skypev2-version`, `pptp-version`, `iax2-version`이 있다.

- **vuln** vuln 스크립트는 알려진 특정 취약점을 검사하고, 일반적으로 취약점이 발견되는 경우만 사용자에게 보고한다. 예를 들어 `realvnc-auth-bypass`와 `xampp-default-auth`가 있다.

[9.2.2] 커맨드라인 인자

스크립트 스캐닝을 지정하는 5개의 커맨드라인 인자가 있다.

- **-sC** 스크립트의 기본 집합을 이용해 스크립트 스캔을 수행한다. 이 스캔은 `--script=default`와 동일하다. 기본 카테고리에 있는 스크립트 중 일부는 공격적이고, 허가 없이 대상 네트워크에 대해 시도하면 안 된다.

- **--script <script-categories>|<디렉터리>|<파일명>|all** --script 커맨드라인은 기본 집합이 아닌 개별적인 스크립트나 스크립트가 포함돼 있는 디렉터리 같은 콤마로 구분된 스크립트 카테고리 목록을 이용해 스크립트 스캔(-sC 같은)을 수행한다. 엔맵은 처음에 카테고리로 인자를 해석하고 실패하면 그 후 파일이나 디렉터리로 해석한다. 스크립트 집합의 스크립트나 디렉터리는 절대 경로나 상대 경로를 통해 지정할 수 있다. 절대 경로는 입력한 경로 그대로 사용된다. 상대 경로는 해당 내용을 찾을 때까지 다음 경로에

서 검색한다. `--datadir/`; `$NMAPDIR/`: `~/.nmap/`(윈도우에서는 검색되지 않는다);`NMAPDATADIR/`이나 `./.scripts` 하위 디렉터리도 각기 검색한다.

해당 스크립트가 지정한 디렉터리에서 발견되면 엔맵은 해당 디렉터리로부터 모든 NSE 스크립트(.nse로 끝나는 모든 파일)를 불러온다. `nse` 확장자가 없는 파일명은 무시한다. 엔맵은 스크립트를 찾으려고 하위 디렉터리를 재귀적으로 검색하지 않는다. 개별적인 파일명이 지정되면 파일 확장자는 `nse`를 가질 필요는 없다.

엔맵 스크립트는 기본적으로 엔맵 데이터 디렉터리의 하위 디렉터리 `scripts`에 저장된다(14장 '엔맵 데이터 파일 이해와 커스터마이징' 참조). 스크립트는 좀 더 효율적으로 사용하기 위해 `scripts/script.db` 데이터베이스에 인덱스 형식으로 저장한다. `script.db`는 각 스크립트가 포함돼 있는 카테고리나 카테고리 목록을 담고 있다. 엔맵 스크립트 데이터베이스에 있는 모든 스크립트를 실행하려면 인자로 `all`을 입력한다.

스크립트는 샌드박스에서 실행되지 않기 때문에 우연하게나 악의적으로 시스템을 손상시키거나 프라이버시를 노출시킬 위험이 있다. 해당 스크립트 제작자를 신뢰하지 않으면 절대 제3자로부터 얻은 스크립트를 실행하지 않는 편이 좋다. 혹은 스스로 주의 깊게 해당 스크립트를 분석해 악의적인 행동을 하는지 살펴보라.

- `--script-args` 스크립트에 인자를 제공한다. 자세한 설명은 '9.2.3 스크립트에 인자 사용'을 참조한다.

- `--script-trace` 이 옵션은 `--packet-trace` 옵션과 유사하지만 패킷 레벨이 아닌 애플리케이션 레벨에서 동작한다. 이 옵션을 지정하면 스크립트가 사용하는 모든 들어오고 나가는 통신 내용이 출력된다. 화면에 보여지는 정보는 통신 프로토콜, 출발지와 목적지, 대상 주소, 전송되는 데이터다. 전송되는 데이터의 5% 이상이 출력할 수 없는 형태라면 16진수 덤프 형식으로 화면에 보여진다. `--packet-trace`를 지정하면 역시 스크립트 추적이 가능하다.

- `--script-updatedb` 이 옵션은 엔맵이 사용할 수 있는 기본 스크립트와 카테고리를 결정하는 데 이용하는 `scripts/script.db`에 존재하는 스크립트 데이터베이스를 업데이트한다. 기본 스크립트 디렉터리에서 NSE 스크립트를 추가하거나 삭제할 때, 또는 어떤 스크립트의 카테고리를 변경할 필

요가 있을 때만 이 옵션을 통해 데이터베이스를 업데이트한다. 이 옵션은 `nmap --script-updatedb`처럼 인자 없이 자체만으로 사용할 수 있다.

일부 다른 엔맵 옵션은 스크립트 스캔 효과를 나타낸다. 대표적으로 -sV 옵션이 있다. 버전 스캔은 자동으로 버전 카테고리에 있는 스크립트를 실행한다. 버전 카테고리에 있는 스크립트는 다른 스크립트와 상당히 다른데, 그 이유는 버전 스캔 옵션의 출력은 버전 스캔 결과와 다른 스크립트 스캔 출력에서 생성하지 않는 것과 뒤섞기 때문이다.

-A 옵션은 스크립팅 엔진에 영향을 주는 옵션이다. 좀 더 공격적인 엔맵 모드는 -sC 옵션을 이용한다.

[9.2.3] 스크립트에 인자 사용

`--script-args` 옵션을 이용해 NSE 스크립트에 인자를 전달할 수 있다. 스크립트 인자는 일반적으로 이름-값 쌍으로 구성된다. 이 인자는 스크립트에게 `nmap.registry` 내부의 `args`라는 Lua 테이블에 지정된 인자로 제공된다. 이 인자 이름은 값에 대응하는 키이며 문자열이나 테이블 형태가 될 수 있다. 하위 테이블은 다른 스크립트에 다른 이름을 전달하는 것처럼 세세하게 스크립트에 인자를 전달하는 데 사용된다. 다음은 전형적인 스크립트 인자를 이용한 엔맵 구동 예다.

```
$ nmap -sC --script-args user=foo,pass=bar,whois={whodb=nofollow+ripe}
```

앞에 기술한 명령은 다음과 같은 Lua 테이블을 이용한다.

```
{user="foo",pass="bar",whois={whodb="nofollow+ripe"}}
```

그렇기 때문에 위와 같은 문장을 통해 사용자명(foo)로 여러분의 스크립트에 접근할 수 있다.

```
local username = nmap.registry.args.user
```

스크립트를 위해 오버라이드 옵션으로 사용되는 하위 테이블은 보통 충분한 검색을 위해 스크립트 이후에 이름을 갖게 된다.

[9.2.4] 예제

스크립트의 기본 집합을 이용한 간단한 스크립트 스캔은 다음과 같다.

```
$ nmap -sC example.com
```

다음과 같이 추적이 가능하게 특정 스크립트를 실행할 수도 있다.

```
$ nmap --script=./showSSHVersion.nse --script-trace example.com
```

다음 예는 safe 카테고리에 있는 모든 기본 스크립트뿐만 아니라 mycustomscripts 디렉터리에 있는 모든 스크립트도 실행한다.

```
$ nmap --script=mycustomscripts,safe example.com
```

9.3 스크립트 형식

NSE 스크립트는 포트나 스크립트가 실행될 때 정의하는 호스트 규칙 정의와 실제 스크립트 명령을 담고 있는 액션 블록과 함께 2개에서 5개의 설명 필드로 이뤄진다. Lua 변수에 할당하고 싶은 값은 어떤 값이든 설명 필드에 할당할 수 있다. 할당된 이름은 이 절의 설명처럼 반드시 소문자로 이뤄져야 한다.

[9.3.1] description 필드

description 필드는 사용자가 알아야 하는 중요한 주석과 스크립트가 무엇을 검사하는지 설명한다. 스크립트의 복잡성 정도에 따라 설명은 한두 줄로 작성할 수도 있고 매우 길게 작성할 수도 있다. 첫 번째 문단은 사용자에게 스크립트에 대한 명확한 설명을 제공하기 위해 적절한 스크립트 기능을 요약하는 내용을 적어야 한다. 그 이후 문단은 스크립트에 대한 추가적인 상세 내용이 기록돼 있다.

[9.3.2] categories 필드

categories 필드는 스크립트가 포함돼 있는 하나 이상의 카테고리를 정의한다 ('9.2.1 스크립트 카테고리' 참조). 카테고리는 케이스 인센시티브case-insensitive이고 순서는 상관없다. 다음 예에서 보듯이 Lua 테이블에 배열 형식으로 나열된다.

```
categories = {"default", "discovery", "safe"}
```

[9.3.3] author 필드

author 필드는 스크립트 제작자의 이름과 연락처 정보를 담고 있다. 여러분이 스팸을 걱정하면 이메일 주소를 생략하거나 다른 걸로 대체해도 괜찮다. 또는 이메일 주소 대신에 홈페이지 주소를 적어도 된다. 이 추가적인 필드는 NSE에 의해 사용되지 않지만 스크립트 제작자에게 칭찬하거나 조언을 보내기 위해 제공된다.

[9.3.4] license 필드

엔맵은 커뮤니티 프로젝트이고, 우리는 NSE 스크립트를 포함한 모든 종류의 코드 기부를 환영한다. 그래서 유용한 스크립트를 작성하면 같이 공유해주길 바란다. 추가적인 license 필드는 엔맵과 함께 있는 모든 스크립트를 배포하기 위한 법적인 허락을 갖고 있다는 점을 보여준다. 이런 모든 스크립트는 현재 표준 엔맵 라이선스를 사용한다('15.19.1 엔맵 저작권과 특허' 참조). 다음은 license에 대한 예다.

```
license = "Same as Nmap--See http://nmap.org/book/man-legal.html"
```

엔맵 라이선스는 GNU GPL과 유사하다. 스크립트 제작자는 GNU GPL 라이선스 대신 BSD 형식의 라이선스(광고 조건 없이)를 사용할 수도 있다.

[9.3.5] runlevel 필드

추가적인 runlevel 필드는 스크립트 실행 순서를 결정하는 데 사용한다. runlevel 필드를 생략하면 실행 레벨은 기본값인 1.0으로 설정된다. 스크립트는 단일 대상 시스템에 대해 주어진 실행 레벨보다 낮은 실행 레벨의 스크립트 이후에 실행하며, 높은 실행 레벨의 스크립트보다는 이전에 실행한다. 동일한 실행 레벨을 가진 스크립트의 순서는 정의되지 않고 종종 실행 시 충돌이 발생한다. 애플리케이션은 각기 실행 레벨에 의존적이다. 스크립트 A가 스크립트 B에 의해 수집되는 정보에 의존하면 B는 A보다 낮은 실행 레벨을 가져야 한다. 스크립트 B는 나중에 스크립트 A를 위해 NSE 레지스트리에 정보를 저장한다. NSE

레지스트리에 대한 추가적인 정보는 '9.7.5 레지스트리'를 참조하라.

[9.3.6] 포트와 호스트 규칙

포트 규칙은 일반적으로 포트 번호, 포트 상태, 해당 포트에 대기하고 있는 서비스명을 검사하기 위해 사용한다. 규칙의 예는 '9.8.2 규칙'에서 볼 수 있다. 엔맵은 대상 시스템에 대해 스크립트를 실행할지 하지 않을지 결정하는 데 스크립트 규칙을 이용한다. 스크립트는 스크립트가 대상 시스템의 어떤 포트에 시도할지 결정하는 포트 규칙이나 대상 시스템에 대해 조건이 만족하면 한 번만 스크립트가 실행되게 지정하는 호스트 규칙을 이용한다. 규칙은 참True이나 거짓False으로 반환되는 Lua 함수다. 스크립트 액션은 규칙이 참으로 평가될 경우만 실행한다. 호스트 규칙은 인자로 대상의 IP 주소나 호스트명과 같은 호스트 테이블을 입력받고 검사한다. 포트 규칙은 인자로 호스트나 포트 테이블을 입력받는다. 포트 테이블은 `open`, `open|filtered`, `unfiltered` 포트 상태에 있는 TCP, UDP에 대한 값이다. 포트 규칙은 일반적으로 포트 번호, 포트 상태, 포트에 해당 서비스가 동작하는지 확인하는 리스닝 서비스명 같은 요소들을 검사한다. 규칙에 대한 예는 '9.8.2 규칙'에서 볼 수 있다.

[9.3.7] 액션

액션action은 NSE 스크립트의 심장처럼 매우 중요하다. 액션은 스크립트의 포트나 호스트 규칙이 구동될 때 실행되는 모든 명령을 담고 있다. 액션은 규칙rule처럼 동일한 인자를 받아들이는 Lua 함수이고, 결과는 `nil`이나 문자열을 가진다. 서비스 스크립트를 통해 문자열이 반환되면 문자열과 스크립트의 파일명은 엔맵 포트 테이블에 출력된다. 호스트 스크립트에 의해 반환되는 문자열은 포트 테이블 아래에 출력된다. 스크립트가 `nil`을 반환하면 어떤 출력도 보여주지 않는다. NSE 액션의 예는 '9.8.3 메커니즘'에서 볼 수 있다.

9.4 스크립트 언어

엔맵에 포함된 Lua 해석기는 엔맵 스크립팅 엔진의 핵심이다. Lua는 확장성을 위해 가벼운 언어로 설계됐다. Lua는 엔맵 같은 다른 소프트웨어와 인터페이스하도록 강력하고 문서화된 API를 제공한다.

엔맵 스크립팅 엔진의 두 번째 부분은 Lua와 엔맵을 연결하는 NSE 라이브러리다. 이 계층은 Lua 해석기의 초기화, 병렬 스크립트 실행의 스케줄, 스크립트 추출, 다양한 문제 등을 처리한다. 또한 NSE 라이브러리는 NSE 네트워크 I/O 프레임워크와 예외 처리 메커니즘의 핵심이며 더 강력하고 편리한 스크립트를 만들 수 있는 유틸리티 라이브러리들을 포함한다. 유틸리티 라이브러리 모듈과 확장은 '9.6 NSE 라이브러리'에서 설명한다.

[9.4.1] Lua 기반 언어

엔맵 스크립팅 언어는 Lua[5] 해석기에 포함돼 있다. Lua 해석기는 엔맵과 연동하기 위해 라이브러리를 이용해 확장할 수 있다. 엔맵 API는 Lua 네임스페이스 nmap이다. 즉, 엔맵이 제공하는 자원에 대한 모든 호출은 nmap 접두어를 가진다는 의미다. 예를 들어 nmap.new_socket()은 새로운 소켓 객체를 반환한다. 엔맵 라이브러리 계층은 Lua 컨텍스트 초기화를 다루고, 병렬 스크립트를 스케줄링하고, 종료된 스크립트가 생성한 출력물을 수집한다.

계획 단계 동안 우리는 엔맵 스크립팅의 기본이 되는 몇 가지 프로그래밍 언어를 고려했다. 다른 옵션은 완전히 새로운 프로그래밍 언어를 만드는 것이었다. 우리가 원하는 조건은 엄격했다. NSE는 사용하기 쉬워야 하고, 가벼워야 하며, 엔맵 라이선스와 통합돼 빠르고 병렬적으로 수행돼야 했다.

이전에도 여러 프로젝트에서 자체 보안 감사 언어를 설계하려고 노력했으나 해결 방안은 쉽게 나오지 않았기 때문에 과거 여러 프로젝트와 동일한 문제를 겪지 않으려고 기존에 있는 프로그래밍 언어를 활용하기로 했다. 처음에는 가일 스키마Guile Schema 해석기를 고려했으나 라이선스 문제 때문에 Elk 해석기로 정했다. 그러나 병렬 Elk 스크립트는 꽤 어렵다. 또한 우리는 대부분의 엔맵 사용자가 Scheme처럼 기능적인 언어보다 절차적인 프로그래밍을 선호하길 원했다. 펄, 파이썬, 루비 같은 대형 해석기는 잘 알려지고 사랑받고 있지만 효율적으로 엔맵에 포함하기는 어렵다. 마지막으로 Lua는 우리가 고려하고 있는 모든 카테고리에 잘 들어맞았다. Lua는 작으면서도 MIT 오픈소스 정책으로 배포되고 있으며, 병렬 스크립트를 효율적으로 수행할 수 있고, 쉽게 엔맵에 포함할 수 있게

---

5. http://www.lua.org/

설계됐다. 또한 문서화도 훌륭하며 크고 많은 헌신적인 커뮤니티에 의해 활발하게 개발 중이다. Lua는 이제 와이어샤크 스니퍼와 스노트 IDS 같이 유명한 오픈소스 보안 툴에도 내장됐다.

9.5 NSE 스크립트

이 절은 이 글을 쓸 때 엔맵과 함께 포장된 모든 NSE 스크립트를 (알파벳순으로) 나열한다. 이 목록은 '9.9 스크립트 문서 작성(NSEDoc)' 절에서 설명할 NSEDoc 문서화 시스템의 도움을 받아 스크립트 소스코드에서 직접 가져왔다. 물론 어떤 문서화 버전도 NSE 같이 활동적으로 개발되는 소프트웨어에서는 현재 버전으로 그대로 남아 있을 수 없다. 가장 포괄적인 최신의 문서를 얻으려면 http://nmap.org/nsedoc/에 있는 온라인 NSE 문서화 포털을 참조하라.

asn-query.nse

카테고리 discovery, external

자율 시스템AS 번호들에 IP 주소들을 매핑한다.

이 스크립트는 DNS 서버에 대해 DNS TXT 요청을 전달해 동작하는데, 그렇게 하면 DNS 서버는 엔맵용으로 특별히 설정한 in-addr.arpa 스타일의 zone을 이용해 Team Cymru(team-cymru.org)에 의해 제공된 써드파티 서비스를 요청한다.

이들 질의에 대한 응답은 Origin과 Peer ASN을 모두 포함하며, BGP Prefix, 국가 코드와 함께 출력되는 되는 설명도 포함한다.

스크립트는 질의의 수를 줄이기 위해 결과를 캐시하며 Team Cymru의 데이터베이스에 존재하는 BGP Prefix에 있는 모든 스캔되는 대상을 위한 한 개의 질의를 수행해야 한다.

이 스크립트의 실행 대상이 되는 모든 대상은 하나 이상의 DNS 서버와 Team Cymru로 전송되며 잠재적으로 기록될 가능성이 있다는 점에 주의해야 한다. 추가적으로 DNS 서버(여러분의 기본 DNS 서버나 dns 스크립트 인자로 여러분이 명세한 것)에 ASN과 함께 여러분의 IP 주소가 전송될 것이다.

스크립트 인자

- dns 이용할 재귀적 네임 서버의 주소(옵션)

사용법

nmap --script asn-query.nse [--script-args dns=<DNS 서버>] <대상>

샘플 출력

```
Host script results:
|  asn-query:
|  BGP: 64.13.128.0/21 | Country: US
|    Origin AS: 10565 SVCOLO-AS - Silicon Valley Colocation, Inc.
|      Peer AS: 3561 6461
|  BGP: 64.13.128.0/18 | Country: US
|    Origin AS: 10565 SVCOLO-AS - Silicon Valley Colocation, Inc.
|_     Peer AS: 174 2914 6461
```

auth-owners.nse

카테고리   default, safe

auth(identd – 포트 113) 데몬에 질의를 함으로써 열린 TCP 포트의 소유자를 발견하려고 시도하는데, 대상 시스템에서 auth 데몬이 열려 있어야 한다.

샘플 출력

```
21/tcp   open    ftp       ProFTPD 1.3.1
|_ auth-owners: nobody
22/tcp   open    ssh       OpenSSH 4.3p2 Debian 9etch2 (protocol 2.0)
|_ auth-owners: root
25/tcp   open    smtp      Postfix smtpd
|_ auth-owners: postfix
80/tcp   open    http      Apache httpd 2.0.61 ((Unix) PHP/4.4.7 ...)
|_ auth-owners: dhapache
113/tcp  open    auth?
|_ auth-owners: nobody
587/tcp  open    submission Postfix smtpd
```

```
|_ auth-owners: postfix
5666/tcp    open    unknown
|_ auth-owners: root
```

⊖ auth-spoof.nse

카테고리 malware

자신의 응답을 속이는 identd(auth) 서버를 검사한다.

identd(auth) 서버가 쿼리를 보내기 전에 응답하는지 여부를 테스트한다. 이런 종류의 identd 스푸핑은 합법적인 프라이버시 보호 목적을 위해 이용하기도 하지만 멀웨어 감염의 징후일 수도 있다.

⊖ daytime.nse

카테고리 discovery

UDP Daytime 서비스에서 날짜와 시간을 얻는다.

⊖ dns-random-srcport.nse

카테고리 external, intrusive

DNS 서버에 예측 가능한 포트 재귀predictable-port recursion 취약점이 있는지 검사한다. 예측 가능한 소스 포트들은 DNS 서버를 캐시 포이즈닝 공격에 취약하게 만들 수 있다(CVE-2008-1447 참조).

이 스크립트는 porttest.dns-oarc.net에 질의를 함으로써 작동한다. 이 스크립트의 실행 대상이 되는 모든 대상은 하나 이상의 DNS 서버와 porttest 서버로 전송될 것이며, 잠재적으로 기록될 가능성이 있다는 점에 주의해야 한다. 추가적으로 대상에서 실행되는 DNS 서버에 porttest 질의와 함께 여러분의 IP 주소가 전송된다.

⊖ dns-random-txid.nse

카테고리 external, intrusive

DNS 서버에 예측 가능한 TXID DNS 재귀predictable-TXID DNS 취약점이 있는지

검사한다. 예측 가능한 TXID 값들은 DNS 서버를 캐시 포이즈닝 공격에 취약하게 만들 수 있다(CVE-2008-1447 참조).

이 스크립트는 txidtest.dns-oarc.net에 질의를 함으로써 작동한다. 이 스크립트의 실행 대상이 되는 모든 대상은 하나 이상의 DNS 서버와 txidtest 서버로 전송될 것이며, 잠재적으로 기록될 가능성이 있다는 점에 주의해야 한다. 추가적으로 대상에서 실행되는 DNS 서버에 txidtest 질의와 함께 여러분의 IP 주소가 전송될 것이다.

dns-recursion.nse

카테고리   default, intrusive

DNS 서버가 써드파티third-party 이름을 위한 질의를 허용하는지 검사한다. 이것은 여러분 자신의 내부 네임 서버들에서 재귀가 활성화될 것이라고 기대한다.

dns-zone-transfer.nse

카테고리   default, intrusive, discovery

DNS 서버에서 zone transfer(AXFR)를 요청한다.

이 스크립트는 DNS 서버에 AXFR 질의를 전송한다. 질의할 도메인은 커맨드 라인에 주어진 이름, DNS 서버의 호스트명 조사에 의해 결정되며 dnszonetransfer.domain 스크립트 인자를 갖고 명세될 수도 있다. 질의가 성공하면 타입에 고유한 일반적인 데이터(SOA/MX/NS/PTR/A)와 함께 모든 도메인과 도메인 타입이 반환된다.

DNS 서버를 위한 '진정한' 호스트명을 갖고 있지 않으면 transfer를 수행하는 적절한 zone을 결정할 수 없다.

유용한 자원들은 다음과 같다.

- 로켓 과학을 위한 DNS   http://www.zytrax.com/books/dns/
- AXFR 프로토콜이 작동하는 방식   http://cr.yp.to/djbdns/axfr-notes.html

스크립트 인자

- **dnszonetransfer.domain**   전송transfer을 위한 도메인

사용법

```
nmap --script dns-zone-transfer.nse \
    --script-args 'dnszonetransfer={ domain=<도메인> }'
```

샘플 출력

```
53/tcp   open   domain
| dns-zone-transfer:
|   foo.com.              SOA      ns2.foo.com. piou.foo.com.
|   foo.com.              TXT
|   foo.com.              NS       ns1.foo.com.
|   foo.com.              NS       ns2.foo.com.
|   foo.com.              NS       ns3.foo.com.
|   foo.com.              A        127.0.0.1
|   foo.com.              MX       mail.foo.com.
|   anansie.foo.com.      A        127.0.0.2
|   dhalgren.foo.com.     A        127.0.0.3
|   drupal.foo.com.       CNAME
|   goodman.foo.com.      A        127.0.0.4 i
|   goodman.foo.com.      MX       mail.foo.com.
|   isaac.foo.com.        A        127.0.0.5
|   julie.foo.com.        A        127.0.0.6
|   mail.foo.com.         A        127.0.0.7
|   ns1.foo.com.          A        127.0.0.7
|   ns2.foo.com.          A        127.0.0.8
|   ns3.foo.com.          A        127.0.0.9
|   stubing.foo.com.      A        127.0.0.10
|   vicki.foo.com.        A        127.0.0.11
|   votetrust.foo.com.    CNAME
|   www.foo.com.          CNAME
|_  foo.com.              SOA      ns2.foo.com. piou.foo.com.
```

➔ finger.nse

카테고리   default, discovery

finger 서비스를 이용해 사용자명 목록을 얻으려고 시도한다.

ftp-anon.nse

카테고리   default, auth, safe

FTP 서버가 익명 로그인을 허용하는지 검사한다.

샘플 출력

```
|_ ftp-anon: Anonymous FTP login allowed
```

ftp-bounce.nse

카테고리   default, intrusive

FTP 서버가 FTP 바운스bounce를 이용한 포트 스캐닝을 허용하는지 검사한다.

html-title.nse

카테고리   default, discovery, safe

웹서버의 기본 페이지 타이틀을 보여준다.

이 스크립트는 단지 한 개의 HTTP redirect를 그것도 리다이렉션이 동일한 호스트로 이끌어질 때에만 따라갈 것이다. 이 스크립트는 호스트 redirect가 원래의 대상과 동일한 IP 주소로 유도되는지 여부를 결정하기 위해 DNS 질의를 전송할 수도 있다.

샘플 출력

```
Interesting ports on scanme.nmap.org (64.13.134.52):
PORT    STATE   SERVICE
80/tcp  open    http
|_ html-title.nse: Go ahead and ScanMe!
```

http-auth.nse

카테고리   default, auth, intrusive

인증을 요청하는 웹서비스의 인증 스키마authentication scheme와 영역을 얻는다.

샘플 출력

```
80/tcp   open    http
| http-auth: HTTP Service requires authentication
|   Auth type: Basic, realm = Password Required
|_  HTTP server may accept admin:admin combination for Basic authentication
```

http-open-proxy.nse

카테고리 default, discovery, external, intrusive

HTTP 프록시가 열려 있는지 검사한다.

이 스크립트는 (가능한) 프록시를 통해 www.google.com에 연결하려고 시도하며 응답에서의 Server: qws 헤더 필드를 검사한다.

대상이 공개 프록시라면 이 스크립트는 대상이 www.google.com으로부터 웹 페이지를 얻게 만든다.

http-passwd.nse

카테고리 intrusive, vuln

../../../../etc/passwd를 요청하는 것 같이 다양한 이동 방법을 이용해 /etc/passwd를 얻으려고 시도하며, 웹서버가 디렉터리 탐색directory traversal에 취약한지 검사한다.

http-trace.nse

카테고리 discovery

HTTP TRACE 요청을 전송하고 응답에서 수정된 헤더 필드들을 보여준다.

샘플 출력

```
80/tcp   open    http
| http-trace: Response differs from request. First 5 additional lines:
|   Cookie: UID=d4287aa38d02f409841b4e0c0050c131...
|   Country: us
|   Ip_is_advertise_combined: yes
|   Ip_conntype-Confidence: -1
```

```
|_ Ip_line_speed: medium
```

iax2-version.nse

카테고리 version

UDP IAX2 서비스를 탐지한다.

이 스크립트는 Inter-Asterisk eXchange(IAX) Revision 2 Control Frame POKE 요청을 전송하고 적절한 응답인지 검사한다. 이 프로토콜은 클라이언트-서버 통신만이 아니라 서버 간의 VoIP 연결을 활성화하는 데 이용된다.

irc-info.nse

카테고리 default, discovery

IRC 서버에서 정보를 모은다.

이 정보를 얻기 위해 STATS, LUSERS와 기타 다른 질의들을 이용한다.

샘플 출력

```
6665/tcp   open   irc
|  irc-info: Server: target.example.org
|  Version: hyperion-1.0.2b(381). target.example.org
|  Lservers/Lusers: 0/4204
|  Uptime: 106 days, 2:46:30
|  Source host: source.example.org
|_ Source ident: OK n=nmap
```

ms-sql-info.nse

카테고리 default, discovery, intrusive

마이크로소프트 SQL 서버 인스턴스에서 정보를 추출하려고 시도한다.

mysql-info.nse

카테고리 default, discovery, safe

MySQL 서버에 연결해 프로토콜과 버전 번호, 스레드 ID, 상태, 능력과

password salt 같은 정보를 출력한다.

서비스 탐지가 수행돼 서버가 우리의 호스트를 차단하는 것으로 보이거나 너무 많은 연결 때문에 차단된다면 이 스크립트는 실행되지 않는다(portrule 참조).

샘플 출력

```
3306/tcp   open    mysql
|   mysql-info: Protocol: 10
|   Version: 5.0.51a-3ubuntu5.1
|   Thread ID: 7
|   Some Capabilities: Connect with DB, Transactions, Secure Connection
|   Status: Autocommit
|_  Salt: bYyt\NQ/4V6IN+*3`imj
```

nbstat.nse

카테고리   default, discovery, safe

대상의 NetBIOS 이름과 MAC 주소를 얻으려고 시도한다.

기본적으로 이 스크립트는 컴퓨터의 이름과 로그인한 사용자를 화면에 보여준다. verbosity 옵션이 켜져 있으면 시스템이 소유한다고 생각되는 모든 이름을 화면에 보여준다.

사용법

```
sudo nmap -sU --script nbstat.nse -p137 <호스트>
```

샘플 출력

```
(no verbose)
|_ nbstat: NetBIOS name: TST, NetBIOS user: RON, NetBIOS MAC:
00:0c:29:f9:d9:28


(verbose)
|  nbstat: NetBIOS name: TST, NetBIOS user: RON, NetBIOS MAC:
00:0c:29:f9:d9:28
|    Name: TST<00>            Flags: <unique><active>
|    Name: TST<20>            Flags: <unique><active>
|    Name: WORKGROUP<00>      Flags: <group><active>
```

```
|   Name: TST<03>          Flags: <unique><active>
|   Name: WORKGROUP<1e>    Flags: <group><active>
|   Name: RON<03>          Flags: <unique><active>
|   Name: WORKGROUP<1d>    Flags: <unique><active>
|_  Name: \x01\x02__MSBROWSE__\x02<01> Flags: <group><active>
```

⊙ pop3-brute.nse

카테고리   intrusive, auth

사용자명과 패스워드를 추측해 POP3 계정으로 로그인하려고 시도한다.

⊙ pop3-capabilities.nse

카테고리   default

POP3 이메일 서버 용량을 얻는다.

샘플 출력

```
110/tcp  open  pop3
|_ pop3-capabilities: USER CAPA RESP-CODES UIDL PIPELINING STLS TOP SASL(PLAIN)
```

⊙ pptp-version.nse

카테고리   version

점대점 터널링 프로토콜PPTP 서비스에서 시스템 정보를 추출하려고 시도한다.

⊙ realvnc-auth-bypass.nse

카테고리   default, vuln

VNC 서버가 RealVNC 인증 우회(CVE-2006-2369)에 취약한지 검사한다.

⊙ robots.txt.nse

카테고리   default, discovery, safe

`robots.txt`에서 허용되지 않는 엔트리를 검사한다.

verbosity나 디버그 레벨이 높을수록 허용되지 않는 더 많은 엔트리가 보여진다.

샘플 출력

```
80/tcp open http syn-ack
|  robots.txt: has 156 disallowed entries (40 shown)
|  /news?output=xhtml& /search /groups /images /catalogs
|  /catalogues /news /nwshp /news?btcid=*& /news?btaid=*&
|  /setnewsprefs? /index.html? /? /addurl/image? /pagead/ /relpage/
|  /relcontent /sorry/ /imgres /keyword/ /u/ /univ/ /cobrand /custom
|  /advanced_group_search /googlesite /preferences /setprefs /swr /url /default
|  /m? /m/? /m/lcb /m/news? /m/setnewsprefs? /m/search? /wml?
|_ /wml/? /wml/search?
```

➔ rpcinfo.nse

카테고리 default, safe, discovery

portmapper에 연결해 모든 등록된 프로그램의 목록을 가져온다.

샘플 출력

```
111/tcp    open    rpcbind
|  rpcinfo:
|  100000    2            111/udp    rpcbind
|  100005    1,2,3        705/udp    mountd
|  100003    2,3,4        2049/udp   nfs
|  100024    1            32769/udp  status
|  100021    1,3,4        32769/udp  nlockmgr
|  100000    2            111/tcp    rpcbind
|  100005    1,2,3        706/tcp    mountd
|  100003    2,3,4        2049/tcp   nfs
|  100024    1            50468/tcp  status
|_ 100021    1,3,4        50468/tcp  nlockmgr
```

skypev2-version.nse

카테고리   version

Skype 버전 2 서비스를 탐지한다.

smb-check-vulns.nse

카테고리   intrusive

호스트가 원격 코드 실행을 허용할 수 있는 MS08-067, 즉 윈도우 RPC 취약점에 대해 취약한지 검사한다. 이 스크립트는 미래의 더 많은 취약점을 검사하기 위한 것이다.

MS08-067 검사는 시스템을 망가뜨릴 가능성이 있으므로 매우 위험한 작업이다. 브랜던 엔라이트Brandon Enright에 의해 수행된 상당히 광범위한 스캔에서 취약한 시스템은 평균적으로 검사에서 살아남기보다는 망가뜨리는 경향이 있었다. 82개의 취약한 시스템 중에서 52개가 망가졌다. 이 때문에 이 검사를 할 때에는 상당히 주의해야 한다.

사용자명과 패스워드를 제공하는 옵션도 있지만 기본 설정에서 필요하지는 않다.

스크립트 인자

- **smb***   이 스크립트는 smb 모듈의 smbusername, smbpassword, smbhash, smbguest, smbtype 스크립트 인자들을 지원한다.

사용법

```
nmap --script smb-check-vulns.nse -p445 <호스트>
sudo nmap -sU -sS --script smb-check-vulns.nse -p U:137,T:139 <호스트>
```

샘플 출력

```
Host script results:
|_ smb-check-vulns: This host is vulnerable to MS08-067
```

smb-enum-domains.nse

카테고리   discovery, intrusive

시스템에 있는 도메인들과 그들의 정책을 나열하려고 시도한다. 이것은 자격 증명서credential 없이는 윈도우 2000에 대해서만 동작할 듯하다.

SAMR에 대한 초기 바인드 후의 호출 순서들은 다음과 같다.

- Connect4   connect_handle을 얻는다.
- EnumDomains   도메인들의 목록을 얻는다(이름만을 원하면 여기에서 멈춘다).
- QueryDomain   도메인을 위한 SID를 얻는다.
- OpenDomain   각 도메인을 위한 핸들을 얻는다.
- QueryDomainInfo2   도메인 정보를 얻는다.
- QueryDomainUsers   도메인 사용자들의 목록을 얻는다.

스크립트 인자

- smb*   이 스크립트는 smb 모듈의 smbusername, smbpassword, smbhash, smbguest, smbtype 스크립트 인자들을 지원한다.

사용법

```
nmap --script smb-enum-domains.nse -p445 <호스트>
sudo nmap -sU -sS --script smb-enum-domains.nse -p U:137,T:139 <호스트>
```

샘플 출력

```
Host script results:
| smb-enum-domains:
|   Domain: LOCALSYSTEM
|     |_ SID: S-1-5-21-2956463495-2656032972-1271678565
|     |_ Users: Administrator, Guest, SUPPORT_388945a0
|     |_ Creation time: 2007-11-26 15:24:04
|     |_ Passwords: min length: 11 characters; min age: 5 days; max age: 63 days
|     |_ Password lockout: 3 attempts in under 15 minutes will lock the
```

```
account u ntil manually reset
|      |_ Password history : 5 passwords
|      |_ Password properties:
|          |_ Password complexity requirements exist
|          |_ Administrator account cannot be locked out
|   Domain: Builtin
|      |_ SID: S-1-5-32
|      |_ Users:
|      |_ Creation time: 2007-11-26 15:24:04
|      |_ Passwords: min length: n/a; min age: n/a; max age: 42 days
|      |_ Account lockout disabled
|      |_ Password properties:
|          |_ Password complexity requirements do not exist
|_     |_ Administrator account cannot be locked out
```

smb-enum-sessions.nse

카테고리 discovery, intrusive

원격 데스크탑 클라이언트(터미널 서비스)를 통해 로컬로 로그인하거나 SMB 공유를 통해 시스템에 로그인한 사용자들을 나열한다.

로컬 사용자와 터미널 서비스 사용자들의 나열은 원격 레지스트리를 읽음으로써 행해진다. HKEY_USERS 아래의 키들은 현재 로그인한 사용자들을 나타내는 SID들이며, 이들 SID는 LsaLookupSids 함수를 이용해 적절한 이름으로 변환될 수 있다. 이 작업을 하는 것은 익명 사용자보다 더 높은 접근 권한을 필요로 한다. 내Ron Bowes가 테스트한 운영체제에서는 Guests, users, administrators가 모두 이 요청을 수행할 수 있었다.

SMB 연결들의 나열은 srvsvc.netsessenum 함수를 이용함으로써 이뤄지는데, 이것은 누가 로그인했고, 언제 로그인했고 얼마나 오랫동안 사용하지 않은 상태로 있었는지를 반환해준다. 불행히도 나는 이 함수로 사용자 도메인을 얻는 방법을 찾을 수 없었으므로 도메인은 출력되지 않는다. 이것을 위해 필요한 접근 권한 레벨은 윈도우 버전에 따라 다르지만 윈도우 2000에서는 누구나(익명의 계정을 포함해서) 접근할 수 있으며, 윈도우 2003에서는 사용자나 관리자 계정이 요구된다.

이들 두 개의 스크립트 모두 서버에 로그인된 사용자들과 관련되기 때문에 이들을 한 개의 스크립트로 결합하는 것이 논리적으로 보인다.

이것을 위한 아이디어와 기술을 sysinternal의 도구인 PsLoggedOn.exe에서 배웠다. 그들이 이용한 것과 유사한 함수 호출들을 이용했으므로 그들에 대해 감사를 표한다. 이 스크립트를 작성하게 아이디어를 제공해준 매트Matt에게도 역시 감사드린다.

스크립트 인자

- `smb*` 이 스크립트는 smb 모듈의 `smbusername, smbpassword, smbhash, smbguest, smbtype` 스크립트 인자들을 지원한다.

사용법

```
nmap --script smb-enum-sessions.nse -p445 <호스트>
sudo nmap -sU -sS --script smb-enum-sessions.nse -p U:137,T:139 <호스트>
```

샘플 출력

```
Host script results:
| smb-enum-sessions:
| Users logged in:
| |_ TESTBOX\Administrator since 2008-10-21 08:17:14
| |_ DOMAIN\rbowes since 2008-10-20 09:03:23
| Active SMB Sessions:
|_ |_ ADMINISTRATOR is connected from 10.100.254.138 for [just logged ↵
in, it's probably you], idle for [not idle]
```

smb-enum-shares.nse

카테고리 discovery, intrusive

`srvsvc.NetShareEnumAll` MSRPC 함수를 이용해 공유 목록을 얻은 후 `srvsvc.NetShareGetInfo`를 이용해 각 공유에 관한 좀 더 많은 정보를 얻으려고 시도한다.

`NetShareEnumAll`을 실행하면 윈도우 2000에서 익명 계정으로 동작할 것이며, 다른 윈도우 버전에서는 user 레벨의 계정을 필요로 한다. `NetShareGetInfo`를 호출하면 내Ron Bowed가 테스트한 모든 버전의 윈도우에서 관리자 계정을 필요로 한다.

NetShareEnumAll은 특정 시스템들로 제한되기는 하지만 이것이 존재하는지 검사하기 위해 NetShareEnumAll로 공유에 실제로 연결하면 항상 동작할 것이다. 그래서 NetShareEnumAll이 실패하면 일반 공유 목록이 시도될 것이다.

완전하든 완전하지 않든 공유 목록이 발견된 후 우리는 그들 각각에 대해 익명으로 연결하려고 시도하는데, 이것은 우리들로 하여금 그들을 'anonymous'와 'restricted' 클래스로 분할하게 해준다.

공유 목록이 일단 결정되면 가능한 경우 공유에 관한 추가적인 정보를 얻기 위해 NetShareGetInfo가 호출된다. 우리가 인증을 받은 테스트를 하지 않는 한 이것은 실패할 가능성이 많다.

스크립트 인자

- smb* 이 스크립트는 smb 모듈의 smbusername, smbpassword, smbhash, smbguest, smbtype 스크립트 인자들을 지원한다.

사용법

```
nmap --script smb-enum-shares.nse -p445 <호스트>
sudo nmap -sU -sS --script smb-enum-shares.nse -p U:137,T:139 <호스트>
```

샘플 출력

```
Standard:
|  smb-enum-shares:
|  Anonymous shares: IPC$
|_ Restricted shares: F$, ADMIN$, C$
Verbose:
Host script results:
|  smb-enum-shares:
|  Anonymous shares:
|    IPC$
|    |_ Type: STYPE_IPC_HIDDEN
|    |_ Comment: Remote IPC
|    |_ Users: 1, Max: <unlimited>
|    |_ Path:
|    test
|    |_ Type: STYPE_DISKTREE
```

```
|      |_ Comment: This is a test share, with a maximum of 7 users
|      |_ Users: 0, Max: 7
|      |_ Path: C:\Documents and Settings\Ron\Desktop\test
|  Restricted shares:
|    ADMIN$
|      |_ Type: STYPE_DISKTREE_HIDDEN
|      |_ Comment: Remote Admin
|      |_ Users: 0, Max: <unlimited>
|      |_ Path: C:\WINNT
|    C$
|      |_ Type: STYPE_DISKTREE_HIDDEN
|      |_ Comment: Default share
|      |_ Users: 0, Max: <unlimited>
|_     |_ Path: C:\
```

smb-enum-users.nse

카테고리 discovery, intrusive

이것은 다양한 기술들(포트 445나 139를 이용하는 SMB와 MSRPC상에서)을 통해 원격 윈도우 시스템의 사용자들을 가능한 한 많은 정보를 갖고 나열하려고 시도한다. SAMR의 몇 가지 함수는 사용자들을 나열하기 위해 이용되며 LSA 함수를 이용한 일부 무차별 대입 추정 법이 시도된다.

이용된 한 가지 기술은 SAMR 라이브러리의 `QueryDisplayInfo` 함수를 호출하는 기술이다. 이것이 성공하면 사용자들의 세부 목록을 반환할 것이다. 이것은 윈도우 2000에서는 익명으로 행해질 수 있으며, 다른 윈도우 버전에서는 user 레벨 계정(guest 레벨 계정은 안 됨)을 갖고 행해질 수 있다.

이 테스트를 수행하기 위해 다음 함수가 이용된다.

- `Bind`   SAMR 서비스에 바인드한다.
- `Connect4`   connect_handle을 얻는다.
- `EnumDomains`   도메인들의 목록을 얻는다.
- `QueryDomain`   도메인을 위한 SID를 얻는다.
- `OpenDomain`   각 도메인을 위한 핸들을 얻는다.

- **QueryDisplayInfo** 도메인 사용자들의 목록을 얻는다.
- **Close** 도메인 핸들을 닫는다.
- **Close** 연결 핸들을 닫는다.

이 기술의 이점은 전체 이름과 설명을 포함한 많은 정보가 반환된다는 점이다. 단점은 윈도우 2000을 제외한 모든 시스템에서 user 레벨의 계정을 필요로 한다는 점이다. 참고로 이것은 그룹이나 별칭이 아니라 실제 사용자 계정들만을 가져온다.

이것의 성공 여부와 관계없이 사용자 계정들을 가져오기 위해 LSA 무차별 대입이라는 두 번째 기술이 이용된다. LSA 무차별 대입은 윈도우 2000에 대해서 익명으로 행해질 수 있으며, 다른 시스템들에서는 guest 계정 이상을 필요로 한다. 이것은 더 적은 권한으로 실행되며 더 많은 계정 타입들(예컨대 그룹, 별칭 등)을 발견한다는 이점을 가진다. 단점은 더 적은 정보를 반환하며 무차별 대입 추정 방법이므로 계정들을 놓칠 수도 있다는 점이다.

하지만 이것은 일반적인 의미에서의 무차별 대입 기법은 아니다. 즉, 이것은 사용자의 RID들의 무차별 대입이다. 사용자의 RID란 도메인이나 시스템에서 사용자들을 고유하게 식별하는 값(일반적으로 500, 501 또는 1000 이상)이다. LSA 함수가 호출되며 이것은 우리로 하여금 RID(예를 들어 1000)를 사용자명(예를 들어 'Ron')으로 변환할 수 있게 한다. 그래서 이 기술은 본질적으로 1000을 이름으로 변환한 후 다 끝났다고 생각될 때까지 1001, 1002 등을 변환하려고 시도할 것이다.

사용자들은 5개의 RID의 그룹으로 나눈 후 개별적으로(한 번에 너무 많이 검사하는 것은 문제를 일으킨다) 검사한다. 1100에 도달한 후 빈 그룹을 얻을 때까지 계속 검사한다. 이 방법은 가장 효과적인 방법은 아니지만 동작할 것으로 보인다. 장래에는 좀 더 영리하게 이것을 수정하는 것이 좋을 것이다. 나Ron bowes는 많은 계정을 가진 구 서버에서 테스트를 수행했으며, 500, 501, 1000, 1030, 1031, 1053, 1054, 1055, 1056, 1057, 1058, 1059, 1060, 1061, 1062, 1063, 1064, 1065, 1066, 1067, 1070, 1075, 1081, 1088, 1090 같은 결과를 얻었다. 1000에서 1030으로 올라가는 것은 상당히 차이가 큰데, 자동화된 검사에서는 쉽게 계정들을 놓칠 수도 있다.

이 변환을 시도하기 전에 서버의 SID가 결정돼야 한다. SID는 반대 작업을 수행해 이름을 RID로 변환함으로써 결정된다. 이름은 시스템에 존재하는 모든 이름을 살펴봄으로써 결정된다. 다음과 같이 시도한다.

- SMB_COM_NEGOTIATE에 컴퓨터명과 도메인명이 반환된다.
- 서버명과 현재 로그인한 사용자를 얻기 위한 nbstat 질의
- **일부 일반적인 이름** 'administrator', 'guest', 'test'

이론상 컴퓨터명만 있으면 항상 동작하며 나의 테스트에서도 그랬지만 훌륭한 수단으로 나머지 이름도 포함했다.

이들 기술 모두에서 이름과 세부 내용들은 통합돼 출력된다. 출력 모드가 verbose라면 추가적인 세부 내용들을 보여준다. 출력은 알파벳순으로 정렬된다.

이 작업을 위해 작성한 코드들은 enum.exe, sid2user.exe와 user2sid.exe 프로그램들에 이용된 기술에 많은 부분의 기반을 뒀으므로 이들 프로그램들에 감사한다.

스크립트 인자

- **smb*** 이 스크립트는 smb 모듈의 smbusername, smbpassword, smbhash, smbguest, smbtype 스크립트 인자들을 지원한다.

사용법

```
nmap --script smb-enum-users.nse -p445 <호스트>
sudo nmap -sU -sS --script smb-enum-users.nse -p U:137,T:139 <호스트>
```

샘플 출력

```
Host script results:
|  smb-enum-users:
|_  TESTBOX\Adminstrator, EXTERNAL\DnsAdmins, TESTBOX\Guest,
EXTERNAL\HelpServi
cesGroup, EXTERNAL\PARTNERS$, TESTBOX\SUPPORT_388945a0
Host script results:
|  smb-enum-users:
|    Administrator
|      |_ Type: User
|      |_ Domain: LOCALSYSTEM
|      |_ Full name: Built-in account for administering the computer/domain
|      |_ Flags: Normal account, Password doesn't expire
|    DnsAdmins
```

```
|     |_ Type: Alias
|     |_ Domain: EXTRANET
|   EventViewer
|     |_ Type: User
|     |_ Domain: SHARED
|   ProxyUsers
|     |_ Type: Group
|     |_ Domain: EXTRANET
|   ComputerAccounts
|     |_ Type: Group
|     |_ Domain: EXTRANET
|   Helpdesk
|     |_ Type: Group
|     |_ Domain: EXTRANET
|   Guest
|     |_ Type: User
|     |_ Domain: LOCALSYSTEM
|     |_ Full name: Built-in account for guest access to the computer/domain
|     |_ Flags: Normal account, Disabled, Password not required, Password↵
doesn't expire
|   Staff
|     |_ Type: Alias
|     |_ Domain: LOCALSYSTEM
|   Students
|     |_ Type: Alias
|_    |_ Domain: LOCALSYSTEM
```

smb-os-discovery.nse

카테고리 default, discovery, safe

SMB 프로토콜(포트 445와 139) 위의 운영체제를 결정하려고 시도한다.

표준 smb* 스크립트 인자들이 이용될 수 있기는 하지만 결과 내용을 의미 있을 정도로 변경하지 않을 것이다.

스크립트 인자

- **smb*** 이 스크립트는 smb 모듈의 smbusername, smbpassword, smbhash, `smbguest`, `smbtype` 스크립트 인자를 지원한다.

사용법

```
nmap --script smb-os-discovery.nse -p445 127.0.0.1
sudo nmap -sU -sS --script smb-os-discovery.nse -p U:137,T:139 127.0.0.1
```

샘플 출력

```
| smb-os-discovery: Windows 2000
| LAN Manager: Windows 2000 LAN Manager
| Name: WORKGROUP\TEST1
|_ System time: 2008-09-09 20:55:55 UTC-5
```

smb-security-mode.nse

카테고리 discovery, safe

SMB에 의해 결정된 SMB 보안 레벨에 관한 정보를 반환한다.
다음은 출력 내용을 어떻게 해석하는지를 보인 것이다.

- **사용자 레벨 인증** 각 사용자가 시스템에 로그인하는 데에 이용되는 독립적인 사용자명/패스워드를 갖고 있다. 이것은 오늘날 거의 모든 것의 기본 설정이다.

- **공유 레벨 인증** 로그인하는 데에 익명 계정이 이용돼야 하며 공유 자원이 접근될 때 패스워드가 주어진다(평문으로). 공유 자원에 접근하는 모든 사용자들은 이 패스워드를 이용한다. 이 방법은 작업을 하기 위한 원래의 방법이었지만 지금은 보통 볼 수 없다. 서버가 공유 레벨 보안을 이용하면 이 방법은 스니핑에 취약하다.

- **시도 응답**Challenge/response**형 패스워드 지원** 활성화되면 서버는 다음의 어떤 타입의 패스워드든지 받아들일 수 있다.

    - 평문Plaintext
    - LM과 NTLM
    - LMv2와 NTLMv2

설정되지 않으면 서버는 평문의 패스워드만 받아들인다. 오늘날 대부분의 서버는 시도 응답을 이용하게 설정된다. 서버가 평문의 패스워드를 받아들이게 설정됐다면 이것은 스니핑에 취약하다. LM과 NTLM은 이들에 대해 일부 무차별 대입 공격이 있기는 하지만 상당히 안전하다.

- **메시지 서명**Message signing 필요할 경우 클라이언트와 서버 사이의 모든 메시지들은 패스워드와 서버 시도challenge에서 유도한 공유 키에 의해 서명돼야 한다. 지원되지만 필요하지 않을 경우 클라이언트와 서버 사이에서 메시지 서명이 협상되며, 이에 대한 지원과 요청이 모두 있을 경우 이용된다. 기본적으로 윈도우 클라이언트는 메시지들을 서명하지 않으므로 서버에 의해 메시지 서명이 요구되지 않으면 메시지들은 서명되지 않을 것이다. 참고로 중간에 가로채는man-in-the-middle 공격을 수행하면 공격자는 어떤 메시지 서명에도 협상하지 않을 수 있다. 메시지 서명이 요구되지 않으면 서버는 중간에 가로채는 공격들에 취약하다.

이 스크립트는 smb* 스크립트 인자들의 이용을 허용하겠지만(사용자명과 패스워드 등을 설정하기 위해) 이들은 전혀 필요하지 않을 것이다.

스크립트 인자

- **smb*** 이 스크립트는 smb 모듈의 smbusername, smbpassword, smbhash, smbguest, smbtype 스크립트 인자들을 지원한다.

사용법

```
nmap --script smb-security-mode.nse -p445 127.0.0.1
sudo nmap -sU -sS --script smb-security-mode.nse -p U:137,T:139 127.0.0.1
```

샘플 출력

```
|   smb-security-mode: User-level authentication
|   smb-security-mode: Challenge/response passwords supported
|_  smb-security-mode: Message signing supported
```

smb-server-stats.nse

카테고리 discovery, intrusive

TCP 포트 445나 139를 이용하는 SMB와 MSRPC의 서버 통계들을 얻으려고 시도한다.

대부분의 윈도우 버전에서 이 통계를 얻으려면 관리자 계정이 필요하며, 윈도우 비스타는 관리자 계정으로도 이 통계를 얻을 수 없다.

여기에서 반환되는 일부 숫자들은 올바르다고 느껴지지 않지만 이들은 분명히 윈도우가 반환하는 숫자들이다. 여기의 값들을 액면 그대로 받아들이지 말기 바란다.

스크립트 인자

- `smb*` 이 스크립트는 smb 모듈의 `smbusername`, `smbpassword`, `smbhash`, `smbguest`, `smbtype` 스크립트 인자들을 지원한다.

사용법

```
nmap --script smb-server-stats.nse -p445 <호스트>
sudo nmap -sU -sS --script smb-server-stats.nse -p U:137,T:139 <호스트>
```

샘플 출력

```
Host script results:
|  smb-server-stats:
|  Server statistics collected since 2008-10-17 09:32:41 (4d0h24m29s):
|  |_ Traffic 133467 bytes (0.38b/s) sent, 167696 bytes (0.48b/s) received
|  |_ Failed logins: 5
|  |_ Permission errors: 1, System errors: 0
|  |_ Print jobs spooled: 0
|_ |_ Files opened (including pipes): 18
```

smb-system-info.nse

카테고리 discovery, intrusive

레지스트리에서 원격 시스템에 관한 배경 정보를 얻는다. user 계정도 여전히 많은 정보를 얻을 수 있지만 모든 정보를 얻으려면 관리자 계정이 필요하다. Guest 계정은 어떤 정보도 얻지 못할 것이며, 익명 계정도 그럴 것이다. 이는 윈도우 2000을 포함한 모든 운영체제에서 그렇다.

윈도우 비스타는 WINREG 바인딩binding을 갖고 있지 않은 것으로 보이므로(또는 다른 방식이며 나는 그것을 알지 못함) 이 스크립트는 비스타를 전혀 지원하지 않는다.

스크립트 인자

- smb* 이 스크립트는 smb 모듈의 smbusername, smbpassword, smbhash, smbguest, smbtype 스크립트 인자들을 지원한다.

사용법

```
nmap --script smb-system-info.nse -p445 <호스트>
sudo nmap -sU -sS --script smb-system-info.nse -p U:137,T:139 <호스트>
```

샘플 출력

```
Host script results:
|  smb-system-info:
|  OS Details
|  |_ Microsoft Windows Server 2003 Service Pack 2 (ServerNT 5.2 build 3790)
|  |_ Installed on 2007-11-26 23:40:40
|  |_ Registered to IPC (organization: MYCOMPANY)
|  |_ Path:
%SystemRoot%\system32;%SystemRoot%;%SystemRoot%\System32\Wbem;C:\Pr↵
ogram Files\Microsoft SQL Server\90\binn;C:\Program Files\IBM\Rational A↵
ppScan\
|  |_ Systemroot: C:\WINDOWS
|  |_ Page files: C:\pagefile.sys 2046 4092 (cleared at shutdown => 0)
|  Hardware
|  |_ CPU 0: Intel(R) Xeon(TM) CPU 2.80GHz [2780mhz GenuineIntel]
|  |_ Identifier 0: x86 Family 15 Model 2 Stepping 9
|  |_ CPU 1: Intel(R) Xeon(TM) CPU 2.80GHz [2780mhz GenuineIntel]
|  |_ Identifier 1: x86 Family 15 Model 2 Stepping 9
|  |_ CPU 2: Intel(R) Xeon(TM) CPU 2.80GHz [2780mhz GenuineIntel]
|  |_ Identifier 2: x86 Family 15 Model 2 Stepping 9
|  |_ CPU 3: Intel(R) Xeon(TM) CPU 2.80GHz [2780mhz GenuineIntel]
```

```
|   |_ Identifier 3: x86 Family 15 Model 2 Stepping 9
|   |_ Video driver: RAGE XL PCI Family (Microsoft Corporation)
|   Browsers
|   |_ Internet Explorer 7.0000
|_  |_ Firefox 3.0.3 (en-US)
```

smtp-commands.nse

카테고리   default, discovery, safe

SMTP 서버에 의해 지원되는 확장 명령들을 모으기 위해 EHLO와 HELP를 이용하려고 시도한다.

샘플 출력

```
25/tcp   open   smtp
| smtp-commands: EHLO uninvited.example.net Hello root at localhost ↵
[127.0.0.1 .], SIZE 52428800, PIPELINING, HELP
|_ HELP Commands supported: AUTH HELO EHLO MAIL RCPT DATA NOOP QUIT RSET HELP
```

smtp-open-relay.nse

카테고리   demo

SMTP 서버가 공개 relay인지를 검사한다.

smtp-strangeport.nse

카테고리   malware

SMTP가 비표준 포트에서 실행되는지 검사한다.

SMTP가 비표준 포트에서 실행되면 크래커나 스크립트 키디들이 스팸을 전송하거나 장비를 제어하기 위해 시스템에 백도어를 설정했다는 사실을 가리킬 수도 있다.

샘플 출력

```
22/tcp   open   smtp
|_ smtp-strangeport: Mail server on unusual port: possible malware
```

sniffer-detect.nse

카테고리 discovery

로컬 이더넷의 대상이 자신의 네트워크 카드를 무차별promiscuous 모드로 했는지 검사한다.

이용된 기법들은 http://www.securityfriday.com/promiscuous_detection_01.pdf 에 명시돼 있다.

샘플 출력

```
Host script results:
|_ sniffer-detect: Likely in promiscuous mode (tests: "11111111")
```

snmp-brute.nse

카테고리 intrusive, auth

무차별 대입 공격에 의해 SNMP 커뮤니티 문자열을 발견하려고 시도한다.

snmp-sysdescr.nse

카테고리 default, discovery, safe

SNMP 버전 1 서비스에서 시스템 정보를 추출하려고 시도한다.

샘플 출력

```
|  snmp-sysdescr: HP ETHERNET MULTI-ENVIRONMENT,ROM A.25.80,JETDIRECT,↵
JD117,EEPROM V.28.22,CIDATE 08/09/2006
|_ System uptime: 28 days, 17:18:59 (248153900 timeticks)
```

sql-injection.nse

카테고리 intrusive, vuln

SQL 인젝션injection 공격에 취약한 질의를 포함하는 URL들을 찾기 위해 HTTP 서버를 조사한다.

이 스크립트는 질의를 포함하는 URL들을 찾기 위해 HTTP 서버를 조사한다.

그런 후 오류를 얻기 위해 발전한 SQL 명령들을 민감한 URL들과 결합한다. URL이 공격에 취약한지를 보기 위해 오류들이 분석된다. 이것은 가장 기본적인 형태의 SQL 인젝션을 이용하지만 좀 더 복잡한 인젝션은 독립형 도구에 더 적합할 것이다. 메타 스타일과 HTTP 리다이렉트redirect가 모두 지원된다.

우리는 대상 웹서버의 진정한 호스트명에 대한 접근 권한을 갖고 있지 않을 수도 있는데, 이것은 가상으로 호스트된 사이트들에 대한 접근을 방지할 수 있다. 이 스크립트는 호스트명 구성 요소가 대상 서버의 역방향 DNS명과 동일할 때 절대 링크들만을 따라간다.

ssh-hostkey.nse

카테고리 safe, default, intrusive

SSH 호스트 키들을 보여준다.

대상 SSH 서버의 키 핑거프린트와 (높은 verbosity 레벨에서) 공개 키 자체를 보여준다. 이것은 다른 스크립트들에서 이용할 수 있게 발견된 호스트 키들을 nmap.registry에 기록한다. 출력은 ssh_hostkey 스크립트 인자를 갖고 제어할 수 있다.

스크립트 인자

- **ssh_hostkey** 키들의 출력 포맷을 제어한다. 공백 문자로 분리된 여러 개의 값이 주어질 수 있다. 가능한 값들은 다음과 같다.
  - **full** 단순히 핑거프린트만이 아니라 전체 키
  - **bubble** Bubble Babble(인코딩) 출력
  - **visual** 비주얼 아스키 아트 표현
  - **all** 위의 모두

사용법

```
nmap host --script SSH-hostkey --script-args ssh_hostkey=full
nmap host --script SSH-hostkey --script-args ssh_hostkey=all
nmap host --script SSH-hostkey --script-args ssh_hostkey='visual bubble'
```

샘플 출력

```
22/tcp  open  ssh
| ssh-hostkey: 2048 f0:58:ce:f4:aa:a4:59:1c:8e:dd:4d:07:44:c8:25:11 (RSA)
22/tcp  open  ssh
| ssh-hostkey: 2048 f0:58:ce:f4:aa:a4:59:1c:8e:dd:4d:07:44:c8:25:11 (RSA)
|   +--[ RSA 2048]----+
|   |      .E*+       |
|   |      oo         |
|   |     . o .       |
|   |    O . .        |
|   |   o S o .       |
|   |   = o + .       |
|   |    . * o .      |
|   |     = .         |
|   |      o .        |
|_  +-----------------+
22/tcp  open  ssh
| ssh-hostkey: 2048 xuvah-degyp-nabus-zegah-hebur-nopig-bubig-difeg-hisym-rumef-cuxex (RSA)
|_ ssh-rsa AAAAB3NzaC1yc2EAAAABIwAAAQEAwVuv2gcr0maaKQ69VVIEv2ob4OxnuI64fkeOnCXD
1lUx5tTA+vefXUWEMxgMuA7iX4irJHy2zer0NQ3Z3yJvr5scPgTYIaEOp5Uo/eGFG9Agpk5wE8CoF0e
47iCAPHqzlmP2V7aNURLMODb3jVZuI07A2ZRrMGrD8d888E2ORVORv1rYeTYCqcMMoVFmX9l3gWEdk4
yx3w5sD8v501Iuyd1v19mPfyhrI5E1E1nl/Xjp5N0/xP2GUBrdkDMxKaxqTPMie/f0dXBUPQQN697a5
q+5lBRPhKYOtn6yQKCd9s1Q22nxn72Jmi1RzbMyYJ52FosDT755Qmb46GLrDMaZMQ==
```

➔ sshv1.nse

카테고리 default, safe

SSH 서버가 보안이 취약한 이전 버전의 SSH 프로토콜 버전 1을 지원하는지 검사한다.

➔ sslv2.nse

카테고리 default, safe

서버가 보안이 취약한 이전 버전의 SSL-v2를 지원하는지 결정하고 이것이 어떤 cipher를 지원하는지 밝힌다.

샘플 출력

```
443/tcp  open   https syn-ack
|  sslv2: server still supports SSLv2
|       SSL2_RC4_128_WITH_MD5
|       SSL2_DES_192_EDE3_CBC_WITH_MD5
|       SSL2_RC2_CBC_128_CBC_WITH_MD5
|       SSL2_DES_64_CBC_WITH_MD5
|       SSL2_RC4_128_EXPORT40_WITH_MD5
|_      SSL2_RC2_CBC_128_CBC_WITH_MD5
```

⊖ telnet-brute.nse

카테고리 auth, intrusive

사용자명과 패스워드를 추측하는 것에 의해 텔넷 로그인 자격 증명credential을 얻으려 시도한다.

⊖ upnp-info.nse

카테고리 default, safe

UPnP 서비스로부터 시스템 정보를 추출하려고 시도한다.

샘플 출력

```
|  upnp-info: System/1.0 UPnP/1.0 IGD/1.0
|_ Location: http://192.168.1.1:80/UPnP/IGD.xml
```

⊖ whois.nse

카테고리 discovery, external, safe

대륙별 인터넷 레지스트리RIR의 WHOIS 서비스에 요청해서 대상 IP 주소를 포함하는 IP 주소 할당에 관한 정보를 얻으려 시도한다.

나타나는 필드들은 주소 공간을 관리할 책임이 있는 조직과 할당에 관한 정보를 포함한다. 엔맵 커맨드라인에서 출력 verbosity(-v)가 요청됐을 때 할당에 관한 추가 정보가 화면에 나타난다.

주어진 대상 IP 주소를 위한 질의를 어떤 RIR에 하는지 결정하기 위해 이 스크립트는 IANA에 의해 호스트된 할당 데이터Assignments Data를 활용한다. 이 데이터는 로컬로 캐시된 후 lookup 테이블로 이용하기 위해 이용된다. 로컬로 캐시된 파일들은 데이터를 현 버전으로 확실하게 만들기 위해 도움이 되게 주기적으로 갱신된다. 어떤 이유로든 이 파일들을 스크립트에서 이용할 수 없다면 필요한 레코드가 발견되거나 다른 (정의된) Whois 서비스로의 referral이 발견되거나 referral이나 필요한 레코드를 발견하지 못한 상태로 시퀀스가 다 소진될 때까지 Whois 서비스의 기본 시퀀스가 차례로 질의된다.

이 스크립트는 다른 Whois 서비스가 스크립트에 정의되면 해당 서비스에 대한 referral을 인식할 것이며, refer된 서비스에 대해 질의를 전송해 계속한다. 이것이 referral을 포함하지 않으면 레코드는 요청된 레코드일 것이라고 가정된다.

Whois 서비스에 전송되는 불필요한 요청의 수를 줄이기 위해 레코드 캐시가 이용되며, 이 캐시의 엔트리는 해당 레코드에 표시된 주소들의 범위 내에 있는 모든 대상에 적용될 수 있다.

특정 상황에서 응답을 캐시하는 능력은 Whois 질의를 전송하는 것보다 캐시된 응답이 더 우선적으로 받아들여지기 때문에 대상에 적용할 수 있는 기타 더 작은 IP 주소 할당을 발견하는 것을 방해한다. IP 주소 할당에 관한 가장 정확한 정보가 반환되도록 확실히 하는 것이 중요할 때는 스크립트 인자 **whodb**는 'nocache'의 값을 갖고 이용돼야 한다(스크립트 인자 참조). 이렇게 하면 캐시된 레코드를 이용할 수도 있는 주소들의 범위를 더 작은 할당들이 발견될 수 있게 확실히 하는 데 도움이 되는 크기로 줄인다. 이 옵션은 수많은 whois 질의를 전송할 잠재성이 있고, 서비스를 이용에서 축출될 수도 있으므로 주의 깊게 이용해야 한다.

이 스크립트를 이용할 때 자신의 IP 주소가 iana.org에 전송된다. 추가적으로 자신의 주소와 스캔을 하는 대상의 주소가 RIR 중 하나에 전송된다.

스크립트 인자

- **whodb** 다음 값 중 어떤 것이든 이용할 수 있으며 조합할 수도 있다.
    - **whodb=nofile** IANA 할당 데이터의 이용을 방지하고 대신 기본 서비스들을 질의한다.

- **whodb=nofollow** referral을 무시하며 대신 얻어진 첫 번째 레코드를 화면에 보여준다.
- **whodb=nocache** 큰 영역의 주소들에 적용될 때 캐시에서 레코드들을 얻는 것을 방지한다.
- **whodb=[service-ids]** 질의에 대한 기본 서비스들을 재정의한다. nofile을 함축한다.

사용법

```
# 기본 용법:
nmap target --script whois

# IANA 할당 데이터를 이용하는 것을 방지하려면
# whodb 인자에 nofile 값을 제공한다.
nmap target --script whois --script-args whodb=nofile
nmap target --script whois --script-args whois=whodb=nofile

# whois 서비스의 시퀀스를 제공하는 것도 역시
# IANA 할당 데이터의 이용을 방지하고 기본 시퀀스를 덮어쓴다.
nmap target --script whois --script-args whodb=arin+ripe+afrinic
nmap target --script whois --script-args whois=whodb=apnic*lacnic
# 서비스들이 제공되는 순서는 그들이 질의될 순서이기도 하다.
# (주의: 인자 값들을 구분하기 위해 콤마 세미콜론을 이용해서는 안 된다)

# 다른 서비스로의 referral을 포함하고 있더라도 얻어진 첫 번째 레코드를
# 반환하려면 whodb에 nofollow 값을 제공한다.
nmap target --script whois --script-args whodb=nofollow
nmap target --script whois --script-args whois=whodb=nofollow+ripe
# nofollow와 관련해 오직 한 개의 서비스(제공된 첫 번째 것)만이
# 이용될 것이라는 점에 주의하기 바란다.

# 캐시에 더 큰 할당이 존재하더라도 더 작은 할당들의 발견을
# 확실히 하려면 whodb에 nocache 값을 제공한다.
nmap target --script whois --script-args whodb=nocache
nmap target --script whois --script-args whois=whodb=nocache
```

샘플 출력

```
Host script results:
|   whois: Record found at whois.arin.net
|   netrange: 64.13.134.0 - 64.13.134.63
|   netname: NET-64-13-143-0-26
|   orgname: Titan Networks
|   orgid: INSEC
|_  country: US stateprov: CA
```

⊙ xampp-default-auth.nse

카테고리 auth, vuln

XAMP나 XAMPP FTP 서버가 기본 사용자명과 패스워드를 이용하는지 검사한다.

XAMP는 쉬운 설치와 관리를 위해 설계한 아파치 배포본이다.

샘플 출력

```
21/tcp   open   ftp
|_  xampp-default-auth: Login success with u/p: nobody/xampp
```

9.6 NSE 라이브러리

엔맵은 Lua 자체의 막강한 성능과 함께 좀 더 손쉽게 강력한 스크립트 작성이 가능한 많은 확장 라이브러리를 제공한다. 모듈이라고도 불리는 이 라이브러리는 필요한 경우 컴파일해 엔맵과 함께 설치된다. 지정한 `datadir`에 생성되는 `nselib`라는 별도의 디렉터리에 저장되는데, 스크립트에서 이를 불러오려면 기본 라이브러리를 `require`[6]하면 된다.

---

6. http://www.lua.org/manual/5.1/manual.html#pdf-require

[9.6.1] 모든 라이브러리 목록

다음 목록은 어떤 라이브러리가 있는지 보기 위한 목록이다. 전체 문서는 http://nmap.org/nsedoc/에서 찾아보기 바란다.

- `base64` Base64 인코딩과 디코딩. RFC 4648에 따른다.
- `bin` 바이너리 데이터를 패킹과 언패킹
- `bit` 정수에 대한 비트 연산
- `comm` 배너 가져오기와 데이터 교환 같은 네트워크 탐색을 위한 공통 통신 함수
- `datafiles` `nmap-protocols`, `nmap-rpc`, `nmap-services` 같은 엔맵의 데이터 파일을 읽고 파싱
- `dns` DNS 패킷 생성, 인코딩, 디코딩과 쿼리를 지원하는 간단한 DNS 라이브러리
- `http` 클라이언트 측 HTTP 라이브러리
- `ipOps` IP 주소를 조작하고 비교하는 유틸리티 함수
- `listop` 리스프Lisp나 하스켈Haskell에서의 리스팅 같은 목록 처리 함수
- `match` 버퍼된 네트워크 I/O 헬퍼 함수
- `msrpc` 여러 MSRPC 호출 함수
- `netbios` NetBIOS 트래픽을 생성하고 파싱. NetBIOS 이름 요청을 보내기 위해 주로 쓰임
- `nmap` 엔맵과 인터페이스
- `openssl` OpenSSL 바인딩
- `packet` 로우 패킷 조작
- `pcre` 펄 호환 정규표현식
- `pop3` POP3 처리 함수
- `shortport` 간단한 포트 처리를 위한 함수
- `smb` 서버 메시지 블록CIFS 트래픽 처리

- **snmp** SNMP 함수
- **ssh1** SSH-1 프로토콜 함수
- **ssh2** SSH-2 프로토콜 함수
- **stdnse** 표준 엔맵 스크립팅 엔진 함수
- **strbuf** 스트링 버퍼 처리
- **tab** 테이블화된 출력
- **unpwdb** 사용자명/패스워드 데이터베이스 라이브러리
- **url** URI 파싱, 생성과 상대 URL 해석

[9.6.2] Nselib에 C 모듈 추가하기

nselib에 포함된 모듈 중에는 Lua가 아닌 C나 C++로 작성한 모듈이 있다. `bit`나 `pcre`가 그 예다. 가능하면 Lua로 작성하기를 권장하지만 `pcre`나 `openssl` 모듈 같이 성능이 매우 중요하거나 기존의 C 라이브러리를 링크하려는 경우라면 C나 C++가 좀 더 낫다. 다음은 nselib에 여러분 자신의 컴파일된 익스텐션을 작성하는 방식을 다룬다.

Lua C API는 『Programming in Lua, Second Edition(Lua로 프로그래밍하기)』에서 자세히 다루고 있으므로 아래는 간단한 요약이라고 보면 된다. C 모듈은 `lua_CFuntion`[7]의 프로토콜을 따르는 함수로 구성돼 있다. Lua는 함수를 등록하고 `luaL_register` 함수를 호출해 함수를 라이브러리로 어셈블한다. 특별한 초기화 함수를 통해 모듈은 나머지 NSE 코드와 인터페이스를 생성한다. 초기화 함수는 `luaopen_<모듈>`의 형태로 이름 붙인다.

NSE와 함께 제공되는 컴파일된 모듈 중에 가장 작은 것은 `bit`이고, 가장 이해하기 쉬운 것은 `openssl`이다. 이들 모듈은 모듈을 작성하려는 사람에게는 훌륭한 예제를 제공한다. `bit`의 소스코드는 `nse_bit.cc`와 `nse_bit.h`이고, `openssl`은 `nse_openssl.cc`와 `nse_openssl.h`다. 다른 모듈도 `nse_<모듈명>.cc`로 이름 붙여진다.

---

7. http://www.lua.org/manual/5.1/manual.html#lua_CFunction

openssl 모듈을 들여다보면 nse_openssl.cc에서 l_md5라는 함수가 있는데, 이 함수는 MD5 값을 계산한다. 함수 원형은 다음과 같다.

```
static int l_md5(lua_State *L);
```

함수 원형을 보면 l_md5는 lua_CFuntion 유형과 일치하는 것을 알 수 있다. 다른 컴파일된 코드와 연동할 필요가 없으므로 정적 함수다. Lua에 등록하려면 하나의 주소만 필요하다. l_md5는 luaL_reg 유형의 배열에 담겨 md5라는 이름으로 연계된다.

```
static const struct luaL_reg opensslib[] = {
  { "md5", l_md5 },
  { NULL, NULL }
};
```

이제 이 함수는 NSE에 md5라는 이름으로 알린다. 다음으로 luaopen_openssl 초기화 함수 내의 luaL_register를 호출해 라이브러리를 다음에 보이는 것처럼 등록한다. OpenSSL BIGNUM 유형의 등록과 관련한 일부 줄은 생략했다.

```
LUALIB_API int luaopen_openssl(lua_State *L) {
  luaL_register(L, OPENSSLLIBNAME, opensslib);
  return 1;
}
```

luaopen_openssl 함수는 nse_oepnssl.h에서 언급하는 유일한 함수다. OPENSSLLIBNAME은 'openssl'이라는 문자열이다.

컴파일된 모듈을 작성하고 나면 nse_init.cc 안의 표준라이브러리 목록에 추가해 NSE에 추가한다. 모듈의 소스 파일명은 Makefile.in의 적당한 곳에 추가한다. 이 작업은 일반적인 C 모듈 추가 방법과 같다. 윈도우에서라면 마이크로소프트 비주얼 스튜디오를 사용해 mswin32/nmap.vcproj 프로젝트 파일에 새 소스 파일을 추가해야 한다('2.4.4 소스코드 컴파일' 참조).

9.7 엔맵 API

NSE 스크립트는 유연하고 우아한 스크립트 작성이 가능하게 여러 엔맵 설비를 사용한다. API를 사용하면 포트의 상태나 버전 탐지 결과 같은 대상 호스트 세부 정보를 얻을 수 있다. API는 효율적인 네트워크 I/O를 위한 Nsock 라이브러리에 대한 인터페이스도 제공한다.

[9.7.1] 스크립트로 전달되는 정보

엔맵 스크립트를 효율적으로 사용하려면 Lua 인터프리터 이상이 필요하다. 엔맵이 대상에 대해 수집한 정보에 좀 더 손쉽게 접근 가능해야 하는데, NSE 스크립트의 action 메소드 인자로 이 정보가 전달된다. 인자 host와 ports는 스크립트로 스캔한 대상 호스트에 대한 정보를 담고 있는 Lua 테이블이다. 스크립트가 호스트 규칙에 맞으면 host 테이블만 가져오고, 포트 규칙에 맞으면 host와 port 모두를 가져온다. 다음 목록은 이 두 테이블 내의 변수 설명이다.

- host 규칙과 액션 함수에 인자로 전달된다. IP 주소, 호스트명, 대상 호스트의 운영체제에 대한 정보를 담는다.

- host.os 호스트 테이블의 os 항목은 문자열의 배열이다. 8개의 문자열은 대상 호스트의 운영체제 이름인데 대상 시스템이 하나 이상의 운영체제 데이터베이스 정보와 완벽하게 일치할 때만 기록된다. 엔맵을 -O 옵션 없이 실행한 경우라면 host.os는 nil이다.

- host.ip 대상 시스템의 IP 주소를 문자열 값으로 담는다. 호스트명을 써서 스캔했는데 DNS 쿼리에서 하나 이상의 IP 주소를 받은 경우 스캐닝에 사용된 IP 주소를 저장한다.

- host.name 스캔한 대상 호스트의 역방향 DNS 쿼리 결과 문자열을 저장한다. DNS 쿼리 결과 값이 없으면 그냥 빈칸으로 남겨진다.

- host.targetname 커맨드라인에 사용한 호스트명을 저장한다. 커맨드라인에서 대상 호스트를 넷마스크나 IP 주소를 사용해 지정한 경우라면 이 값은 nil이다.

- host.directly_connected 논리 값으로 스캐닝 대상 호스트가 같은 네트워크 세그먼트에 있는지를 나타낸다.

- host.mac_addr 대상 호스트의 MAC 주소로 같은 세그먼트에 있지 않다면 nil이다.

- host.mac_addr_src 스캔에 사용된 내 MAC 주소로 네트워크 카드에서 가

져오거나 --spoof-mac 옵션으로 지정한 값이다.

- **host.interface** 스캐닝에 사용된 네트워크 인터페이스 이름이다.
- **host.bin_ip** 대상 호스트의 32비트 바이너리 값으로 된 IPv4 주소 값이다.
- **host.bin_ip_src** 소스 호스트의 32비트 바이너리 값으로 된 IPv4 주소 값이다.
- **port** 포트 테이블은 NSE 서비스 스크립트에 호스트 테이블과 같은 방식으로 전달되는데, 스캔 대상이 된 포트에 대한 정보를 담고 있다. 이 테이블은 호스트 스크립트에 전달되지는 않으나 nmap.get_port_state() 콜을 사용해서 엔맵으로부터 받아올 수 있다.
- **port.number** 대상 포트의 포트 번호
- **port.protocol** 대상 포트의 프로토콜로 'tcp'와 'udp' 값이 유효하다.
- **port.service** 엔맵의 서비스 탐지에 의해 가져온 port.number에 해당하는 서비스명을 담는다. port.version 필드가 nil이면 엔맵은 그냥 포트 번호를 바탕으로 추측한다. 버전 탐지에 성공한 경우라면 port.version.name의 값과 일치한다.
- **port.version** 엔맵의 버전 스캐닝 엔진으로 수집한 정보를 담는 테이블이다. 서비스명, 서비스 타입 신뢰도, RPC 관련 값 같은 일부 정보는 버전 스캔을 하지 않아도 엔맵이 제공한다. 탐지에 성공하지 못한 값은 기본적으로 nil로 저장된다. 각 값의 의미는 표 9.1에서 보여준다.

이름	설명
name	엔맵이 대상 포트에 대해 결정한 서비스명
name_confidence	위 name 값 신뢰도를 1에서 10까지의 값으로 평가
product, version, extrainfo, hostname, ostype, devicetype	⟨versioninfo⟩에서 설명한 5개 변수
service_tunnel	엔맵이 SSL 터널링을 통해 이 서비스를 탐지했는지를 'none'이나 'ssl' 값으로 나타냄

표 9.1 port.version 값(이어짐)

이름	설명
service_fp	서비스 핑거프린팅 값으로 '7.7 커뮤니티 배포'에서 설명함
rpc_status	해당 포트에서 대기하는 RPC 서비스의 프로그램 번호를 결정할 수 있는 경우 good_prog 값을 저장, RPC인 것 같으나 프로그램 번호를 결정할 수 없는 경우 unknown 값을 저장, RPC가 아닌 경우 not_rpc, RPC 상태를 검사하지 않은 경우라면 untested로 저장
rpc_program, rpc_lowver, rpc_highver	탐지된 RPC 프로그램 번호와 이 프로그램에 의해 지원되는 버전 번호의 범위. rpc_status가 good_prog가 아니라면 nil이 됨

표 9.1 port.version 값

- port.state 포트의 상태에 대한 정보를 저장한다. 서비스 스크립트는 open, open|filtered 상태의 포트에 대해서만 수행되므로 port.state는 이 값 중 하나를 가진다. get_port_state 함수의 결과로 포트 테이블이 생성된 경우라면 다른 값을 가질 수도 있다. Nmap.set_port_state() 콜을 써서 포트 상태를 조정할 수 있다. open|filtered 포트가 open으로 결정된 경우 실시된다.

[9.7.2] 네트워크 I/O API

효율적이고 병렬 처리 가능한 네트워크 I/O를 제공하기 위해 NSE는 엔맵 소켓 라이브러리인 Nsock 인터페이스를 제공한다. Nsock이 사용하는 스마트 콜백 메커니즘은 NSE 스크립트에 아무런 방해를 하지 않는다. NSE 소켓의 장점은 I/O 작업을 전혀 방해하지 않고 얼마든지 많은 스크립트를 병렬로 수행할 수 있다는 점이다. NSE 스크립트를 작성하는 사람은 I/O 병렬화에 신경 쓸 필요가 전혀 없다. NSE에서는 단일 비블록킹 소켓을 쓰는 경우나 블록킹되는 경우 모두를 가정해 프로그램을 작성할 수 있다. 막는 I/O 콜도 지정한 타임아웃 시간이 지나면 반환한다. 연결 지향과 로우 패킷이라는 두 유형의 네트워크 I/O가 지원된다.

연결 지향 네트워크 I/O

소켓을 만들고 원격 주소에 소켓을 연결한 뒤 데이터를 보내고 받은 뒤에 소켓을 닫는다는 전형적인 네트워크 작업에 적합한 유형이다. Transport 계층까지의 모든 것을 라이브러리에서 담당한다.

NSE 소켓은 nmap.new_socket을 호출해 만드는데, 결과로 소켓 객체가 빈환된다. 소켓 객채는 connect, send, receive, close 메소드를 지원한다. 추가로 receive_bytes, receive_lines, receive_buf 함수는 데이터 수신을 좀 더 제어하기 쉽게 해준다. 예제 9.2에서는 연결 지향 네트워크 API를 사용하는 경우를 보인다. try 함수는 '9.7.4 예외 처리'에서 설명할 오류 처리를 위해 쓰인다.

예제 9.2 연결 지향 I/O

```
require("nmap")

local socket = nmap.new_socket()
socket:set_timeout(1000)
try = nmap.new_try(function() socket:close() end)
try(socket:connect(host.ip, port.number))
try(socket:send("login"))
response = try(socket:receive())
socket:close()
```

로우 패킷 네트워크 I/O

연결 지향 I/O가 너무 높은 계층만을 허용하는 경우라면 로우 패킷 네트워크 I/O를 쓸 수 있게 제공한다.

로우raw 패킷은 Nsock 라이브러리 안에 있는 Libcap 래퍼를 통해 처리한다. 캡처용 디바이스를 오픈한 후 디바이스를 리스너에 등록하고, 패킷을 받는 대로 처리하는 순서로 이뤄진다.

pcap_open 메소드는 평범한 소켓 객체로부터 읽어 들일 수 있는 로우 소켓을 위한 핸들을 생성한다. 이 메소드는 콜백 함수를 사용하는데, 컴퓨터가 패킷 헤더를 포함한 패킷에서 패킷 해시를 계산한다. 이 해시는 바이너리 문자열을 반환하는데, 나중에 pcap_register 함수로 등록된 문자열과 비교한다. 패킷 해시 콜백은 소스 주소 같은 패킷의 일부를 추출한다.

pcap 리더는 pcap_register 함수를 써서 특정 패킷을 기다린다. 바이너리 문자열을 받아 모든 수신한 패킷의 해시 값과 비교한다. 일치하는 값을 가진 패킷이 도착하면 pcap_receive 메소드로 패킷을 반환한다. 모든 패킷을 수신하려면 빈 문자열을 등록한다.

`pcap_receive` 메소드를 호출해 등록된 모든 패킷을 수신한다. 이 메소드는 지정된 패킷을 수신하거나 타임아웃이 발생할 때까지 패킷을 기다린다.

패킷 해시 계산 함수가 일반적일수록 좀 더 많은 스크립트로 패킷을 수신하고 그 다음 단계로 진행할 가능성이 크다. 스크립트에서 패킷을 캡처하려면 `nmap.new_socket`으로 소켓을 생성하고, 나중에 `socket_object:close`를 써서 소켓을 닫는다.

패킷을 받는 것도 중요하지만 패킷을 보내는 것도 중요하다. NSE는 `libdnet` 라이브러리 래퍼를 사용한다. 수신 때와 달리 발신 때는 표준 소켓 객체를 사용하지 않는다. 대신 `nmap.new_dnet` 함수를 호출해 이더넷 발신 메소드를 보유한 `dnet` 객체를 생성한다. 그 다음 `ethernet_open` 메소드로 인터페이스를 연다. 그 다음으로 이더넷 프레임은 `ethernet_send`를 써서 보낸다. 모든 작업이 끝나면 `ethernet_close`를 써서 이더넷 핸들을 닫는다.

복잡한 API를 이해하는 쉬운 방법은 예제를 보는 것이다. 엔맵의 `sniffer-detect.nse` 스크립트에는 로우 패킷으로 네트워크에서 스니퍼가 동작하는 무차별 모드의 호스트를 탐지한다.

[9.7.3] 스레드 뮤텍스

각 스크립트 실행 스레드(예를 들어 대상 호스트상에 있는 FTP 서버에 대해 ftp-anon이 동작하는 것)는 실행 스레드가 네트워크 객체(데이터 전송 및 수신)에 대한 호출을 할 때마다 다른 스크립트에게 양보한다. 일부 스크립트는 이런 스레드 실행 우선권을 좀 더 정밀하게 조정해야 할 경우가 생긴다. 각 대상 IP 주소에 대해 whois 서버 쿼리를 하는 `whois` 스크립트가 그 예다. 너무 많은 쿼리가 한 번에 쏠리면 공격으로 인지돼 IP가 차단되는 일이 생길 수도 있고, 하나의 쿼리 결과를 보면 다른 쿼리에 도움이 될 내용이 포함된 경우가 있어서 이 경우에는 하나의 스레드가 쿼리를 끝날 때까지 다른 스레드를 잠시 중단시키는 것이 유용한 경우가 발생한다.

이 문제를 해결하고자 NSE에는 `mutex` 함수로 스크립트에 뮤텍스[8]를 제공한다. 뮤텍스는 한 객체에 단 하나의 스레드만이 작업하게 허용한다. 해당 객체를 사용하기 위해 경쟁하는 스레드는 일단 대기열에 넣어뒀다가 뮤텍스 점유 권한이 확보된 경우에만 대기에서 풀린다. 앞서 본 whois 문제는 각 스레드가 뮤텍스

---

8. http://luadoc.luaforge.net/

를 같은 문자열을 써서 점유하게 해 한 번에 단 하나의 스레드만 whois 서버 쿼리를 하게 하면 된다. 이 스레드는 뮤텍스 점유를 풀기 전에 NSE 레지스트리에 결과를 저장한다. 대기열에서 대기 중인 그 다음 스크립트가 실행되는데, 우선 앞서 가져온 결과를 레지스트리에서 확인해 그 결과가 충분하지 않은 경우에만 whois 서버 쿼리를 한다.

다음 문장을 써서 뮤텍스 객체를 먼저 생성한다.

```
mutexfn = nmap.mutex(object)
```

mutexfn은 object를 위한 뮤텍스로 작동한다. 이 객체는 nil, booleans나 numbers를 제외한 어떤 Lua 데이터 타입도 가능하다. 반환된 함수는 락을 걸거나, 락을 시도하거나, 뮤텍스를 푸는 기능을 제공한다. 그 인자는 다음 중 하나이어야만 한다.

- **lock** 뮤텍스에 락을 건다. 뮤텍스가 벌써 락이 된 경우 스레드는 양보하고 기다린다. 뮤텍스를 락한 경우에 반환한다.
- **trylock** 뮤텍스에 배타적이지 않은 락을 건다. 뮤텍스가 사용 중인 경우 false라는 값을 즉시 반환한다. 뮤텍스에 락을 걸 수 있었다면 true라는 값을 반환한다.
- **done** 뮤텍스를 풀어 다른 스레드가 락을 걸 수 있게 한다. 뮤텍스에 락을 할 수 없다면 오류를 띄운다.
- **running** 뮤텍스에 락을 건 스레드를 반환하거나, 락이 안 걸린 경우 nil을 반환한다. 이는 디버깅 용도로만 써야 하는 데 이 값은 종료된 스레드에서의 가비지 컬렉션과 연관되기 때문이다.

예제 9.3에 API를 사용하는 간단한 예제가 있다. 실제 예제를 위해서는 엔맵 배포판에 있는 asn-query.nse나 whois.nse 스크립트를 읽어보기 바란다.

예제 9.3 뮤텍스 조작

```
local mutex = nmap.mutex("My Script's Unique ID");
function action(host, port)
  mutex "lock";
  -- Do critical section work - only one thread at a time executes this.
  mutex "done";
```

```
        return script_output;
    end
```

[9.7.4] 예외 처리

NSE에는 기본 Lua 언어에는 없는 예외 처리 메커니즘이 포함돼 있다. 특별히 네트워크 I/O 처리에 맞게 제공됐는데, 객체지향적이라기보다는 기능지향적으로 만들어졌다. nmap.net_try API 메소드를 써서 예외 처리자를 생성한다. 이 메소드는 다른 함수의 반환 값을 인자로 받아들이는 함수를 쓴다. 어떤 함수의 반환 값에 예외가 탐지되면 해당 스크립트는 종료되고 아무런 결과 값이 생성되지 않는다. 추가적으로 예외가 발생하면 호출되는 net_try 함수를 써서 처리할 수도 있다. 이 경우 함수는 필요한 정리 작업을 수행한다.

예제 9.4는 정리Cleanup 예외 처리가 실행되는 것을 보인다. 오류가 발생하면 새로 생성한 소켓을 단지 종료시키게 catch 함수가 정의됐다. 그 다음에는 해당 소켓의 커넥션과 통신 시도를 보호한다. 이 예외 처리자가 없다면 스크립트의 실행은 즉시 종료되고 열린 소켓은 Lua의 가비지 청소가 실행될 때까지 계속 열려있게 된다. 상세도가 최소 한 레벨이라 주어지고 디버깅 모드가 적용된 경우에 수집되지 않은 오류 상태가 표준 출력에 출력된다. 하나의 시도 블록에 여러 문장을 그룹핑하는 것이 쉽게 가능하지 않은 점에 유의한다.

예제 9.4 예외 처리 예제

```
local result, socket, try, catch

result = ""
socket = nmap.new_socket()
catch = function()
socket:close()
end
try = nmap.new_try(catch)

try(socket:connect(host.ip, port.number))
result = try(socket:receive_lines(1))
try(socket:send(result))
```

try/catch 메커니즘으로 함수를 작성하는 것은 복잡하지 않다. 함수는 여러 값을 반환할 수 있어야 한다. 첫 번째 값은 불린이어야 하는데 함수가 성공적으로 수행된 경우 true를, 다른 경우에는 false를 반환한다. 함수가 성공적으로 수행된 경우 try 지시자 값과 함께 나머지 값을 반환한다. 함수가 실패하면 그 다음 반환되는 값은 오류 상태를 설명하는 문자열이어야 한다. 그 값이 nil이나 false가 아니면 true로 다뤄서 오류 상태를 설명하는 값을 넘겨주게 하고, 이 과정이 불가능하면 nil, <error description>을 반환한다.

[9.7.5] 레지스트리

레지스트리는 모든 스크립트에서 접근 가능한 특별한 속성을 정의한 Lua 테이블인데, 스크립트 실행 시에 그 상태를 유지한다. 레지스트리는 일시적인 것으로 엔맵이 재 수행되면 유지되지 않는다. 모든 스크립트는 레지스트리를 읽고 쓸 수 있다. 스크립트는 일반적으로 동일 스크립트의 다른 인스턴스를 위한 정보를 저장하기 위해 레지스트리를 사용한다. 예를 들어 whois와 asn_query 스크립트는 한 개의 IP 주소를 조회할 수 있지만 그 결과 그 네트워크에 있는 수만 개의 IP 주소에도 동일한 정보를 수신한다. 이 정보를 레지스트리에 저장해두고 사용하면 같은 정보를 반복해 쿼리할 필요가 없다.

레지스트리는 정보를 완전히 다른 스크립트에 전달하기 위해 사용되기도 한다. 예를 들어 snmp-brute 스크립트는 다른 SNMP 스크립트에서 사용될 수 있게 발견된 커뮤니티 이름을 레지스트리에 저장한다. 두 번째 스크립트를 위해 정보를 남기는 스크립트는 두 번째 스크립트보다 낮은 실행수준을 가져야 하며, 그렇지 않으면 첫 번째 스크립트가 처음에 실행된다는 것을 보장받지 못한다.

모든 스크립트는 레지스트리를 수정할 수 있으므로 키 값을 잘 사용해 스크립트 간 충돌이 발생하지 않게 하는 것도 중요하다.

9.8 스크립트 작성 튜토리얼

NSE의 능력을 이해하고 있기를 바란다. 어떻게 하면 자신만의 고유한 스크립트를 작성할 수 있을까? TCP 포트에서 대기하는 프로세스의 소유자를 알기 위해 식별 서버에서 정보를 추출하기를 원한다고 해보자. 이것은 identd(대기하는 데몬이 아닌 외부로 나가는 데몬의 소유자를 조회하기 위한 것이다)의 실제 목적과 다르지만 많은 identd 서버가 지원한다. 엔맵은 (ident 스캔이라고 불리는) 이 기능을 사용했었지만 새로운 스캔 엔진 구조에서는 삭제됐다. identd가 사용하는 프로토콜은 매우 간단하지만 엔맵의 버전 탐지 언어와 함께 다루기에는 아직도 너무 복잡하다. 먼저 식별 서버에 접속한 뒤 `<port-on-server>,<port-on-client>` 형태의 쿼리를 전송하고 줄 바꿈 문자로 종료한다. 다음에 서버는 서버 포트, 클라이언트 포트, 응답 유형, 주소 정보를 포함하는 문자열로 응답할 수 있다. 오류가 있으면 주소 정보가 생략된다. 좀 더 자세한 것은 RFC 1413에 있으나 지금 설명으로 충분하다. 이 프로토콜은 엔맵의 버전 탐지 언어에서 두 가지 이유 때문에 표준이 되지 못한다. 첫 번째는 로컬과 원격 포트 연결을 알아야 한다. 버전 탐지는 이 데이터를 제공하지 않는다. 좀 더 엄격한 방해물인 두 번째는 사용자와 대상 시스템 사이에 두 개의 연결을 필요로 한다(하나는 식별 서버와의 연결이고, 다른 하나는 조회하기를 원하는 대기 포트에 대한 연결이다). 두 장애물은 NSE로 쉽게 극복할 수 있다.

스크립트의 세부 사항은 '9.3 스크립트 형식'에서 설명했다. 이 절은 설명한 구조가 어떻게 활용되는지를 보여준다.

[9.8.1] 헤더

스크립트의 헤더는 필수적인 메타정보로, `description`, `categories`, `runlevel`, `author`, `license`와 사용법, 인수와 출력 태그('9.9 스크립트 문서 작성(NSEDoc)' 참조) 같이 잘 초기화된 NSEDoc 정보 필드들을 포함한다.

`description` 필드는 스크립트의 역할을 설명하는 하나 이상의 내용을 포함할 수 있다. 사용자들에게 혼돈을 주거나 오해를 일으키는 스크립트 결과에 관련된 모든 것과 스크립트를 개선해 여러분이 그 문제점을 없애거나 결과 문서에서 제거할 수 없다면 description에 서술해야 한다. 여러 개의 문단이 있다면 처음은 꼭 필요한 짧은 요약에 사용한다. 처음 문단이 독립적인 요약을 잘 만족할 수 있도록 확실히 해야 한다. 다음 description은 아주 간단한 스크립트이기 때문에 짧다.

```
description = [[
Attempts to find the owner of an open TCP port by querying an auth
(identd - port 113) daemon which must also be open on the target system.
]]
```

다음엔 NSEDoc 정보가 온다. 이 스크립트는 너무 간단해 공통 @usage와 @args 태그가 없지만 NSEDoc @output 태그를 갖고 있다:

```
---
--@output
-- 21/tcp    open    ftp       ProFTPD 1.3.1
-- |_ auth-owners: nobody
-- 22/tcp    open    ssh       OpenSSH 4.3p2 Debian 9etch2 (protocol 2.0)
-- |_ auth-owners: root
-- 25/tcp    open    smtp      Postfix smtpd
-- |_ auth-owners: postfix
-- 80/tcp    open    http      Apache httpd 2.0.61 ((Unix) PHP/4.4.7 ...)
-- |_ auth-owners: dhapache
-- 113/tcp   open    auth?
-- |_ auth-owners: nobody
-- 587/tcp   open    submission Postfix smtpd
-- |_ auth-owners: postfix
-- 5666/tcp  open    unknown
-- |_ auth-owners: root
```

다음엔 author, license, categories 태그가 온다. 이 스크립트는 safe에 속하는데, 서비스가 그것이 목적하지 않는 어느 것을 위해도 사용되지 않기 때문이다. 이 스크립트가 기본적으로 실행되는 것이므로 default 카테고리에 속하기도 한다. 문맥 속의 변수가 여기에 있다:

```
author = "Diman Todorov <diman.todorov@gmail.com>"

license = "Same as Namp--See http://nmap.org/book/man-legal.html"

categories = {"default", "safe"}
```

[9.8.2] 규칙

규칙 섹션은 특별한 서비스나 호스트에 대한 스크립트의 액션 메소드를 건너뛸지, 실행할지 여부를 결정하기 위한 Lua 메소드다. 이 결정은 일반적으로 규칙 함수에 제공된 호스트와 포트 정보에 기반한다. 식별 스크립트의 경우에 이것은 약간 더 복잡하다. 주어진 포트에 대해 식별 스크립트를 실행할지를 결정하려면 대상 시스템에 auth 서버가 실행되고 있는지 알아야 할 필요가 있다. 즉, 스크립트는 현재 스캔되는 TCP 포트가 열려있고 TCP 포트 113도 열려있는 경우에만 실행할 수 있다. 불행하게도 NSE는 현재 스캔된 포트에 대한 정보만 제공한다.

113 포트가 열려있는지 확인하려면 `nmap.get_port_state` 함수를 사용한다. auth 포트가 스캔되지 않으면 `get_port_state` 함수는 `nil`을 반환한다. 따라서 테이블이 `nil`이 아닌지 검사한다. 또한 두 포트가 open 상태에 있는지 검사한다. 테이블이 `nil`이 아니고 두 포트가 open 상태이면 액션이 실행되고, 그렇지 않으면 액션을 건너뛴다.

```
portrule = function(host, port)
        local auth_port = { number=113, protocol="tcp" }
        local identd = nmap.get_port_state(host, auth_port)

        if
                identd ~= nil
                and identd.state == "open"
                and port.protocol == "tcp"
                and port.state == "open"
        then
                return true
        else
                return false
        end
end
```

[9.8.3] 메커니즘

드디어 현실적인 기능을 구현했다. 스크립트는 처음에 식별 서버를 발견하기 원하는 포트에 연결한 후 정보를 원하는 포트에 접속할 것이다. 이것은 처음에 `nmap.new_socket`을 호출해 두 개의 소켓을 생성하는 것에 관련된다. 다음에 소켓이 오류를 탐지한 것을 포착하는 오류 처리를 정의한다. 이 시점에 `open`, `close`, `send`, `receive` 같이 네트워크 소켓을 조작하는 객체 메소드들을 안전하게 사용할 수 있다. 이 경우엔 연결을 형성하기 위해 `connect`를 호출했다. NSE의 예외 처리 메커니즘은 예외적인 오류 처리 코드를 피하기 위해 사용된다. 네트워킹 호출 중 어떤 것이라도 잘못되는 경우 `catch` 함수를 호출하는 `try` 함수를 이용했다.

두 연결이 성공하면 조회 문자열을 구성하고 응답을 분석한다. 만족스러운 응답을 수신하면 수신한 정보를 되돌려 준다.

```
action = function(host, port)
    local owner = ""
    local client_ident = nmap.new_socket()
    local client_service = nmap.new_socket()
    local catch = function()
        client_ident:close()
        client_service:close()
    end
    local try = nmap.new_try(catch)
    try(client_ident:connect(host.ip, 113))
    try(client_service:connect(host.ip, port.number))
    local localip, localport, remoteip, remoteport =
        try(client_service:get_info())
    local request = port.number .. ", " .. localport .. "\n"
    try(client_ident:send(request))
    owner = try(client_ident:receive_lines(1))
    if string.match(owner, "ERROR") then
        owner = nil
    else
        owner = string.match(owner, "USERID : .+ : (.+)\n", 1)
    end
    try(client_ident:close())
    try(client_service:close())
    return owner
end
```

원격 포트가 `port.number`에 저장돼 있는 것을 알고 있으므로, `clisent_service:get_info()`의 마지막 두 개 반환 값을 다음과 같이 무시할 수 있음을 주목하라.

```
        local localip, localport = try(client_service:get_info())
```

이 예에서 서비스가 오류를 응답하면 조용히 종료한다. 이것은 반환될 owner 변수가 nil로 지정되는 것으로 완료된다. NSE 스크립트들은 일반적으로 그들이 성공했을 때만 메시지들을 반환하며, 의미 없는 경고가 범람되지 않게 한다.

9.9 스크립트 문서 작성(NSEDoc)

스크립트는 작성자보다 다른 사람들에 의해 사용되므로 좋은 문서가 필요하다. NSE 모듈은 개발자가 스크립트에서 사용할 수 있도록 문서를 필요로 한다. 이 절에서 설명하는 NSE의 문서 시스템은 이런 두 가지 필요 사항을 만족시키는 것을 목적으로 한다. 이 절을 읽는 동안 이 시스템에 의해 생성된 NSE의 온라인 문서를 열어보길 원할 수도 있다. 온라인 문서는 http://nmap.org/nsedoc/에 있다.

NSE는 NSEDoc라 불리는 커스터마이즈된 버전의 LuaDoc[9] 문서 시스템을 사용한다. 스크립트와 모듈을 위한 문서는 소스코드에 특별한 모양의 주석과 함께 들어 있다. 예제 9.5는 stdnse.print_debug() 함수의 NSEDoc 주석이다.

예제 9.5 함수를 위한 NSEDoc 주석

```
--- Prints a formatted debug message if the current verbosity level is greater
-- than or equal to a given level.
--
-- This is a convenience wrapper around
-- <code>nmap.print_debug_unformatted()</code>. The first optional numeric
-- argument, <code>verbosity</code>, is used as the verbosity level necessary
-- to print the message (it defaults to 1 if omitted). All remaining arguments
-- are processed with Lua's <code>string.format()</code> function.
-- @param level Optional verbosity level.
-- @param fmt Format string.
-- @param ... Arguments to format.
```

문서의 주석은 세 개의 대시(---)로 시작한다. 주석의 몸체는 다음에 따라오는 코드에 대한 설명이다. 설명의 처음 절은 좀 더 상세 사항을 제공하는 절이 따라

---

9. http://luadoc.luaforge.net/

오는 간단한 요약이 될 수 있다. @로 시작하는 특별한 태그는 문서의 다른 부분들을 구분한다. @param을 위의 예에서 볼 수 있으며, 함수의 각 인수에 대해 설명한다. 문서 태그에 대한 완전한 목록은 '9.9.1 NSE 문서화 태그'에서 찾을 수 있다.

HTML 같이 <code>와 </code> 태그로 묶인 문자는 모노스페이스monospace 폰트로 표현된다. 이것은 여러 줄로 잘 구성된 예에서 함수와 변수의 이름에 사용될 것이다. 문자 '*'와 함께 시작하는 줄들의 묶음이 있으면 불릿 목록으로 표현될 것이다.

스크립트나 모듈 속에 있는 모든 public 함수와 테이블에 문서를 제공하는 것은 좋은 습관이다. 게다가 모든 스크립트와 모듈은 그들의 고유한 파일 레벨 문서를 가질 수 있다. (함수나 테이블 정의가 따라오지 않는 한 개의) file로 시작하는 문서 주석은 전체 파일에 적용된다. 파일 레벨 문서는 스크립트를 실행하는 사용자나 모듈을 사용하는 개발자에게 하이레벨의 정보를 제공하는 몇 개의 긴 절들로 구성될 수 있다. 예제 9.6은 (공간 절약을 위해 일부 내용을 생략했다) comm 모듈을 위한 문서를 보여준다.

예제 9.6 모듈을 위한 NSEDoc 주석

```
--- Common communication functions for network discovery tasks like
-- banner grabbing and data exchange.
--
-- These functions may be passed a table of options, but it's not required. The
-- keys for the options table are <code>"bytes"</code>, <code>"lines"</code>,
-- <code>"proto"</code>, and <code>"timeout"</code>. <code>"bytes"</code> sets
-- a minimum number of bytes to read. <code>"lines"</code> does the same for
-- lines. <code>"proto"</code> sets the protocol to communicate with,
-- defaulting to <code>"tcp"</code> if not provided. <code>"timeout"</code>
-- sets the socket timeout (see the socket function <code>set_timeout()</code>
-- for details).
-- @author Kris Katterjohn 04/2008
-- @copyright Same as Nmap--See http://nmap.org/book/man-legal.html
```

함수나 모듈보다 스크립트 문서화를 위해 특별히 고려해야 할 것들이 있다. 특별한 스크립트는 @-태그 주석에 속하지 않는 경우의 정보를 위한 특별한 변수를 갖고 있다(스크립트 변수는 '9.3 스크립트 형식'에서 설명했다). 특별한 경우의 스크립트 설명은 문서 주석보다는 `description` 변수에 기술되고, `@author`와 `@copyright`에 포함될 정보는 대신에 `author`와 `license` 변수에 기술된다. NSEDoc는 이 변수에 대해 알고 있으며 주석 속의 필드에 적절하게 사용할 것이다. 예제 9.7은 문서 주석과 NSE 변수를 적절하게 조합해 사용하는 스크립트 레벨 문서의 적절한 형태를 보여준다.

예제 9.7 스크립트를 위한 NSEDoc 주석

```
description = [[
Maps IP addresses to autonomous system (AS) numbers.

The script works by sending DNS TXT queries to a DNS server which in
turn queries a third-party service provided by Team Cymru
(team-cymru.org) using an in-addr.arpa style zone set up especially for
use by Nmap.
]]

---
-- @usage
-- nmap --script asn-query.nse [--script-args dns=<DNS server>] <target>
-- @args dns The address of a recursive nameserver to use (optional).
-- @output
-- Host script results:
-- | AS Numbers:
-- | BGP: 64.13.128.0/21 | Country: US
-- |   Origin AS: 10565 SVCOLO-AS - Silicon Valley Colocation, Inc.
-- |     Peer AS: 3561 6461
-- | BGP: 64.13.128.0/18 | Country: US
-- |   Origin AS: 10565 SVCOLO-AS - Silicon Valley Colocation, Inc.
-- |_    Peer AS: 174 2914 6461

author = "jah, Michael"
license = "Same as Nmap--See http://nmap.org/book/man-legal.html"
categories = {"discovery", "external"}
```

컴파일된 NSE 모듈도 Lua 소스코드를 갖고 있지 않음에도 NSEDoc로 문서화된다. 컴파일된 각 모듈은 Lua 모듈과 나란히 `nselib` 디렉터리에 유지되는

`<modulename>.luadoc` 파일을 갖고 있다. 이 파일은 Lua로 작성되고 컴파일된 모듈의 테이블과 함수를 문서화하고 나열한다. 그것의 정의(또는 end)가 아닌 각 함수의 이름만 필요하다. @name과 @class 태그를 문서화 분석기가 식별할 수 있게 지원하려면 반드시 사용해야 한다. 이 문서화에 대한 몇 가지 예들이 엔맵 소스 배포판에 들어 있다(nmap.luadoc, bitluadoc, pcre.luadoc를 포함한다).

[9.9.1] NSE 문서화 태그

다음 태그들이 NSEDoc에서 사용된다.:

- **@param** 함수의 인수를 설명한다. @param 다음의 첫 단어는 설명하려는 인수의 이름이다. 이 태그는 함수의 각 인수에 대해 한 번씩 나타난다.

- **@see** 다른 함수나 테이블에 대한 크로스 참조를 추가한다.

- **@return** 함수의 반환 값을 설명한다. @return은 다양한 반환 변수를 위해 여러 번 사용될 수 있다.

- **@usage** 함수나 스크립트의 사용 예를 제공한다. 함수의 경우에 대한 예는 Lua 코드로 스크립트를 위한 엔맵 커맨드라인이 된다. @usage는 한 번 이상 제공될 수 있다.

- **@name** 문서화되고 있는 함수나 테이블의 이름을 정의한다. 이 태그는 보통 필요하지 않는데, NSEDoc가 코드 분석을 통해 이름을 추정하기 때문이다.

- **@class** 수정되고 있는 `function`, `table`, `module` 같은 객체의 'class'를 정의한다. @name 같이 이것은 보통 자동적으로 추정된다.

- **@field** 테이블의 문서화에서 @field는 이름이 주어진 필드의 값을 설명한다.

- **@args** --script-args 옵션('9.2.3 스크립트에 인자 사용' 참조)과 함께 사용되는 스크립트 인수를 설명한다. @args 다음의 첫 단어는 인수의 이름이고, 따라오는 모든 것은 설명이다. 이 태그는 스크립트 레벨 주석의 특별한 형태다.

- **@output** 스크립트 레벨 주석에서 제외되는 이 태그는 스크립트에서 출력되는 샘플을 보여준다.

- **@author** 여러 번 제공될 수 있는 이 태그는 NSE 모듈의 작성자를 나열한

다. 스크립트에서는 대신에 author 변수를 사용한다.

- @copyright 이 태그는 모듈의 저작권 상태를 설명한다. 스크립트에서는 대신에 license 변수를 사용한다.

9.10 NSE를 이용한 버전 탐지

엔맵에 탑재된 버전 탐지 시스템은 간단한 프로브와 패턴 매칭 문법을 사용해 방대한 주요 프로토콜을 효율적으로 인식할 수 있게 설계됐다. 어떤 프로토콜들은 버전 탐지가 관리할 수 있는 것보다 복잡한 통신 체계를 필요로 한다. NSE에서 제공하는 일반화된 스크립팅 언어들은 복잡한 통신체계에서도 완벽하게 작동한다.

NSE의 version 카테고리는 표준 버전 탐지보다 개량된 스크립트를 포함하고 있다. 이 카테고리에 속하는 스크립트는 버전 탐지에 -sV를 같이 사용했을 때 실행되며, 이들을 실행하기 위해 -sC가 필요하지는 않다. 이것은 다른 방법도 제거한다. -sC를 사용하면 -sV를 함께 지정하지 않는 한 version 스크립트를 얻을 수 없다.

일반적인 버전 탐지를 이용해 탐지할 수 없는 프로토콜 중 하나가 Skype 버전 2다. 이 프로토콜은 통신협회 인터넷 서비스 제공자가 Skype와 경쟁을 고려하고 트래픽 중재를 탐지하지 못하게 설계됐다. 아직 그것을 탐지하는 방법을 발견하지 못했다. Skype는 HTTP GET 요청을 수신하면 웹서버를 가장하고 404 오류를 반환한다. 하지만 다른 요구에 대해서는 불규칙해 보이는 데이터 덩어리를 전달한다. 적절한 식별을 위해 두 개의 프로브를 전달하고 비교할 필요가 있다(NSE를 위해 이상적이다). 예제 9.8에서 보여주는 간단한 NSE 스크립트가 이 목적을 수행한다.

예제 9.8 전형적 버전 탐지 스크립트(Skype 버전 2 탐지)

```
description = [[
Detects the Skype version 2 service.
]]
author = "Brandon Enright <bmenrigh@ucsd.edu>"
license = "Same as Nmap--See http://nmap.org/book/man-legal.html"
categories = {"version"}

require "comm"
```

```
    portrule = function(host, port)
        return (port.number == 80 or port.number == 443 or
            port.service == nil or port.service == "" or
            port.service == "unknown")
            and port.protocol == "tcp" and port.state == "open"
            and port.service ~= "http" and port.service ~= "ssl/http"
end

    action = function(host, port)
        local status, result = comm.exchange(host, port,
            "GET / HTTP/1.0\r\n\r\n", {bytes=26, proto=port.protocol})
        if (not status) then
            return
        end
        if (result ~= "HTTP/1.0 404 Not Found\r\n\r\n") then
            return
        end
        -- 여기까지 좋다. 자 이제 다른 요청에 대해 랜덤 데이터를 얻을 수 있는지 보자.
        status, result = comm.exchange(host, port,
            "random data\r\n\r\n", {bytes=15, proto=port.protocol})
        if (not status) then
            return
        end
        if string.match(result, "[^%s!-~].*[^%s!-~].*[^%s!-~]") then
            -- 탐지됨
            port.version.name = "skype2"
            port.version.product = "Skype"
            nmap.set_port_version(host, port, "hardmatched")
            return
        end
        return
end
```

스크립트가 Skype를 탐지하면 자신의 port 테이블을 알아낸 name과 product 필드로 채운다. 다음에 이 새로운 정보를 nmap.set_port_version 호출을 이용해 엔맵으로 전송한다. 확인되면 설정이 될 수 있는 일부 다른 버전 필드들이 있지만 이번 경우에는 이름과 제품만 갖고 있다. 버전 필드의 완전한 목록은 nmap.set_port_version 문서에서 확인할 수 있다.

이 스크립트는 프로토콜을 탐지하지 못할 경우 아무것도 하지 않음을 기억하라. 스크립트는 (디버그 출력 이외에) 아무것도 확인이 되지 않으면 어떤 출력도 생성하지 않는다.

9.11 스크립트 예제: finger.nse

핑거 스크립트(finger.nse)는 짧고 간단한 NSE 스크립트의 완벽한 예제다.

처음은 정보 필드가 배정된다. 스크립트가 실제적으로 하는 작업에 대한 상세한 설명은 description 필드에 있다.

```
description = [[
Attempts to get a list of usernames via the finger service.
]]
author = "Eddie Bell <ejlbell@gmail.com>"
license = "Same as Nmap--See http://nmap.org/book/man-legal.html"
```

categories 필드는 스크립트가 속하는 모든 카테고리를 포함하는 테이블이다. 이들은 --script 옵션을 이용해 스크립트를 선택하는 데 사용된다.

```
categories = {"default", "discovery"}
```

요청과 함께 nselib('9.6 NSE 라이브러리' 참조)에 의해 제공되는 기능을 사용할 수 있다. 여기에서는 공통 통신 기능과 짧은 포트 규칙을 사용하기를 원한다.

```
require "comm"
require "shortport"
```

나는 스크립트를 핑거 서비스에 대해 실행하기를 원한다. 따라서 잘 알려진 핑거 포트(79/tcp)를 사용하고 있는지, 서비스의 이름이 'finger'인지를 버전 탐지로 확인하거나 nmap-services에 나열돼 있는지 테스트한다.

```
portrule = shortport.port_or_service(79, "finger")
```

먼저 스크립트는 오류 발생 시에 조용한 예외 처리를 생성하려고 nmap.new_try를 사용한다. 그 후 제어권을 네트워크 트랜잭션을 관리하는 comm.exchange에게 넘긴다. 여기에서는 통신이 시작돼 적어도 100줄을 수신하거나 최소 5초나 원격에서 연결을 닫을 때까지 기다릴 필요가 있다. 모든 오류는 try 예외 처리기로 관리한다. 스크립트는 comm.exchange()의 호출이 성공했으면 문자열을 반환한다.

```
action = function(host, port)
local try = nmap.new_try()

return try(comm.exchange(host, port, "\r\n",
        {lines=100, proto=port.protocol, timeout=5000}))
end
```

9.12 구현 상세 사항

이제 NSE 구현 상세 사항을 자세히 조사해 볼 시간이다. NSE가 어떻게 동작하는지 이해하면 스크립트와 라이브러리를 효율적으로 설계하는 데 유용하다. NSE 구현에 대한 규범적인 참조는 소스코드지만 이 절은 핵심 상세 사항에 대한 개념을 제공한다. 이것은 NSE 소스코드를 이해하고 확장하려는 사람들과 스크립트가 실행되는 과정을 좀 더 알기를 원하는 스크립트 작성자에게 매우 가치 있다.

[9.12.1] 초기화 단계

초기화 단계 동안 엔맵은 Lua 번역기를 로드하고 라이브러리를 제공한다. 이 라이브러리는 Lua 참조 매뉴얼[10]에 완벽하게 문서화돼 있다. 다음은 라이브러리의 요약을 이름 순서로 나열했다.

- **debug** 디버그 라이브러리는 함수에 접근하도록 허용하고, 실행 스택을 추적하고, 함수 종료와 객체 메타테이블을 받아오는 등의 로우레벨 API를 Lua 번역기에 제공한다.

- **io** 입/출력 라이브러리는 실행한 프로그램의 출력이나 파일에서의 읽기 등의 함수를 제공한다.

---

10. http://www.lua.org/manual/5.1/manual.html

- **math** Lua의 숫자들은 double C 형태를 따르며, math 라이브러리는 반올림 함수, 삼각 함수, 불규칙 숫자 생성 등을 제공한다.
- **os** 운영체제 라이브러리는 (파일명 변경이나 삭제와 임시파일 생성 등을 포함하는) 파일 시스템 조작 기능과 시스템 환경에 접근 같은 시스템 기능을 제공한다.
- **package** Lua의 package-lib에 의해 제공되는 함수 중에서 require가 nselib 모듈을 로드하기 위해 사용된다.
- **string** 문자열 라이브러리는 printf 유형의 문자열 포맷과, Lua 유형 패턴을 사용하는 패턴 매칭, 부분 문자열 추출 같은 Lua 문자열을 조작하는 함수를 제공한다.
- **Table** 테이블 조작 라이브러리는 Lua의 중앙 데이터 구조체들(테이블)을 조작하는 데 필수적이다.

Lua가 제공하는 라이브러리를 로드하기 위해 nmap 이름 공간 함수가 로드된다. 검색 경로는 nselib 디렉터리가 각기 추가된 것을 제외하고 데이터 파일을 위한 엔맵 검색과 같은 디렉터다. 이 단계에서 스크립트에 주어진 모든 인수는 레지스트리 내부에 저장된다.

NSE 초기화의 다음 단계는 --script 옵션에 제공된 인수나 기본적인 것에 기반해 선택된 스크립트를 로드하는 것이다. version 카테고리 스크립트는 버전 탐지가 활성화됐으면 잘 로드된다. NSE는 처음에 각 --script의 인수를 카테고리로 번역하게 시도한다. 이 작업은 script.db 스크립트 카테고리화 데이터베이스의 데이터에 기반한 명명된 엔트리의 nse_init.cc에 있는 Lua C 함수가 한다. 특정 카테고리가 발견되면 해당 카테고리에 존재하는 스크립트들이 로드된다. 그렇지 않으면 엔맵은 --script의 인수를 파일이나 디렉터리로 해석한다. 주어진 이름의 파일이나 디렉터리가 엔맵 검색 경로에 발견되지 않으면 오류가 발생하고 스크립팅 엔진이 중지된다.

디렉터리가 지정되면 내부의 모든 .nse 파일들이 로드된다. 로드된 각 파일은 Lua에 의해 실행된다. 포트 규칙portrule이 지정되면 porttests 테이블에 portrule key, 파일 종료 값과 함께 저장된다. 다른 경우에 호스트 규칙hostrule이 스크립트에 있으면 동일한 방법으로 hosttests 테이블에 저장된다.

[9.12.2] 대상과 스크립트의 매칭

초기화가 마무리된 다음에 hostrules와 portrules가 현재 대상 그룹의 각 호스트를 검사한다. 선택된 스크립트의 모든 규칙은 모든 호스트와 (서비스 스크립트의 경우에) 호스트의 모든 open 포트와 open|filtered 포트에 대해 검사한다. 조합이 매우 많아질 수 있으므로 포트 규칙은 가능하면 간단하게 유지하게 한다. 이를 통해 스크립트의 action을 위한 모든 무거운 계산을 줄일 수 있다.

다음에 Lua 스레드[11]가 각 스크립트 대상 조합 매칭을 위해 생성된다. 각 스레드는 실행 레벨, 대상, (가능하다면) 대상 포트, 호스트와 (auction에 제공된) 포트 테이블, 스크립트 유형(서비스나 호스트 스크립트) 등의 적절한 정보와 함께 저장된다. mainloop 함수는 순서에 따라 각 스레드의 실행 레벨 그룹을 처리한다.

[9.12.3] 스크립트 실행

엔맵은 엔맵의 Nsock 병렬 I/O 라이브러리와 Lua 코루틴coroutine[12] 언어 기능의 장점을 활용하기 위해 NSE 스크립트 스캐닝을 병렬로 실행한다. 코루틴은 협력적 멀티스레딩을 제공하므로 스크립트는 정의된 위치에서 자신들을 일시 정지시키고 다른 코루틴을 실행한다. 특별히 원격 호스트로부터의 응답을 위한 대기처럼 네트워크 I/O는 때때로 장시간 대기되므로 스크립트는 다른 것에게 실행을 양보한다. Nsock의 핵심 함수는 스크립트가 양보(정지)하는 원인이 된다. Nsock이 특별한 요구에 대한 처리를 마무리하면 스크립트를 대기 큐에서 실행 큐의 뒤에 밀어 넣기 위한 콜백을 만들며, 차례가 다시 돌아오면 실행을 재개할 수 있다.

mainloop 함수는 필요하면 스레드를 대기와 실행 큐 사이에 이동시킨다. 양보한 스레드는 실행 큐에서 대기 목록으로 이동된다. 실행 스레드들은 그들이 완전히 양보하거나 오류에 의해 실패할 때까지 실행된다. (실행 큐에 위치하는) 실행 준비 완료 스레드는 process_waiting2running의 호출에 의해 만들어진다. 이 스레드 실행과 큐 사이에 스레드를 이동하는 처리는 양쪽 큐에 스레드가 남아 있지 않을 때까지 계속된다.

---

11. http://www.lua.org/manual/5.1/manual.html#2.11
12. http://www.lua.org/manual/5.1/manual.html#2.11

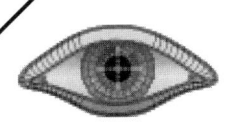

10장 방화벽과 침입탐지 시스템 탐지와 무력화

10.1 소개

많은 인터넷 개척자가 두 개의 노드 사이에서 가상 연결을 허용해주는 보편적인 IP 주소 영역을 가진 글로벌 공개 네트워크를 구상했다. 이것은 호스트들이 각기 정보를 제공하고 제공받는 진정한 피어peer로서 작동하게 허용한다. 사람들은 작업장에서 홈 시스템의 모든 것에 접근해 온도 조절 설정을 변경하거나 부재 중에 먼저 온 손님을 위해 문을 열어줄 수도 있다. 이런 보편적인 연결성universal connectivity이라는 비전은 주소 공간 부족과 보안 관련 문제 때문에 짓밟혔다. 1990년대 초반에 각 단체들은 연결성connectivity을 줄이기 위한 손쉬운 방법으로 방화벽을 배치하기 시작했다. 거대한 네트워크는 애플리케이션 프록시, 네트워크 주소 변환 장치, 패킷 필터들에 의해 필터되지 않은 인터넷으로부터 차단됐다. 정보의 무제한적인 흐름은 승인된 통신 채널들과 그들 사이를 통과하는 내용들에 대한 엄격한 통제를 위한 길을 터주었다.

방화벽 같은 네트워크 장애물들은 네트워크의 매핑mapping을 매우 어렵게 만들 수 있다. 가벼운 정찰을 방해하는 것이 장치를 구현하는 주목적이 되는 경우가 많기 때문에 앞으로도 더 쉬워지지는 않을 것이다. 그럼에도 불구하고 엔맵은 이런 복잡한 네트워크를 이해하고 필터가 의도한 대로 작동하는지 검증하는 데 도움을 주는 많은 기능을 제공한다. 이것은 방어 기능이 약한 장비를 우회하기 위한 메커니즘까지도 지원한다. 보안을 깨려는 시도는 네트워크 보안 상황을 이해하기 위한 최선의 방법 중 하나다. 자신을 공격자의 마인드로 설정하고 10장에서 배운 기술을 자신의 네트워크에 적용하기 바란다. FTP bounce 스캔, Idle 스캔, 단편화fragmentation 공격을 시도하거나 자신의 프록시 중 하나로 터널링을 시도해보기 바란다.

네트워크 활동 제한에 추가해 각 회사들은 점점 더 침입탐지 시스템IDS으로 트래픽을 모니터하기 시작했다. 스캔은 때때로 공격의 전조이기 때문에 주요 IDS들은 모두 엔맵 스캔을 탐지하기 위해 고안된 규칙으로 무장한다. 이들 제품 중 많은 것은 악성이라고 생각되는 트래픽을 동적으로 차단하는 침입방지 시스템으로 변천했다. 네트워크 관리자와 IDS 회사에게는 불행하게도 분석한 패킷을 통해 나쁜 의도를 탐지한 것을 전적으로 믿는 것은 상당한 문제가 될 수 있다. 인내심과 기술을 가진 공격자가 특정 엔맵 옵션의 도움을 받으면 보통 탐지되지 않은 채로 IDS를 통과할 수 있다. 반면 관리자는 순수한 활동이 잘못 진단돼 경고를 받거나 차단되는 수많은 오탐(false positive, 거짓 양성) 결과들을 처리해야 한다.

10.2 왜 윤리 의식을 가진 전문가(white hat)가 이런 짓을 해야 하는가?

화이트 햇white hat 독자 중 어떤 사람들은 10장을 읽지 않고 지나치고 싶을지도 모른다. 자신의 네트워크를 이용할 권한을 갖고 있는 데 왜 자신의 보안 시스템을 침투하고 싶은 생각이 들겠는가? 그 이유는 이 작업이 실제 공격자의 위험을 이해하는 데 도움이 되기 때문이다. 여러분이 엔맵 다이렉트 RPC 스캐닝을 이용해 차단된 portmapper 포트에서 데이터를 훔칠sneak 수 있다면 나쁜 녀석들도 역시 그렇게 할 수 있다. 복잡한 방화벽과 다른 장치들을 설정하는 데 실수를 하기는 쉽다. 이 장치 중 많은 장치가 양심적인 사용자들이 발견해 닫아야 하는 뻔한 보안 구멍이 뚫린 채로 배포되는 경우조차 있다.

정규 네트워크 스캐닝은 공격자들보다 먼저 위험한 묵시적인 규칙(예를 들어 Checkpoint Firewall-1이나 윈도우 IPsec 필터들)을 발견하는 데 도움을 줄 수 있다.

이외에도 IDS를 침투하면 몇 가지 좋은 이유가 있다. 제품 평가는 가장 보편적인 사항 중 하나다. 공격자가 단순히 엔맵 플래그를 한두 개 추가함으로써 레이더에서 벗어날 수 있다면 해당 시스템은 충분한 보호 기능을 제공하지 못한다. 그래도 스크립트 키드와 웜들은 잡을 수 있을지도 모르지만 어쨌든 이들은 보통 너무 명백한 경우다.

사람들은 종종 엔맵이 방화벽 규칙을 침투하거나 IDS를 통과하는 기능을 제공해서는 안 된다고 제안한다. 그들은 이런 기능이 보안을 강화하기 위해 관리자들이 이용하는 것과 마찬가지로 공격자들에 의해 악용될 가능성이 많다고 주장한다. 이런 논리에 있어서의 문제점은 이런 방법이 여전히 공격자들에 의해 이용될 수 있다는 것인데, 사실 이런 기능이 없을 경우 공격자들은 단순히 다른 도구들을 발견하거나 이런 기능을 엔맵에 이식하려고 할 것이다. 반면 관리자들은 자신의 작업을 하는 데에 있어서 좀 더 어려움을 느낄 것이다. 현대화되고 패치된 FTP 서버를 배치하는 작업은 FTP 바운스bounce 공격을 구현하는 도구들의 배포를 방지하려고 시도하는 것보다 훨씬 더 강력한 방어 무기가 될 것이다.

10.3 방화벽 규칙 이해

방화벽의 규칙을 우회하기 위한 첫 번째 과정은 먼저 방화벽 규칙을 이해하는 것이다. 가능한 경우 엔맵은 도달 가능하지만 닫혀 있는 포트와 동적으로 필터되는 포트를 구별한다. 효과적인 기법은 먼저 정상적인 SYN 포트 스캔으로 시작한 후 네트워크를 좀 더 이해하기 위해 ACK 스캔과 IP ID 시퀀싱 같은 좀 더 이색적인 기법을 시도하는 것이다.

[10.3.1] 표준 SYN 스캔

TCP 프로토콜의 도움이 되는 기능 중 하나는 RFC 793에 의해 시스템은 예기치 않은 연결 요청에 대해 TCP RST(reset) 패킷의 형태로 부정적인 응답negative response을 전송하게 규정돼 있다는 점이다. RST 패킷은 엔맵이 닫힌 포트들을 인식하기 쉽게 만들어준다. 반면 방화벽 같은 필터링 장치는 허용되지 않은 포트로 가는 패킷을 버리는drop 경향이 있다. 어떤 경우에는 대신 ICMP 오류 메시지(보통은 port unreachable)를 전송하기도 한다. 버려진 패킷과 ICMP 오류들은 RST 패킷에서 쉽게 구분할 수 있기 때문에 엔맵은 열리거나 닫힌 포트와 필터되는 TCP 포트들을 신뢰성 있게 탐지할 수 있으며, 사실 이 작업을 자동으로 하고 있다. 이에 대한 예는 예제 10.1에 보여준다.

예제 10.1 닫히거나 필터된 TCP 포트들의 탐지

```
# nmap -sS -T4 scanme.nmap.org

Starting Nmap ( http://nmap.org )
Interesting ports on scanme.nmap.org (64.13.134.52):
Not shown: 994 filtered ports
PORT     STATE    SERVICE
22/tcp   open     ssh
25/tcp   closed   smtp
53/tcp   open     domain
70/tcp   closed   gopher
80/tcp   open     http
113/tcp  closed   auth

Nmap done: 1 IP address (1 host up) scanned in 5.40 seconds
```

예제 10.1에서 가장 중요한 내용은 'Not shown: 994 filtered ports'라는 삽입 구절이다. 다른 말로 표현하면 이 호스트는 적절한 기본 거부 방화벽 정책을 갖고 있다. 관리자가 명시적으로 허용한 포트들만 도달 가능하며 기본적으로는 그들을 거부(필터)한다. 나열된 포트 중 3개(22, 53, 80)가 열린 상태이며, 다른 3개의 포트(25, 70, 113)는 닫혀 있다. 나머지 994개의 테스트 포트는 이 표준 스캔에 의해 도달할 수 없다(필터된다).

⊖ 속이기 위해 RST를 반환하는 방화벽

엔맵이 닫힌 포트(RST 패킷을 반환)와 필터된 포트(아무 것도 반환하지 않거나 ICMP 오류 반환)를 구분하는 기능은 보통은 정확하지만 현재 많은 방화벽 장치는 RST 패킷을 위조해 이들이 목적지 호스트에서 왔으며 포트가 닫혀 있다고 주장하게 만들수 있다. 리눅스 iptables 시스템은 이런 기능을 가진 예 중 하나인데, 이 시스템은 바라지 않는 패킷들을 거부하는 많은 방법을 제공한다. iptables man 페이지는 이 기능을 다음과 같이 문서화했다.

```
--reject-with type
```

주어진 type은 icmp-net-unreachable, icmp-host-unreachable, icmp-port-unreachable, icmp-proto-unreachable, icmp-net-prohibited, icmp-host-prohibited가 될 수 있으며, 이것은 적절한 ICMP 오류 메시지(기본 값은 port-unreachable임)를 반환한다. TCP 프로토콜에만 match되는 규칙에 tcp-reset 옵션이 이용될 수 있다. 이것은 TCP RST 패킷이 되돌려 전송되게 해준다. 이것은 주로 망가진 메일 호스트(그렇지 않으면 여러분의 메일을 받아들이지 않을 것임)에 메일을 전송할 때 자주 나타나는 ident(113/tcp) 프로브를 블로킹하는 데 유용하다.

방화벽과 IDS/IPS에 의한 RST 패킷의 위조는 포트 113 이외의 포트에서는 그다지 일반적이지 않다. 이런 위조는 합법적인 네트워크 운영자를 혼란스럽게 할 수도 있으며, 버려진 패킷으로 인해 스캐너가 타임아웃을 기다리지 않고 바로 다음 포트로 이동할 수 있게 허용하기 때문이다. 그럼에도 불구하고 이런 일은 일어난다. 이런 위조는 RST 패킷을 시스템에 의해 전송되는 다른 패킷들과 비교하는 주의 깊은 분석으로 보통 탐지할 수 있다. '10.6 방화벽과 침입탐지 시스템에 의한 패킷 위조 탐지'에서는 위조를 탐지하는 효과적인 기술을 설명한다.

[10.3.2] ACK 스캔

'5.7 TCP ACK 스캔(-sA)'에서 자세히 설명했듯이 ACK 스캔은 ACK 비트가 설정된 TCP 패킷들만 전송한다. 포트가 열려 있든 닫혀 있든 RFC 793에 의해 대상 시스템은 RST 패킷으로 응답하게 규정돼 있다. 반면 프로브를 차단하는 방화벽은 보통 어떤 응답도 하지 않거나 ICMP 목적지 도달 불가 오류를 되돌려 전송한다. 이런 차이로 인해 엔맵은 ACK 패킷이 필터되는지 여부를 보고할 수 있게 된다. ACK 스캔 필터가 좀 더 어렵기 때문에 엔맵 ACK 스캔에 의해 보고되는 필터된 포트들의 집합은 보통 동일한 시스템에 대한 SYN 스캔의 필터된 포트들의 집합보다 더 작다. 많은 네트워크는 거의 무제한의 아웃바운드 연결을 허용하지만 인터넷 호스트들이 다시 그들의 연결 시작을 차단하고 싶어 한다. 그러기 위한 손쉬운 방법은 들어오는 SYN 패킷들(ACK 비트가 설정되지 않은)을 차단하는 방법이다. 하지만 여전히 ACK 패킷들은 통과하게 허용한다. ACK 패킷들의 차단은 좀 더 어렵다. ACK 패킷들은 어느 쪽에서 연결을 시작했는지 알려주지 않기 때문이다. 합법적인 연결에 속하는 ACK 패킷들은 허용하면서도 요청되지 않은 ACK 패킷들(엔맵 ACK 스캔에 의해 전송되는 것과 같은)을 차단하기 위해 방화벽은 주어진 ACK가 적절한지를 결정하기 위해 모든 확립된 연결의 상태를 보존할 수 있게 감시해야 한다. 이들 상태 보존형stateful 방화벽은 좀 더 제한적으로 만들 수 있으므로 보통은 좀 더 안전하다. ACK 스캔 차단도 하나의 추가적인 제한 방법이다. 단점은 이런 기능을 위해 좀 더 많은 자원을 필요로 하며, 상태 보존형 방화벽을 재부팅하면 디바이스는 상태 보존state을 잃고 방화벽을 통과하는 모든 확립된 연결들을 종료한다는 점이다.

상태 보존형 방화벽은 이미 널리 보급돼 대중적인 반면, 상태 비저장stateless 접근법은 이제 서서히 보편화되는 중이다. 예를 들어 리눅스 Netfilter/iptables 시스템은 앞서 언급한 상태 비저장 접근법 구현을 쉽게 하려고 --syn이라는 편리한 옵션을 제공한다.

앞 절에서 SYN 스캔은 scanme.nmap.org의 일반 포트 1,000개 중 단지 6개의 포트를 제외한 모든 포트가 필터된 상태라는 것을 보였었다. 예제 10.2는 이것이 상태 보존형 방화벽을 이용하는지 여부를 결정하기 위해 같은 호스트를 ACK 스캔한 결과를 보여준다.

예제 10.2 Scanme에 대한 ACK 스캔

```
# nmap -sA -T4 scanme.nmap.org

Starting Nmap ( http://nmap.org )
Interesting ports on scanme.nmap.org (64.13.134.52):
Not shown: 994 filtered ports
PORT      STATE       SERVICE
22/tcp    unfiltered  ssh
25/tcp    unfiltered  smtp
53/tcp    unfiltered  domain
70/tcp    unfiltered  gopher
80/tcp    unfiltered  http
113/tcp   unfiltered  auth

Nmap done: 1 IP address (1 host up) scanned in 5.96 seconds
```

SYN 스캔에서 나타난 결과처럼 6개의 포트가 여기에서도 보인다. 다른 994개의 포트는 여전히 필터 상태이다. 이것은 Scanme가 'iptables -A INPUT -m state --state ESTABLISHED,RELATED -j ACCEPT'라는 상태 보존형 iptables 지시자directive로 보호되기 때문이다. 이것은 확립된 연결의 일부나 이것과 관련된 패킷들만을 허용한다. 열거된 6개의 특수 포트를 제외하면 엔맵에 의해 전송된 요청되지 않은 ACK 패킷들은 버려진다. 특수 규칙에 의해 포트 113 프로브에 대한 응답으로 RST 패킷을 전송할 뿐만 아니라 포트 22, 25, 53, 70, 80에 대해 모든 패킷이 허용된다. ACK 스캔이 열거된 6개의 포트를 open(22, 53, 80)과 closed(25, 70, 113)로 나눌 수 없었기 때문에 이들이 unfiltered 상태로 나와 있다는 점에 주목하기 바란다.

이제 다른 예제를 살펴보자. 나의 로컬 네트워크에 있는 Para라는 이름의 리눅스 호스트는 다음과 같은 방화벽 스크립트(양을 줄이기 위해 단순화했음)를 이용한다.

```
#!/bin/sh
#
# A simple, stateless, host-based firewall script.

# First of all, flush & delete any existing tables
iptables -F
iptables -X

# Deny by default (input/forward)
iptables --policy INPUT DROP
iptables --policy OUTPUT ACCEPT
iptables --policy FORWARD DROP

# I want to make ssh and www accessible from outside
iptables -A INPUT -m multiport -p tcp --destination-port 22,80 -j ACCEPT

# Allow responses to outgoing TCP requests
iptables -A INPUT --proto tcp ! --syn -j ACCEPT
```

이 방화벽은 --state 옵션도 없고 -m state 모듈 요청도 없으므로 상태 비저장 방화벽이다. 예제 10.3은 이 호스트에 대한 SYN 스캔과 ACK 스캔을 보여준다.

예제 10.3 Para에 대한 SYN 스캔과 ACK 스캔의 비교

```
# nmap -sS -p1-100 -T4 para

Starting Nmap ( http://nmap.org )
Interesting ports on para (192.168.10.191):
Not shown: 98 filtered ports
```

```
PORT STATE SERVICE
22/tcp open ssh
80/tcp closed http
MAC Address: 00:60:1D:38:32:90 (Lucent Technologies)

Nmap done: 1 IP address (1 host up) scanned in 3.81 seconds

# nmap -sA -p1-100 -T4 para

Starting Nmap ( http://nmap.org )
All 100 scanned ports on para (192.168.10.191) are: unfiltered
MAC Address: 00:60:1D:38:32:90 (Lucent Technologies)

Nmap done: 1 IP address (1 host up) scanned in 0.70 seconds
```

SYN 스캔에서 100개의 포트 중 98개가 필터됐다. 하지만 ACK 스캔에서는 스캔된 모든 포트가 unfiltered라고 보고한다. 달리 말해 모든 ACK 패킷들이 방해받지 않고 스니킹sneaking을 했고 RST 응답을 이끌어냈다. 또한 이들 응답은 타임아웃 시간을 기다릴 필요가 없게 만들었으므로 스캔을 5배나 빠르게 만들었다.

이제 상태 보존형 방화벽과 상태 비저장 방화벽을 구분하는 방법을 알게 됐는데, 그래서 좋은 점은 무엇일까? Para의 ACK 스캔은 일부 패킷들이 목적지 호스트에 도달했을 지도 모른다는 사실을 보여준다. 여기서 추측을 한 이유는 방화벽의 위조가 항상 가능하기 때문이다. 이들 포트에 확립된 TCP 연결은 할 수 없을지 몰라도 사용되고 있는 IP 주소, 운영체제 탐지 테스트, 특정 IP ID 속임수shenanigan를 결정하거나 이들 시스템에 설치된 루트킷rootkit에 명령을 터널링하기 위한 채널로 이들 정보는 유용할 수도 있다. FIN 스캔 같은 다른 스캔 타입은 어떤 포트가 열려 있는지도 알아낼 수 있어 해당 호스트의 목적을 짐작할 수 있게 한다. 이런 호스트들은 IP ID Idle 스캔을 위한 좀비로 유용할 수도 있다.

이 한 쌍의 스캔은 포트 상태라고 부르는 것이 포트 자체의 속성만은 아니라는 점을 보여준다. 여기에서는 동일한 포트 번호가 한 쪽 스캔 타입에서는 filtered로 간주됐고, 다른 쪽 스캔 타입에서는 unfiltered로 간주됐다. 어떤 IP 주소에서 스캔을 했는지, 그쪽 경로에 대한 필터링 디바이스의 규칙, 대상 시스템의 어떤 인터페이스를 접근access 하는지 등의 모든 것이 엔맵이 포트를 보는 방식에 영향을 미친다. 포트 테이블은 엔맵이 정의된 옵션 집합을 갖고 특정 시스템에서 실행될 때 주어진 시간에 무엇을 보았는지를 반영한 결과일 뿐이다.

[10.3.3] IP ID 트릭

IP 헤더 내의 자그마한 식별 필드는 놀랄만한 양의 정보를 밝혀낼 수 있다. 10장의 후반에서 식별 필드는 포트 스캐닝(Idle 스캔 기술)에 이용되고 방화벽과 침입탐지 시스템이 보호된 호스트에서 온 것처럼 RST 패킷을 언제 위조하는지 탐지하기 위해 이용될 것이다. 또 다른 깔끔한 트릭은 어떤 소스 주소들이 방화벽을 통과하도록 하는지 식별하는 것이다. 도중의 일부 방화벽이 그런 패킷들을 모두 버린다면 192.168.0.1'로부터의' 맹목적인 스푸핑spoofing 공격에 몇 시간씩 소비할 일은 없을 것이다.

나는 보통 이 조건을 무료 네트워크 검사 도구인 hping2[1]로 테스트한다. 약간 복잡한 기술이지만 때로는 유용할 수도 있다. 다음은 내가 하는 방법이다.

1. 내부 네트워크에 있는 한 시스템의 최소 하나 이상의 접근 가능한(열려 있거나 닫혀 있는) 포트를 발견한다. 라우터, 프린터, 윈도우 박스는 보통 잘 동작한다. 리눅스, 솔라리스와 OpenBSD 최신 버전은 예측 가능한 IP ID 일련번호의 문제를 대부분 해결했으므로 동작하지 않을 것이다. 선택된 시스템은 혼란스러운 결과를 피하기 위해 네트워크 트래픽이 적어야 한다.

2. 이 시스템이 예측 가능한 IP ID 시퀀스를 갖고 있는지 검증한다. 다음 명령은 Playground라는 이름의 윈도우 XP 시스템을 테스트한 것이다. hping2 옵션은 포트 80에 5개의 SYN 패킷을 1초 간격으로 요청한다.

```
# hping2 -c 5 -i 1 -p 80 -S playground
HPING playground (eth0 192.168.0.40): S set, 40 headers + 0 data bytes
len=46 ip=192.168.0.40 ttl=128 id=64473 sport=80 flags=RA seq=0 rtt=0.7 ms
len=46 ip=192.168.0.40 ttl=128 id=64474 sport=80 flags=RA seq=1 rtt=0.3 ms
len=46 ip=192.168.0.40 ttl=128 id=64475 sport=80 flags=RA seq=2 rtt=0.3 ms
len=46 ip=192.168.0.40 ttl=128 id=64476 sport=80 flags=RA seq=3 rtt=0.3 ms
len=46 ip=192.168.0.40 ttl=128 id=64477 sport=80 flags=RA seq=4 rtt=0.3 ms

--- playground hping statistic ---
5 packets transmitted, 5 packets received, 0% packet loss
round-trip min/avg/max = 0.3/0.3/0.7 ms
```

---

1. http://www.hping.org

IP ID 필드가 완전히 연속적이므로 다음 테스트로 넘어갈 수 있다. 이 값이 무작위거나 많이 떨어져 있다면 다른 이용 가능한 호스트를 발견해야 한다.

3. 자신의 호스트에 가까이 있는 호스트(주변의 어떤 호스트나 가능)에서 대상 시스템에 다량의 프로브를 보낸다. 예제 명령은 'hping2 --spoof scanme.nmap.org --fast -p 80 -c 10000 -S playground'다. scanme.nmap.org는 원하는 다른 호스트로 변경하고, playground는 대상 호스트로 변경한다. 이 명령의 목표는 단순히 IP ID 시퀀스를 증가시키는 것이므로 응답을 받을 필요는 없다. hping2를 실행하는 시스템의 실제 주소를 이용하지 말기 바란다. 자신의 ISP가 패킷을 차단할 가능성을 줄이기 위해 네트워크에서 가까이 있는 시스템을 이용하기를 권장한다.

이것이 진행되는 동안 여러분의 대상 시스템에 앞의 단계에서 했던 테스트를 다시 한다.

```
# hping2 -c 5 -i 1 -p 80 -S playground
HPING playground (eth0 192.168.0.40): S set, 40 headers + 0 data bytes
len=46 ip=192.168.0.40 ttl=128 id=64672 sport=80 flags=RA seq=0 rtt=0.6 ms
len=46 ip=192.168.0.40 ttl=128 id=64683 sport=80 flags=RA seq=1 rtt=0.2 ms
len=46 ip=192.168.0.40 ttl=128 id=64694 sport=80 flags=RA seq=2 rtt=0.2 ms
len=46 ip=192.168.0.40 ttl=128 id=64705 sport=80 flags=RA seq=3 rtt=0.2 ms
len=46 ip=192.168.0.40 ttl=128 id=64716 sport=80 flags=RA seq=4 rtt=0.2 ms

--- playground hping statistic ---
5 packets transmitted, 5 packets received, 0% packet loss
round-trip min/avg/max = 0.2/0.3/0.6 ms
```

이번에는 IP ID가 1초에 1 대신 거의 11이 증가한다. 대상은 1초당 10개의 위조 패킷을 수신하고 각 패킷에 대해 응답을 한다. 각 응답은 IP ID를 증가하게 한다. 일부 호스트는 자신이 통신을 하는 각 IP 주소에 대해 유일한 IP ID 시퀀스를 이용한다. 그럴 경우 IP ID가 이런 식으로 올라가는 결과를 볼 수 없을 것이며, 이로 인해 네트워크에서 다른 대상 호스트를 찾아야 한다.

4. 방화벽을 통해 허용되거나 신뢰될 것이라고 추정한 위조 주소들을 이용해서 3단계를 반복한다. 10.0.0.0/8, 192.168.0.0/16, 172.16.0.0/12 같은 RFC 1918 사설 네트워크만이 아니라 방화벽 뒤의 주소들도 시도해본다.

127.0.0.1이 값으로 직접 삽입된 경우를 탐지하기 위해 로컬 호스트 (127.0.0.1)와 127.0.0.0/8의 다른 주소들도 시도해본다. 악명 높은 랜드 서비스 거부 공격Land denial of service attack을 포함해 위조된 로컬 호스트 패킷과 관련된 많은 보안 취약점이 있다. 잘못 설정된 시스템은 때때로 이들이 루프백loopback 인터페이스에서 왔는지를 체크하지 않고 이들 주소를 신뢰한다. 소스 주소가 종단의 호스트에 도달하면 IP ID는 3단계에 보인 것처럼 쑥쑥 증가할 것이다. 2단계에 보인 것처럼 천천히 증가하면 방화벽이나 라우터에 의해 패킷들이 버려질 가능성이 많다.

이 기술의 마지막 결과는 방화벽을 통과하게 허용된 소스 주소 넷블록들의 목록과 차단된 목록이다. 이는 몇 가지 이유로 귀중한 정보이다. 어떤 회사가 차단하거나 허용하기로 선택한 IP 주소들은 내부적으로 어떤 주소들이 이용되고 신뢰되는지에 관한 실마리를 제공할 수도 있다. 예를 들어 어떤 회사의 생산 네트워크의 시스템은 협력 업체 네트워크의 IP 주소나 시스템 관리자의 개인 시스템을 신뢰할 수도 있다. 동일한 생산 네트워크의 시스템도 때로는 서로를 신뢰하거나 로컬 호스트를 신뢰할 것이다. 일반적인 IP 기반의 신뢰 관계는 NFS export, 호스트 방화벽 규칙, TCP 래퍼wrapper, 맞춤형 애플리케이션, rlogin 등에서 볼 수 있다. 또 다른 예로는 SNMP를 들 수 있는데, 여기에서 시스코 라우터에 대한 위조된 요청은 라우터가 공격자에게 자신의 구성 데이터를 전송(TFTP)하게 할 수도 있다. 이런 문제점들을 발견하고 익스플로잇하는 데 상당한 시간을 소비하기 전에 위조된 패킷들이 도달이라도 하는지 여부를 결정하기 위해 여기에 설명된 테스트를 이용하기 바란다.

나는 예전에 이 신뢰된 소스 주소trusted-source-address 문제의 구체적인 예를 발견했던 적이 있는데, 거기에서는 사용자들이 구성 파일에 입력된 특수 넷블록들에서 왔을 경우 회사의 맞춤형 UDP 서비스가 사용자로 하여금 인증을 생략할 수 있게 허용해줬다. 이 넷블록들은 다른 협력 업체의 위치들에 상응하는 것이며, 이 기능은 쉬운 관리와 디버깅을 위한 것이었다. 그들의 인터넷을 향한 방화벽은 실제 종업원들이 정상적인 경로 대신 사설 링크를 통해 제품에 접근할 수도 있었기 때문에 영리하게도 이들 주소들을 차단하려고 시도했었다. 하지만 이 절에서 설명했던 기술들을 이용해 방화벽이 구성 파일과 완벽하게 동조되지 않았다는 사실을 발견했다. 즉, 내가 UDP 제어 메시지들을 성공적으로 위조해 그들의 애플리케이션을 장악할 수 있는 몇 개의 주소가 있었다.

방화벽 규칙을 밝혀내는 이 기술은 엔맵을 이용하지 않지만 그 결과는 장래의 실행을 위해 유용하다. 예를 들어 이 테스트는 특정 교란 미끼들을 사용할지 여부를 보여줄 수 있다. 최선의 교란 미끼는 대상 시스템에 대해 계속 미끼를 던질 것이다. 참고로 IP ID Idle 스캔(나중에 설명)이 작동하려면 위조된 패킷들이 도달해야 한다. 이 기술로 잠재적인 소스 IP들을 테스트하는 작업은 네트워크에서 모든 잠재적인 idle 프록시 시스템을 테스트하고 발견하는 작업보다는 보통 더 쉽다. 잠재적인 idle 프록시는 오직 위의 2단계를 통과했을 경우에만 테스트될 필요가 있다.

[10.3.4] UDP 버전 스캐닝

앞의 절들은 모두 널리 이용되는 TCP 프로토콜에 초점을 맞췄다. UDP 프로토콜은 TCP처럼 열린 포트들의 인식 기능을 제공하지 않으므로 UDP로 작업은 보통 더 어렵다. 대부분의 UDP 애플리케이션들은 예기치 않은 패킷들을 단순히 무시해버려 엔맵으로 하여금 해당 포트가 열렸는지 필터됐는지 확실하지 못하게 만든다. 그래서 엔맵은 예제 10.4에 보여주듯이 모호한 포트들을 opne|filterd 상태로 표시한다.

예제 10.4 방화벽이 있는 호스트에 대한 UDP 스캔

```
# nmap -sU -p50-59 scanme.nmap.org

Starting Nmap ( http://nmap.org )
Interesting ports on scanme.nmap.org (64.13.134.52):
PORT     STATE         SERVICE
50/udp   open|filtered re-mail-ck
51/udp   open|filtered la-maint
52/udp   open|filtered xns-time
53/udp   open|filtered domain
54/udp   open|filtered xns-ch
55/udp   open|filtered isi-gl
56/udp   open|filtered xns-auth
57/udp   open|filtered priv-term
58/udp   open|filtered xns-mail
59/udp   open|filtered priv-file
```

```
Nmap done: 1 IP address (1 host up) scanned in 1.38 seconds
```

이 10개의 포트 스캔은 별로 도움이 되지 않는다. 어떤 포트도 프로브 패킷에 응답하지 않았으므로 모두 열려 있거나 필터됐다고 나열됐다. 어떤 포트들이 실제로 열려 있는지를 더 잘 이해하기 위한 한 가지 방법은 열린 포트에서 응답이 유도되기를 기대하며 몇십 개의 알려진 여러 UDB 서비스들을 위한 많은 양의 UDP 프로브들을 전송해보는 것이다. 엔맵 버전 탐지(7장 '서비스와 애플리케이션 버전 탐지' 참조)는 정확히 이런 작업을 한다. 예제 10.5는 버전 탐지(-sV) 옵션을 추가한 동일한 스캔을 보여준다.

예제 10.5 방화벽이 있는 호스트에 대한 UDP 버전 스캔

```
# nmap -sV -sU -p50-59 scanme.nmap.org

Starting Nmap ( http://nmap.org )
Interesting ports on scanme.nmap.org (64.13.134.52):
PORT      STATE          SERVICE    VERSION
50/udp    open|filtered  re-mail-ck
51/udp    open|filtered  la-maint
52/udp    open|filtered  xns-time
53/udp    open           domain     ISC BIND 9.3.4
54/udp    open|filtered  xns-ch
55/udp    open|filtered  isi-gl
56/udp    open|filtered  xns-auth
57/udp    open|filtered  priv-term
58/udp    open|filtered  xns-mail
59/udp    open|filtered  priv-file

Nmap done: 1 IP address (1 host up) scanned in 56.59 seconds
```

버전 탐지는 의심할 여지없이 포트 53(domain)이 열려 있고 이것이 무엇을 실행하는지조차 보여준다. 다른 포트들은 어떤 프로브에도 응답하지 않으므로 여전히 open|filtered 상태다. 보증할 수는 없지만 이들은 필터되고 있을 것이다. 이들은 올바른 커뮤니티 문자열을 가진 패킷들에만 응답하는 SNMP 같은 서비스를 실행하고 있을 수도 있다. 아니면 엔맵 버전 탐지 프로브가 존재하지 않는 모호하거나 맞춤형 UDP 서비스를 실행하고 있을 수도 있다. 그리고 이 스캔은

앞의 스캔보다 40배 이상의 시간이 걸린다는 점에 주목하기 바란다. 각 포트에 이 모든 프로브를 전송하는 작업은 상대적으로 시간이 많이 걸리는 일이다. --version-intensity 0 옵션을 추가하면 주어진 포트 번호에 대해 서비스에서 응답을 가장 잘 이끌어낼 수 있을 것 같은 프로브만 전송하므로 스캔 시간이 줄어든다.

10.4 방화벽 규칙 우회

방화벽 규칙을 밝혀내는 것은 가치가 있지만 규칙을 우회하는 것이 주요 목표다. 엔맵은 대부분 설정이 취약한 네트워크에 대해서만 효과적이기는 하지만 그렇게 하기 위한 많은 기술을 구현한다. 불행히도 설정이 취약한 네트워크가 일반적이다. 각 개별적인 기술은 성공 가능성이 낮으므로 가능한 한 많은 방법을 시도하기 바란다. 네트워크 방어자는 모든 보안 구멍을 닫아야 하는 반면 공격자는 성공하기 위해 하나의 잘못된 설정만을 필요로 한다.

[10.4.1] 이색적인 스캔 플래그

앞서 어떤 대상 네트워크 포트가 필터되고 있는지를 알기 위해 ACK 스캔을 이용하는지 설명했었다. 하지만 이 방법으로는 접근 가능한 포트가 열려 있는지 닫혀 있는지를 결정할 수 없다. 엔맵은 바람직한 포트 상태 정보를 계속 제공하면서도 방화벽을 우회해 공격할 수 있는 몇 가지 스캔 방법을 제공한다. FIN 스캔은 그런 기술 중 하나다. '10.3.2 ACK 스캔'에서는 Para라는 시스템에 대해서 SYN 스캔과 ACK 스캔이 실행됐다. SYN 스캔은 방화벽의 제한 때문에 두 개의 열린 포트만 보여줬다. 반면 ACK 스캔은 닫힌 포트와 열린 포트를 구분할 수 없다. 예제 10.6은 Para에 대한 또 다른 스캔을 시도하는데, 여기에서는 FIN 스캔을 이용했다. 꾸밈없는 FIN 패킷이 설정됐으므로 이 패킷은 SYN 패킷을 차단한 규칙을 통과해 전달된다. SYN 스캔에서는 100 이하의 열린 포트가 한 개밖에 발견되지 않았지만 FIN 스캔은 열린 포트를 2개 발견했다.

예제 10.6 상태 비저장 방화벽에 대한 FIN 스캔

```
# nmap -sF -p1-100 -T4 para
```

```
Starting Nmap ( http://nmap.org )
Interesting ports on para (192.168.10.191):
Not shown: 98 filtered ports
PORT       STATE           SERVICE
22/tcp     open|filtered   ssh
53/tcp     open|filtered   domain
MAC Address: 00:60:1D:38:32:90 (Lucent Technologies)

Nmap done: 1 IP address (1 host up) scanned in 1.61 seconds
```

대상 시스템의 방화벽 규칙과 대상 호스트 타입이 어떤 기술이 동작할지를 결정하므로 다른 많은 스캔 타입도 시도해볼 가치가 있다. 특별히 가치 있는 몇 가지 스캔 타입을 들어보면 FIN, Maimon, Window, SYN/FIN, NULL 스캔 등이 있다. 이들은 모두 5장 '포트 스캐닝 기술과 알고리즘'에서 설명했다.

[10.4.2] 소스 포트 조작

놀라울 정도로 일반적인 잘못된 설정 중 하나가 소스 포트 번호에만 의존해 트래픽을 신뢰하는 것이다. 이런 일이 왜 일어나는지를 이해하기는 쉽다. 관리자가 반짝이는 새 방화벽을 설정했는데 자신들의 애플리케이션이 작동을 멈춘 달갑지 않은 사용자들로부터 불만이 쇄도했다. 특히 외부 서버로부터의 UDP DNS 응답이 더 이상 네트워크로 들어갈 수 없기 때문에 DNS가 망가질 수도 있다. FTP도 또 다른 일반적인 예다. 액티브 FTP 전송에서는 요청된 파일을 전송하기 위해 원격 서버가 클라이언트에 대한 연결을 다시 성립하려고 시도한다.

이런 문제에 대한 보안 해결책은 종종 애플리케이션 레벨의 프록시 형태나 프로토콜 파싱parsing 방화벽 모듈의 형태로 존재한다. 불행히도 이보다 더 쉽고 안전하지 않은 해결책이 있다. DNS 응답이 포트 53에서 오고 액티브 FTP가 포트 20에서 오는 사실에 주목해 많은 관리자는 간단하게 이런 포트에서의 들어오는incoming 트래픽을 허용하는 함정에 빠진다. 그들은 종종 이런 방화벽의 구멍을 어떤 공격자도 알아채지 못하고 악용하지 못할 것이라고 가정한다. 다른 경우 관리자들은 이 방법을 좀 더 보안적인 해결책을 구현할 때까지의 일시적인 미봉책이라고 생각한다. 그런 후 그들은 보안 업그레이드를 까먹는다.

과로를 하는 네트워크 관리자들만 이런 함정에 빠지는 것은 아니다. 많은 제품들이 이런 안전하지 않은 규칙을 갖고 출시된다. 마이크로소프트마저도 그랬었다. 윈도우 2000과 윈도우 XP에 들어있는 IPsec 필터들은 포트 88(Kerberos)에서의 모든 TCP와 UDP 트래픽을 허용하는 묵시적인 규칙을 포함한다. 맥 OS X 타이거에 들어 있는 방화벽은 매우 나쁘므로 애플 팬들은 이 점에 대해 너무 독선적이어서는 안 된다. Jay Beale은 방화벽 GUI에서 'Block UDP Traffic' 박스를 활성화할지라도 포트 67(DHCP)과 포트 5,353(Zeroconf)에서 오는 패킷들은 바로 통과한다는 점을 발견했다. Zone Alarm 개인 방화벽(버전 2.1.25까지)이 소스 포트 53(DNS)이나 포트 67(DHCP)에서 들어오는 모든 UDP 패킷을 허용한 것은 이런 설정의 또 다른 우스꽝스러운 예 중 하나다.

엔맵은 이들 취약점을 익스플로잇하기 위해 -g와 --source-port 옵션(이들은 같은 것임)을 제공한다. 단순히 포트 번호를 제공해주면 엔맵은 가능한 경우 그 포트에서 패킷들을 전송할 것이다. 특정 운영체제 탐지 테스트가 적절히 동작하려면 엔맵은 다른 포트 번호들을 이용해야 한다. 대부분의 SYN 스캔을 포함한 TCP 스캔들은 UDP 스캔이 그렇듯이 이 옵션을 완전히 지원한다. 2004년 5월에 JJ Gray는 버그트랙Bugtraq에 자신의 클라이언트 중 하나에 대한 윈도우 IPsec 소스 포트 88 버그의 익스플로잇 공격을 보여주는 엔맵 스캔의 예를 올렸다. 정상적인 스캔에 이어 -g 88 스캔이 예제 10.7에 설명돼 있다. 간결성과 명확성을 위해 일부 출력 결과를 생략했다.

예제 10.7 소스 포트 88을 이용해 윈도우 IPsec 필터 우회

```
# nmap -sS -v -v -PN 172.25.0.14

Starting Nmap ( http://nmap.org )
Interesting ports on 172.25.0.14:
Not shown: 1658 filtered ports
PORT     STATE    SERVICE
88/tcp   closed   kerberos-sec

Nmap done: 1 IP address (1 host up) scanned in 7.02 seconds

# nmap -sS -v -v -PN -g 88 172.25.0.14

Starting Nmap ( http://nmap.org )
Interesting ports on 172.25.0.14:
Not shown: 1653 filtered ports
```

```
PORT      STATE   SERVICE
135/tcp   open    msrpc
139/tcp   open    netbios-ssn
445/tcp   open    microsoft-ds
1025/tcp  open    NFS-or-IIS
1027/tcp  open    IIS
1433/tcp  open    ms-sql-s

Nmap done: 1 IP address (1 host up) scanned in 0.37 seconds
```

닫힌 포트 88이 힌트가 돼 JJ가 이것을 소스 포트로 이용하려고 시도했다는 점에 주목하기 바란다. 이 취약점에 대한 자세한 정보는 마이크로소프트 Knowledge Base Article 811832를 참조하기 바란다.

[10.4.3] IPv6 공격

IPv6는 폭풍우 같이 전 세계를 장악하지 못했지만 일본이나 다른 특정 지역에서는 어느 정도 보편적이다. 조직이 이 프로토콜을 채택할 때 IPv4에서 본능적으로 해야 한다고 배웠던 것처럼 이것을 완전히 통제하는 것을 종종 잊는다. 또는 그렇게 시도했을지도 모르지만 그들의 하드웨어가 IPv6 필터링 규칙을 지원하지 않는다는 점을 발견한다. IPv6를 필터링하는 것은, 확장된 주소 공간이 보통 RFC 1918에 명세된 사설 IPv4 주소들을 이용할 호스트들에 대해 글로벌하게 주소화할 수 있는 IPv6 주소의 할당을 허용하므로 IPv4보다 더 중요하다.

기본값인 IPv4 스캔이 아니라 IPv6 스캔을 수행하는 작업은 보통 커맨드라인에 -6 옵션을 추가하기만 할 정도로 쉽다. 이 프로토콜에서는 운영체제 탐지와 UDP 스캐닝 같은 특정 기능은 지원되지 않지만 가장 보편적인 기능들은 작동한다. 예제 10.8은 잘 알려진 IPv6 개발과 지지 단체에서 오래 전에 수행했던 IPv4 스캔과 IPv6 스캔을 보여준다.

예제 10.8 IPv4 스캔과 IPv6 스캔의 비교

```
> nmap www.kame.net

Starting Nmap ( http://nmap.org )
Interesting ports on kame220.kame.net (203.178.141.220):
Not shown: 984 closed ports
```

```
Port        State       Service
19/tcp      filtered    chargen
21/tcp      open        ftp
22/tcp      open        ssh
53/tcp      open        domain
80/tcp      open        http
111/tcp     filtered    sunrpc
137/tcp     filtered    netbios-ns
138/tcp     filtered    netbios-dgm
139/tcp     filtered    netbios-ssn
513/tcp     filtered    login
514/tcp     filtered    shell
2049/tcp    filtered    nfs
2401/tcp    open        cvspserver
5999/tcp    open        ncd-conf
7597/tcp    filtered    qaz
31337/tcp   filtered    Elite

Nmap done: 1 IP address (1 host up) scanned in 34.47 seconds

> nmap -6 www.kame.net

Starting Nmap ( http://nmap.org )
Interesting ports on 3ffe:501:4819:2000:210:f3ff:fe03:4d0:
Not shown: 994 closed ports
Port        State       Service
21/tcp      open        ftp
22/tcp      open        ssh
53/tcp      open        domain
80/tcp      open        http
111/tcp     open        sunrpc
2401/tcp    open        cvspserver

Nmap done: 1 IP address (1 host up) scanned in 19.01 seconds
```

첫 번째 스캔에서는 SunRPC, 윈도우 NetBIOS, NFS 같이 곧잘 익스플로잇할 수 있는 서비스들을 포함한 수많은 필터된 포트를 보여준다. 하지만 동일한 호스트를 IPv6로 스캔한 결과에서는 필터된 포트들이 보이지 않는다! 갑자기

SunRPC(포트 111)를 이용할 수 있게 됐고, IPv6를 지원하는 IPv6-enabled rpcinfo나 엔맵 버전 탐지에 의해 질의를 받으려고 기다린다. 그들은 내가 이것을 공지한 직후에 이 문제를 수정했다.

IPv6 스캔을 수행하려면 시스템이 IPv6로 구성돼야 한다. 시스템은 IPv6 주소와 라우팅 정보를 가져야 한다. 나의 ISP는 IPv6 주소를 지원하지 않으므로 http://www.tunnelbroker.net에 있는 무료 IPv6 터널 브로커 서비스를 이용한다. 다른 터널 브로커들은 위키피디아[2]에 열거돼 있다. 6to4 터널도 무료로 이용할 수 있는 또 다른 대중적인 터널이다. 물론 이 기술도 역시 대상이 IPv6를 이용하는 것을 필요로 한다.

[10.4.4] IP ID Idle 스캐닝

IP ID Idle 스캔은 실제 주소에서 대상 시스템으로 아무런 패킷도 전송되지 않기 때문에 가장 스텔스한 스캔 타입 중 하나라는 평판을 얻고 있다. 선택된 좀비 시스템의 IP ID 시퀀스에서 열린 포트들이 추정된다. Idle 스캔의 그다지 알려지지 않은 특징 중 하나는 좀비가 대상 호스트를 직접 스캔했을 경우 얻어지는 결과는 여러분이 실제로 얻게 되는 결과가 나온다는 점이다. -g 옵션이 신뢰된 소스 포트의 익스플로잇을 허용하는 것과 유사한 방식으로 Idle 스캔은 때때로 신뢰된 소스 IP 주소를 익스플로잇할 수 있다. 원래 보안 연구가인 Antirez에 의해 고안됐던 이 똑똑한 스캔 타입은 '5.10 TCP Idle 스캔(-sI)'에서 자세히 설명했다.

[10.4.5] 다중 핑 프로브

방화벽이 있는 네트워크를 스캔하려고 시도할 때의 보편적인 문제는 버려진 핑 ping 프로브가 없는 호스트로 판단될 수도 있다는 점이다. 이런 문제를 줄이기 위해 엔맵은 동시에 전송될 수 있는 매우 다양한 프로브들을 허용한다. 다행히도 최소 하나는 통과할 것이다. 3장 '호스트 발견(핑 스캐닝)'은 최고의 방화벽 침입 기술에 관한 경험적인 데이터를 포함해 이들 기술을 깊이 있게 설명한다.

---

2. http://en.wikipedia.org/wiki/List_of_IPv6_tunnel_brokers

[10.4.6] 단편화

일부 패킷 필터는 IP 패킷 단편fragment를 처리하는 데 문제가 있다. 그들은 자체적으로 패킷을 재조립할 수 있지만 추가 자원을 필요로 한다. 또한 단편이 다른 경로를 취해 재조립을 방해할 가능성도 있다. 이런 복잡성 때문에 일부 필터들은 모든 단편을 무시하며, 반면 다른 것들은 첫 번째 단편 이외에는 모두 자동으로 통과하게 한다. 첫 번째 단편이 전체 TCP 헤더를 포함할 정도로 길지 않거나 두 번째 패킷이 첫 번째 패킷을 부분적으로 덮어쓰면 재미있는 일들이 일어날 수도 있다. 이런 문제에 대해 취약한 필터링 장치들의 수는 줄어들고 있지만 시도해서 나쁠 것은 전혀 없다.

-f 옵션이 명세되면 엔맵 스캔은 작은 IP 단편을 이용할 것이다. 기본적으로 엔맵은 각 단편에 8바이트까지 포함하므로 전형적인 20바이트나 24바이트(옵션에 따라) TCP 패킷은 3개의 작은 단편들로 전송된다. -f 옵션이 나올 때마다 최대 단편 데이터 크기에 8이 더해진다. 그래서 -f -f 옵션은 각 단편 내에서 16바이트 데이터까지 허용한다. 대안으로 --mtu 옵션을 명세하고 여기에 인자로 최대 데이터 바이트를 적어줄 수도 있다. --mtu 인자는 8의 배수이어야 하며 -f 옵션과 함께 나올 수는 없다.

일부 소스 시스템은 커널에서 밖으로 나가는outgoing 패킷들에 대해 단편화를 해소한다. iptables 연결 트래킹 모듈을 가진 리눅스는 그런 예 중 하나다. 전송 패킷들이 단편화되는지 확인하기 위해 와이어샤크 같은 스니퍼가 실행되는 동안 스캔을 해보기 바란다. 호스트 운영체제가 문제를 일으킨다면 IP 계층을 우회하고 로우 이더넷 프레임을 전송하기 위해 --send-eth 옵션을 시도해보기 바란다.

단편화fragmentation는 엔맵의 로우 패킷 기능들만 지원하는데, 이것은 TCP 포트 스캔과 UDP 포트 스캔(연결 스캔과 FTB 바운스 스캔은 제외), 운영체제 탐지 등을 포함한다. 버전 탐지와 엔맵 스크립팅 엔진 같은 기능은 대상 서비스와 통신하기 위해 호스트의 TCP 스택에 의존하기 때문에 일반적으로 단편화를 지원하지 않는다.

임의의 순서의 일부 중첩된 IP 단편은 네트워크 연구와 익스플로잇에 도움을 줄 수 있지만 엔맵보다 더 로우레벨의 네트워크 도구를 필요로 한다. 엔맵은 단편들을 중첩되지 않은 상태로 순서대로 보낸다.

단편된 포트 스캔이 호스트에 도달하면 호스트를 공격하기 위해 이용되는 익스플로잇이나 다른 도구들을 조각내기 위해 Fragroute[3] 같은 도구가 이용될 수 있다.

[10.4.7] 프록시

애플리케이션 레벨의 프록시, 특히 웹을 위한 프록시는 보안과 네트워크 효율(캐싱을 통한)이라는 이점이 인식된 결과 보편화 되고 있다. 방화벽과 IDS 같이 잘못 설정된 프록시는 그들이 해결해주는 문제보다 훨씬 더 많은 보안 문제를 일으킨다. 가장 잦은 문제는 적절한 접근 제어 설정에 실패하는 점이다. 인터넷에는 몇 십만 개의 공개 프록시가 있어 누구나 다른 인터넷 사이트에 대한 익명의 도약점으로 이용할 수 있다. 몇 십 개의 조직들은 자동화된 스캐너를 이용해 공개 프록시를 발견해 IP 주소들을 배포한다. 종종 프록시는 중국 정부가 중국 거주자들에게 가하는 가혹한 검열을 피하는 것과 같은 긍정적인 일들에 이용된다. 이 '중국이라는 거대한 방화벽'은 뉴욕 타임즈 웹사이트만이 아니라 중국 정부가 인정하지 않는 뉴스, 정치, 종교 사이트들을 차단한다고 알려졌다. 불행히도 공개 프록시는 익명으로 사이트를 크랙하거나 신용카드 사기를 저지르거나 인터넷에 무더기로 스팸을 날리고 싶은 좀 더 사악한 사람들에 의해 더 자주 남용된다.

인터넷 자원에 대해 공개 프록시를 호스팅하는 것은 많은 문제를 야기할 수 있지만 좀 더 심각한 상황은 공개 프록시가 보호된 네트워크에 다시 연결하는 것을 허용할 때다. 내부 호스트들이 인터넷 자원들에 접근하기 위해 프록시를 이용해야 한다고 결정한 관리자들도 종종 아무 생각 없이 반대 방향에서의 트래픽을 허용한다. 해커인 에이드라인 라모Adrian Lamo는 보통 이 역방향 프록시 기술을 익스플로잇해 마이크로소프트, Excite, 야후, WorldCom, 뉴욕 타임즈, 다른 대형 네트워크를 뚫고 들어간 것으로 유명하다.

현재 엔맵은 매우 높은 우선순위에 두고는 있지만 프록시 스캔 옵션을 제공하지 않는다. '7.9 해결책: 오픈 프록시 탐지 같은 커스텀 요구를 맞추기 위해 버전 탐지 해킹'에서는 엔맵 버전 탐지를 이용해 공개 프록시를 발견하는 방법을 설명한다. 참고로 패킷 스톰Packet Storm[4] 같은 인터넷 사이트에서는 전용 무료 프록시 스캐너들을 많이 구할 수 있다. 몇천 개의 공개 프록시도 역시 도처에 깔려 있다.

---

3. http://www.monkey.org/~dugsong/fragroute/

4. http://packetstormsecurity.nl/

[10.4.8] MAC 주소 속이기

이더넷 장치들(와이파이를 포함한)은 유일한 6바이트의 Media Access Control MAC 주소에 의해 식별된다. 첫 번째 3바이트는 제품 회사의 유일한 식별자 organizationally unique identifier, OUI를 구성한다. 이 prefix는 IEEE에 의해 회사에 할당된다. 그리고 회사는 판매하는 어댑터와 장치들에 나머지 3개의 바이트를 유일하게 할당하는 책임을 진다. 엔맵은 OUI와 그들이 할당된 회사 이름을 매치하는 데이터베이스를 갖고 있다. 이 절에서는 왜 전적으로 이 정보를 신뢰하지 않는지 설명하겠지만 이것은 네트워크를 스캔할 때 장치들을 식별하는 데 도움이 된다. OUI 데이터베이스 파일인 `nmap-mac-prefixes`는 '14.6 MAC 주소 벤더 프리픽스: nmap-mac-prefixes'에서 설명한다.

MAC 주소는 이더넷 장치에 미리 할당돼 있지만 이들은 현재 대부분의 하드웨어 드라이버에 의해 변경될 수 있다. 매우 적은 사람들만이 MAC 주소를 변경하기(또는 이것을 갖고 있다는 것을 알기) 때문에 많은 네트워크는 이들을 신원 확인 identification과 권한 부여 authorization의 목적으로 이용한다. 예를 들면 대부분의 무선 액세스 포인트들은 특정 집합의 MAC 주소에 대한 접근을 제한하기 위한 설정 옵션을 제공한다. 마찬가지로 일부 유료 네트워크나 개인 네트워크는 인증을 강요하거나 웹 폼을 이용해 연결한 후 비용 지불을 요구한다. 그런 후 그들은 네트워크의 나머지 부분에 대한 접근을 여러분의 MAC 주소를 기반으로 해 허용할 것이다. MAC 주소(이들은 전송되고 수신되는 모든 프레임에 보내져야 함)를 스니핑한 후 그 MAC을 속여 네트워크에 대한 권한 외의 접근을 얻는 것이 일반적으로 쉽다고 했을 때 이런 형태의 접근 제어는 상당히 취약하다. 또한 라우터를 횡단할 때 종단에 있는 호스트의 MAC 주소가 대체되기 때문에 이것은 네트워크의 끝 edge에서만 효과적이다.

접근 제어에 추가해 MAC 주소는 때때로 책임 소재 accountability에도 이용된다. 네트워크 관리자는 DHCP를 임대할 때나 새 시스템이 네트워크에 통신을 할 때 MAC 주소들을 기록한다. 나중에 네트워크 사기나 저작권 침해 소송이 있을 때 관리자는 IP 주소와 사건이 일어난 시간을 기반으로 해 MAC 주소를 찾아낸다. 그런 후 그들은 MAC을 이용해 책임이 있는 시스템과 그 소유자를 추적한다. MAC 주소를 속이는 것이 쉽다는 점은 이 접근 방법을 일정 정도 훼손한다. 사용자들이 유죄일 때조차도 그들은 책임을 피하기 위해 MAC 주소 속이기 spoofing라는 문제를 들고 나올 수 있다.

엔맵은 --spoof-mac 옵션으로 MAC 주소 속이기를 지원한다. 주어지는 인자는 다양한 형태를 취할 수 있다. 인자가 단순히 숫자 0이라면 엔맵은 세션을 위해 완전히 임의의 MAC 주소를 선택한다. 주어진 문자열이 짝수 개의 16진 숫자(선택적으로 콜론 문자에 의해 분리된 쌍으로)라면 엔맵은 그것을 MAC으로 이용할 것이다. 12개의 16진 숫자보다 적게 인자가 제공됐다면 엔맵은 6바이트 중 나머지를 임의의 값으로 채운다. 인자가 0이나 16진 문자열이 아니라면 엔맵은 주어진 문자열(대소문자를 구분함)을 포함하는 회사 이름을 찾기 위해 nmap-mac-prefixes를 찾는다. 일치하는 것이 발견되면 엔맵은 그 회사의 OUI를 이용하며 나머지 3바이트는 임의의 값으로 채운다. Apple, 0, 01:02:03:04:05:06, deadbeefcafe, 0020F2, Cisco 등은 유효한 --spoof-mac 인자의 예다. 이 옵션은 엔맵이 사실상 이더넷 레벨의 패킷을 전송할 수 있게 --send-eth 옵션을 포함한다. 이 옵션은 버전 탐지나 엔맵 스크립팅 엔진 같은 연결 지향의 기능이 아니라 SYN 스캔이나 운영체제 탐지 같은 로우 패킷 스캔에만 영향을 미친다.

MAC 주소 속이기가 네트워크 접근을 위해 필요하지 않을 때조차도 이것은 속임수를 위해 이용될 수 있다. 내가 컨퍼런스에서 --spoof-mac Apple 옵션으로 주변 네트워크를 스캔하면 그 방의 맥북MacBook 사용자들에게 의심의 눈초리가 향해질 것이다.

[10.4.9] 소스 라우팅

이 구식 기술은 어떤 경우에 아직도 유효하다. 경로 중 특정 라우터가 문제를 일으킨다면 그것 주위에 있는 라우터를 발견하는 것을 시도하기 바란다. 패킷 필터 문제는 보통 대상 네트워크나 대상 네트워크 주변에서 일어나기 때문에 이 기술의 유효성은 한정돼 있다. 이들 시스템은 소스 라우트된 패킷들을 모두 버리거나 네트워크로 들어가는 유일한 길일 가능성이 많다. 엔맵은 --ip-options 옵션을 이용해 느슨한 소스 라우팅Loose Source Routing과 엄격한 소스 라우팅Strict Source Routing을 모두 지원한다. 예를 들어 --ip-options "L 192.168.0.7 192.168.30.9"를 명세하는 것은 이들 2개의 주어진 IP way point를 통해 패킷이 느슨한 소스 라우팅되게 요청한다. 엄격한 소스 라우팅을 위해는 L 대신 S를 입력한다. 엄격한 소스 라우팅을 선택했다면 경로를 따라서 모든 홉hop을 명세해야 한다는 점을 유념하기 바란다.

현대 네트워크의 필터링 정책을 피하기 위해 이용되는 소스 라우팅의 실제적인 예는 '10.4.12 방화벽 무력화의 실제 예제'를 참조하라. IPv4 소스 라우팅은 매우 보편적으로 차단되는 반면 IPv6 형태의 소스 라우팅은 훨씬 침투적이다. 이 문제에 관한 흥미로운 기사는 http://lwn.net/Articles/232781/에서 구할 수 있다.

엔맵으로 대상 시스템에 대한 소스 라우트된 경로가 발견됐다면 익스플로잇할 수 있는 것은 포트 스캐닝에 한정되지 않는다. Hobbit의 Netcat[5]은 소스 라우트된 경로에서 TCP와 UDP 통신을 가능(-g 옵션을 이용함)하게 하는 고전적인 도구다.

[10.4.10] FTP 바운스 스캔

FTP 서버 중 매우 적은 비율만이 아직도 여기에 취약하지만 이 문제를 위해 클라이언트의 모든 시스템을 체크할 가치는 있다. 최소한 이것은 외부의 공격자들이 취약한 시스템으로 다른 곳을 스캔하는 데 활용하도록 허용한다. 더 나쁜 설정은 공격자에게 조직의 방화벽을 우회하는 것까지도 허용한다. 이 기술의 세부 내용과 예는 '5.12 TCP FTP 바운스 스캔(-b)'에서 다뤘다. 예제 10.9는 HP 프린터가 포트 스캔을 중계하는 데에 이용된 것을 보여준다. 프린터가 조직의 방화벽 뒤쪽에 있다면 이것은 정상적으로는 접근할 수 없는(공격자에게 있어서) 내부 주소에 대한 스캔에 이용될 수도 있다.

예제 10.9 FTP 바운스 스캔으로 프린터를 익스플로잇

```
felix~> nmap -p 22,25,135 -PN -v -b XXX.YY.111.2 scanme.nmap.org

Starting Nmap ( http://nmap.org )
Attempting connection to ftp://anonymous:-wwwuser@@XXX.YY.111.2:21
Connected:220 JD FTP Server Ready
Login credentials accepted by ftp server!
Initiating TCP ftp bounce scan against scanme.nmap.org (64.13.134.52)
Adding open port 22/tcp
Adding open port 25/tcp
Scanned 3 ports in 12 seconds via the Bounce scan.
Interesting ports on scanme.nmap.org (64.13.134.52):
PORT      STATE     SERVICE
22/tcp    open      ssh
```

---

5. http://sectools.org/#netcat

```
25/tcp    open        smtp
135/tcp   filtered    msrpc

Nmap done: 1 IP address (1 host up) scanned in 21.79 seconds
```

[10.4.11] 다른 경로를 얻어라

나는 "고정 관념에서 탈피하라think outside the box"는 표현을 남용하는 것을 싫어하지만 보안이 잘된 네트워크의 정문 앞에서 계속 문을 두드리는 것이 항상 최선의 접근법은 아니다. 들어갈 다른 방법을 찾기 바란다. 그들의 전화선을 기웃거려 특수한 네트워크 접근을 할 수도 있는 자회사를 공격하거나 와이파이Wi-Fi 스니핑 장비로 그들의 사무실을 보거나 데이터를 훔쳐 편리한 이더넷 잭으로 끼어 들어간다. 엔맵은 이런 모든 연결에 대해 잘 동작한다. 고객이 여러분을 잡아 그들의 데이터 센터 지붕 꼭대기 위에 닌자 차림으로 걸어놓기 전에 침투 테스트 계약에서는 이런 방법도 시도할 수 있다고 확실히 언급하길 바란다.

[10.4.12] 방화벽 무력화의 실제 예제

방화벽 규칙을 우회하는 많은 개별적인 기술을 알아봤으므로 이제 이들을 모아 실생활의 침투 테스트 시나리오에 적용할 차례다. 모든 것은 보안 전문가 마이클 케인Michael Cain이 시큐리티포커스 펜 테스트SecurityFocus pen-test 목록에 올린 글[6]에서부터 시작한다. 그와 그의 동료 디메트리스 파파페트로Demetris Papapetrou는 대기업 내부 네트워크의 침투 테스트를 했었는데, 하나의 VLAN이 다른 VLAN에 접근하는 것을 방지하게 돼 있는 방화벽 규칙을 우회하게 됐다. 나는 그들이 엔맵을 이용해 이런 공로를 세웠다는 것을 재미있게 읽었고 그들에게 전체 스토리에 관한 글을 요청했다. 이것은 가장 일반적인 익스플로잇이 실패하더라도 여러분이 아는 모든 기술을 시도하는 것과 인내심을 갖는 것이 얼마나 큰 가치를 얻을 수 있는지 보여줬다는 점에서 교훈적임과 동시에 고무적이다. 방화벽 앞에서 쉽게 좌절하거나 포기하지 말라!

---

6. http://seclists.org/pen-test/2008/Mar/0010.html

마이클과 디메트리스는 엔맵 스캔을 하고 있었는데, 그들이 강력하게 필터되는 네트워크를 만났다는 사실을 엔맵이 보여줬다는 것에서부터 이야기가 시작된다. 그들은 네트워크의 어딘가에 존재하고 있을 어떤 데스크탑 클라이언트 시스템(잠재적으로 취약한)도 아닌 몇 개의 회사 서버들에 도달할 수 있었다. 그들은 통제된 컨퍼런스 룸이나 로비 네트워크, 회사의 손님들을 위한 무선 액세스 포인트 설정 컴퓨터에 있는 듯했다. 몇 개의 발견된 호스트와 네트워크는 예제 10.10에서 보여준다. 이 이야기의 몇 가지 상세 내용(IP 주소 같은)은 기밀 때문에 변경됐다. 나는 대상 회사를 Megacorp라고 부르겠다.

예제 10.10 Megacorp에 있는 일부 흥미로운 호스트와 네트워크

```
10.10.5.1 - A router/firewall which will give us grief later
10.10.5.42 - Our protagonists are scanning from this machine
10.10.6.30 - files2.megacorp.com; Nmap shows this is a Windows machine
             with port 445 open.
10.10.6.60 - mail.megacorp.com; Nmap OS detection shows that it is
             Solaris 8. Port 25 is open and accessible.
10.10.10.0/24 - Nothing shows up here, but many of the IPs have
             reverse-DNS names, so Demetris suspects that a
             firewall may be blocking his probes. The goal is to
             reach any available hosts on this subnet.
```

10.10.10.0/24 네트워크에 어떤 호스트들이 숨어 있는지를 결정한다는 목표를 갖고 디메트리스는 ICMP echo 요청 질의(-PE)를 이용한 간단한 핑 스캔을 시작했다. 그 결과는 예제 10.11과 같다.

예제 10.11 대상 네트워크에 대한 ping 스캔

```
# nmap -n -sP -PE -T4 10.10.10.0/24
Starting Nmap ( http://nmap.org )
Nmap done: 256 IP addresses (0 hosts up) scanned in 26.167 seconds
```

핑 스캔은 응답하는 호스트를 발견하는 데에 실패했다. 디메트리스는 대단히 실망했지만 최소한 이것은 이 절을 더 흥미롭고 교훈적이게 만들었다. 네트워크는 실제로 비어 있을 수도 있지만 디메트리스가 접근하지 못하게 차단된 취약한

시스템으로 차있을 수도 있다. 그는 더 깊이 파고들 필요가 있었다. 예제 10.12에서 해당 네트워크 중 하나의 IP를 선택해 핑 스캔을 수행했다. 그는 패킷 tracing(--packet-trace) 옵션과 extra verbosity(-vv) 옵션을 이용해 패킷 레벨에서 무슨 일이 진행되는지를 조사했다. 한 개의 IP만을 선택했던 이유는 혼란스러운 수백 개의 패킷이 쇄도하는 것을 피하기 위해서다.

예제 10.12 한 개의 IP에 대한 패킷 trace

```
# nmap -vv -n -sP -PE -T4 --packet-trace 10.10.10.7
Starting Nmap ( http://nmap.org )
SENT (0.3130s) ICMP 10.10.5.42 > 10.10.10.7 echo request (type=8/code=0)
            ttl=41 id=7193 iplen=28
RCVD (0.3130s) ICMP 10.10.5.1 > 10.10.5.42 host 10.10.10.7 unreachable
            (type=3/code=1) ttl=255 id=25980 iplen=56
Nmap done: 1 IP address (0 hosts up) scanned in 0.313 seconds
```

이들 IP(또는 최소한 이 IP 하나)에 스캔을 시도할 때 디메트리스는 ICMP 호스트 도달 불가host unreachable 메시지를 수신한 것으로 보인다. 라우터는 호스트를 이용할 수 없고 그들이 MAC 주소를 결정할 수 없을 때 보통 이렇게 응답한다. 또한 이것은 종종 필터링에 의해서도 발생한다. 디메트리스는 네트워크의 다른 호스트들도 스캔해 그들이 동일한 방식으로 행동한다는 사실을 검증했다. ICMP 패킷들만 필터될 가능성도 있으므로 디메트리스는 TCP SYN 스캔을 시도하기로 결정했다. 그는 'nmap -vv -n -sS -T4 -PN --reason 10.10.10.0/24' 명령을 실행했다. 그 결과 모든 포트가 필터된다고 보여졌고 --reason의 결과들은 몇 개의 호스트 도달 불가 메시지와 몇 개의 응답하지 않는 포트들을 이유로 들었다. 응답하지 않는 포트들은 라우터에 의해 전송되는 호스트 도달 불가 메시지들의 대역폭 제한rate limiting에서 기인했을지도 모른다. 이 경우 많은 라우터는 몇 초 간격으로 이들 중 하나만 전송할 것이다. 디메트리스는 스캔을 다시 실행해 호스트 도달 불가 메시지가 정확히 동일한 집합의 포트에서 오는지를 보는 것에 의해 대역폭 제한rate limiting이 원인인지를 검증할 수 있었다. 포트가 동일하다면 특수한 포트 기반의 필터일 수도 있다. 엔맵이 각 시간마다 다른 포트들에서 호스트 도달 불가 메시지를 받는다면 대역폭 제한이 원인일 가능성이 많다.

필터가 문제를 일으키는 것이라면 쉽게 구할 수 있는 라우터나 스위치인 단순한 상태 비저장 방화벽일 수도 있다. 앞서 설명했듯이 이들은 때때로 간섭하지 않고 TCP ACK 패킷들을 허용한다. 디메트리스는 스캔을 반복했지만 -sS가 아니라 ACK 스캔을 위한 -sA을 명세했다. 스캔에 의해 발견된 모든 unfiltered 포트는 ACK 패킷들이 통과했으며 대상 호스트에서 TCP RST 응답을 유발했다고 제안할 것이다. 불행히도 이 경우의 결과들은 SYN 스캔과 마찬가지로 모두 filtered였다.

디메트리스는 좀 더 발전된 뭔가를 시도하기로 결정했다. 그는 초기 엔맵 스캔에서 10.10.6.30(files2.megacorp.com)에 있는 윈도우 시스템에 포트 445가 열려 있다는 점을 이미 알고 있었다. 디메트리스는 10.10.10.0/24 네트워크에 직접 도달할 수 없는 반면 files2(회사의 중요한 파일 서버인)는 그 IP 범위를 접근할 수 있을 것이다. 디메트리스는 IP ID Idle 스캔을 이용해 그의 스캔을 files2로 바운싱하기로 결정했다. 먼저 포트 25가 열려 있고 응답을 한다고 알려진 시스템인 10.10.6.60에 대해 테스트해봄으로써 files2가 좀비로서 작동하는지를 확인하고 싶었다. 이 테스트의 결과는 예제 10.13에서 보여준다.

예제 10.13 Idle 스캔 테스트하기

```
# nmap -vv -n -PN -sI 10.10.6.30:445 -p 25 10.10.6.60

Starting Nmap ( http://nmap.org )

Initiating idle scan against 10.10.6.60 at 13:10
Idle scan using zombie 10.10.6.30 (10.10.6.30:445); Class: Incremental
Even though your Zombie (10.10.6.30) appears to be vulnerable to IP ID
sequence prediction (class: Incremental), our attempts have failed. This
generally means that either the Zombie uses a separate IP ID base for each
host (like Solaris), or because you cannot spoof IP packets (perhaps your ISP
has enabled egress filtering to prevent IP spoofing), or maybe the target
network recognizes the packet source as bogus and drops them
QUITTING!
```

10.10.6.30을 idle 좀비로 이용하면 잘 동작하지 않는다. 문제가 과중한 트래픽에서 기인한 것이었다면 한밤중에 다시 시도할 수도 있었을 것이다. '5.10 TCP Idle 스캔(-sI)'을 철저히 읽고 --packet-trace 옵션을 이용해보면 왜 10.10.6.30이 좀비로 작동하지 않았는지 확인하는 데 도움이 된다. 디메트리스는 네트워크에서 발견한 다른 많은 호스트를 시도해봤지만 어느 것도 좀비로 동

작하지 않았다.

디메트리스는 10.10.10.0/24 네트워크를 크랙할 수 있을지 여부에 대해 걱정하기 시작했다. 다행히도 경험이 풍부해 IP 소스 라우팅이라는 다른 트릭을 떠올렸다. 인터넷 초창기에(그리고 현재도 IPv6에 있어서는) 소스 라우팅은 중요하고 널리 배포된 네트워크 진단 기능이었다. 이것은 패킷이 대상 시스템까지 가는 경로로서 정상적인 라우팅 규칙에 의존하지 않고 사용자가 원하는 홉을 이용하게 허용한다. 엄격한 소스 라우팅에서는 모든 홉을 명세해야 한다. 느슨한 소스 라우팅은 사용자가 주요 IP 경로 지점을 채우게 허용하며, 이들 경로 지점 사이의 세부적인 홉은 정상적인 인터넷 라우팅이 채운다.

오래 전에 네트워킹 커뮤니티는 소스 라우팅이 가치보다는 문제(특히 보안면에서)가 많다는 점에 합의했다. 많은(대부분은 아니지만) 라우터가 소스 라우트된 IPv4 패킷들을 버리게 설정돼 있으므로 일부 사람들은 1990년대 초반 이후에 문제가 해결됐다고 생각한다. 하지만 소스 라우팅은 SYN flooding이나 텔넷 패스워드 스니핑 같이 드물지만 잠재적인 위험성을 계속 갖고 있다. 디메트리스는 10.10.6.60 메일 서버로 느슨한 소스 라우트되는 패킷을 이용해 file2(10.10.6.30)에 핑 스캔을 하는 공격을 테스트했다.

예제 10.14 소스 라우팅 테스트하기

```
# nmap -n -sP -PE --ip-options "L 10.10.6.60" --reason 10.10.6.30
Starting Nmap ( http://nmap.org )
Host 10.10.6.30 appears to be up, received echo-reply.
Nmap done: 1 IP address (1 host up) scanned in .313 seconds
```

디메트리스는 테스트가 동작하는 것에 놀랍기도 하고 기쁘기도 했다. 그는 즉시 진정한 대상 네트워크에 주목해 초기 핑 스캔에 --ip-options "L 10.10.6.60" 옵션을 추가한 후 스캔을 반복했다. 이번에는 엔맵이 10.10.10.7에 있는 시스템이 응답을 한다고 보고했다. 디메트리스는 10.10.10.0/24 서브넷과 10.10.5.0/24 서브넷이 다른 라우터에 있기 때문에 이전에는 도달할 수 없었다는 것을 배웠다. 디메트리스의 소스 라우팅 기술은 그런 정책에 큰 구멍을 뚫었다! 디메트리스는 예제 10.15에서 보여주는 것처럼 계속해서 10.10.10.7 시스템에 대한 SYN 스캔을 했다.

예제 10.15 마침내 성공

```
# nmap -vv -n -sS -PN --ip-options "L 10.10.6.60" --reason 10.10.10.7
Starting Nmap ( http://nmap.org )
Interesting ports on 10.10.10.7:
Not shown: 988 closed ports
Reason: 988 resets
PORT        STATE       SERVICE             REASON
21/tcp      filtered    ftp                 no-response
23/tcp      filtered    telnet              no-response
25/tcp      open        smtp                syn-ack
80/tcp      open        http                syn-ack
135/tcp     open        msrpc               syn-ack
139/tcp     open        netbios-ssn         syn-ack
443/tcp     open        https               syn-ack
445/tcp     open        microsoft-ds        syn-ack
515/tcp     open        printer             syn-ack
1032/tcp    open        iad3                syn-ack
1050/tcp    open        java-or-OTGfileshare syn-ack
3372/tcp    open        msdtc               syn-ack
Nmap done: 1 IP address (1 host up) scanned in 21.203 seconds
```

디메트리스는 초기 스캔에서 운영체제 탐지와 버전 탐지는 생략했지만 열린 포트의 이름으로 볼 때 윈도우 시스템처럼 보인다. 이제 디메트리스는 소스 라우팅 옵션을 제공하는 넷캣Netcat 같은 도구를 이용하면 이들 포트에 연결하고 접근할 수 있다. 이 후에 어떤 일이 일어났는지는 나도 모르지만 디메트리스가 네트워크 침투에 완전히 성공해 회사로 하여금 시스템을 좀 더 안전하게 만드는 데 도움을 줬을 것이라고 추측한다.

10.5 침입탐지 시스템 무력화

방화벽은 현대의 공격자들이 직면하는 유일한 장애물이 아니다. 침입탐지 시스템IDS과 침입방지 시스템도 역시 문제가 될 수 있다. 네트워크 관리자는 IDS에서 만드는 새벽 2시의 침입 경고 페이지들을 항상 잘보는 것은 아니다. 사려 깊은 해커들은 자신의 행위가 경고의 첫 번째 위치에 나타나지 않게 예방하느라고 고생한다. 그를 위한 첫 번째 단계는 IDS 존재 여부를 탐지하는 작업이다. 대부분의 작은 회사들은 IDS를 이용하지 않는다. IDS가 있다고 의심되거나 탐지됐다면 무력화하기 위한 많은 효과적인 기술이 있다. 기술들은 침투성에 따라 3개의 카테고리로 분류된다. 즉, 공격자가 거기에 없는 것처럼 IDS를 회피하는 것, 데이터를 잘못 판단하게 해 IDS를 혼란스럽게 하는 것, 더 많은 네트워크 권한을 얻거나 단순히 IDS를 정지하게 하기 위해 IDS를 익스플로잇하는 것으로 분류된다. 또 다른 방법으로 스틸스를 전혀 의식하지 않는 공격자는 대상 네트워크에서 작업할 때 IDS를 전적으로 무시할 수도 있다.

[10.5.1] 침입탐지 시스템의 탐지

네트워크 관리자와 악성 해커 사이의 끝없는 전쟁 초기부터 관리자들은 시스템을 견고하게 만들거나 성벽으로 기능하는 방화벽을 설치해 자신의 영역을 방어했다. 해커들은 방화벽을 침투하거나 속이고 취약한 호스트를 익스플로잇하기 위해 새로운 도구들을 개발했다. 무기 경쟁은 관리자들이 사악한 행위를 항상 감시하는 침입탐지 시스템을 도입함으로써 더욱 심화됐다. 공격자들은 물론 IDS를 탐지하고 속이는 시스템을 개발하는 것으로 대응했다. 침입탐지 시스템은 수동 장치passive device로 만들어져 있지만 많은 것은 공격자에 의해 인터넷에서 탐지될 수 있다.

가장 눈에 띄지 않는 IDS는 전혀 전송transmitting을 하지 않고 네트워크 트래픽을 수동으로 listen하는 IDS다. 공격자에게 접수 당할지라도 IDS가 전송을 할 수 없게 만들기 위해 특수 네트워크 탭network tap 하드웨어 장치를 이용할 수도 있다. 이런 설정의 보안 이점에도 불구하고 현실적인 문제 때문에 널리 배치되지 않았다. 현대의 IDS는 중앙 관리 콘솔이나 이런 부류에 경고를 전송할 수 있는 능력이 필요하다. 이것이 IDS가 전송하는 모든 것이라면 위험은 최소가 될 것이다. 하지만 경고 내용에 더 광범위한 데이터를 제공하기 위해 그들은 종종 공격자에게 보여질 수도 있는 프로브들을 전송한다.

역방향 프로브

IDS에 의해 보통 전달되는 프로브 중 하나는 공격자의 IP 주소에 대한 역방향 DNS 질의query다. 어쨌든 경고 내용에서의 도메인명은 단순한 IP 주소보다 더 가치가 있기 때문이다. 불행히도 그들 자신의 rDNS를 제어하는(상당히 보편적임) 공격자들은 로그를 실시간으로 보고 그들이 탐지한 것을 바로 배울 수 있다. 이것은 공격자들이 요청을 한 IDS에 위조 이름이나 캐시 엔트리 같은 잘못된 정보를 전송하기에는 매우 좋은 기회가 된다.

일부 IDS는 더 심하게 나아가 명백한 공격자에 대한 더 침투적인 프로브를 전송한다. 공격자가 자신의 대상이 거꾸로 자신을 스캔하는 것을 보았을 때 그가 경계를 할 것이라는 점은 의심할 여지가 없다. 일부 IDS는 공격자에게 거꾸로 윈도우 NetBIOS 정보 요청을 한다. ISS BlackICE Defender는 이것을 기본적으로 하는(또는 적어도 했던) 벤더 중 하나다. 나는 icepick라는 작은 도구를 제작했는데, 이것은 리스닝하고 있는 BlackICE 인스턴스가 경고를 생성하게 하는 간단한 패킷을 전송한다. 그런 후 이것은 문제의 NetBIOS 쿼리를 감시해 BlackICE 설치가 발견됐는지를 보고한다. 나는 대형 네트워크를 스캔해 이 IDS를 쉽게 찾은 후 10장의 후반에서 설명하는 보안 취약점을 이용해 이들을 익스플로잇하는 시도할 수 있다.

나는 단순히 BlackICE 설치를 찾아내거나 침투 테스트 중에 그들을 탐지하는 것에 만족하지 않고, 프로브에 대해 잘못된 정보로 응답하는 windentd라는 간단한 유닉스 프로그램을 제작했다. 그림 10.1은 BlackICE 콘솔을 보인 것인데, 거기에 공격자Intruder는 windentd와 icepick에 감사한다는 'Your Mother'라고 나열돼 있다. 이 간단한 도구들은 더 이상 지원되지는 않지만 http://insecure.org/presentations/CanSecWest01/에서 구할 수 있다.

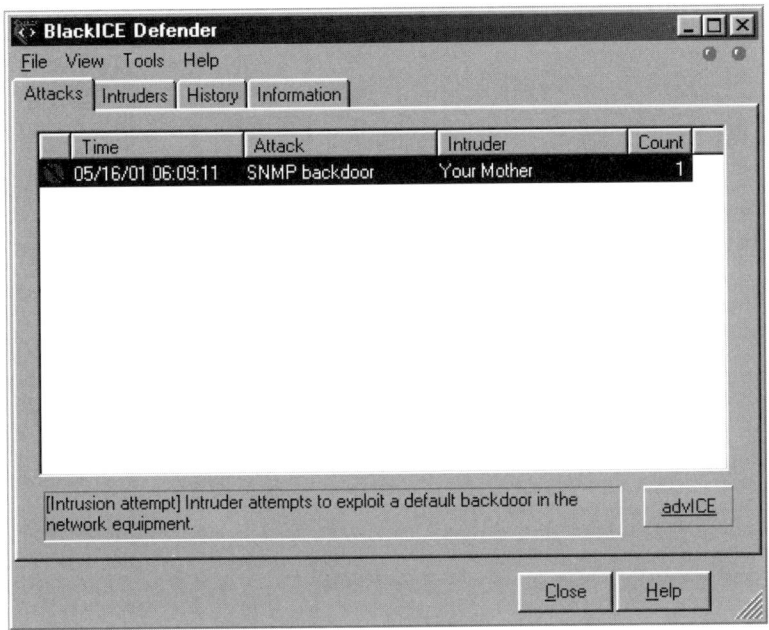

그림 10.1 BlackICE가 이상한 침입자를 발견했다

갑작스런 방화벽 설정 변경과 의심스러운 패킷

많은 침입탐지 시스템은 마케팅 부서에서 침입방지 시스템IPS이라는 이름으로 변형됐다. 어떤 것은 보통의 IDS 같이 네트워크를 스니핑하고 유발된 패킷 응답들을 전송할 수 있을 뿐이다. 최고의 IPS 시스템은 의심스러운 행위가 탐지됐을 때 패킷 흐름을 제한할 수 있게 네트워크에 즉시 처리 모드inline로 있는 것이다. 예를 들어 IPS는 자신을 포트 스캔한다고 생각하는 IP 주소나 버퍼 오버플로우 익스플로잇을 시도한 IP 주소에서 이후의 모든 트래픽을 차단할 수도 있다. 공격자들은 시스템을 포트 스캔한 후 보고됐던 열린 포트들에 연결할 수 없으면 이것을 눈치 챌 가능성이 많다. 공격자들은 다른 IP 주소에서 연결을 시도해 자신이 차단됐다는 것을 확인할 수 있다.

의심스러운 응답 패킷들은 공격자의 행동이 IDS에 의해 발견됐다는 경보가 될 수도 있다. 특히 네트워크에 즉시 처리 모드로 있지 않은 많은 IDS는 연결을 끊기 위한 시도로 RST 패킷을 위조하려고 한다. 이들 패킷이 위조됐는지 확인하는 방법은 '10.6 방화벽과 침입탐지 시스템에 의한 패킷 위조 탐지'에서 다룬다.

이름 변환

이름 변환Naming convention은 IDS가 존재한다는 또 다른 증거가 될 수 있다. 엔맵 목록 스캔이 realsecure, ids-monitor, dragon-ids 같은 호스트명을 반환하면 침입 탐지 시스템을 발견했다고 볼 수 있다. 관리자가 부주의하게 이 정보를 노출했거나 이것을 집이나 차창에 붙인 경고 스티커 같이 생각했을지도 모른다. 그들은 스크립트 키드들이 IDS와 관련된 이름을 보고 겁을 먹을 것이라고 생각했을 수도 있다. 이것 역시 잘못된 정보일 수 있다. 절대로 DNS 이름을 전적으로 신뢰해서는 안 된다. 예를 들어 bugzilla.securityfocus.com이 대중적인 웹 기반의 버그 tracking 소프트웨어 Bugzilla를 실행하는 웹서버라고 생각할지도 모른다.

하지만 그렇지 않다. 예제 10.16의 엔맵 스캔은 대신 이것이 시맨텍Symantec Raptor 방화벽일지도 모른다는 점을 보여준다. Raptor 뒤에 숨겨져 있는지는 모르지만 어떤 웹서버도 접근할 수 없다.

예제 10.16 호스트명은 거짓일 수도 있다

```
# nmap -sS -sV -T4 -p1-24 bugzilla.securityfocus.com

Starting Nmap ( http://nmap.org )
Interesting ports on 205.206.231.82:
Not shown: 21 closed ports
PORT     STATE  SERVICE    VERSION
21/tcp   open   ftp-proxy  Symantec Enterprise Firewall FTP proxy
22/tcp   open   ssh?
23/tcp   open   telnet     Symantec Raptor firewall secure gateway telnetd

Nmap done: 1 IP address (1 host up) scanned in 0.94 seconds
```

설명할 수 없는 TTL 점프

특정 IDS들을 탐지하기 위한 또 다른 방법은 트레이스라우트traceroute에서 설명할 수 없는 차이들(또는 의심스러운 시스템)을 관찰하는 방법이다. 대부분의 운영체제가 traceroute 명령(윈도우에서는 tracert라는 이름으로 줄어들었음)을 갖고 있지만 엔맵은 더 빠르고 더 효과적인 방법을 --traceroute 옵션으로 제공한다. 표준 traceroute와 달리 엔맵은 자신의 프로브를 병행 전송해 스캔 결과를 기반으로 어떤 종류의 프로브가 가장 효과적인지 결정할 수 있다. 예제 10.17(간단하게 정리했음)에서

traceroute는 홉 5에서 아무것도 찾지 못했다. 이것은 대상 회사를 보호하는 인라인 IDS나 방화벽일지도 모른다. 물론 이 옵션은 라우트의 일부로 들어가지 않고 수동적으로 네트워크를 스니핑하는 IDS가 아니라 인라인 IDS만 탐지할 수 있다. 일부 인라인 모드의 장치조차도 그들이 TTL을 감소하는 데에 실패하거나 보호된 네트워크로부터 ICMP ttl 초과된 메시지를 전달하는 것을 거부하기 때문에 찾아지지 않을 수도 있다.

예제 10.17 traceroute에서의 TTL gap들에 주의할 것

```
# nmap --traceroute www.target.com
Interesting ports on orestes.red.target.com (10.0.0.6)
Not shown: 996 filtered ports
PORT     STATE   SERVICE
22/tcp   open    ssh
53/tcp   open    domain
80/tcp   open    http
113/tcp  closed  auth

TRACEROUTE (using port 22/tcp)
HOP  RTT     ADDRESS
1    1.10    gw (205.217.153.49)
2    10.40   metro1-ge-152.pa.meer.net (205.217.152.1)
3    12.02   208.185.168.171 (208.185.168.171)
4    14.74   p4-2-0-0.r06.us.bb.verio.net (129.250.9.129)
5    ...
6    15.07   orestes.red.target.com (10.0.0.6)

Nmap done: 1 IP address (1 host up) scanned in 4.35 seconds
```

traceroute는 이 정보를 얻기 위한 알려진 방법 중 최선의 방법이지만 유일한 방법은 아니다. IPv4는 이 정보를 얻기 위한 소위 레코드 라우트record route라는 애매한 옵션을 제공한다. 최대 IP 헤더의 크기 때문에 최대 9개의 홉이 기록될 수 있다. 참고로 일부 호스트와 라우터는 이 옵션이 설정된 패킷들을 버린다. 이 옵션은 전통적인 traceroute가 실패할 때도 여전히 간편한 트릭이다. 이 옵션은 설정할 경우 엔맵에 --ip-options R 옵션을 이용하고 응답에서 이 정보를 읽을 경우 --packet-trace 옵션을 이용해 명세할 수 있다. 이것은 일반적으로

ICMP 핑 스캔(-sP -PE)과 함께 이용된다. 대부분의 운영체제는 핑 명령에 -R 옵션을 제공하는데, 이것은 이런 목적으로 엔맵을 이용하는 것보다 더 쉽다. 이 기술의 예는 예제 10.18에서 보여준다.

예제 10.18 IP record route 옵션 이용하기

```
> ping -R 151.164.184.68
PING 151.164.184.68 (151.164.184.68) 56(124) bytes of data.
64 bytes from 151.164.184.68: icmp_seq=1 ttl=126 time=11.7 ms
NOP
RR:     192.168.0.100
        69.232.194.10
        192.168.0.6
        192.168.0.100

--- 151.164.184.68 ping statistics ---
1 packets transmitted, 1 received, 0% packet loss, time 0ms
rtt min/avg/max/mdev = 11.765/11.765/11.765/0.000 ms
```

[10.5.2] 침입탐지 시스템 회피

침입탐지 시스템을 무효로 하는 가장 뛰어난 방법은 경계하는 눈을 완전히 피하는 방법이다. 사실 IDS를 다스리는 규칙은 공격을 약간 조작하는 것에 의해 종종 무효로 할 수 있다는 점에서 상당히 취약하다. 공격자들은 URL 인코딩에서부터 다형성 셸 코드 생성에 이르기까지 자신의 익스플로잇을 IDS가 탐지하지 못하게 회피하는 수십 가지의 기술을 갖고 있다. 이 절은 스틸스 포트 스캐닝에 초점을 맞추는데, 스틸스하게 취약점을 익스플로잇하는 것보다 더 쉽다.

속도 늦추기

IDS 경고를 회피하려고 할 때는 참을성이 필요하다. 포트 스캔 탐지는 보통 임계치threshold 기반이다. 시스템은 특정 시간 내에 주어진 수의 프로브들을 감시한다. 이것은 순수 사용자들로부터의 거짓 양성false positive을 예방하는 데에 도움이 된다. 또한 자원을 절약하는 것도 필수적이다. 즉, 연결 프로브들을 영구히 저장하는 것은 메모리를 소비하고 실시간의 목록 검색을 너무 느리게 만든다. 이와

같은 임계치 기반 접근법의 결점은 공격자들이 스캔 속도를 임계치 바로 아래로 유지함으로써 비켜갈 수 있다는 점이다. 엔맵은 이 방식을 수행하기 위해 -T 옵션으로 선택할 수 있는 미리 설정된 여러 가지 타이밍 모드를 제공한다. 예를 들어 -T paranoid 옵션은 엔맵이 프로브 사이에서 5분을 기다리면서 한 번에 하나의 프로브만 전송하게 한다. 대형 스캔은 몇 주가 걸릴 수도 있지만 최소한 탐지되지는 않을 것이다. -T sneaky 옵션도 유사한데, 프로브 사이에서 15초만 기다린다.

-T sneaky 옵션 같이 미리 설정된 시간 모드를 명세하기보다는 `--max-parallelism`, `--min-rtt-timeout`, `--scan-delay` 같은 옵션으로 시간 변수를 정밀하게 조정할 수 있다. 6장 '엔맵 성능 최적화'는 이 내용을 자세히 다룬다.

실제적인 예제: Snort 2.2.0 기본 규칙 우회하기

간편한 오픈소스인 스노트Snort IDS를 조사하는 것은 레이더 안에서 데이터를 훔치는 연습을 할 수 있게 한다. Snort는 몇 세대에 걸친 포트 스캔 탐지기를 갖고 있다. Flow-Portscan 모듈은 상당히 대단하다. 이것을 피할 수 있는 스캔은 다른 많은 IDS에 의한 탐지도 회피할 가능성이 많다.

Flow-portscan은 포트 스캐너를 탐지하기 위해 협조해(또는 각각 활성화돼) 작동할 수 있는 두 개의 탐지 시스템으로 구성된다. 이 시스템과 몇 십 개의 설정 변수들은 Snort 배포본의 `docs/README.flow-portscan`에 문서화돼 있는데, 여기에서 간단히 정리해보자.

Flow-portscan에서의 더 간단한 탐지 방법은 고정 시간 스케일fixed time scale이라고 알려진 방법이다. 이것은 단순히 `scanner-fixed-window` 초 동안에 `scanner-fixed-threshold` 프로브 패킷들을 감시한다. 이들 두 변수는 `snort.conf`에 설정돼 있는데, 둘 다 기본값은 15다. 여기에서 카운터는 한 개의 시스템에서 보호되는 네트워크에 있는 모든 호스트로 전송된 모든 프로브를 포함한다는 점에 주의하기 바란다. 즉, 15개의 보호되는 시스템에 있는 각 한 개의 포트를 빠르게 스캐닝하는 것은 한 개의 시스템에서 15개의 포트를 스캐닝하는 것만큼 확실하게 경고를 생성할 것이다.

이것이 유일한 탐지 방법이라면 해결책은 상당히 쉽다. 프로브를 전송할 때 엔맵이 프로브 사이에서 1.075초를 확실히 기다리게 `--scan--delay 1075` 옵션을 보낸다. 직관적으로는 15초 동안 15개의 패킷이 가는 것을 피하기 위해 패킷들 사이에서 1초를 기다리면 된다고 생각할지도 모르지만 이것은 충분하지 않다. 즉, 첫 번째 패킷과 15번째 패킷을 전송하는 사이에는 14번의 wait가 있을 뿐이므로 wait 시간은 최소 15/14초나 1.07143초이어야 한다. `--scan-delay 1000` 옵션을 선택한 일부 바보들은 스캔 속도는 현저히 떨어뜨리면서도 여전히 경고를 일으킨다. 네트워크의 여러 호스트가 프로브된다면 그들이 경고를 내는 것을 피하기 위해 독립적으로 스캔돼야 한다. `--max-hostgroup 1` 옵션은 한 번에 하나의 호스트만 스캔되게 해주겠지만 이 옵션은 하나의 호스트에 전송된 마지막 프로브와 다음 호스트에 전송된 첫 번째 프로브 사이에서 `--scan-delay` 옵션을 강요하지 않으므로 완전하지는 않다. 호스트당 최소 15개 이상의 포트가 스캔되는 한 `--scan-delay`를 최소 1155밀리초 이상으로 만들거나 간단히 셸 스크립트에서 1075밀리초 간격으로 대상 시스템 한 개의 엔맵 인스턴스를 실행하는 것에 의해 보상할 수도 있다. 예제 10.19는 네트워크에서 시스템 몇 개의 이런 스틸스 스캔을 보인 것이다. Bash 셸 문법을 이용해 여러 개의 엔맵 인스턴스들이 처리됐다. 여기에서는 IP들이 수동으로 기술됐다. 많은 대상 시스템이 요구되면 이들은 -iL(목록 스캔) 옵션을 이용해 파일에 열거할 수 있으며, 그렇게 하면 정상적인 셸 루프를 이용해 각각에 대해 엔맵을 시작한다. 이들 스캔에 포트당 1.075초 이상 잡은 이유는 필터된 포트들이 네트워크 혼잡으로 인해 이들을 버리지 않는 것을 확실히 하기 위해 재전송이 요구되기 때문이다.

예제 10.19 Snort 2.2.0 Flow-portscan의 고정 시간(fixed time) 스캔 탐지 방법의 기본 설정을 우회하기 위한 느린 스캔

```
felix~# for target in 205.217.153.53 205.217.153.54 205.217.153.62; \
do nmap --scan-delay 1075 -p21,22,23,25,53 $target; \
usleep 1075000; \
done

Starting Nmap ( http://nmap.org )
Interesting ports on insecure.org (205.217.153.53):
PORT     STATE     SERVICE
21/tcp   filtered  ftp
22/tcp   open      ssh
23/tcp   filtered  telnet
25/tcp   open      smtp
53/tcp   open      domain
```

```
Nmap done: 1 IP address (1 host up) scanned in 10.75 seconds

Starting Nmap ( http://nmap.org )
Interesting ports on lists.insecure.org (205.217.153.54):
PORT      STATE     SERVICE
21/tcp    filtered  ftp
22/tcp    open      ssh
23/tcp    filtered  telnet
25/tcp    open      smtp
53/tcp    open      domain

Nmap done: 1 IP address (1 host up) scanned in 10.78 seconds

Starting Nmap ( http://nmap.org )
Interesting ports on scanme.nmap.org (205.217.153.62):
PORT      STATE     SERVICE
21/tcp    filtered  ftp
22/tcp    open      ssh
23/tcp    filtered  telnet
25/tcp    open      smtp
53/tcp    open      domain

Nmap done: 1 IP address (1 host up) scanned in 10.80 seconds
```

포트 스캐닝 광에게는 불행하지만 Snort를 좌절하게 만드는 것은 그렇게 간단하지 않다. Snort는 슬라이딩 시간 스케일sliding time scale이라는 또 다른 탐지 방법을 갖고 있다. 이 방법은 호스트에서 새 프로브가 탐지될 때마다 윈도우window를 증가하게 한다는 것 이외에는 방금 설명한 고정 윈도우 방법과 유사하다. 윈도우 초 동안에 scanner-sliding-threshold 프로브들이 탐지되면 경고가 울린다. 윈도우는 scanner-sliding-window 초의 값으로 시작하며 그 때까지 경과한 시간의 양에 의해 탐지된 각 프로브에 대해 윈도우 곱하기 scanner-sliding-scale-factor만큼 증가한다. snort.conf에서 이들 변수 3개의 기본값은 각기 40 프로브, 20초, 비율 0.5이다.

슬라이딩 스케일sliding scale은 새 패킷들이 들어올 때마다 계속 커진다는 면에서 다소 교활하다. 가장 간단한(느리지만) 해결책은 하나의 프로브를 20.1초 간격으로 전송하는 방법이다. 이것은 고정 스케일과 슬라이딩 스케일의 기본 값을 모두 피할 수 있게 해줄 것이다. 이것은 예제 10.19에서 값만 높게 설정하면 동일한 방법으로 할 수 있다. 이 방법은 14개의 패킷을 매우 빠르게 전송하고 20초 기다려 윈도우가 만료expire 되는 것을 기다린 후 다시 14개의 프로브를 반복함으로써 10배쯤 속도를 빠르게 할 수 있다. 이 작업은 엔맵을 제어하는 셸 스크립트에 의해 할 수도 있지만 이런 맞춤형 작업을 위한 간단한 SYN 스캐닝 프로그램을 작성하는 것이 더 좋을지도 모른다.

▶ 호스트를 연속으로 스캔하기보다는 네트워크를 통해 프로브들을 분산한다

앞서 설명했듯이 IDS들은 보통 의심스러운 행위의 임계치에 도달한 후에만 경고를 내도록 프로그램된다. 이 임계치는 보통 전역으로 작용하며 한 개의 호스트보다는 IDS에 의해 보호되는 전체 네트워크에 적용된다. 이들은 종종 주어진 소스 주소에서부터 연속적인 호스트까지의 트래픽을 특징적으로 감시한다. 한 호스트가 호스트 10.0.0.1의 포트 139에 대해 SYN 패킷을 전송하면 이것은 자체적으로 그렇게 의심스러운 것이 아니다. 그러나 이 프로브 뒤에 10.0.0.2, .3, .4, .5 등에 대한 유사한 패킷들이 뒤따르면 명백히 포트 스캔의 징후라고 할 수 있다.

이들 경고가 트리거되는 것을 피하기 위한 한 가지 방법은 스캐닝을 연속적으로 하기보다는 수많은 호스트로 프로브를 분산하는 방법이다. 때때로 같은 네트워크에 있는 매우 많은 호스트를 스캐닝하는 것은 피하는 방법을 이용할 수도 있다. 연구용 조사만을 수행한다면 하나의 큰 네트워크를 스캐닝하기보다는 `-iR` 옵션으로 전체 인터넷을 통해 프로브들을 분산하는 것을 고려하기 바란다. 이렇게 하면 어쨌든 결과가 좀 더 전형적으로 나올 가능성이 많다.

대부분의 경우 특정 네트워크를 스캔하기를 원할 것이므로 인터넷 차원의 샘플링은 충분하지 않을 것이다. 연속적인 호스트 프로브 경고를 회피하기는 쉽다. 엔맵은 `--randomize-hosts` 옵션을 제공하는데, 이것은 대상 네트워크를 IP들의 블록 16384개로 분할한 후 각 블록 내에서 호스트들을 무작위화한다. 클래스 B 이상의 거대한 네트워크를 스캐닝하면 더 큰 블록들을 무작위화하는 것에 의해 더 좋은(더 숨기기 좋은) 결과를 얻을 수도 있다. 이것은 `nmap.h`에서 `PING_GROUP_SZ` 값을 늘려주고 다시 컴파일함으로써 수행할 수 있다. `--randomize-hosts` 스캔에서 이용되는 블록의 크기는 `PING_GROUP_SZ`의 4배 값이다. `PING_GROUP_SZ` 값이 커지면 호스트 메모리를 더 잡아먹는다는 점에 주의하기 바란다. 또 다른 해결책은 목록 스캔(`-sL -n -oN <파일명>`)으로 대상 IP 목록을 생성하고 이것을 펄 스크립트로 무작위화한 후 -iL 옵션을 이용해 엔맵에 전체 목록을 제공하는 방법이다. 10.0.0.0/8 같은 거대한 네트워크를 스캐닝하고 1600만 개의 모든 IP 주소들을 무작위화하기를 원하면 이 접근법을 이용해야 할 것이다.

⊖ 패킷 단편화

IP 단편은 겹치는 단편들과 단편 조립 시간 초과Fragment assembly timeout 같이 기묘한 것들의 처리 방법이 플랫폼 사이에서도 상당히 다르고 모호하므로 특히 침입탐지 시스템에서는 주요 문제가 될 수 있다. 이 때문에 IDS는 종종 원격 시스템이 패킷을 어떻게 해석하는지를 추측해야 한다. 또한 단편 조립은 리소스 집약적일 수도 있다. 이런 이유 때문에 많은 탐지 시스템은 여전히 단편화fragmentation를 그다지 잘 지원하지 않는다. 포트 스캔이 작은(데이터 바이트 8 이하) IP 단편을 이용하게 -f 옵션을 이용하기 바란다. 좀 더 중요한 상세 내용은 '10.4.6 단편화'를 참조하라.

⊖ 특정 규칙을 회피

대부분의 IDS 회사들은 그들이 얼마나 많은 경고를 지원하는지 자랑하지만 많은 것(대부분은 아니지만)이 우회하기가 쉽다. 엔맵 사용자들 사이에서 가장 보편적인 IDS는 오픈소스인 Snort[7]다. 예제 10.20은 엔맵을 참조하는 Snort 2.0.0의 기본 규칙을 모두 보여준다.

예제 10.20 엔맵을 참조하는 Snort 규칙의 기본 값

```
felix~/src/snort-2.0.0/rules>grep -i nmap *
icmp.rules:alert icmp $EXTERNAL_NET any -> $HOME_NET any (msg:"ICMP PING NMAP";
 dsize:0;itype: 8;reference:arachnids,162;
 classtype:attempted-recon;sid:469;rev:1;)
scan.rules:alert tcp $EXTERNAL_NET any -> $HOME_NET any (msg:"SCAN nmap XMAS";
 flags:FPU;reference:arachnids,30;classtype:attempted-recon; sid:1228;rev:1;)
scan.rules:alert tcp $EXTERNAL_NET any -> $HOME_NET any (msg:"SCAN nmap TCP";
 flags:A;ack:0;reference:arachnids,28;classtype:attempted-recon;sid:628;rev:1;)
scan.rules:alert tcp $EXTERNAL_NET any ->
```

---

7. http://www.snort.org

```
$HOME_NET any (msg:"SCAN nmap fingerprint attempt";
flags:SFPU;reference:arachnids,05;classtype:attempted-recon; sid:629; rev:1;)
web-attacks.rules:alert tcp $EXTERNAL_NET any -> $HTTP_SERVERS $HTTP_PORTS
(msg:"WEB-ATTACKS nmap command attempt";
flow:to_server,established;content:"nmap%20";
nocase;sid:1361;classtype:web-application-attack; rev:4;)
```

이제 이들 규칙을 공격자의 눈으로 살펴보자. 첫 번째 규칙은 어떤 페이로드도 없는(dsize:0) ICMP 핑 패킷을 찾는다. 이 규칙은 단순히 --data-length 옵션에 0이 아닌 값을 명세함으로써 깰 수 있다. 또는 사용자가 TCP SYN 핑 같이 전적으로 다른 타입의 핑 스캔을 명세할 수도 있다.

다음 규칙은 FIN, PSH, URG 플래그가 설정된(flags:FPU) TCP 패킷들을 찾아 엔맵 Xmas 스캔 경고를 보낸다. Xmas 스캔 옵션들에 --scanflags FINPSH 옵션을 추가하면 URG 플래그를 제거할 것이다. 스캔은 여전히 기대한 대로 작동하겠지만 규칙은 트리거하는 데 실패할 것이다.

세 번째 규칙은 ACK 비트가 설정됐지만 승인 번호acknowledgment number는 0인 (flags:A;ack:0) TCP 패킷들을 찾는다. 엔맵의 고전 버전들은 이런 행위를 했는데, Snort 규칙에 응답해 1999년에 수정됐다.

네 번째 규칙은 SYN, FIN, PSH, URG 플래그가 설정된(flags:SFPU) TCP 패킷들을 찾는다. 그런 후 이것은 엔맵 운영체제 핑거프린팅을 시도한다. 공격자는 -O 플래그를 생략해 경고가 울리지 않게 할 수 있다. 공격자가 진정으로 운영체제 탐지를 원하면 엔맵 소스의 osscan2.cc에서 한 개의 테스트를 주석으로 만들 수도 있다. 그 결과 운영체제 탐지는 여전히 상당히 정확하겠지만 IDS 경고는 울리지 않을 것이다.

마지막 규칙은 웹서버에 'nmap'이라는 문자열을 전송하는 사람을 찾는다. 이들은 웹서버를 통해 명령들을 실행하려고 하는 시도들을 찾는다. 공격자는 엔맵의 이름 변경, 공백 문자 대신 탭 문자를 이용하거나 가능하다면 SSL 암호화를 실행함으로써 이것을 깰 수 있다.

물론 이름에 엔맵을 포함하지 않지만 침입 포트 스캔에 의해 여전히 경고를 울릴 수 있는 다른 적절한 규칙도 있다. 유능한 공격자들은 자신의 네트워크에 관심 있는 IDS를 설치한 후 그들이 경고를 트리거하지 않는 것을 확실히 하기 위해 사전에 스캔을 변경하고 테스트한다.

이 예제에서 Snort가 선택된 이유는 규칙 데이터베이스가 공개돼 있고 이것이 오픈소스 네트워크 보안 도구이기 때문일 뿐이다. 상용 IDS들도 유사한 문제들을 갖고 있다.

쉽게 탐지되는 엔맵 기능을 피한다

엔맵의 몇 가지 기능들은 다른 것들보다 더 눈에 띈다. 특히 버전 탐지는 다른 많은 서비스에 연결하는데, 종종 대상 시스템에 로그를 남기며 침입탐지 시스템에서 경고를 유발한다. 또한 운영체제 탐지는 몇 가지 테스트가 다소 유별난 패킷과 패킷 시퀀스를 이용하므로 침입탐지 시스템에 의해 쉽게 발견된다. 예제 10.20의 Snort 규칙은 전형적인 엔맵 운영체제 탐지 시그니처를 보여준다.

조용하게 공격하고 싶어 하는 침투 테스터들을 위한 한 가지 해결책은 이들 의심스러운 프로브를 전혀 이용하지 않는 것이다. 서비스 탐지와 운영체제 탐지는 가치가 있기는 하지만 성공적인 공격을 위한 필수적인 것은 아니다. 또한 전체 대상 네트워크를 프로브하는 데 이용하기보다는 흥미롭게 보이는 시스템이나 포트들에 대해 그때그때 이용될 수도 있다.

[10.5.3] 침입탐지 시스템 현혹시키기

앞서 침입탐지 시스템의 감시망을 피하기 위해 치밀한 방법을 이용하는 것을 설명했다. 또 다른 접근 방법은 패킷 위조에 의해 능동적으로 IDS를 혼란스럽게 하거나 현혹시키는 방법이다. 엔맵은 이것을 효과적으로 하기 위한 수많은 옵션을 제공한다.

교란 미끼

거리의 범죄자들은 범죄 후 경찰을 피하기 위한 한 가지 효과적인 수단이 주위의 군중 사이로 섞여 들어가는 것이라는 점을 알고 있다. 경찰은 결백한 모든 통행인들로부터 소매치기를 가려내지 못할 수도 있다. 네트워크 영역에서 엔맵은 세계에 있는 수십 개의 호스트에서 온 것처럼 보이는 스캔을 설정할 수 있다. 대상 시스템은 어떤 호스트가 공격자를 가리키고 어떤 호스트가 결백한 교란 미끼 decoy들인지를 확인하는 데 어려움을 겪는다. 이것은 라우터 경로 추적, 응답을 보이지 않기response-dropping, 다른 능동적인 메커니즘에 의해 깨질 수 있는 반면 일반적으로 스캔 소스를 감추기 위한 효과적인 기술이다. 그림 10.2는 교란 미끼들로 가득 찬 BlackICE 보고서 화면을 보인 것이다. 관리자는 목록에 있는 모든 ISP의 제공자에게 불평을 할 수가 없다. 그것은 시간이 오래 걸릴 것이며 한 개의 호스트를 제외한 모든 호스트가 결백할 것이다.

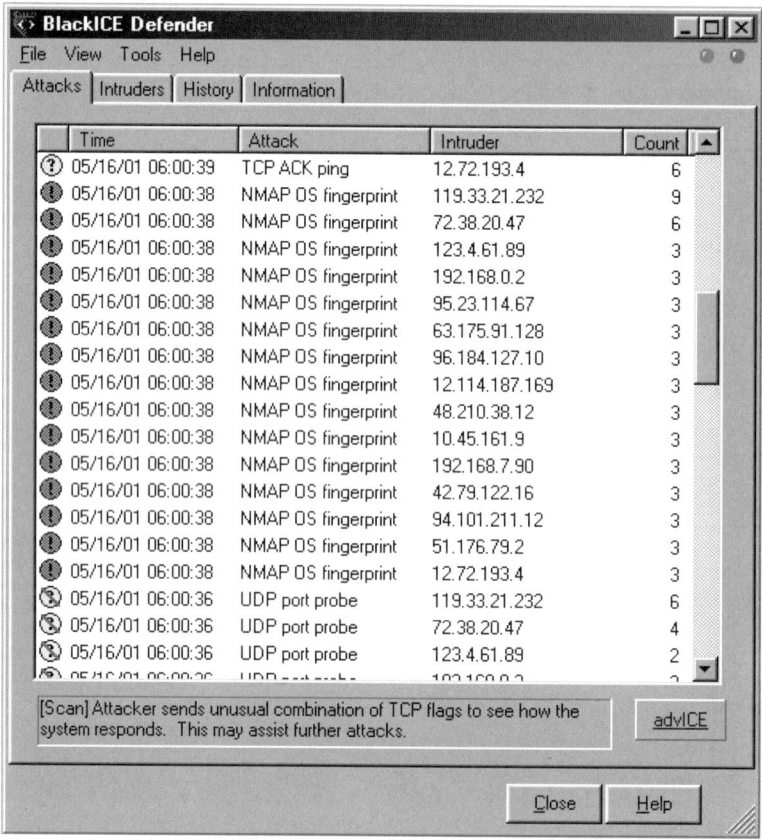

그림 10.2 수십 개의 교란 미끼에 섞여 숨은 공격자

경고

많은 ISP(다이얼 업, 케이블 모뎀, DSL 등)를 여러분과 동일한 네트워크 범위에서 온 조작된 패킷들은 통과할지도 모르지만 대부분의 조작된 패킷들을 걸러진다. 인터넷을 통해 여러분이 제어하는 일부 시스템에 대해 먼저 몇 가지 테스트를 하기 바란다. 또는 '10.3.3 IP ID 트릭'에서의 설명과 유사한 IP ID 트릭들을 이용해 제3자 서버들에 대해서 이것을 테스트할 수도 있다.

교란 미끼들은 -D 옵션에 의해 추가된다. 이것의 인자는 콤마에 의해 분리된 호스트들의 목록이다. 스캔 순서에서 진짜 소스 호스트가 어디에 나타나야 하는지를 가리키기 위해 교란 미끼들의 하나로 문자열 ME가 이용될 수도 있다. 그렇지 않으면 이것은 무작위의 위치가 된다. 목록에서 ME를 6번째 위치 이후에 있게끔 하는 것은 일부 일반적인 포트 스캔 탐지기가 이것의 활동을 보고하는 것을 방지한다. 예를 들어 솔라 디자이너Solar Designer의 훌륭한 Scanlogd는 로그에 교란 미끼들이 쇄도하는 것을 피하기 위해 첫 번째 5개의 스캔 소스들만 보고한다.

또한 무작위의 예약되지 않은 IP 주소를 요청하려고 RND를 이용하거나 <number>개의 무작위 주소를 생성하기 위해 RND:<number>를 이용할 수도 있다.

교란 미끼로 이용되는 호스트들은 살아있는 상태이고 실행되고 있어야 한다는 것에 주의하기 바란다. 네트워크에서 실제로 살아있는 상태여야 어떤 호스트가 스캐닝을 하는지 결정하기가 매우 쉬울 것이다. 다운된 교란 미끼들을 너무 많이 이용하는 것은 SYN flood라고 알려진 조건에서 기인해 대상 포트가 일시적으로 응답하지 않게 만들 수도 있다. 교란 미끼 네트워크의 네임 서버 로그에 나타나는 것을 피하기 위해 이름 대신 IP 주소 이용이 권장된다. 대상 자체도 역시 이상적으로는 IP주소들로 표현돼야 한다.

교란 미끼들은 초기 핑 스캔(ICMP, SYN, ACK, 기타 무엇인가를 이용한) 내에서와 실제적인 포트 스캐닝 단계에서 모두 이용된다. 교란 미끼들은 원격 운영체제 탐지를 하는 동안에도 이용된다. -sV나 -A 같은 옵션들을 이용하면 여러분 자체가 노출될 것이므로 이들은 DNS 질의나 서비스/버전 탐지에는 이용되지 않는다. 너무 많은 교란 미끼를 이용하는 것은 스캔을 매우 느리게 만들 수 있으며, 때로는 결과를 정확하지 못하게 만들기조차 한다.

포트 스캔 속이기

거대한 그룹의 교란 미끼들은 포트 스캔의 진정한 소스를 감춘다는 면에서 상당히 효과적인 반면에 IDS 경고는 누군가가 교란 미끼를 이용하고 있다는 사실을 명백하게 만들 것이다. 좀 더 미묘하고 제한된 접근법은 하나의 주소에서 포트 스캔을 스푸핑spoofing하는 방법이다. -S 옵션 뒤에 소스 IP를 명세하면 엔맵은 주어진 소스에서 요청한 포트 스캔을 수행할 것이다. 대상 시스템은 위조된 IP에 대해 응답을 할 것이고 엔맵은 그들 응답을 보려고도 하지 않을 것이기 때문에 어떤 유용한 엔맵 결과도 얻을 수 없을 것이다. 대상 시스템의 IDS는 스캔에 대해 위조된 소스에 책임을 돌릴 것이다. 여러분은 엔맵이 위조된 패킷을 전송할 적절한 인터페이스 이름(eth0, ppp0 등과 같은)을 선택하기 위해 -e <인터페이스 이

름>을 명세해야 할 수도 있다. 이것은 순진한 모임들을 날조해 관리자의 머리속에 IDS의 정확성에 대한 의문을 던져주고, '10.5.4 reactive 시스템에 대한 DoS 공격'에서 설명할 서비스 거부 공격에 유용할 수도 있다.

Idle 스캔

Idle 스캔은 여전히 정확한 TCP 포트 스캔 결과를 얻으면서도 앞서 설명했듯이 소스 IP 주소 위조를 허용하는 영리한 기술이다. 이것은 많은 시스템에 의해 구현됐듯이 IP 식별 필드의 속성들을 속임으로써 이뤄진다. 이것은 '5.10 TCP Idle 스캔(-sI)'에서 좀 더 자세히 설명한다.

DNS 프록싱

매우 주의 깊게 짜인 계획조차 하나의 작은 문제로 인해 망가질 수도 있다. 그 계획이 일급비밀 포트 스캐닝을 포함하고 있다면 지엽적인 작은 문제는 DNS가 될 수도 있다. '3.4 DNS 해석'에서 설명했듯이 엔맵은 모든 응답하는 호스트에 대해 기본값으로 역방향 DNS 해석을 수행한다. 대상 네트워크 관리자가 편집증적으로 모든 타입을 로그하거나 매우 민감한 IDS를 가지고 있다면 이들 DNS lookup 프로브는 탐지될 수도 있다. 목록 스캔(-sL) 같이 비침투적인 스캔조차 이 방식으로 탐지될 수 있다. 프로브들은 엔맵을 실행하는 시스템을 위해 구성된 DNS 서버에서 올 것이다. 이것은 때로는 자신의 시스템일 수도 있지만 보통은 여러분의 ISP나 조직에 의해 관리되는 분리된 시스템일 것이다.

위험을 제거하기 위한 가장 효과적인 방법은 -n 옵션을 명세해 모든 역방향 DNS 해석을 무효화하는 방법이다. 이 접근법의 문제는 DNS에 의해 제공되는 귀중한 정보들을 잃는다는 점이다. 다행히도 엔맵은 소스를 숨기면서도 이 정보를 모으기 위한 방법을 제공한다. 인터넷에 있는 DNS 서버 중 상당 비율은 모든 사람으로부터의 재귀적 질의에 대해 열려 있다. 이들 네임 서버 중 하나 이상을 엔맵의 --dns-servers 옵션에 명세해주면 모든 rDNS 질의는 그들을 통해 프록시된다. 예제 10.21은 모든 흔적을 감추기 위해 공개 재귀적 DNS 서버 4.2.2.1과 4.2.2.2를 이용하는 동안 일부 SecurityFocus IP들의 목록 스캔을 수행함으로써 이 기술을 보여준다. 포워드 DNS는 여전히 여러분 호스트의 구성된 DNS 서버를 이용한다는 것에 유념하기 바라며, 이로 인해 그런 작은 잠재적 정보가 세어나가는 것조차 방지하기 위해 도메인명 대신 대상 시스템 IP 주소를 명세한다. 이런 이유 때문에 예제 10.21은 엔맵 커맨드라인에 호스트명을 명세하기보다는 www.securityfocus.com을 찾는 데 이용된 리눅스 호스트 명령을 먼저 보여준다. 한 개의 DNS 서버에서 오는 요청들의 수를 기반으로 하는 IDS 임계치를 피하기 위해 --dns-servers에 몇 십 개의 콤마로 분리된 DNS 서버들을 명세해 엔맵이 이들을 순환하면서 자신의 요청들을 내게 할 수도 있다.

예제 10.21 SecurityFocus의 스텔스 목록 스캔을 위해 DNS 프록시(recursive DNS) 이용하기

```
# host www.securityfocus.com 4.2.2.1
Using domain server:
Address: 4.2.2.1#53

www.securityfocus.com has address 205.206.231.12
www.securityfocus.com has address 205.206.231.15
www.securityfocus.com has address 205.206.231.13

# nmap --dns-servers 4.2.2.1,4.2.2.2 -sL 205.206.231.12/28

Starting Nmap ( http://nmap.org )
Host 205.206.231.0 not scanned
Host mail2.securityfocus.com (205.206.231.1) not scanned
Host ns1.securityfocus.com (205.206.231.2) not scanned
Host sgs1.securityfocus.com (205.206.231.3) not scanned
Host sgs2.securityfocus.com (205.206.231.4) not scanned
Host 205.206.231.5 not scanned
Host adserver.securityfocus.com (205.206.231.6) not scanned
Host datafeeds.securityfocus.com (205.206.231.7) not scanned
Host sfcm.securityfocus.com (205.206.231.8) not scanned
Host mail.securityfocus.com (205.206.231.9) not scanned
Host www.securityfocus.com (205.206.231.10) not scanned
Host www1.securityfocus.com (205.206.231.11) not scanned
Host www2.securityfocus.com (205.206.231.12) not scanned
Host www3.securityfocus.com (205.206.231.13) not scanned
Host media.securityfocus.com (205.206.231.14) not scanned
Host www5.securityfocus.com (205.206.231.15) not scanned
Nmap done: 16 IP addresses (0 hosts up) scanned in 0.27 seconds
```

[10.5.4] reactive 시스템에 대한 DoS 공격

수많은 회사가 소위 침입방지 시스템이라는 것을 내놓고 있다. 이들은 기본적으로 능동적으로 트래픽을 차단하며 악성이라고 생각하는 확립된 연결들을 리셋할 수 있다. 이들은 네트워크 활동에 대한 더 많은 컨트롤을 위해 보통 네트워크에 인라인inline 모드로 있거나 호스트 기반으로 있다. 다른(인라인 모드가 아닌) 시스템은 무차별적으로 listen을 하며 TCP RST 패킷들을 위조하는 것으로 보이는 의심스러운 연결들을 처리하려고 시도한다. 넓은 범위의 의심스러운 활동을 차단하려고 시도하는 전통적인 IPS 회사에 추가해 Port Sentry[8] 같은 수많은 대중적인 작은 프로그램이 특히 포트 스캐너들을 차단하기 위해 설계됐다.

포트 스캐너들을 차단하는 것은 처음에는 좋은 아이디어처럼 보일 수도 있지만 많은 문제점이 있다. 가장 명백한 문제점은 포트 스캔들이 앞서 보인 바와 같이 보통 위조하기가 상당히 쉽다는 점이다. 또한 공격자들은 그들이 포트 스캔을 한 후에 열린 포트라고 나온 것에 연결할 수 없을 것이므로 이런 부류의 스캔 차단 소프트웨어가 존재하는지 여부를 보통 쉽게 알 수 있다. 그들은 다른 시스템에서 다시 시도해보고 성공적으로 연결해 원래의 IP가 차단됐다는 것을 확인할 것이다.

그런 후 공격자들은 앞서 설명한 호스트 스푸핑 기술(-s 옵션)을 이용해 대상 호스트가 그들이 원하는 모든 시스템을 차단하게 만들 수 있다. 여기에는 중요한 DNS 서버, 주요 웹사이트, 소프트웨어 업데이트 아카이브, 메일 서버 같은 것들이 포함될 수도 있다. 이것은 반응reactive 블로킹을 무효화할 정도로 합법적인 관리자를 충분히 괴롭히는 데에 그다지 시간이 오래 걸리지 않는다. 이런 제품들은 대부분 특정 중요 호스트들을 블로킹하는 것을 방지하기 위한 화이트 목록whitelist 옵션을 제공하지만 그들을 모두 열거하는 것은 엄청나게 어렵다. 공격자들은 수많은 사이트를 이런 제품들이 차단하게 만들 수 있으며, 관리자가 문제를 발견하고 화이트 목록을 적절히 조정할 때까지 사용자들을 괴롭힐 수 있다.

[10.5.5] 침입탐지 시스템 익스플로잇

침입탐지 시스템을 무력화하기 위한 가장 대담한 방법은 그들을 해킹하는 방법이다. 수많은 상용 회사와 오픈소스 회사들은 제품 익스플로잇 가능성에 관한

---

8. http://sourceforge.net/projects/sentrytools/

가없을 정도로 많은 보안 기록을 갖고 있다. 인터넷 보안 시스템의 기함인 RealSecure와 BlackICE IDS 제품들은 Witty 웜이 만 개 이상의 설치본을 접수한 후 그들의 파일 시스템을 붕괴함으로써 IDS를 무력화하게 허용하는 취약점을 갖고 있었다. 시스코, 체크포인트, 넷기어, 시맨텍 같은 다른 IDS와 방화벽 회사들도 역시 원격으로 익스플로잇할 수 있는 심각한 취약점들을 겪었다. 오픈소스 스니퍼들도 역시 Snort, 와이어샤크, tcpdump, FakeBO, 다른 많은 것에서 발견되는 익스플로잇 가능한 버그들을 갖고 있어 상용제품보다 더 나은 것이 아니다. 안전하고 효과적인 방식의 프로토콜 파싱은 지극히 어려우며 대부분의 애플리케이션들은 수백 개의 프로토콜을 파싱할 필요가 있다. IDS를 크래시하는 서비스 거부 공격(종종 한 개의 패킷을 갖고)들은 이들 권한 상승 취약점보다 오히려 더 흔히 있는 일이기도 하다. 크래시된 IDS는 어떤 엔맵 스캔도 탐지하려고 하지 않을 것이다.

이들 모든 취약점이 있다고 할 때 IDS를 익스플로잇하는 것은 대상 네트워크로 들어가는 가장 실용적인 방법일 수도 있다. 이 접근법의 멋진 점은 여러분이 IDS를 발견해야 할 필요조차도 없다는 점이다. 네트워크에 있는 모든 '보호된' 시스템에 이상한rogue 패킷을 전송하는 것은 보통 이들 IDS 버그들을 트리거하기에 충분하다.

[10.5.6] 침입탐지 시스템 무시

유능한 공격자들은 보통 10장에서 설명한 IDS 무력화 기술들을 이용하겠지만 더 많은 평범한 초보 공격자들(스크립트 키드들)은 IDS에 대해 거의 관심을 기울이지 않는다. 많은 회사가 IDS를 배치하는 것조차 하지 않으며 배치를 하는 회사마저도 종종 설정을 잘못하거나 경고에 별로 주의를 기울이지 않는다. 인터넷을 향한 IDS는 스크립트 키드들과 웜으로부터 너무 많은 공격을 당할 것이기 때문에 취약한 서비스를 찾기 위한 몇 개의 엔맵 스캔들은 어떤 경고도 울리지 않을 가능성이 많다.

그런 공격자가 네트워크를 접수하고 모니터된 IDS에 의해 탐지돼 시스템에서 추방 당할지라도 그것은 작은 손실일 뿐이다. 해킹은 종종 자체가 숫자 게임이어서 수천 개의 네트워크 중에서 한 개의 접수된 네트워크를 잃는 것은 그다지 중요하지 않다. 순찰이 잘 되고 있는 네트워크는 그들이 이용되고 있다는 것(서비스 거부 공격, 집단 스캐닝, 스팸 전송 같은)을 빠르게 알아챌 것이며, 어떻게든 그들을 닿을 것이다. 해커들은 범죄 행위를 위해 오래 지속되는 거점들을 제공해줄 관리가 소홀하고 빈약하게 모니터되는 네트워크를 접수하기를 원할 것이다.

추적 당하고 기소 당하는 것은 IDS의 관심사가 아니다. 그들은 보통 그들의 진짜 위치에서 많은 홉이 떨어진 다른 접수된 네트워크에서 공격을 발진한다. 또는 일부 인터넷 카페, 학교의 컴퓨터 연구실, 도서관, 널리 보급된 공개 무선 액세스 포인트 등에 의해 제공되는 익명 연결을 이용할지도 모른다. 한 번 쓰고 버리는 다이얼업 계정들도 자주 이용된다. 그들은 추방 당할지라도 다른(또는 동일한) 제공자로 다시 가입하면 몇 분 더 시간을 얻게 된다. 수많은 공격자가 로마, 중국, 한국이나 거의 기소가 될 것 같지 않은 다른 나라들에서 온다.

인터넷 웜은 IDS 회피라는 문제를 거의 신경 쓰지 않는 또 다른 유형의 공격이다. 웜이나 스크립트 키드들은 모두 스틸스를 강조한 신중하고 대상이 있는 접근법보다 시간당 더 많은 컴퓨터를 접수할 수 있기 때문에 수백만 개의 IP 주소들의 노골적인 스캐닝을 선호한다.

대부분의 공격이 스틸스에 거의 노력을 기울이지 않는 반면 대부분의 침입탐지 시스템이 너무 쉽게 무력화된다는 사실은 큰 사건이다. 능력 있는 공격자들은 소수이지만 종종 최대의 위협이 된다. IDS가 토해내는 많은 경고를 보고 자기 만족으로 안심하지 말기 바란다. 그들은 모든 것을 탐지할 수 없으며, 종종 무엇이 가장 중요한지를 놓친다.

능력 있는 해커마저도 때로는 초기 정찰을 할 때 IDS를 무시한다. 그들은 다른 모든 공격자나 인터넷의 프로브 트래픽 속으로 섞이기를 희망하면서 간단히 추적할 수 없는 일부 IP 주소에서 스캔을 한다. 결과를 분석한 후 그들은 다른 시스템으로부터 좀 더 주의 깊고 숨길 수 있는 공격을 시도할 수도 있다.

10.6 방화벽과 침입탐지 시스템에 의한 패킷 위조 탐지

앞서 일부 방화벽과 침입탐지 시스템은 내부에 보호된 시스템 중 하나에서 온 것처럼 패킷을 위조하게 설정될 수 있다는 점을 언급했었다. TCP RST 패킷은 자주 나오는 예다. 로드 밸런서, SSL 가속기accelerator, 네트워크 주소 해석 장치, 특정 허니넷honeynet 등도 역시 혼란스럽고 일관성이 없는 결과를 이끌어낼 수 있다. 엔맵이 이들 응답을 어떻게 해석하는지 이해하는 것은 복잡한 원격 네트워크 형체를 조각으로부터 이어 붙이는 데 도움이 된다. 엔맵이 이상하거나 예기치 않은 결과를 보고했을 때 --packet-trace 옵션을 추가해주면 엔맵이 무엇을 기반으로 이런 결론을 내놓았는지 로우 패킷을 볼 수 있다. 당혹하게 하는 상황에서는 hping2와 와이어샤크 같은 다른 도구를 이용해서 맞춤형custom 프로브를 발진하고 패킷을 분석해야 할 수도 있다. 그 목적은 보통 실제의 네트워크 설정을 이해하는 데 도움을 주는 모순점(일관성 없음, 불일치)을 발견하는 것이다. 다음 절에서는 그렇게 하기 위한 몇 가지 유용한 기술을 설명한다. 이런 테스트는 대부분 엔맵을 직접 포함하지 않지만 예기치 않은 엔맵 결과를 해석하는 데 유용할 수 있다.

[10.6.1] TTL의 일관성 찾기

방화벽, 로드 밸런서, NAT 게이트웨이, 유사한 장치들은 보통 그들이 보호하는 시스템의 한두 홉 앞에 위치한다. 이 경우 패킷들은 그들이 종단의 호스트가 아니라 네트워크 장치에 도달했다는 TTL 값을 갖고 생성될 수 있다. RST가 그런 프로브에서 수신됐다면 장치에 의해 전송됐을 것임에 틀림없다.

비공식적인 평가를 하는 동안 나는 인터넷에서 대형 잡지 출판사의 네트워크를 스캔한 적이 있다('4.5 해결책: 특정 열린 TCP 포트를 위한 거대 네트워크 스캔' 참조). 거의 모든 IP 주소가 포트 113이 닫혔다고 보여줬다. 방화벽에 의한 RST 위조가 아닐까 의심하고 나는 더 깊게 파고들었다. 열린 포트, 닫힌 포트와 필터된 포트들을 모두 포함하고 있었으므로 나는 특히 이 호스트에 초점을 맞추기로 결정했다.

```
# nmap -sS -PN -T4 mx.chi.playboy.com
Starting Nmap ( http://nmap.org )
Interesting ports on mx.chi.playboy.com (216.163.143.4):
Not shown: 998 filtered ports
PORT     STATE   SERVICE
25/tcp   open    smtp
113/tcp  closed  auth

Nmap done: 1 IP address (1 host up) scanned in 53.20 seconds
```

포트 113이 정말 닫힌 것일까? 아니면 방화벽이 RST 패킷을 속인 것일까? 나는 예제 10.22에서 보여주는 것처럼 무료 유틸리티인 hping2의 custom traceroute 모드를 이용해 포트 25와 포트 113에 대한 거리(네트워크 홉 단위로)를 측정했다.

이런 작업을 위해 속도가 더 빠른 엔맵의 --traceroute 옵션을 이용할 수도 있었지만 해당 옵션은 그 당시에는 존재하지 않았다.

예제 10.22 닫히거나 필터된 TCP 포트들의 탐지

```
# hping2 -t 5 --traceroute -p 25 -S mx.chi.playboy.com
[combined with results from hping2 -i 1 --ttl \* -p 25 -S mx.chi.playboy.com]
5->TTL 0 during transit from 64.159.2.97 (ae0-54.mp2.SanJose1.Level3.net)
6->TTL 0 during transit from 64.159.1.34 (so-3-0-0.mp2.Chicago1.Level3.net)
7->TTL 0 during transit from 200.247.10.170 (pos9-0.core1.Chicago1.level3.net)
8->TTL 0 during transit from 200.244.8.42 (gige6-0.ipcolo1.Chicago1.Level3.net)
9->TTL 0 during transit from 166.90.73.205 (ge1-0.br1.ord.playboy.net)
10->TTL 0 during transit from 216.163.228.247 (f0-0.b1.chi.playboy.com)
11->No response
12->TTL 0 during transit from 216.163.143.130 (fw.chi.playboy.com)
13->46 bytes from 216.163.143.4: flags=SA seq=0 ttl=52 id=48957 rtt=75.8 ms

# hping2 -t 5 --traceroute -p 113 -S mx.chi.playboy.com
[ results augmented again ]
5->TTL 0 during transit from 64.159.2.97 (ae0-54.mp2.SanJose1.Level3.net)
6->TTL 0 during transit from 64.159.1.34 (so-3-0-0.mp2.Chicago1.Level3.net)
7->TTL 0 during transit from 200.247.10.170 (pos9-0.core1.Chicago1.level3.net)
8->TTL 0 during transit from 200.244.8.42 (gige6-0.ipcolo1.Chicago1.Level3.net)
9->TTL 0 during transit from 166.90.73.205 (ge1-0.br1.ord.playboy.net)
10->TTL 0 during transit from 216.163.228.247 (f0-0.b1.chi.playboy.com)
11->Nothing
12->46 bytes from 216.163.143.4: flags=RA seq=0 ttl=48 id=53414 rtt=75.0 ms
```

이 custom traceroute는 열린 포트 25에 도달하는 데 13홉이 필요하다는 사실을 보여준다. 12홉 떨어진 것은 fw.chi.playboy.com라는 이름에서 알 수 있듯이 시카고에 있는 방화벽이다. 여기에서 같은 시스템에 있는 다른 포트들은 동일한 홉 거리만큼 떨어져 있다고 추정할 수 있다. 하지만 포트 113은 오직 12홉 후에 RST로 응답한다. 이 RST는 fw.chi.playboy.com에 의해 위조된 것이다. 방화벽이 포트 113 응답을 위조한다는 사실을 알았으므로 이들 패킷은 주어진 IP 주소에 호스트가 존재한다는 지표로 받아들여져서는 안 된다. 나는 ICMP echo 요청(-PE)과 포트 22와 80에 대한 SYN 패킷(-PS22,80)에 TCP 포트 113과 관련된 핑

프로브를 생략한 일반 프로브 타입을 이용해 네트워크를 핑 스캔함으로써 이용 가능한 호스트들을 발견했다.

[10.6.2] IP ID와 일련번호의 일관성 찾기

모든 IP 패킷은 조각 모으기defragmentation에 이용되는 16비트 식별 필드를 갖고 있다. 원격 호스트에서 엄청난 양의 정보를 얻기 위해 이것도 익스플로잇될 수 있다. 여기에는 엔맵 Idle 스캔 기술, 트래픽 평가, 호스트 별명alias 탐지 등을 이용한 포트 스캐닝이 포함된다. 이것은 로드 밸런서 같은 수많은 네트워크 장치를 탐지하는 데에도 도움이 될 수 있다. 나는 beta.search.microsoft.com을 스캔할 때 이상한 운영체제 탐지 결과가 나오는 것에 주목했던 적이 있다. 그래서 나는 무슨 일이 벌어지는지를 알기 위해 TCP 포트 80에 대해 hping2 SYN 프로브를 해봤다. 예제 10.23은 그 결과다.

예제 10.23 IP ID 일련번호 일관성 테스트

```
# hping2 -c 10 -i 1 -p 80 -S beta.search.microsoft.com
HPING beta.search.microsoft.com. (eth0 207.46.197.115): S set, 40 headers
46 bytes from 207.46.197.115: flags=SA seq=0 ttl=56 id=57645 win=16616
46 bytes from 207.46.197.115: flags=SA seq=1 ttl=56 id=57650 win=16616
46 bytes from 207.46.197.115: flags=RA seq=2 ttl=56 id=18574 win=0
46 bytes from 207.46.197.115: flags=RA seq=3 ttl=56 id=18587 win=0
46 bytes from 207.46.197.115: flags=RA seq=4 ttl=56 id=18588 win=0
46 bytes from 207.46.197.115: flags=SA seq=5 ttl=56 id=57741 win=16616
46 bytes from 207.46.197.115: flags=RA seq=6 ttl=56 id=18589 win=0
46 bytes from 207.46.197.115: flags=SA seq=7 ttl=56 id=57742 win=16616
46 bytes from 207.46.197.115: flags=SA seq=8 ttl=56 id=57743 win=16616
46 bytes from 207.46.197.115: flags=SA seq=9 ttl=56 id=57744 win=16616
```

IP ID 번호(굵은체)의 시퀀스를 살펴보면 실제로는 두 개의 시스템이 일정 종류의 부하 분산을 통해 이 IP 주소를 공유하고 있다는 사실이 명백하다. 하나는 57K 범위의 IP 시퀀스를 갖고 있고 다른 것은 18K의 범위를 갖고 있다. 이 정보를 보면 엔맵이 단일 운영체제의 추측을 확정하는 데 문제를 느꼈을 것임에 틀림없다. 그들은 매우 다른 시스템에서 실행되고 있었을지도 모른다.

TCP timpstamp 옵션이나 열린 포트에 의해 반환되는 초기 일련번호 같은 다른 숫자 필드에도 유사한 테스트가 수행될 수 있다. 이런 특수한 경우에 TCP 윈도우 크기와 TCP 플래그도 역시 호스트를 잘못 판단하게 한다는 점을 알 수 있다.

[10.6.3] 위조 TCP 체크섬 트릭

IDS나 방화벽이 응답 패킷을 속이는지 여부를 결정하기 위한 또 다른 손쉬운 트릭은 위조 TCP 체크섬checksum으로 프로브를 전송하는 방법이다. 본질적으로 모든 종단의 호스트들은 더 이상의 작업을 하기 전에 체크섬을 체크한 후 깨진 패킷에는 응답을 하지 않는다. 반면 방화벽은 성능의 이유로 인해 종종 이런 체크를 생략한다. 이런 행위는 예제 10.24에서처럼 --badsum 옵션으로 탐지할 수 있다.

예제 10.24 잘못된 TCP checksum에 의해 방화벽 발견하기

```
# nmap -sS -p 113 -PN --badsum google.com

Starting Nmap ( http://nmap.org )
Warning: Hostname google.com resolves to 3 IPs. Using 64.233.187.99.
Interesting ports on jc-in-f99.google.com (64.233.187.99):
PORT     STATE   SERVICE
113/tcp  closed  auth

Nmap done: 1 IP address (1 host up) scanned in 0.44 seconds
```

예제 10.24에서 TCP 체크섬을 검증하지 않은 상태로 google.com의 포트 113으로 가는 패킷을 처리하는 일종의 네트워크 장치(아마도 방화벽)가 있다는 사실을 추정할 수 있다. 정상적으로는 종단의 호스트가 잘못된 TCP 체크섬을 가진 패킷들을 버릴 것이며 닫힌 포트 대신에 필터된 포트를 보게 된다. --badsum 옵션은 UDP, ICMP와 IGMP를 포함한 IP 상단의 다른 프로토콜에 대해서도 잘못된 체크섬을 이용할 것이다.

Ed3f가 쓴 <<Phrack 60, article 12>>[9]에는 조작된 체크섬을 가진 패킷을 정교하게 전송하는 다른 이유들과 함께 이 기술이 상세하게 설명돼 있다. 이 방법은

---

9. http://nmap.org/p60-12.html

때때로 유용한 기술이지만 몇 가지 생각해야 할 주의점이 있다.

1. 현대의 방화벽 중 많은 방화벽이 이제 정보가 새어나가는 것을 피하기 위해 TCP 체크섬을 검증한다(최소한 패킷에 응답할지 여부를 결정할 때). 그러므로 이 기술은 필터된 --badsum 프로브가 종단의 호스트에 의해 버려졌는지를 검증하기 위한 것보다는 --badsum 프로브 응답이 방화벽(또는 불완전한 TCP 스택을 가진 다른 장치)에 의해 전송됐는지를 검증하는 데 더 유용하다.

2. --badsum을 이용은 패킷들이 모든 플랫폼에 잘못된 체크섬을 가진 상태로 전송될 것이라는 점을 보증해주지 않는다. 몇 개의 시스템에서는 커널이나 네트워크 카드가 체크섬 계산을 수행하고 올바른 값으로 잘못된 값을 덮어써서 정확한 값을 집어넣는다. 이런 일이 일어나지 않았는지 확인하는 한 가지 방법은 원격 시스템을 이용해 자신이 전송한 패킷을 스니핑하는 방법이다. 예를 들어 tcpdump를 스니핑할 때 잘못된 TCP 체크섬을 가진 패킷은 [bad tcp cksum aa79 (->ab79)!] 같이 보일 것이다. 또 다른 방법은 자신의 호스트(최소 하나 이상의 열린 포트) 중 하나에 대해 정상적인 SYN 스캔을 하는 방법이다. 그런 후 --badsum 옵션으로 동일한 스캔을 한다. 동일한 포트들이 여전히 열린 상태로 보인다면 --badsum 옵션은 작동하지 않을 것이다. '15.17 버그'의 설명대로 문제점을 보고하기 바란다.

[10.6.4] 라운드 트립 시간

방화벽이 프로브 응답을 위조하면 이 응답은 보통 진짜 목적지 호스트가 응답하는 것보다 약간 빨리 반환한다. 어쨌든 방화벽은 보통 최소 한 개 이상의 홉만큼 가깝게 있다. 또한 이것은 패킷들을 빠르게 파싱하고 처리하게 최적화돼 있으며 그 외의 일은 거의 하지 않는다. 반면 목적지 호스트는 애플리케이션들을 실행하느라 너무 바빠 프로브에 응답하는 데 어느 정도의 밀리초가 소요될지도 모른다. 그래서 라운드 트립round trip 시간을 면밀히 비교해봄으로써 종종 방화벽의 조작을 밝혀낼 수도 있다.

이 기술의 어려운 점은 방화벽의 응답과 실제 대상의 응답은 아주 작은 밀리초 정도의 시간 차이가 될 수도 있다는 점이다. 정상적인 라운드 트립 시간 차이가 이보다 더 클 수도 있으므로 단순히 두 개의 프로브(하나는 대상 호스트에서의 응답을 요청하는 것이고, 다른 하나는 방화벽에서 온다고 생각되는 의심스러운 응답을 요청하는 것)를 전송하는 것으로는 거의 충분하지 않다. 각 프로브 타입을 1000개는 전송해야 대부분의 RTT 변위를 없앨 수 있고 기본적인 차이를 확인할 수 있다. 이 작업이 반드시 시간이 오래 걸리는 것은 아니다. -c 1000 -i u50000 옵션으로 hping2를 실행하면 1분 내에 1000개의 프로브를 전송한다. 이 결과에서 평균값을 이용하기보다는 중앙값을 계산한다. 이렇게 하면 막대한 시간(2초 후에 재전송되는 상실된 응답에 의한 것과 같은)이 데이터를 왜곡하는 것을 방지할 수 있다. 결과가 얼마나 일관성 있게 나오는지를 결정하기 위해 1000번의 프로브를 한두 번 더 한다. 그런 후 동일한 작업을 의심스러운 프로브에 대해 한 후 둘을 비교한다. 시간이 마지막 유효 숫자까지 정확하게 동일하다면 동일한 호스트가 두 개의 응답을 전송했을 가능성이 많다. 일관성 있게 한 쪽의 프로브 타입이 다른 쪽보다 더 빨리 응답하면 패킷 위조가 관계하고 있을 가능성이 많다.

이 방법은 완벽지는 않다. 시간 차이는 방화벽보다는 다른 인자들에 의해서도 야기될 수 있기 때문이다. 하지만 패킷 위조 같은 네트워크 이상을 탐지하는 것은 법정 사건을 증명하는 것과 같으므로 여전히 가치 있는 기술이다. 모든 작은 조각의 증거가 함께 모여 결론을 이끌어내는 데 도움을 준다. 이 차이는 방화벽의 위조보다 더 흥미로운 발견들을 이끌어낼 수도 있다. 어쩌면 대상 시스템의 특정 포트들은 더 좋은 연구용 공격을 할 수 있는 허니넷honeynet으로 리디렉트됐을 수도 있다.

[10.6.5] 패킷 헤더와 내용의 세밀한 분석

작은 TCP 헤더에서조차도 많은 요소가 다르다는 점은 놀라운 일이다. 여러 다른 운영체제들의 표시가 될 수 있는 많은 세부 내용은 8장 '원격 운영체제 탐지'를 참조하라. 예를 들어 다른 시스템은 다른 TCP 옵션, RST 패킷 텍스트, 서비스 값 타입 등으로 응답한다. 부하 분산 뒤쪽에 여러 시스템이 있거나, 패킷들이 방화벽이나 침입탐지 시스템에 의해 전송된다면 패킷들은 거의 정확한 내용을 보여주지 않을 것이다.

와이어샤크는 패킷 헤더를 분석하기 위한 훌륭한 도구다. 와이어샤크는 헤더를 각 필드로 분할할 수 있으며 패킷의 바이너리 내용물에 대한 텍스트 설명을 제공하기 때문이다. 패킷들을 비교하기 위한 트릭은 방화벽에서 온 것이라고 생각되는 한 개의 패킷과 대상 호스트나 대상 운영체제에서 온 것이라고 생각되는 또 하나의 패킷을 모으는 것이다. 여러분이 모을 수 있을 것이라고 생각되는 두 개의 패킷 타입은 TCP 리셋 패킷과 ICMP 오류 패킷이다. hping2나 --scanflags 엔맵 옵션을 이용하면 다른 IP, TCP, ICMP 헤더를 가진 응답들을 이끌어낼 수 있다.

[10.6.6] 비정상적인 네트워크 균일성

방화벽에 의해 응답 패킷들이 전송될 때 이들은 종종 개별 시스템의 집합에서 나올 것이라고 기대되는 것보다 더 균일하다uniform. 앞의 TTL 검사 절에서 설명했던 잡지 회사를 스캐닝하는 동안 나는 수백 개의 IP 시스템들이 포트 113에 대해 RST로 응답하는 것을 발견했었다. 실제 시스템의 집합에서는 주어진 시간에 최소 한두 개는 오프라인 상태일 것으로 기대한다. 참고로 나는 이 주소들의 대부분에서 그 외의 다른 타입의 응답을 이끌어낼 수 없었다. 이런 의심스러운 결과는 나로 하여금 TTL 테스트를 하게 만들었는데, 결과는 `fw.chi` 호스트가 사실상 RST 패킷들을 속인다는 사실을 보여줬다.

방화벽은 패킷을 잘못 판단하게 속일 필요조차도 없다. 또 다른 일반적인 방화벽 설정은 특정 포트에 대한 패킷들을 버리는 설정이다. 수많은 ISP는 웜의 확산을 줄이기 위해 윈도우 포트 135, 139, 445를 필터한다. 수많은 인접한 살아있는 호스트들이 동일한 설정의 필터된 포트들을 보여준다면 네트워크 방화벽이 주범일 가능성이 많다. 방화벽에 의해 어떤 포트가 필터되는지를 결정한 후 필터된 포트를 위한 많은 넷블록을 스캐닝함으로써 보통은 이들 방화벽 규칙에 의해 보호되는 호스트가 얼마나 많은지 상세히 알아낼 수 있다. 이것은 우연한 보안 구멍의 발견이나 전형적으로 공개 서비스를 호스트하고 더 느슨한 방화벽 규칙을 갖고 있는 조직의 DMZ비무장 지대 발견을 이끌어낼 수도 있다.

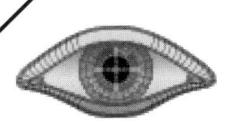

11장

엔맵 방어

11.1 소개

10장 '방화벽과 침입탐지 시스템 탐지와 무력화'에서 (일부 다른 오픈소스 보안도구들과 함께) 엔맵을 이용해 방화벽을 우회하거나 침입탐지 시스템을 무력화하는 다양한 방법을 설명했다. 이제 반대 측면에서 방화벽과 IDS를 통해 엔맵을 방어하는 기술을 알아보자. 엔맵을 방어하는 방법으로는 프로브를 막는 방법, 정보가 전달되지 않게 하는 방법, 엔맵 스캔을 느리게 하는 방법, 잘못된 정보를 제공하는 방법 등이 있다. 일부 방어 방법의 위험성도 여기에 소개한다. 관리자는 네트워크를 공격자가 파악할 수 없게 혼란스럽게 만들어 놓을 수 있지만 혼란스러움을 관리자 자신도 이해하지 못한다면 공격자에 대한 완전한 승리가 아니다. 마찬가지로 포트 스캔을 막거나 혼란을 주기 위한 보안 소프트웨어가 자체적인 취약점을 갖고 있으면 그것 역시 공격자에 대한 완벽한 승리가 될 수 없다. 여기에서 설명하는 많은 기술은 엔맵에서 생성하는 프로브뿐만 아니라 다양한 능동적 프로브에 대해서도 시스템을 보호한다.

11.2 능동적인 스캔, 포트의 닫기와 막기, 취약점 수정

최선의 방어는 최선의 공격이라고 자주 이야기한다. 공격자를 막기 위한 최선의 방법은 공격자처럼 생각하는 것이다. 자신이 관리하는 네트워크를 주기적으로 스캔하고 취약점이 존재하는지 스캔 결과를 면밀히 분석하자. Ndiff[1]나 nmap-report('1.2.3 이상한 나라의 Madhat' 참조) 같은 시스템을 유닉스의 crontab이나 윈도우의 작업 관리자와 함께 사용해 모든 변경 사항을 통지하게 하라.

능동적인 스캔은 공격자들이 먼저 공격하기 전에 취약점을 찾아내고 수정할 수 있는 기회를 제공한다. 중요한 점은 아직 알지 못하는 취약점들이 악용되는 것을 방지하기 위해 불필요한 포트를 막거나 닫는 것이다. 또한 능동적인 스캔은 공격자들이 어떤 정보를 획득할 수 있는지에 좀 더 주의하게 만들어준다. 네트워크의 취약한 부분을 찾아 수정하면 네트워크는 보안 상태가 좋아지고, 악의적인 포트 스캐너가 덜 위협적이 된다. 포트 스캐너에 대해 매우 편집증적인 사람과 매우 방어적인 직원이나 탐지소프트웨어는 주로 네트워크 보안에 전혀 신경을 쓰지 않거나 관련이 없는 사람들이다. 나는 11장에서 설명하는 기술의 사용을 제지하지 않고 네트워크 위험과 취약점을 찾아내고 수정하게 제안할 뿐이다. 문제점을 해결하는 것은 문제점을 한순간 숨기는 것보다 효과적이다. 공격자들이 취약점을 발견할 수 있다고 계속 걱정하는 것보단 문제점을 고치는 작업이 덜 스트레스를 받는다.

능동적인 스캔을 수행한 후 첫 단계는 알려진 모든 취약점을 수정하는 일이다. 다음은 내부 네트워크나 방화벽을 통해 외부에 열려있는 포트를 검사한다. 일반인에게 필요하지 않는 서비스들은 방화벽에서 막는다. 회사 직원들에게 필요한 서비스라면 대안으로 VPN을 사용한다. 내부 서비스들은 사용되지 않더라도 자주 리스닝 상태에 있다. 이런 서비스들은 처음부터 설치돼 있었거나 기본적으로 활성화돼 있었거나 과거에 활성화된 후 다시 비활성화되지 않은 경우다. 이와 같은 불필요한 서비스들은 비활성화시킨다. 관리자가 해당 서비스의 취약점을 알지 못하더라도 공격자들은 알 수 있다. 해당 서비스에 있는 보안 취약점은 지금은 아니더라도 추후에 생길 수 있다. 닫힌 포트는 열린 포트보다 위험이 낮다. 일단 알고 있는 문제점을 수정한 뒤 사설 서비스는 방화벽으로 차단하고 불필요한 서비스들은 비활성화하고, 나아가 침입방지 시스템 같은 솔루션으로 제로 데

---

1. http://nmap.org/ndiff/

이 익스플로잇이나 내부 위협과 취약점 분석 시스템이 발견하지 못한 보안 문제를 보호하게 한다.

일회성 감사보다 주기적으로 능동적 네트워크 스캔 활동과 감사 활동을 한다. 복잡한 네트워크에서 호스트와 서비스는 정기적으로 추가와 변화가 발생한다. 관리자는 네트워크가 안전한 상태로 존재해야 함을 항상 염두에 둬야 한다.

일부 취약하게 설정된 테스트 시스템들은 포트 스캔, 운영체제 탐지, 버전 탐지 등에 중요한 정보를 노출시켜 네트워크를 위험하게 만들 수 있음을 기억하라. 이것은 인터넷을 통해 스캔할 때 드물게 발생하는 문제로 스캔했을 때 지속적으로 스캔의 결과를 보여주지 않고 중간에 크래시되는 시스템일 가능성이 높기 때문이다. 내부 시스템들은 좀 더 취약하다. 능동적 스캔 프로그램을 시작할 때에는 미리 영향을 받는 관련자들과 협의하고 승인을 받아야 한다. 처음 스캔할 때는 상대적으로 네트워크의 일부만 스캐닝을 하고 문제가 없는지 확인한 후 다음 단계를 실행한다. 간단한 포트 스캐닝부터 시작한 후 필요에 따라 운영체제 탐지나 버전 탐지를 나중에 실행한다.

11.3 방화벽으로 엔맵을 막거나 느리게 하기

스캔에 대한 최고의 방어 방법은 잘 구성된 방화벽이다. 네트워크 구성에 혼돈을 주는 것보다 나중에 설명할 약간의 기술을 이용해 방화벽을 잘 설정하면 효과적으로 많은 공격을 막을 수 있다.

모든 훌륭한 방화벽 관련 문서들은 "기본적으로 거부한다"는 기본 규칙을 강조한다. 의심스러운 악의의 트래픽을 막으려고 하는 것보다 처음에 모든 것을 막고 필수적인 트래픽만 허용한다. 악의적인 접근을 막기 위해 감시하는 것보다 실수로 악의적인 접근을 명시적으로 허락하는 것이 쉽다. 게다가 불법적인 트래픽을 막지 못한다는 사실은 공격자에 의해 악용되기 전까지는 알 수 없으며, 합법적인 트래픽을 허용하지 못한다는 사실은 영향을 받은 사용자가 항의하기 전까지는 알 수 없다. 그리고 공격자가 악용한 것을 알거나 사용자가 항의하기 전까지는 잘못된 방화벽 규칙은 그대로 남아 있을 것이다.

앞의 두 가지 이유로 "기본적으로 거부한다"는 규칙을 모든 사람에게 확신시키기에 충분하지만 좀 더 좋은 다른 장점이 있다. 하나는 엔맵 같은 도구가 네트워크를 스캔하는 데 엄청난 시간이 걸리게 만드는 방법이다. 닫힌 포트에 대한 엔맵의 TCP SYN 스캔이 발생할 때 대상 시스템은 RST 패킷을 반환하고 해당 포트의 상태는 한 번의 라운드 트립 시간 동안 결정된다. 그것은 모스코바의 ISP에서 캘리포니아에 있는 나의 웹서버까지 세계를 건너더라도 1/4초 내에 이뤄진다. 반면에 방화벽이 프로브를 버리는 방법으로 포트를 필터링하면 엔맵은 포기하기 전에 최악의 경우 만료 시간 동안 기다린다. 엔맵은 방화벽 규칙에 의한 필터링이 아니라 라우터의 용량 초과에 의해 패킷이 버려진 경우로 판단하고 이후에 몇 번의 재송신을 한다. 대규모 스캔에서의 차이점은 매우 중요할 수 있다. 예를 들어 나의 무선 네트워크에 있는 하나의 시스템에 대해 1,000개 포트의 TCP SYN 스캔은(nmap -sS -T4 para) 모든 포트가 닫혀있거나 열려있을 때 단지 5초만 걸린다. 수십 개가 필터링되거나 너무 일반적으로 악용되는 포트들은 스캔 시간을 12초까지 지연시킨다. (모든 포트를 막고 다섯 개의 열린 포트가 제외된) 기본적으로 모든 패킷을 거부하는 정책을 이용하면 스캔 시간을 세배 가까이, 33초 정도 걸리게 만들 수 있다. 28초의 차이는 별 의미가 없다고 생각하겠지만 대규모 네트워크를 스캔하는 경우에는 며칠이 추가적으로 소요된다.

UDP 프로토콜이 사용되는 경우에 필터된 포트는 공격자를 조금 더 좌절하게 만든다. 방화벽이 없는 경우 엔맵이 모든 시스템의 포트가 닫혀있다면 ICMP 포트 도달 불가로 결정한다. 열린 포트는 일반적으로 그렇게 응답하지 않는다. 따라서 기본적으로 모든 것을 거부하는 정책을 채택하는 방화벽은 프로브 패킷을 버리고 엔맵은 열렸는지 필터됐는지를 알 수 없게 된다. 해당 포트가 전혀 응답을 하지 않으므로 여기에서 재송신은 도움이 되지 않는다. 공격자들은 속도가 느려지고 엔맵 버전 탐지와 SNMP 커뮤니티 문자열 무차별 대입 공격 같이 조금 더 현명한 기술을 사용해 UDP 포트를 식별하려고 한다.

엔맵을 실제 느리게 만드는 방법은 ICMP 오류나 TCP RST를 이용해 응답하는 것이 아니라 방화벽이 해당 패킷을 확실하게 버리게 하는 것이다. 그렇지 않으면 프로브를 막을 수는 있지만 엔맵은 포트들이 닫혀있더라도 정말 빠르고 정확하게 실행될 것이다. 이 차이의 예로 리눅스 iptables 방화벽은 대상 action들에 DROP과 REJECT를 제공한다. 이름에서 알 수 있듯이 REJECT는 오류 메시지를 송신하지만 DROP은 패킷을 막은 다음 아무 동작도 하지 않는다. 이 방법이 엔맵의 네트워크 탐색 활동을 더욱 느리게 만들고 일반적으로 권장되는 방법이다. REJECT는 방화벽이 특정 트래픽을 막는 것을 명확하게 표시해 네트워크 문제점 진단을 쉽게 할 수 있다.

방화벽의 또 다른 원칙은 다단계 보안 접근법defense in depth이다. 방화벽으로 포트가 닫혀 있더라도 (리스닝하는 애플리케이션이 없는 상태로) 어쨌든 해당 포트가 실제로 닫혀있는지 확인하는 경우도 있다. 끈기 있는 공격자는 결국 방화벽을 돌파할 수 있다고 가정한다. 공격자가 10장 '방화벽과 침입탐지 시스템 탐지와 무력화'에서 다룬 기술을 사용할 수도 있으므로 각 시스템은 방화벽만 믿을게 아니라 시스템 자체적으로도 강력한 보안을 해놔야 한다. 모든 사람은 때로 방화벽 설정에서 실수를 하기 때문에 방화벽이 실수해 공격자를 놓치더라도 시스템 자체 보안으로 시스템을 보호하기 때문에 추가적인 공격의 범위와 위험을 줄인다. 공격자는 방화벽과 개별 시스템 모두의 취약점을 찾아야 한다. 포트 스캐너는 닫히거나 필터된 포트들에 대해 매우 중요하다. (네트워크 주소 변환 같이) 사설 주소 공간을 사용하고 좀 더 보호가 필요한 곳은 추가적인 방화벽을 설치한다.

11.4 엔맵 스캔 탐지

포트 스캔을 탐지하는 것이 시간 낭비라고 생각하는 사람도 있다. 인터넷에 연결된 어떤 조직이라도 주기적으로 스캔된다는 공통점이 있다. 이 중 매우 적은 수가 공격 목표가 된다. 수많은 인터넷 웜은 윈도우 취약점이나 다른 취약점들을 찾기 위해 끝없이 시스템들을 탐색한다. 인터넷 연구 프로젝트의 일환으로 네트워크 스캔을 하기도 하고, 호기심이나 일상생활이 지루한 사람들이 심심해서 인터넷을 탐색할 목적으로 스캔을 하기도 한다. 나는 좋은 예와 이 책을 위한 테스트 자료를 얻기 위해 IP 수만 개를 스캔했다. 다른 스캔들은 실질적으로 악의적이다. 스크립트 키드들은 주기적으로 자신의 익스플로잇을 사용할 수 있는 시스템을 찾으려고 매일 방대한 네트워크를 스캔한다. 이런 부류의 사람들은 악의적인 목적을 갖고 있지만 여러분의 네트워크에서 취약한 서비스들이 없다는 사실을 발견한 뒤에는 자기의 갈 길을 간다. 가장 큰 위협은 특별히 여러분의 조직을 목표로 하는 공격자들이며, 이들은 탐지된 방대한 스캔에서 아주 작은 한 부분이므로 식별하기가 어려울 뿐만 아니라 대부분의 관리자는 포트 스캔 흔적에 그다지 신경을 많이 쓰지 않는다.

일부 관리자는 다른 관점을 갖고 있다. 그들은 포트 스캔이 공격의 전조이며 포트 스캔을 원천 봉쇄할 수 없으면 최소한 로그는 남겨야 한다고 주장한다. 그들은 인터넷 포트 스캔 활동이 마구잡이로 퍼지는 것을 막으려고 탐지 시스템을 내부 네트워크에 둔다. 때때로 로그들은 유행을 위해 분석되거나 전 세계 연동과 분석을 위해 Dshield 같은 써드파티에게 전달된다. 때로 광대한 로그 내용과 공격을 예상하는 보기에 그럴듯한 도표들은 적절한 예산을 받기 위해 경영진에게 전달되는 경우도 있다.

개별 시스템의 로그만 갖고는 포트 스캔을 탐지하기에는 역부족이다. 일반적으로 완전한 TCP 연결이 성립하는 스캔 유형만 기록되며, 기본 엔맵 SYN 스캔은 살짝살짝 통과한다. 완전한 TCP 연결조차도 특별한 애플리케이션이 로그를 남기게 하는 기능이 있을 때만 기록한다. 어떤 오류 메시지들은 비밀스럽게 돼 있다. 여러 개의 서로 다른 서비스가 오류 메시지를 동시에 쏟아내기 시작하면 스캔 활동이 있다는 공통적인 표시다. 엔맵 버전 탐지 같은 특별한 옵션을 이용한 공격은 이와 같은 애플리케이션이 생성하는 오류를 통해 쉽게 탐지할 수 있다. 하지만 이런 탐지도 시스템 로그들을 주기적으로 읽어보는 관리자에게만 해당한다. 방대한 대다수의 로그 메시지들은 전혀 보지 않고 지나친다. Logwatch[2]와 Swatch[3] 같은 로그 모니터링 도구들이 확실히 도움이 되기는 하지만 시스템 로그들은 엔맵 활동 탐지에서만 일부 효과적일 뿐이다.

스캔을 탐지하는 목적으로 설계된 도구는 엔맵 스캔을 좀 더 효과적으로 탐지할 수 있다. PortSentry[4]와 Scanlogd[5]이 엔맵 스캔을 탐지하는 일반적인 도구로 알려졌다. Scanlogd는 1998년쯤 보안을 많이 고려해 개발됐고, 그 결과 아직까지 Scanlogd에 대한 취약점은 보고되지 않았다. PortSentry는 의심스러운 스캐너의 소스 IP를 막는 리액티브 기능을 포함해 Scanlogd과 비슷한 기능을 갖고 있다. 그러나 리액티브 기능은 '11.5.6 포트 스캔 탐지 반응'의 예에서처럼 위험할 수 있다.

'10.5.2 침입탐지 시스템 회피'에서 설명한 임계치 기반 공격들의 주제가 있음에도 불구하고 포트 스캔 탐지 도구들은 꽤 잘 동작한다. 그렇더라도 포트 스캔에 관심이 많은 관리자는 익스플로잇 시도와 설치된 백도어 같은 좀 더 심각한 공격들에 대해 알고자 한다. 이런 이유로 넓은 범위의 의심스러운 공격에 대해 경고하는 침입탐지 시스템이 앞서 설명한 특별한 목적의 도구들보다 더 선호되는 편이다.

현재 수많은 벤더가 침입탐지 시스템을 판매하지만 엔맵 사용자들은 Snort라

---

2. http://www.logwatch.org
3. http://swatch.sourceforge.net/
4. http://sourceforge.net/projects/sentrytools/
5. http://www.openwall.com/scanlogd/

는 오픈소스 IDS에 끌린다. Snort는 엔맵 사용자 3,243명의 설문조사(http://sectools.org)에서 가장 유명한 보안 도구 중 3위를 차지했다. 엔맵처럼 Snort는 전 세계적인 개발자 커뮤니티에 의해 개선돼 왔다. 포트 스캔을 포함해 모든 종류의 의심스러운 동작을 탐지하는 2,000개 이상의 규칙을 갖고 있다.

제대로 설치되고 모니터링하는 IDS는 중요한 보안 자산이 될 수도 있지만 '10.5 침입탐지 시스템 무력화'에서 설명한 위험을 잊어선 안 된다. Snort는 여러 개의 원격 익스플로잇 취약점을 갖고 있었으며, 많은 상업적인 경쟁자들이 있다. 게다가 능숙한 공격자는 대부분의 IDS 규칙을 깨뜨릴 수 있으니 방어 자세를 풀지 말아야 한다. IDS는 너무 자주 잘못된 보안 인식을 유도한다.

11.5 영리한 속임수

다른 능동적인 검사 도구들처럼 엔맵은 대상 시스템에 패킷을 전달해 응답으로 오는 정보를 획득하고 분석해 모든 응답을 유용한 보고서로 만든다. 엔맵은 완전히 적대적인 환경인 네트워크와 시스템에서 수신된 정보를 반드시 신뢰해야 한다. 어떤 관리자들은 스캔되는 상황에 대해 화를 내고, 일부는 방화벽과 이전에 설명한 IDS 기술을 넘어서서 능동적인 방법으로 엔맵을 느리게 하거나 혼란을 준다.

수많은 활동 응답 방법은 매우 똑똑하다. 나는 너무 똑똑해 그들이 해결한 것보다 많은 문제의 원인이 된다는 사실을 설명할 것이다. 그런 문제점 중 하나는 악용 가능성이다. 커스텀 활동 응답 소프트웨어 중 많은 것이 보안 고려 사항에 대한 주의 없이 작성돼 아주 빠르게 분석된다. 예를 들어 내 친구 중 폴이라는 이름을 가진 관리자는 FakeBO를 시스템에 설치한 것을 자랑스럽게 생각했다. 폴은 바보 같은 스크립트 키드들이 마음대로 사용하기 위한 백오리피스에 감염된 시스템을 발견했다는 생각에 빠지기를 기대하고 그들의 공격 시도를 로깅하고 있으며 웃고 있었다. 그러나 FakeBO에서 실제로 버퍼 오버플로우 취약점이 발견되고 공격자들이 그것을 악용해 시스템을 침투한 후 실제 백도어를 설치해서 폴은 웃음거리가 됐다.

이 기술들의 공통된 다른 주된 위험은 다른 곳 사용하면 더 나을 수 있는 시간의 낭비다. 공격자들을 혼란스럽게 하는 것은 재미있으며 기쁘기도 하며 어떤 경우엔 공격자들을 곤란하게 만든다. 그러나 결국에 이 기술들은 세상에 잘 알려지지 않아 대부분 안전하다. 그들이 아직도 이득이라 하더라도 방화벽과 취약점을 패치하는 것 같은 탄력 있는 기술만큼 중요하진 않다. 높은 수준의 공격자는 난처하게 하는 것들을 통과해 들여다보는 것을 좋아하고, 스크립트 키드들과 웜들은 정찰을 이용해 괴롭히는 경우가 드물다. 매일 생기는 나의 아파치 웹서버에 대한 IIS 익스플로잇 시도는 그에 대한 증거다. 이 기술은 보안 자세에 대한 높은 신뢰가 있을 때 고려돼야 한다. 너무 많은 사람이 자신의 네트워크를 정말로 안전하게 하기 위한 대용품으로 이런 기술을 사용한다.

[11.5.1] 불분명한 포트에 서비스 숨기기

때때로 관리자들은 공격자들이 발견하기 어렵게 하려고 일부 서비스를 일반적으로 사용되지 않는 포트에서 실행되게 한다. 특별한 경우에 취약점이 있는 버전의 일부 소프트웨어를 찾아내기 위해 공격자들이 자신의 주소 공간에서 한 개의 포트를 훑어보는 주기에 주목한다. 자동화된 웜들이 주기적으로 그런 작업을 한다.

이런 혼란을 발생시키는 종류의 작업이 일부 웜과 스크립트 키드들이 서비스를 발견하는 것을 예방하는 것이 사실이지만 신속하게 취약점을 패치하는 회사에 대한 한계적인 위협보다 더 드물게 나타난다. 그리고 빨리 패치를 하지 않는 모든 회사는 이 간단한 포트 혼돈에 의해 보호를 받지 못한다. 때로 이런 방법을 제안한 사람들은 좀 더 능력이 있는 공격자조차도 이와 같은 함정에 빠질 것이라고 장담한다. 일부 보안 목록에 모든 65,536 TCP 포트에 대한 스캐닝은 상상할 수 없다고 설명했다. 그것은 잘못된 생각이다. 공격자들은 모든 TCP 포트를 스캔할 수 있고 또 실제로도 모든 TCP 포트를 스캔한다. 또한 엔맵 버전 탐지와 같은 기술을 통해 어떤 서비스가 잘 사용하지 않는 포트에서 실행 중인지 쉽게 확인할 수 있다. 예제 11.1은 이와 같은 스캔 결과를 보여준다. 주목할 점은 스캔이 완료되는 데 8분이 걸렸으며, 다른 도시에 있는 느린 주택용 aDSL라인으로부터 왔다는 것이다. 더 빠른 시스템에서 동일한 스캔을 하면 3분밖에 걸리지 않는다. 기본 상태가 필터링됐다면 스캔은 느려졌겠지만 그렇게 불합리한 것은 아니다. 스캔이 10분이나 20분이 걸린다고 하더라도 공격자는 스캔이 끝날 때까지 계속 앉아있을 필요가 없다. 특정 회사를 목표로 삼은 공격은 밤새 시도되기도 하며 다수의 공격자들은 스캐너를 며칠 동안이나 실행하고 주기적으로 최근 발견된 데이터 파일들을 다운로드한다.

예제 11.1 모든 TCP 포트 버전 스캔

```
# nmap -sSV -T4 -O -p0-65535 apollo.sco.com

Starting Nmap ( http://nmap.org )
Interesting ports on apollo.sco.com (216.250.128.35):
Not shown: 65524 closed ports
PORT        STATE       SERVICE   VERSION
0/tcp       filtered    unknown
21/tcp      open        ftp       WU-FTPD 2.1WU(1)+SCO-2.6.1+-sec
22/tcp      open        ssh       SSH 1.2.22 (protocol 1.5)
199/tcp     open        smux?
457/tcp     open        http      NCSA httpd 1.3
615/tcp     open        http      NCSA httpd 1.5
1035/tcp    filtered    unknown
1521/tcp    open        oracle    Oracle DB Listener 2.3.4.0.0 (for SCO System V/386)
13722/tcp   open        inetd     inetd exec err /usr/openv/netbackup/bin/bpjava-msvc
13782/tcp   open        inetd     inetd exec err /usr/openv/netbackup/bin/bpcd
13783/tcp   open        inetd     inetd exec err /usr/openv/bin/vopied
64206/tcp   open unknown
Device type: general purpose
Running: SCO UnixWare
OS details: SCO UnixWare 7.0.0 or OpenServer 5.0.4-5.0.6

Nmap done: 1 IP address (1 host up) scanned in 501.90 seconds
#
```

이 접근 방식의 가장 큰 문제점은 정상적인 사용자에게 불편함을 준다는 점이다. SMTP나 DNS 같은 서비스들은 자주 사용하는 이유로 항상 잘 알려진 포트에서 실행돼야 한다. HTTP와 SSH 같은 서비스들이 사용하는 포트가 변경되면 일반 웹서버를 사용하는 사용자들은 서비스에 접속하기 위해 52,147 같은 일반적이지 않은 포트 번호를 반드시 기억해야 하는 문제가 생긴다. '숨겨진' 일부 서비스가 있을 때 뭐가 뭔지 기억하는 것은 더욱더 어렵다. 각 시스템마다 서로 다른 포트를 사용하는 것은 혼란을 가중시킬 뿐만 아니라 회사 전체에 걸쳐 일반적이지 않은 포트에 주로 쓰는 서비스를 할당하는 것은 회사의 입장에서는 관리하는 데 더 많은 어려움을 겪는다. 공격자는 SSH가 항상 52,147에 있음을 인지할 수 있다. 결과적으로 서버에 있는 모든 포트에서 엔맵 스캔이 증가하게 되며, 거절 당한 정상적인 사용자들은 숨겨 놓은 특별한 서비스를 찾으려고 노력해야 한다. 대신에 기본적인 네트워크에 대한 지식이 없는 사용자들은 전화를 무수히 걸어 여러분을 괴롭힐 것이다.

[11.5.2] 포트 노킹

포트 노킹이라 불리는 기술은 최근에 잠재적인 공격자로부터 서비스를 숨기는 방법으로 유명해졌다. 이 방법은 http://www.portknocking.org/의 첫 페이지에 잘 설명돼 있다.

포트 노킹은 네트워크에 있는 열린 포트가 없는 컴퓨터와 연결을 만드는 방법이다. 연결이 성립되기 전에 포트 노킹 순서에 의해 포트가 열리며, 이것은 닫힌 포트들에 대한 연결 시도다. 원격 시스템은 하나 이상의 특별한 포트들을 열기 위해 서버의 방화벽 규칙을 조작하는 순서에 따르는 인증 노크 시퀀스를 생성해 발송한다. 이 조작들은 인증 노크 시퀀스로 전환이 가능한 연결 시도들을 위한 방화벽 로그 파일을 모니터링하기 위해 서버에서 실행되는 포트 노크 데몬에 의해 중재된다. 원하는 포트가 한 번 열리면 원격 시스템은 연결을 설정하고 세션을 시작한다. 또 다른 노크 시퀀스는 포트를 닫기 위한 트리거로 사용할 수 있다.

이 방법은 완전히 새로운 것은 아니며 2003년 마틴 크지윈스키^{Martin Krzywinski}가 포트 노킹 이라는 말을 만들어냈다. 그 후 실제 기술을 구현하고 웹사이트를 만들어 Sys Admin과 Linux Journal 같은 잡지에 기고문을 작성해 대중에게 알려졌다. 인증은 SSH 같은 기본적인 서비스들에 의해 주어지는 것보다 일반적으로 취약하므로 포트 노킹은 서비스에 두 번째 단계 보호를 추가한다. 구현은 일반적으로 스니핑과 공격의 재현을 조건으로 하고, 때때로 무차별 대입 공격과 서비스 거부 공격 같은 위협으로부터 주로 공격 위협을 받는다.

긍정적인 부분은 이전에 설명했듯이 사용하기 간단하고 효과가 낮은 포트 혼돈 기술보다 강한 서비스 은신처라는 점이다. 포트 노킹을 통해 적절히 숨겨진 포트는 엔맵에 의해 전달되는 능동적 프로브로 발견하기 어렵다. 반면에 스니퍼 기반의 침입탐지 시스템과 수동적 네트워크 맵퍼들은 이 구조를 간단하게 탐지한다.

포트 노킹을 구현할지 결정하려면 실제 구현하는 데 드는 비용 대비 얻을 수 있는 효과에 대한 분석이 필요하다. 서비스 은신처는 적은 규모의 애플리케이션에 대해서만 효과가 있다. 목적은 전 세계에 있는 허가 받은 사용자들의 연결을 허용하고 있는 동안 취약한 서비스들에 접속하는 (익스플로잇하는) 공격자들을 막기 위한 것이다. 오직 특정한 IP 주소들만 접속하는 것이 요구된다면 방화벽에서 특별한 IP들만 접속하게 제한하는 것이 좀 더 좋은 접근 방법이다. 이상적인 세계에서 애플리케이션은 인증 자체를 안전하게 관리하고 익스플로잇으로부터 방어하기 위해 숨길 필요가 없을 것이다. 불행하게도, SSH 같이 보안 의식이 있는 프로그램들조차도 수많은 원격 익스플로잇이 가능한 인증 결함들로부터 괴롭힘을 당하고 있다. 어떤 경우에도 이런 버그들은 가능한 한 빨리 수정돼야 하며, 포트 노킹은 새로운 취약점을 악용한 익스플로잇이 만들어지기 전에 고칠 수 있는 시간을 제공해 줄 수 있다. 아무튼 약간의 SSH 익스플로잇들이 공식적인 패치들이 제공되기 한참 전에 언더그라운드에 뿌려졌었다. 이후에 버그가 발표됐으며, 매우 성실한 관리자조차도 해당 버그에 대해 배우고, 고친 후 테스트하고, 모든 취약점이 있는 인스턴스의 위치를 확인하는 등의 작업을 위해 몇 시간이나 며칠이 필요했다. 가정용 컴퓨터 소유자가 해당 취약점을 고치는 시간은 더 길었을 것이다. 하지만 방대한 대다수 컴퓨터 사용자들은 버그트랙에 가입하지 않았기 때문에 취약점을 수정해야 한다는 사실을 몰랐을 것이다.

좋은 사람들만 서비스 은신처에서 이득을 얻는 것은 아니다. 적어도 (전부는 아니지만) 그레이 햇gray hat 사이에서 유명하며 완전히 범죄적으로 사용되기도 한다. 많은 ISP가 사용자들이 웹이나 SSH 서비스 같은 서버 데몬을 실행하는 것을 제한한다. 고객들은 (대중들이 쉽게 접근하지 못하고 아주 제한적인 사용을 위해) 개인적인 SSH 데몬이나 웹서버를 포트 노킹 기술로 숨기기도 한다. 비슷하게 내 친구 톰의 고용주는 윈도우 전용 VPN 클라이언트를 이용해 집에서만 접속을 허용했다. 톰은 적절한 프로브들을 수신하고 리버스 SSH 터널을 그의 작업 서버에서 집의 리눅스 시스템으로 구성하는 (그렇게 불리기 이전에) 포트 노킹 시스템을 구축해 대응했다. 이에 따라 윈도우 사용 강요에 따른 괴로움 없이 집에서 작업 네트워크에 완전히 접근할 수 있었다. ISP나 고용주 같이 서비스 제공자가 스니퍼나 넷플로우netflow를 이용해 속임수 탐지를 반복하는 것은 가치가 있다. 심지어 컴퓨터 범죄자들은 주기적으로 자신이 장악한 시스템에 있는 백도어를 숨기는 데 이런 기술을 사용한다. 스크립트 키드들은 뻔뻔스러운 SSH 데몬을 남겨놓거나 가공되지 않은 루트 셸을 기다리는 높은 번호의 특정 포트나 다음번 엔맵 스캔에 의해 탐지되는 취약점을 남겨놓을 수 있다. 좀 더 신중한 공격자들은 그들의 백도어와 루트킷에 포트 노킹을 포함하는 은신처 기술을 사용한다.

이 시스템에 의해 제공되는 서비스 은신처는 가치가 있는 반면 제약사항도 많다. 아무도 단순히 여러분의 웹사이트를 방문하기 위해 특별한 노크 클라이언트를 설치하려고 하지 않으므로 일반 사용자가 사용하는 서비스에는 부적절하다. 게다가 접근 명령을 공개하는 것은 시스템의 기본적인 목적을 깨뜨린다. 일반적으로 공개적이지 않은 서비스는 포트 노킹에 의해 보호되기보다는 방화벽에 의해 차단된다. 여러 명의 그룹에 대한 접근이 필요하면 암호화와 사용자 레벨 접근 제어가 제공되는 VPN이 좀 더 좋은 솔루션이다. VPN은 패킷이 드롭되고, 중복되며 재조립되는 실제 네트워크 세계에 적합하다. Portnkcking.Org 구현을 사용한 상대적으로 간단한 프로브는 반드시 순서에 맞춰 목적지에 도달해야 하는 30개의 포트 프로브들을 요구할 수 있다. 이 많은 프로브를 위해 특별한 클라이언트가 필요하다. 텔넷이나 웹 브라우저를 사용하는 것은 너무 지루하다. 게다가 경로상의 모든 방화벽이 이들 일반적이지 않은 포트들에 대한 접속을 여러분에게 반드시 제공해야 한다. 이런 제약 사항들과 문제 때문에 VPN 사용이 편리할 수 있다.

추가적인 위협은 포트 노킹 구현들이 아직도 미완성이라는 점이다. 마틴 크지윈스키Martin Krzywinski가 작성한 제일 많이 알려진 다운로드 페이지에서는 "이것은 시제품이고 시작하기 위한 최소한의 것을 포함하고 있다. 운영 환경에서는 사용하지 마라."라고 경고한다. 또한 여러분의 네트워크에 대한 재고 조사를 위한 능동적 스캐닝이 이런 프로그램들의 설치로 인해 조금 더 어려워질 것이라는 점을 기억해야 한다.

이와 같이 많은 제약 사항 때문에 쉽게 포트 노킹을 포기하지 말자. 이것은 특별한 환경, 특별하게 숨겨진 백도어나 개인시스템의 원격 관리에 관련된 경우엔 유용하다.

[11.5.3] 허니팟과 허니넷

공격자들에게 혼란을 주는 일반화된 방법들은 미끼 시스템을 네트워크에 두고 공격자들이 미끼 시스템에 공격하는 것을 살펴보는 방법이다. 이런 미끼 네트워크는 허니팟으로 알려졌다. 나는 연구 목적을 위해 이런 네트워크를 설치한 허니넷 프로젝트[6]의 일원이다. 많은 회사들이 회사 보안 목적을 위해 허니팟 시스템

---

6. http://www.honeynet.org

을 구축했지만 이것은 매우 위험하다. 잘 유지되게 하려면 광범위한 모니터링이 필요하며, 공격자들이 침입해 시스템을 심각한 범죄에 이용할 위험이 항상 존재한다. 다음 절에 설명하는 Honeyd나 IDS 같은 적은 유지 보수 솔루션들이 조금 더 적절할 수 있다. 어떤 경우에든 허니팟은 간단한 엔맵 스캔보다 좀 더 침략적인 공격들을 잡아내게 설계돼 여기서는 더 이상 자세히 설명하지 않는다.

[11.5.4] 운영체제 속이기

특별히 엔맵 운영체제 탐지를 속이기 위해 몇 개의 프로그램들이 개발됐다. 그들은 호스트 운영체제 시스템이 엔맵 프로브들에 대한 커스텀 응답을 지원하게 조작한다. 이런 경우에 리눅스 컴퓨터는 애플 레이저라이터 프린터나 웹캠과 비슷하게 만들어질 수 있다. 2000년에 발표된 IP Personality[7]는 아주 유명한 시스템 중 하나다. 이것은 리눅스 Netfilter 프레임워크가 이 속임수를 지원하게 확장한다. 불행하게도 2002년 4월 이후부터 업데이트가 되지 않고 있으며, 커널 버전 2.4.18 이후에는 지원되지 않을 것이다.

하나의 도구로만 운영체제를 속이는 것은 좋은 생각이 아니지만 하나의 도구만 얘기하는 것은 어떻게든 노력을 최소화하기 위한 것이다. IP Personality FAQ는 "어째서 여러분이 이것이 필요할까?"라는 질문에 대해 "여러분이 이런 질문을 한다면 이것은 여러분에게 필요 없다"라는 말로 회피한다. 그럼에도 불구하고 어떤 사람들은 그것을 활용할 충분한 가치를 찾아내고 사용한다. 특별한 운영체제 정보는 공격자들에게 네트워크에 있는 취약점들을 추측하고 어떤 종류의 익스플로잇을 실행할 것인지 쉽게 결정하는 데 사용된다. 물론 취약점 자체는 실질적인 문제가 되며 반드시 수정돼야 한다. 다른 사람들도 이런 종류의 도구를 사용하는데, 그들이 실행하는 운영체제를 부끄럽게 생각하거나 극단적으로 개인정보에 민감한 사람들이다. 어떤 회사가 IP 침해를 주장하고 사용자들에게 소송을 제기하는 법적인 테두리에 여러분의 운영체제가 있다면 운영체제 속이기는 그런 귀찮은 소송에서 보호받을 수 있다.

호스트 운영체제를 속이는 이런 방법의 심각한 문제점 중 하나는 보안이나 기능적인 문제가 생길 수 있다는 점이다. 엔맵은 TCP 초기 일련번호와 IP 식별 번호 예측 같은 몇 개의 중요한 보안 속성을 테스트한다. 프린터 같은 다른 시

---

7. http://ippersonality.sourceforge.net/

템을 흉내 내는 것은 이 일련번호에 약점을 만들 수 있으며, 예측이 가능하게 되고 모든 공격에 취약하게 될 수 있는 취약점을 내포한다. 여러분의 운영체제 시스템 핑거프린트를 속여 획득한 불명확함은 값비싼 보안 메커니즘을 희생할 가치가 없다. 이런 종류의 속이기는 기능적으로 무력화되기도 한다. 많은 엔맵 운영체제 탐지 테스트는 어떤 TCP 옵션들이 제공되는 시스템인지 묻는 것과 관련된다. 타임스탬프나 윈도우 스케일링 같은 옵션을 지원하지 않는 방법 같은 위장은 이 옵션들의 효과적인 이득을 제거하게 될 것이다. 가능하지 않은 옵션을 지원하는 방법으로 위장하면 재난상황과 같을 수 있다.

예제 11.2에서 엔맵은 IP Personality에 의해 리눅스 시스템이 '세가 드림케스트 게임 콘솔'이라 믿게끔 속여졌다. 이것은 데이비드 바로소 베루에타David Barroso Berrueta의 《A practical approach for defeating Nmap OS-Fingerprinting[8]》 문서에 있다. 그 훌륭한 문서는 아주 상세한 설정 방법과 함께 좀 더 많은 예제를 포함한다. 또한 "코드가 매우 불안정하다. 모듈을 로드하고 몇 분 뒤에 나의 리눅스 시스템이 얼어붙었다" 같은 경고와 함께 많은 비슷한 시스템을 설명한다.

예제 11.2 IP Personality로 엔맵 속이기

```
# nmap -sS -O -oN nmap2.log 192.168.0.19

Interesting ports on 192.168.0.19:
(The 1597 ports scanned but not shown below are in state: closed)
Port      State     Service
22/tcp    open      ssh
25/tcp    open      smtp
80/tcp    open      http
143/tcp   open      imap
Remote operating system guess: Sega Dreamcast
Nmap finished: 1 IP address (1 host up) scanned in 5.886 seconds
```

운영체제 시스템을 속이기 위한 새롭고 좀 더 대중적인 프로그램은 Honeyd[9]다. 이것은 내가Niels Provos 적극적으로 관리하고 있으며 IP Personality보다 더 좋은 몇 가지 주요 장점을 제공한다. 하나는 설정하기가 매우 쉽다는 점이다.

---

8. http://nmap.org/misc/defeat-nmap-osdetect.html

9. http://www.honeyd.org

IP Personality를 이용한 드림 캐스트 속이기는 100여 개 이상의 설정 라인을 필요로 한다. 반면에 Honeyd는 간단히 엔맵 운영체제 탐지 데이터베이스를 읽고 사용자가 선택한 다른 운영체제를 흉내 낸다(Honeyd는 2007년에 단종된 엔맵의 1세대 운영체제 탐지 데이터베이스를 사용하는 점에 유의하라). 또한 Hyneyd는 보안 문제와 흉내 내기를 위해 합성된 호스트들의 생성으로 운영체제 속이기의 기능적인 문제를 해결한다. 조직 내에 사용되지 않는 수백 개의 IP 주소들을 Honeyd에서 관리하게 의뢰할 수도 있다. Honeyd는 설정 기반으로 그런 IP들에 보내진 프로브들에 응답한다. Honeyd는 호스트의 원래 TCP 스택을 표시하기 위해 발생한 기능적인 위협과 보안 문제를 제거한다. 한 묶음의 합성된 호스트들을 대신 생성하므로 이미 존재하는 호스트들의 운영체제를 불명확하게 하는 데 도움이 되지 않는다. 합성된 호스트들은 기본적으로 공격을 감시할 수 있는 유지 보수가 적은 허니넷을 구성한다. 이것은 새로운 웜을 식별하고 스패머들의 활동을 추적하기 위한 세계적인 Honeyd 네트워크를 사용하는 것처럼 대부분 연구 목적이다.

이 절의 다른 기술들처럼 보안 자세가 완전할 때 운영체제 속이기 실험을 하기를 권장한다. 한 개의 운영체제를 속이거나 수백 개의 Honeyd 인스턴스 미끼를 추가하는 방법은 취약한 시스템들의 패치를 대신할 수는 없다. 많은 공격자(특히 웜들)은 익스플로잇 코드를 전송하기 전에 운영체제 탐지를 하지 않고 무작정 공격하는 경우도 있다.

또한 이 시스템들은 숙련된 공격자에 의해 쉽게 탐지되므로 아무런 가치도 없다. 운영체제들 간의 모든 애플리케이션과 TCP 스택의 차이점과 외형을 설득력 있게 보여주기는 매우 어렵다. 누구도 예제 11.2에 있는 IMAP, SMTP, SSH를 실행하는 시스템이 정말로 원래의 운영체제를 실행하고 있는 드림 캐스트라고 믿지는 않을 것이다. 게다가 0.8까지의 모든 버전에서의 버그로 한 개의 프로브 패킷에 의해 간단하게 Honeyd가 식별된다. 아직도 Honeyd가 다룰 수 없는 많은 TCP 특징들이 존재한다. 이들은 Honeyd를 탐지하는 데 사용될 수 있으며, 엔맵은 이 작업을 자동화하지는 않는다. Honeyd가 광범위하게 사용되면 기꺼이 엔맵에 탐지 기능이 추가될 것이다.

Honeyd 같은 속임수 프로그램은 엔맵의 결과를 주의 깊게 해석해야 하며, 특별히 여러분이 제어하지 않는 네트워크를 스캐닝할 때 불일치성을 확인해야 하는 하나의 이유다.

[11.5.5] 타르 피트

어떤 사람들은 공격자를 속이기보다 단순히 공격을 느리게 하는 것을 목표로 한다. 타르 피트Tar pits는 인터넷 웜과 스패머의 공격을 느리게 하기 위한 오래된 대중적인 방법이다. 어떤 관리자들은 0 크기의 수신 윈도우나 한 바이트 단위로 천천히 데이터를 회신하는 TCP 기술들을 사용한다. LaBrea[10]는 이런 기술의 대표적인 구현이다. 다른 것은 SMTP 명령들에 응답을 하기 전에 장기간 지연을 하는 애플리케이션 단계의 기술들을 사용한다. 이들은 대부분 안티 스패머들에게 사용하며, 엔맵 스캔을 느리게 하는 데 사용할 수도 있다. 예를 들어 닫힌 포트들의 RST 패킷 송신 비율을 제한해 스캐닝을 엄청나게 느리게 만들 수 있다.

[11.5.6] 포트 스캔 탐지 반응

앞서 Scanlogd 같은 도구를 이용하는 스캔 탐지를 설명했다. 다른 도구들은 좀 더 개량되고 실질적으로 스캔에 응답한다. 어떤 사람들은 스캔 소스에 익스플로잇이나 서비스 거부 공격을 보내 공격을 되돌려주자고 제안한다. 이런 생각은 많은 이유로 끔찍한 생각이다. 그 중 하나는, 스캔은 자주 변조된다. 소스 주소가 정확하다면 이미 공격자가 희생양으로 사용하는 피해 시스템일 것이다. 또는 스캔이 인터넷 연구 조사의 일부분이거나 합법적인 직원이나 고객에 의해 발생할 수도 있다. 소스 주소가 실제 공격자에게 속한 컴퓨터일지라도 되받아치는 것은 경로상의 죄 없는 시스템과 라우터를 정지시킬 수 있다. 또한 그것은 불법이기도 하다.

공격을 받아치는 것은 보안 커뮤니티에서 가급적 피하고 있으며, 공격하고 있는 IP 주소들을 차단하기 위한 방화벽 규칙을 조정해 공격을 탐지하는 데 더 관심이 있다. 이 아이디어는 실제 공격이 수반되는 공격을 방어하기 위한 것이다. 이 접근 방법에는 몇 가지 위험이 있다. 하나는 여러분의 작업을 보여주어야 하는 것이다. 이것은 공격자들이 차단되고 있다는 사실을 명확하게 하고, 대부분 갖고 있는 많은 다른 IP 주소들을 이용해 조사를 계속할 수 있게 한다. 공격자는 반응 시스템에 대해 알게 되고 공격 강도를 높일 수 있다. 좀 더 중요한 문제는 스캔을 쉽게 속일 수 있다는 점이다. '10.5.3 침입탐지 시스템 현혹시키기'에서 설명한 방법이 스캔을 속이는 데 사용될 수 있다. 공격자가 차단됐다는 것을 알

---

10. http://labrea.sourceforge.net/

게 되면 공격자는 주요 웹사이트나 DNS 서버 같은 중요한 시스템이 스캔하는 것처럼 속일 수 있다. 대상 네트워크는 이들 IP들을 차단하면 자신에 대한 서비스 거부 공격이 발생한다. 완전한 TCP 연결 초기화를 위한 스캔을 방화벽에서 차단하게 제한하면 속이기 문제를 줄일 수 있지만 기본적인 엔맵 SYN 스캔조차도 실패하게 될 것이다.

[11.5.7] 군비 경쟁의 증가

이 책의 주요 초점이 오픈소스 도구들에 있지만 수많은 상용 벤더들이 엔맵을 속이기 위한 제품을 발표했다. 하나의 예가 시스코 보안 에이전트다. 평가 가이드는 엔맵에 대한 다음 보호들을 주장한다.

> 네트워크 맵퍼(엔맵)는 네트워크에 어떤 장치가 있는지 식별할 수 있으며 네트워크 프로브들을 전송해 그들이 실행하는 운영체제와 서비스를 식별할 수 있다. 네트워크의 장치와 서버에서 실행하는 포트들은 엔맵 프로브의 응답을 통해 알 수 있다. 반환되는 오류 메시지의 패턴으로 운영체제를 식별한다. 엔맵은 놀랍게 정확하다. 이것은 공격의 초기 단계나 공격자의 익스플로잇에 응답할 수 있는 시스템들이 어떤 것이 있는지 조사할 때 자주 사용된다.
>
> 시스코 보안 에이전트에 의해 보호된 시스템들에 대한 엔맵 스캔 결과의 기대: 엔맵은 디폴트 서버나 디폴트 데스크톱 정책을 실행하고 있는 시스템들의 대상 운영체제를 식별할 수 없다. 엔맵 스캔은 보안 테스터들의 타임아웃으로 인해 정지된 것으로 나타난다. 시스코 보안 에이전트에 의해 보호되지 않는 시스템들에 대한 엔맵 스캔은 매우 빠르게 결과를 보고한다.

나는 CSA_{Cisco Security Agent}가 어떻게 동작하는지, 그것을 어떻게 자동으로 탐지하고 조정할 수 있는지에 대해 조사 중이다. 스캐닝 기술은 군비 경쟁과 같다. 오픈소스와 상업적 회사들은 느리게 만들고, 차단하고, 엔맵이나 다른 도구들을 속이는 제품을 만들 것이다. 한편, 엔맵은 이런 도전들의 전면에서 탄력적으로 계속 개발하고 개선할 것이다.

12장

젠맵 그래픽 유저 인터페이스 사용자 가이드

12.1 소개

젠맵Zenmap은 엔맵 Security Scanner의 공식적인 그래픽 유저 인터페이스GUI다. 젠맵은 다양한 운영체제를 지원하고, 무료인 오픈소스 애플리케이션이다. 젠맵은 초보자가 엔맵을 좀 더 쉽게 사용할 수 있게 하고, 고급 사용자는 좀 더 고급 기능을 쉽게 사용하게 하려고 제작됐다. 반복 수행하는 스캐닝의 경우 프로파일로 만들어 저장해 반복 작업이 쉽게 했다. 커맨드라인 생성기는 엔맵의 명령 옵션을 상호 작용이 가능하게 생성한다. 스캔 결과는 저장했다가 나중에 읽어볼 수도 있다. 저장한 스캔을 또 다른 스캔 결과와 어떻게 다른지 비교해볼 수도 있다. 최근 스캔 결과는 검색이 가능한 데이터베이스로 저장한다. 그림 12.1에는 젠맵의 스크린샷을 보여준다. 스크린샷은 젠맵 웹페이지[1]에서 더 찾아볼 수 있다.

이 가이드는 엔맵과 젠맵을 한 번도 사용해보지 않은 사용자라도 쉽게 사용할 수 있게 작성했다. 엔맵의 커맨드라인 옵션 같은 세부 내용을 다룬 부분은 15장 '엔맵 레퍼런스 가이드'를 참조하라.

---

1. http://nmap.org/zenmap/

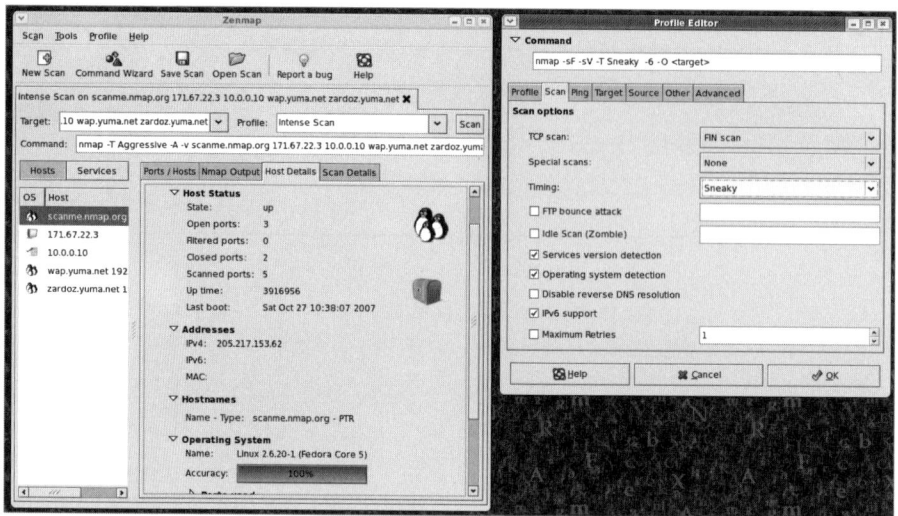

그림 12.1 젠맵의 스크린샷

[12.1.1] 엔맵 GUI의 필요성

당연한 이야기겠지만 어떤 그래픽 유저 인터페이스라도 커맨드라인 기반의 엔맵이 하는 일을 대신 할 수는 없다. GUI의 속성상 실제 작업은 엔맵이 수행하고 이에 의존한다. 따라서 젠맵은 엔맵을 대신하기 위한 것이 아니라 엔맵을 좀 더 쓰기 편하게 만드는 것이다. 그냥 엔맵만 쓰는 경우보다 젠맵을 쓰는 장점은 다음과 같다.

- **상호 작용과 그래피컬 결과 조회** 엔맵의 정규 산출물에 덧붙여 젠맵은 특정 시스템의 열려있는 모든 포트를 보여주거나 특정 서비스가 실행 중인 모든 호스트를 일목요연하게 보여줄 수 있다. 젠맵은 한 대상 시스템이나 전체 스캐닝 결과를 매우 이용하기 쉽게 요약해 보여준다. 젠맵은 스캐닝으로 발견한 네트워크의 토폴로지 맵까지 작성해준다. 또한 여러 번의 스캐닝 결과를 결합해 한 번에 보여주는 기능도 제공한다.

- **비교** 젠맵은 두 번의 스캐닝 결과를 비교해 차이점을 그래픽으로 보여주는 기능이 있다. 같은 대상에 대해 다른 날짜에 실시한 두 번의 스캔 결과, 두 다른 시스템에 대한 스캔 결과, 같은 대상에 대해 다른 옵션을 준 결과나 여타 다른 조합으로 스캔 결과를 비교해 무슨 변화가 있는지를 살펴볼 수 있다. 이를 통해 관리자들은 관리 대상 네트워크에 새로운 시스템이나 새로운 서비스가 나타났는지 쉽게 알 수 있고, 이전에 있던 시스템이나 서비스가

없어진 경우도 파악할 수 있다.

- **편리성** 젠맵은 스캔 결과를 사용자가 버릴 때까지 보관한다. 따라서 스캔을 하고 결과를 살펴본 뒤에 결과를 파일에 저장할지 결정한다. 커맨드라인처럼 스캔을 실시하기 전에 미리 파일명까지 생각해 둬야 할 필요가 없다.

- **반복성** 젠맵의 명령 프로파일은 똑같은 스캔을 쉽게 반복할 수 있게 한다. 반복되는 스캐닝을 위해 셸 스크립트를 미리 짜둘 필요가 없다.

- **가독성** 엔맵은 수백 개의 옵션을 쓸 수 있는데, 그 숫자에 초보자는 압도될 정도다. 젠맵의 인터페이스는 프로파일에서 불러내서 쓰든 메뉴에서 옵션을 골라서 쓰든 실행할 명령의 옵션까지 실행 전에 반드시 사용자에게 보여준다. 따라서 초보자는 이를 통해 지금 무슨 작업을 수행하게 될지를 알 수 있고, 고급 사용자는 스캔 버튼을 누르기 전에 정확히 어떤 옵션을 사용할지 다시 한 번 확인할 수 있다.

12.2 스캐닝

터미널 화면에서 zenmap을 입력하거나 젠맵 아이콘을 클릭해 젠맵을 실행한다. 그림 12.2에서 보이는 메인 윈도우가 나타난다.

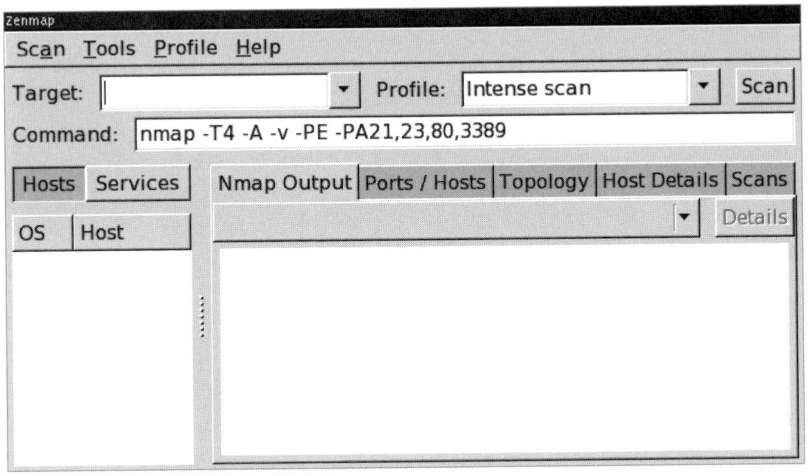

그림 12.2 젠맵의 메인 윈도우

초보자와 전문가 모두 보안 스캐닝을 쉽게 하는 것이 젠맵의 목표 중 하나다.

대상Target 필드에 대상을 입력하고, 강력 스캔Intense scan 프로파일을 고른 후 스캔Scan 버튼을 누르면 스캐닝이 된다. 그림 12.3에 나와 있다.

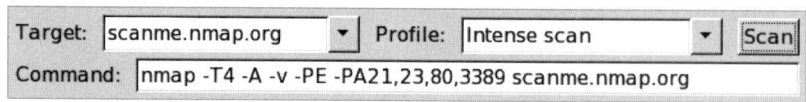

그림 12.3 대상과 프로파일 고르기

스캔이 실행되는 동안과 완료된 후에 엔맵 명령 수행 결과를 화면에 출력한다. 여러 대상을 스캔할 때는 각 대상을 빈칸으로 구분해 대상 필드에 입력하면 된다. 엔맵에서 지원하던 대상 표기법은 젠맵에서도 그대로 지원한다. 예를 들어 192.168.0.0/24나 10.0.0-5.*도 허용한다. 젠맵은 최근에 스캔한 대상을 기억하는데, 화면에서 대상Target 문자 필드에 붙어있는 콤보박스를 선택한 뒤에 대상을 고르면 다시 스캔한다.

[12.2.1] 프로파일

강력 스캔Intense scan은 젠맵에서 기본으로 제공하는 여러 스캔 프로파일 중의 하나다. 프로파일 콤보박스에서 고르면 된다. 보편적으로 많이 쓰이는 여러 스캔을 위한 프로파일이 이미 마련돼 있다. 프로파일을 고르고 나면 해당 프로파일에서 쓰는 커맨드라인이 화면에 표시된다. 프로파일은 물론 편집 가능하고 다른 프로파일로 저장할 수도 있다. '12.7 프로파일 편집기'에서 이 내용을 다룬다.

물론 프로파일을 사용하지 않고 엔맵 명령을 직접 입력해 스캔해도 된다. 그냥 명령을 입력한 뒤에 Enter 키를 누르거나 스캔 버튼을 누른다. 이때 프로파일Profile 필드는 공백이 되는데, 프로파일을 안 쓰고 커맨드라인에 입력한 값으로 스캐닝한다는 의미이다.

[12.2.2] 스캔 결과 모으기

젠맵은 여러 엔맵 스캔 결과를 한 화면에 합쳐 보여주는 기능이 있는데, 이를 '스캔 모으기'라 한다. 하나의 스캔이 끝나면 같은 윈도우에서 또 다른 스캔을 시작할 수도 있는데, 두 번째 스캔이 끝나면 그 결과가 첫 번째 결과에 더해진다. 이렇게 모아진 스캔 결과는 네트워크 인벤토리라는 결합된 화면에 보여진다.

직접 예를 보면 이해하기 쉽다. 먼저 scanme.nmap.org를 대상으로 스캔한다.

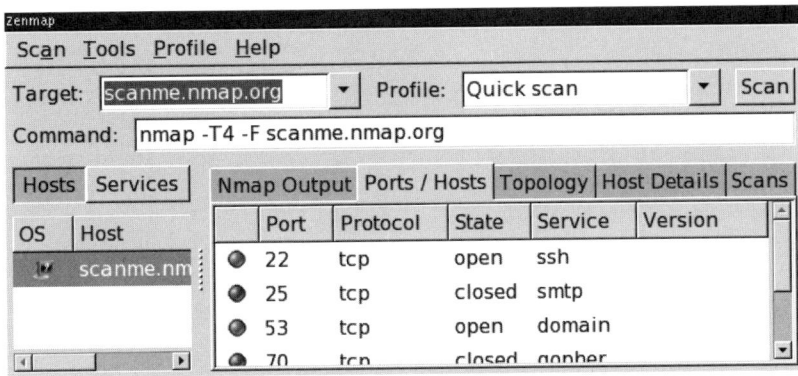

그 다음 로컬 호스트를 대상으로 같은 스캔을 한다.

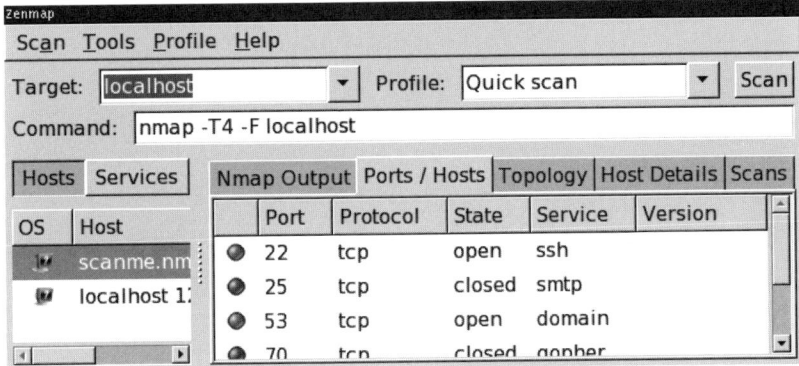

스캔이 끝나면 scanme와 로컬 호스트 스캔 결과가 모두 표시된다. 엔맵에서 두 대상을 한꺼번에 지정해 같은 결과를 얻을 수도 있겠지만 그러려면 모든 대상을 미리 정해둬야 한다. 이제 scanme에 대해 좀 더 많은 정보를 얻기 위해 강력 스캔을 실시해본다.

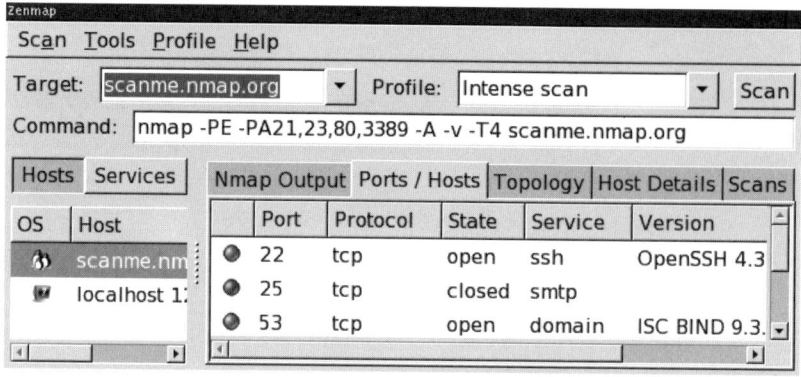

이제 scanme는 리눅스 운영체제가 탐지됐다는 의미로 작은 펭귄 아이콘으로 표시된다. 추가로 좀 더 다른 서비스까지 확인했다. 이 작업은 엔맵 커맨드라인에서는 불가능한데, 엔맵 커맨드라인에서는 두 대상에 대해 서로 다른 옵션으로 한꺼번에 스캔하기는 불가능하기 때문이다. 우리는 신속 스캔Quick scan으로 로컬 호스트를 스캔한 결과를 그대로 둔 채 scanme에 대해서만 좀 더 심도 있는 강력 스캔을 실시할 수 있었다.

스캔을 시작하기 위해 먼저 시작한 스캔이 끝나기를 기다릴 필요도 없다. 여러 스캔을 동시에 수행할 수도 있다. 스캔이 끝나는 대로 인벤토리에 추가된다. 스캔이 몇 개가 되든 인벤토리에 저장하고 스캔Scans이라는 스캐닝 결과 탭으로 관리가 되는데, '스캔 탭' 부분에서 좀 더 자세히 설명한다.

인벤토리도 동시에 여러 개를 쓸 수 있다. 젠맵에서는 하나의 윈도우가 하나의 네트워크 인벤토리를 의미하므로 새 인벤토리를 시작하려면 **스캔** 메뉴에서 **새 윈도우**New Window를 고르거나 Ctrl+N 단축 키를 누른다. 해당 윈도우에서 수행한 스캔 결과는 해당 윈도우의 인벤토리에 추가된다. 다른 인벤토리에 스캔 결과를 추가하려면 새 윈도우를 열어 거기서 스캔을 하면 된다. 파일이나 디렉터리에서 스캔 결과를 불러오면 새 윈도우가 열리면서 새로운 인벤토리가 시작된다. 지금 쓰는 인벤토리로 불러오려면 현재 윈도우에서 **스캔 열기**Open Scan in This Window 메뉴를 사용한다. 네트워크 인벤토리나 개별 스캔 결과를 저장하고 불러오는 방법은 '12.4 스캔 결과 저장과 불러오기'에서 확인할 수 있다.

윈도우를 닫으려면 **스캔** 메뉴에서 **창 닫기**Close Window를 선택하거나 Ctrl+W를 누른다. 모든 창을 닫으면 젠맵이 종료된다. 모든 윈도우를 닫으려면 **종료**Quit를 선택하거나 Ctrl+Q를 누른다.

12.3 스캔 결과 해석하기

엔맵의 결과는 스캔 종료 후뿐만 아니라 스캔 중에도 화면에 표시된다. 엔맵 사용자들에게 이 결과는 익숙한 내용이다. 젠맵에 약간의 컬러 하이라이트 기능이 있는 점을 제외하고는 터미널에서 엔맵을 실행한 결과물이나 시각적으로 별 차이는 없다. 그러나 젠맵 인터페이스는 스캔 결과를 좀 더 이해하기 쉽게 해석하고 모으는 기능이 있다.

[12.3.1] 스캔 결과 탭

각 스캔 윈도우에는 다섯 개의 탭이 있는데 스캔 결과를 다른 측면으로 각기 표시한다. 다섯 개의 탭은 Nmap Output엔맵 출력, Ports/Hosts포트/호스트, Topology토폴로지, Host Details호스트 세부 정보, Scans스캔으로 구성된다. 각 탭의 기능은 다음과 같다.

➔ 엔맵 출력 탭

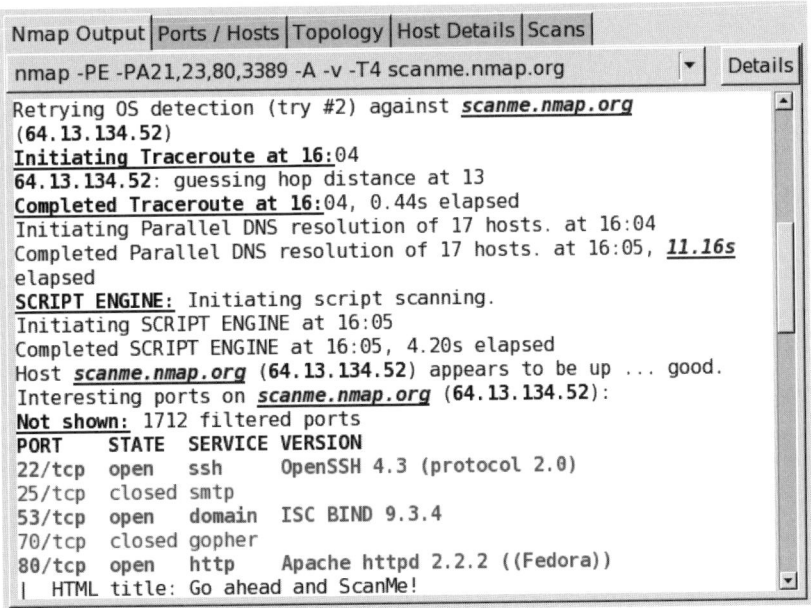

스캔이 실시되면 스캔에 의한 Nmap Output엔맵 출력 탭이 기본으로 표시되는데, 이미 친숙한 엔맵 터미널 출력과 내용이 동일하다. 다른 점은 일부 내용이

각 의미에 따라 다른 색깔로 하이라이트돼 표시된다는 점인데, 예를 들면 열린 포트와 닫힌 포트는 서로 다른 색깔로 표시된다. 이 색상 구성은 설정 파일 (zenmap.conf)에서 정의할 수 있는데, '12.11 zenmap.conf의 내용'에서 설정 방법을 확인할 수 있다.

'12.2.2 스캔 결과 모으기'의 설명처럼 여러 스캔 결과가 모여 있으며, 탭 바로 아래 드롭다운 콤보박스를 눌러 원하는 스캔 결과를 열어볼 수 있다. 세부 사항Details 버튼을 누르면 창이 열려 해당 스캔이 수행된 일시, 커맨드라인 옵션과 엔맵 버전 정보 등 다양한 내용들을 보여준다.

포트/호스트 탭

Port	Protocol	State	Service	Version
22	tcp	open	ssh	OpenSSH 4.3 (protocol 2.0)
25	tcp	closed	smtp	
53	tcp	open	domain	ISC BIND 9.3.4
70	tcp	closed	gopher	
80	tcp	open	http	Apache httpd 2.2.2 ((Fedora))
113	tcp	closed	auth	

Ports/Hosts포트/호스트 탭의 표시 내용은 선택된 것이 호스트냐 서비스냐에 따라 달라진다. 호스트가 선택된 경우 해당 시스템에 열려있는 흥미로운 포트와 함께 획득한 버전 정보를 함께 표시한다. 호스트 선택은 '12.3.2 호스트별로 정렬하기'에 나와 있다.

Hostname	Port	Protocol	State	Version
home.domain.actdsltmp 192.168.0.1	80	tcp	open	Vonage ht
scanme.nmap.org 64.13.134.52	80	tcp	open	Apache ht

서비스가 선택되면 Ports/Hosts 탭은 선택된 포트가 열려있거나 필터되고 있는 모든 시스템을 나열한다. 예를 들어 HTTP 서비스를 하는 컴퓨터는 어느 것인

지 이 방법으로 한눈에 살펴볼 수 있다. 서비스 선택은 '12.3.3 서비스별로 정렬하기'에 나와 있다.

토폴로지 탭

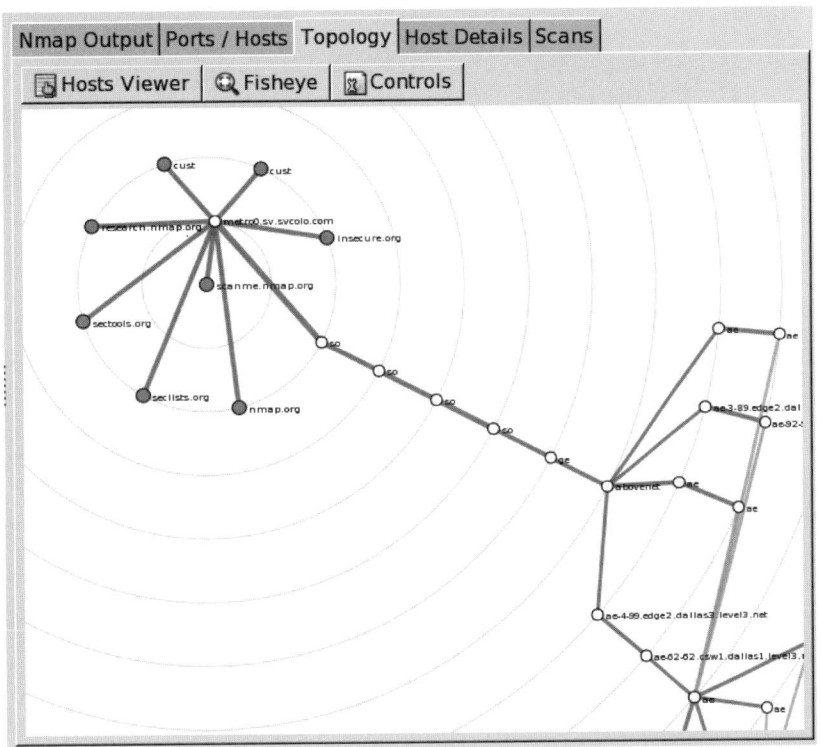

Topology토폴로지 탭은 네트워크에 있는 호스트들의 연결 상태를 인터랙티브한 형태로 제시한다. 호스트는 동심원상에 정렬되는데, 각 동심원은 중앙 노드에서 시작해 하나의 추가적인 네트워크 홉을 의미한다. 하나의 노드를 클릭하면 클릭된 노드가 중앙 노드로 표시된다. 토폴로지란 각 시스템 간의 네트워크 경로를 나타내는 것인데, --traceroute 옵션을 통해 얻어진다. '12.5 네트워크 토폴로지 활용하기'에서 좀 더 자세히 다룬다.

호스트 세부 정보 탭

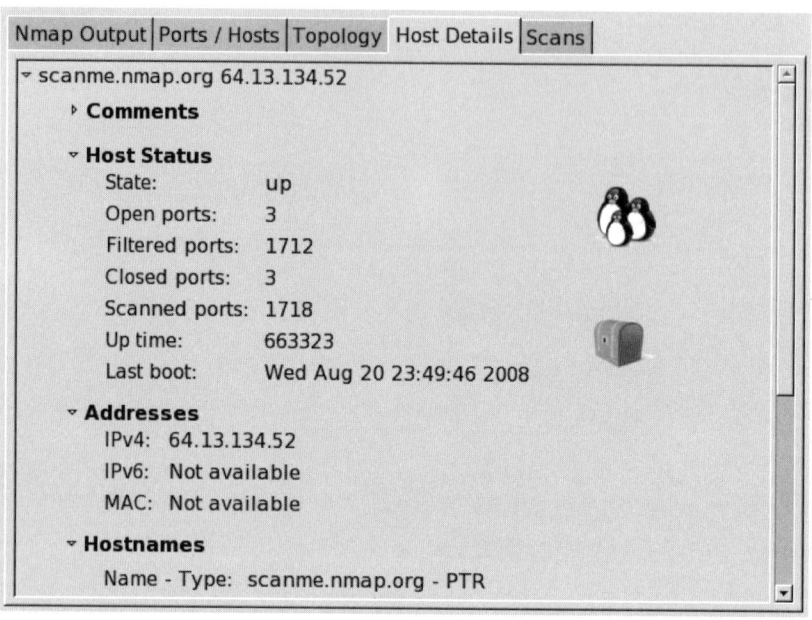

Host Details호스트 세부 정보 탭은 한 대상 시스템에 대한 세부 정보를 체계적으로 보여준다. 시스템명과 주소, 호스트 상태, 스캔한 포트와 각 포트의 상태를 보여준다. 호스트 가동 시간, 운영체제, 운영체제별 아이콘과 기타 관련 세부 정보를 획득한 경우를 보여준다. 운영체제가 확실하게 확인되지 않은 경우에는 가장 비슷한 운영체제를 보여준다. 해당 시스템에 대한 코멘트를 남길 수 있는 코멘트Comments 문자열 필드가 있는데, 스캔을 파일에 저장할 때 입력한 내용이 같이 저장된다.

각 시스템은 열려있는 포트의 숫자를 기초로 취약한 정도를 판단해 이를 상징하는 아이콘으로 표시한다. 아이콘별 열려있는 포트의 개수는 다음과 같다.

 0에서 2개의 열린 포트

 3개에서 4개의 열린 포트

 5개에서 6개의 열린 포트

 7개에서 8개의 열린 포트

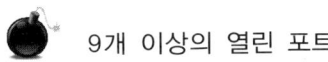 9개 이상의 열린 포트

스캔 탭

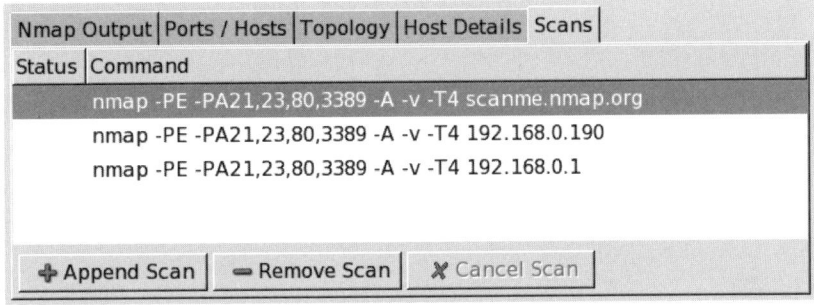

Scans스캔 탭은 해당 네트워크 인벤토리에 모아진 모든 스캔을 나타낸다. 이 탭에서 스캔을 지우거나, 파일이나 디렉터리에서 스캔을 읽어 추가할 수 있다.

스캔이 진행 중인 경우 '진행 중Running'이란 상태가 표시된다. 진행 중인 스캔은 스캔 취소Cancel Scan 버튼을 눌러 중지시킬 수 있다.

[12.3.2] 호스트별로 정렬하기

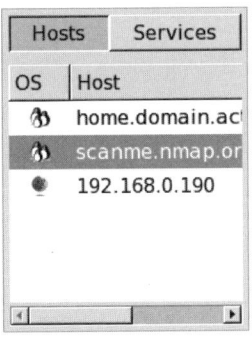

그림 12.4 호스트 선택

젠맵 메인 윈도우의 왼쪽에는 호스트Hosts와 서비스Services라는 두 개의 버튼이 달려있다. 호스트 버튼을 누르면 그림 12.4처럼 스캔된 모든 시스템의 목록이 나타난다. 보통은 여기에 하나의 시스템만 나타나지만 규모가 큰 스캔의 경우 수천 개가 나타날 수도 있다. 이 시스템 목록은 위쪽에 있는 헤더를 선택해 운영체제별, 호스트명/IP 주소별로 정렬 가능하다. 한 시스템을 선택한 상태에서

Ports/Hosts 탭을 누르면 선택된 시스템의 관심 포트를 표시한다.

각 호스트는 호스트명이나 IP 주소로 표시되고, 탐지한 운영체제 정보를 아이콘으로 함께 표시한다. 이 아이콘은 운영체제 탐지 작업을 수행한 경우에만 의미가 있다. 운영체제 탐지를 수행하지 않은 경우 알 수 없는 운영체제라는 표시의 기본 아이콘이 표시된다. 그림 12.5에 모든 아이콘이 나타나 있다. 그러나 엔맵의 운영체제 탐지가 꼭 정확하지는 않다는 점을 유의해야 한다. 예를 들어 레드햇 리눅스는 종종 일반 리눅스 아이콘으로 표시되는 경우도 있다.

그림 12.5 운영체제 아이콘

[12.3.3] 서비스별로 정렬하기

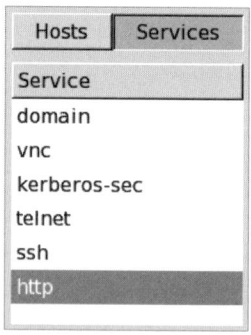

그림 12.6 서비스 선택

스캔한 모든 시스템을 나타내는 목록 위에 서비스Services 버튼이 있다. 이 버튼을 누르면 그림 12.6처럼 어떤 대상에 대한 열려있거나(open), 필터되거나(filtered), 열려있지만 필터된(open|filtered) 모든 포트의 목록으로 화면이 바뀐다. 각 포트들은 http나 ftp 같이 각 서비스명으로 표시된다. 이 목록도 헤더를 클릭해 정렬

할 수 있다.

서비스Services 버튼 화면에서 서비스를 선택하면 Ports/Hosts 탭은 서비스가 열려있거나 필터되고 있는 모든 시스템을 표시한다.

12.4 스캔 결과 저장과 불러오기

각 스캔 결과를 파일로 저장하려면 스캔 저장Save Scan을 스캔Scan 메뉴에서 고르거나 Ctrl+S 키를 누른다. 인벤토리에 둘 이상의 스캔이 담겨있는 경우에는 저장할 스캔을 고르라는 대화상자가 나타난다. 결과물은 엔맵의 XML 포맷으로 저장되는데, 이 포맷은 '13.6 XML 산출물(-oX)'에서 설명한다.

인벤토리 내의 모든 스캔을 저장할 수도 있는데, 스캔 메뉴의 디렉터리에 저장 Save to Directory를 선택하거나 Ctrl+Alt+S 키를 누른다. 인벤토리를 처음으로 저장할 때는 저장 대화상자에서 폴더 생성Create Folder 버튼을 사용해 새 디렉터리를 생성할 수 있다. 이후에는 생성한 디렉터리에 계속 저장할 수 있다. 관련 없는 스캔 파일을 덮어써버리는 일을 막기 위해 디렉터리에 저장하기 기능에서는 저장할 디렉터리에 있는 파일이 현재 인벤토리에 있는 스캔과 다른 경우 저장이 되지 않게 해뒀다. 저장할 디렉터리가 확실하다고 생각하는 경우 오류를 내는 파일을 삭제한 뒤에 다시 저장한다.

저장한 스캔은 스캔 메뉴의 스캔 열기Open Scan을 선택하거나 Ctrl+O 키를 누르면 불러올 수 있다. 파일을 선택하는 화면에서 열기Open 버튼은 하나의 스캔만을 불러오고, 디렉터리 열기Open Directory 버튼은 선택된 디렉터리의 모든 파일을 불러온다.

스캔 열기를 선택하면 새 윈도우에 스캔을 열어 새 인벤토리를 시작한다. 현재 열려있는 윈도우의 인벤토리에 추가하려면 현재 창에 스캔 열기Open Scan in This Window를 선택한다.

[12.4.1] 최근 스캔 데이터베이스

파일로 저장하지 않은 스캔 결과는 데이터베이스에 자동으로 저장된다. 파일에서 불러온 스캔 결과나 새로 스캔을 추가해 변경된 스캔 결과를 다시 저장하지 않은 경우에도 데이터베이스에 저장된다. 이 데이터베이스는 zenmap.db라는 파일에 저장되며, 위치는 '12.10 젠맵에서 쓰이는 파일'에 있듯이 운영체제별로 다르다. 기본적으로 스캔 결과는 데이터베이스에 60일간 저장됐다가 삭제된다. 이 저장 기간은 '12.11 zenmap.conf의 내용'에 있듯이 `zenmap.conf` 파일 내 `[search]` 섹션의 `save_time` 변수의 값으로 지정한다.

젠맵의 검색 인터페이스는 기본적으로 최근 스캔 데이터베이스의 내용을 검색하므로 데이터베이스 뷰어의 기능을 한다. 검색 창을 열면 데이터베이스에 저장된 모든 스캔이 나타난다. 검색어를 통해 이들 스캔 목록을 필터링해 볼 수 있다. '12.8 저장된 결과 검색하기'를 참조하라.

12.5 네트워크 토폴로지 활용하기

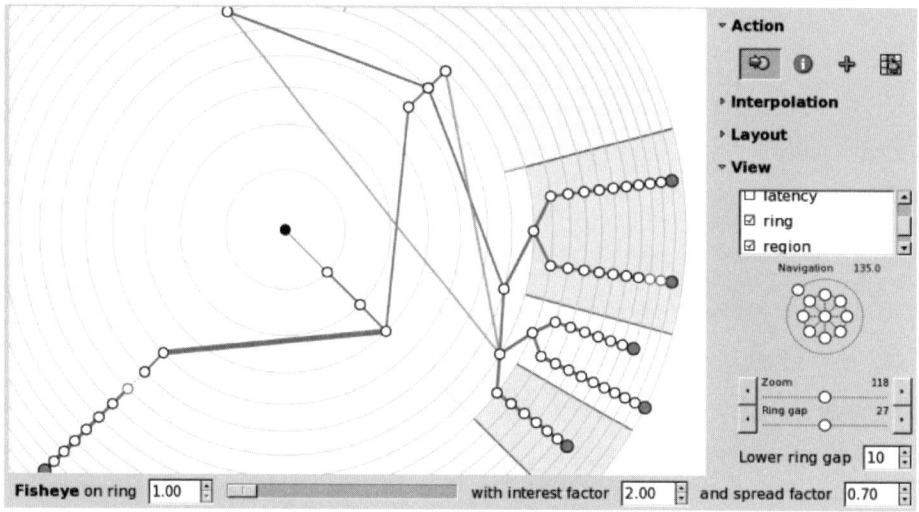

[12.5.1] 토폴로지 탭 개요

젠맵의 Topology토폴로지 탭은 네트워크상의 시스템 사이 연결을 인터랙티브하고 비주얼하게 보여준다. 그래프에서 각 시스템은 노드로 표시되며 중앙에서 동심원 위에 배치된다. 클릭과 끌어오기를 써서 화면을 전환하거나 줌 기능을 쓸 수도 있다. 한 시스템을 클릭하면 클릭된 시스템이 중앙에 배치되고, 이를 중심으로 네트워크 전체가 부드럽게 다시 배열돼 표시된다. 새 스캔을 실시하면 새 시스템과 네트워크 경로가 현재 토폴로지에 자동으로 추가된다.

토폴로지 뷰는 엔맵의 --traceroute 옵션과 함께 써야만 도움이 되는데, 이 옵션이야말로 어떤 시스템으로의 네트워크 경로를 알아내는 옵션이기 때문이다. 경로 추적 정보가 없는 네트워크 인벤토리를 볼 수도 있는데, 이 경우 토폴로지 뷰에 네트워크 경로가 보이지 않는다. 젠맵의 스캔 모으기 기능을 이용해 다시 스캔을 하면 이 경우에도 경로 추적 정보를 간단히 추가할 수 있다.

기본적으로는 로컬 호스트를 기준으로 토폴로지를 보여준다. 어느 시스템이든 선택되면 해당 시스템이 중앙으로 옮겨지고, 그 시스템으로부터의 네트워크 경로를 한눈에 볼 수 있다.

토폴로지 뷰는 조아오 파울로 에스. 메데이로스Joao Paulo S. Nedeiros의 래디얼넷 RadialNet 프로그램을 채택했다.

[12.5.2] 범례

토폴로지 뷰는 많은 심볼과 컬러 코드를 사용한다. 다음은 각 심볼과 컬러 코드의 의미를 설명한다.

- 네트워크의 각 시스템은 작은 동그라미로 표시한다. 동그라미의 색깔과 크기는 해당 호스트에서 열려있는 포트의 개수로 결정한다. 포트가 많이 열려 있을수록 동그라미의 크기가 커진다. 흰색 동그라미는 네트워크 경로에 있으나 스캔하지 않은 시스템을 의미한다. 세 개 미만의 열린 포트는 녹색으로, 세 개에서 6개까지는 노란색, 7개 이상의 포트가 열린 경우 빨간색으로 표시한다.

- 시스템이 라우터, 스위치, 무선랜 액세스 포인트인 경우 동그라미가 아닌 정사각형으로 표시한다.

- 네트워크상의 거리는 회색 동심원으로 표시한다. 각 동심원은 중앙 시스템으로부터 하나의 네트워크 홉을 의미한다.

- 시스템 간의 연결은 색상선으로 표시한다. 일차 경로추적으로 발견된 연결은 파란선으로 표시된다. 이미 있는 경로에 대한 추가 경로가 파악되면 오렌지 선으로 나타난다. 어느 경로가 일차 경로이고 어느 경로가 대체 경로인지는 순전히 경로가 발견된 순서에 따른다. 라인의 굵기는 패킷 왕복 시간에 비례해 상대적으로 결정되는데, 상대적으로 패킷 왕복 시간이 긴, 즉 네트워

크 속도가 느린 경로는 굵게 표시된다. 경로 추적 정보가 없는 호스트는 로컬 호스트 주위에 검은 점선으로 연결해 표시한다.

경로 추적 정보가 없고 패킷왕복시간 측정이 실패한 경우 해당 연결은 파란 점선으로 표시하고, 해당 경로의 연결점인 시스템은 파란 동그라미로 표시한다.

특별한 용도의 시스템은 다음과 같이 용도를 나타내는 아이콘으로 표시한다.

- 라우터
- 스위치
- 무선 액세스 포인트
- 방화벽
- 포트가 필터된 시스템

[12.5.3] 컨트롤

컨트롤Controls 버튼을 누르면 컨트롤 칼럼이 나타난다. 컨트롤은 몇 개의 부분으로 나눠져 있다.

액션 컨트롤

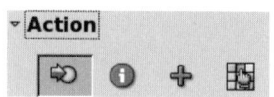

액션Action 부분의 컨트롤은 한 시스템을 선택했을 때 어떤 동작을 할 것인지를 제어한다. 이 부분의 버튼은 왼쪽부터 **포커스 변경**Change focus, **정보 보기**Show information, **경로 그룹핑**Group children과 **구획 정리**Fill region다. 포커스 변경이 선택된 경우 토폴로지의 어느 한 시스템을 클릭하면 선택된 시스템이 중앙으로 배치돼 전체 화면이 재구성된다. 정보 보기가 선택된 경우 시스템을 클릭하면 해당 시스템의 정보를 나타내는 윈도우가 뜬다.

경로 그룹핑이 선택된 경우라면 선택한 시스템을 경유해 연결된 시스템은 모두 선택한 시스템 아래로 그룹돼 화면에서 사라진다. 이렇게 그룹핑된 시스템은 이중 동그라미 아이콘으로 표시된다. 그룹핑된 경로를 다시 클릭하면 언그룹되면서 연결된 시스템이 다시 표시된다. 그림 12.7은 이런 그룹핑 과정을 보여준다.

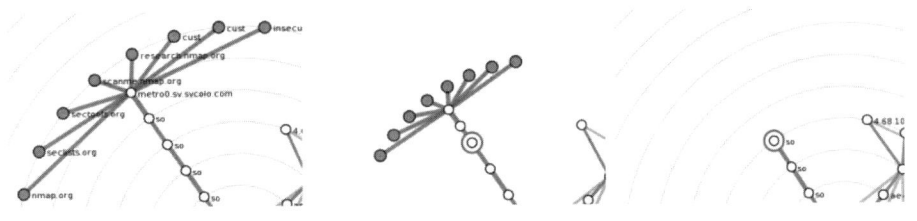

그림 12.7 하위 경로 그룹핑

구획 정리 버튼이 선택된 경우 어느 한 시스템을 클릭하면 해당 시스템과 그 하위 시스템이 차지하는 영역이 하이라이트된다. 이렇게 하이라이트되는 시스템들은 앞서 설명한 경로 그룹핑에서 그룹핑되던 시스템과 대상이 동일하다. 각 경로 구획을 다른 색깔로 구분해 정리할 수 있다. 그림 12.8은 각 구획을 다른 색깔로 정리한 것이다.

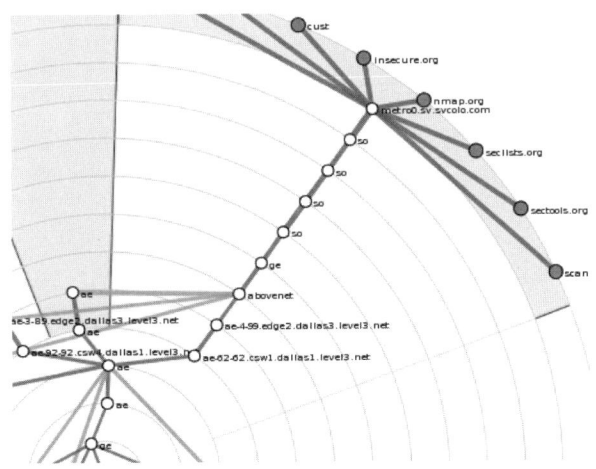

그림 12.8 토폴로지의 구획을 하이라이트하기

애니메이션 컨트롤

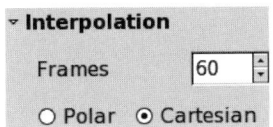

애니메이션 컨트롤Interpolation 부분은 그래프에 변경이 발생해 그래프를 다시 표시할 때 사용되는 애니메이션을 어느 정도의 속도로 진행할지를 제어한다.

레이아웃 컨트롤

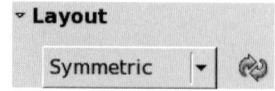

젠맵에서 각 노드를 자동 배치하는 방법에는 두 가지가 있다. 대칭형Symmetric 옵션은 같은 홉 위의 호스트들이 같은 면적을 차지하게 배치한다. 따라서 네트워크 구조를 잘 보여주는 대신 많은 하위 시스템이 있는 경로의 경우 아이콘들이 좁은 면적에 겹쳐 나타날 수도 있다. 가중형Weighted 옵션에서는 좀 더 많은 시스템이 있는 경로가 좀 더 많은 면적을 차지하게 배치한다.

뷰 컨트롤

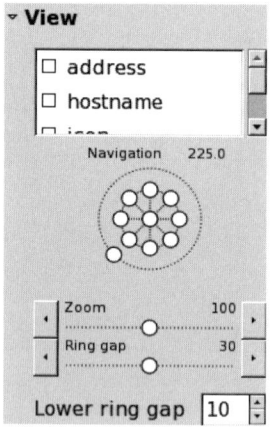

뷰View 부분의 체크박스를 통해 화면에 나타낼 정보를 선택한다. 예를 들어 시스템명hostname를 비활성화하면 각 시스템은 모두 IP 주소로 표시되고, 주소address까지 비활성화하면 호스트명 표기가 없어진다. 지연latency 옵션은 엔맵의 --traceroute 옵션으로 파악한 해당 호스트까지의 패킷 왕복 시간을 나타낸다. 느린 시작과 끝slow in/out 옵션은 화면 전환 시 애니메이션의 시작과 끝을 천천히 할지 말지를 결정한다.

나침반처럼 생긴 위젯은 화면을 여덟 방향으로 펼쳐 표시하는데, 중앙을 클릭하면 중앙의 시스템으로 돌아온다. 나침반 주위를 도는 위성처럼 표시된 동그라미를 클릭해 이동하면 토폴로지 그래프를 해당 방향으로 회전시킨다.

줌Zoom과 링 간격Ring gap은 그래프의 크기를 제어한다. 줌Zoom은 모든 그림과 레이블의 크기를 변화시킨다. 링 간격은 다른 요소들의 크기는 유지한 채 동심원의 간격만을 조절한다. 최소 링 간격Lower ring gap은 동심원의 최소 간격을 정하는데, 주로 어안fisheye 버튼이 선택된 경우에 유용한다.

◉ 어안 컨트롤

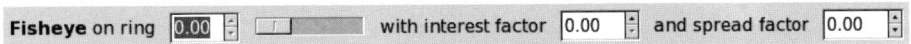

어안 컨트롤fisheye control은 선택된 링에 좀 더 많은 공간을 할당하고 나머지는 압축해 보여준다. 슬라이더 컨트롤로 어느 링 부위를 중점적으로 볼지 정한다. 강조 정도interest factor는 다른 링에 비해 선택된 링을 몇 배 크게 볼지를 정한다. 확산 정도spread factor는 −1에서 1의 값을 가지는데, 선택된 링 주위의 링을 몇 개나 펼쳐서 보일지를 정하는데, 숫자가 클수록 좀 더 많은 주위의 링이 좀 더 확대돼 보인다.

[12.5.4] 키보드 단축키

토폴로지 창에서는 다음의 단축키가 적용된다.

키	기능
c	화면을 중앙 호스트로 되돌린다.
a	호스트 주소를 보이거나 숨긴다.
h	호스트명을 보이거나 숨긴다.
i	호스트 아이콘을 보이거나 숨긴다.
l	지연도를 보이거나 숨긴다.
r	동심원을 보이거나 숨긴다.

[12.5.5] 호스트 뷰어

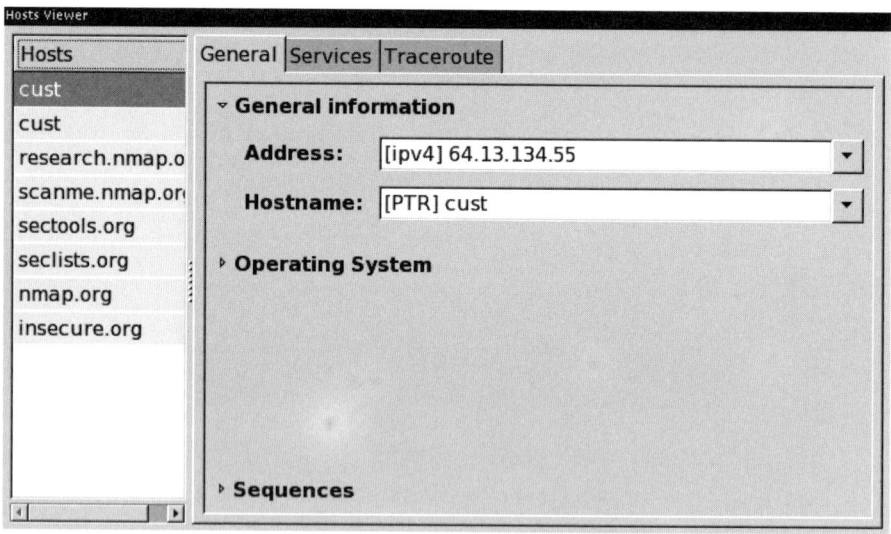

호스트 뷰어는 특정 시스템에 대한 세부 정보를 제공하는데, **호스트 뷰어**Hosts Viewer 버튼을 눌러 사용한다. 인벤토리에 포함된 모든 시스템이 나열되므로 필요로 하는 시스템을 골라 세부 내용을 본다.

12.6 엔맵 명령 마법사

엔맵 명령 마법사는 엔맵의 옵션을 일일이 기억할 필요 없이 엔맵 커맨드라인을 인터랙티브하게 만들어준다. **도구**Tools 메뉴에서 **명령 마법사**Command Wizard를 선택하거나 Ctrl+I 키를 누르면 마법사의 시작 페이지가 표시된다.

일단 이번에 사용할 명령 옵션을 프로파일로 저장해 다시 사용할지 아니면 그냥 한 번 수행하고 말지를 결정한다. **프로파일로 저장하기**를 선택하면 일단 프로파일명과 간단한 설명을 입력한다.

```
Nmap command constructor wizard

Nmap command constructor wizard

Command  nmap

Scan options
Targets:
TCP scan:          None
Non-TCP scans:     None
Timing template:   None

☐ Enable all advanced/aggressive options (-A)
☐ Operating system detection (-O)
☐ Version detection (-sV)
☐ Idle Scan (Zombie) (-sI)
☐ FTP bounce attack (-b)
☐ Disable reverse DNS resolution (-n)
☐ IPv6 support (-6)

  Help            Cancel      Back      Forward
```

그 다음에는 몇 개의 페이지를 통해 엔맵 옵션을 인터랙티브하게 선택한다. 메뉴나 체크박스를 통해 선택을 하면 이를 반영해 커맨드라인 옵션이 변화된다. 예를 들어 스캔 종류를 TCP SYN 스캔TCP SYN Scan으로 선택하면 커맨드라인에는 -sS 옵션이 추가된다. 운영체제 탐지Operating system detection 옵션을 고르면 -O 옵션이 추가된다.

선택을 마치고 나면 적용Apply 버튼을 누른다. 프로파일을 만들기로 했다면 새 프로파일이 만들어지고, 선택 가능해진 것을 볼 수 있다. 그냥 명령을 한 번만 수행하기로 했다면 버튼을 누르는 즉시 스캔이 수행된다.

12.7 프로파일 편집기

시스템 관리자가 전체 네트워크를 매달 스캔해 달라진 이력을 관리하고자 할 때처럼 엔맵을 반복 사용할 필요가 있을 때가 많다. 젠맵은 이런 기능을 프로파일을 통해 구현한다.

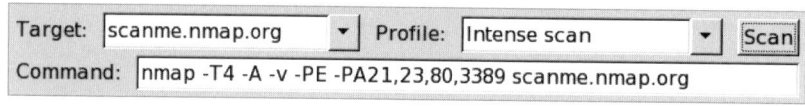

그림 12.9 프로파일 고르기

각 윈도우에는 **프로파일**Profile이라는 콤보박스가 있다. 이를 눌러보면 쓸 수 있는 프로파일을 볼 수 있다. 프로파일을 선택하면 **명령**Command 필드가 골라진 프로파일에 맞게 변경된다. 젠맵에 기본으로 들어있는 프로파일도 충분하지만 조만간 자기 취향에 맞는 프로파일을 만들고 싶어질 것이다.

[12.7.1] 새 프로파일 만들기

프로파일Profile 메뉴를 써서 프로파일을 갖고 작업한다. 새 프로파일을 만들려면 프로파일 메뉴의 **새 프로파일**New Profile을 선택하거나 Ctrl+P 키를 누른다. 그림 12.10에 해당 대화상자가 나와 있다.

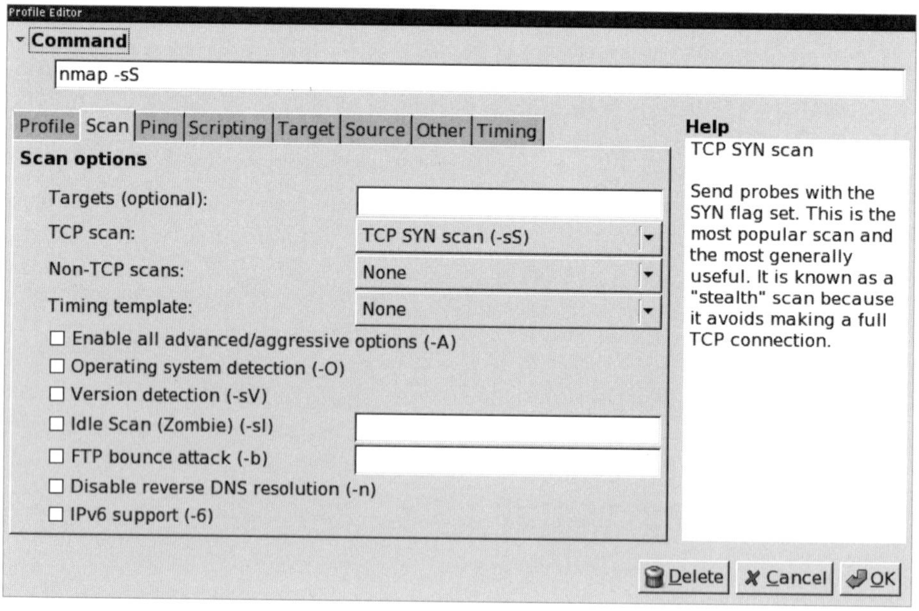

그림 12.10 프로파일 편집기

프로파일 편집기를 시작하면 **프로파일**Profile 탭이 나타나 새 프로파일의 이름과 설명을 입력한다. **프로파일명**Profile name 필드의 내용은 스캔 인터페이스에서 드롭다운 콤보박스에 나타날 이름이다. **설명**Description 필드에는 이 프로파일의 용도를 적는다.

나머지 탭을 이용해 엔맵의 옵션을 지정하는 데 **명령**Command 필드에 직접 입력하거나 체크박스를 클릭해 지정한다. 각 옵션 위에다 마우스 포인터를 위치시키면 해당 옵션이 어떤 기능을 하고 어떤 입력 값이 필요한지에 대한 설명이 나타난다.

프로파일에 대상을 미리 적어둘 필요는 없다. 같은 대상에 대해 같은 스캔을 하려면 프로파일에 미리 대상까지 적어 두는 것이 편하겠지만 같은 스캔을 다른 대상에 수행한다면 프로파일에는 대상을 지정하지 않고 프로파일을 불러 스캔할 때 대상만 지정하게 한다.

[12.7.2] 프로파일 수정하기

프로파일을 수정하려면 **프로파일** 메뉴에서 **선택한 프로파일 수정**Edit Selected Profile을 선택하거나 **Ctrl+E** 키를 누른다. 프로파일 편집기를 실행하면 프로파일명과 설명 필드는 이미 선택한 프로파일에 있던 내용으로 채워진다. 편집기로 변경한 내용은 프로파일을 영구히 수정한다.

프로파일을 삭제하려면 삭제할 프로파일을 편집기로 불러온 후 **삭제**Delete 버튼을 누른다. 프로파일을 삭제하기 전 젠맵이 경고 창을 띄워 재확인한다. 수정 없이 프로파일을 닫으려면 **취소**Cancel 버튼을 누른다.

[12.7.3] 기존 프로파일로 새 프로파일 만들기

기존의 프로파일을 이용해 새 프로파일을 만들려면 **프로파일** 메뉴에서 **선택한 프로파일로 새 프로파일 만들기**New Profile with Selected를 선택하거나 **Ctrl+R** 키를 누른다. 이 방법으로 프로파일명과 설명을 제외한 나머지 속성은 선택한 프로파일에서 모두 그대로 복사되므로 새 프로파일명과 설명만 입력하면 된다. 이렇게 불러온 프로파일에서 수정한 내용은 새로이 생성된 프로파일에만 적용되고, 가져온 원래 프로파일에는 영향이 없다.

취소 버튼을 누르면 새로운 프로파일을 생성하지 않고 편집기를 종료한다.

12.8 저장된 결과 검색하기

젠맵으로 최근 스캔 데이터베이스와 저장된 스캔 결과 파일을 검색할 수 있다. 도구 메뉴에서 스캔 결과 검색Search Scan Results을 선택하거나 Ctrl+F 키를 누른다. 그림 12.11과 같은 검색 창이 나타난다.

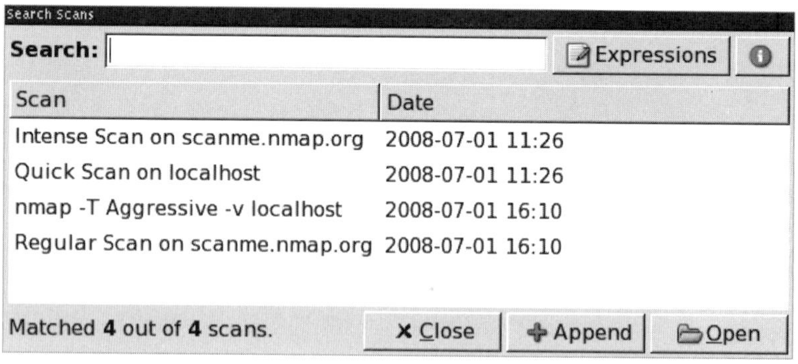

그림 12.11 검색 창

'12.4.1 최근 스캔 데이터베이스'의 설명처럼 검색 창은 최근 스캔 데이터베이스에 저장된 모든 스캔을 보여준다. 모든 스캔이 보여지는 이유는 검색 조건이 아무것도 주어지지 않았기 때문이다.

검색은 몇 개의 검색 요건을 줄 수 있지만 가장 간단한 방법은 키워드 검색이다. 단순히 검색Search 필드에 scanme라고 입력하면 스캔 출력 결과 중에 시스템 이름이든, 운영체제 이름이든, 프로파일이나 어느 것에든 scanme가 포함된 스캔을 검색한다. 그 결과는 그림 12.12에 나와 있다.

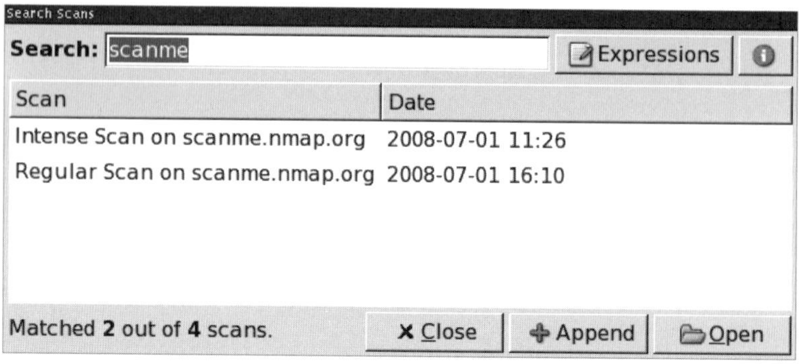

그림 12.12 키워드 검색

검색은 입력과 동시에 실시간으로 이뤄진다. 찾으려는 스캔이 나오면 **열기**Open 버튼을 누르거나 스캔 이름을 더블 클릭한다.

좀 더 복잡한 검색은 표현식Expressions 인터페이스를 써서 만든다. **표현식** 버튼을 누르면 현재 검색 요건이 그래픽으로 표시된다. 여기서는 검색어 필드에 직접 입력이 불가능하게 변경되므로 검색문은 표시된 콤보박스를 선택해 만들어야 한다. 더하기(+)는 검색 요건을 추가하고, 빼기(-)는 검색 요건을 제거한다. 따라서 검색 요건을 추가하려면 더하기(+) 버튼을 누른 뒤에 검색 요건 드롭다운박스에서 필요한 요건을 선택한 뒤에 검색어를 입력해 요건을 추가한다. **표현식** 버튼을 다시 누르면 콤보박스는 사라지지만 여전히 검색어 필드에는 추가한 검색 요건이 선택한 대로 남는다. 좀 더 복잡한 검색을 하는 과정이 그림 12.13에 나타나 있다.

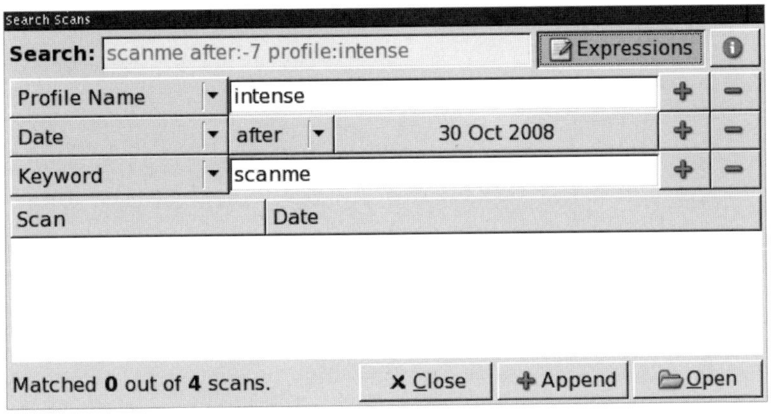

그림 12.13 표현식 검색

검색 요건은 모두 and로 처리되므로 주어진 검색 요건을 모두 만족시키는 결과만이 나타난다. 검색은 option: 요건을 제외하고는 대소문자 구분하지 않는다. 기본적으로 최근 스캔만을 대상으로 검색하는데, 검색 결과가 저장된 디렉터리도 검색 대상에 포함하려면 **표현식** 버튼에서 디렉터리 포함Include Directory 요건을 추가해 원하는 디렉터리를 추가한다.

표현식 인터페이스를 사용해 보면 알겠지만 콤보박스로 추가한 검색 요건들은 결국 검색어 창에 검색문으로 나타난다. 결국 검색에 직접 사용되는 것은 **검색**Search 필드에 입력되는 검색문이고, 표현식 인터페이스는 이 검색문 생성을 도와주는 도구에 불과하다. 따라서 검색문의 문법이 눈에 익고 나면 그냥 검색 창에 직접 검색 요건을 입력해 검색문을 만드는 것도 가능하다. 다음은 검색 창에서 쓰이는 모든 검색 요건이다. 대부분의 검색 요건은 줄임말이 가능한데, 예를 들어 date: -5는 d:-5로, open: 80은 op: 80으로 줄여 쓸 수 있다. 각 축약된 형태는 다음과 같다.

- 〈키워드〉 스캔에 있는 어떤 것과도 비교 검색하는 단순한 단어 검색이다. 예를 들어 apache라는 검색은 모든 아파치 서버를 검색하고, linux라는 검색은 모든 리눅스 시스템을 검색한다. 키워드 검색은 오류가 많은데, 시스템 이름이 우연히 apache나 linux일 수도 있기 때문이다.

- 포트 상태 가능한 모든 포트 상태를 검색 요건으로 줄 수 있다.

    open: 〈포트〉 (줄여서 op:)
    closed: 〈포트〉 (줄여서 cp:)
    filtered: 〈포트〉 (줄여서 fp:)
    unfiltered: 〈포트〉 (줄여서 ufp:)
    open|filtered: 〈포트〉 (줄여서 ofp:)
    closed|filtered: 〈포트〉 (줄여서 cfp:)

    open: 80이란 검색 조건은 80번 포트가 열려있는 모든 시스템을 검색한다. 〈포트〉란 인자는 쉼표로 구분해 다른 포트를 쓸 수도 있다.

    게다가 scanned:(줄여서 sp:)를 써서 상태와 관계없이 스캔한 포트와 비교하는 것도 가능하다.

- date:〈YYYY-MM-DD〉나 date:-〈n〉(줄여서 d:) 〈YYYY-MM-DD〉 포맷으로 주어진 날짜에 수행한 스캔을 찾는다. date:-〈n〉은 〈n〉일 전에 수행한 스캔을 찾는다. date:-1은 어제 실행한 스캔을 찾는다.

    〈YYYY-MM-DD〉 포맷을 쓸 때 정확한 날짜를 기억하지 못할 때는 ~ 기호를 써서 대략 범위를 줄 수 있는데, date:2008-12-23은 2008년 12월 23일 00:00부터 24:00까지의 스캔만을 찾지만 date:2008-12-23~은 12월 22일 00:00부터 12월 24일 24:00까지를 찾는다. ~ 기호를 하나 이상 쓸 수도 있는데, 기호를 하나씩 덧붙일 때마다 지정한 날짜의 앞뒤로 하루씩을 더 확대해 검색한다.

- after:〈YYYY-MM-DD〉나 after:-〈n〉(줄여서 a:) 〈YYYY-MM-DD〉 포맷으로 지정한 날짜 이후의 스캔을 찾는다. after:-〈n〉은 지난 〈n〉일 내에 실행한 스캔을 찾는다. 예를 들어 after:-7은 지난 일주일간의 스캔을 찾는다.

- before:⟨YYYY-MM-DD⟩나 before:-⟨n⟩(줄여서 b:) ⟨YYYY-MM-DD⟩ 포맷으로 지정한 날짜 이전에 실행된 스캔을 찾는다. before:-⟨n⟩은 ⟨n⟩ 날짜 이전에 실행된 스캔을 찾는다.

- target: ⟨name⟩(줄여서 t:) 지정한 이름과 일치하는 스캔을 찾는다. 이름은 스캔할 때 입력한 이름일 수도 있고, 역방향 DNS 쿼리에 의해 획득한 이름일 수도 있다.

- option: ⟨option⟩(줄여서 o:) 지정한 커맨드라인 옵션이 들어있는 스캔을 찾는다. 옵션 앞에 붙이는 -나 --는 빼고 입력한다. option:A라고 입력하면 -A 옵션이 쓰인 스캔을 찾는다.

  이 검색은 글자 그대로의 옵션 검색이므로 -A 옵션이 실질적으로 -O 옵션까지 포함해 수행하지만 option:O라는 검색은 -A 옵션까지 찾아주지는 않는다. 비슷하게 option: sU는 -sSU를 쓴 스캔은 찾지 않는다. 이 옵션 검색은 대소문자를 구분한다.

- os: ⟨문자열⟩ 탐지된 운영체제 종류 설명에 주어진 문자열이 포함된 경우를 찾는다. os: windows는 마이크로소프트 윈도우 계열의 시스템을 검색한다.

- service: ⟨문자열⟩(줄여서 s:) 포트 설명 내용 중에 지정한 문자열이 포함된 스캔을 찾는다. service: ssh는 SSH 서비스를 가동 중인 시스템에 대한 스캔을 찾는다.

- profile: ⟨이름⟩(줄여서 pr:) profile: "intense scan"처럼 주어진 이름의 프로파일이 쓰인 스캔을 찾는다.

- inroute: ⟨시스템⟩(줄여서 ir:) --traceroute 스캔 출력 결과에서 지정한 시스템이 중간 라우터로 동작한 스캔이 있는지를 찾는다.

- dir: ⟨디렉터리⟩ dir:은 검색 요건이 아니고 추가로 지정하는 디렉터리에 있는 스캔까지 검색하라는 지시문이다. 기본적으로 지정한 디렉터리와 그 하위 디렉터리에서 xml 확장자로 된 파일을 검색 대상에 포함한다. 검색 대상에 다른 종류의 파일까지 추가하려면 '12.11.1 zenmap.conf의 내용'에 나온 대로 zenmap.conf의 [search] 섹션에서 file extension 변수를 찾아 수정한다.

12.9 결과 비교하기

같은 스캔을 다른 시간에 다시 하거나 비슷한 스캔을 동시에 수행해 차이점을 비교하고자 할 수 있다. 젠맵은 그림 12.14처럼 스캔 결과를 비교하기 위한 인터페이스를 제공한다. 도구 메뉴에서 **결과 비교**Compare Results를 선택하거나 **Ctrl+D** 키를 누른다. 젠맵은 한 번에 두 개의 스캔만을 비교할 수 있다.

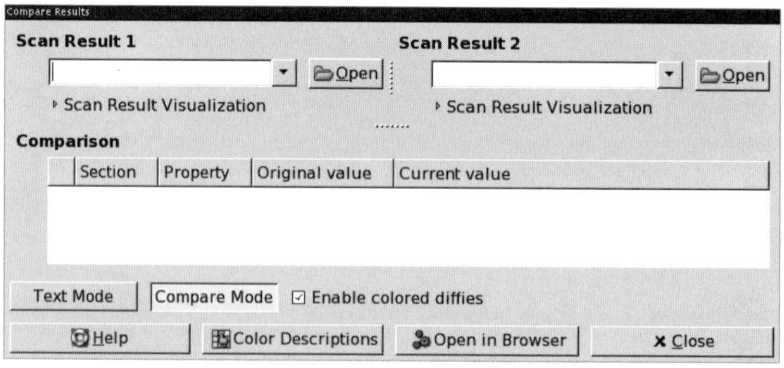

그림 12.14 비교 도구

일단 비교할 두 개의 스캔부터 고른다. **스캔 결과 1**Scan Result 1과 **스캔 결과 2**Scan Result 2 콤보박스를 써서 고르거나 **열기**Open 버튼을 눌러 파일에서 직접 가져온다. 최근 스캔 데이터베이스에서 결과를 비교하려면 먼저 앞부분에서 설명한 검색 인터페이스를 써서 원하는 스캔을 열어야 한다.

스캔 결과 1과 스캔 결과 2의 구분이 중요하다. 비교는 항상 스캔 결과 1을 기준으로 스캔 결과 2는 어떻게 다른지 보여주기 때문이다. 일단 두 개의 스캔을 선택하면 비교는 즉시 실행돼 화면에 보여진다.

[12.9.1] 그림으로 비교

그림 12.15는 동일한 호스트에 대한 일반 스캔과 강력 스캔의 차이를 보여준다.

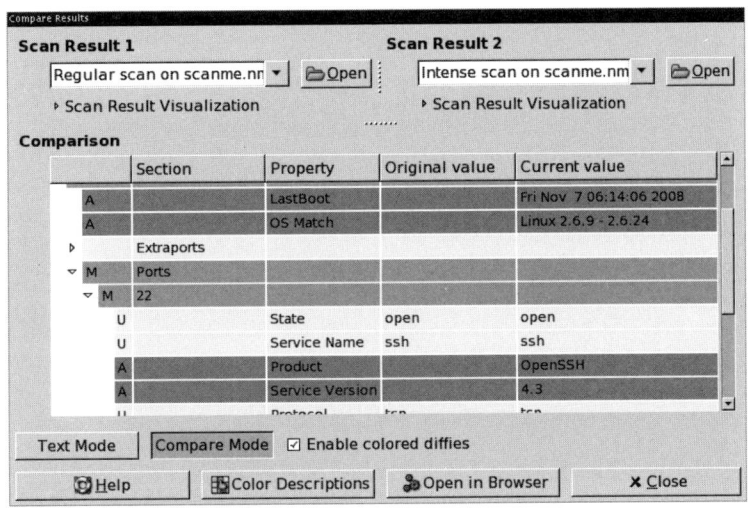

그림 12.15 그림으로 비교

두 스캔의 차이와 유사점을 체계적으로 다른 색으로 구분해 보여준다. 각 색깔에는 해당 부분의 변화를 의미하는 문자가 첨부돼 있다. U는 변화 없음, A는 추가됨, M은 변경됨을 의미하고, N은 현재 없음이나 삭제됨을 의미한다. 여기 쓰인 색상표는 Color Descriptions 버튼을 클릭해 바꿀 수 있다.

[12.9.2] 텍스트로 비교

비교 창에서 Text Mode 버튼을 눌러 스캔 결과 텍스트를 비교하는 방법도 있다. 그림 12.16에 두 스캔의 텍스트 비교가 나와 있다. 텍스트 비교는 비교결과를 파일로 저장하거나 이메일 메시지로 보낼 수 있는 장점이 있다.

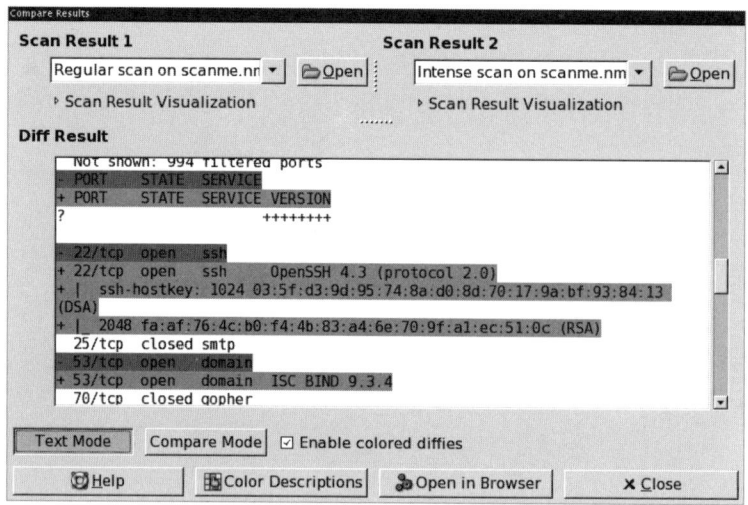

그림 12.16 텍스트 모드 비교

텍스트 모드로 비교한 결과물은 유닉스의 diff 툴을 쓴 것과 비슷하다. 각 줄은 해당 줄의 변경을 뜻하는 글자로 시작한다. 표 12.1에 각 글자의 의미가 나와 있다.

코드	의미
" "(빈칸)	이 줄은 두 스캔 결과에서 동일함
+	두 번째 스캔 결과에 이 줄이 추가됨
-	두 번째 스캔 결과에 이 줄은 없음
?	바로 위 줄에서 어느 부분이 수정되거나, 추가되거나, 삭제됐는지를 ^, +와 - 문자로 나타냄

표 12.1 diff 글자 코드

Open in Browser 버튼을 누르면 이 텍스트 비교 결과를 HTML로 볼 수 있는데, 보고서로 출력하거나 저장할 때 쓰인다.

12.10 젠맵에서 쓰이는 파일

젠맵은 엔맵 이외에도 몇 개의 설정 파일과 컨트롤 파일이 있다. 이 파일을 저장하는 위치는 운영체제나 젠맵 설정에 따라 다르다. 설정 파일은 시스템 파일과 사용자별 파일로 나뉜다.

[12.10.1] nmap 실행 파일

젠맵은 nmap 커맨드라인 실행 파일이 설치돼 있어야 한다. 젠맵은 일단 nmap을 PATH 환경 변수에 설정된 모든 디렉터리를 검색해 찾는다. 일부 운영체제에서는 nmap 디렉터리가 PATH 환경 변수에 등록되지 않는데, 이들 운영체제를 위해 젠맵은 PATH에 등록된 디렉터리 이외에 추가로 다음 디렉터리를 검색한다.

- 맥 OS X의 경우 /user/local/bin 디렉터리
- 윈도우의 경우 젠맵 실행 파일이 설치된 디렉터리

실행 파일이 설치된 디렉터리를 절대 경로로 지정하거나 엔맵이 설치된 디렉터리가 nmap 이름으로 돼 있지 않은 경우 zenmap.conf 파일의 [paths] 섹션에 있는 nmap_command_path 변수를 알맞게 수정한다. 예를 들어 nmap이 /opt/bin에 설치된 경우라면 다음과 같이 지정한다.

[paths]
nmap_command_path = /opt/bin/nmap

직접 컴파일한 엔맵이 nmap-custom이라면 다음과 같이 지정한다.

[paths]
nmap_command_path = nmap-custom

'12.11 zenmap.conf의 내용'을 참조한다.

[12.10.2] 시스템 설정 파일

시스템 설정 파일은 젠맵 전체 설정을 담당한다. 유닉스나 맥 OS X의 경우 젠맵이 컴파일된 파일 시스템의 /share/zenmap 디렉터리에 시스템 설정 파일이 저장된다. 보통 파일 시스템은 /usr나 /usr/local인데, 따라서 젠맵 파일은 /usr/share/zenmap이나 /usr/local/share/zenmap에 저장된다. 윈도우의 경우 젠맵이 설치된 장소에 따라 다른데, 대부분은 C:\Program Files\Nmap\share\zenmap이다. 젠맵 시스템 설정 디렉터리에는 다음 파일들이 있다.

- **config/** config 아래 파일은 사용자별 설정 디렉터리에 복사된다. '12.10.3 사용자별 설정 파일'을 참조하라.

- **docs/** 젠맵 관련 문서가 저장돼 있다.

- **locale/** 영어 이외의 다른 언어로 된 젠맵에서 사용하는 텍스트가 저장돼 있다.

- **misc/profile_editor.xml** 12.7에서 다룬 프로파일 편집기에서 제공할 옵션을 지정한다. 전체 사용자에게 적용되므로 주의해 수정한다.

- **misc/wizard.xml** 12.6에서 다룬 커맨드라인 생성 마법사에서 제공할 옵션을 지정한다. 전체 사용자에게 적용되므로 주의해서 수정한다.

[12.10.3] 사용자별 설정 파일

한 사용자에게만 적용되는 설정을 담고 있는 파일이다. 일부 파일은 젠맵이 처음 실행될 때 config 디렉터리에서 복사한 것이다. 사용자별 설정 파일은 유닉스와 맥 OS X에서는 각 사용자의 홈 디렉터리에 <HOME>/.zenmap로 저장된다. 윈도우 비스타에서는 C:\Users\<사용자명>\.zenmap이고, 이전 버전의 윈도우에서는 C:\Documents and Settings\<사용자명>\.zenmap에 저장된다.

- **recent_scans.txt** Scans 탭을 누르면 보이는 최근 스캔의 파일명 목록을 담고 있다. 아직 저장하지 않은 스캔의 경우 이 파일에 이름이 기록되지는 않는다. '12.4 스캔 결과 저장과 불러오기'를 참조하라. 이 파일이 없는 경우 젠맵이 실행될 때 생성한다.

- **scan_profile.usp** 스캔 프로파일에 대한 설명이 담겨있다. 이 파일을 직접 수정하기보다는 '12.7 프로파일 편집기'에서 설명한 편집기를 사용해 수정하기 바란다. 이 파일도 젠맵이 처음 실행될 때 사용자의 디렉터리에 복사된다.

- **target_list.txt** 최근 스캔한 대상의 목록이 저장돼 있다. 파일이 없으면 젠맵이 생성한다.

- **zenmap.conf** 젠맵의 주 설정 파일이다. 해당 사용자용 설정을 담고 있는 설정 파일로, '12.11 zenmap.conf의 내용'에서 다루는 세부 내용이 담겨있다.

- **zenmap.db** '12.4.1 최근 스캔 데이터베이스'에서 설명한 최근 스캔의 데이터베이스다. 없으면 자동으로 젠맵이 생성한다.
- **zenmap_version** 이 사용자별 설정 디렉터리를 생성할 때 사용한 젠맵의 버전을 담고 있다. 젠맵에 버전 문제가 발생한 것으로 보이면 젠맵의 시스템 설정 디렉터리에 있는 같은 이름의 파일을 열어 버전 정보를 비교해보면 확인할 수 있다. 젠맵이 처음 실행될 때 시스템 설정 디렉터리에서 사용자별 디렉터리로 복사한다.

[12.10.4] 산출물 파일

스캔을 실행하면 젠맵은 스캔 결과를 파싱할 수 있게 엔맵이 출력 결과를 임시 파일에 XML로 저장하게 지시한다. 이 임시 XML 파일은 스캔이 끝나면 삭제된다. 명령 옵션에 -oX나 -oA가 쓰인 경우 해당 옵션으로 지정한 파일에 XML 결과물을 저장하고 스캔이 끝난 뒤에도 삭제하지 않는다. 13장에서 다루는 -oG, -oN, -oS 옵션도 마찬가지로 출력 결과를 파일로 저장하지만 젠맵은 이 포맷의 출력 결과는 가져다 쓰지 않는다.

젠맵이 파일명을 다루는 데 있어 주목할 점은 % 문자를 '13.2.1 산출물 유형 제어'에서 설명하는 `strftime` 같은 포맷 지시어로 사용하지 않는다는 점이다. 엔맵 커맨드라인에서와 달리 젠맵은 엔맵이 사용할 산출물 파일명을 정확히 알아야만 하기 때문이다. 젠맵에서 `-oX scan-%T-%D.xml`처럼 지정하면 결과물은 실행 시간을 반영한 `scan-144840-121307.xml`로 저장되는 것이 아니라 `scan-%T-%D.xml`로 저장된다.

12.11 zenmap.conf의 내용

`zenmap.conf`는 젠맵을 실행하는 사용자에게만 적용되는 설정 파일이다. 이 파일은 '12.10.3 사용자별 설정 파일'에서 설명한 사용자 별 설정 파일 디렉터리에 저장되며 텍스트 파일이다. 파이썬 ConfigParser[2] 모듈이 인식하는 문법으로 돼 있는데, 윈도우의 INI 파일과 유사하다. 각 섹션은 대괄호로 감싼 섹션명으로

---

2. http://docs.python.org/lib/module-ConfigParser.html

구분한다. 섹션 내에는 <이름>=<값>이나 <이름>: <값>의 쌍으로 된 라인들을 담고 있다. zenmap.conf의 주요 부분을 살펴보면 다음과 같다.

```
[output_highlight]
enable_highlight = True

[paths]
nmap_command_path = nmap

[search]
search_db = 1
file_extension = xml
store_results = 1
directory =
save_time = 60;days
```

위 내용 중 일부는 파일을 직접 수정하지 않고도 젠맵 내에서 설정을 바꿈으로써 수정할 수 있다.

[12.11.1] zenmap.conf의 섹션

True, true, 1은 '참'으로 해석하고, 다른 모든 값은 '거짓'으로 해석한다.

- [paths] 젠맵이 사용하는 주요 경로를 정의한다. 엔맵 실행 파일 경로인 nmap_command_path가 지정돼 있다. 젠맵이 실행하는 커맨드라인의 첫 단어는 여기에 지정한 값으로 자동 치환된다. 보통의 경우 nmap이라 지정한다. '12.10.1 nmap 실행 파일'에서 예를 찾아본다.

- [search] '12.8 저장된 결과 검색하기'에서 설명한 검색 도구의 동작 방법을 정의한다. 정의한 각 값들은 검색 창의 Search options 탭에 있는 각 옵션과 같다. 옵션은 다음과 같다.

    - directory   저장된 스캔 결과 파일을 찾아볼 디렉터리
    - file_extension   찾을 파일 확장자이며, 세미콜론으로 구분됨
    - search_db   최근 스캔 데이터베이스 검색 여부에 대한 논리 값
    - store_results   스캔 결과를 최근 스캔 데이터베이스에 저장할지를 정하는 논리 값('12.4.1 최근 스캔 데이터베이스' 참조)

- **save_time** 최근 스캔 데이터베이스에 스캔 결과를 얼마 동안 저장할지를 지정한다. 이 값보다 오래된 스캔 결과는 젠맵이 종료할 때 삭제한다. 포맷은 세미콜론으로 분리된 숫자와 시간 간격으로 60;days나 1;years처럼 쓴다.

■ [diff] '12.9 결과 비교하기'에서 살펴본 스캔 비교 도구의 동작을 지정한다. 다음의 옵션이 있다.

- **diff_mode** 스캔 비교 결과를 그래픽 모드로 보일지 텍스트 모드로 보일지를 정한다. compare는 그래픽 모드이고, text는 텍스트 모드다.
- **colored_diff** 비교에 색상을 사용할지를 정하는 논리 값이다.

■ [diff_colors] 비교 도구에서 쓸 색상을 정의하는 섹션이다. unchanged, added, not_present, modified가 정의돼 있는데, 의미는 '12.9 결과 비교하기'에서 설명했다. 각 값은 색상을 [<빨강>, <초록>, <파랑>]의 포맷으로 된 정수 값 세 개로 표시하는데, 각 정수 값은 0에서 65535 사이의 값이다. [65535, 0, 0]은 빨강을 의미한다.

■ [output_highlight] 논리 변수로 True인 경우 결과에 하이라이트 기능을 쓰고, False인 경우 쓰지 않는다.

■ [date_highlight], [hostname_highlight], [ip_highlight], [port_list_highlight], [open_port_highlight], [closed_port_highlight], [filtered_port_highlight], [details_ highlight] 엔맵 출력 탭에서 설명했던 엔맵의 산출물 하이라이트 기능을 지정한다. 젠맵을 써서 이 사항들을 수정할 수 있다. 각 섹션에는 다음의 사항을 정의한다.

- **regex** 산출물의 관련 파트와 일치하는 정규 표현식
- **bold** 이 하이라이트를 굵은체로 처리할지를 결정하는 논리 값
- **italic** 이 하이라이트를 이탤릭체로 처리할지를 결정하는 논리 값
- **underline** 이 하이라이트를 밑줄로 처리할지를 결정하는 논리 값
- **text** 이 하이라이트에서 텍스트의 색상을 지정한다. 그 값은 색상을 [<빨강>, <초록>, <파랑>]의 포맷으로 된 정수 값 3개로 표시하는데, 각 정수 값은 0에서 65535 사이의 값이다. [65535, 0, 0]은 빨강을 의미한다.

- **highlight** 이 하이라이트에서 배경의 색상을 정의한다. 그 표현법은 위의 text와 같다.

12.12 커맨드라인 옵션

젠맵의 기능은 그래픽 애플리케이션답게 대부분 그래픽 인터페이스를 통해 제어할 수 있다. 총정리 차원에서 젠맵의 커맨드라인 옵션을 아래에서 설명하는데, 때로는 이 옵션이 쓰일 때가 있다. zenmap <결과 파일>을 커맨드라인에서 실행하면 젠맵이 시작하면서 <결과 파일>을 불러오는 것처럼 아래 옵션이 쓰일 때가 있다.

[12.12.1] 요약 정리

zenmap [<옵션>] [<결과 파일>]

[12.12.2] 옵션 요약

- **-f, --file <결과 파일>** 지정한 결과 파일을 불러온다. 결과 파일은 -oX 옵션으로 생성한 엔맵 XML 산출물이거나 앞서 젠맵으로 저장한 파일이다.
- **-h, --help** 도움말을 표시하고 종료한다.
- **-n, --nmap <엔맵 커맨드라인>** 지정한 엔맵 명령을 젠맵 인터페이스 내에서 실행한다. -n이나 -nmap 뒤의 모든 인자가 실행할 명령으로 처리되므로 다른 옵션을 모두 지정한 뒤에 -n이나 -nmap 옵션은 맨 마지막에 사용한다. zenmap -n nmap -sS target처럼 nmap 실행 파일명을 꼭 옵션 뒤에 써야 함에 주의한다.
- **-p, --profile <프로파일>** 지정한 프로파일을 시작한다. 프로파일은 'Regular scan'처럼 문자열이다. -t 옵션과 함께 쓰면 지정한 대상에 대해 지정한 프로파일의 스캐닝을 시작한다.
- **-t, --target <대상>** 지정한 대상으로 시작한다. -p 옵션과 함께 쓰면 지정한 프로파일로 지정한 대상에 스캔을 시작한다.

- **-v, --verbose** 젠맵의 상세도를 증가시킨다. 좀 더 많은 상세도 옵션을 주면 젠맵을 시작할 때 콘솔에 좀 더 많은 메시지가 표시된다.

[12.12.3] 오류 산출물

젠맵이 비정상 종료되면 당시의 스택 내용이 담긴 버그 보고서를 보낼 수 있게 안내한다. 이 비정상 종료 보고 기능을 비활성화시켜 오류 내용을 그냥 콘솔에 출력하고 싶다면 ZENMAP_DEVELOPMENT 환경 변수의 값을 아무 값으로나 지정하면 된다. 디버깅 산출물을 얻으려면 Bash 셸에서 ZENMAP_DEVELOPMENT=1 zenmap -v -v -v 명령을 실행해본다.

윈도우라면 표준 오류를 콘솔로 출력하기보다는 zenmap.exe 파일이 있는 디렉터리에 zenmap.exe.log라는 파일로 출력한다.

12.13 젠맵의 역사

젠맵은 원래 2005년과 2006년에 구글이 스폰서한 엔맵 Summer of Code 행사에서 작성된 엔맵의 그래피컬 인터페이스인 Umit[3]에서 출발했다. Umit의 메인 개발자는 아드리아노 몬테이로 마르퀘즈Adriano Monteiro Margues이다. Umit을 수정해 2007년에 엔맵으로 합쳤을 때 이름을 젠맵으로 바꿨다.

---

3. http://www.umitproject.org

13장 엔맵 산출물의 포맷

13.1 소개

오픈소스 보안 도구들은 일반적으로 잘 정리되지 않은 산출물로 사용자를 혼란스럽게 만든다. 상관없는 디버깅 정보를 잔뜩 제공하기 때문에 중요한 결과를 파악하려면 사용자가 수많은 페이지의 쓸데없는 정보를 파헤치는 삽질을 해야 한다. 보안 도구의 개발자들은 결과물을 제대로 전달하기 위한 노력을 별로 기울이지도 않기 때문에 산출물 메시지는 이해하기 어렵고 문서화도 제대로 돼 있지 않다. 그리 놀랄만한 일이 아닌 것이 당연히 이런 보안 도구 개발자들에게는 TCP/IP의 취약점을 공략하는 코드를 짜는 것이 문서화나 사용자 인터페이스 작업보다 훨씬 재미있기 때문이다. 오픈소스 개발자는 돈을 받고 하는 게 아니므로 자기가 좋아하는 일을 즐기는 법이다.

내 친구인 댄 카민스키Dan Kaminsky한테 욕먹을 각오하고 그의 Scanrand[1] 포트 스캐너를 예로 들어 보겠다. 이 프로그램은 사용자 인터페이스는 별로 신경을 쓰지 않고 기술적인 부분에 훨씬 많은 노력을 기울였다. 예제 13.1은 Scanrand 문서에 나온 산출물 샘플이다.

---

1. http://sectools.org/tools4.html#scanrand

예제 13.1 로컬 네트워크를 대상으로 한 Scanrand 산출물

```
bash-2.05a# scanrand 10.0.1.1-254:quick
  UP:        10.0.1.38:80      [01]    0.003s
  UP:        10.0.1.110:443    [01]    0.017s
  UP:        10.0.1.254:443    [01]    0.021s
  UP:        10.0.1.57:445     [01]    0.024s
  UP:        10.0.1.59:445     [01]    0.024s
  UP:        10.0.1.38:22      [01]    0.047s
  UP:        10.0.1.110:22     [01]    0.058s
  UP:        10.0.1.110:23     [01]    0.058s
  UP:        10.0.1.254:22     [01]    0.077s
  UP:        10.0.1.254:23     [01]    0.077s
  UP:        10.0.1.25:135     [01]    0.088s
  UP:        10.0.1.57:135     [01]    0.089s
  UP:        10.0.1.59:135     [01]    0.090s
  UP:        10.0.1.25:139     [01]    0.097s
  UP:        10.0.1.27:139     [01]    0.098s
  UP:        10.0.1.57:139     [01]    0.099s
  UP:        10.0.1.59:139     [01]    0.099s
  UP:        10.0.1.38:111     [01]    0.127s
  UP:        10.0.1.57:1025    [01]    0.147s
  UP:        10.0.1.59:1025    [01]    0.147s
  UP:        10.0.1.57:5000    [01]    0.156s
  UP:        10.0.1.59:5000    [01]    0.157s
  UP:        10.0.1.53:111     [01]    0.182s
bash-2.05a#
```

어쨌든 스캔 결과를 보여주기는 하지만 알아보기가 힘들다. 포트 번호나 대상 호스트별로 정렬하는 옵션이 없어 그냥 응답을 수신한 시간 순서로 산출물이 제시된다. 각 줄의 첫 부분에 'UP: '과 그 다음의 긴 빈 공간들은 필요 없이 공간만 차지하고, 결과 요약도 없다.

엔맵의 산출물은 내가 많은 노력을 기울였음에도 불구하고 아직 많이 부족하다. 엔맵의 다양한 용도와 사용자층을 볼 때 어떤 하나의 포맷으로 모두를 만족시키기는 불가능하다. 따라서 엔맵은 몇 가지 포맷으로 산출물을 제공하는데, 사람이 직접 이용할 때를 위한 인터랙티브대화형 모드와 소프트웨어로 파싱해 쓰

기 위한 XML 포맷 등이 있다.

다양한 포맷과 함께 엔맵은 디버깅 메시지와 산출물을 얼마나 상세하게 볼 것인지를 지정하는 옵션도 제공한다. 산출물은 표준 출력이나 지정한 파일에 보낼 수 있는데, 엔맵은 이를 기존 결과물에 계속 첨부하거나 모두 지우고 처음부터 재작성할 수 있다. 스캐닝을 중단했다가 다시 이어서 진행할 수도 있다. 13장에서는 이런 옵션과 모든 산출물 포맷을 상세히 다룬다.

13.2 커맨드라인 플래그

엔맵의 다른 기능과 마찬가지로 산출물도 커맨드라인 플래그로 제어한다. 다음은 각 플래그의 유형별 설명이다.

[13.2.1] 산출물 유형 제어

가장 기본적인 제어로 먼저 산출물의 포맷을 지정한다. 엔맵에는 다음과 같은 다섯 가지의 유형을 제공한다.

➲ 엔맵에서 지원하는 산출물 포맷

- **인터랙티브 산출물**   엔맵이 기본적으로 표준 출력 스트림(stdout)에 보내는 산출물이다. 따라서 별도의 커맨드라인 옵션이 없다. 인터랙티브 모드는 사용자가 결과를 직접 읽어보는 용도에 쓰이고, 이 책에 인용한 수많은 예제에서 보이듯이 주요 포트 테이블의 형태로 제공된다.

- **정규 산출물(-oN)**   인터랙티브 산출물과 매우 비슷하지만 사용자가 지정한 파일로 보내진다. 인터랙티브 산출물과 몇 가지 다른데, 스캐닝 도중에 사용하는 인터랙티브 형태보다는 스캐닝이 끝난 뒤 분석에 사용되리라는 가정 아래 만들어졌기 때문이다. 스캐닝이 끝나고 발견된 포트를 테이블로 출력하고 나면, 인터랙티브 산출물에서 출력되던 스캐닝 종료 예상 시간이나 열려있는 포트 알림은 더 이상 필요가 없는 정보가 되므로, 정규 산출물에서는 이런 정보를 제외한다. 정규 산출물에서는 스캐닝에 사용된 커맨드라인 옵션과 실행 일시를 첫 줄에 출력한다.

- **XML 산출물(-oX)** XML은 소프트웨어로 파싱하기 쉬운 안정적인 포맷이다. C/C++, 펄, 파이썬과 자바 등의 주요 컴퓨터 언어를 위한 무료 XML 파서가 제공된다. 엔맵과 다른 애플리케이션 인터페이스와 연동하는 데 XML이 주로 애용된다. 13장에서는 XML 산출물이 HTML 보고서나 데이터베이스 테이블 같은 다른 포맷으로 어떻게 전환될 수 있는지도 다룬다.

- **그렙 가능한grepable 산출물(-oG)** 커맨드라인에서 grep, awk, cut, diff 같은 유닉스 툴을 이용해 간단히 조작할 수 있는 포맷이다. 각 호스트를 한 줄에 탭, 슬래시, 콤마 같은 구분자를 써서 나열한다. 이 포맷은 간단히 결과물을 조작하는 데 유용하지만 좀 더 중요한 작업에는 안정적이고 많은 정보를 제공하는 XML 포맷이 쓰인다.

- **sCRiPt KiDDi3 0utPut(-oS)** 이 포맷은 슈퍼 엘리트 해커들을 위해 제공됐다!

커맨드라인 옵션이 없는 인터랙티브 산출물이 기본 출력 모드이고 커맨드라인 옵션이 없는 반면, 다른 네 포맷은 같은 문법을 따른다. 이 네 포맷은 하나의 인자를 쓰는데, 바로 결과물을 저장할 파일명이다. 여러 포맷을 동시에 지정할 수는 있지만 각 포맷은 한 번만 지정해야 한다. 예를 들어 정규 산출물과 XML 산출물을 동시에 생성하고 싶은 경우에는 `-oX myscan.xml -oN myscan.nmap`처럼 옵션을 주면 된다. 13장에서는 `myscan.xml` 같이 간단한 이름을 쓰고 있지만 좀 더 파일을 잘 설명할 긴 이름을 쓰는 것이 좋다. 이름을 어떻게 고르느냐는 개인의 취향에 따르겠지만 나의 경우 스캐닝 날짜와 해당 스캔의 의미를 담은 몇 개의 단어를 붙여 긴 이름의 파일명으로 작업 대상 회사명 디렉터리에 저장한다. 간단하게 `-oA <기본명>`을 써서 네 가지 모든 포맷으로 산출물을 저장할 수 있다. 그 결과물은 `<기본명>.nmap`, `<기본명>.xml`, `<기본명>.gnmap`으로 각기 저장된다. 산출물은 `~/nmaplogs/foocorp/`나 `c:\hacking\sco` 같이 디렉터리 경로까지 붙여서 지정할 수 있다.

이들 옵션으로 결과를 파일에 저장하는 동시에 엔맵은 화면에 인터랙티브 결과물도 동시에 출력한다. 예를 들어 `nmap -oX myscan.xml target`을 실행하면 `myscan.xml` 파일에 XML 포맷으로 결과가 저장되는 동시에 `-oX`를 사용하지 않는 경우와 마찬가지로 표준 출력인 `stdout`에 인터랙티브 결과를 출력한다. 표준 출력에도 내가 지정한 옵션에 따른 포맷의 출력물을 받고자 할 때에는 하이픈을 인자로 쓰면 된다. 하이픈이 인자로 쓰이면 엔맵은 인터랙티브 결과가 아닌 지정된 포맷의 결과를 표준 출력 스트림에 출력한다. `nmap -oX - target`이라 쓰면 표준 출력에는 XML 결과만이 출력된다. 그렇지만 중요한 오류는 여전히 표준 오류 스트림인 `stderr`에 출력된다.

결과 파일을 지정하는 `-oN` 같은 옵션을 사용하면 해당 결과 파일은 기본적으로 덮여쓰여진다. 결과물을 기존 파일에 추가하려면 `--append-output` 옵션을 써야 한다. 하지만 이 옵션은 XML(-oX) 스캔의 경우 제대로 추가하기가 안 되는데, 이 결과물은 수작업으로 고쳐야만 제대로 파싱이 된다.

다른 엔맵의 인자에서와 달리 `-oX` 같은 로그 파일 옵션 플래그와 파일명 사이의 스페이스나 하이픈은 꼭 필요하다. 이를 지키지 않고 `-oG-`나 `-oXscan.xml` 같이 쓰면 엔맵은 각기 G-와 Xscan.xml이란 파일에 표준 출력을 써버린다.

이들 인자는 `strftime` 같은 파일명 변환을 지원한다. %H, %M, %S, %m, %d, %y, %Y는 `strftime`에서와 동일하게 적용된다. %T는 %H%M%S와 같고, %R은 %H%M과 같고, %D는 %m%d%y와 같다. % 다음에 앞서 쓰인 문자 이외의 문자를 쓰는 경우 바로 그 문자를 돌려준다. %%는 % 기호를 돌려준다. 그러므로 `-oX 'scan-%T-%D.xml'`은 `scan-144840-121307.xml`이란 파일로 XML 파일을 생성한다.

[13.2.2] 산출물의 상세도 조절하기

어떤 포맷을 쓸지 정한 뒤에 해당 결과물을 얼마나 상세하게 원하는지를 정한다. `-v` 옵션은 첫 단계 상세를 의미한다. `-v`를 두 번 쓰면 약간 더 상세한 결과를 얻는다. 이 두 단계 이상의 상세는 별로 도움이 안 된다. 이런 상세도 조절은 인터랙티브 산출물에 주로 영향이 있고, 표준 출력과 스크립트 키디 산출물에 다소 변화를 준다. 다른 산출물 유형은 사람이 아닌 다른 프로그램에서 처리될 것을 가정한 포맷이므로 기본적으로 상당히 상세하게 결과를 제시한다. 다만 이들 다른 모드에서는 일부 필요 없는 사항을 배제해 산출물의 크기를 상당히 줄일 수 있다. 예를 들어 그렙 가능한grepable 산출물에서 스캔한 모든 포트를 나열하는 주석 줄은 상세 옵션이 주어진 경우에만 출력된다. 다음 목록은 `-v` 옵션에 따른 변화를 설명한다.

- **스캔 완료 시간 예측** 스캐닝이 몇 분 이상 걸리는 경우 때때로 진행 상황을 알려주는 메시지가 인터랙티브 산출물 모드에서 다음과 같이 제시된다.

  ```
  SYN Stealth Scan Timing: About 30.01% done; ETC: 16:04
  (0:01:09 remaining)
  ```

완료 시간 예상치가 상당히 달라지면 다시 업데이트를 제공한다. Idle 스캔, FTP 바운스 스캔을 제외하고는 버전 스캐닝을 포함한 다른 모든 스캐닝 방식에서 예상 완료 시간치를 제시한다.

- **열려있는 포트의 보고 방식** 열려있는 포트는 마지막 부분에 흥미로운 포트 테이블에 출력하지만 상세 옵션이 설정되면 열려있는 포트를 발견할 때마다 인터랙티브 모드로 출력한다. 따라서 상세 옵션을 주면 열려있는 포트를 바로바로 알 수 있으므로 엔맵 스캐닝이 완료되기 전에 열려있는 포트를 조사할 수 있다. 열려있는 포트는 다음과 같이 나타난다.

    ```
    Discovered open port 53/tcp on 64.13.134.52
    ```

- **추가적인 경고** 엔맵은 명백한 실수나 중요한 문제가 있는 경우 항상 경고문을 출력한다. 상세 옵션이 주어지면 엔맵은 좀 더 많은 경고문을 출력한다. 대상 호스트에 대한 프로브가 많이 드롭되거나, 응답을 받는 데 지나치게 긴 지연이 발생하거나, 특정 포트에 대한 프로브에 예상하지 못한 응답이 돌아오는 경우 등을 포함해 경고문은 수십 가지가 있다. 속도 제한Rate limiting을 설정하면 화면이 이런 메시지로 도배되는 상황을 막을 수 있다.

- **추가 노트** 상세 모드에서 엔맵은 정보 제공을 위한 많은 노트들을 추가로 출력한다. 예를 들어 각 포트 스캔이 시작된 시간과 스캐닝한 호스트와 포트의 개수를 출력한다. 최종적으로 스캐닝이 얼마나 걸렸는지, 결과를 간단히 요약하는 결론 요약을 출력한다.

- **추가적인 운영체제 탐지 정보** 상세 모드에서는 TCP ISN과 IP ID 일련번호 예측 가능성 테스트의 결과가 제시된다. 이는 운영체제 탐지 작업의 부산물이다. 상세도를 둘 이상 주는 경우 실제 운영체제 핑거프린팅 결과가 좀 더 상세히 출력된다.

- **핑에 응답이 없는 꺼져있는 호스트 출력** 상세 모드에서는 핑 스캔 과정에서 발견한 응답 없는 호스트도 응답 있는 호스트와 마찬가지로 출력한다.

- **생일 축하 메시지** 9월 1일에 상세 모드로 실행하면 엔맵은 생일을 자축하는 메시지를 출력한다.

일반적으로 스캐닝이 끝나기 이전에 도움이 될 만한 메시지들은 인터랙티브 산출물로 제공된다. -oN 옵션을 써서 표준 출력을 파일로 보내더라도 화면에서 보던 열려있는 포트 알림이나 스캔 완료 예상 시간 통보 등은 파일에 저장되지 않는다. 이들 알림이나 예상 시간은 스캐닝이 진행되는 과정에 모니터링할 때는 필요하겠지만 스캐닝이 끝난 뒤에 분석을 위해 파일을 열어볼 때는 이런 정보들이 불필요하기 때문이다. 이런 정보까지 모두 파일에 기록하고 싶다면 **nmap -v scanme.nmap.org > scanoutput.nmap**처럼 셸에서 제공한 표준 출력 리다이렉션 방식을 쓴다.

그 외 소소하게 수많은 추가 메시지가 있는데, 이는 너무 많아 여기서 다루기는 어렵다. 또 이들 세부 사항은 앞으로 계속 변경될 수 있다. 이들 메시지를 살펴보는 효과적인 방법은 엔맵 **tarball**을 푼 후 **grep -A1 o.verbose * .cc** 같은 명령으로 그렙해서 본다. 결과는 예제 13.2에서 보여준다.

예제 13.2 상세도 조건을 그렙해 보기

```
idle_scan.cc: if (o.debugging || o.verbose) {
idle_scan.cc-    log_write(LOG_STDOUT, "Initiating Idlescan against %s\n",
                    target->NameIP());
--
nmap.cc: if (o.verbose)
nmap.cc-    output_ports_to_machine_parseable_output(ports, o.TCPScan(),
                            o.udpscan, o.ipprotscan);
--
nmap_rpc.cc: if (o.debugging || o.verbose)
nmap_rpc.cc-    gh_perror("recvfrom in get_rpc_results");
--
osscan.cc: if (o.verbose && openport != (unsigned long) -1)
osscan.cc-    log_write(LOG_STDOUT, "For OSScan assuming port %d is open, %d..."
--
output.cc: if (o.verbose)
output.cc-    log_write(LOG_NORMAL|LOG_SKID|LOG_STDOUT,
                    "IP ID Sequence Generation: %s\n",...
```

다음의 두 가지 예제에서 이 모두를 종합해봤다. 예제 13.3은 -v 상세 옵션이 없는 정규 스캐닝 산출물을 보인다.

예제 13.3 상세 옵션을 사용하지 않은 인터랙티브 스캐닝 결과

```
# nmap -T4 -A -p- scanme.nmap.org

Starting Nmap ( http://nmap.org )
Interesting ports on scanme.nmap.org (64.13.134.52):
Not shown: 65529 filtered ports
PORT     STATE   SERVICE  VERSION
22/tcp   open    ssh      OpenSSH 4.3 (protocol 2.0)
25/tcp   closed  smtp
53/tcp   open    domain   ISC BIND 9.3.4
70/tcp   closed  gopher
80/tcp   open    http     Apache httpd 2.2.2 ((Fedora))
|_ HTML title: Go ahead and ScanMe!
113/tcp closed auth
Device type: general purpose
Running: Linux 2.6.X
OS details: Linux 2.6.17 - 2.6.21, Linux 2.6.23

TRACEROUTE (using port 22/tcp)
HOP RTT ADDRESS
1 16.92 nodem-msfc-vl245-act-security-gw-1-113.ucsd.edu (132.239.1.113)
[... nine similar lines cut ...]
11 21.97 scanme.nmap.org (64.13.134.52)

OS and Service detection performed. Please report any incorrect results
at http://nmap.org/submit/ .
Nmap done: 1 IP address (1 host up) scanned in 168.10 seconds
```

예제 13.4는 같은 스캐닝에 상세 옵션을 줬다. 추가 운영체제 확인 데이터, 완료 예상 시간, 열려있는 포트 알림, 추가적인 정보 메시지 같은 기능을 쉽게 확인할 수 있다. 이 추가 정보는 인터랙티브 스캐닝에 매우 도움을 주는데, 웬만하면 나는 -v 옵션을 사용한다.

예제 13.4 상세 옵션을 쓴 인터랙티브 스캐닝 결과

```
# nmap -v -T4 -A -p- scanme.nmap.org
Starting Nmap ( http://nmap.org )
Initiating Ping Scan at 00:12
```

```
Completed Ping Scan at 00:12, 0.02s elapsed (1 total hosts)
Initiating SYN Stealth Scan at 00:12
Scanning scanme.nmap.org (64.13.134.52) [65535 ports]
Discovered open port 80/tcp on 64.13.134.52
Discovered open port 53/tcp on 64.13.134.52
Discovered open port 22/tcp on 64.13.134.52
SYN Stealth Scan Timing: About 16.66% done; ETC: 00:15 (0:02:30 remaining)
Completed SYN Stealth Scan at 00:14, 125.13s elapsed (65535 total ports)
Scanning 3 services on scanme.nmap.org (64.13.134.52)
Completed Service scan at 00:14, 6.05s elapsed (3 services on 1 host)
Initiating OS detection (try #1) against scanme.nmap.org (64.13.134.52)
[Removed some verbose traceroute and parallel DNS related messages]
Initiating SCRIPT ENGINE at 00:14
Completed SCRIPT ENGINE at 00:14, 4.09s elapsed
Host scanme.nmap.org (64.13.134.52) appears to be up ... good.
Interesting ports on scanme.nmap.org (64.13.134.52):
Not shown: 65529 filtered ports
PORT     STATE  SERVICE  VERSION
22/tcp   open   ssh      OpenSSH 4.3 (protocol 2.0)
25/tcp   closed smtp
53/tcp   open   domain   ISC BIND 9.3.4
70/tcp   closed gopher
80/tcp   open   http     Apache httpd 2.2.2 ((Fedora))
|_ HTML title: Go ahead and ScanMe!
113/tcp closed auth
Device type: general purpose
Running: Linux 2.6.X
OS details: Linux 2.6.17 - 2.6.21, Linux 2.6.23
Uptime guess: 12.476 days (since Wed Jul 2 12:48:56 2008)
TCP Sequence Prediction: Difficulty=198 (Good luck!)
IP ID Sequence Generation: All zeros

TRACEROUTE (using port 22/tcp)
HOP RTT ADDRESS
1 0.25 nodem-msfc-vl245-act-security-gw-1-113.ucsd.edu (132.239.1.113)
[... nine similar lines cut ...]
11 20.67 scanme.nmap.org (64.13.134.52)
```

```
OS and Service detection performed. Please report any incorrect results ↵
   at http://nmap.org/submit/ .
Nmap done: 1 IP address (1 host up) scanned in 147.462 seconds
           Raw packets sent: 131128 (5.771MB) | Rcvd: 283637 (12.515MB)
```

[13.2.3] 디버깅 활성화

상세 모드가 충분한 데이터를 제공하지 못한다면 디버깅 모드를 사용해본다. 상세 모드 -v 옵션과 마찬가지로 디버깅 모드는 -d라는 플래그로 활성화시킬 수 있고, d를 반복 추가해 레벨을 높여갈 수 있다. 다른 방법으로 -d 플래그에 원하는 레벨을 인자로 줘서 레벨을 지정할 수도 있다. 예를 들어 -d9는 레벨 9를 지정한다. 이 레벨이 가장 높은 레벨인데, 단순한 스캐닝이 아니라면 수천 줄의 산출물을 제공한다.

디버깅 산출물은 엔맵에 버그가 있는지 살펴볼 때나 엔맵이 무슨 작업을 왜 수행하고 있는지 의문이 들 때 유용하다. 이 모드는 주로 개발자들을 위한 것이므로 자상한 설명이 붙어 있지는 않다. 잘 모르는 줄이 있으면 그냥 무시하거나, 소스코드를 찾아보거나, nmap-dev 개발 리스트에 도움을 요청하는 방법이 전부다. 어떤 줄은 자명한데, 디버깅 레벨을 높이면 메시지의 의미가 더욱 알기 어려워진다. 예제 13.5는 Scanme 스캔에 -d5 플래그를 준 경우의 디버깅 정보를 보여준다.

예제 13.5 디버깅 줄의 주요 예제

```
Timeout vals: srtt: 27495 rttvar: 27495 to: 137475 delta -2753
         ==> srtt: 27150 rttvar: 21309 to: 112386
RCVD (15.3330s) TCP 64.13.134.52:25 > 132.239.1.115:50122 RA ttl=52
         id=0 iplen=40 seq=0 win=0 ack=4222318673
**TIMING STATS** (15.3350s): IP, probes active/freshportsleft/retry_stack/
                                   outstanding/retranwait/onbench,
                         cwnd/ccthresh/delay, timeout/srtt/rttvar/
   Groupstats (1/1 incomplete): 83/*/*/*/* 82.80/75/* 100000/25254/4606
     64.13.134.52: 83/60836/0/777/316/4295 82.80/75/0 100000/26200/4223
Current sending rates: 711.88 packets / s, 31322.57 bytes / s.
Overall sending rates: 618.24 packets / s, 27202.62 bytes / s.
```

```
Discovered filtered port 10752/tcp on 64.13.134.52
Packet capture filter (device eth0): dst host 132.239.1.115 and
                                     (icmp or ((tcp or udp) and
                                     (src host 64.13.134.52)))
SCRIPT ENGINE: TCP 132.239.1.115:59045 > 64.13.134.52:53 | CLOSE
```

디버깅 로그가 워낙 길기 때문에 전체를 여기에 담지는 않았다. 예제 13.3에서 상세 모드 없이 Scanme를 스캔한 경우 결과는 32줄이었고, 예제 13.4에서 상세 모드를 사용한 경우 61줄이었다. -v 대신 -d를 사용한 경우 결과는 113줄이었다. -d2로 한 단계 높이면 65,731줄이고, -d5에서는 396,879줄이 된다! 디버깅 옵션은 명백히 상세도를 높여주므로 상세 모드와 같이 지정할 필요가 없다.

어떤 디버깅 작업에 가장 적당한 디버깅 레벨은 시행착오로 찾아내는 수밖엔 없다. 처음에는 일단 낮은 레벨의 디버깅을 써서 어떻게 돌아가는지를 이해한 후 필요한 만큼 디버깅 레벨을 높여간다. 조금씩 더 이해할수록 문제나 의문점을 좁혀갈 수 있다. 그런 후 명령을 최대한 간단히 해서 디버깅 레벨을 높인 효과를 상쇄해 문제에 집중할 수 있다.

그렙이 상세도의 정도와 이에 따른 변화를 확인하는 데 사용했는데, 디버깅 산출물을 조사하는 데도 사용할 수 있다. 엔맵 소스 tarball을 푼 nmap-<버전>의 디렉터리에서 `grep -A1 o.debugging *.cc` 명령을 실행보기 바란다.

[13.2.4] 오류 처리와 경고 메시지

경고나 오류는 보통 화면으로만 출력되고 정규 산출물 파일에는 추가되지 않는다. 이들 메시지를 산출물 파일에 추가하려면 `--log-errors` 옵션을 사용한다. 이 옵션은 인터랙티브 출력을 지켜보고 있지 않을 때나 어떤 문제를 디버깅하기 위해 오류 메시지를 기록하고자 할 때 유용하다. 이 옵션을 지정해도 화면에 오류나 경고 메시지는 여전히 출력된다. 이 옵션도 잘못된 커맨드라인 인자와 관련한 오류는 기록하지 못하는데, 이 오류가 발생하면 산출물 파일이 초기화되기 전에 실행이 중단되기 때문이다. 추가로 일부 엔맵 오류나 경고 메시지는 다른 시스템을 사용해 이 옵션에 의한 기록을 지원하지 않는다.

`--log-errors` 옵션의 대안은 인터랙티브 산출물을 파일로 리다이렉트시키는 방식이다. 예를 들어 tsch 셸에서는 `nmap <옵션> >& alloutput.nmap`의 형식을

쓰면 된다. Bash에서는 약간 다르지만 nmap <옵션> &> alloutput.nmap 형식을 쓴다. 윈도우의 cmd.exe에서 리다이렉트하는 방식은 너무 복잡하므로 그냥 --log-errors 옵션을 쓰기 바란다. 예를 들어 nmap --log-errors -oN alloutput.nmap <옵션>처럼 실행하면 된다.

[13.2.5] 패킷 추적 활성화

--packet-trace 옵션은 엔맵이 보내고 받는 모든 패킷을 출력한다. 이는 이 책에 사용된 예제에서 보이듯 디버깅 용도나 엔맵의 동작을 살펴보는 데 매우 유용하다. 예제 13.6은 Scanme에 대한 간단한 핑 스캔에 패킷 추적 옵션을 쓴 경우를 보여준다.

예제 13.6 --packet-trace 옵션을 사용해 Scanme에 대한 핑 스캔 세부 내용 보기

```
# nmap --packet-trace -n -sP scanme.nmap.org

Starting Nmap ( http://nmap.org )
SENT (0.0230s) ICMP 132.239.1.115 > 64.13.134.52 echo request
               (type=8/code=0) ttl=38 id=5420 iplen=28
SENT (0.0230s) TCP 132.239.1.115:43743 > 64.13.134.52:80 A ttl=57
               id=29415 iplen=40 seq=2799605278 win=2048 ack=2120834905
RCVD (0.0380s) TCP 64.13.134.52:80 > 132.239.1.115:43743 R ttl=52
               id=0 iplen=40 seq=2120834905 win=0
Host 64.13.134.52 appears to be up.
Nmap done: 1 IP address (1 host up) scanned in 0.04 seconds
```

이 엔맵 수행 결과에서 패킷 추적 결과로 세 줄이 추가됐다. 각 줄은 여러 필드를 담고 있다. 첫 번째는 일단 엔맵에서 보낸 패킷인지 받은 패킷인지를 SENT와 RCVD로 줄여 나타낸다. 다음 필드는 엔맵이 실행된 시점으로부터 경과된 시간을 나타낸다. 시간은 초 단위로 나타내는데, 이 경우에는 1초도 안 걸렸음을 알 수 있다. 다음 필드는 TCP, UDP나 ICMP 프로토콜을 나타낸다. 다음으로는 소스와 대상 IP 주소를 중간에 방향을 나타내는 화살표로 구분해 나타낸다. TCP나 UDP 패킷에는 각 IP 주소 다음에 콜론으로 소스나 목적지 포트 번호가 같이 표기된다.

그 나머지는 프로토콜에 따라 다르다. ICMP는 사람이 알아볼 수 있는 유형

(이 경우에는 echo request)을 기록하고 그 다음에 ICMP 유형과 코드 값을 적는다. ICMP 패킷 로그는 IP TTL, ID, 패킷 길이 필드를 적는다. TCP 패킷은 목적지 IP와 포트 번호 다음에 약간 다른 포맷을 사용한다. 먼저 TCP 플래그 세트를 나타내는 문자열이 나온다. 이 문자는 SAFRPUEC인데, 각기 SYN, ACK, FIN, RST, PSH, URG, ECE, CWR의 플래그를 의미한다. 마지막의 두 플래그는 RFC 3168에서 기술한 'TCP 통신 혼잡 명백하게 알리기TCP explicit congestion notification' 에 쓰이는 것이다.

패킷 추적은 수천 줄의 산출물을 제시하므로 목적에 맞게 스캔 강도를 조절해 제한해야 한다. 한 대상 시스템에 한 포트를 대상으로 한 스캐닝은 괜찮겠지만 전체 네트워크를 대상으로 한 --packet-trace 스캐닝의 산출물은 어마어마한 양이 된다. 패킷 추적은 디버깅 레벨(-d)이 3단계 이상인 경우 자동으로 활성화된다.

--packet-trace을 사용해야만 얻을 수 있는 특수한 데이터도 있다. 예를 들어 예제 13.6에서는 ICMP와 TCP 핑 패킷을 대상 호스트에 보낸 경우를 나타낸다. 대상 시스템이 ICMP 에코 요청에 응답을 하고 있는데, 이는 엔맵의 다른 기능으로는 볼 수 없는 중요한 정보다. 대상 호스트가 TCP 패킷에 대해서도 응답을 했을 수도 있는데, 대상 호스트가 온라인 상태임을 확인한 이상 하나의 응답을 받은 뒤에 엔맵은 다른 응답을 기다리지 않고 핑 스캔을 마무리한다.

[13.2.6] 중단된 스캐닝을 이어서 계속 수행

엔맵 스캐닝은 스캐닝 규모나 깊이에 따라 때로는 며칠이 걸리기도 한다. 이 경우 스캐닝이 중단될 수도 있다. 업무 시간 중에 스캐닝이 금지돼 있을 수도 있고, 네트워크 장애가 생기거나 엔맵을 돌리는 시스템이 재부팅될 수도 있고, 엔맵이 크래시되는 경우도 있다. 엔맵을 돌리는 사람이 Ctrl+C 키를 눌러 스캐닝을 중단할 수도 있다. 이 경우 스캐닝을 처음부터 다시 수행하는 것은 별로 바람직하지 않다. 다행히 정규(-oN)나 그렙 가능한(-oG) 로그가 남아 있다면 엔맵을 작업 중이던 마지막 대상 호스트에서부터 이어서 계속하게 할 수 있다. 간단히 로그 파일을 인자로 해 --resume 옵션을 지정하면 된다. 이때 다른 인자는 쓸 수 없는데, 엔맵이 로그 파일을 파싱해 스캔에 사용된 인자를 쓰기 때문이다. 간단히 nmap --resume <로그 파일명>처럼 실행한다. 실행 결과는 원래 지정됐던 로그 파일에 추가된다. 이어서 스캐닝하기는 XML 산출물 포맷을 지원하지 않는데, 두 번의 스캐닝 결과를 하나의 XML 파일로 만드는 것이 어렵기 때문이다.

13.3 인터랙티브 산출물

인터랙티브 산출물은 엔맵이 stdout 스트림에 출력하는 것인데, 보통 엔맵을 실행시킨 터미널 윈도우 화면에 표시된다. 이 표준 출력인 stdout을 파일로 리다이렉트하거나 Nessus나 엔맵 GUI로 리다이렉트할 수도 있다. 좀 더 큰 애플리케이션으로 엔맵 결과를 파싱해 사용할 것이라면 13.6에서 설명하는 XML 산출물(-oX)을 사용하는 것이 좀 더 적합하다.

인터랙티브 포맷은 사용자가 직접 읽어볼 때 유용하게 만들어졌다. 이 포맷을 컴퓨터가 파싱할 수 있게 하거나 엔맵 다른 버전 간에 호환이 가능하게 하려는 노력은 없었다. 이런 목적에는 다른 포맷이 더 적합하다. 인터랙티브 포맷을 설계하는 데 있어 사용자가 필요로 하는 정보를 선별 제공한다는 것이 제일 중요했다. 사용자가 필요로 하는 정보를 빠뜨리는 것도 문제지만 사용자에게 불필요한 정보를 화면에 도배하는 것은 더욱 바람직하지 않았다. 따라서 상세도, 디버깅과 패킷 추적 플래그를 제공해 사용자가 원하는 수준의 결과를 얻게 배려했다.

인터랙티브 산출물 포맷은 이미 이 책에서 예제를 많이 보여주고 있으므로 많은 설명이 필요하지 않다. 인터랙티브 산출물의 특정 기능을 이해하려면 각 기능에 대해 다루는 부분을 보면 된다. 인터랙티브 산출물의 전형적인 예는 예제 13.3과 예제 13.4에 제시돼 있다.

13.4 정규 산출물(-oN)

정규 산출물은 -oN 옵션에 파일명을 인자로 지정한 경우 파일로 출력된다. 이 산출물은 인터랙티브 산출물과 유사한데, 스캐닝이 끝난 뒤에는 필요 없는 정보는 담고 있지 않다는 점이 다르다. 이 파일은 엔맵 스캐닝이 끝난 뒤에 읽어 볼 것이라는 가정하에 작성한 것이므로 스캐닝 완료 예상 시간이나 열려있는 포트 알림 같이 중복될 정보는 기록하지 않는다. 산출물이 여러 다른 로그와 함께 생성될 수도 있으므로 엔맵은 실행 시간, 커맨드라인 인자와 엔맵 버전 정보를 첫 줄에 기록한다. 마찬가지로 로그 마지막 줄에는 스캐닝 완료 시각과 대상 호스트의 개수를 기록한다. 이 두 줄은 주석임을 알리기 위한 #으로 시작한다. XML이나 그렙 가능한 포맷이 아닌 정규 산출물을 꼭 다른 소프트웨어에서 파싱해야 하는 경우 이 두 줄을 오류로 처리하기보다는 주석임을 알 수 있게 하기 위한 조치다. 예제 13.7은 정규 산출물의 전형적인 예다. 이 예제에서는 인터랙티브 산출물을 화면에 출력하지 못하게 -oN - 옵션이 사용된 것에 주목한다.

예제 13.7 정규 산출물의 전형적인 예

```
# nmap -T4 -A -p- -oN - scanme.nmap.org

# Nmap 4.68 scan initiated Tue Jul 15 07:27:26 2008 as: nmap -T4 -A -p- ↵
-oN - scanme.nmap.org
Interesting ports on scanme.nmap.org (64.13.134.52):
Not shown: 65529 filtered ports
PORT      STATE    SERVICE  VERSION
22/tcp    open     ssh      OpenSSH 4.3 (protocol 2.0)
25/tcp    closed   smtp
53/tcp    open     domain   ISC BIND 9.3.4
70/tcp    closed   gopher
80/tcp    open     http     Apache httpd 2.2.2 ((Fedora))
|_ HTML title: Go ahead and ScanMe!
113/tcp closed auth
Device type: general purpose
Running: Linux 2.6.X
OS details: Linux 2.6.17 - 2.6.21, Linux 2.6.23

TRACEROUTE (using port 22/tcp)
HOP  RTT    ADDRESS
1    2.98   nodem-msfc-vl245-act-security-gw-1-113.ucsd.edu (132.239.1.113)
[... nine similar lines cut ...]
11   13.34  scanme.nmap.org (64.13.134.52)

OS and Service detection performed. Please report any incorrect results ↵
at http://nmap.org/submit/ .
# Nmap done at Tue Jul 15 07:29:45 2008 -- 1 IP address (1 host up)↵
scanned in 138.938 seconds
```

13.5 $crIpT kIddI3 OuTPut(-oS)

스크립트 키디 산출물은 인터랙티브 산출물과 비슷한데, '슈퍼 엘리트 해커!'에게 맞게 한 번 더 가공한 점이 다르다. 엔맵이 대소문자나 철자법까지 제대로 지키는 것을 슈퍼 엘리트 해커들이 마음에 들지 않아 하므로 이 점을 고려해 제공한 포맷이다. 무슨 얘기인지 이해가 안 되면 예제 13.8을 보라.

예제 13.8 $crIpT kIddI3 OuTPut의 전형적인 예

```
# nmap -T4 -A -oS - scanme.nmap.org

StaRtIng NMap ( httP://nmap.0rg )
Int3rest|ng p0rtz On $CAnme.nmap.0rg (64.13.134.52):
NOt ShOwn: 65529 FilterEd p0rt$
PORT     $TATE    $ERVIC3   V3R$IoN
22/tcP   0p3n     s$h       0pen$$H 4.3 (pr0t0col 2.0)
25/TcP   closEd   $mtp
53/tcp   op3n     dOma!n    I$C BIND 9.3.4
70/tcp   clo$ed   G0ph3r
80/tcp   0p3n     htTP      4pach3 httpd 2.2.2 ((F3d0ra))
|_ HTML tITl3: gO aheAD And $canM3!
113/tcp cl0$Ed auTh
DeviCe type: g3NeraL purp0$3
RUnning: L1Nux 2.6.X
oS detAIlz: LinUx 2.6.17 - 2.6.21, L1nux 2.6.23
[Many lines cut for brevity]
NmAp doNe: 1 ip addre$z (1 H0$t up) $canneD iN 138.94 $ec0NdS
```

이 옵션을 너무 심각하게 받아들여 왜 스크립트 키디들을 위해 이런 옵션까지 제공하느냐고 힐난하는 유머 감각 없는 인간들이 있는데, 이 옵션은 스크립트 키디를 놀려보자는 농담이지 스크립트 키디들마저도 이 옵션은 쓰지 않는다.

13.6 XML 산출물(-oX)

XML은 확장 가능한 마크업 언어extensible markup language로 찬반이 많은 포맷이다. 나는 대체로 반대하는 편이었다. 솔직히 말하면 다른 사람들이 자발적으로 나서서 이 산출물과 관련한 대부분 작업을 끝내주는 바람에 할 수 없이 엔맵에 이 산출물을 포함시켰다. 그런데 그 후에는 XML이 제공하는 파워와 유연성을 이해하게 되고는 이 책을 DocBook XML 포맷으로 쓰게까지 됐다. 프로그래머라면 정규, 인터랙티브, 그렙 가능한 산출물을 파싱하려고 노력하기보다는 XML 인터페이스를 통해 엔맵과 작업하기를 강력히 추천한다. XML 포맷은 다른 포맷보다 많은 정보를 제공하면서도 기존 프로그램을 망가뜨리지 않고 새로운 기능을 추가하는 확장성이 뛰어나다. 대부분의 프로그래밍 언어에서 XML을 파싱할 수 있는 파서를 제공하고, 종종 무료로 제공된다. 편집 도구, 검증 도구, 변형 시스템이나 다른 애플리케이션에서 이미 XML 포맷을 지원한다. 반대로 정규 산출물이나 인터랙티브 산출물은 엔맵 고유의 포맷이므로 필요에 따라 내가 수정을 할 수도 있는데, 이 경우에는 여러분의 파서를 새로 고쳐야 할 수도 있다. 그렙 가능한 산출물도 엔맵 고유의 포맷이고 XML보다 확장성이 떨어진다. 그렙 가능한 산출물 포맷은 MAC 주소 탐지 같은 엔맵의 기능들이 지원되지 않는 등 그리 권장할 만하지 않다.

엔맵 XML 산출물의 예가 예제 13.9에 제시돼 있다. 가독성을 위해 공백을 조절했다. 이 경우 XML은 -oX -를 사용해서 stdout으로 출력됐다. 일부 프로그램은 엔맵이 스캐닝을 완료한 뒤에 생성된 파일을 입력으로 받는 경우도 있지만 프로그램에 따라서는 stdout으로 보내진 출력을 입력으로 사용하기를 원하는 경우도 있다.

예제 13.9 엔맵 XML 산출물의 예제

```
# nmap -T4 -A -p- -oX - scanme.nmap.org
<?xml version="1.0" encoding="utf-8"?>
<?xml-stylesheet href="/usr/share/nmap/nmap.xsl" type="text/xsl"?>
<!-- Nmap 4.68 scan initiated Tue Jul 15 07:27:26 2008 as:
     nmap -T4 -A -p- -oX - scanme.nmap.org -->
<nmaprun scanner="nmap" args="nmap -T4 -A -p- -oX - scanme.nmap.org"
    start="1216106846" startstr="Tue Jul 15 07:27:26 2008"
    version="4.68" xmloutputversion="1.02">
```

```xml
<scaninfo type="syn" protocol="tcp" numservices="65535" services="1-65535" />
<verbose level="0" /> <debugging level="0" />
<host starttime="1216106846" endtime="1216106985">
  <status state="up" reason="reset" />
  <address addr="64.13.134.52" addrtype="ipv4" />
  <hostnames><hostname name="scanme.nmap.org" type="PTR" /></hostnames>
  <ports><extraports state="filtered" count="65529">
      <extrareasons reason="no-responses" count="65529" /></extraports>
    <port protocol="tcp" portid="22">
      <state state="open" reason="syn-ack" reason_ttl="52" />
      <service name="ssh" product="OpenSSH" version="4.3"
          extrainfo="protocol 2.0" method="probed" conf="10" /> </port>
    <!-- Several port elements removed for brevity -->
    <port protocol="tcp" portid="80">
      <state state="open" reason="syn-ack" reason_ttl="52" />
      <service name="http" product="Apache httpd" version="2.2.2"
          extrainfo="(Fedora)" method="probed" conf="10" />
      <script id="HTML title" output="Go ahead and ScanMe!" /> </port>
    <port protocol="tcp" portid="113">
      <state state="closed" reason="reset" reason_ttl="52" />
      <service name="auth" method="table" conf="3" /> </port> </ports>
  <os>
    <portused state="open" proto="tcp" portid="22" />
    <portused state="closed" proto="tcp" portid="25" />
    <osclass type="general purpose" vendor="Linux" osfamily="Linux"
        osgen="2.6.X" accuracy="100" />
    <osmatch name="Linux 2.6.17 - 2.6.21" accuracy="100" line="11886" />
    <osmatch name="Linux 2.6.23" accuracy="100" line="13895" /> </os>
  <uptime seconds="1104050" lastboot="Wed Jul 2 12:48:55 2008" />
  <tcpsequence index="203" difficulty="Good luck!"
      values="31F88BFB,327D2AA6,329B817C,329D4191,321A15D3,32B3D917" />
  <ipidsequence class="All zeros" values="0,0,0,0,0,0" />
  <tcptssequence class="1000HZ"
      values="41CE58DD,41CE5941,41CE59A5,41CE5A09,41CE5A6D,41CE5AD5" />
  <trace port="22" proto="tcp">
    <hop ttl="1" rtt="2.98" ipaddr="132.239.1.113"
        host="nodem-msfc-vl245-act-security-gw-1-113.ucsd.edu" />
```

```
    <!-- Several hop elements removed for brevity -->
    <hop ttl="11" rtt="13.34" ipaddr="64.13.134.52"
         host="scanme.nmap.org" /> </trace>
   <times srtt="14359" rttvar="1215" to="100000" /> </host>
 <runstats><finished time="1216106985" timestr="Tue Jul 15 07:29:45 2008" />
   <hosts up="1" down="0" total="1" />
   <!-- Nmap done at Tue Jul 15 07:29:45 2008;
       1 IP address (1 host up) scanned in 138.938 seconds -->
 </runstats>
</nmaprun>
```

읽고 이해하기 쉽게 충분히 상세한 점도 XML의 다른 장점이다. 엔맵이 익숙한 사용자라면 예제 13.9의 XML 산출물을 별다른 설명 없이도 대부분 이해할 수 있을 것이다. 반면 그렙 가능한 포맷의 경우 참고 문서 없이는 이해하기가 매우 어렵다.

XML 예제에서도 그냥 이해가 되지 않을 일부 부분이 있다. 예를 들어 예제 13.10에서 두 개의 port 요소를 살펴보자.

예제 13.10 엔맵의 XML port 요소

```
<port protocol="tcp" portid="80">
  <state state="open" reason="syn-ack" reason_ttl="52" />
  <service name="http" product="Apache httpd" version="2.2.2"
      extrainfo="(Fedora)" method="probed" conf="10" />
  <script id="HTML title" output="Go ahead and ScanMe!" />
</port>
<port protocol="tcp" portid="113">
  <state state="closed" reason="reset" reason_ttl="52" />
  <service name="auth" method="table" conf="3" />
</port>
```

포트 프로토콜, ID (포트 번호), 상태, 서비스명은 인터랙티브 산출물의 포트 테이블과 동일하다. 버전 탐지 작업에서 생성한 서비스 product, version, extrainfo 속성은 위 XML 예제와 달리 인터랙티브 포트 테이블에서는 하나의 필드에 담겨있었다. 그리고 method와 conf 속성은 다른 산출물 유형에서는 볼 수 없다. `method`가 `table`로 돼 있으면 해당 서비스명을 단지 포트 번호와 프로토콜을 바탕으로 `nmap-services` 테이블에서 찾아왔다는 것을 나타내고, `probed`라고 돼 있으면 버전 탐지 기능을 통해 결정했다는 것을 의미한다. `conf` 속성은 해당 결과를 엔맵이 어느 정도 확신하는지를 나타낸다. 가장 자신이 없는 수준인 1 레벨에서 확실한 10 레벨까지 있다. 예제 13.10에서 단지 테이블 검색을 통해 결정한 포트에 대해서는 신뢰도가 3으로 주어진 반면 80 포트에 대해서는 신뢰도 10을 주고 있는데, 엔맵이 해당 포트에 접속해 아파치 배너가 포함된 HTTP 프로토콜을 확인할 수 있었기 때문이다.

`/nmaprun/@start`와 `/nmaprun/runstats/finished/@time` 속성은 프로그램에서 처리하기 쉽게 특정 시각을 1970년 1월1일을 기산점으로 해 초 단위 숫자로 나타내는데, 일부 사용자가 이를 잘 모르고 헷갈려 한다. 따라서 3.78 버전 이후에는 같은 시각을 사람이 읽을 수 있게 바꾼 `/nmaprun/@startstr`와 `/nmaprun/runstats/finished/@endstr` 속성을 만들었다.

엔맵은 XML 파서가 XML 산출물을 검증할 수 있게 하기 위한 문서 유형 정의 DTD를 포함한다. 문서 유형 정의는 주로 프로그램이 사용하게 제공됐지만 사람이 XML 산출물을 직접 읽는 경우에도 도움이 된다. 문서 유형 정의에는 포맷의 필요 요소와 이들의 각 속성과 가질 수 있는 값에 대해 설명하기도 한다. 부록 A '엔맵 XML 출력 문서 유형 정의'에서 자세히 보여준다.

[13.6.1] XML 산출물 사용

엔맵의 XML 포맷은 여러 가지 강력한 방법으로 쓸 수 있는데, 이를 실제 잘 활용하는 사용자는 얼마 되지 않는다. 이는 많은 사용자가 XML에 익숙하지 않은데다가 엔맵 XML 포맷 활용 문서가 별로 없기 때문이다. 13장에서는 여러 실용적인 예를 제시한다.

XML 사용의 큰 장점은 다른 산출물과 달리 엔맵 전용 파서를 만들어 쓸 필요가 없다는 점이다. 어떤 범용 XML 파서라도 쓸 수 있다.

많은 사람이 익숙한 XML 파서는 여러분이 사용하는 웹브라우저다. 인터넷 익스플로러나 모질라/파이어폭스도 엔맵 XML 데이터를 볼 수 있는 파서를 내장한다. 단지 XML 파일명이나 URL을 주소 창에 입력하기만 하면 된다. 그림 13.1은 웹브라우저로 읽어들인 XML 산출물의 예를 보여준다. 실제로 이런 XML을 읽어 들여 보여주기 작업이 어떻게 작동하는지, HTML 보고서를 어떻게 저장하는지는 '13.9 HTML 보고서 생성하기'에서 다룬다.

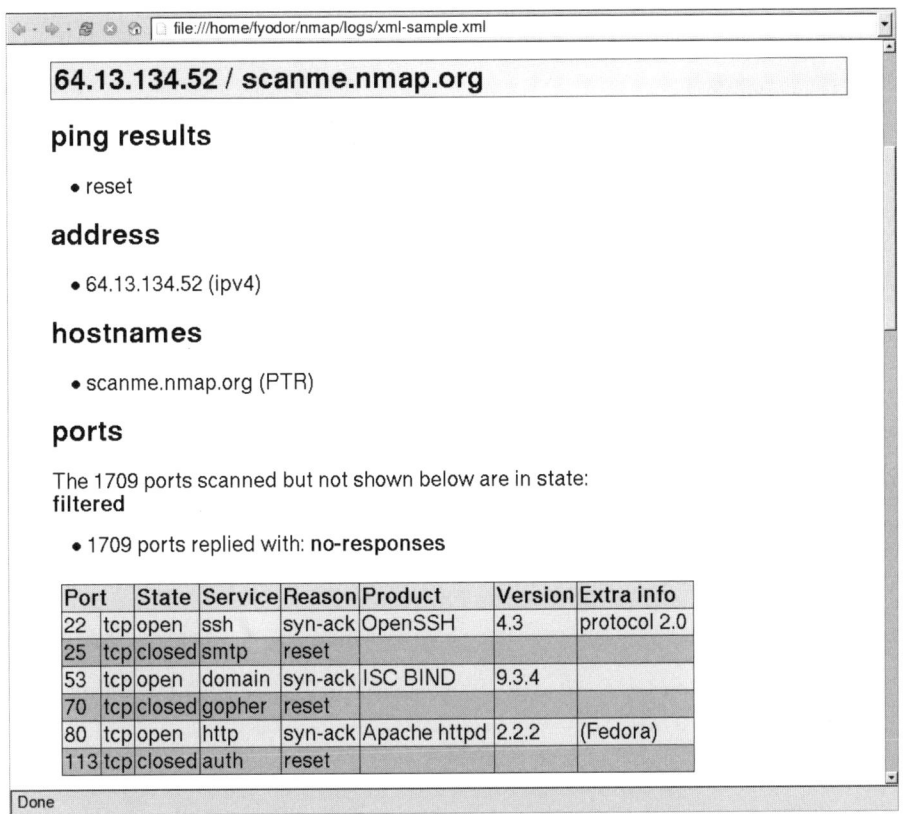

그림 13.1 웹브라우저로 본 XML 산출물

엔맵 XML 산출물은 다른 문서 편집기나 XML 편집 도구에서도 열어볼 수 있다. 마이크로소프트 엑셀 같은 일부 스프레드시트 프로그램에서도 엔맵 XML 데이터를 직접 볼 수 있다. 이런 범용 XML 처리 도구는 엔맵 XML 파일을 다른 XML 파일과 같이 처리한다는 한계는 있다. 이들 범용 도구는 각 요소의 상대적인 중요성이나 어떻게 하면 좀 더 사용자에게 도움이 되게 데이터를 체계적으로 보여줄 수 있는지를 당연히 모른다. 이를 위해서는 엔맵 XML 산출물의 특성을 이해한 특화된 XML 프로세서가 필요한데, 이는 다음 부분에서 다룬다.

13.7 XML 산출물을 펄로 조작

범용 XML 파서는 대부분의 프로그래밍 언어에서 제공되고 가끔 무료다. 예를 들어 자바나 C++(펄과 COM 바인딩을 통한)을 위한 libxml C 라이브러리나 아파치 Xerces 파서 등이 있다. 이런 파서로도 엔맵 XML 산출물을 충분히 처리할 수 있지만 엔맵 XML과의 연동을 훨씬 쉽게 하기 위한 커스텀 모듈을 일부 언어에 만들어뒀다.

엔맵 XML을 지원하는 커스텀 모듈이 있는 언어는 펄이다. Perldork로도 알려진 막스 슈버트Max Schubert는 Nmap::Scanner[2]라는 모듈을 만들었고, 앤소니 퍼샤우드Anthony Persaud는 Nmap::Parser[3]라는 모듈을 만들었다. 이 두 모듈은 유사한 점이 많다. 엔맵을 실행시키거나 산출물 파일에서 읽어들이고, 문서화도 잘돼 있고, 수많은 스크립트 예제가 같이 제공되고, Comprehensive Perl Archive NetworkCPAN에도 등록돼 있고, 사용자 사이에 인기가 있다는 점이다. 둘 다 엔맵 실행 과정에서 수행되는 콜백 기반의 파서와 엔맵이 완전히 종료된 뒤에 완료된 결과 문서를 파싱하는 파서를 모두 제공한다. 이들의 API는 서로 약간 다른데 Nmap::Scanner 모듈은 형 보호된 클래스에 기반한 반면 Nmap::Parser는 간편한 펄 고유 배열에 기반한다. 두 모듈을 모두 살펴보고 입맛에 맞는 모듈을 고르기 바란다.

예제 13.11은 Nmap::Parser의 간단한 실행 예다. 모듈 문서에서 제공하는 여러 예제 중에 하나를 인용했다. 우선 간단히 스캐닝하고, 스캔 관련 사항을 종합해 출력하고, 대상 시스템별 정보를 출력한다. 다른 엔맵 산출물 포맷을 쓰는 스크립트와 비교할 때 파싱 로직이나 정규 표현식에 의해 정리된 결과물이 얼마나 읽기 편한지 보라. 펄 초보자라도 자기 입맛에 맞게 엔맵 스캐닝을 자동화할 수 있는 프로그램을 생성할 수 있다.

예제 13.11 Nmap::Parser 샘플코드

```
use Nmap::Parser;

        #PARSING
my $np = new Nmap::Parser;
```

---

2. http://sourceforge.net/projects/nmap-scanner/
3. http://nmapparser.wordpress.com/

```
$nmap_exe = '/usr/bin/nmap';
$np->parsescan($nmap_exe,'-sT -p1-1023', @ips);

#or

$np->parsefile('nmap_output.xml'); #using filenames

        #GETTING SCAN INFORMATION

print "Scan Information:\n";
$si = $np->get_scaninfo();
#get scan information by calling methods
print
'Number of services scanned: '.$si->num_of_services()."\n",
'Start Time: '.$si->start_time()."\n",
'Scan Types: ',(join ' ',$si->scan_types())."\n";

        #GETTING HOST INFORMATION

print "Hosts scanned:\n";
for my $host_obj ($np->get_host_objects()){
  print
  'Hostname    : '.$host_obj->hostname()."\n",
  'Address     : '.$host_obj->ipv4_addr()."\n",
  'OS match    : '.$host_obj->os_match()."\n",
  'Open Ports  : '.(join ',',$host_obj->tcp_ports('open'))."\n";
      #... you get the idea...
}

#frees memory--helpful when dealing with memory intensive scripts
$np->clean();
```

비교를 위해 예제 13.12는 Nmap::Scanner를 사용한 샘플 펄 스크립트인데, 역시 함께 제공된 문서에서 가져왔다. 이 모듈은 이벤트 기반 콜백 접근법을 사용하는데, scan_started와 port_found 함수를 등록해 호스트가 발견되거나 열려 있는 포트가 발견되면 실시간 알림을 출력한다.

예제 13.12 Nmap::Scanner 샘플 코드

```
my $scanner = new Nmap::Scanner;
$scanner->register_scan_started_event(\&scan_started);
```

```perl
$scanner->register_port_found_event(\&port_found);
$scanner->scan('-sS -p 1-1024 -O --max-rtt-timeout 200 somehost.org.net.it');

sub scan_started {
    my $self     = shift;
    my $host     = shift;

    my $hostname = $host->name();
    my $addresses = join(', ', map {$_->address()} $host->addresses());
    my $status = $host->status();

    print "$hostname ($addresses) is $status\n";
}

sub port_found {
    my $self     = shift;
    my $host     = shift;
    my $port     = shift;

    my $name = $host->name();
    my $addresses = join(', ', map {$_->addr()} $host->addresses());

    print "On host $name ($addresses), found ",
        $port->state()," port ",
        join('/',$port->protocol(),$port->portid()),"\n";
}
```

13.8 데이터베이스로 산출물 저장

엔맵 산출물을 쉽게 쿼리하고 트래킹하기 위해 데이터베이스로 저장하려는 경우가 많다. 데이터베이스는 모의 해킹 테스터이든 국제 기업이든 각자의 스캐닝 결과를 저장하고 쉽게 비교할 수 있다. 기업의 경우 대규모 스캐닝을 매일 실시하고 새로 발견된 열린 포트나 시스템을 관리자에게 이메일로 알리게 스케줄링하려 할 수도 있다. 모의 해킹 테스터는 새롭게 취약점이 발견되면 이를 예전에 생성해뒀던 데이터베이스를 상대로 조회해 해당 고객에게 경고를 제공할 수도 있다. 연구를 목적으로 하는 사람들의 경우 수백만 개의 IP 주소를 스캔해 그 결과를 데이터베이스로 생성해두고 실시간으로 쿼리해보고자 할 수도 있다.

이런 목적은 이해가 되지만 엔맵은 직접 데이터베이스로 산출물을 생성하는 기능을 지원하지 않는다. 단지 지원하기에 너무 많은 종류의 데이터베이스가 있어서가 아니라 사용자의 요구가 워낙 다양해 어떤 단일 스키마의 데이터베이스로 대응할 수 없기 때문이다. 기업과 모의 해킹 담당자나 연구원들은 모두 다른 구조의 테이블을 원한다.

그래도 데이터베이스가 필요한 큰 프로젝트라면 일단 최적의 데이터베이스 스키마를 먼저 정하고 엔맵의 XML 데이터를 적절히 받아들일 수 있는 간단한 프로그램이나 스크립트를 작성해보기를 권한다. 다양한 XML 파서와 데이터베이스 액세스 모듈이 있으므로 이런 스크립트 작성은 몇 분 정도의 작업이다. 펄은 강력한 데이터베이스 추출 계층과 엔맵 XML을 지원하므로 좋은 선택이다. '13.7 XML 산출물을 펄로 조작'에서는 펄 스크립트를 써서 엔맵 XML 데이터를 얼마나 쉽게 다룰 수 있는지를 보였다.

또 다른 방법은 엔맵의 데이터베이스 지원 패치를 사용하는 방법이다. nmap-sql[4]이 그 예인데 엔맵 자체에다 MySQL 로깅 기능을 추가한다. 이 방법의 문제는 현재 MySQL 데이터베이스만 지원되고 엔맵 버전업에 따라 계속 포팅을 해야 한다는 점이다. XML 기반의 접근 방법은 대신 엔맵의 새 버전이 나오더라도 상대적으로 문제가 없다.

또 다른 방법은 PBNJ[5]인데 이는 네트워크가 시간이 경과함에 따라 변화하는지 감시하는 도구다. 이 도구는 네트워크를 스캐닝해 켜져 있는 시스템과 열려있는 포트를 SQLite, MySQL, Postgres 같은 데이터베이스에 저장한다. 이 방법은 스캐닝 데이터에 대한 접근 감시나 네트워크 상황 변화를 감시하기에 좋다.

13.9 HTML 보고서 생성하기

엔맵에는 HTML로 스캐닝 결과를 저장하는 옵션이 따로 없다. 그러나 XML로 저장한 산출물을 웹브라우저로 열어보는 것으로 쉽게 대신할 수 있다. 이 예제는 그림 13.1에 나와 있다.

그러면 웹브라우저는 어떻게 XML을 HTML로 변환할까? 엔맵 XML 산출물

---

4. http://sourceforge.net/projects/nmapsql

5. http://pbnj.sourceforge.net/

파일에는 이런 변환 방법을 기록한 nmap.xsl이란 XSL[6] 스타일시트에 대한 참조 문이 포함돼서 가능하다.

어디서 이 스타일시트를 찾을지 알려주는 XML 처리 지시문은 다음과 같다.

<?xml-stylesheet href="/usr/share/nmap/nmap.xsl" type="text/xsl"?>

정확한 장소는 설치된 시스템이나 엔맵의 설정에 따라 다르다.

이 스타일시트 참조는 스캐닝이 실시된 컴퓨터에서는 잘 동작하지만 XML 산출물을 다른 컴퓨터로 옮겨 열어보는 경우 nmap.xsl 파일이 없거나 다른 장소에 저장돼 있을 수 있으므로 제대로 작동하지 않을 수 있다. 이를 방지하려면 XML 스타일 자체를 아예 nmap.org에서 가져오도록 --webxml 옵션을 쓰면 된다. 이 옵션을 쓰면 위 참조문은 아래처럼 바뀐다.

<?xml-stylesheet href="http://nmap.org/data/nmap.xsl" type="text/xsl"?>

위와 같이 하면 XML 산출물은 인터넷이 연결된 컴퓨터라면 어느 컴퓨터에서나 잘 보인다. 이렇게 네트워크에 저장된 스타일시트를 참조하는 것이 때로는 유용하지만 프라이버시를 보호하기 위해 기본적으로는 로컬에 저장된 스타일시트를 참조하게 해뒀다.

다른 스타일시트를 쓰려면 --stylesheet <파일명> 옵션을 쓴다. 앞에서 쓴 --webxml 옵션은 실제로는 --stylesheet http://nmap.org/data/nmap.xsl 옵션의 다른 이름이다.

스타일시트를 지정하지 않으려면 --no-stylesheet 옵션을 쓴다. 그 옵션을 쓰면 웹브라우저로 XML 트리가 그대로 보일 것이다.

[13.9.1] 영구 HTML 보고서로 저장

엔맵 XML 결과를 웹브라우저로 HTML 변환해서 보는 것이 가능하지만 변환된 HTML을 파일로 저장하기는 쉽지 않다. 이를 위해서는 XSLT 처리기가 따로 필요하다. 다음은 XSLT 처리기를 써서 엔맵의 XML 산출물을 HTML 파일로 처리하는 명령이다.

---

6. http://www.w3.org/Style/XSL/

- Saxon[7]

    java -jar saxon.jar -a <nmap?output.xml> -o <nmap?output.html>

- Xalan[8]

    Xalan -a <nmap?output.xml> -o <nmap?output.html> (Xalan C++을 쓰는 경우)

    java -jar xalan.jar -IN <nmap?output.xml> -OUT <nmap?output.html> (Xalan 자바를 쓴 경우)

- xsltproc[9]

    xsltproc <nmap?output.xml> -o <nmap?output.html>

13.10 그렙 가능한 산출물(-oG)

이 산출물 포맷은 중요성이 떨어져 마지막에 설명한다. XML 산출물 포맷이 워낙 강력하고 숙련된 사용자들에게 좀 더 편리하기 때문이다. XML은 수십 개의 뛰어난 파서가 있는 표준인 반면 그렙 가능한grepable 산출물은 그냥 내가 만들어 본 거다. 새로운 엔맵 기능이 추가되면 XML 산출물은 당연히 지원이 되는 반면 그렙 가능한 산출물에는 종종 빠뜨리곤 한다.

그래도 그렙 가능한 산출물 포맷은 아직 인기가 있다. 각 대상 컴퓨터의 결과를 한 줄에 담고 있기 때문에 grep, awk, cut, sed, diff, 펄 같은 표준 유닉스 도구로 간단히 검색하거나 파싱할 수 있기 때문이다. 나도 커맨드라인에서 간단히 스캐닝하는 경우 이 포맷을 쓰는 경우가 있다. SSH 포트가 열려있는 솔라리스 컴퓨터를 찾고자 한다면 단순히 해당되는 컴퓨터를 그렙한 뒤에 awk나 cut 명령을 파이프로 연결해 필요한 필드만 출력해 볼 수 있다. 그렙 가능한 산출물 포맷의 광팬 중 한 명인 MatHat(madhat@unspecific.com)이 이 절에 많은 기여를 했다.

예제 13.3은 그렙 가능한 산출물의 전형적인 예다. 보통은 한 대상 컴퓨터가 한 줄씩 차지하지만 보기 좋게 페이지에 맞게 일곱 줄로 나눠 실었다. 엔맵 커맨드라인을 빼고 #로 시작하는 세 줄이 보인다. 이 주석은 엔맵의 시작 시각, 종료 시각과 통계 내용을 기록한다. 주석 한 줄에는 스캐닝한 포트 번호를 열거하고

---

7. http://saxon.sourceforge.net/
8. http://xalan.apache.org/
9. http://xmlsoft.org/XSLT/

있는데, 너무 양이 많지 않게 이를 줄였다. 포트 번호 전체를 보고자 한다면 상세도 모드(-v) 옵션을 쓴다. 그렙 가능한 산출물 모드에서 상세도는 한 단계 이상에서는 동일하므로 특별히 세부 정보가 더 추가되지는 않는다. 날짜와 시간의 표기도 간단히 하기 위해 [time]으로 표기했다.

예제 13.13 그렙 가능한 산출물의 전형적인 예

```
# nmap -oG - -T4 -A -v scanme.nmap.org
# Nmap 4.68 scan initiated [time] as: nmap -oG - -T4 -A -v scanme.nmap.org
# Ports scanned: TCP(1715;1-1027,1029-1033,...,65301) UDP(0;) PROTOCOLS(0;)
Host: 64.13.134.52 (scanme.nmap.org)    Ports: 22/open/tcp//ssh//OpenSSH 4.3 ↵
(protocol 2.0)/, 25/closed/tcp//smtp///, 53/open/tcp//domain//ISC BIND ↵
9.3.4/,70/closed/tcp//gopher///, 80/open/tcp//http//Apache httpd 2.2.2 ↵
((Fedora))/,113/closed/tcp//auth/// Ignored State: filtered (1709) OS: ↵
Linux 2.6.20-1 (Fedora Core 5) Seq Index: 203    IP ID Seq: All zeros
# Nmap done at [time] -- 1 IP address (1 host up) scanned in 34.96 seconds
```

위 커맨드라인에서 그렙 가능한 산출물은 -oG 옵션에 - 옵션을 덧붙여 표준출력으로 보내게 했다. 운영체제와 버전 정보 검출 옵션(-A)과 공격적인 스캐닝(-T4) 옵션도 주어졌다. 주석에는 그냥 알아볼 수 있는 설명이 담겨있고, 실제 중요한 그렙 가능한 정보는 Host 줄에 담고 있다. 다른 컴퓨터를 함께 스캐닝했다면 그 결과는 별도의 Host 줄에 제시됐을 것이다.

[13.10.1] 그렙 가능한 산출물 필드

위 Host 줄은 필드로 나눠지는데, 각 필드는 필드명 다음에 콜론을 붙인 뒤 한 칸 띈 후 필드 내용을 담고 있다. 각 필드는 아스키 코드 9번, '\t'인 탭 문자로 구분된다. 예제 13.13에서는 Host, Ports, Ignored State, OS, Seq Index, IP ID라는 여섯 개의 필드를 담고 있다. 목록 스캔(-sL)과 핑 스캔(-sP)에는 Status 필드가 추가되고, IP 프로토콜 스캔(-sO)에는 Protocols 필드가 추가된다. 정확히 어떤 필드가 사용될지는 엔맵 스캐닝에 쓰인 옵션에 따른다. 예를 들어 운영체제 탐지 옵션이 쓰이면 OS, Seq Index, IP ID 필드가 추가된다. 필드는 탭으로 구분돼 있으므로 다음과 같은 펄 명령으로 각 필드를 쪼개볼 수 있다.

```
@fields = split("\t", $host_line);
```

예제 13.13의 경우 @fields 배열은 여섯 개의 멤버를 가진다. $fields[0] 멤버는 'Host: 64.13.134.52 (scanme.nmap.org)'라는 값을 담고, $fields[1]에는 긴 Ports 필드가 담긴다. 그렙 가능한 산출물을 이용하는 스크립트에는 해독이 안 되는 필드는 무시하게 지정할 필요가 있는데, 엔맵 기능 향상에 따라 새로운 필드가 추가될 수도 있기 때문이다.

다음 절에서 기술할 여덟 개의 필드는 다음과 같다.

Host 필드

예 Host: 64.13.134.52 (scanme.nmap.org)

Host 필드는 제일 처음에 나오고 어떤 엔맵 옵션을 주었든 간에 항상 쓰이는 필드다. IP 주소(6 옵션이 지정되면 IPv6 주소), 한 칸 띄운 후 역 DNS 이름이 괄호 안에 표기된다. 역방향 이름 조회reverse DNS name가 안 되면 그냥 빈 괄호만 표시된다.

Ports 필드

예 Ports: 111/open/tcp//rpcbind (rpcbind V2)/(rpcbind:100000*2-2)/2 (rpc #100000)/,113/closed/tcp//auth///

예제 13.13에서 보이듯 Ports 필드가 가장 복잡하다. 여기에는 정규 엔맵 산출물의 포트 테이블에서 볼 수 있는 흥미로운 포트가 기록돼 있다. 각 포트 내용은 쉼표와 공백 문자로 구분된다. 각 포트 내용은 슬래시로 구분된 일곱 개의 하위 필드를 담고 있다. 하위 필드는 포트 번호, 상태, 프로토콜, 소유자, 서비스, SunRPC 정보와 버전 정보이다. 운영체제나 버전 탐지 옵션을 안 준 기본 스캔일 경우 일부 하위 필드는 공백일 수 있다. 예제 13.13에서 본 연속되는 슬래시 표시는 이 공백을 의미한다. 다음과 같이 펄을 써서 이 필드도 나눠볼 수 있다.

```
($port, $state, $protocol, $owner, $service, $rpc_info, $version) =
        split('/', $ports);
```

또는 다음과 같은 커맨드라인 명령을 써서 원하는 내용을 나눠 볼 수도 있다.

```
cut -d/ -f<필드 번호>
awk -F/ '{print $<필드 번호>}'
```

일부 산출물 모드에서 하위 필드 값에 슬래시가 쓰일 수 있는데, 예를 들어 SSL이 적용된 웹서버의 경우 `ssl/http`라고 나타나고 해당 버전 정보는 `mod_ssl/2.8.12` 같은 문자열 값으로 될 수 있다. 이 경우에는 각 필드 구분자인 슬래시와 구별이 안 되므로 파싱 결과가 짬뽕이 될 수도 있다. 이 문제를 피하기 위해서 Port 필드에서는 슬래시 문자가 파이프 문자(|)로 치환돼 기록된다.

파서를 만들어 쓴다면 일곱 개 이상의 슬래시로 구분된 하위 필드를 허용하거나 일곱 개 이상의 하위 필드는 무시하게 지정해 둬야 엔맵이 나중에 하위 필드를 추가하더라도 문제가 없다. 다음은 현재 지정된 일곱 개의 Port 필드의 하위 필드다.

- **포트 번호** 이는 단순히 TCP나 UDP 포트 번호다.
- **상태** 정규 산출물에서 보던 포트 테이블 내용과 같은 내용이 여기 기록된다.
- **프로토콜** `tcp`나 `udp`다.
- **소유자** 해당 서버 서비스가 수행된 사용자명인데, 대상 컴퓨터의 identd (auth) 서버에 문의해 얻은 결과다. Ident 스캔(-I)은 이제 엔맵에서 지원하지 않으므로 항상 이 필드는 공백이다. Ident 데이터는 `identd-owners.nse` 스크립트를 써서 여전히 얻을 수 있지만 그 결과는 이 하위 필드에 기록되지 않는다.
- **서비스** 버전 정보를 수집하게 버전 탐지 옵션(-sV)을 지정했고, 성공적으로 수집이 된 경우에는 수집된 정보를 바탕으로 서비스명을 얻고, 그 외에는 `nmap-services`를 찾아봐서 얻는다. 버전 탐지 옵션이 주어지면 `ssl|http` 같은 값이나 물음표가 달린 값이 나타난다. 그 의미는 7장 '서비스와 애플리케이션 버전 탐지'에서 정규 산출물을 바탕으로 설명한 내용과 동일하다.
- **SunRPC 정보** 버전 탐지(-sV)나 RPC 스캔(-sR) 옵션이 지정되고 SunRPC 프로토콜을 쓴 포트가 발견되면 RPC 프로그램 번호와 수락된 버전 번호가 여기에 기록된다. '`(rpcbind:100000*2-2)`'는 전형적인 예다. 이 데이터 값은 항상 괄호 안에 표기된다. 프로그램명으로 시작하고 콜론 다음에 프로그램 번호, 별표 다음에 지원되는 하위와 상위 버전 번호가 하이픈으로 구분돼 표기된다. 이 예제에서는 프로그램 번호가 100,000인 rpcbind가 rpcbind 버전 2 요청을 해당 포트에서 기다리고 있다는 의미다.

- **버전 정보** 버전 탐지를 지정해 탐지가 성공하면 여기에는 인터랙티브 산출물에서 봤던 것과 같은 포맷으로 결과가 기록된다. SunRPC 포트는 RPC 데이터가 여기에 표기된다. RPC 결과물은 <하위 버전 번호>-<상위 버전 번호> (rpc #<rcp 프로그램 번호>)의 포맷으로 표기된다. 단 하나의 버전 번호만 지원된다면 범위 형태로 기록하는 대신 그냥 그 버전 번호만 기록된다. SunRCP 정보 하위 필드에서 보이는 (rpcbind:100000*2-2) 포트는 버전 정보 하위필드에서는 2 (rpc #100000)으로만 보인다.

Protocols 필드

예 Protocols: 1/open/icmp/, 2/open|filtered/igmp/

IP 프로토콜 스캔(-sO)은 Ports 필드 대신 Protocols 필드를 쓴다. 그 내용물은 Ports 필드와 유사한데, 일곱 개의 하위 필드 대신 세 개의 하위 필드만으로 기록된다. Ports 필드에서와 마찬가지로 각 하위 필드는 슬래시로 구분된다. 각 하위 필드에 슬래시가 쓰이는 경우 이를 파이프(|) 문자로 치환하는 것도 Ports 필드에서와 마찬가지다. 하위 필드는 프로토콜 번호, 상태와 프로토콜명이다. 이 세 하위 필드는 프로토콜 스캔 결과를 인터랙티브하게 볼 때 제시되는 세 개의 필드와 일치한다. IP 프로토콜 스캔의 그렙 가능한 산출물의 예가 예제 13.14에 제시돼 있다. 실제 한 줄로 처리되는 Host 줄은 가독성을 위해 줄 바꿈을 해뒀다.

예제 13.14 IP 프로토콜 스캐닝의 그렙 가능한 산출물

```
# nmap -v -oG - -sO localhost
# Nmap 4.68 scan initiated [time] as: nmap -v -oG - -sO localhost
# Ports scanned: TCP(0;) UDP(0;) PROTOCOLS(256;0-255)
Host: 127.0.0.1 (localhost)
        Protocols: 1/open/icmp/, 2/open|filtered/igmp/, 6/open/tcp/,
            17/open/udp/, 136/open|filtered/udplite/, 255/open|filtered//
        Ignored State: closed (250)
# Nmap done at [time] -- 1 IP address (1 host up) scanned in 2.345 seconds
```

➔ Ignored State 필드

예 `Ignored State: filtered (1658)`

공간을 절약하기 위해 엔맵에서는 열려있지 않은 포트를 Ports 필드에서 생략한다. 인터랙티브 산출물에서도 마찬가지다. 엔맵에 익숙한 사용자라면 '스캔했으나 아래에 기록되지 않은 1658번 포트의 상태는: 필터 됨' 같은 결과물을 많이 본다. 그렙 가능한 모드에서 이 상태는 Ignored State 필드에 표기된다. 상태명과 한 칸 띄운 뒤에 포트 번호를 괄호 내에 표시한다.

➔ OS 필드

예 `OS: Linux 2.4.0 - 2.5.20`

발견된 운영체제는 여기에 표시된다. 일치하는 운영체제가 여러 개일 경우 예제 13.13에 나온 것처럼 파이프 문자로 구분해 표기한다. 그렙 가능한 산출물 모드에서는 간단한 설명만 제시될 뿐 다른 모드에서 볼 수 있었던 공급자명, 운영체제 종류, 장비 유형은 제시되지 않는다.

➔ Seq Index 필드

예 `Seq Index: 3004446`

이 번호는 대상 시스템에 대한 TCP 초기 일련번호 예측 공격이 어려운 정도를 추정하는 번호다. 이 공격은 블라인드 스푸핑 공격이라고도 알려져 있는데, 공격자는 이 공격을 통해 마치 다른 IP 주소에서 대상 시스템에 접속한 것처럼 완전한 TCP 접속을 얻어낼 수 있다. 이 공격은 공격자가 자신의 IP 주소를 숨기는 데 도움이 되고, rlogin 같이 신뢰하는 IP 주소에 특별한 권한을 허용하는 서비스를 대상으로 공격해 특별한 권한을 획득하는 데도 쓰인다. Seq Index 값은 운영체제 탐지 옵션(-O)이 주어져 성공적으로 프로빙이 된 경우에만 제시된다. 인터랙티브 모드에서는 상세 옵션(-v)이 주어지면 마찬가지로 제시된다. 이 값의 계산 방식이나 의미는 8장 '원격 운영체제 탐지'에서 자세히 다뤘다.

➔ IP ID Seq 필드

예 `IP ID Seq: All zeros`

이는 단순히 원격 시스템의 IP ID 생성 알고리즘에 대해 설명한다. 이 값은 운영체제 탐지 옵션(-O)이 주어져 성공적으로 프로빙이 된 경우에만 제시된다. 8장 '원격 운영체제 탐지'의 설명처럼 인터랙티브 모드 보고서에도 출력된다.

Status 필드

예 Status: Up

핑 스캔과 목록 스캔은 그렙 가능한 모드에서 Host와 Status 두 필드만을 표시한다. Status 필드는 대상 시스템이 핑에 응답을 하거나(Up), 응답이 없거나(Down), 알 수 없다는(Unknown) 세 가지를 표시한다. 목록 스캔은 다른 테스트를 수행하지 않으므로 모든 대상 시스템을 알 수 없음으로 표시한다. 핑 스캔은 적어도 하나의 핑 프로브에 대상 시스템이 응답을 하는 경우 대상 시스템이 살아있는 것으로 표시하고, 응답이 없는 경우 시스템이 꺼져 있는 것으로 표시한다. 예전에는 하나의 핑 프로브에 다른 시스템이 응답을 해 오는 경우 이를 Smurf라 표시했었지만 이 상태는 더 이상 쓰이지 않는다. 응답이 없는 시스템은 상세 옵션이 주어진 경우에만 보여진다. 예제 13.15는 100개의 대상 시스템에 대해 핑 스캔을 수행한 결과이고, 예제 13.16은 다섯 개의 시스템에 대해 목록 스캔을 수행한 결과를 보여준다.

예제 13.15 핑 스캔의 그렙 가능한 산출물

```
# nmap -sP -oG - -iR 100
# nmap [version] scan initiated [time] as: nmap -sP -oG - -iR 100
Host: 67.101.77.102 (h-67-101-77-102.nycmny83.covad.net)    Status: Up
Host: 219.93.164.197 () Status: Up
Host: 222.113.158.200 ()         Status: Up
Host: 66.130.155.190 (modemcable190.155-130-66.mc.videotron.ca) Status: Up
# Nmap done at [time] -- 100 IP addresses (4 hosts up) scanned in 13.22 seconds
```

예제 13.16 목록 스캔의 그렙 가능한 산출물

```
# nmap -sL -oG - -iR 5
# nmap [version] scan initiated [time] as: nmap -sL -oG - -iR 5
Host: 199.223.2.1 ()     Status: Unknown
Host: 191.222.112.87 () Status: Unknown
```

```
Host: 62.23.21.157 (host.157.21.23.62.rev.coltfrance.com)    Status: Unknown
Host: 138.217.47.127 (CPE-138-217-47-127.vic.bigpond.net.au) Status: Unknown
Host: 8.118.0.91 ()              Status: Unknown
# Nmap done at [time] -- 5 IP addresses (0 hosts up) scanned in 1.797 seconds
```

[13.10.2] 커맨드라인에서 그렙 가능한 산출물 파싱

그렙 가능한 산출물은 XML 산출물을 파싱하기 위해 복잡한 스크립트를 작성하는 등의 귀찮은 작업 없이 재빨리 정보를 수집하고자 할 때 그 용도가 돋보인다. 예제 13.17은 이 예를 보여준다. C 클래스 크기의 네트워크에서 80번 포트가 열려있는 시스템을 찾는 것이 목적이다. 엔맵은 각 시스템의 80번 포트만을 스캔해 결과를 그렙 가능한 포맷으로 표준 출력에 보내게 했다. 표준 출력은 간단한 awk 명령으로 전달돼 /open/이라는 내용이 담긴 줄을 찾은 후 두 번째와 세 번째 필드를 출력했다. 이 필드는 IP 주소와 시스템명이다.

예제 13.17 커맨드라인에서 그렙 가능한 산출물 파싱

```
> nmap -p80 -PN -oG - 10.1.1.0/24 | awk '/open/{print $2 " " $3}'
10.1.1.72 (userA.corp.foocompany.biz)
10.1.1.73 (userB.corp.foocompany.biz)
10.1.1.75 (userC.corp.foocompany.biz)
10.1.1.149 (admin.corp.foocompany.biz)
10.1.1.152 (printer.corp.foocompany.biz)
10.1.1.160 (10-1-1-160.foocompany.biz)
10.1.1.161 (10-1-1-161.foocompany.biz)
10.1.1.201 (10-1-1-201.foocompany.biz)
10.1.1.254 (10-1-1-254.foocompany.biz)
```

14장 엔맵 데이터 파일 이해와 커스터마이징

14.1 소개

엔맵은 포트 스캐닝과 그 외의 기능을 다루기 위해 nmap-이란 이름으로 시작하는 6개의 데이터 파일을 이용한다. 예를 들어 nmap-services에는 포트 번호와 프로토콜에 대응하는 포트명이 등록돼 있다. 그 외 나머지 5개 파일에 대해 14장에서 하나씩 설명한다. 나머지 5개 파일은 nmap-service-probes(버전 탐지 프로브 데이터베이스), nmap-rpc(직접 RPC 스캐닝을 위한 SunRPC 프로그램명, 번호 데이터베이스), nmap-os-db(운영체제 탐지 데이터베이스), nmap-mac-prefixes(벤더 lookup 테이블의 이더넷 MAX 주소 프리픽스(OUI)), nmap-protocols(프로토콜 스캔을 위한 IP 프로토콜의 목록)이다. 게다가 14장에는 엔맵 스크립팅 엔진으로 실행과 관련된 특정 파일도 설명한다. 이 파일들은 /usr/local/share/nmap에서 찾을 수 있으며, 공식적인 리눅스 RPM은 해당 파일들을 /usr/share/nmap에 보관한다. 다른 리눅스 배포판들은 해당 파일들을 각 배포판의 폴더 구조에 따라 다른 장소에 보관한다.

위 파일의 최신 버전은 http://nmap.org/data/ 사이트에서 구할 수 있지만 가급적이면 개별적으로 파일들을 구하는 것보다 가장 최신의 엔맵 버전을 구해 업그레이드하는 걸 권장한다. 새로운 버전의 파일들은 구 버전의 엔맵(웬만하면 거의 동작하지만)에서는 확실히 동작한다고 보장하기 어려우며, 엔맵의 프랑켄슈타인 버전은 운영체제와 서비스 핑거프린트 전송 처리를 혼란스럽게 할 수 있기 때문이다.

대부분의 사용자들은 데이터 파일을 변경하지 않지만 고급 사용자들은 자신의 입맛에 맞추기 위해 버전 핑거프린트나 특정 데몬의 포트에 대한 데이터 파일을 변경하고 싶어 한다. 이 절은 각 파일을 설명하고 해당 파일들의 일반적인 변경 방법을 설명한다. 엔맵 데이터 파일을 사용자 자신이 원하는 맞춤형 버전으로 변경하는 일반적인 메커니즘을 설명한다. 파일 중 몇 개는 포트 스캐닝과 직접적인 관련은 없지만 편의를 위해 모두 여기에서 설명한다.

14.2 잘 알려진 포트 목록: nmap-services

nmap-services 파일은 포트 번호와 프로토콜에 대응하는 포트명을 등록하는 파일이다. 각 엔트리는 발견한 열린 포트를 어떤 번호로 보여줄지에 대한 정보를 담고 있다. 대부분의 줄은 해당 포트를 설명하는 주석이 달려있다. 엔맵은 주석을 무시하지만 사용자들은 엔맵이 해당 서비스가 열려있다고 보고하지만 해당 서비스 유형을 잘 모를 경우 파일에서 주석을 보고 어떤 서비스인지 파악할 수 있다. 예제 14.1은 nmap-services 파일의 일부를 발췌한 것이다. 보기 쉽게 일부 빈칸을 더했다.

예제 14.1 nmap-services의 일부분

```
qotd        17/tcp    0.002346    # Quote of the Day
qotd        17/udp    0.009209    # Quote of the Day
msp         18/udp    0.000610    # Message Send Protocol
chargen     19/tcp    0.002559    # ttytst source Character Generator
chargen     19/udp    0.015865    # ttytst source Character Generator
ftp-data    20/tcp    0.001079    # File Transfer [Default Data]
ftp-data    20/udp    0.001878    # File Transfer [Default Data]
ftp         21/tcp    0.197667    # File Transfer [Control]
ftp         21/udp    0.004844    # File Transfer [Control]
ssh         22/tcp    0.182286    # Secure Shell Login
ssh         22/udp    0.003905    # Secure Shell Login
telnet      23/tcp    0.221265
telnet      23/udp    0.006211
```

```
priv-mail      24/tcp    0.001154    # any private mail system
priv-mail      24/udp    0.000329    # any private mail system
smtp           25/tcp    0.131314    # Simple Mail Transfer
smtp           25/udp    0.001285    # Simple Mail Transfer
```

이 파일은 원래 http://www.iana.org/assignments/port-numbers에 있는 IANA에서 할당된 포트를 기본으로 하며, 계속 다른 포트들이 추가되고 있다. IANA는 트로이목마, 웜과 같은 종류는 기록하지 않으므로 해당 포트가 웜인지 트로이목마인지 발견하는 것은 아직 많은 엔맵 사용자에게 중요하다.

nmap-service 파일의 문법은 꽤 간단하다. nmap-services 파일은 세 개의 빈 칸으로 구분된 칼럼을 갖고 있다. 엔맵 스캔 결과에서 첫 번째 SERVICE 칼럼은 서비스명이나 축약어다. 두 번째 칼럼은 슬래시로 구분되는 포트 번호와 프로토콜이며, 엔맵의 스캔 결과에서 PORT 칼럼에 출력된다. 세 번째 칼럼은 인터넷의 리서치 스캔 동안 얼마나 포트가 open으로 발견되는지 측정한 '포트 주기' 값이다. 이 값이 누락되면 주기는 0이다. 엔맵은 세 번째 칼럼 이후의 값은 모두 무시하지만 대부분의 줄은 세 번째 칼럼의 빈칸 다음에 '#' 문자와 함께 주석을 포함한다. 일부 라인은 #를 포함한 주석 내용이 없는 경우도 있다.

눈치 빠른 독자라면 nmap-services 파일은 /etc/services(윈도우에서 보통 C:\windows\system32\drives\etc\services) 파일과 상당히 유사하다는 점을 알아챘을지도 모른다. 그러나 완전히 일치하지는 않는다. nmap-services 파일과 /etc/services 파일 유형이 일치하므로 시스템 관리자는 자신의 /etc/services에서 수정하려는 엔트리에 원하는 내용을 복사하거나 완전히 새로운 버전으로 대체할 수 있다. /etc/services 포맷의 세 번째 칼럼에는 서비스명의 별명이 설정된다. 이 정보는 nmap-services 파일의 포트 주기로 사용되는 세 번째 칼럼과 충돌이 생기므로 해당 칼럼의 내용이 숫자가 아니라면 무시한다.

예제 14.1은 종종 UDP 포트가 SSH와 FTP처럼 특정 TCP 서비스에 사용된다는 사실을 보여준다. 이 정보는 TCP와 UDP 각 프로토콜에 대한 서비스를 항상 등록하려는 IANA에서 가져올 수 있다. 기본적으로 엔맵은 가장 높은 주기와 낮은 주기 포트는 간단히 건너뛰고 스캔하기 때문에 그 외의 엔트리는 지장 받지 않는다. 그리고 스캔의 일부 결과는 때로 유명한 TCP 서비스에 사용되는 UDP가 오픈이라는 예기치 않은 결과를 보여준다.

관리자들은 때로 그들의 네트워크에서 동작하는 서비스를 수정하거나 변경하기 위해 이 파일을 수정한다. 예를 들어 내가 예전에 컨설팅했던 온라인 서비스 회사는 높은 숫자를 가진 포트에서 사용자 맞춤 데몬이 수십 개 동작 중이었다. 이 파일을 수정하면 엔맵이 unknown(알지 못하는 서비스)으로 결과를 출력하는 것보다 확인된 서비스명을 사용해 포트 스캔에 대한 결과를 보여준다. 포트 주기 숫자 없이 엔트리를 입력하면 주기는 0의 값을 갖게 되고 해당 포트는 스캔되지 않는다는 점을 명심하라. 주기가 0인 포트를 스캔하기 위해 -p [1-65535] 같은 옵션을 이용한다.

위와 유사한 문제로 등록된 포트 중 일부는 특정 조직에서 잘못된 결과를 보여줄 수도 있다. nmap-services는 하나의 포트 번호와 프로토콜(예를 들어 23/tcp)에 하나의 서비스명(telnet)만 설정 가능하다. 이 경우에 나는 nmap-services의 서비스명에 가장 유명한 서비스를 선택하려고 시도한다. 일반적으로 사용하는 포트 번호에 다른 서비스를 구동하고 있는 회사는 회사 상황에 맞게 파일을 변경할 수 있다.

단일 조직에 지정한 특정 서비스는 일반적으로 그들 조직에서 사용할 nmap-services에 등록돼야 하겠지만 그 외의 다른 포트 등록은 모든 사람에게 이점을 줄 수 있다. 중요 웜이나 트로이목마, 파일 공유 애플리케이션이 사용하는 기본 포트를 발견하거나, 최신 nmap-services에서 발견하지 못한 다른 서비스를 발견했다면 나(<fyodor@insecure.org>)에게 보내주길 바란다. 보내준 유용한 정보는 엔맵의 다음 버전에 적용될 것이다. 이런 작업은 개개인이 자신의 nmap-services 파일을 일일이 수정하거나 업데이트하는 불편함을 최소화시키고 엔맵을 사용하는 모든 사용자에게 도움을 준다. 해당 조직에 적합하게 맞추는 다른 방법은 조직에 필수적인 서비스와 대표적인 서비스만 nmap-services 파일에 담는 것이다.

포트를 구체적으로 지정하지 않는다면 엔맵은 services 파일에 등록되지 않은 포트는 스캔하지 않을 것이다. nmap-service 파일을 수정하는 방법은 굳이 -p 옵션을 이용해 특정 포트를 지정할 필요 없이 services 파일에 등록돼 있는 포트만 스캔하게 하는 방법이다. 스캔 시 불필요한 서비스들을 모두 제거한 파일은 엔맵이 기본적으로 사용할 데이터 파일이 존재하는 장소보다 사용자가 원하는 다른 경로에 놓고 --datadir이나 --serverdb로 수정된 데이터 파일을 로드하는 편이 좋다.

이 파일을 맞춤형으로 변경하려면 '14.9 커스텀 데이터 파일 사용'을 참고할 수 있으며, 이전 버전에서 사용했던 수정된 버전을 제거하지 않고 엔맵을 업그레이드하는 방법도 설명한다.

14.3 버전 스캐닝 데이터베이스: nmap-service-probes

이 파일은 엔맵 서비스/버전 탐지 시스템(-sV나 -A 옵션)이 포트에서 어떤 프로그램이 리스닝하는지 결정하기 위해 포트에 질의하는 동안 사용하는 프로브를 담고 있다. 예제 14.2는 전형적인 파일의 일부 내용을 보여준다.

예제 14.2 nmap-service-probes의 일부 내용

```
##################################NEXT PROBE##################################
# DNS Server status request: http://www.rfc-editor.org/rfc/rfc1035.txt
Probe UDP DNSStatusRequest q|\0\0\x10\0\0\0\0\0\0\0\0\0|
ports 53,135
match domain m|^\0\0\x90\x04\0\0\0\0\0\0\0\0|
# This one below came from 2 tested Windows XP boxes
match msrpc m|^\x04\x06\0\0\x10\0\0\0\0\0\0\0|
[...]
##################################NEXT PROBE##################################
Probe UDP Help q|help\r\n\r\n|
ports 7,13,37
match chargen m|@ABCDEFGHIJKLMNOPQRSTUVWXYZ|
match echo m|^help\r\n\r\n$|
match time m|^[\xc0-\xc5]...$|
```

이 파일의 문법은 7장 '서비스와 애플리케이션 버전 탐지'에서 모두 설명했다. nmap-service-probes 파일이 nmap-services보다 복잡하긴 하지만 더 많은 장점이 있다. 엔맵은 nmap-services에 등록된 포트를 기반으로 추측하는 것보다 회사 내에서 개발된 서비스를 스캔이 인지할 수 있게 수정할 수 있다.

또한 일부 관리자들은 원래 의도했던 목적보다 더 유용하게 버전 탐지를 사용할 수 있다. 짧은 프로브는 엔맵이 웹페이지의 제목과 웜에 감염된 시스템의 인지, 오픈 프록시의 위치와 그 외 많은 것을 출력하게 할 수 있다. 이에 대한 실제 예는 '7.9 해결책: 오픈 프록시 탐지 같은 커스텀 요구를 맞추기 위해 버전 탐지 해킹'에서 설명했다.

14.4 SunRPC 번호: nmap-rpc

nmap-rpc는 nmap-services와 마찬가지로 간단히 이름과 번호를 매핑한다. nmap-rpc의 경우는 SunRPC 프로그램 번호를 RPC에 의해 사용되는 프로그램명과 매핑한다. 예제 14.3은 전형적인 nmap-rpc의 일부분을 보여준다.

예제 14.3   nmap-rpc 일부분

```
rpcbind             100000      portmap sunrpc rpcbind
rstatd              100001      rstat rup perfmeter rstat_svc
rusersd             100002      rusers
nfs                 100003      nfsprog nfsd
ypserv              100004      ypprog
mountd              100005      mount showmount
rpc.operd           100080      opermsg # Sun Online-Backup
# DMFE/DAWS (Defense Automated Warning System)
#
Gqsrv               200034      gqsrv
Ppt                 200035      ppt
Pmt                 200036      pmt
```

엔맵은 처음 빈칸으로 구분된 두 개의 칼럼(프로그램명과 번호)만 사용한다. 엔맵은 그 후에 나오는 주석이나 기타 정보는 살펴보지 않는다. 빈 줄이나 # 문자로 주석 처리된 부분도 파일에서 허용한다. nmap-rpc 파일 포맷은 유닉스의 /etc/rpc에서 사용하는 포맷과 같으므로 관리자가 원하면 유닉스에 있는 /etc/rpc 파일을 nmap-rpc 파일로 대신 사용할 수 있다.

nmap-rpc는 엔맵 버전 설명의 RPC 그리딩 기능에 의해서만 사용된다. RPC 그리딩 기능은 '7.5.2 RPC 그라인딩'에서 설명했다.

사용자들은 nmap-rpc 파일을 바꿀 필요가 거의 없다. 사용자들은 특정 서비스를 추가하거나 nmap-rpc의 최신 버전에서 빠진 서비스가 있을 때 nmap-rpc 파일을 수정한다. nmap-rpc의 최신 버전에서 빠진 서비스가 있으면 나(<Fyodor@insecure.org>)에게 메일을 주기 바란다. 다음 버전에는 여러분이 제공한 유용한 정보를 반영해 놓을 것이다. 일부 사용자는 nmap-services 파일과 마찬가지로 nmap-rpc 파일에서 잘 사용하지 않는 RPC 프로그램 내용을 일부 삭제해서 스캔 속도를 높일 수 있다.

nmap-services 같은 주의가 필요하다. nmap-rpc 파일을 묵시적으로 사용되는 곳에 놓는 것보다 --datadir 옵션을 이용해 여러분이 일부 삭제한 nmap-rpc 파일을 지정한다.

14.5 엔맵 운영체제 탐지 데이터베이스: nmap-os-db

nmap-os-db 파일은 엔맵의 특별한 운영체제 탐지 프로브에 어떻게 운영체제가 응답하는지에 대한 수백 개의 예를 갖고 있다. nmap-os-db 파일은 핑거프린트 fingerprint로 알려진 단위로 나눠진다. 핑거프린트 블록에는 운영체제의 이름과 일반적인 분류, 응답 데이터들을 담고 있다. 예제 14.4는 전형적인 핑거프린트의 몇 가지 예를 보여준다.

예제 14.4 nmap-os-db 파일의 일부분

```
Fingerprint FreeBSD 7.0-CURRENT
Class FreeBSD | FreeBSD | 7.X | general purpose
SEQ(SP=101-10D%GCD=<7%ISR=108-112%TI=RD%II=RI%TS=20|21|22)
OPS(O1=M5B4NW8NNT11%O2=M578NW8NNT11%O3=M280NW8NNT11%O4=M5B4NW8NNT11%↵
    O5=M218NW8NNT11%O6=M109NNT11)
WIN(W1=FFFF%W2=FFFF%W3=FFFF%W4=FFFF%W5=FFFF%W6=FFFF)
ECN(R=Y%DF=Y%T=40%TG=40%W=FFFF%O=M5B4NW8%CC=N%Q=)
T1(R=Y%DF=Y%T=40%TG=40%S=O%A=S+%F=AS%RD=0%Q=)
T2(R=N)
T3(R=Y%DF=Y%T=40%TG=40%W=FFFF%S=O%A=S+%F=AS%O=M109NW8NNT11%RD=0%Q=)
T4(R=Y%DF=Y%T=40%TG=40%W=0%S=A%A=Z%F=R%O=%RD=0%Q=)
T5(R=Y%DF=Y%T=40%TG=40%W=0%S=Z%A=S+%F=AR%O=%RD=0%Q=)
T6(R=Y%DF=Y%T=40%TG=40%W=0%S=A%A=Z%F=R%O=%RD=0%Q=)
T7(R=Y%DF=Y%T=40%TG=40%W=0%S=Z%A=S%F=AR%O=%RD=0%Q=)
U1(DF=N%T=40%TG=40%TOS=0%IPL=38%UN=0%RIPL=G%RID=G%RIPCK=G%RUCK=G%RUL=G%RUD=G)
IE(DFI=S%T=40%TG=40%TOSI=S%CD=S%SI=S%DLI=S)

Fingerprint Linux 2.6.11 - 2.6.20
Class Linux | Linux | 2.6.X | general purpose
```

```
SEQ(SP=B9-CF%GCD=<7%ISR=C4-D7%TI=Z%II=I%TS=7)
OPS(O1=M5B4ST11NW1%O2=M5B4ST11NW1%O3=M5B4NNT11NW1%O4=M5B4ST11NW1% ↵
    O5=M5B4ST11NW1%O6=M5B4ST11)
WIN(W1=16A0%W2=16A0%W3=16A0%W4=16A0%W5=16A0%W6=16A0)
ECN(R=Y%DF=Y%T=40%TG=40%W=16D0%O=M5B4NNSNW1%CC=N%Q=)
T1(R=Y%DF=Y%T=40%TG=40%S=O%A=S+%F=AS%RD=0%Q=)
T2(R=N)
T3(R=Y%DF=Y%T=40%TG=40%W=16A0%S=O%A=S+%F=AS%O=M5B4ST11NW1%RD=0%Q=)
T4(R=Y%DF=Y%T=40%TG=40%W=0%S=A%A=Z%F=R%O=%RD=0%Q=)
T5(R=Y%DF=Y%T=40%TG=40%W=0%S=Z%A=S+%F=AR%O=%RD=0%Q=)
T6(R=Y%DF=Y%T=40%TG=40%W=0%S=A%A=Z%F=R%O=%RD=0%Q=)
T7(R=Y%DF=Y%T=40%TG=40%W=0%S=Z%A=S+%F=AR%O=%RD=0%Q=)
U1(DF=N%T=40%TG=40%TOS=C0%IPL=164%UN=0%RIPL=G%RID=G%RIPCK=G%RUCK=G%RUL=G%RUD=G)
IE(DFI=N%T=40%TG=40%TOSI=S%CD=S%SI=S%DLI=S)
```

`nmap-os-db` 데이터베이스는 -O 옵션으로 원격 운영체제를 탐지할 때 사용한다. 간단하게 엔맵은 대상 시스템에 특별한 프로브를 전달하고 대상 시스템에서 받은 응답과 운영체제 데이터베이스에 있는 엔트리와 비교한다. 일치한다면 데이터베이스 엔트리는 대상 시스템의 운영체제를 사용자에게 보여준다. 운영체제 탐지에 대한 전체적인 과정은 8장 '원격 운영체제 탐지'에서 설명했다. 핑거프린트 포맷의 상세한 설명은 '8.5.1 조건 핑거프린트 포맷 디코딩'을 참조하라.

`nmap-os-db`는 사용자가 좀처럼 바꾸지 않는 파일이다. 핑거프린트를 추가하거나 수정하는 작업은 상당히 복잡한 과정이며 굳이 핑거프린트 내용을 삭제할 이유는 없다. 운영체제 데이터베이스의 최신 버전을 구하려면 가장 최신 버전의 엔맵을 구해 설치하면 된다.

운영체제 데이터베이스는 현존하는 모든 네트워크화된 운영체제의 정보를 갖고 있지 않다. 데이터베이스는 엔맵 사용자에 의해 지속적으로 업데이트되고 발전한다. 엔맵이 운영체제를 추측할 수 없는데 여러분이 해당 운영체제를 알고 있다면 '8.7.2 엔맵이 매치하는 것이 없이 핑거프린트를 출력할 때'에 설명한 방법대로 핑거프린트 정보를 전송해주길 바란다. 때때로 핑거프린트는 오류를 발생하거나 유효 기간이 지났을 수도 있다. 여러분이 이런 상황을 본다면 '8.7.1 엔맵의 추측이 틀릴 때'에 설명한 방법대로 수정 사항을 전달해주면 좋겠다.

데이터베이스가 업데이트되고 개선되면 모든 사람이 유용하게 사용할 수 있다. 여러분의 개선 사항을 전송해주면 엔맵은 지속적으로 해당 내용을 업데이트할 것이고, 이를 통해 여러분은 개별적으로 일일이 파일을 갖고 있을 필요 없이 업데이트된 최신 파일만 이용하면 된다.

14.6 MAC 주소 벤더 프리픽스: nmap-mac-prefixes

사용자들은 벤더의 이름을 식별하는 MAC 주소 프리픽스 맵인 `nmap-mac-prefixes` 파일을 수정할 일은 거의 없다. 해당 파일을 어떻게 완벽히 다루는지 알아보자.

주요 네트워크 인터페이스 유형이 되는 이더넷 디바이스는 MAC 주소라고 알려진 고유한 48비트 식별자가 프로그래밍돼 있다. MAC 주소는 로컬 네트워크상의 패킷을 보내는 시스템과 패킷이 도달하려는 시스템을 식별하는 데 사용하기 위해 이더넷 헤더에 놓여진다. MAC 주소는 사람이 읽을 수 있는 `00:60:1D:38:32:90`처럼 16진수 문자열로 표시한다.

IEEE는 전 세계의 수많은 네트워크 장비 제조사의 고유한 번호를 보장하기 위해 각 이더넷 장비 제조사에게 조직 고유 식별자OUI를 할당한다. 모든 이더넷 장비 제조사는 제품을 만들 때 반드시 MAC 주소의 처음 세 바이트에 할당된 OUI를 사용해야 한다. 예를 들어 `00:60:1D:38:32:90`의 OUI는 `00601D`다. 장비 제조사가 앞에 세 바이트는 유일한 숫자를 사용하는 만큼 원한다면 나머지 세 바이트는 선택할 수 있다. `680aaa`는 간단한 방법이다. 모든 가능한 약 1,680만 개의 값을 할당한 회사는 더 많은 OUI를 얻을 수 있다. `nmap-mac-prefixes` 맵은 제품을 만드는 제조사의 이름에 각 OUI를 할당한다. 예제 14.5는 전형적인 `nmap-mac-prefixes` 파일의 일부분을 보여준다.

예제 14.5 nmap-mac-prefixes 파일의 일부분

```
006017 Tokimec
006018 Stellar ONE
006019 Roche Diagnostics
00601A Keithley Instruments
00601B Mesa Electronics
00601C Telxon
00601D Lucent Technologies
```

```
00601E Softlab
00601F Stallion Technologies
006020 Pivotal Networking
006021 DSC
006022 Vicom Systems
006023 Pericom Semiconductor
006024 Gradient Technologies
006025 Active Imaging PLC
006026 Viking Components
```

첫 번째 값은 6개의 16진수 숫자인 OUI 세 바이트다. 그 다음에 회사명이 나온다. 이 파일은 간단한 펄 스크립트를 사용해 만들어졌고, 완벽한 OUI 목록은 http://standards.ieee.org/regauth/oui/oui.txt에서 확인할 수 있다. 또한 IEEE는 http://standards.ieee.org/faqs/OUI.html 사이트에서 OUI FAQ도 제공한다.

엔맵은 유선상에 흐르는 헤더를 읽어서 로컬 이더넷 랜에 있는 호스트의 MAC 주소를 결정할 수 있다. 엔맵은 MAC 주소를 갖고 `nmap-mac-prefixes` 파일에 있는 OUI와 비교해 제조사명을 찾고 사용자에게 보여준다. 이 과정은 여러분이 다뤄야 하는 시스템의 유형을 식별하는 데 꽤나 유용할 수 있다. Cisco, HP, Sun 같은 장비의 OUI는 각기 라우터, 프린터, SPARCstation으로 식별된다. 예제 14.5는 `00:60:1D:38:32:90` MAC 주소를 Lucent가 만들었다고 설명한다. 정말로 내 노트북에는 Lucent Orinoco 무선 랜 카드가 설치돼 있다.

14.7 IP 프로토콜 번호 목록: nmap-protocols

`nmap-protocols` 파일은 IP 헤더의 1바이트 IP 프로토콜 번호와 대응하는 프로토콜명을 매핑한다. 예제 14.6은 전형적인 `nmap-protocols` 파일의 일부분이다.

예제 14.6 nmap-protocols 파일의 일부분

```
hopopt      0       HOPOPT          # IPv6 Hop-by-Hop Option
icmp        1       ICMP            # Internet Control Message
igmp        2       IGMP            # Internet Group Management
ggp         3       GGP             # Gateway-to-Gateway
ip          4       IP              # IP in IP (encapsulation)
```

```
st              5       ST          # Stream
tcp             6       TCP         # Transmission Control
cbt             7       CBT         # CBT
egp             8       EGP         # Exterior Gateway Protocol
[ ... ]
chaos           16      CHAOS       # Chaos
udp             17      UDP         # User Datagram
```

처음 두 필드는 프로토콜명이나 축약된 이름과 10진수로 숫자 포맷이다. 엔맵은 프로토콜 번호 이후에 나오는 것들은 신경 쓰지 않는다. nmap-protocols 파일은 '5.11 IP 프로토콜 스캔(-sO)'에 설명한 것처럼 IP 프로토콜 스캐닝에 사용된다. 약 140개보다 조금 적은 프로토콜이 등록됐고 사용자가 이 파일을 수정할 필요는 결코 없다. 이 파일이 만들어진 원본 데이터는 IANA 사이트(http://www.iana.org/assignments/protocol-numbers)에서 확인할 수 있다.

14.8 스크립팅 관련 파일

엔맵 스크립팅 엔진으로 만들어진 스크립트는 다른 종류의 데이터 파일로 고려될 것이다. 스크립트는 '14.9 커스텀 데이터 파일 사용'에 있는 디렉터리 목록 중 하나의 하위 스크립트 디렉터리에 저장된다. 각 스크립트 파일명은 .nse로 끝난다. 스크립트에 대한 더 자세한 정보는 9장 '엔맵 스크립팅 엔진'을 참조하라.

스크립트 디렉터리에 있는 모든 파일은 한 파일(script.db)을 제외하고는 모두 실행 가능한 스크립트다. script.db 파일은 각 스크립트가 어디에 속하는지 카테고리를 설명하는 평문으로 된 파일이다. 이 파일은 직접 수정하면 안 되고 -script-updatedb 옵션을 이용해야 한다.

NSE의 각 확장 모듈('9.6 NSE 라이브러리' 참조)은 두 장소 중 한 곳에 저장된다. 순수 Lua 확장은 일반적으로 동일한 스크립트가 저장돼 있는 엔맵 데이터 디렉터리의 nselib 하위 디렉터리에 저장된다. 이 디렉터리는 파일명의 끝이 .lua로 끝나는 shortport와 stdnes 같은 모듈이 저장되는 위치다.

14.9 커스텀 데이터 파일 사용

일부 엔맵 데이터 파일이나 전체 엔맵 데이터 파일은 사용자가 원하는 수정된 파일 버전과 교체할 수 있을 것이다. 데이터 파일은 특정한 일부만 변경하는 것이 아니라 전체가 변경된 내용으로 교체되며 실행 시에 원래 파일과 함께 병합된다. 엔맵이 각 파일을 찾을 때 수많은 디렉터리에서 이름으로 검색하고 첫 번째 발견된 파일을 선택한다. 이와 같은 방식은 유닉스 시스템에서 find 프로그램으로 파일을 검색할 때 PATH에 있는 디렉터리 경로에서 순서대로 파일을 찾는 것과 같은 아날로그적인 방식이다. 다음은 엔맵이 디렉터리 목록을 검색하는 순서다. -datadir로 지정한 디렉터리에서 발견한 nmap-service가 ~/.nmap/에서 발견한 것보다 우선순위가 더 높은데, 그 이유는 -datadir로 지정한 디렉터리에서 먼저 파일을 찾기 때문이다.

➲ 엔맵 데이터 파일 디렉터리 검색 순서

1. --datadir 옵션이 지정되면 옵션 뒤에 인자로 들어온 디렉터리를 검색한다.
2. NMAPDIR 환경 변수에 설정된 디렉터리를 검사한다.
3. 엔맵이 동작하는 시스템이 윈도우가 아니면 사용자가 실행한 엔맵의 경로인 ~/.nmap에서 찾는다. 처음에 실제 사용자 ID 홈 디렉터리에서 찾고 유효 UID가 다르면 유효 UID 디렉터리에서 찾는다.
4. 엔맵이 동작하는 시스템이 윈도우면 엔맵 바이너리 파일이 있는 디렉터리에서 찾는다.
5. NMAPDATADIR 디렉터리를 검사한다. 해당 값은 윈도우인 경우 c:\nmap으로 지정되고, 유닉스인 경우 <$prefix>/share/nmap으로 지정된다. <$prefix>는 소스로 설치하면 기본적으로 /usr/local이고, 리눅스 RPM으로 설치하면 /usr가 된다. <prefix> 값은 소스를 컴파일할 때 ./configure 뒤에 --prefix 옵션을 이용해 변경할 수 있다.
6. 마지막으로 자신의 셸이 구동하는 현재 디렉터리(.)를 찾는다. 이것은 여러분의 셸 실행 경로(PATH)상에 '.' 이 처음에 존재하면 안 되는 보안상의 문제로 인해 마지막에 수행한다. 공유 시스템에서 악의적인 사용자가 /tmp 같은 공유 디렉터리에 조작한 파일을 놓을 수 있다. 이 파일을 조작해 엔맵이

오류를 발생하거나 종료되거나 중요한 포트를 스캔하지 못하게 만들어 버릴 수 있다. 엔맵이 처음에 '.' 경로를 찾으면 공유 디렉터리에서 엔맵을 실행하는 다른 사용자는 악의적으로 조작된 버전의 파일을 실행해버릴 수 있다. 엔맵이 실행되는 경로를 제대로 확인하지 않으면 nmap-services(또는 그 외 다른 파일들) 같은 파일을 의도하지 않은 경로에서 실행해 버릴 수 있다. 정말로 엔맵을 현재 디렉터리에서 실행하길 원하는 사용자는 위험을 무릅쓰고 NMAPDIR 환경 변수에 '.'을 사전에 설정해놓을 수 있다.

이 목록은 사용자에게 어떻게 자신의 맞춤형 버전을 사용할 수 있을지 다양한 선택을 할 수 있게 한다. 내가 주로 권하는 옵션은 적절하게 특정 디렉터리명을 변경하고 변경한 디렉터리에 해당 파일을 둔다. 예를 들어 수백 개의 일반적인 포트만을 갖고 있는 수정한 nmap-services 파일은 ~/nmap-fewports 디렉터리에 둔다. 그 후 -datadir 옵션을 이용해 해당 디렉터리를 지정한다. 이 방식은 맞춤형 파일을 사용자가 의도할 때만 사용할 수 있게 한다. 엔맵은 출력의 결과를 담는 파일을 만들 수 있으며, 출력 결과에 사용한 엔맵 커맨드라인을 포함하기 때문에 나중에 로그 파일을 통해 어떤 파일이 사용됐는지 알 수 있다.

다른 옵션은 간단하게 NMAPDATADIR에 있는 원본을 수정하는 방법이다. 이 방법은 그다지 추천하지 않는데, 수정한 파일은 나중에 엔맵이 업데이트되면 덮어쓰여진다. 또한 교체한 파일이 오류를 발생하면 원래 파일로 다시 교체하기 어려운 문제가 있다. 이 방식은 변경한 내용이 무엇인지 확인하려고 할 때 원래 파일과 비교해 어떤 부분이 변경됐는지 확인할 수도 없다.

세 번째 옵션은 여러분이 수정한 파일을 유닉스 ~/.nmap 디렉터리에 놓는 방법이다. 물론 여러분이 수정한 파일만 넣어야 한다. 그 외 다른 파일들은 여전히 NMAPDATADIR에서 가져와 사용될 것이다. 이 방식은 여러분이 엔맵을 실행할 때마다 묵시적으로 맞춤형 파일을 사용하기 때문에 매우 편리한 방법이다. 물론 이 방식도 단점은 있다. 사용자들은 종종 파일의 존재를 잊어버린다. 사용자들이 새로운 데이터 파일을 가진 엔맵 버전을 업데이트할 때 ~/.nmap에 복사된 예전 파일들은 여전히 남아있게 되고 엔맵 결과의 질을 떨어뜨린다.

파일을 이용해 디렉터리에 NMAPDIR 환경 변수를 설정하는 방법은 또 다른 대안이다. 이 방식은 엔맵의 새 버전을 테스트할 때 유용하다. 여러분이 엔맵 버전 4.68을 얻었는데, 새 버전에는 수많은 파일이 변경돼 있어 여러분이 현재 갖고 있는 잘 알려진 버전으로 교체하기 전에 새로운 버전을 테스트해본다고 가정하

자. 여러분은 새로운 버전을 `~/src/nmap-4.68`에 컴파일을 하려고 하지만 해당 디렉터리에서 파일을 실행하면 엔맵은 `/usr/local/share/nmap`에서 데이터 파일을 읽으려고 시도할 것이다. 엔맵 4.68이 아직 설치가 되지 않았기 때문에 `/usr/local/share/nmap`에 있는 파일들은 구 버전이다. 간단히 `NMAPDIR`을 `~/src/nmap-4.68`로 설정하고, 설정됐는지 주의 깊게 살펴본 후 `make install`을 실행한다. `--datadir`을 사용하면 엔맵 결과 파일에 디렉터리 경로를 기록하는 반면 `NMAPDIR`을 사용하면 엔맵 결과 파일에 디렉터리 경로가 기록되지 않는 단점이 있다.

15장 엔맵 레퍼런스 가이드

이름

nmap 네트워크 탐색 도구 그리고 보안/포트 스캐너

개요

nmap [<스캔 타입> ...] [<옵션>] { <대상 명세> }

15.1 설명

엔맵Network Mapper은 네트워크 탐색과 보안 감사auditing를 위한 오픈소스 도구다. 엔맵은 한 개의 호스트에 대해서도 잘 동작하지만 대형 네트워크들을 빠르게 스캔하게 디자인됐다. 엔맵은 네트워크에서 어떤 호스트들을 이용할 수 있는지, 해당 호스트가 어떤 서비스들(애플리케이션명과 버전)을 제공하는지, 어떤 운영체제 (그리고 운영체제 버전)를 실행하는지, 어떤 타입의 패킷 필터/방화벽들이 이용되는지, 몇 십 개의 다양한 특성을 결정하기 위해 기발한 방식으로 raw IP 패킷들을 이용한다. 엔맵은 보통 보안 감사를 위해 이용되지만 수많은 시스템 관리자와 네트워크 관리자는 네트워크 재고 조사, 서비스 업그레이드 스케줄 관리, 호스트나 서비스 가동 시간을 모니터하는 등의 일상 작업에도 이것이 유용하다는 사실을 발견했다.

엔맵 스캔 결과의 출력은 스캔된 대상의 목록과 함께 추가적으로 사용된 옵션에 의한 결과 정보를 포함한다. 정보 중에서 키가 되는 정보는 '흥미로운 포트 테이블'이다. 이 테이블은 포트 번호와 프로토콜, 서비스명과 상태를 목록화한다. 상태는 open, filtered, closed, unfiltered 중 하나다. open은 대상 시스템에 있는 애플리케이션이 해당 포트를 향한 연결과 패킷을 리스닝한다는 사실을 의미한다. filtered는 방화벽, 필터나 다른 네트워크 장애물이 포트를 차단하고 있어 이것이 열려 있는지, 닫혀 있는지를 엔맵이 알 수 없다는 의미다. closed 포트는 언제든지 다시 열릴 수 있지만 현재 해당 포트에서 리스닝하는 애플리케이션이 없는 것이다. 포트가 엔맵의 프로브들에 반응하지만 이들이 열려 있는지, 닫혀 있는지를 엔맵이 결정할 수 없을 때 포트는 unfiltered로 분류된다. 엔맵은 두 개의 상태 중 어떤 상태로도 포트를 설명할 수 있는지 결정할 수 없을 때 open|filtered와 closed|filtered 상태 조합을 보고한다. 버전 탐지가 요청됐을 때 포트 테이블은 소프트웨어 버전 세부 내용들을 포함할 수도 있다. IP 프로토콜 스캔이 요청됐을 때(-so) 엔맵은 리스닝하는 포트들보다는 지원되는 IP 프로토콜에 관한 정보를 제공한다.

흥미로운 포트 테이블뿐만 아니라 엔맵은 역 DNS명, 운영체제 추측, 디바이스 타입, MAC 주소들을 포함한 대상에 관한 더 많은 정보를 제공할 수 있다.

전형적인 엔맵 스캔은 예제 15.1과 같다. 이 예제에서 이용된 엔맵 인자는 운영체제 탐지와 버전 탐지, 스크립트 스캐닝과 트레이스라우트traceroute를 활성화하기 위한 -A와 빠른 실행을 위한 -T4, 대상 호스트명이다.

예제 15.1 대표적인 엔맵 스캔

```
# nmap -A -T4 scanme.nmap.org
Starting Nmap ( http://nmap.org )
Interesting ports on scanme.nmap.org (64.13.134.52):
Not shown: 994 filtered ports
PORT     STATE    SERVICE  VERSION
22/tcp   open     ssh      OpenSSH 4.3 (protocol 2.0)
25/tcp   closed   smtp
53/tcp   open     domain   ISC BIND 9.3.4
70/tcp   closed   gopher
```

```
80/tcp   open    http      Apache httpd 2.2.2 ((Fedora))
|_ HTML title: Go ahead and ScanMe!
113/tcp closed auth
Device type: general purpose
Running: Linux 2.6.X
OS details: Linux 2.6.20-1 (Fedora Core 5)

TRACEROUTE (using port 80/tcp)
HOP RTT ADDRESS
[Cut first seven hops for brevity]
8    10.59   so-4-2-0.mpr3.pao1.us.above.net (64.125.28.142)
9    11.00   metro0.sv.svcolo.com (208.185.168.173)
10   9.93    scanme.nmap.org (64.13.134.52)

Nmap done: 1 IP address (1 host up) scanned in 17.00 seconds
```

엔맵의 최신 버전은 http://nmap.org에서 구할 수 있으며, man 페이지의 최신 버전은 http://nmap.org/book/man.html에서 구할 수 있다.

15.2 옵션 개요

아무 인자도 없이 엔맵이 실행될 때 옵션에 대한 개요가 출력되며, 최신 버전의 옵션에 대한 개요는 항상 http://nmap.org/data/nmap.usage.txt에서 구할 수 있다. 이 개요는 가장 일반적인 옵션들을 사람들이 기억하게 도움을 주지만 이 매뉴얼의 나머지 부분에 자세하게 문서화돼 있는 내용을 대체하지는 못한다. 몇 가지 모호한 옵션들은 여기에 포함조차 되지 않는다.

```
Nmap 4.76 ( http://nmap.org )
Usage: nmap [Scan Type(s)] [Options] {target specification}
TARGET SPECIFICATION:
  Can pass hostnames, IP addresses, networks, etc.
  Ex: scanme.nmap.org, microsoft.com/24, 192.168.0.1; 10.0.0-255.1-254
   -iL <inputfilename>: Input from list of hosts/networks
   -iR <num hosts>: Choose random targets
   --exclude <host1[,host2][,host3],...>: Exclude hosts/networks
   --excludefile <exclude_file>: Exclude list from file
```

```
HOST DISCOVERY:
  -sL: List Scan - simply list targets to scan
  -sP: Ping Scan - go no further than determining if host is online
  -PN: Treat all hosts as online -- skip host discovery
  -PS/PA/PU [portlist]: TCP SYN/ACK or UDP discovery to given ports
  -PE/PP/PM: ICMP echo, timestamp, and netmask request discovery probes
  -PO [protocol list]: IP Protocol Ping
  -n/-R: Never do DNS resolution/Always resolve [default: sometimes]
  --dns-servers <serv1[,serv2],...>: Specify custom DNS servers
  --system-dns: Use OS's DNS resolver
SCAN TECHNIQUES:
  -sS/sT/sA/sW/sM: TCP SYN/Connect()/ACK/Window/Maimon scans
  -sU: UDP Scan
  -sN/sF/sX: TCP Null, FIN, and Xmas scans
  --scanflags <flags>: Customize TCP scan flags
  -sI <zombie host[:probeport]>: Idle scan
  -sO: IP protocol scan
  -b <FTP relay host>: FTP bounce scan
  --traceroute: Trace hop path to each host
  --reason: Display the reason a port is in a particular state
PORT SPECIFICATION AND SCAN ORDER:
  -p <port ranges>: Only scan specified ports
   Ex: -p22; -p1-65535; -p U:53,111,137,T:21-25,80,139,8080
  -F: Fast mode - Scan fewer ports than the default scan
  -r: Scan ports consecutively - don't randomize
  --top-ports <number>: Scan <number> most common ports
  --port-ratio <ratio>: Scan ports more common than <ratio>
SERVICE/VERSION DETECTION:
  -sV: Probe open ports to determine service/version info
  --version-intensity <level>: Set from 0 (light) to 9 (try all probes)
  --version-light: Limit to most likely probes (intensity 2)
  --version-all: Try every single probe (intensity 9)
  --version-trace: Show detailed version scan activity (for debugging)
SCRIPT SCAN:
  -sC: equivalent to --script=default
  --script=<Lua scripts>: <Lua scripts> is a comma separated list of
      directories, script-files or script-categories
```

--script-args=<n1=v1,[n2=v2,...]>: provide arguments to scripts
--script-trace: Show all data sent and received
--script-updatedb: Update the script database.
OS DETECTION:
 -O: Enable OS detection
 --osscan-limit: Limit OS detection to promising targets
 --osscan-guess: Guess OS more aggressively
TIMING AND PERFORMANCE:
 Options which take <time> are in milliseconds, unless you append 's'
 (seconds), 'm' (minutes), or 'h' (hours) to the value (e.g. 30m).
 -T[0-5]: Set timing template (higher is faster)
 --min-hostgroup/max-hostgroup <size>: Parallel host scan group sizes
 --min-parallelism/max-parallelism <time>: Probe parallelization
 --min-rtt-timeout/max-rtt-timeout/initial-rtt-timeout <time>: Specifies
     probe round trip time.
 --max-retries <tries>: Caps number of port scan probe retransmissions.
 --host-timeout <time>: Give up on target after this long
 --scan-delay/--max-scan-delay <time>: Adjust delay between probes
 --min-rate <number>: Send packets no slower than <number> per second
 --max-rate <number>: Send packets no faster than <number> per second
FIREWALL/IDS EVASION AND SPOOFING:
 -f; --mtu <val>: fragment packets (optionally w/given MTU)
 -D <decoy1,decoy2[,ME],...>: Cloak a scan with decoys
 -S <IP_Address>: Spoof source address
 -e <iface>: Use specified interface
 -g/--source-port <portnum>: Use given port number
 --data-length <num>: Append random data to sent packets
 --ip-options <options>: Send packets with specified ip options
 --ttl <val>: Set IP time-to-live field
 --spoof-mac <mac address/prefix/vendor name>: Spoof your MAC address
 --badsum: Send packets with a bogus TCP/UDP checksum
OUTPUT:
 -oN/-oX/-oS/-oG <file>: Output scan in normal, XML, s|<rIpt kIddi3,
   and Grepable format, respectively, to the given filename.
 -oA <basename>: Output in the three major formats at once
 -v: Increase verbosity level (use twice or more for greater effect)
 -d[level]: Set or increase debugging level (Up to 9 is meaningful)

```
  --open: Only show open (or possibly open) ports
  --packet-trace: Show all packets sent and received
  --iflist: Print host interfaces and routes (for debugging)
  --log-errors: Log errors/warnings to the normal-format output file
  --append-output: Append to rather than clobber specified output files
  --resume <filename>: Resume an aborted scan
  --stylesheet <path/URL>: XSL stylesheet to transform XML output to HTML
  --webxml: Reference stylesheet from Nmap.Org for more portable XML
  --no-stylesheet: Prevent associating of XSL stylesheet w/XML output
MISC:
  -6: Enable IPv6 scanning
  -A: Enables OS detection and Version detection, Script scanning and
Traceroute
  --datadir <dirname>: Specify custom Nmap data file location
  --send-eth/--send-ip: Send using raw ethernet frames or IP packets
  --privileged: Assume that the user is fully privileged
  --unprivileged: Assume the user lacks raw socket privileges
  -V: Print version number
  -h: Print this help summary page.
EXAMPLES:
  nmap -v -A scanme.nmap.org
  nmap -v -sP 192.168.0.0/16 10.0.0.0/8
  nmap -v -iR 10000 -PN -p 80
SEE THE MAN PAGE FOR MANY MORE OPTIONS, DESCRIPTIONS, AND EXAMPLES
```

15.3 대상 명세

엔맵 커맨드라인에서 옵션(또는 옵션 인자)이 아닌 모든 것은 대상 호스트로 취급된다. 가장 간단한 방법은 스캐닝을 위한 대상 IP 주소나 호스트명을 적는 것이다.

때때로 인접한 호스트들의 전체 네트워크를 스캔하고 싶을 때도 있을 것이다. 이를 위해 엔맵은 CIDR 스타일의 주소 지정 방식을 지원한다. 즉, IP 주소나 호스트명의 뒤에 /<비트 숫자>를 추가하면 엔맵은 주어진 대상 IP나 호스트명에 대해 앞의 <비트 숫자> 비트가 동일한 모든 IP 주소를 스캔한다. 예를 들어 192.168.10.0/24는 192.168.10.0(2진수: 11000000 10101000 00001010 00000000)과 192.168.10.255(2진수: 11000000 10101000 00001010 11111111) 사이에 포함된 256개의 호스트를 스캔한다. 192.168.10.40/24도 정확히 동일한 작업을 한다. 호스트 scanme.nmap.org가 IP 주소 64.13.134.52에 있다면 scanme.nmap.org/16은 64.13.0.0과 64.13.255.255 사이에 있는 65,536개의 IP 주소들을 스캔한다. 허용된 가장 작은 값은 /0인데, 이것은 전체 인터넷을 스캔한다. 가장 큰 값은 /32인데, 이것은 모든 주소 비트가 설정되므로 하나의 호스트나 IP 주소만을 스캔한다.

CIDR 명명법은 간단하지만 항상 유연하지는 않다. 예를 들어 192.168.0.0/16을 스캔하고 싶은 데 .0이나 .255로 끝나는 IP들은 보통 브로드캐스트broadcast 주소이므로 생략하고 싶을 수도 있다. 엔맵은 옥텟octet 범위 주소 지정 방식을 통해 이 작업을 지원한다. 즉, 정상적인 IP 주소를 지정하는 대신 각 옥텟에 대해 콤마로 분리된 숫자들의 목록이나 범위를 지정할 수 있다. 예를 들어 192.168.0-255.1-254는 이 범위 내에서 .0과 .255로 끝나는 모든 주소는 그냥 지나칠 것이다. 마지막 옥텟에만 범위를 넣을 수 있는 것은 아니다. 0-255.0-255.13.37로 지정하면 13.37로 끝나는 모든 IP 주소에 대한 인터넷 차원의 스캔을 수행할 것이다. 이런 부류의 광범위한 샘플링은 인터넷 조사나 연구에 유용할 수도 있다.

IPv6 주소들은 정규화된 IPv6 주소나 호스트명에 의해서만 지정할 수 있다. CIDR과 옥텟 범위octet range는 IPv6에서는 거의 유용하지 않기 때문에 지원되지 않는다.

엔맵은 커맨드라인에서 멀티호스트 명세를 허용하며, 이들이 같은 타입일 필요는 없다. 즉, `nmap scanme.nmap.org 192.168.0.0/16 10.0.0,1,3-7.0-255` 명령은 기대대로 작동한다.

대상들은 보통 커맨드라인에 명시되지만 대상을 선택하기 위해 다음 옵션들을 이용할 수도 있다.

- **-iL <입력 파일명>**(목록에서 입력한다) 대상 목록을 <입력 파일명>에서 읽는다. 거대한 호스트들의 목록을 커맨드라인으로 전달하기는 종종 불편하며 보통은 이 방법이 요구된다. 예를 들어 DHCP 서버는 여러분이 스캔하고 싶어 하는 현재 호스트에 부여된 10,000개의 목록을 파일로 내보낼 수 있다. 또는 사용을 허가하지 않은 정적 IP 주소들을 이용하는 호스트들을 찾기 위해 허가된 IP 주소들을 제외한 모든 IP 주소에 대한 스캐닝을 원할 수도 있다. 단순히 스캔하려는 호스트들의 목록을 생성하고 해당 파일명을 -iL 옵션에 대한 인자로 엔맵에 전달하면 된다. 엔트리들은 엔맵의 커맨드라인에서 인

정되는 어떤 포맷(IP 주소, 호스트명, CIDR, IPv6, 옥텟 범위 등)이든 될 수 있다. 각 엔트리는 하나 이상의 공백, 탭, 개행 문자로 구분돼야 한다. 엔맵이 실제 파일보다는 표준 입력에서 호스트들을 읽게 하고 싶다면 파일명으로 하이픈 (-)을 지정하면 된다.

- **-iR <호스트 숫자>**(무작위 대상들을 선택한다)   인터넷 차원의 조사나 다른 연구를 위해 대상들을 무작위로 선택하기 원할 수도 있다. <호스트 숫자> 인자는 엔맵에게 얼마나 많은 수의 IP를 생성하는지 알려준다. 특정 사설private 주소 범위, 멀티캐스트multicast 주소 범위, 할당되지 않은 주소 범위들 같은 바람직하지 않은 IP들은 자동으로 건너뛴다. 인자 0은 끝없는 스캔을 위해 지정될 수 있다. 일부 네트워크 관리자는 자신의 네트워크에 대한 권한이 없는 스캔에 깃털을 곤두세우고 불평을 할 수도 있다는 것을 명심하기 바란다. 이 옵션은 여러분의 책임하에서 이용하기 바란다! 비 오는 날 오후에 진짜 심심할 경우 브라우징을 할 무작위 웹서버들을 찾기 위해 `nmap -sS -PS80 -iR 0 -p 80` 명령을 시도해보기 바란다.

- **--exclude <호스트1>[,<호스트2>[,...]]**(호스트/네트워크들을 제외한다)   여러분이 지정한 전체 네트워크 범위 내의 일부일지라도 스캔에서 제외될 대상들의 목록을 콤마로 분리해 지정한다. 넘겨주는 목록은 정상적인 엔맵 문법을 이용하므로 이것은 호스트명, CIDR netblock, octet range 등을 포함할 수 있다. 이 옵션은 스캔하고 싶어 하는 네트워크가 손을 대지 말아야 할 절대적으로 필요한 서버들, 포트 스캔에 적대적으로 반응한다고 알려진 시스템들, 다른 사람에 의해 관리되는 서브넷들을 포함할 때 유용할 수도 있다.

- **--excludefile <제외 파일>**(파일 내의 목록을 제외한다)   이것은 제외되는 대상들이 커맨드라인에서가 아니라 개행 문자, 공백, 탭으로 구분된 <제외 파일>에서 제공된다는 점 이외에는 --exclude 옵션과 동일한 기능을 한다.

15.4 호스트 발견

모든 네트워크 정찰 임무의 가장 첫 번째 단계 중 하나는 (때로는 거대한) IP 범위들의 집합을 활동 중이거나 흥미로운 호스트들의 목록으로 줄이는 작업이다. 모든 IP 주소의 모든 포트를 스캐닝하면 느리며 보통은 불필요하다. 물론 호스트를 흥미롭게 만드는 것은 스캔의 목적에 따라 크게 다르다. 네트워크 관리자들은 특정 서비스를 실행하는 호스트들에만 관심이 있을 수도 있지만 반면 보안 감사 관들은 IP 주소를 가진 모든 단일 장치에 관심을 가질 수도 있다. 관리자는 내부 네트워크의 호스트들을 찾기 위해 ICMP 핑ping만 이용하는 것에 만족할지 모르지만 반면 외부의 침투 테스터는 방화벽의 제한을 피하기 위한 시도로 프로브 수십 개의 다양한 집합을 이용할 수도 있다.

호스트 발견에 대한 요구는 너무 다양하므로 엔맵은 이용되는 테크닉들을 사용자의 요구에 맞추기 위해 매우 다양한 옵션을 제공한다. 호스트 발견은 때때로 핑 스캔이라 부르지만 흔한 핑 도구와 관련된 단순한 ICMP echo request 패킷을 훨씬 넘어선다. 사용자들은 목록 스캔(-sL)이나 핑을 무효화하는 옵션(-PN)에 의해 핑 단계를 전적으로 생략할 수 있으며, 멀티포트 TCP SYN/ACK, UDP, ICMP 프로브들의 임의의 조합을 갖고 네트워크를 스캔할 수 있다. 이 프로브들의 목적은 IP 주소가 실제로 활동적이라는(호스트나 네트워크 장치에 의해 이용된다는) 사실을 보여주는 반응들의 유발이다. 수많은 네트워크에서 적은 비율의 IP 주소들만이 주어진 시간에 활동적이다. 이것은 특히 10.0.0.0/8 같은 사설 주소 공간에서 일반적이다. 해당 네트워크는 1,600만 개의 IP를 가지지만 나는 1,000개 이하의 시스템을 가진 회사들에 의해 이용되는 것을 보았다. 호스트 발견은 드문드문하게 할당된 IP 주소들의 바다에서 이런 시스템들을 발견할 수 있다.

호스트 발견 옵션이 전혀 주어지지 않으면 엔맵은 각 대상 시스템에 대해 포트 80으로 가는 TCP ACK 패킷과 ICMP echo request를 전송한다. 이 대한 예외는 로컬 이더넷 네트워크에 있는 모든 대상에 대해 ARP 스캔이 이용될 때다. 권한이 없는 유닉스 셸 사용자들을 위해 연결 시스템 호출을 이용해 ACK 패킷 대신 SYN 패킷이 전송된다. 이들 기본값은 -PA -PE 옵션과 같다. 이 호스트 발견은 종종 로컬 네트워크들을 스캐닝할 때는 충분하지만 보안 감사를 위해서는 좀 더 포괄적인 발견 프로브들의 집합이 권장된다.

-P* 옵션들(핑 타입을 선택하는)은 결합될 수 있다. 다른 TCP 포트/플래그들과 ICMP 코드를 이용해 많은 프로브 타입을 전송함으로써 엄격한 방화벽들을 침투할 가능성을 증가시킬 수 있다. 또한 다른 -P* 옵션을 지정하더라도 거의 항상 더 빠르고 더 효과적이라는 점 때문에 로컬 이더넷 네트워크의 대상들에 대해 ARP 발견(-PR)이 기본적으로 행해진다는 사실에 주목하기 바란다.

기본적으로 엔맵은 호스트 발견을 한 후 온라인 상태라고 결정한 각 호스트에 대해 포트 스캔을 수행한다. 이 기능은 UDP 프로브들(-PU) 같이 기본값이 아닌 호스트 발견 타입을 지정한다고 하더라도 그렇다. 호스트 발견만 수행하는 법을 알려면 -sP 옵션을 읽기 바라며, 호스트 발견을 생략하고 모든 대상 호스트를 포트 스캔하려면 -PN을 이용하기 바란다. 다음 옵션들은 호스트 발견을 제어한다.

- **-sL(목록 스캔)** 목록 스캔은 대상 호스트에 대해 어떤 패킷도 전송하지 않고 단순히 지정된 네트워크(들)의 각 호스트를 나열하는 호스트 발견의 변형 형태다. 기본적으로 엔맵은 그들의 이름들을 알기 위해 여전히 역 DNS 해석resolution을 수행한다. 간단한 호스트명이 얼마나 많은 유용한 정보를 말해주는지는 종종 놀라울 정도다. 예를 들어 **fw.chi**는 한 회사의 시카고 방화벽 이름이다. 엔맵은 마지막으로 IP 주소들의 총 개수도 보고한다. 목록 스캔은 여러분의 대상들을 위한 적절한 IP 주소들을 가지는 것을 확신하기 위한 훌륭한 건전성sanity 체크다. 호스트들이 여러분이 인식하지 못하는 도메인 명들을 보여주면 다른 회사의 네트워크를 스캐닝하는 것을 방지하기 위해 더 조사할 가치가 있다.

  이 옵션은 대상 호스트들의 목록을 단순히 출력하는 것이므로 포트 스캐닝, 운영체제 탐지, 핑 스캐닝 같은 고수준의 기능을 위한 옵션들은 이 옵션과 결합될 수 없다. 고수준의 기능을 여전히 수행하는 동안 핑 스캐닝을 무효화하기 원한다면 -PN 옵션을 읽기 바란다.

- **-sP(핑 스캔)** 이 옵션은 엔맵이 핑 스캔(호스트 발견)만 수행한 후 스캔에 반응하는 이용 가능한 호스트들을 출력하게 한다. 요청됐을 경우 트레이스라우트traceroute와 NSE 호스트 스크립트들도 실행되지만 더 이상의 테스트(포트 스캐닝이나 운영체제 탐지 같은)는 수행되지 않는다. 이 옵션은 기본적으로 목록 스캔보다 한 단계 더 침투적이며, 종종 목록 스캔과 동일한 목적을 위해 이용될 수 있다. 이 옵션은 많은 주의를 끌지 않은 상태로 대상 네트워크의 가벼운 정찰을 허용한다. 공격자에게는 얼마나 많은 호스트가 up 상태인지를 아는 것은 모든 단일 IP와 호스트명의 목록 스캔에 의해 제공되는 목록보다 더 가치가 있다.

  시스템 관리자들은 종종 이 옵션이 가치가 있다는 사실을 발견한다. 이 옵션은 네트워크에서 이용 가능한 시스템들을 세거나 서버의 가용성을 모니터 하는 데 쉽게 이용할 수 있다. 이것은 종종 핑 스윕ping sweep이라 불리는 데, 많은 호스트가 브로드캐스트 질의들에 대해 반응하지 않기 때문에 브로드캐스트broadcast 주소를 핑하는 작업보다 더 신뢰성이 있다.

-sP 옵션은 기본적으로 포트 80에 대해 TCP ACK 패킷과 ICMP echo request를 전송한다. ICMP 패킷을 생성할 권한이 없는 사용자에 의해 실행됐을 때 대상의 포트 80에 SYN 패킷만 전송된다(연결 호출을 이용해서). 권한 있는 사용자가 로컬 이더넷 네트워크에 있는 대상들을 스캔하려고 시도할 때 --send-ip가 지정되지 않는 한 ARP request들이 이용된다. -sP 옵션은 더 나은 유연성을 위해 모든 발견 프로브 타입(-PN을 제외한 -P* 옵션들)들과 결합될 수 있다. 이 프로브 타입과 포트 번호 옵션 중 어떤 것이든 함께 사용된다면 기본 프로브들(ACK와 echo request)은 무시된다. 엔맵을 실행하는 소스 호스트와 대상 네트워크 사이에 엄격한 방화벽들이 존재한다면 이들 진보된 테크닉들의 이용이 권장된다. 그렇지 않으면 방화벽이 프로브들이나 그들의 반응들을 버릴 때 호스트들을 놓칠 수도 있다.

- **-PN(핑을 하지 않음)** 이 옵션은 엔맵 발견 단계를 모두 생략한다. 보통 엔맵은 이 단계를 대량의 스캐닝을 위해 온라인 시스템들을 결정하는 데 이용한다. 기본적으로 엔맵은 up 상태라고 밝혀진 호스트들에 대한 포트 스캔, 버전 탐지, 운영체제 탐지 같은 대량의 프로빙probing만 수행한다. -PN으로 호스트 발견을 무효화하는 것은 지정된 모든 대상 IP 주소에 대해 엔맵이 요청된 스캐닝 기능들을 시도하게 한다. 그래서 커맨드라인에 클래스 B 크기의 대상 주소 공간(/16)이 지정되면 65,536개의 모든 IP 주소가 스캔된다. 호스트 발견은 생략되지만 목록 스캔처럼 멈춰서 대상 목록을 출력하는 대신 엔맵은 각 대상 IP가 마치 활동적인 것처럼 요청된 기능들을 계속 수행한다. 대상 호스트들을 더 스캔하기 위해 엔맵은 MAC 주소들을 필요로 하므로 로컬 이더넷 네트워크에 있는 시스템들에 여전히 ARP 스캐닝이 수행될 것이다(--send-ip가 지정되지 않는 한). 이 옵션 플래그는 P0(숫자 0을 사용)으로 이용됐던 적도 있지만 프로토콜 핑의 PO(문자 O를 사용) 플래그와 혼동되지 않도록 이름이 변경됐다.

- **-PS <포트 목록>**(TCP SYN 핑) 이 옵션은 SYN 플래그 설정된 빈 TCP 패킷을 전송한다. 기본 목적지 포트는 80이다(이것은 nmap.h에서 DEFAULT_TCP_PROBE_PORT_SPEC을 변경함으로써 컴파일 시에 설정할 수 있다). 다른 포트들은 인자로 지정될 수 있다. 문법은 'T:' 같은 포트 타입 지정자가 허용되지 않는다는

점을 제외하면 -p와 동일하다. 예를 들어 -PS22와 -PS22-25,80,113,
1050,35000 같이 이용한다. -PS와 포트 목록 사이에 공백이 없을 수도 있
다는 점에 주목하기 바란다. 여러 개의 포트가 지정되면 병렬적으로 전송
된다.

SYN 플래그는 여러분이 원격 시스템에 연결하려고 시도한다는 것을 암
시한다. 보통 목적지 포트는 닫혀 있을 것이며 RST reset 패킷이 반대로 전송
된다. 포트가 우연히 열려 있다면 대상은 SYN/ACK TCP 패킷으로 반응함
으로써 TCP three-way-handshake의 두 번째 단계를 취할 것이다. 그러면
엔맵을 실행하는 시스템은 three-way-handshake를 완료하고 완전한 연결
을 확립할 ACK 패킷을 전송하는 대신 RST로 반응함으로써 완료되지 않은
연결을 깨부순다. RST 패킷은 엔맵 자체가 아니라 예기치 않은 SYN/ACK
에 반응해 엔맵을 실행하는 시스템의 커널에 의해 전송된다.

엔맵은 포트가 열려 있는지, 닫혀 있는지 신경 쓰지 않는다. 앞서 언급한
RST나 SYN/ACK 반응은 엔맵에게 해당 호스트가 이용 가능하고 반응을
보인다는 사실을 알려준다.

유닉스 박스에서는 권한 있는 사용자 root만이 일반적으로 raw TCP 패킷
들을 전송하고 수신할 수 있다. 권한이 없는 사용자들을 위해서는 각 대상
포트에 대해 연결 시스템 호출이 개시되는 임기응변이 자동으로 이용된다.
이것은 연결을 확립하기 위한 시도로 대상 호스트에 대해 SYN 패킷을 전송
하는 것과 같은 효과를 가진다. 연결이 빠른 성공이나 ECONNREFUSED 실패
를 반환하면 기초가 되는 TCP 스택이 SYN/ACK나 RST를 수신했음에 틀림
없으므로 호스트는 이용 가능하다고 표시된다. 연결 시도가 타임아웃 시간
에 도달할 때까지 계류 중이라면 해당 호스트는 down 상태로 표시된다. 엔
맵에서 raw IPv6 패킷 구축은 아직 지원되지 않으므로 IPv6 연결들에 대해
서도 임기응변이 이용될 수 있다.

- **-PA 〈포트 목록〉(TCP ACK 핑)** TCP ACK ping은 방금 설명한 SYN ping과
매우 유사하다. 여러분도 추정할 수 있겠지만 차이점은 SYN flag 대신 TCP
ACK flag가 설정된다는 것이다. 이런 ACK 패킷은 확립된 TCP 연결들에
대한 데이터를 인정한다는 의미지만 그런 연결은 전혀 존재하지 않는다.
그래서 원격 호스트들은 항상 RST 패킷으로 반응할 수밖에 없는데, 그 과정
에서 존재를 노출한다.

-PA 옵션은 SYN 프로브와 동일한 기본 포트(80)를 이용하며 역시 동일한 포맷으로 목적지 포트들의 목록을 받아들일 수 있다. 권한이 없는 사용자가 이 작업을 시도하거나 IPv6 대상이 지정되면 앞서 설명했던 연결 임기응변이 이용된다. 연결이 실제로는 ACK 패킷보다는 SYN 패킷을 전송하기 때문에 이 임기응변은 불안전하다.

SYN 핑 프로브와 ACK 핑 프로브를 모두 제공하는 이유는 방화벽을 우회할 기회를 최대화하기 위해서다. 많은 관리자는 라우터와 다른 간단한 방화벽들이 회사의 웹사이트나 메일 서버 같은 공개 서비스들로 가는 것을 제외하고 모든 들어오는 SYN 패킷을 차단하게 설정한다. 이것은 사용자들에게는 인터넷으로의 방해 받지 않는 나가는 연결을 허용하면서도 조직에 대한 다른 들어오는 연결은 방지한다. 이런 비상태 기반 접근법은 방화벽/라우터가 자원들을 적게 잡아먹으며 하드웨어 필터와 소프트웨어 필터들에 의해 널리 지원된다. 리눅스 Netfilter/iptables 방화벽 소프트웨어는 이 비상태 stateless 접근법을 구현하기 위해 --syn이라는 편의 옵션을 제공한다. 이런 비상태 방화벽 규칙들이 있을 때 SYN 핑 프로브(-PS)들은 닫힌 대상 포트들에 전송될 경우 차단될 가능성이 많다. 그럴 경우 ACK 프로브는 이들 규칙들을 헤치고 나아가므로 가치가 있다.

또 다른 평범한 타입의 방화벽은 예기치 않은 패킷들을 버리는 상태 기반 규칙들을 이용한다. 몇 년이 지나면서 훨씬 더 일반적이 됐지만 이 기능은 대부분 원래 고급 방화벽에서 발견됐었다. 리눅스 Netfilter/iptables 시스템은 --state 옵션을 통해 지원하는데, 이것은 패킷들을 연결 상태를 기반으로 분류한다. 예기치 않은 ACK 패킷들은 일반적으로 쓰레기로 인식되고 버려지므로 그런 시스템에 대해 SYN 프로브가 좀 더 잘 작동할 듯하다. 이런 진퇴양란의 상황에 대한 해결책은 -PS와 -PA를 지정함으로써 SYN 프로브와 ACK 프로브를 모두 전송하는 방법이다.

- **-PU <포트 목록>(UDP 핑)** 또 다른 호스트 발견 옵션으로 UDP 핑이 있는데, 주어진 포트들에 빈(--data-length가 지정되지 않은 한) UDP 패킷을 전송한다. 포트 목록으로는 앞서 설명한 -PS, -PA 옵션에서와 동일한 포맷을 받아들인다. 포트들이 지정되지 않으면 기본값으로 31338이 이용된다. nmap.h의 DEFAULT_UDP_PROBE_PORT_SPEC을 변경함으로써 이 기본값은 컴파일 시에 설정될 수 있다. 이 특별한 스캔 타입을 위해 열린 포트들에 전송하는 것

은 보통 바람직하지 않으므로 기본값으로 매우 평범하지 않은 포트가 이용된다.

대상 시스템에 있는 닫힌 포트를 침으로써 UDP 프로브는 응답으로 ICMP 포트 도달 불가능 패킷을 유발해야 한다. 이것은 엔맵에게 해당 시스템이 up 상태이고 이용 가능하다는 사실을 알려준다. 호스트/네트워크 도달 불가능이나 TTL 초과 같은 다른 많은 타입의 ICMP 오류들은 down 호스트나 도달할 수 없는 호스트라는 사실을 의미한다. 반응이 없는 것도 역시 이런 식으로 해석된다. 열린 포트에 도달한다면 대부분의 서비스들은 단순히 빈 패킷을 무시하므로 어떤 반응도 반환받는 데에 실패한다. 기본 프로브 포트가 사용될 가능성이 거의 없는 31338인 이유가 이 때문이다. 문자 생성기 chargen 프로토콜 같은 일부 서비스들은 빈 UDP 패킷에 대해 반응을 할 것이며, 그 결과 엔맵에게 해당 시스템이 이용 가능하다는 사실이 발각된다.

이 스캔 타입의 주요 이점은 TCP만 차단하는 방화벽과 필터들을 우회한다는 점이다. 예를 들어 나는 한때 Linksys BEFW11S4 무선 광역 라우터를 갖고 있었던 적이 있다. 이 디바이스의 외부 인터페이스는 기본적으로 모든 TCP 포트들을 필터링하지만 UDP 프로브들은 여전히 포트 도달 불가능 메시지들을 유발해 장치를 노출시켰다.

- **-PE; -PP; -PM**(ICMP 핑 타입들) 앞서 언급한 색다른 TCP, UDP 호스트 발견 타입뿐만 아니라 엔맵은 흔한 핑 프로그램에 의해 전송되는 표준 패킷들도 추가로 전송할 수 있다. 엔맵은 이용 가능한 호스트로부터의 회답으로 타입 0(echo reply)을 기대하며, 대상 IP 주소들에 대해 ICMP 타입 8(echo request) 패킷을 전송한다. 네트워크 탐색기에는 불행한 일이지만 많은 호스트와 방화벽은 이제 RFC 1122에 의해 규정된 대로 반응하기보다는 이런 패킷들을 차단한다. 이런 이유로 ICMP만을 이용한 스캔은 인터넷의 알려지지 않은 대상들에 대해 거의 신뢰할 수 없다. 하지만 내부 네트워크를 모니터하는 시스템 관리자에게 이 스캔은 실제적이고 효과적인 접근법이 될 수 있다. 이 echo request 행위를 가능하게 하려면 -PE 옵션을 이용하라.

echo request는 표준 ICMP 핑 질의인 반면 엔맵은 여기에서 멈추지 않는다. 또한 ICMP 표준(RFC 792)은 타임스탬프 요청, 정보 요청, 주소 마스크 요청 패킷을 각기 코드 13, 15, 17로 지정했다. 이들 질의들의 표면적인 목적은 주소 마스크와 현재 시간 같은 정보를 알기 위한 것인데, 이들은 호스트 발견을 위해 쉽게 이용될 수 있다. 즉, 반응을 하는 시스템은 up 상태이고 이용 가능하다. 정보 요청 패킷들은 널리 지원되지 않기 때문에 엔맵은 현재 정보 요청 패킷들을 구현하지 않는다. RFC 1122는 "호스트는 이들 메시지들을 구현해서는 안 된다"고 고집한다. 타임스탬프 질의와 주소 마스크 질의는 각기 -PP 옵션과 -PM 옵션에 의해 전송될 수 있다. 타임스탬프 응답(ICMP 코드 14)이나 주소 마스크 응답(코드 18)은 해당 호스트가 이용 가능하다는 사실을 들춰낸다. 이들 두 개의 질의는 관리자가 다른 ICMP 질의들도 동일한 목적으로 이용될 수 있다는 사실을 망각한 상태로, 특히 echo request 패킷만을 차단할 때 유용할 수 있다.

- **-PO 〈프로토콜 목록〉(IP 프로토콜 핑)** IP 프로토콜 핑은 가장 새로운 호스트 발견 옵션인데, 그들의 IP 헤더에 지정된 프로토콜 번호가 설정된 IP 패킷들을 전송한다. 프로토콜 목록은 앞서 설명한 TCP와 UDP 호스트 발견 옵션의 포트 목록들에 이용한 것과 동일한 포맷을 받아들인다. 프로토콜이 전혀 지정되지 않으면 기본적으로 ICMP(프로토콜 1), IGMP(프로토콜 2), IP-in-IP(프로토콜 4)를 위한 다중 IP 패킷들을 전송한다. 기본값의 프로토콜들은 `nmap.h`의 `DEFAULT_PROTO_PROBE_PORT_SPEC`을 변경함으로써 컴파일 시에 설정할 수 있다. 다른 프로토콜들은 IP 헤더 외에 어떤 추가적인 데이터도 전송되지 않는 반면(--data-length 옵션이 지정되지 않는 한) ICMP, IGMP, TCP(프로토콜 6), UDP(프로토콜 17)를 위한 패킷들은 적절한 프로토콜 헤더를 갖고 전송된다는 사실에 주목하라.

  이 호스트 발견 방법은 프로브와 동일한 프로토콜을 이용한 반응이나 주어진 프로토콜이 목적지 호스트에서 지원되지 않는다는 사실을 의미하는 ICMP 프로토콜 도달 불가능 메시지들을 찾는다. 어떤 타입의 반응이든 대상 호스트가 살아 있다는 점을 의미한다.

- **-PR(ARP 핑)** 가장 일반적인 엔맵 이용 시나리오 중 하나는 이더넷 랜 스캔이다. 대부분의 랜, 특히 RFC 1918에 명세된 사설 주소 영역들을 이용하는 랜들에서는 주어진 시간에 대부분의 IP 주소가 이용되지 않는다. 엔맵이 ICMP echo request 같은 raw IP 패킷을 전송할 때 운영체제는 이것이 이더넷 프레임을 목적지에 도착할 수 있게 대상 IP에 상응하는 목적지 하드웨어 ARP 주소를 결정해야 한다. 운영체제는 짧은 시간 내에 이용할 수 없는 호스트들에 대해 몇 백만 개의 ARP 요청을 할 필요가 있을 수도 있다는 예상하

에 제작되지 않았기 때문에 이것은 종종 느리고 문제가 있다.

ARP 스캔은 엔맵과 이것의 최적화된 알고리즘이 ARP 요청들을 담당하게 한다. 그리고 이것이 되돌아오는 반응을 얻는다면 엔맵은 해당 호스트가 up 상태라는 사실을 이미 알았으므로 IP 기반의 핑 패킷들에 대해 고민할 필요조차도 없다. 이것은 ARP 스캔을 IP 기반의 스캔보다 더 빠르고 더 신뢰성 있게 만든다. 이 때문에 엔맵이 탐지한 스캐닝 이더넷 호스트들이 로컬 이더넷 네트워크에 있을 때는 ARP 스캔이 기본적으로 행해진다. 다른 핑 타입들(-PE나 -PS 같은)이 지정되더라도 엔맵은 동일한 랜에 있는 모든 대상을 위해서는 대신 ARP를 이용한다. 절대적으로 ARP 스캔을 원하지 않는다면 --send-ip를 지정하라.

- **--traceroute(호스트에 대한 경로를 추적한다)** 트레이스라우트traceroute는 스캔 결과의 정보를 이용해 대상에 도달하기 위해 가장 있을 법한 포트와 프로토콜을 결정하기 위한 포스트 스캔이다. 이 스캔은 연결 스캔(-sT)과 Idle 스캔(-sI) 이외의 모든 스캔 타입과 함께 작동한다. 모든 트레이스trace는 엔맵의 동적 시간 모델을 이용하며 병렬로 수행된다.

    트레이스라우트는 스캐너와 대상 호스트 사이의 중간 홉에서 ICMP 시간 초과 메시지들을 유발하기 위한 시도로 low TTLtime-to-live을 가진 패킷들을 전송함으로써 작동한다. 표준 트레이스라우트 구현들은 TTL 1에서 시작하며 목적지 호스트에 도달할 때까지 TTL을 증가시킨다. 반면 엔맵의 트레이스라우트는 높은 TTL에서 시작한 후 0에 도달할 때까지 TTL을 감소시킨다. 이것을 거꾸로 하면 엔맵이 여러 개의 호스트에 대해 추적 속도를 높이는 영리한 캐싱 알고리즘을 사용하게 한다. 평균적으로 엔맵은 네트워크 조건에 의존해 호스트당 5-10개 더 적은 패킷을 전송한다. 한 개의 서브넷이 스캔된다면(예를 들어 192.168.0.0/24) 엔맵은 대부분의 호스트에 한 개의 패킷만 전송해야 할지도 모른다.

- **-n(DNS를 해석하지 않음)** 엔맵이 발견한 활동적인 IP 주소들에 대해 역 DNS 해석을 하지 않게 한다. DNS는 엔맵의 내장된 병렬적 스텁 해석기stub resolver가 있어도 늦을 수 있으므로 이 옵션은 스캐닝 시간을 줄일 수 있다.

- **-R(모든 대상에 대한 DNS 해석)** 엔맵이 대상 IP 주소들에 대한 역 DNS 해석을 항상 하게 한다. 보통 역 DNS는 반응을 하는 (온라인) 호스트들에 대해서만 수행된다.

- **--system-dns**(시스템 DNS 해석기를 이용한다) 엔맵은 기본적으로 호스트에 설정된 네임 서버에 직접 질의를 전송한 후 반응을 리스닝해 IP 주소들을 해석한다. 성능을 향상하기 위해 많은 요청(종종 수십 개)을 병렬로 수행한다. 엔맵의 해석기 대신 자신의 시스템에 있는 해석기를 이용하려면(getnameinfo 호출을 통해 한 번에 하나의 IP) 이 옵션을 지정한다. 엔맵 병렬 해석기에서 버그가 발견(그럴 경우 우리에게 알려주기 바람)되지 않는 한 이것은 더 느리고 거의 도움이 되지 않을 것이다. IPv6 스캔에서는 항상 시스템 해석기가 이용된다.

- **--dns-servers ⟨서버1⟩[,⟨서버2⟩[,...]]**(역 DNS 질의를 위해 이용될 서버들) 기본적으로 엔맵은 resolv.conf 파일(유닉스)이나 레지스트리(윈도우 32)에서 여러분의 DNS 서버(rDNS 해석을 위한)를 확인한다. 대안으로 이 옵션을 이용해 다른 서버들을 지정할 수도 있다. 이 옵션은 --system-dns를 이용하거나 IPv6 스캔을 하면 유효하지 않다. 여러 개의 DNS 서버를 이용하면 특히 여러분의 대상 IP 공간을 위해 신뢰할 만한 서버들을 이용할 경우 보통 더 빠르다. 해당 옵션 설정 시 인터넷에 존재하는 DNS 서버는 스캔에 대한 요청(역 DNS)을 대신 처리해 스캔이 들키지 않을 확률을 증가시킬 수 있다.

  이 옵션은 사설 네트워크들을 스캐닝할 때도 편리하다. 때때로 몇 개의 네임 서버만이 적절한 rDNS 정보를 제공하며 여러분은 그들이 어디에 있는지조차 알지 못할 수도 있다. 포트 53(아마도 버전 탐지 옵션을 갖고)에 대해 네트워크를 스캔한 후 동작하는 네임 서버를 발견할 때까지 --dns-servers 옵션을 이용해 각 네임 서버를 한 번에 하나씩 지정하면서 엔맵 목록 스캔(-sL)을 시도할 수도 있다.

15.5 포트 스캐닝 기초

해마다 엔맵의 기능들은 늘어나는 반면에 효율적인 포트 스캐너로 시작된 엔맵은 여전히 핵심 기능이 남아 있다. 간단한 명령 nmap ⟨대상⟩은 호스트 ⟨대상⟩에 있는 1,660개 이상의 TCP 포트들을 스캔한다. 많은 포트 스캐너가 전통적으로 모든 포트를 open과 closed 상태로 묶는 반면 엔맵은 좀 더 세밀하게 분할한다. 엔맵은 포트들을 open, closed, filtered, unfiltered, open|filtered, closed|filtered의 6개 상태로 나눈다.

6개의 상태는 포트 자체에 내재된 속성은 아니지만 엔맵이 포트를 보는 관점을 설명한다. 예를 들어 대상과 동일한 네트워크에서의 엔맵 스캔은 포트 135/tcp를 open이라고 보이는 반면 같은 시간에 인터넷 저쪽에서 동일한 옵션으로 실행한 엔맵 스캔은 그 포트를 filtered라고 판단할 수도 있다.

엔맵에 의해 인식되는 6가지의 포트 상태

- **open** 이 포트에서 애플리케이션은 활동적으로 TCP 연결들이나 UDP 패킷들을 받아들인다. 종종 이들을 발견하는 것이 포트 스캐닝의 주요 목적이다. 보안에 관심을 가진 사람이라면 열린 포트들은 공격의 시작점이라는 사실을 안다. 공격자들과 침투 테스터들은 열린 포트들을 익스플로잇exploit 하기를 원하는 반면 관리자들은 합법적인 사용자를 방해하지 않고 방화벽으로 포트를 닫거나 보호하려고 시도한다. 열린 포트들은 네트워크로 접근해 사용 가능한 서비스를 알려주므로 보안적이지 않은 운영적인 측면 등의 스캔에서도 흥미로운 사항이다.

- **closed** 닫힌 포트는 접근할 수는 있지만(이 포트는 엔맵 프로브 패킷들을 수신하고 반응함) 스캔 대상 내에서 리스닝하는 애플리케이션이 없는 상태를 말한다. 이 상태는 대상 IP 주소의 호스트가 up 상태라는 사실(호스트 발견이나 핑 스캐닝)을 알려주며 운영체제 탐지의 일부분에서 유용할 수 있다. 닫힌 포트들은 도달할 수 있기 때문에 일부 포트가 열릴 가능성이 존재하므로 추후 스캐닝을 해볼 가치가 있을 수도 있다. 관리자들은 방화벽으로 그런 포트들을 차단하고 싶을 수도 있다. 관리자들이 그렇게 한다면 다음과 같이 필터된 상태로 보일 것이다.

- **filtered** 엔맵이 포트에 도달시키려는 프로브들이 패킷 필터링에 의해 차단돼 포트가 열려있는지 여부를 판단할 수 없는 상태를 말한다. 필터링은 전용 방화벽 장치, 라우터 규칙, 호스트 기반의 방화벽 소프트웨어에 의해 발생할 수 있다. 이 상태의 포트들은 상당히 적은 정보를 제공하므로 공격자들을 좌절하게 만든다. 때때로 이들은 타입 3의 코드 13(목적지에 도달하지 못함: 관리 측면에서 금지된 통신) 같은 ICMP 오류 메시지들로 반응하지만 반응을 하지 않고 단순히 프로브들을 버리는 필터들이 훨씬 더 일반적이다. 이것은 프로브가 필터링이 아니라 네트워크 폭주에 의해 버려졌을 때와 마찬가지로 엔맵으로 하여금 프로브 전송을 여러 번 다시 시도하게 만든다. 이것은 스캔 속도를 현저히 떨어뜨린다.

- **unfiltered** unfiltered 상태란 포트에 접근할 수 있지만 포트가 열려 있는지 닫혀 있는지 엔맵이 결정할 수 없다는 의미다. 방화벽 규칙을 조사하기 위해 사용되는 ACK 스캔만이 포트들을 unfiltered 상태로 분류한다. unfiltered 포트들을 윈도우 스캔, SYN 스캔, FIN 스캔 같은 다른 스캔 타입으로 스캐닝하면 그 포트가 열렸는지를 결정하는 데 도움을 준다.

- **open|filtered** 엔맵은 포트가 열려 있는지 필터되는지를 결정할 수 없을 때 포트들을 open|filtered 상태로 분류한다. 이 상태는 열린 포트들에서 아무 반응도 주지 않는 스캔 유형에서 발생한다. 반응이 없다는 것은 패킷 필터가 프로브나 이 포트에서 유발되는 모든 반응을 버렸다는 사실을 의미할 수도 있다. 그래서 엔맵은 포트가 열려있는지 필터되는지를 확실하게 알지 못한다. UDP 스캔, IP 프로토콜 스캔, FIN 스캔, NULL 스캔, Xmas 스캔은 포트를 이런 식으로 분류한다.

- **closed|filtered** 이 상태는 엔맵이 포트가 닫혀있는지 필터되는지를 결정할 수 없을 때 이용한다. 이것은 오직 IP ID Idle 스캔에서만 이용된다.

15.6 포트 스캐닝 기술

자동차 수리를 하는 초보자는 준비된 작업에 대한 기본 도구들(해머, 도관 테이프, 렌치 등)에 적응하기 위해 몇 시간 동안 사투를 벌인다. 그러다가 비참하게 실패하고 고장 난 오래된 차를 진짜 수리공에게 끌고 가면 그는 작업을 쉽게 하는 완벽한 장치를 찾을 때까지 거대한 도구함을 반드시 뒤적인다. 포트 스캐닝 기술도 이와 유사하다. 전문가들은 몇 십 가지의 스캔 테크닉을 이해하고 있으며 주어진 작업에 적절한 하나의(또는 조합한) 기술을 선택한다. 반면 경험이 없는 사용자들이나 스크립트 키드들은 모든 문제를 기본 SYN 스캔으로 해결하려고 시도한다. 엔맵은 무료 프로그램이므로 포트 스캐닝에 숙달되기 위한 유일한 장벽은 지식뿐이다. 이것은 확실히 스프링 압축 지지대가 필요하다는 사실을 습득하는 데에만 수천 달러는 투자해야 하는 대단한 기술이 필요할 수도 있는 자동차 세계를 당혹스럽게 만들 것이다.

대부분의 스캔 타입들은 권한 있는 사용자만이 이용할 수 있다. 스캔 타입들이 raw 패킷들을 전송하고 수신하기 때문인데, 유닉스 시스템에서는 root로 접근할 필요가 있다. 윈도우에서 운영체제에 WinPcap이 이미 로드됐다면 엔맵은 권한

이 없는 사용자들을 위해서도 때때로 동작하기는 하지만 윈도우에서는 관리자 계정을 이용하도록 권장된다. 엔맵이 1997년에 나왔을 때 많은 사용자가 공유된 셸 계정만을 갖고 있었으므로 root 권한이 필요하다는 사실은 상당한 제약이었다. 현재는 세상이 달라졌다. 컴퓨터는 더 싸졌고 매우 많은 사람이 언제나 인터넷에 바로 접속하며, 데스크탑 유닉스 시스템(리눅스와 맥 OS X를 포함해)은 널리 보급됐다. 현재 윈도우 버전의 엔맵도 구할 수 있어 더 많은 데스크탑에서 실행할 수 있다. 이런 이유로 사용자들은 제한된 공유 셸 계정들에서 엔맵을 실행할 필요가 줄어들었다. 권한이 요구되는 옵션들은 엔맵을 더 강력하고 유연하게 만들기 때문에 이것은 다행스런 일이다.

엔맵은 정확한 결과를 생성하기 위해 시도하지만 이런 통찰력은 모두 대상 시스템(또는 그들 앞에 존재하는 방화벽)에서 반환되는 패킷들을 기반으로 한다는 점을 명심하자. 이 호스트들은 신뢰할 수 없을 수도 있으며, 엔맵을 혼란스럽게 하거나 오도하기 위한 목적의 반응들을 전송할 수도 있다. 엔맵 프로브들에 대해 RFC에서 정의된 대로 응답하지 않는 비RFC적인 호스트들이 좀 더 일반적이다. FIN 스캔, NULL 스캔, Xmas 스캔은 특히 이 문제에 민감하다. 이런 문제는 특정 유형의 스캔에만 적용되므로 각 스캔 타입 항목에서 설명된다.

이 절에서는 엔맵에 의해 지원되는 수십 개의 포트 스캔 테크닉들이 문서화됐다. UDP 스캔(-sU)이 TCP 스캔 타입 중의 하나와 결합될 수 있다는 사실을 제외하면 한 번에 단 하나의 방법만이 이용될 수 있다. 메모리를 줄이기 위해 포트 스캔 타입 옵션들은 -s<C>의 형태를 취하는데, 여기에서 <C>는 스캔 이름의 대표 문자이며 보통은 첫 문자다. 여기서 한 가지 예외는 지원되지 않을deprecated FTP 바운스 스캔(-b)이다. 사용자가 raw 패킷(유닉스에서 root로 접근해야 함)을 전송하기 위한 적절한 권한을 갖고 있지 않거나 IPv6 대상이 지정되면 이것이 연결 스캔으로 대체될지라도 엔맵은 기본적으로 SYN 스캔을 수행한다. 이 절에 나열되는 스캔 중에서 권한이 없는 사용자들은 연결 스캔과 FTP 바운스 스캔만을 실행할 수 있다.

- **-sS(TCP SYN 스캔)** SYN 스캔은 기본값이며 몇 가지 좋은 이유로 인해 가장 보편적인 스캔 옵션이다. 이 스캔은 제한적인 방화벽에 의해 방해받지 않으면서 빠른 네트워크에서 초당 몇 천 개의 포트를 스캐닝할 정도로 빠르게 수행될 수 있다. SYN 스캔은 결코 TCP 연결을 완결하지 않기 때문에 상대적으로 눈에 띄지 않고 스캔이 가능하다. 이것은 또한 엔맵의

FIN/NULL/Xmas 스캔과 Maimon 스캔, Idle 스캔이 그렇듯이 특정 플랫폼의 특이성에 의존하기보다는 대부분의 TCP 스택에서 동작한다. 또한 이것은 open, closed와 filtered 상태 사이에서 명확하고 신뢰성 있는 구별을 허용한다.

이 테크닉은 완전한 TCP 연결을 열지 않기 때문에 종종 절반이 열린 half-open 스캐닝이라 불린다. 이것은 실제 연결을 열려고 하는 것처럼 SYN 패킷을 전송한 후 반응을 기다린다. SYN/ACK 반응은 해당 포트가 리스닝(open)하고 있다는 사실을 의미하며 반면 RSTreset 반응은 리스너listener가 없다는 사실을 의미한다. 몇 번의 재전송 후 아무런 반응도 수신되지 않으면 해당 포트는 filtered라고 표시된다. ICMP 도달 불가능unreachable 오류(타입 3, 코드 1, 2, 3, 9, 10, 13)가 수신되면 해당 포트도 filtered로 표시된다.

- **-sT(TCP 연결 스캔)** TCP 연결 스캔은 SYN 스캔이 옵션으로 사용할 수 없을 때 기본적인 TCP 스캔 타입이다. 사용자가 raw 패킷 권한을 갖고 있지 않거나 IPv6 네트워크를 스캐닝할 때가 여기에 해당한다. 대부분의 다른 스캔 타입들처럼 raw 패킷을 작성하는 대신 엔맵은 connect 시스템 함수를 호출해 운영체제에게 대상 시스템의 포트에 연결을 확립하도록 요청한다. 이것은 웹브라우저, P2P 클라이언트와 대부분의 다른 네트워크 가능 애플리케이션들이 연결을 확립하기 위해 이용하는 고수준의 시스템 호출과 동일하다. 이것은 버클리 소켓 API라고 알려진 프로그래밍 인터페이스의 일부분이다. 유선상에서 raw 패킷 반응들을 읽어내는 대신 엔맵은 이 API를 이용해 각 연결 시도에서의 상태 정보를 얻는다.

  SYN 스캔을 이용할 수 있다면 보통은 SYN 스캔이 더 나은 선택이다. 엔맵은 raw 패킷보다 고수준의 connect 시스템 함수 호출에 대한 제어권을 더 적게 갖고 있어 connect 시스템 함수의 호출은 효율적이지 못하다. 이 시스템 호출은 SYN 스캔에 의해 절반이 열린half-open 상태로 재설정reset이 되게 기다리지 않고 열린 대상 포트에 대해 완벽하게 연결을 완료한다. 이것은 같은 정보를 얻기 위해 시간이 더 오래 걸리고 더 많은 패킷을 요구할 뿐만 아니라 대상 시스템들이 해당 연결에 대해 로깅할 가능성이 더 많다. 훌륭한 IDS는 어느 것이든 인지하겠지만 대부분의 시스템들은 그런 경보 시스템을 갖고 있지 않다. 보통 유닉스 시스템의 많은 서비스는 엔맵이 연결한 후 데이터를 전송하지 않고 연결을 닫을 때 syslog에 메모나 때로는 암호화된 오류 메시지를 추가할 것이다. 진짜 형편없는 서비스들은 드물기는 하지만 이런 일이 발생할 때 고장이 나기도 한다. 로그 내용에서 한 개의 시스템으로부터의 수많은 연결 시도를 본 관리자는 해당 시스템이 연결 스캔되고 있다는 사실을 알아야 한다.

- **-sU**(UDP 스캔) 인터넷에서 대부분의 보편적인 서비스들은 TCP 프로토콜에서 실행되지만 UDP 서비스들도 널리 배치돼 있다. 가장 보편적인 3가지는 DNS, SNMP, DHCP(등록된 포트는 53, 161/162와 67/68)다. UDP 스캐닝은 일반적으로 TCP보다 더 느리고 더 어렵기 때문에 일부 보안 감사자는 이 포트들을 무시한다. 익스플로잇할 수 있는 UDP 서비스들이 상당히 많으며 공격자들은 확실히 전체 프로토콜을 무시하지 않을 것이므로 이것은 큰 실수다. 다행히도 엔맵은 UDP 포트들의 목록 조사를 도와줄 수 있다.

  UDP 스캔은 -sU 옵션에 의해 활성화된다. 이 옵션은 한 번의 실행 시에 두 개의 프로토콜을 모두 체크하기 위해 SYN 스캔(-sS) 같은 TCP 스캔 타입과 조합해 이용될 수 있다.

  UDP 스캔은 모든 대상 포트에 빈(데이터가 없는) UDP 헤더를 전송하는 방식으로 작동한다. ICMP 포트 도달 불가능 오류(타입 3, 코드 3)가 반환된다면 해당 포트는 닫혀 있는 것이다. 다른 ICMP 도달 불가능 오류(타입 3, 코드 1, 2, 9, 10, 13)들이 반환되면 포트가 필터돼 있다고 표시된다. 서비스는 종종 UDP 패킷으로 반응해 그것이 열려 있다는 사실을 증명해줄 것이다. 재전송 후에 아무런 반응도 수신되지 않으면 해당 포트는 **open|filtered**로 분류된다. 이것은 그 포트가 열려 있거나 패킷 필터들이 통신을 차단하고 있을 수도 있다는 의미다. 진짜로 열린 포트와 필터된 포트들을 구분하는 데 도움을 주기 위해 버전 탐지(-sV) 옵션이 이용될 수 있다.

  UDP 스캐닝에서의 큰 난점은 이것을 빨리 수행하는 점이다. 열리고 필터된 포트들은 거의 아무런 반응도 전송하지 않아 엔맵을 시간 초과에 걸리게 한 후 프로브나 반응이 상실됐을 때처럼 재전송을 야기한다. 닫힌 포트들은 종종 더 큰 문제를 일으킨다. 이들은 보통 ICMP 포트 도달 불가능 오류를 반응으로 전송한다. 그러나 SYN 스캔이나 연결 스캔에 대한 반응으로서 닫힌 TCP 포트들에 의해 전송되는 RST 패킷과 달리 많은 호스트가 기본적으로 ICMP 포트 도달 불가능 메시지들의 속도rate를 제한한다. 리눅스와 솔라리스는 이에 대해 특히 엄격하다. 예컨대 리눅스 2.4.20 커널은 목적지

도달 불가능destination unreachable 메시지를 1초에 하나로 제한한다
(net/ipv4/icmp.c에서).

엔맵은 대상 시스템이 버려버릴 쓸모없는 패킷을 보내지 않도록 속도 제한을 탐지하고 그것에 맞춰 속도를 줄인다. 불행히도 1초에 한 개의 패킷이라는 리눅스 스타일의 제한은 65,536개의 포트 스캔을 18시간 이상 걸리게 만든다. UDP 스캔을 빨리하기 위한 아이디어로는 더 많은 호스트를 병렬로 스캐닝하고, 먼저 보편적인 포트들만 빨리 스캔하고, 방화벽 뒤에서 스캐닝하고, 느린 호스트들을 스캔에서 제외하기 위해 --host-timeout를 이용하는 방법 등이 있다.

- **-sN; -sF; -sX**(TCP NULL, FIN, Xmas 스캔) 이들 3가지의 스캔 타입(뒤 부분에서 설명되는 --scanflags 옵션으로는 더 많은 것도 할 수 있음)은 열린 포트와 닫힌 포트를 구별하기 위해 TCP RFC의 미묘한 허점을 익스플로잇한다. RFC 793의 65페이지에는 "[대상] 포트의 상태가 닫힌 상태라면 … RST를 포함하지 않은 들어오는 세그먼트에는 반응으로 RST를 전송한다."라고 나온다. 그런 후 다음 페이지에서 SYN, RST, ACK 비트가 설정되지 않은 상태로 열린 포트에 전송된 패킷들을 설명하는데, 거기에는 "이런 일은 일어날 것 같지 않지만 일어났을 경우 세그먼트를 버리고 반환한다."라고 나와 있다.

  이 RFC 문구에 순응하는 시스템들을 스캐닝할 때 SYN, RST, ACK 비트를 포함하지 않은 모든 패킷은 포트가 닫혔을 경우 RST를 반환하고, 포트가 열렸을 경우 아무런 반응도 반환되지 않을 것이다. 이들 3개의 비트가 전혀 포함되지 않는 한 다른 세 가지(FIN, PSH, URG) 플래그의 어떤 조합을 이용해도 괜찮다. 엔맵은 다음과 같은 3가지의 스캔 타입을 갖고 이것을 익스플로잇한다.

  - **Null 스캔**(-sN)   어떤 비트도 설정하지 않는다(TCP 플래그 헤더는 0이다).

  - **FIN 스캔**(-sF)   TCP FIN 비트만 설정한다.

  - **Xmas 스캔**(-sX)   FIN, PSH, URG 플래그를 설정해 패킷을 크리스마스 트리와 같이 빛나게 한다.

  이들 3가지의 스캔 타입은 프로브 패킷에 설정된 TCP 플래그들을 제외하면 동작이 완전히 동일하다. RST 패킷이 수신되면 해당 포트가 닫힌 것으로 간주되는 반면 아무 반응도 없으면 open|filtered를 의미한다. ICMP 도달

불가능 오류(타입 3, 코드 1, 2, 3, 9, 10, 13)가 수신되면 해당 포트는 `filtered`로 표시된다.

이들 스캔 타입의 주요 이점은 특정 비상태 기반 방화벽과 패킷 필터링 라우터들을 통과해 몰래 스캔할 수 있다는 점이다. 또 다른 이점은 이들 스캔 타입이 SYN 스캔보다 조금 더 비밀스러운 스캔이라는 점이지만 기대하지 말자. 요즘 IDS 제품들은 이들을 탐지하게 설정할 수 있다. 큰 단점은 모든 시스템이 RFC 793을 문자 그대로 따르지는 않는다는 점이다. 많은 시스템은 포트가 열려 있는지 여부에 관계없이 브로브들에 대해 RST 반응을 전송한다. 이것은 모든 포트를 닫힌 상태로 표시되게 만든다. 이렇게 작동하는 주요 운영체제에는 마이크로소프트 윈도우, 많은 시스코 장치, BSDI와 IBM OS/400이 있다. 하지만 이 스캔은 대부분의 유닉스 기반 시스템에서는 작동한다. 이들 스캔의 또 다른 단점은 열린 포트를 특정 필터된 포트와 구분할 수 없어 해당 반응에 대해 `open|filtered`로 판단한다는 점이다.

- **-sA(TCP ACK 스캔)** 이 스캔은 결코 열린(또는 `open|filtered`) 포트들을 결정하지 않는다는 점에서 지금까지 설명했던 다른 스캔들과 다르다. 이 스캔은 방화벽이 상태 기반인지, 아닌지, 어떤 포트들이 필터되는지를 결정하면서 방화벽 규칙들을 밝혀내기 위해 이용된다.

  ACK 스캔 프로브 패킷은 ACK 플래그만(`--scanflags`를 이용하지 않은 한) 설정한다. 필터되지 않은 시스템을 스캐닝할 때 열린 포트들과 닫힌 포트들은 모두 RST 패킷을 반환한다. 그러면 엔맵은 이들이 ACK 패킷에 의해 도달할 수 있다는 사실을 의미하는 `unfiltered`로 표시하지만 이들이 열려 있는지 닫혀 있는지는 판단할 수 없다. 이와 반대로 반응을 하지 않거나 특정 ICMP 오류 메시지들(타입 3, code 1, 2, 3, 9, 10, 13)을 전송하는 포트들은 필터되는 것으로 표시된다.

- **-sW(TCP 윈도우 스캔)** 윈도우 스캔은 RST가 반환될 때 항상 `unfiltered`를 출력하기보다는 열린 포트를 닫힌 포트에서 구분하기 위해 특정 시스템들의 세부 구현 내용을 익스플로잇한다는 점을 제외하면 ACK 스캔과 완전히 동일하다. 이 스캔은 반환된 RST 패킷들의 TCP 윈도우 필드를 조사하는 방식으로 동작한다. 일부 시스템에서 열린 포트는 (RST 패킷들에서조차) 양수의 윈도우 크기를 이용하는 반면 닫힌 포트는 0의 윈도우를 갖는다. 그러므로 RST를 반응으로 수신했을 때 포트를 항상 `unfiltered`로 나열하는 대신 윈

도우 스캔은 이 리셋의 TCP 윈도우 값이 양수나 0일 경우 포트를 각기 open 이나 closed로 나열한다.

이 스캔은 인터넷에 있는 소수 시스템의 세부 구현 내용에 의존하므로 항상 신뢰할 수는 없다. 이 방식을 지원하지 않는 시스템들은 보통 모든 포트를 closed로 반환한다. 물론 실제로 시스템이 열린 포트를 갖고 있지 않을 수도 있다. 대부분의 스캔된 포트들이 닫혀 있지만 몇 개의 일반적인 포트 번호들(22, 25, 53 같은)이 필터된다면 그 시스템은 매우 민감할 것으로 보인다. 종종 시스템들은 완전히 반대되는 행위를 보이기조차 할 것이다. 스캔 결과가 1,000개의 열린 포트와 3개의 닫히거나 필터된 포트를 보인다면 이들 3개의 포트가 실제로 열린 포트일 가능성이 많다.

- **-sM(TCP Maimon 스캔)** Maimon 스캔은 발견자인 우리엘 마이몬Uriel Maimon의 이름을 딴 스캔이다. 우리엘은 『Phrack Magazine issue #49(1996년 11월)』에서 이 기술을 설명했다. 이 기술이 포함된 엔맵은 issue #51에서 배포됐다. 이 기술은 프로브가 FIN/ACK라는 점을 제외하면 NULL 스캔, FIN 스캔, Xmas 스캔과 완전 동일하다. RFC 793(TCP)에 따르면 포트가 열려 있든 닫혀 있든 해당 프로브에 반응해 RST 패킷이 생성돼야 한다. 하지만 우리엘은 BSD 기반의 시스템 대부분은 포트가 열렸을 경우 단순히 패킷을 버린다는 사실을 알아냈다.

- **--scanflags(맞춤형 TCP 스캔)** 진짜 유능한 엔맵 사용자들이라면 제공된 진부한 스캔 타입들에 제한될 필요가 없다. --scanflags 옵션에 임의의 TCP 플래그들을 지정함으로써 자신만의 스캔을 디자인할 수 있다. 제작사가 단순히 엔맵 설명서를 뒤적이면서 특정 규칙들을 추가해 만든 침입탐지 시스템을 우회하기 위해 여러분 자신의 독창적인 스캔을 해보기 바란다.

    --scanflags 인자는 9(PSH와 FIN) 같은 숫자 값일 수도 있지만 심볼명을 이용하는 것이 더 쉽다. URG, ACK, PSH, RST, SYN, FIN의 어떤 조합이든 단순히 섞어 쓰면 된다. 예를 들어 --scanflags URGACKPSHRSTSYNFIN은 스캐닝을 위해 그다지 유용하지는 않지만 모든 플래그를 설정한다. 이들이 어떤 순서로 지정되든 상관없다.

    필요한 플래그뿐만 아니라 TCP 스캔 타입(-sA나 -sF 같은)을 지정할 수 있다. 이 기본 타입은 엔맵에게 반응들을 해석하는 방식을 알려준다. 예를 들면 SYN 스캔은 반응이 없을 때 필터된 포트라고 생각하는 반면 FIN 스캔은

반응이 없을 때 open|filtered로 처리한다. 지정된 TCP 플래그들을 대신 이용한다는 점을 제외하면 엔맵은 기본 스캔 타입에서 하던 방식과 동일한 방식으로 반응을 해석한다. 기본 타입을 지정하지 않으면 반응 해석에 SYN 스캔이 이용된다.

- **-sl ⟨좀비 호스트⟩[:⟨probe 포트⟩](idle 스캔)** 이 진보된 스캔 방법은 대상에 대한 진짜로 숨겨진blind TCP 포트 스캔을 허용한다(여러분의 실제 IP 주소에서 대상으로 어떤 패킷도 전송되지 않는다는 의미다). 그 대신 독특한 부속 채널 공격이 대상의 열린 포트들에 대한 정보를 수집하기 위해 좀비 호스트에서 예측 가능한 IP 단편화 ID 시퀀스 생성을 익스플로잇한다. IDS 시스템들은 여러분이 지정한 좀비 시스템(up 상태이고 특정 기준을 만족해야 함)에서 스캔이 오고 있다고 디스플레이할 것이다. 이 매혹적인 스캔 타입에 관한 자세한 내용은 '5.10 TCP Idle 스캔(-sI)'을 참조하라.

    이 스캔 방법은 매우 은밀하다는(이것의 숨겨진 특성에서 기인한) 점 이외에도 이 스캔으로 인해 시스템 사이의 IP 기반 신뢰 관계를 밝혀내는 것이 가능하다. 포트 리스닝은 좀비 호스트의 관점에서 열린 포트들을 알려준다. 그러므로 신뢰될 것이라고 추정한 다양한 좀비 호스트를 이용해 대상을 스캐닝하는 작업을 시도할 수 있다(라우터/패킷 필터 규칙들을 경유해).

    IP ID 변경을 위해 좀비의 특정 포트를 검사하기를 원한다면 좀비 호스트 뒤에 콜론과 포트 번호를 추가한다. 그렇지 않으면 엔맵은 자신이 TCP 핑을 위한 기본값(80)으로 포트를 이용할 것이다.

- **-sO(IP 프로토콜 스캔)** IP 프로토콜 스캔은 대상 시스템들에 의해 어떤 IP 프로토콜들(TCP, ICMP, IGMP 등)이 지원되는지를 결정할 수 있게 한다. 이것은 TCP나 UDP 포트 번호들보다는 IP 프로토콜 번호들을 순환하므로 기술적으로는 포트 스캔이 아니다. 그러나 여전히 스캔되는 프로토콜 번호들을 선택하기 위해 -p 옵션을 이용하고, 정상 포트 테이블 포맷 내에 결과들을 보고하며, 진정한 포트 스캐닝 방법들과 동일한 기본 스캔 엔진을 이용하기까지 한다. 그래서 이것은 충분히 포트 스캔에 가깝다.

    프로토콜 스캔은 권리라는 면에서 유용하다는 점 이외에도 오픈소스 소프트웨어의 강력함을 보여준다. 기초 아이디어는 상당히 간단하지만 나는 이것을 추가할 생각도 하지 못했고 그런 기능에 대한 어떤 요청도 받지 않았었다. 그러다가 2000년 여름에 Gerhard Rieger가 아이디어를 고안했으며 이기능을 구현하는 훌륭한 패치patch를 작성한 후 nmap-hackers 메일링 리스트에 보냈다. 나는 이 패치를 엔맵 소스 트리에 통합한 후 다음 날 새 버전을 배포했다. 상용 소프트웨어는 자신의 개선점을 디자인하고 기여하기에 충분한 열정적인 사용자들을 거의 갖고 있지 않다.

프로토콜 스캔은 UDP 스캔과 유사한 양식으로 작동한다. UDP 패킷의 포트 번호 필드를 반복 순환하는 대신 IP 패킷 헤더들을 전송하고 8비트 IP 프로토콜 필드를 반복 순환한다iterate. 헤더들은 보통 비어 있으며 아무 데이터도 포함하지 않고 요구된claimed 프로토콜을 위한 적절한 헤더조차도 없다. 이에 대한 3가지 예외로는 TCP, UDP, ICMP가 있다. 일부 시스템은 적절한 헤더가 없으면 이들을 전송하려고 하지 않으며 엔맵은 이미 이들을 생성하는 기능을 갖고 있으므로 이 3가지를 위한 적절한 프로토콜 헤더가 포함된다. ICMP 포트 도달 불가능 메시지들을 감시하는 대신 프로토콜 스캔은 ICMP 프로토콜 도달 불가능 메시지들을 감시한다. 엔맵이 대상 호스트로부터 어떤 프로토콜에서든 어떤 반응이라도 수신하면 엔맵은 해당 프로토콜을 열린 것으로 표시한다. ICMP 프로토콜 도달 불가능 오류(타입 3, 코드 2)는 해당 프로토콜이 닫힌 상태로 표시되게 한다. 다른 ICMP 도달 불가능 오류들(타입 3, 코드 1, 3, 9, 10, 13)은 프로토콜이 필터된다고 표시되게 한다(이들이 같은 시간에 ICMP가 열려 있다는 사실을 증명할지라도). 재전송 후에 아무런 반응도 수신되지 않으면 해당 프로토콜은 open|filtered로 표시된다.

- **-b ⟨FTP relay 호스트⟩**(FTP 바운스 스캔) 소위 프록시 FTP 연결을 위한 지원은 FTP 프로토콜(RFC 959)의 흥미로운 기능 중 하나이다. 이것은 사용자가 하나의 FTP 서버에 연결한 후 파일들이 써드파티 서버로의 전송 요청을 허용한다. 그런 기능은 많은 레벨에서 남용을 부추기므로 대부분의 서버는 이 기능의 지원을 중단했다. 이 기능이 허용하는 남용 중의 하나는 FTP 서버로 하여금 다른 호스트들을 포트 스캔하게 하는 것이다. 단순히 FTP 서버에게 대상 호스트의 흥미로운 포트들에 적절한 순서로 파일을 전송하게 하면 된다. 오류 메시지는 포트가 열려 있는지 여부를 나타낸다. 조직의 FTP 서버들은 종종 어떤 오래된 인터넷 호스트보다 다른 내부 호스트들에 대해 더 많은 접근을 하는 곳에 위치하므로 방화벽들을 우회하기 위한 좋은 방법이다. 엔맵은 -b 옵션으로 FTP 바운스 스캔을 지원한다. 이것은 ⟨사용자명⟩:⟨비번⟩@⟨서버⟩:⟨포트⟩ 형태로 인자를 받아들인다. ⟨서버⟩는 취약한

FTP 서버의 이름이나 IP 주소다. 정상적인 URL 같이 <사용자 명>:<비번>을 생략할 수도 있는데, 그 경우 익명의 로그인 자격 증명(사용자: anonymous, 비번: -wwwuser@)이 이용된다. 포트 번호(그리고 앞의 콜론)도 생략할 수 있으며 그 경우 <서버>의 기본 FTP 포트(21)가 이용된다.

이 취약점은 엔맵이 배포됐던 1997년에 널리 퍼졌지만 대부분의 취약점이 고쳐졌다. 취약한 서버들은 여전히 주변에 있으므로 모든 작업이 실패할 때 시도할 만한 가치는 있다. 방화벽 우회가 목적이라면 열린 포트 21(또는 버전 탐지로 모든 포트를 스캔한다면 어떤 FTP 서비스라도)을 가진 대상 네트워크를 스캔한 후 각기 이용해 바운스 스캔을 시도하라. 엔맵은 해당 호스트가 취약한지 아닌지를 알려줄 것이다. 자취를 감추기 위해서만 시도하는 것이라면 꼭 대상 네트워크의 호스트들로 제한할 필요는 없다(그리고 사실 그렇게 하지 말아야 한다). 취약한 FTP 서버들을 위해 무작위 인터넷 주소들을 스캐닝하기 전에 여러분이 그들의 서버를 이런 식으로 남용하는 사실을 시스템 관리자들이 인정하지 않을 수도 있다는 점을 생각하기 바란다.

15.7 포트 지정과 스캔 순서

앞서 설명한 모든 스캔 방법에 추가해 엔맵은 어떤 포트들이 스캔되고, 스캔 순서가 무작위인지 연속적인지를 지정하기 위한 옵션들을 제공한다. 엔맵은 기본적으로 1,024까지의 모든 포트와 스캔될 프로토콜을 위해 `nmap-services` 파일에 나열된 더 높은(1024보다) 번호의 포트들을 스캔한다.

- **-p <포트 범위>**(지정된 포트들만 스캔한다) 이 옵션은 어떤 포트들을 스캔하고 싶은지를 지정하며 기본값을 덮어쓴다. 개별적인 포트 번호들을 인자로 받으며, 범위는 하이픈으로 구분한다(예를 들어 1-1023). 범위의 시작 값과 마지막 값은 생략할 수 있는데, 생략하면 엔맵은 각기 1과 65535를 이용한다. 그래서 -p-를 지정하면 1에서 65535까지의 포트를 스캔할 수 있다. 명시적으로 지정했을 경우 포트 0의 스캐닝도 허용된다. IP 프로토콜 스캐닝(-sO)에서 이 옵션은 스캔하고 싶은 프로토콜 번호들을 지정한다(0-255).

  TCP와 UDP 포트를 모두 스캐닝할 때 포트 번호 앞에 T:나 U:를 넣음으로써 특정 프로토콜을 지정할 수 있다. 이 한정자qualifier는 다른 한정자를 지정할 때까지 지속된다. 예를 들어 `-p U:53,111,137,T:21-25,80,139,8080`은 열거된 TCP 포트들과 함께 UDP 포트 53, 111, 137을 스캔한다. UDP와 TCP를 모두 스캔하려면 -sU와 최소 하나의 TCP 스캔 타입(-sS, -sF, -sT 같은)을 지정해야 한다는 점에 주의하라. 프로토콜 한정자가 하나도 주어지지 않으면 모든 프로토콜 목록에 포트 번호들이 추가된다.

또한 포트들은 nmap-services에서 참조되는 포트들의 이름에 의해서도 지정될 수 있다. 이름에는 와일드카드 *와 ?도 이용할 수 있다. 예를 들어 FTP와 'http'로 시작되는 이름을 가진 모든 포트들을 스캔하려면 -p ftp,http*를 지정한다. 셸 확장에 주의하고, 확실하지 않다면 -p 인자에 인용부호를 쓰기 바란다.

포트들의 범위는 범위 내의 nmap-services에 있는 포트들을 지칭하기 위해 대괄호로 둘러쌀 수도 있다. 예를 들어 -p [-1024]는 1,024 이하의 nmap-services에 있는 모든 포트를 스캔한다. 셸 확장에 주의하고, 확실하지 않다면 -p 인자에 인용부호를 쓰기 바란다.

- **-F(빠른 (한정된 포트) 스캔)** 기본값보다 더 적은 수의 포트를 스캔하고 싶다는 것을 지정한다. 엔맵은 보통 스캔되는 각 프로토콜에 대해 가장 일반적인 1,000개의 포트를 스캔한다. -F를 이용하면 이것이 100개로 줄어든다.

  어떤 포트들이 가장 일반적인지를 알기 위해 엔맵은 빈도 정보를 가진 nmap-services 파일이 필요하다(포트 빈도에 관한 더 자세한 정보는 '14.2 잘 알려진 포트 목록: nmap-services'를 참조하라). 맞춤형 nmap-services 파일을 이용하는 등의 이유로 포트 빈도 정보를 얻을 수 없다면 -F는 services 파일에 이름이 있는 포트들만을 스캔한다(엔맵은 보통 이름이 있는 모든 포트와 포트 1-1024를 스캔한다).

- **-r(포트들을 무작위 순서로 스캔하지 않는다)** 기본적으로 엔맵은 스캔되는 포트를 무작위 순서로 스캔한다(효율성의 면에서 일반적인 접근 가능 특정 포트들이 시작 부분 가까이로 이동됐을 경우는 제외). 이 무작위화는 보통은 바람직하지만 대신 연속적인 포트 스캐닝을 하려면 -r을 지정한다.

- **--port-ratio ⟨0과 1 사이의 소수⟩** 인자로 지정된 수보다 더 큰 비율ratio을 가진 nmap-services 파일의 모든 포트를 스캔한다(새 포맷의 nmap-services 파일에서만).

- **--top-ports ⟨1 이상의 정수⟩** nmap-services 파일의 비율 중 가장 큰 수부터 N개까지의 포트들을 스캔한다(새 포맷의 nmap-services 파일에서만).

15.8 서비스 탐지와 버전 탐지

엔맵으로 원격 시스템을 조사하면 포트 25/tcp, 80/tcp, 53/udp가 열려있다고 알려 줄 수도 있을 것이다. 2,200개의 잘 알려진 서비스에 관한 자신의 `nmap-services` 데이터베이스를 이용해 엔맵은 이들 포트가 각기 메일 서버(SMTP), 웹서버(HTTP), 네임 서버(DNS)에 해당된다고 보고할 것이다. 이런 예측은 보통 정확하다. 즉, TCP 포트 25에서 리스닝하는 대부분의 데몬daemon은 사실 메일 서버다. 하지만 이런 예측을 전적으로 믿어서는 안 된다! 사람들은 이상한 포트에서 서비스를 실행하기도 하고, 실행할 수도 있다.

엔맵이 옳았고 위의 가상 서버가 SMTP, HTTP, DNS 서버를 실행할지라도 그것은 충분한 정보가 아니다. 여러분의 회사나 고객들의 취약점을 평가할 때(또는 단순한 네트워크 목록 조사에서도) 사실 어떤 메일 서버와 DNS 서버, 어떤 버전이 실행되고 있는지 알고 싶을 것이다. 정확한 버전 번호를 얻는 것은 서버가 어떤 익스플로잇에 취약한지를 결정하는 데 매우 도움이 된다. 버전 탐지는 이 정보를 얻는 데 도움을 준다.

여러 스캔 방법 중 하나를 이용해 TCP 포트와 UDP 포트들이 발견된 후 버전 탐지는 실제로 어떤 것이 실행되는지 더 많은 것을 밝혀내기 위해 이들 포트들을 집중 조사한다. `nmap-service-probes` 데이터베이스는 다양한 서비스에 질의하기 위한 프로브가 담겨있으며 반응들을 인식하고 분석하기 위해 예상되는 표현을 매칭한다. 엔맵은 서비스 프로토콜(예를 들어 FTP, SSH, 텔넷, HTTP), 애플리케이션 이름(예를 들어 ISC BIND, Apache httpd, Solaris telnetd), 버전 번호, 호스트명, 디바이스 타입(예를 들어 프린터, 라우터), 운영체제 패밀리(예를 들어 윈도우, 리눅스), X 서버가 연결을 위해 열려 있는지 여부, SSH 프로토콜 버전, KaZaA 사용자명 같은 잡다한 세부 정보를 판단하려 한다. 물론 대부분의 서비스들은 이 모든 정보를 제공하지 않는다. 엔맵이 OpenSSL 지원 옵션을 갖고 컴파일됐다면 암호화encryption 계층 뒤에서 리스닝하는 서비스를 추론하기 위해 SSL 서버들에 연결할 것이다. RPC 서비스들이 발견될 때는 RPC 프로그램과 버전 번호를 결정하기 위해 엔맵 RPC 그라인더(-sR)가 자동으로 이용된다. UDP 포트 스캔이 포트가 열려 있는지 필터 되는지를 결정할 수 없을 때 몇 개의 UDP 포트들은 `open|filtered` 상태로 남겨진다. 버전 탐지는 이 포트들에서 반응을 유발하기 위해 동작하고, 이 작업이 성공한다면 상태를 열린 상태로 변경할 것이다. `open|filtered` TCP 포트들도

동일한 방식으로 처리된다. 엔맵 -A 옵션은 무엇보다도 버전 탐지를 활성화한다는 점에 주의하기 바란다. 버전 탐지는 7장 '서비스와 애플리케이션 버전 탐지'에서 자세히 다뤘다.

엔맵이 서비스에서 반응을 수신했는데 자신의 데이터베이스에서 이것을 찾을 수 없을 때 데이터베이스에 존재하지 않는 특수한 핑거프린트fingerprint와 여러분이 해당 포트에서 무엇이 실행되는지를 확실하게 알 경우 이것을 제출할 URL을 출력한다. 여러분의 발견이 모든 사람에게 도움이 될 수 있게 몇 분을 투자해 정보를 제출해주기 바란다. 이런 제출 덕분으로 엔맵은 SMTP, FTP, HTTP 등과 같은 350개 이상의 프로토콜에 대해 3,000개에 가까운 패턴 매치를 갖게 됐다. 버전 탐지는 다음 옵션에 의해 활성화되고 제어된다.

- **-sV**(버전 탐지) 앞서 설명했듯이 버전 탐지를 활성화한다. -A를 이용할 수도 있는데, 이것은 무엇보다도 버전 탐지를 활성화한다.

- **--allports**(버전 탐지에서 어떤 포트도 제외하지 않는다) 기본적으로 엔맵 버전 탐지는, TCP 포트 9100에 전송된 모든 포트를 단순히 출력하는 일부 프린터들이 몇 십 페이지에 이르는 HTTP GET 요청과 바이너리 SSL 세션 요청 등을 단순히 출력할 것이므로 TCP 포트 9100을 스캔에서 제외한다. 이런 행위는 `nmap-service-probes`에서 Exclude 지시자directive를 변경하거나 제거함으로써 바꿀 수 있다. 또는 `--allports`를 지정하면 Exclude 지시자와 전혀 관계없이 모든 포트를 스캔할 수 있다.

- **--version-intensity ⟨강도⟩**(버전 스캔 강도를 설정한다) 버전 스캔(-sV)을 수행할 때 엔맵은 프로브들을 전송하는데, 이들에는 각기 1에서 9 사이의 희소가치rarity value가 할당돼 있다. 낮은 값의 프로브들은 매우 다양한 일반적인 서비스들에 대해 효과적인 반면 높은 값의 프로브들은 거의 유용하지 않다. 강도 레벨은 어떤 프로브들이 적용돼야 하는지를 지정한다. 높은 값이면 서비스가 올바르게 식별될 가능성이 더 많다. 하지만 높은 강도는 스캔 시간이 더 오래 걸린다. 강도는 0과 9 사이여야 하며, 기본값은 7이다. 프로브가 `nmap-service-probes` 파일의 `ports` 지시자를 경유해 대상 포트에 등록될 때 이 프로브는 강도 레벨과 관계없이 시도된다. 이것은 DNS 프로브들이 항상 모든 열린 포트 53에 시도되고, SSL 프로브가 443에 대해 시도된다는 점을 보장한다.

- **--version-light**(light 모드를 활성화한다) 이것은 --version-intensity 2의 편의 옵션이다. light 모드는 버전 스캐닝을 매우 빠르게 만들지만 서비스들을 식별하는 기능은 약간 떨어진다.

- **--version-all**(모두 한 개의 probe를 시도한다) --version-intensity 9의 편의 옵션으로 각 포트에 대해 모두 한 개의 프로브가 시도되도록 보증한다.

- **--version-trace**(버전 스캔 활동을 추적한다) 엔맵으로 하여금 버전 스캐닝이 무엇을 했는지에 관한 광범위한 디버깅 정보를 출력하게 한다. 이것은 --packet-trace로 얻는 내용의 일부다.

- **-sR**(RPC 스캔) 이 방법은 엔맵의 다양한 포트 스캔 방법과 결합해 작동한다. 이것은 열려있는 상태로 발견된 모든 TCP/UDP 포트를 받아들여 그들이 RPC 포트인지를 결정하고, RPC 포트인 경우 어떤 프로그램과 버전을 돌리고 있는지를 확인하기 위한 시도로 그들에게 SunRPC 프로그램 Null 명령들을 다량으로 보낸다. 그래서 대상의 portmapper가 방화벽 뒤에 있더라도(또는 TCP 래퍼에 의해 보호되더라도) rpcinfo -p와 동일한 정보를 효율적으로 얻을 수 있다. 교란 미끼Decoy는 현재 RPC 스캔과 함께 작동하지 않는다. 이 옵션은 버전 스캔을 요청하면 버전 스캔(-sV)의 일부로서 자동으로 활성화된다. 버전 탐지가 이 옵션을 포함하고 있으며 더 포괄적이므로 -sR은 거의 필요하지 않다.

15.9 운영체제 탐지

TCP/IP 스택 핑거프린팅을 이용한 원격 운영체제 탐지는 엔맵의 가장 잘 알려진 기능 중 하나다. 엔맵은 원격 호스트에 TCP, UDP 패킷들을 전송하고 반응하는 모든 비트를 실제적으로 조사한다. TCP ISN 샘플링, TCP 옵션 지원과 스캔 순서, IP ID 샘플링, 초기 윈도우 크기 체크 같은 몇 십 개의 테스트를 수행한 후 엔맵은 최소 천 개 이상의 알려진 운영체제 핑거프린트를 가진 자신의 **nmap-os-db** 데이터베이스와 결과들을 비교하고 일치하면 운영체제 세부 내용을 출력한다. 각 핑거프린트는 자유로운 형태의 운영체제 설명문과 벤더명(예를 들어 썬), 기반 운영체제(예를 들어 솔라리스), 운영체제 세대(예를 들어 10), 장치 타입(범용 목적, 라우터, 스위치, 게임 콘솔 등)을 제공하는 분류를 포함한다.

엔맵이 시스템의 운영체제를 추측할 수 없지만 조건들은 좋다면(예를 들어 최소 한 개의 열린 포트와 한 개의 닫힌 포트가 발견되는 등) 엔맵은 여러분이 시스템에서 실행되는 운영체제를 (확실히) 알 경우 그 핑거프린트를 제출하는 데 이용할 수 있는 URL을 제공할 것이다. 이에 동참함으로써 여러분은 엔맵의 알려진 운영체제 풀pool에 기여하게 되며, 모든 사람이 더 정확한 정보를 얻게 될 것이다.

운영체제 탐지는 탐지 과정 중에 모아지는 정보를 이용하는 일부 다른 테스트들을 활성화한다. TCP Sequency Predictability ClassificationTCP 순서 예측 구분은 그 중 하나다. 이것은 원격 호스트에 대해 위조된 TCP 연결을 확립하기가 얼마나 어려운지를 대략적으로 측정한다. 이것은 소스 IP 기반의 신뢰 관계(rlogin, 방화벽 필터 등)를 익스플로잇하거나 공격자의 소스를 감추는 데 유용하다. 이런 종류의 스푸핑spoofing은 이제 거의 수행되지 않지만 많은 시스템이 여전히 이에 취약하다. 실제의 난이도 값은 통계적 샘플링을 기반으로 하며 값이 오르내릴 수도 있다. '가치 있는 도전worthy challenge'이나 '사소한 농담trivial joke' 같은 영문 분류를 이용하는 편이 일반적으로 더 낫다. 이것은 verbose(-v) 모드에서만 정상적인 출력으로 보고된다. verbose 모드가 -O 옵션과 함께 활성화되면 IP ID 시퀀스 생성도 역시 보고된다. 대부분의 시스템들은 '증분incremental' 클래스에 있는데, 이것은 그들이 전송하는 각 패킷에 대해 IP 헤더의 IP 필드 값을 증가시킨다는 의미다. 이것은 해당 시스템을 몇 가지 진보된 정보 수집과 스푸핑 공격에 취약하게 만든다.

대상의 가동 시간을 추정하는 것은 운영체제 탐지에 의해 활성화되는 또 다른 추가 정보다. 이것은 TCP 타임스탬프 옵션(RFC 1323)을 이용해 시스템이 마지막으로 재부팅한 시간을 추정한다. 이 추정은 타임스탬프 카운터가 0으로 초기화되지 않았거나 카운터가 넘치거나 한 바퀴 순환에 기인해 정확하지 않을 수도 있으므로 verbose 모드에서만 출력된다.

운영체제 탐지는 8장 '원격 운영체제 탐지'에서 다뤘다.

운영체제 탐지는 다음 옵션들에 의해 활성화되고 제어된다.

- **-O**(운영체제 탐지를 활성화한다) 앞서 설명한 대로 운영체제 탐지를 활성화한다. 또는 -A 옵션을 이용하면 무엇보다도 버전 탐지를 활성화할 수 있다.

- **--osscan-limit**(운영체제 탐지를 유망한 대상들로 제한한다) 운영체제 탐지는 최소 한 개의 열린 TCP 포트와 닫힌 TCP 포트가 발견되면 훨씬 더 효율적이다. 이 옵션을 설정하면 엔맵은 이 기준을 만족하지 않는 호스트들에 대해서는

운영체제 탐지를 시도하려고도 하지 않는다. 이 기능은 특히 많은 호스트에 대한 -PN 스캔에서 상당한 시간을 줄여줄 수 있다. 이 옵션은 -O나 -A에 의해 운영체제 탐지가 요청됐을 때만 의미가 있다.

- **--osscan-guess; --fuzzy**(운영체제 탐지 결과들을 추정한다) 엔맵이 완벽하게 매칭되는 운영체제를 탐지할 수 없을 때 이 옵션은 때때로 가능성이 있는 근접 결과를 제공한다. 엔맵이 이것을 기본적으로 하려면 매칭이 매우 비슷해야 한다. 이들 (동등한) 옵션은 어느 것이나 엔맵을 좀 더 과감하게 추정하게 만든다. 엔맵은 여전히 불완전한 매칭이 출력될 때 알려주고 각 추측을 위한 신뢰 수준(%)을 디스플레이해준다.

- **--max-os-tries**(대상에 대한 운영체제 탐지 시도의 최대 수를 설정한다) 엔맵이 대상에 대한 운영체제 탐지를 수행하고 완벽한 매치match를 발견하는 데 실패했을 때 보통 반복 시도를 한다. 기본적으로 엔맵은 운영체제 핑거프린트 제출을 위해 조건이 좋으면 5번 시도하고, 조건이 좋지 않을 때는 2번 시도한다. --max-os-tries 값을 낮게(1처럼) 지정하면 운영체제를 식별할 가능성이 있는 재시도를 놓치기는 하지만 엔맵의 속도를 높여준다. 반대로 조건들이 좋을 때 더 많은 횟수의 재시도를 허용하기 위해 높은 값을 지정할 수도 있다. 이런 일은 엔맵 운영체제 데이터베이스로의 제출과 통합을 위해 더 나은 핑거프린트를 생성하는 경우를 제외하면 거의 행해지지 않는다.

15.10 엔맵 스크립팅 엔진(NSE)

엔맵 스크립팅 엔진NSE은 엔맵의 가장 강력하고 유연한 기능 중 하나다. 이 기능은 다양한 네트워크 작업들을 자동화하기 위해 사용자들이 간단한 스크립트(Lua 프로그래밍 언어[1]를 이용해)를 작성(그리고 공유)하도록 허용한다. 이 스크립트들은 여러분이 엔맵에서 기대하는 속도와 효율성을 갖고 병렬로 실행된다. 사용자들은 엔맵과 함께 배포되는 점점 늘어나는 다양한 스크립트 묶음에 의존하거나 맞춤형 요구들을 충족하기 위해 자신만의 스크립트를 작성할 수도 있다.

이 시스템을 만들 때 우리가 떠올렸던 작업들은 네트워크 발견, 좀 더 현학적인 버전 탐지, 취약점 탐지 등을 포함했었다. NSE는 취약점의 익스플로잇을 위

---

1. http://lua.org

해서도 이용할 수 있다.

여러 가지 용도를 반영하고 어떤 스크립트들을 실행할지 선택을 단순화하기 위해, 각 스크립트는 자신을 하나 이상의 카테고리와 연관시키는 필드를 갖고 있다. 현재 정의된 카테고리는 safe, intrusive, malware, version, discovery, vuln, auth, default가 있다. 이들은 모두 '9.2.1 스크립트 카테고리'에서 설명했다.

엔맵 스크립팅 엔진은 9장 '엔맵 스크립팅 엔진'에서 자세히 설명했으며, 다음 옵션들에 의해 제어된다.

- **-sC** 기본 묶음의 스크립트들을 이용해 스크립트 스캔을 수행한다. 이것은 --script=default와 동등하다. 이 카테고리에 있는 일부 스크립트는 침투적으로 간주되므로 허가 없이 대상 네트워크에 대해 실행해서는 안 된다.

- **--script <스크립트 카테고리>|<디렉토리>|<파일명>|all** 기본 묶음이 아니라 콤마로 분리된 스크립트 카테고리들의 목록, 개별 스크립트들, 스크립트들을 포함하는 디렉토리들을 이용해 스크립트 스캔을 실행한다(-sC 같이). 엔맵은 먼저 인자들을 카테고리로 해석하려고 시도하며 그 다음으로(실패했을 경우) 파일이나 디렉토리로 해석하려고 한다. 스크립트나 스크립트들의 디렉토리는 절대 경로나 상대 경로로 지정할 수 있다. 절대 경로는 제공된 그대로 이용된다. 상대 경로들은 해당 경로가 발견될 때까지 괄호 안의 위치 (--datadir/; $NMAPDIR/; ~/.nmap/(윈도우에서는 검색되지 않음); NMAPDATADIR/, ./)들에서 검색된다. 이들에 대해 scripts/ 서브디렉토리도 시도된다.

디렉토리가 지정됐고 이것이 발견됐을 경우 엔맵은 해당 디렉토리에서 모든 NSE 스크립트(.nse로 끝나는 모든 파일들)을 로드한다. nse 확장자가 아닌 파일들은 무시된다. 엔맵은 스크립트들을 발견하기 위해 서브디렉토리들을 재귀적으로 검색하지는 않는다. 개별 파일명을 지정할 경우 파일 확장자가 꼭 nse일 필요는 없다.

엔맵 스크립트들은 기본적으로 엔맵 데이터 디렉토리의 scripts 서브디렉토리에 저장된다(14장 '엔맵 데이터 파일 이해와 커스터마이징' 참조). 효율성을 위해 스크립트들의 색인이 scripts/script.db에 저장된 데이터베이스에 만들어지는데, 이것은 각 스크립트가 속하는 카테고리나 카테고리들을 나열한다. 엔맵 스크립트 데이터베이스에 있는 모든 스크립트를 실행하려면 인자로 all을 지정한다.

악성 스크립트들이 샌드박스sandbox 내에서 실행되는 것이 아니므로 여러분의 시스템을 손상하거나 프라이버시를 손상할 수도 있다. 저작자를 신뢰하거나 자신이 스크립트들을 주의 깊게 검사하지 않았다면 써드파티에서 나온 스크립트들은 실행하지 마라.

- --script-args 〈이름1〉=〈값1〉,〈이름2〉={〈이름3〉=〈값3〉},〈이름4〉=〈값4〉
NSE 스크립트들에 인자들을 제공할 수 있게 한다. 인자들은 이름=값의 쌍으로서 전달된다. 제공된 인자는 처리돼 모든 스크립트가 접근하는 Lua 테이블 내에 저장된다. 이름은 문자열(알파벳이나 숫자여야 함)로 받아들여지며 인자 테이블 내의 키로 이용된다. 값은 문자열이나 테이블({과 }로 둘러싸인) 자체가 될 수 있다. 예를 들어 user=bar,pass=foo,whois={whodb=nofollow+ripe} 같이 콤마로 분리된 인자들을 전달할 수 있다. 문자열 인자들은 잠재적으로 여러 개의 스크립트들에 의해 이용되며 서브테이블subtable들은 통상 하나의 스크립트에 의해서만 이용된다. 서브테이블을 받아들이는 스크립트에서 서브테이블은 보통 스크립트 다음에 이름이 온다(위 예에서의 whois 같이).

- --script-trace 이 옵션은 한 계층 위의 ISO 계층에서 --packet-trace와 같은 작업을 한다. 이 옵션이 지정되면 스크립트에 의해 수행되는 들어오는 통신과 나가는 통신이 모두 출력된다. 디스플레이되는 정보는 통신 프로토콜, 소스, 대상과 전송된 데이터를 포함한다. 전송된 모든 데이터의 5% 이상을 출력할 수 없다면 트레이스trace 출력은 16진 덤프 포맷으로 만들어진다. --packet-trace를 지정해도 스크립트 추적이 가능한다.

- --script-updatedb 이 옵션은 엔맵이 이용 가능한 기본 스크립트들과 카테고리들을 결정하기 위해 이용하는 scripts/script.db에서 발견되는 스크립트 데이터베이스를 갱신한다. 이 옵션은 기본 스크립트 디렉토리에서 NSE 스크립트들을 추가하거나 제거했을 경우나 스크립트의 카테고리를 변경했을 경우 데이터베이스를 갱신하기 위해서만 필요하다. 이 옵션은 일반적으로 nmap --script-updatedb 같이 자체적으로 이용된다.

15.11 시간과 성능

엔맵 개발 시 가장 높은 우선권을 가진 것 중 하나는 항상 성능이었다. 내 로컬 네트워크의 호스트에 대한 기본 스캔(nmap <호스트 명>)은 50분의 1초 걸린다. 이것은 눈 한 번 깜박이기도 힘든 짧은 시간이지만 몇 백 개의 호스트나 몇 천 개의 호스트들을 스캐닝할 때는 합산되는 시간이다. 게다가 UDP 스캐닝과 버전 탐지 같은 특정 스캔 옵션들은 스캔 시간을 상당히 늘어나게 할 수 있다. 특정 방화벽 설정, 특히 반응 속도 제한도 그렇게 만들 수 있다. 엔맵은 이들 스캔을 가속화하기 위해 병렬 구조와 많은 진보된 알고리즘을 활용하지만 엔맵이 어떻게 실행되는지에 관한 궁극적인 제어 권한은 사용자가 갖고 있다. 전문 사용자는 이런 시간적 제한을 만족시키면서도 자신이 관심을 갖는 정보만 얻기 위해 엔맵 명령들을 주의 깊게 구성한다.

스캔 시간을 향상하기 위한 테크닉은 결정적이지 않은 테스트들을 생략하고 최신 버전의 엔맵(성능 개선이 자주 이뤄짐)으로 업그레이드하는 작업도 포함한다. 시간 관련 인자들을 최적화하는 것도 역시 상당한 차이를 만들 수 있다. 이런 옵션들은 다음에 나열돼 있다.

몇 가지 옵션들은 시간 인자를 받아들인다. 초, 분, 시간을 지정하기 위해 's', 'm', 'h'를 끝에 추가하면 되지만 기본적으로 밀리초 단위로 지정된다. 그러므로 `--host-timeout` 인자들로 900000, 900s, 15m은 모두 동일한 작업을 한다.

- `--min-hostgroup <호스트 수>; --max-hostgroup <호스트 수>`(병렬 스캔의 그룹 크기를 조정한다) 엔맵은 여러 개의 호스트들을 병렬로 포트 스캔하거나 버전 스캔하는 능력을 갖고 있다. 엔맵은 대상 IP 공간을 그룹으로 분할한 후 한 번에 하나의 그룹을 스캐닝함으로써 이 작업을 한다. 일반적으로 큰 그룹이 더 효율적이다. 단점은 전체 그룹이 끝날 때까지 호스트 결과들이 제공되지 않는다는 점이다. 그래서 엔맵이 그룹 크기 50으로 시작했다면 첫 번째 50개의 호스트가 완료될 때까지 사용자는 어떤 보고서도 받지 못한다(verbose 모드에서 제공되는 업데이트들은 제외).

기본적으로 엔맵은 이런 문제에 대한 타협적인 접근법을 취한다. 즉, 첫 번째 결과들이 빠르게 나오도록 그룹 크기를 5 정도로 낮게 설정해 시작한 후 그룹 크기를 1,024까지 늘린다. 정확한 기본값은 주어진 옵션에 따라 다르다. 효율성이라는 이유로 인해 엔맵은 UDP나 포트가 별로 없는 TCP 스캔에는 큰 그룹 크기를 이용한다.

`--max-hostgroup`에 의해 최대 그룹 크기가 지정되면 엔맵은 결코 이 크기를 넘지 않을 것이다. `--min-hostgroup`에 의해 최소 크기를 지정하면 엔맵은 그룹 크기를 이 레벨 이상으로 유지하려고 시도할 것이다. 주어진 인터페이스에 이 지정된 최소값을 수행할 정도로 대상 호스트들이 많이 남아 있지 않다면 엔맵은 지정한 값보다 작은 그룹 크기를 이용해야 할 수도 있다. 이 두 개의 옵션은 모두 거의 필요하지 않지만 그룹 크기를 특정 범위 내에 설정하기 위해 이용될 수도 있다.

이들 옵션은 호스트 발견 단계의 스캔에서는 효과를 보이지 않는다. 여기에는 평범한 핑 스캔(-sP)들도 포함된다. 호스트 발견은 속도와 정확성을 향상하기 위해 항상 큰 그룹의 호스트들에서 동작한다.

이들 옵션은 완전한 스캔이 좀 더 빨리 실행되게 큰 최소의 그룹 크기를 지정하는 데 기본적으로 이용된다. 통상적으로는 클래스 C 크기의 덩어리chunk들에서 네트워크를 스캔하기 위한 256이 선택된다. 많은 포트를 가진 곳의 스캔을 위해 이 숫자를 넣는다면 그다지 도움이 될 것 같지 않다. 몇 개의 포트만 가진 곳의 스캔을 위해 호스트 그룹 크기 2,048 이상은 도움이 될 수도 있을 것이다.

- `--min-parallelism <probe 수>; --max-parallelism <probe 수>`(**프로브 병렬 구조를 조정한다**) 이 옵션은 호스트 그룹에 대해 눈에 띌 수도 있는 프로브들의 전체 숫자를 제어한다. 이들은 포트 스캐닝과 호스트 발견을 위해 이용된다. 기본적으로 엔맵은 네트워크 성능을 기반으로 계속 변하는 이상적인 병렬 구조를 계산한다. 패킷들이 버려지면 엔맵은 속도를 늦춰 눈에 띄는 프로브들을 더 적게 허용한다. 이상적인 프로브 숫자는 네트워크가 효율이 있을수록 천천히 증가한다. 이들 옵션은 그 변수에 최소 경계와 최대 경계를 둔다. 기본적으로 이상적인 병렬 구조는 네트워크가 신뢰할 수 없다고 증명되면 1로 떨어질 수도 있고, 완벽한 조건하에서는 몇 백으로 증가한다. 가장 일반적으로 `--min-parallelism`은 성능이 나쁜 호스트나 네트워크들의 스캔 속도를 올리기 위해 1보다 큰 수로 설정하는 데 이용된다. 이것을 너무 높게 설정하면 정확성에 영향을 미칠 수도 있으므로 장난을 치기에는 위험한 옵션이다. 또한 이 옵션을 설정하면 네트워크 조건들을 기반으로 엔맵이 병렬 구조를 동적으로 제어하는 능력을 감소시킨다. 나는 마지막 수단

으로서만 이 값을 조정하는데, 10의 값이 합리적일지도 모른다.

때때로 엔맵이 호스트들에 대해 한 번에 하나 이상의 프로브를 전송하는 것을 방지하기 위해 --max-parallelism 옵션을 1로 지정한다. 보통은 --scan-delay 옵션 자체로도 목적을 충분히 달성할 수 있지만 이것을 --scan-delay와 조합해 이용하면 유용할 수도 있다.

- **--min-rtt-timeout 〈시간〉, --max-rtt-timeout 〈시간〉, --initial-rtt-timeout 〈시간〉**(프로브 타임아웃을 조정한다) 엔맵은 프로브를 포기하거나 재전송하기 전에 프로브 반응을 얼마나 오랫동안 기다려야 하는지를 결정하기 위해 실행 타임아웃 값을 유지한다. 이것은 기존 프로브들의 반응 시간을 기반으로 계산된다. 정확한 공식은 '5.13 스캔 코드와 알고리즘'에서 다뤘다. 네트워크 지연 시간latency이 상당히 크고 일정치 않으면 이 타임아웃 시간이 몇 초로 늘어날 수도 있다. 또 이것은 보존적인 (높은) 레벨에서 시작하며 반응이 없는 호스트들을 스캔할 때 잠시 그 상태로 머물 수도 있다.

  --max-rtt-timeout와 --initial-rtt-timeout에 기본값보다 낮은 값을 지정하면 스캔 시간을 상당히 줄일 수 있다. 특히 핑을 하지 않는 스캔(-PN)과 심하게 필터되는 네트워크들에 대한 스캔에서 그렇다. 하지만 너무 과감하게 줄이지 마라. 반응이 오고 있는 동안 많은 프로브가 타임아웃에 걸려 재전송을 해야 할 정도로 낮은 값을 지정하면 스캔 시간이 더 오래 걸릴 수도 있다.

  모든 호스트가 로컬 네트워크에 있다면 100ms가 --max-rtt-timeout에 합리적이고 좋은 값이다. 라우팅이 포함된다면 먼저 ICMP 핑 유틸리티나 방화벽을 더 쉽게 뚫고 들어갈 것 같은 hping2 같은 맞춤형 패킷 발진기로 네트워크의 호스트에 핑을 해보자. 그리고 10개 남짓한 패킷들의 최대 왕복 시간을 살펴본다. --initial-rtt-timeout에는 이 값의 2배, --max-rtt-timeout에는 이 값의 3배나 4배의 값이 좋을 수도 있다. 나는 핑 시간이 얼마가 나올지라도 일반적으로 최대 RTT를 100ms 이하로 설정하지 않는다. 또한 1000ms 이상으로도 설정하지 않는다.

  --min-rtt-timeout은 네트워크가 너무 신뢰할 수 없어 엔맵의 기본값조차 너무 침투적일 때 유용할 수도 있는 매우 드물게 이용되는 옵션이다. 엔맵은 네트워크가 신뢰성 있게 보일 때에만 타임아웃을 최소까지 줄이므로 이 옵션 필요한 경우는 유별난 경우며, nmap-dev 메일링 리스트에 버그로 보고돼야 한다.

- **--max-retries <시도 횟수>**(포트 스캔 프로브 재전송의 최대 수를 지정한다) 엔맵이 포트 스캔 프로브에 대해 아무런 반응도 수신하지 못한다면 해당 포트가 필터되고 있다는 사실을 의미할 수도 있다. 또는 네트워크에서 프로브나 반응이 단순히 없어져 버렸을 수도 있다. 또한 대상 호스트가 속도 제한 기능을 활성화해 반응을 일시적으로 차단했을 가능성도 있다. 그래서 엔맵은 초기 프로브를 재전송함으로써 다시 시도한다. 엔맵이 네트워크 신뢰성이 떨어진다는 사실을 탐지하면 해당 포트를 포기하기 전에 더 많은 횟수를 시도할 수도 있다. 이것은 정확성에는 도움이 되는 반면 스캔 시간을 늘어나게 한다. 성능이 매우 중요할 때 허용되는 재전송의 수를 제한함으로써 속도를 올릴 수도 있다. 어떤 재전송도 방지하기 위해 --max-retries를 0으로 지정할 수도 있지만 이것은 이따금씩 상실되는 포트나 호스트들이 허용되는 비공식적인 측정survey 같은 상황에서만 권장된다.

  기본값(-T 템플릿이 없는)은 10개의 재전송을 허용한다. 네트워크가 신뢰성 있게 보이고 대상 호스트들이 속도 제한을 하지 않으면 엔맵은 보통 한 개의 재전송만 한다. 그래서 대부분의 대상 스캔은 --max-retries를 3 정도의 낮은 값으로 내리더라도 거의 영향을 받지 않는다. 이런 값은 느린(속도 제한된) 호스트들의 스캔 속도를 상당히 빠르게 할 수 있다. --host-timeout이 만기돼 대상에 관한 모든 정보를 잃는 것보다는 더 나을지도 모르지만 엔맵이 포트들을 일찍 포기할 때 보통은 몇 가지 정보를 잃는다.

- **--host-timeout <시간>**(느린 대상 호스트들을 포기한다) 일부 호스트들은 단순히 스캔하는 데에도 긴 시간을 잡아먹는다. 이것은 성능이 떨어지거나, 신뢰성이 없는 네트워킹 하드웨어나 소프트웨어, 패킷 속도 제한이나 제한적인 방화벽에서 기인할 수도 있다. 스캔되는 호스트 중 가장 느린 몇 %가 스캔 시간의 대부분을 잡아먹는다. 때로는 손실을 털어 버리고 이런 호스트들을 초기에 지나쳐 버리는 것이 최선이다. --host-timeout을 여러분이 기다리고 싶은 최대 시간으로 지정한다. 예를 들어 엔맵이 한 개의 호스트에 30분 이상을 소비하지 않게 보장하려면 30m을 지정한다. 엔맵은 이 30분 동안 다른 호스트들을 스캐닝하고 있을 수도 있으므로 이 시간이 완전한 손실은 아니다. 타임아웃된 호스트는 그냥 지나치게 된다. 즉, 그 호스트에서는 포트 테이블, 운영체제 탐지, 버전 탐지 결과 등이 전혀 출력되지 않는다.

- **--scan-delay <시간>; --max-scan-delay <시간>**(프로브 사이의 지연 시간을 조정한다) 이 옵션은 엔맵이 해당 호스트에 전송하는 각 프로브 사이에서 최소한 주어진 양의 시간만큼 기다리게 한다. 이것은 속도 제한의 경우에 특히 유용하다. 솔라리스 시스템(다른 많은 시스템 중에서도)은 보통 UDP 스캔 프로브 패킷들에 대해 초당 오직 하나의 ICMP 메시지로 반응할 것이다. 엔맵에 의해 이보다 더 많이 전송된 패킷들은 낭비가 될 것이다. --scan-delay를 1s로 설정하면 엔맵은 이 느린 속도를 유지한다. 엔맵은 속도 제한을 탐지해 스캔 지연 시간을 적절하게 조정하려고 시도하지만 어떤 속도가 최적으로 동작하는지를 이미 안다면 이 값을 명시적으로 지정해도 손해가 없다.

  엔맵이 속도 제한을 처리하기 위해 스캔 지연 시간을 더 높게 조정할 때 스캔 속도는 현저하게 떨어진다. --max-scan-delay 옵션은 엔맵이 허용할 최대 지연 시간을 지정한다. 낮은 --max-scan-delay는 엔맵의 속도를 올릴 수 있지만 위험하다. 이 값을 너무 낮게 설정하면 낭비적인 패킷 재전송을 일으키고, 대상이 엄격한 속도 제한을 구현했을 경우에는 포트들의 상실을 일으킬 수도 있다.

  --scan-delay의 또 다른 용도는 임계치 기반의 침입탐지, 예방 시스템 IDS/IPS들을 회피하기 위한 것이다. 이 기술은 Snort IDS에서의 기본 포트 스캔 탐지기를 무력화하기 위해 '실제적인 예제: Snort 2.2.0 기본 규칙들 우회'에서 이용됐다. 대부분의 다른 침입탐지 시스템들도 동일한 방법으로 무력화할 수 있다.

- **--min-rate <수>; --max-rate <수>**(스캐닝 속도를 직접 제어한다) 엔맵의 동적 타이밍은 스캔하는 적절한 시간을 발견하는 좋은 작업을 한다. 하지만 때때로 네트워크를 위한 적절한 스캐닝 속도를 알게 되거나 스캔이 특정 시간 내에 종료되도록 보증해야 할 수도 있다. 또는 엔맵이 너무 빨리 스캐닝하지 않게 방지해야 할 수도 있다. --min-rate와 --max-rate 옵션은 이런 상황들을 위해 디자인됐다.

  --min-rate 옵션이 주어졌을 때 엔맵은 주어진 속도보다는 빠르게 패킷들을 전송하는 데 최선을 다할 것이다. 이것의 인자는 초당 패킷 수로서 패킷 속도를 나타내는 실수다. 예를 들어 --min-rate 300을 지정하면 엔맵이 초당 300패킷 이상의 전송 속도를 유지하려고 시도한다는 의미다. 최소 속도를 지정이 조건이 보증될 때 엔맵이 더 빨라지지 않게 방지하지는 않는다.

마찬가지로 `--max-rate`는 스캔의 전송 속도를 주어진 최대값으로 제한한다. 예를 들어 빠른 네트워크에서 전송을 초당 100개의 패킷으로 제한하려면 `--max-rate 100`을 지정한다. 10초당 패킷 한 개의 느린 스캔을 위해서는 `--max-rate 0.1`을 지정한다. 속도를 특정 범위 내로 유지하려면 `--min-rate`와 `--max-rate`를 함께 지정한다.

이 2개의 옵션은 전역으로서 개별적인 호스트가 아니라 전체 스캔에 영향을 미친다. 또한 포트 스캔과 호스트 발견 스캔에만 영향을 미친다. 운영체제 탐지 같은 다른 기능들은 자신의 타이밍을 구현한다.

실제 스캐닝 속도가 요청된 최소값 이하로 떨어질 수도 있는 상황이 두 가지 있다. 첫 번째는 엔맵이 전송할 수 있는 가장 빠른 속도(이것은 하드웨어에 의존함)보다 최소값이 더 빠를 때다. 이 경우 엔맵은 단순히 패킷들을 가능한 한 빠르게 전송하지만 이런 높은 속도는 부정확성을 일으킬 수도 있다는 점을 인식하기 바란다. 두 번째 경우는 엔맵이 전송할 것이 아무것도 없을 때 예를 들어 스캔의 끝, 즉 마지막 프로브들이 전송된 후 엔맵이 타임아웃을 기다리거나 반응을 받기를 기다릴 때다. 스캔의 끝이나 호스트 그룹들 사이에서 스캐닝 속도가 떨어지는 것이 정상이다. 전송 속도가 일시적으로 최대값을 초과해 예측 불가능한 지연 시간을 만들 수도 있지만 평균적으로 속도는 최대값 미만에 머물 것이다.

최소 속도 지정은 주의 깊게 행해져야 한다. 네트워크가 지원할 수 있는 속도보다 빠르게 스캐닝하면 부정확성을 이끌 수도 있다. 어떤 경우에는 빠른 속도를 이용하는 것이 느린 속도로 하는 것보다 스캔 시간을 더 길게 만들 수도 있다. 이것은 엔맵의 적응력 있는 재전송 알고리즘들이 과잉 스캐닝 속도에 의해 야기되는 네트워크 혼잡을 탐지하고 정확성을 향상하기 위해 재전송의 수를 늘릴 것이기 때문이다. 그래서 패킷이 더 빠른 속도로 전송될지라도 전체적으로는 더 많은 패킷이 전송된다. 총 스캔 시간에 상한을 설정할 필요가 있다면 `--max-retries` 옵션으로 재전송의 수를 제한한다.

- `--defeat-rst-ratelimit` 많은 호스트가 자신이 전송하는 ICMP 오류 메시지들(포트 도달 불가능 오류 같은)의 수를 줄이기 위해 오랫동안 속도 제한을 이용했다. 일부 시스템은 이제 자신이 생성하는 RST_{reset} 패킷들에 대해 이와 유사한 속도 제한을 적용한다. 이 속도 제한을 반영하기 위해 엔맵은 자신의 타이밍을 조정하기 때문에 엔맵의 속도를 엄청나게 느리게 만들 수 있다.

--defeat-rst-ratelimit를 지정함으로써 엔맵이 이들 속도 제한을 무시(반응을 하지 않는 포트들을 열린 포트로 취급하지 않는 SYN 스캔 같은 포트 스캔에서)하게 만들 수 있다.

이 옵션을 이용하면 엔맵이 속도 제한된 RST 반응을 충분히 오래 기다리지 않아 일부 포트가 반응을 하지 않는 것처럼 보여 정확성을 감소시킬 수 있다. SYN 스캔에서는 포트에서 반응을 하지 않는 결과들은 RST 패킷들이 수신될 때 우리가 판단하는 닫힌 상태보다는 필터된 것으로 표시한다. 이 옵션은 여러분이 열린 포트들에만 관심이 있고 닫힌 포트와 필터된 포트들의 구분에 추가적인 시간을 들일만큼 가치가 있지 않을 때 유용하다.

- **-T paranoid|sneaky|polite|normal|aggressive|insane**(타이밍 템플릿을 설정한다) 앞 절에서 설명한 세세한 타이밍 제어들은 강력하고 효과적인 반면 일부 사람은 자신이 혼란스럽다고 생각한다. 게다가 적절한 값의 선택이 때로는 여러분이 최적화하려고 하는 스캔보다 더 많은 시간을 잡아먹을 수도 있다. 그래서 엔맵은 6개의 타이밍 템플릿에 의해 더 간단한 접근법을 제공한다. 이들은 -T 옵션과 숫자(0-5)나 이름으로 지정할 수 있다. 템플릿의 이름은 각기 paranoid(0), sneaky(1), polite(2), normal(3), aggressive(4), insane(5)이다. 첫 번째 두 개는 IDS 회피용이다. polite 모드는 더 적은 대역폭bandwidth과 대상 시스템 자원들을 이용하기 위해 스캔 속도를 줄인다. normal 모드는 기본값이므로 -T3은 아무 작용도 하지 않는다. aggressive 모드는 합리적으로 빠르고 신뢰성 있는 네트워크에 있다는 가정을 함으로써 스캔 속도를 빠르게 한다. 마지막으로 insane 모드는 초고속 네트워크에 있거나 속도를 위해 어느 정도의 정확성을 희생할 준비가 돼 있다고 가정한다.

이들 템플릿은 엔맵이 정확한 타이밍 값을 선택하게 하면서도 얼마나 침투적으로 하고 싶은지 사용자가 지정하는 것도 허용한다. 템플릿들은 또한 현재 세세한 제어 옵션들에는 존재하지 않은 일부 미세한 속도 조정을 한다. 예를 들어 -T4는 동적 스캔 지연 시간이 TCP 포트들에 대해 10ms를 넘지 않게 하며, -T5는 이 값을 5ms로 제한한다. 템플릿은 세세한 제어들과 조합해 이용될 수 있으며, 지정한 세세한 제어들은 그 인자를 위한 타이밍 템플릿 기본값보다 우선될 것이다. 나는 합리적이고 신뢰성 있는 네트워크들을 스캐닝할 때 -T4를 이용하길 권장한다. 세세한 제어에 의해 가능해지는 추가적인 미세한 최적화들로부터의 이익을 얻기 위해 세세한 제어들을 추가할 때조차도 이 옵션을 유지하기 바란다.

여러분이 적절한 광대역 연결이나 이더넷 연결을 하고 있으면 나는 항상 -T4를 이용할 것을 권장한다. 일부의 사람은 나의 취향에는 너무 침투적이긴 하지만 -T5를 선호한다. 때때로 사람들은 호스트들을 덜 크래시할 것 같다거나 자신이 일반적으로 공손하다고 polite 생각하기 때문에 -T2를 지정한다. 그들은 종종 -T polite가 실제로 얼마나 느린지를 인식하지 못한다. 이 스캔은 기본 스캔보다 10배 이상은 시간이 더 걸릴 수도 있다. 기본 타이밍 옵션(-T3)에서 시스템 크래시와 대역폭의 문제는 거의 일어나지 않으므로 나는 보통 신중한 스캐너를 위해 이것을 권장한다. 버전 탐지 생략은 이런 문제를 줄이기 위해 타이밍 값을 조정하는 것보다 훨씬 더 효과적이다.

-T0과 -T1은 IDS 경고들을 피하기 위해 유용할 수도 있는 반면 몇 천 개의 시스템이나 포트를 스캔하기 위해 터무니없이 긴 시간을 잡아먹는다. 그런 긴 스캔을 위해 진부한 -T0과 -T1 값에 의존하기보다는 필요한 정확한 타이밍 값들을 설정하는 것이 더 좋을 수도 있다.

T0의 주요 효과는 한 번에 오직 하나의 포트가 스캔되게 스캔을 순서화하고, 각 프로브를 전송하는 사이에서 5분을 기다리는 것이다. T1과 T2도 유사하지만 이들은 프로브 사이에서 각기 15초와 0.4초만 기다린다. T3은 엔맵의 기본 행위인데, 이것은 병렬화를 포함한다. -T4는 --max-rtt-timeout 1250 --initial-rtt-timeout 500 --max-retries 6과 동등하며 최대 TCP 스캔 지연 시간을 10ms로 설정한다. T5는 --max-rtt-timeout 300 --min-rtt-timeout 50 --initial-rtt-timeout 250 --max-retries 2 --host-timeout 15m과 동등할 뿐만 아니라 최대 TCP 스캔 지연 시간을 5ms로 설정한다.

15.12 방화벽/IDS 회피와 스푸핑

수많은 인터넷 개척자가 모든 두 노드 사이의 가상 연결을 허용하는 전 세계적인 universal 한 IP 주소 공간을 가진 글로벌 공개 네트워크를 구상했다. 이 네트워크는 호스트들이 각기 정보를 제공하고 제공받는 진정한 피어peer로서 작동하게 허용한다. 사람들은 작업장에서 홈 시스템의 모든 것에 접근해 온도 조절 설정을 변경하거나 부재중에 먼저 온 손님들을 위해 문을 열어줄 수도 있다. 이런 전 세계적인 접속 가능성universal connectivity이라는 비전은 주소 공간 부족과 보안 관련 문제 때문에 짓밟혔다. 1990년대 초반에 각 단체들은 연결성connectivity을 줄이기 위한 손쉬운 방법으로 방화벽을 배치하기 시작했다. 거대한 네트워크들은 애플리케이션 프록시, 네트워크 주소 변환translation 장치, 패킷 필터들에 의해 필터링되지 않은 인터넷으로부터 차단됐다. 정보의 무제한적인 흐름은 승인된 통신 채널들과 그들 사이를 통과하는 내용들에 대한 엄격한 통제를 위한 길을 터줬다.

방화벽 같은 네트워크 장애물들은 네트워크의 매핑mapping을 매우 어렵게 만들 수 있다. 가벼운 정찰을 방해하는 것이 장치들을 구현하는 주목적이 되는 경우가 많기 때문에 앞으로도 더 쉬워지지는 않을 것이다. 그럼에도 불구하고 엔맵은 이런 복잡한 네트워크를 이해하고 필터가 의도한대로 작동하는지 검증하는 데 도움을 주는 많은 기능을 제공한다. 이 기능에는 방어 기능이 약한 시스템을 우회하기 위한 메커니즘까지도 지원한다. 보안을 깨려는 시도는 여러분의 네트워크 보안 상황을 이해하기 위한 최선의 방법 중 하나다. 자신을 공격자의 마인드로 설정하고 15장에서 배운 기술을 자신의 네트워크에 배치하기 바란다. FTP 바운스 스캔, Idle 스캔, 단편화 공격fragmentation attack을 발진하거나 자신의 프록시 중 하나로 터널링tunneling을 시도해보기 바란다.

네트워크 활동 제한에 추가해 각 회사들은 점점 더 침입탐지 시스템IDS을 갖추고 트래픽을 모니터하기 시작했다. 스캔은 때때로 공격의 전조이기 때문에 주요 IDS들은 모두 엔맵 스캔을 탐지하기 위해 고안된 규칙들로 무장한다. 이들 제품 중 많은 것은 악성이라고 생각되는 트래픽을 동적으로 차단하는 침입방지 시스템 IPS으로 변천했다. 네트워크 관리자와 IDS 회사에는 불행한 일이지만 패킷 데이터를 분석하는 것에 의해 나쁜 의도를 신뢰성 있게 탐지하는 것은 곤란한 문제다. 인내심과 기술을 가진 공격자가 특정 엔맵 옵션의 도움을 받으면 보통 탐지되지 않은 채로 IDS를 통과할 수 있다. 반면 관리자들은 순수한 활동이 잘못 진단돼 경고를 받거나 차단되는 수많은 거짓 양성false positive 결과를 처리해야 한다.

사람들은 종종 엔맵이 방화벽 규칙을 침투하거나 IDS를 통과해 몰래 침투하는 기능을 제공해서는 안 된다고 제안한다. 그들은 이들 기능이 보안을 강화하기 위해 관리자들이 이용하는 것과 마찬가지로 공격자들에 의해 악용될 가능성이 많다고 주장한다. 이런 논리에 있어서의 문제점은 이들 방법이 여전히 공격자들에 의해 이용될 것이라는 점인데, 사실 이런 기능이 없을 경우 공격자들은 단순히 다른 도구들을 발견하거나 이들 기능을 엔맵에 이식하려고 할 것이다. 반면 관리자들은 자신의 작업을 하는 데 있어 좀 더 어려움을 느낄 것이다. 현대화되고 패치된 FTP 서버를 배치하는 것은 FTP 바운스 공격bounce attack을 구현하는 도구들의 배포를 방지하려고 시도하는 것보다 훨씬 더 강력한 방어 무기가 될 것이다.

방화벽과 IDS 시스템들을 탐지하고 전복하기 위한 만능 수단(또는 엔맵 옵션)은 없다. 이것은 기술과 경험을 필요로 한다. 여기에 관한 설명은 이 레퍼런스 가이드의 범위를 벗어나는 것이므로 여기에서는 적절한 옵션들을 열거하고 그들이 무엇을 하는지에 대해서만 설명한다.

- **-f**(패킷들을 단편화한다); **--mtu**(지정된 MTU를 이용한다) -f 옵션은 요청된 스캔(핑 스캔을 포함)이 작게 단편화된 IP 패킷들을 이용하게 한다. 이 기능의 개념은 패킷 필터, 침입탐지 시스템과 다른 골칫거리들이 여러분이 무엇을 하는지 탐지하기 더 어렵게 하려고 TCP 헤더를 몇 개의 패킷으로 분할하는 것이다. 이 옵션은 신중하게 사용하기 바란다! 일부 프로그램은 이 작은 패킷들을 처리하는 데 문제가 있다. Sniffit이라는 예전의 스니퍼sniffer는 첫 번째 조각을 수신하는 순간 세그먼트 실패segmentation fault를 일으켰었다. 이 옵션이 한 번 지정되면 엔맵은 IP 헤더 이후의 패킷을 8바이트 이하로 분할한다. 그래서 20바이트의 TCP 헤더는 3개의 패킷으로 분할된다. 즉, 8바이트의 TCP 헤더 2개와 마지막 4바이트를 위한 1개의 헤더로 분할된다. 물론 각 조각fragment도 역시 IP 헤더를 가진다. -f 옵션을 한 번 더 지정하면 조각당 16바이트를 이용한다(조각의 수를 줄이면서). 또는 -mtu 옵션으로 자신의 오프셋 크기를 지정할 수도 있다. --mtu를 이용할 경우 -f도 함께 지정해서는 안 된다. 오프셋은 8의 배수여야 한다. 단편화된 패킷들은 리눅스 커널의 `CONFIG_IP_ALWAYS_DEFRAG` 옵션 같이 모든 IP 조각을 대기열에 넣는 패킷 필터와 방화벽들에 의해 잡히지 않는 반면 일부 네트워크들은 이것이 야기하는 성능 손실을 감당할 수 없어 이것을 비활성화한다. 다른 네트워크들은 조각들이 그들의 네트워크로 다른 경로를 취할 수도 있으므로 이것을 활성화할 수 없다. 일부 소스 시스템들은 커널에서 밖으로 나가는outgoing 패킷들의 단편화를 해소defragment한다. iptables 연결 트래킹 모듈을 가진 리눅스는 그런 예 중 하나다. 전송 패킷들이 단편화되는지를 확인하기 위해 와이어샤크 같은 스니퍼가 실행되는 동안 스캔을 해보기 바란다. 자신의 호스트 운영체제가 문제를 일으킨다면 IP 레이어layer를 우회하고 raw 이더넷 프레임을 전송하기 위해 --send-eth 옵션을 시도해보기 바란다.

단편화fragmentation는 엔맵의 raw 패킷 기능들만 지원하는데, TCP 포트 스캔과 UDP 포트 스캔(연결 스캔과 FTP 바운스 스캔은 제외), 운영체제 탐지를 포함한다. 버전 탐지와 엔맵 스크립팅scripting 엔진 같은 기능은 대상 서비스와 통신하기 위해 여러분 호스트의 TCP 스택에 의존하기 때문에 일반적으로 단편화를 지원하지 않는다.

- -D 〈교란 미끼 1〉[,〈교란 미끼 2〉][,ME][,...](교란 미끼들로 스캔을 숨긴다) 이 옵션은 교란 미끼 스캔이 수행되게 하는데, 원격 호스트에게 여러분이 지정한 교란 미끼들도 역시 대상 네트워크를 스캔하는 것처럼 보이게 한다. 그래서 그들의 IDS는 유일한 IP 주소들로부터 5-10개의 포트 스캔을 보고할지 모르지만 어떤 IP가 자신을 스캐닝하고 어떤 것이 결백한 교란 미끼인지 알지 못한다. 이것은 라우터 경로 추적, 반응 버리기, 다른 능동적인 메커니즘에 의해 무력화할 수는 있지만 일반적으로 여러분의 IP 주소를 숨기기 위한 효과적인 테크닉이다.

각 교란 미끼 호스트는 콤마로 분리해 넣어주고 여러분의 실제 IP 주소가 나올 위치를 가리키기 위해 교란 미끼 중의 하나로 ME를 선택적으로 이용할 수 있다. ME를 6번째 이후의 위치에 넣으면 일부 일반적인 포트 스캔 탐지기(Solar Designer의 훌륭한 Scanlogd들 같은)는 여러분의 IP 주소를 결코 보여주지 못할 가능성이 많다. ME를 이용하지 않으면 엔맵은 여러분의 실제 IP를 무작위의 위치에 넣을 것이다. 또한 여러분은 무작위의 예약되지 않은 IP 주소를 요청하기 위해 RND를 이용하거나 <number>개의 무작위 주소들을 생성하기 위해 RND:<number>를 이용할 수도 있다.

교란 미끼로 이용한 호스트들이 up 상태에 있어야 하며 그렇지 않으면 부지불식중에 여러분의 대상들에 SYN flood를 일으킬 수도 있다는 점에 주의하라. 또 네트워크에서 실제로 하나의 호스트만 up 상태라면 어떤 호스트가 스캐닝을 하는지 결정하기가 매우 쉬울 것이다. 이름 대신 IP 주소를 이용하는 것이 더 좋을 것이다(교란 미끼 네트워크의 네임 서버 로그에 여러분의 IP가 나타나지 않게).

교란 미끼들은 초기 핑 스캔(ICMP, SYN, ACK 또는 기타 무엇인가를 이용한) 내에서와 실제적인 포트 스캐닝 단계에서 모두 이용된다. 교란 미끼들은 원격 운영체제 탐지(-O)를 하는 동안에도 이용된다. 교란 미끼들은 버전 탐지나 TCP 연결 스캔과는 작동하지 않는다. 스캔 지연이 작용할 때 지연은 개별 프로브 사이에서가 아니라 각 spoof된 프로브들의 묶음 사이에서 강요된다. 교란 미끼들은 한 번에 한 묶음으로 전송되므로 일시적으로 혼잡 제어 한계를 넘을 수도 있다.

너무 많은 교란 미끼들을 이용하면 스캔을 느리게 만들 수도 있고 잠재적으로는 결과를 정확하지 못하게 만들기조차 한다는 점을 인식해둘 필요가 있다. 그리고 일부의 ISP들은 여러분의 spoof된 패킷들을 필터하겠지만 대부분은 spoof된 IP 패킷들을 전혀 제한하지 않는다.

- **-S 〈IP 주소〉**(소스 주소를 속인다) 어떤 경우 엔맵이 여러분의 소스 주소를 결정할 수 없을 수도 있다(그럴 경우 엔맵은 그 사실을 알려 줄 것이다). 이런 상황에서 -S 옵션을 이용해 보내고 싶은 인터페이스의 IP 주소를 지정하면 된다.

  이 플래그의 또 다른 용도는 대상이 누군가가 그들을 스캐닝한다고 생각하게 스캔을 속이는 것이다. 어떤 회사가 경쟁회사로부터 반복적으로 포트 스캔되고 있다고 상상해보기 바란다. 이런 부류의 용도를 위해서는 일반적으로 -e 옵션과 -PN 옵션이 필요하다. 여러분은 보통 되돌아오는 응답 패킷을 수신하지 못하므로(그들은 여러분이 속인 IP로 배달될 것임) 엔맵이 유용한 보고를 생성하지 않을 것이라는 점에 주의하기 바란다.

- **-e 〈인터페이스〉**(지정된 인터페이스를 이용한다) 엔맵에게 어떤 인터페이스가 패킷을 전송하고 수신할 것인지를 알려준다. 엔맵은 이것을 자동으로 탐지할 수 있지만 그렇게 할 수 없을 때 여러분에게 그 사실을 알려줄 것이다.

- **--source-port 〈포트 번호〉; -g 〈포트 번호〉**(소스 포트 번호를 속인다) 놀라울 정도로 일반적인 잘못된 설정 중 하나가 소스 포트 번호에만 의존해 트래픽을 신뢰하는 것이다. 이런 일이 어째서 일어나는지를 이해하기는 쉽다. 관리자가 반짝이는 새 방화벽을 설정했는데, 자신들의 애플리케이션이 작동을 멈춘 달갑지 않은 사용자들로부터 불만이 쇄도했다. 특히 외부 서버로부터의 UDP DNS 응답이 더 이상 네트워크로 들어갈 수 없기 때문에 DNS가 망가질 수도 있다. FTP도 또 다른 일반적인 예다. 활성active FTP 전송에서는 요청된 파일을 전송하기 위해 원격 서버가 클라이언트에 대한 연결을 다시 확립하려고 시도한다.

  이런 문제에 대한 보안 해결책은 종종 애플리케이션 레벨의 프록시 형태나 프로토콜 파싱parsing 방화벽 모듈의 형태로 존재한다. 불행히도 이보다 더 쉽고 안전하지 않은 해결책이 있다. DNS 응답이 포트 53에서 오고 활성

FTP가 포트 20에서 오는 것에 주목해 많은 관리자는 간단하게 이들 포트에서의 들어오는incoming 트래픽을 허용하는 함정에 빠진다. 그들은 종종 이런 방화벽의 구멍을 어떤 공격자도 알아채지 못하고 익스플로잇하지 못할 것이라고 가정한다. 다른 경우 관리자들은 이것을 좀 더 보안적인 해결책을 구현할 때까지의 일시적인 미봉책이라고 생각한다. 그런 후 그들은 보안 업그레이드를 까먹는다.

과로를 하는 네트워크 관리자만 이런 함정에 빠지는 것은 아니다. 많은 제품이 이런 안전하지 않은 규칙을 갖고 출시된다. 마이크로소프트마저도 그랬었다. 윈도우 2000과 윈도우 XP에 들어있는 IPsec 필터들은 포트 88(Kerberos)에서의 모든 TCP와 UDP 트래픽을 허용하는 묵시적인 규칙을 포함한다. Zone Alarm 개인 방화벽이 버전 2.1.25까지 소스 포트 53(DNS)이나 포트 67(DHCP)에서 들어오는 모든 UDP 패킷을 허용한 점은 이런 설정의 또 다른 잘 알려진 예 중 하나다.

엔맵은 이들 취약점을 익스플로잇하기 위해 -g와 --source-port 옵션(이들은 동일함)을 제공한다. 단순히 포트 번호를 제공해주면 엔맵은 가능한 경우 그 포트에서 패킷들을 전송할 것이다. 특정 운영체제 탐지 테스트가 적절히 동작하려면 엔맵은 다른 포트 번호들을 이용해야 하며, DNS 요청들은 엔맵이 DNS 요청을 처리하기 위해 시스템 라이브러리에 의존하기 때문에 --source-port 플래그를 무시한다. 대부분의 SYN 스캔을 포함한 TCP 스캔들은 UDP 스캔이 그렇듯 이 옵션을 완전히 지원한다.

- **--data-length ⟨수⟩**(전송되는 패킷들에 무작위 데이터를 추가한다) 엔맵은 보통 헤더만을 포함하는 최소한의 패킷들을 전송한다. 그러므로 이것의 TCP 패킷은 일반적으로 40바이트 크기며, ICMP echo 요청은 단지 28바이트 크기다. 이 옵션은 엔맵에게 이것이 전송하는 대부분의 패킷들에 지정된 수의 무작위 바이트들을 추가하게 한다. 운영체제 탐지(-O) 패킷들은 이것의 정확성이 프로브의 일관성을 필요로 하므로 영향을 받지 않지만 대부분의 핑 스캔과 포트 스캔 패킷들은 지원한다. 이것은 속도를 약간 떨어뜨리지만 스캔을 약간 덜 수상하게 만들 수 있다.

- **--ip-options ⟨S|R [route]|L [route]|T|U ... ⟩; --ip-options ⟨16진 문자열⟩**(지정된 ip 옵션들로 패킷들을 전송한다) IP 프로토콜은 패킷 헤더에 위치할 수 있는 몇 가지 옵션을 제공한다. 흔히 볼 수 있는 TCP 옵션과 달리 IP 옵션은

실용성과 보안 관련의 문제 때문에 드물게 볼 수 있다. 사실 많은 인터넷 라우터는 소스 라우팅 같은 가장 위험한 옵션들을 차단한다. 하지만 이 옵션들은 대상 시스템들로의 네트워크 라우트route를 결정하고 조작하기 위한 일부 경우에서 여전히 유용하다. 예를 들어 좀 더 전통적인 트레이스라우트 traceroute 스타일의 접근법들이 실패할 때조차도 대상으로의 경로를 결정하기 위해 레코드 라우트record route 옵션을 이용할 수도 있다. 또는 여러분의 패킷들이 특정 방화벽에 의해 버려질 경우 strict 소스 라우팅이나 loose 소스 라우팅 옵션을 갖고 다른 라우트를 지정할 수도 있다.

IP 옵션들을 지정하는 가장 강력한 방법은 `--ip-options`에 대한 인자로서 단순히 값들을 전달하는 방법이다. 즉, 각 16진 숫자 앞에 `\x`를 붙이고 두 개의 숫자를 넣으면 된다. 특정 문자 다음에 `*` 문자를 넣고 반복하고 싶은 횟수를 넣음으로써 특정 문자를 반복할 수도 있다. 예를 들어 `\x01\x07\x04\x00*36\x01`은 36개의 NULL 바이트를 포함하는 16진 문자열이다.

엔맵은 또한 옵션들을 지정하기 위한 단축 메커니즘을 제공한다. `record-route`, `record-timestamp`나 두 가지 옵션을 모두 요청하기 위해 각기 문자 R, T나 U를 전달해주면 된다. loose 소스 라우팅이나 strict 소스 라우팅은 L 문자나 S 문자 다음에 공백 문자를 넣은 후 공백 문자로 구분된 IP 주소들의 목록을 넣음으로써 지정할 수 있다.

전송되고 수신된 패킷 내에서 옵션들을 보고 싶다면 `--packet-trace`를 지정하기 바란다. 엔맵에서 IP 옵션들을 이용하는 예제와 정보에 관한 자세한 내용은 http://seclists.org/nmap-dev/2006/q3/0052.html을 참조하라.

- **`--ttl <값>`**(IP time-to-live 필드를 설정한다) 전송되는 패킷들에서 IPv4 time-to-live 필드를 주어진 값으로 설정한다.

- **`--randomize-hosts`**(대상 호스트의 스캔 순서를 무작위화한다) 엔맵이 16,384개까지의 호스트에 이르는 각 그룹을 스캔하기 전에 뒤섞는다. 이것은 특히 이 옵션을 느린 타이밍 옵션과 결합해 이용할 때 다양한 네트워크 모니터 시스템에게 스캔이 덜 명백하게 만들 수 있다. 더 큰 그룹 크기에서 무작위화하기를 원한다면 `nmap.h`의 `PING_GROUP_SZ` 값을 늘린 후 다시 컴파일한다. 또 다른 해결책은 목록 스캔(`-sL -n -oN <파일 명>`)으로 대상 IP 목록을 생성하고 이것을 펄 스크립트로 무작위화한 후 `-iL` 옵션을 이용해 엔맵에 전체 목록

- **--spoof-mac <맥 주소, prefix, 회사 이름>**(맥 주소를 속인다) 엔맵에게 이것이 전송하는 모든 raw 이더넷 프레임에 주어진 맥 주소를 이용하게 요청한다. 이 옵션은 엔맵이 사실상 이더넷 레벨의 패킷을 전송할 수 있게 --send-eth 옵션을 포함한다. 주어진 맥 주소는 다양한 형태를 취할 수 있다. 인자가 단순히 숫자 0이라면 엔맵은 세션을 위해 완전히 임의의 MAC 주소를 선택한다. 주어진 문자열이 짝수 개의 16진 숫자(선택적으로 콜론 문자에 의해 분리된 쌍으로)라면 엔맵은 그것을 MAC으로 이용할 것이다. 12개의 16진 숫자보다 적게 인자가 제공됐다면 엔맵은 6바이트 중 나머지를 임의의 값으로 채운다. 인자가 0이나 16진 문자열이 아니라면 엔맵은 주어진 문자열(대소문자를 구분하지 않음)을 포함하는 회사 이름을 찾기 위해 nmap-mac-prefixes를 찾는다. 일치하는 것이 발견되면 엔맵은 그 회사의 OUI(3바이트의 prefix)를 이용하며, 나머지 3바이트는 임의의 값으로 채운다. Apple, 0, 01:02:03:04:05:06, deadbeefcafe, 0020F2, Cisco 등은 유효한 --spoof-mac 인자의 예다. 이 옵션은 버전 탐지나 엔맵 스크립팅 엔진 같은 연결 지향의 기능이 아니라 SYN 스캔이나 운영체제 탐지 같은 raw 패킷 스캔에만 영향을 미친다.

- **--badsum**(위조된 TCP/UDP 체크섬을 가진 패킷들을 전송한다) 엔맵이 대상 호스트들에 전송되는 패킷들에게 무효한 TCP나 UDP 체크섬을 이용하게 요청한다. 거의 모든 호스트 IP 스택들은 이들 패킷들을 적절히 버리기 때문에 수신된 어떤 반응이든 체크섬을 검증하는 수고도 하지 않는 방화벽이나 IDS에서 왔을 가능성이 많다. 이 기술에 관한 자세한 내용은 http://nmap.org/p60-12.html을 참조하라.

15.13 출력

어떤 보안 도구든 그것이 생성하는 출력output만큼만 유용하다. 복잡한 테스트와 알고리즘들도 그들이 조직화되고 포괄적인 방식으로 존재하지 않으면 가치가 적다. 엔맵이 사람들이나 다른 소프트웨어에 의해 이용되는 수많은 방식을 생각해볼 때 어떤 하나의 포맷도 모든 사람을 기쁘게 할 수는 없다. 그래서 엔맵은 사람들이 직접 읽는 대화형 모드와 소프트웨어에 의한 파싱을 쉽게 해주는 XML을 포함해 다양한 포맷을 제공한다.

다른 출력 포맷들을 제공하고 엔맵은 디버깅 메시지들만이 아니라 출력의 상세도verbosity을 제어하기 위한 옵션들도 제공한다. 출력 타입은 표준 출력이나 이름이 주어진 파일들(엔맵은 여기에 추가하거나 덮어 쓸 수 있음)로 전송될 수 있다. 출력 파일들은 중단된 스캔들을 다시 시작하는 데에도 이용될 수 있다.

엔맵은 5가지의 다른 포맷으로 출력을 만들 수 있다. 기본값은 대화형 출력이라고 하는 것인데 이것은 표준 출력stdout으로 전송된다. 또한 정상normal 출력도 있는데, 대화형으로 분석되기보다는 스캔이 끝난 후에 분석되리라고 예상되기 때문에 실행 시 정보와 경고들을 조금 덜 디스플레이한다는 점을 제외하면 대화형 출력과 유사하다.

XML 출력은 HTML로 변환될 수 있고, 엔맵 그래픽 사용자 인터페이스 같은 프로그램들에 의해 쉽게 파싱될 수 있고, 데이터베이스로 임포트import될 수 있기 때문에 가장 중요한 출력 타입 중의 하나다.

나머지 두 개의 출력 타입으로는 하나의 줄에 대상 호스트를 위한 대부분의 정보를 포함하는 간단한 그렙 가능한grepable 출력과 자기 자신을 |<-r4d라고 생각하는 사용자들을 위한 스크립트 키드 출력(sCRiPt KiDDi3 0utPut)이 있다.

대화형 출력은 기본값으로서 연관된 커맨드라인 옵션이 없는 반면 나머지 4개의 포맷 옵션은 동일한 문법을 이용한다. 이들은 결과들이 저장될 파일명이라는 한 개의 인자를 받아들인다. 여러 개의 포맷들이 지정될 수 있지만 각 포맷은 오직 한 번만 지정될 수 있다. 예를 들어 동일한 스캔 결과를 프로그램 차원의 분석을 위해 XML에 저장하면서도 직접 검토하기 위해 정상 출력으로 저장하고 싶을 수도 있다. 이것은 `-oX myscan.xml -oN myscan.nmap` 옵션으로 할 수 있다. 여기에서는 간단히 하기 위해 `myscan.xml` 같은 간단한 이름을 이용했지만 일반적으로는 좀 더 설명이 들어간 이름이 권장된다. 나는 스캐닝하는 회사명 뒤에 스캔 날짜와 스캔을 설명하는 한두 개의 단어, 디렉토리 위치를 넣은 긴 이름을 이용하고 있지만 이름 선택은 전적으로 개인적인 선호도의 문제다.

이들 옵션은 결과들을 파일에 저장하지만 엔맵은 여전히 평소와 같이 대화형 출력을 stdout에 출력한다. 예를 들어 `nmap -oX myscan.xml target` 명령은 XML을 `myscan.xml`에 출력하며 `-oX`가 전혀 지정되지 않았으면 출력했을 대화형 결과들로 표준 출력을 채운다. 이것은 포맷 타입의 하나에 대한 인자로서 하이픈 문자를 전달함으로써 변경할 수 있다. 그렇게 하면 엔맵이 대화형 출력을 비활성화하며 대신 표준 출력 스트림stream에 여러분이 지정한 포맷으로 결과들을 출력한다. 그래서 `nmap -oX - target` 명령은 stdout에 XML 출력만을 전송할 것이다. 심각한 오류들은 여전히 정상적인 오류 스트림인 `stderr`에 출력될 것이다.

일부 엔맵 인자들과 달리 로그 파일 옵션 플래그(-oX 같은)와 파일명이나 하이픈 사이에는 공백 문자가 필요하다. 공백 문자를 생략하고 `-oG-`나 `-oXscan.xml` 같은 인자를 주면 엔맵의 구 버전과의 호환 기능이 각기 `G-`와 `Xscan.xml`이라는 이름의 정규 포맷 출력 파일을 생성하게 할 것이다.

이들 인자들은 모두 파일명에서 `strftime` 같은 변환 기능을 지원한다. `%H`, `%M`, `%S`, `%m`, `%d`, `%y`, `%Y`는 `strftime`에서와 거의 완전히 동일하다. `%T`는 `%H%M%S`와 동일하고, `%R`은 `%H%M`과 동일하며, `%D`는 `%m%d%y`와 동일하다. `%` 다음에 다른 문자가 뒤따라오는 것은 단순히 그 문자 자체를 나타낸다(즉 `%%`는 퍼센트 기호를 나타낸다). 그래서 `-oX 'scan-%T-%D.xml'`은 `scan-144840-121307.xml`이라는 형태로 XML 파일을 이용할 것이다.

엔맵은 또한 스캔 상세도verbosity를 제어하고 출력 파일을 덮어쓰기보다는 추가하기 위한 옵션들을 제공한다. 이들 옵션은 모두 다음과 같다.

엔맵 출력 포맷

- **-oN ⟨파일명⟩**(정상 출력) 정상 출력이 주어진 파일명으로 가게 요청한다. 위에서 설명한 대로 이것은 대화형 출력과 아주 약간만 다르다.

- **-oX ⟨파일명⟩**(XML 출력) XML 출력이 주어진 파일명으로 가게 요청한다. 엔맵은 XML 파서들이 엔맵 XML 출력을 검증하는 것을 허용해주는 문서 유형 정의DTD를 포함하고 있다. 이것은 기본적으로 프로그램 차원의 이용을 의도한 것이지만 인간이 엔맵 XML 출력을 해석하는 데에도 도움을 줄 수 있다. DTD는 포맷의 합법적인 요소들을 정의하며 종종 그들이 떠맡을 수 있는 속성들과 값들을 열거한다. 최신 버전은 항상 http://nmap.org/data/nmap.dtd에서 구할 수 있다.

    XML은 소프트웨어에 의해 쉽게 파싱되는 안정된 포맷을 제공한다. C/C++, 펄, 파이썬과 자바를 포함한 모든 주요 컴퓨터 언어에서 무료 XML 파서를 구할 수 있다. 사람들은 엔맵 출력과 실행을 전문적으로 처리하기 위해 대부분의 이들 언어들을 위한 결합 코드까지 작성해왔다. 펄 CPAN의 Nmap::Scanner[2]와 Nmap::Parser[3]는 그 중 한 예다. 쓸만한 애플리케이션이

---

2. http://sourceforge.net/projects/nmap-scanner/
3. http://nmapparser.wordpress.com/

엔맵과 접속하는 거의 모든 경우에 XML은 선호되는 포맷이다.

XML 출력은 결과들을 HTML로 포맷하는 데 이용될 수 있는 XSL 스타일 시트를 참조한다. 이것을 이용하는 가장 쉬운 방법은 Firefox나 IE와 같은 웹브라우저에서 단순히 XML 출력을 로드하는 방법이다. 기본적으로 nmap.xsl 파일 시스템 경로의 값이 직접 들어가 있기 때문에 이것은 엔맵을 실행했던 시스템(또는 유사하게 설정된 시스템)에서만 작동할 것이다. 웹에 연결된 모든 시스템에서 HTML로 표현되는 포터블 XML을 생성하기 위해서는 --webxml이나 --stylesheet 옵션을 이용하면 된다.

- **-oS 〈파일명〉**(스크립트 키드 출력(ScRipT KIdd|3 oUTpuT)) 스크립트 키드 출력은 엔맵의 일관적인 대소문자 사용과 철자법에 기인해 예전에 엔맵을 낮춰보던 l33t HaXXorZ에게 더 적합하게 사후 처리된다는 점을 제외하면 대화형 출력과 유사하다. 유머가 부족한 사람이라면 필자가 의도적으로 '그들을 도와주려 한다'고 발끈하기 전에 이 옵션이 스크립트 키드들을 놀려대는 옵션이라는 점에 주목해야 한다.

- **-oG 〈파일명〉**(grepable 출력) 이 출력 포맷은 지원되지 않을 것이기 때문에 마지막으로 다루었다. XML 출력 포맷이 훨씬 더 강력하며 경험 있는 사용자들에게 거의 대부분 편리하다. XML은 몇 십 개의 탁월한 parser들이 지원할 수 있는 표준인 반면 그렙 가능한 출력은 필자 자신이 만든 간단한 장난감이다. XML은 엔맵의 새 기능이 배포될 때마다 그들을 지원하기 위해 확장할 수 있는 반면, 그렙 가능한 출력에서는 그들을 넣을 장소가 부족했기 때문에 필자는 이들 기능을 종종 생략해야만 했다.

그럼에도 불구하고 그렙 가능한 출력은 아직 상당히 보편적이다. 이것은 각 호스트를 한 줄에 나열하며 grep, awk, cut, sed, diff나 펄 같은 표준 유닉스 도구들을 갖고서 간단히 검색하고 파싱할 수 있는 간단한 포맷이다. 나조차도 커맨드라인에서의 일회성 테스트들에는 보통 이것을 이용한다. SSH 포트가 열려 있거나 솔라리스를 실행하는 모든 호스트를 발견하는 작업은 호스트들을 식별하기 위한 간단한 grep과 원하는 필드들을 출력하기 위해 awk나 cut 명령으로 pipe 되는 것만으로 끝난다.

grepable 출력은 주석(# 문자로 시작되는 줄)들과 대상 줄들로 구성된다. 대상 줄은 탭 문자로 분리되고 콜론이 뒤따르는 6개의 라벨을 가진 필드들의 조합을 포함한다. 필드로는 호스트, 포트, 프로토콜, 무시된 상태, 운영체제,

Seq 인덱스, IP ID, 상태 필드가 있다.

이들 필드 중에서 가장 중요한 필드는 일반적으로 포트인데, 이것은 흥미로운 각 포트에 관한 세부 내용들을 보여준다. 이 필드는 콤마로 분리된 포트 엔트리의 목록이다. 각 포트 엔트리는 한 개의 흥미로운 포트를 나타내며 7개의 / 문자로 구분된 서브 필드의 형태를 취한다. 이들 서브 필드는 각기 Port number, State, Protocol, Owner, Service, SunRPC info, Version info다.

XML 출력 같이 이 가이드에서는 전체 포맷의 문서화는 허용되지 않는다. 엔맵 그렙 가능한 출력 포맷에 관한 자세한 내용은 '13.10 그렙 가능한 산출물(-oG)'에서 구할 수 있다.

- **-oA <기본 이름>(모든 포맷으로 출력한다)** 편한 방법으로 -oA <기본 이름>을 지정하면 스캔 결과를 한 번에 모두 정상 포맷, XML 포맷, 그렙 가능한 포맷으로 저장할 수 있다. 이들은 각기 <기본 이름>.nmap, <기본 이름>.xml, <기본 이름>.gnmap에 저장된다. 대부분의 프로그램에서처럼 유닉스에서는 ~/nmaplogs/foocorp/, 윈도우에서는 c:\hacking\sco 같이 파일명 앞에 디렉토리 경로를 붙일 수도 있다.

상세도와 디버깅 옵션

- **-v(상세도 래벨을 올린다)** 상세도Verbosity 레벨을 올려 스캔 진행 시 엔맵이 더 많은 정보를 출력하게 한다. 이 옵션을 이용하면 열린 포트들이 발견될 때마다 화면에 보여지며, 완료 예정 시간 평가는 스캔이 몇 분 이상 소요될 것이라고 엔맵이 생각했을 때 제공된다. 더 많은 상세도를 위해서는 이 옵션을 두 번 이상 이용하면 된다.

대부분의 변화는 대화형 출력에만 영향을 미치며 몇 가지는 정상 출력과 스크립트 키드 출력에도 영향을 미친다. 다른 출력 타입은 시스템에 의해 처리되므로 인간 사용자를 피곤하게 만들지 않고도 포맷에서 엔맵은 기본적으로 상당한 세부 정보를 줄 수 있다. 하지만 이들 모드에서도 몇 가지 변화가 있는데, 거기에서는 몇 가지 세부 정보를 생략함으로써 출력 크기가 상당히 줄어들 수 있다. 예컨대 스캔되는 모든 포트의 목록을 제공하는 그렙 가능한 출력에서의 주석 줄은 상당히 길어질 수도 있으므로 이것은 상세 모드에서만 프린트된다.

- **-d [레벨](디버깅 레벨을 높이거나 설정한다)** 상세 모드가 충분한 데이터를 제공하지 못할 때조차도 디버깅은 훨씬 더 많은 정보를 제공한다. 상세도 옵션(-v)과 마찬가지로 디버깅은 커맨드라인 플래그(-d)에 의해 활성화되며, 디버깅 레벨은 이 옵션을 여러 번 지정함으로써 높일 수 있다. 또는 -d 옵션에 대해 인자를 제공함으로써 디버깅 레벨을 설정할 수도 있다. 예를 들어 -d9는 레벨 9로 설정한다. 이것은 유효한 가장 높은 레벨로 매우 적은 수의 포트와 대상을 가진 매우 간단한 스캔을 실행하지 않는 한 몇 천 줄의 출력을 생성할 것이다.

  디버깅 출력은 엔맵에서 버그가 의심스러울 때나 단순히 엔맵이 무엇을 하고 왜 그러는지 혼란스러울 때 이용하면 효과적이다. 이 기능은 거의 개발자들을 위해 만들어진 것이므로 디버그 줄은 항상 내용이 명확하지는 않다. `Timeout vals: srtt: -1 rttvar: -1 to: 1000000 delta 14987 ==> srtt: 14987 rttvar: 14987 to: 100000`과 유사한 출력을 얻을 수도 있다. 이런 내용을 이해하지 못할 때 취할 수 있는 수단은 이것을 무시하거나, 소스코드에서 내용을 살펴보거나, 개발자 리스트(nmap-dev)에서 도움을 요청하는 것뿐이다. 일부 줄은 자체적으로 명확하지만 디버깅 레벨이 높아짐에 따라 메시지들의 내용이 점점 모호해질 것이다.

- **--reason(호스트와 포트 상태의 이유들)** 각 포트가 특정 상태로 설정된 이유와 각 호스트가 up 상태인지 down 상태인지의 이유를 보인다. 이 옵션은 포트 상태나 호스트 상태를 결정했던 패킷의 타입을 디스플레이한다. 예컨대 닫힌 포트로부터의 RST 패킷이나 살아있는 호스트로부터의 echo 응답을 디스플레이한다. 엔맵이 제공할 수 있는 정보는 스캔이나 핑 타입에 의해 결정된다. SYN 스캔과 SYN 핑(-sS와 -PS)은 매우 자세히 나오지만 TCP 연결 스캔(-sT)은 연결 시스템 호출의 구현에 의해 제한돼 나온다. 이 기능은 디버그 옵션(-d)에 의해 자동으로 활성화되며 옵션이 지정되지 않더라도 결과들이 XML 로그 파일에 저장된다.

- **--packet-trace(전송되고 수신된 패킷들을 추적한다)** 엔맵이 전송되거나 수신된 모든 패킷의 요약을 출력하게 한다. 이 옵션은 종종 디버깅을 위해 이용되지만 새로운 사용자들이 엔맵이 이면에서 정확히 무엇을 하는지를 이해하는 데 가치 있는 방법이기도 하다. 몇 천 줄의 출력을 피하기 위해 -p20-30과 같이 스캔할 제한된 수의 포트를 지정하는 것이 좋을 수도 있다. 버전 탐지

서브시스템의 행위에만 관심이 있다면 이 옵션 대신 --version-trace를 이용한다. 스크립트 추적에만 관심이 있다면 --script-trace를 지정한다. --packet-trace 옵션으로는 이들 모두를 얻는다.

- **--open**(열린(또는 아마도 열린) 포트만을 보인다) 때때로 실제로 연결할 수 있는 포트(열린 포트)에만 관심이 있고 닫힌 포트, 필터된 포트와 close|filtered 포트들로 결과들이 어지럽혀지는 것을 원하지 않을 수 있다. 보통은 스캔 후에 grep, awk, 펄 같은 도구들을 이용해 출력 조정이 이뤄지지만 엄청난 요청들이 들어왔기 때문에 이 기능을 추가했다. open, open|filtered, unfiltered 포트만을 보려면 --open을 지정한다. 이들 3개의 포트는 그들이 정상적으로 처리될 때와 마찬가지로 처리되는데, open|filtered와 unfiltered 포트의 수가 엄청나다면 총 수로 요약돼 표시될지도 모른다는 의미다.

- **--iflist**(인터페이스와 라우트들을 나열한다) 엔맵에 의해 탐지된 인터페이스 목록와 시스템 라우트들을 출력한다. 이것은 라우팅 문제나 디바이스 성격을 잘못 판단하는 상황(엔맵이 PPP 연결을 이더넷으로 취급하는 것처럼)을 디버깅하기 위해 유용하다.

- **--log-errors**(정상 모드 출력 파일에 오류/경고를 로그한다) 엔맵에 의해 출력되는 경고와 오류들은 보통 화면(대화형 출력)에만 나와 정상 포맷 출력 파일(보통 -oN에 의해 지정되는)들이 흩어지지 않게 한다. 이들 메시지를 지정한 정상 출력 파일 내에서 보기를 원한다면 이 옵션을 추가한다. 이것은 출력을 감시하지 않을 때나 문제를 디버깅하는 동안 오류들을 기록하기 원할 때 유용하다. 오류와 경고 메시지들은 여전히 대화형 모드에도 나타날 것이다. 하지만 잘못된 커맨드라인 인자들과 관련된 대부분의 오류들에서는 엔맵이 아직 출력 파일들을 초기화하지 않았을 것이므로 작동하지 않을 것이다. 참고로 일부 엔맵 오류와 경고 메시지들은 이 옵션이 아직 지원하지 않는 다른 시스템을 이용하고 있다.

  --log-errors에 대한 대안은 대화형 출력(표준 오류 스트림을 포함한)을 파일로 리다이렉트하는 것이다. 윈도우에서는 어려울 수도 있지만 대부분의 유닉스 셸은 이 접근법을 쉽게 할 수 있다.

다양한 출력 옵션

- **--append-output**(출력 파일들을 덮어쓰기보다는 추가한다) `-oX`나 `-oN` 같은 출력 포맷 플래그에 파일명을 지정하면 그 파일은 기본적으로 덮어써진다. 파일의 기존 내용을 유지하면서 새 결과들을 추가하고 싶다면 `--append-output` 옵션을 지정한다. 그러면 엔맵 실행 시 지정된 모든 출력 파일명은 덮어써지기보다는 추가된다. XML에서는 결과 파일들이 손으로 직접 고칠 때까지는 적절히 파싱되지 않으므로 XML 스캔(`-oX`) 데이터에는 잘 동작하지 않는다.

- **--resume 〈파일명〉**(중단된 스캔을 다시 시작한다) 몇 가지 확장형 엔맵 실행들은 며칠 단위라고 할 정도로 시간을 매우 오래 잡아먹는다. 그런 스캔들은 항상 완료될 때까지 실행되는 것은 아니다. 작업 시간의 여러 제한으로 인해 엔맵의 실행이 방해받을 수도 있고, 네트워크 연결이 끊어질 수도 있고, 엔맵이 실행된 시스템이 계획되거나 계획되지 않은 재부팅을 할 수도 있고, 엔맵 자체가 크래시될 수도 있다. 엔맵을 실행한 관리자는 그 외의 어떤 이유로든 Ctrl+C를 눌러 엔맵을 취소할 수 있다. 이때 전체 스캔을 처음부터 다시 시작하는 것은 바람직하지 않다. 다행히도 정상 스캔(`-oN`)이나 그렙 가능한 스캔(`-oG`)의 로그들이 유지돼 있다면 사용자는 실행이 멈췄을 때 작업하고 있던 대상부터 스캐닝을 다시 시작하게 엔맵에 요청할 수 있다. 단순히 `--resume` 옵션을 지정하고 인자로 정상/그렙 가능한 출력 파일을 전달하면 된다. 엔맵은 출력 파일을 파싱해 이전에 지정됐던 동일한 인자들을 이용하므로 그 외의 어떤 인자도 허용되지 않는다. 단순히 엔맵을 `nmap --resume <로그 파일명>`처럼 호출한다. 엔맵은 이전 실행에서 지정됐던 데이터 파일들에 대해 새 결과들을 추가할 것이다. XML에서는 실행 재개 시 두 개의 실행 결과를 하나의 유효한 XML 파일로 결합하는 것이 어려울 수도 있으므로 XML 출력 포맷은 지원하지 않는다.

- **--stylesheet 〈경로 또는 URL〉**(XML 출력으로 변환하기 위한 XSL 스타일시트를 설정한다) 엔맵은 XML 출력을 HTML로 보거나 번역하기 위한 `nmap.xsl`이라는 XSL 스타일시트와 함께 배포된다. XML 출력은 xml 스타일시트 지시자 directive를 포함하고 있는데, 이것은 엔맵에 의해 초기에 설치된 위치(또는 윈도우의 현 작업 디렉토리)에 있는 `nmap.xml`을 가리킨다. 현대의 웹브라우저에서 단순히 엔맵의 XML 출력을 로드하면 파일 시스템에서 `nmap.xsl`을 얻어온 후 이것을 이용해 결과를 보여준다. 다른 스타일시트를 이용하고 싶다면

--stylesheet의 인자로 지정한다. 전체 경로나 URL을 지정해야 한다.
--stylesheet http://nmap.org/data/nmap.xsl은 일반적으로 이용되는
예다. 이것은 브라우저에게 Nmap.Org에서 최신 버전의 스타일시트를 로드
하게 한다. --webxml 옵션은 타이핑 수도 적고 기억하기도 쉬운 옵션으로
이와 동일한 작용을 한다. XSL을 Nmap.Org에서 로드하면 엔맵(그리고 그
결과인 nmap.xsl)을 설치하지 않은 시스템에서 결과를 보기 훨씬 쉽게 만들어
준다. 그래서 URL을 이용하는 편이 보통은 더 유용하지만 프라이버시라는
이유로 로컬 파일 시스템에 위치한 nmap.xsl이 기본적으로 이용된다.

- **--webxml**(Nmap.Org에서 스타일시트를 로드한다) 이 옵션은 단순히 --stylesheet http://nmap.org/data/nmap.xsl의 별칭이다.

- **--no-stylesheet**(XML에서 XSL 스타일시트의 선언을 생략한다) 엔맵이 XSL 스타일시트를 XML 출력과 연결하는 것을 방지하려면 이 옵션을 지정한다. 그러면 xml-stylesheet 지시자가 생략된다.

15.14 다양한 옵션

이 절은 사실 다른 어떤 곳에도 속하지 않는 몇 가지 중요한(그리고 그렇게 중요하지 않은) 옵션들을 설명한다.

- **-6**(IPv6 스캐닝을 활성화한다) 2002년부터 엔맵은 IPv6의 가장 보편적인 기능들을 지원했다. 특히 핑 스캐닝(TCP만)과 연결 스캐닝, 버전 탐지 스캐닝은 모두 IPv6을 지원한다. 명령의 문법은 -6 옵션도 추가해야 한다는 점을 제외하면 보통의 경우와 같다. 물론 호스트명보다 주소를 지정한다면 IPv6 문법을 이용해야 한다. 주소는 3ffe:7501:4819:2000:210:f3ff:fe03:14d0 같이 보일 수도 있으므로 호스트명을 이용하는 것이 권장된다. 출력은 interesting ports라는 줄에 밝혀진 IPv6 주소가 나온다는 점만 제외하면 보통의 경우와 동일하게 보인다.

  IPv6는 정확히 폭풍우처럼 세계를 접수하지 못한 반면 일부 나라(보통 아시아)에서 상당히 많이 쓰이고 있으며, 대부분의 현대 운영체제들이 지원한다. IPv6로 엔맵을 이용하려면 스캔의 소스와 대상이 모두 IPv6용으로 설정돼야 한다. 여러분의 ISP가 (대부분의 경우와 마찬가지로) 여러분에게 IPv6 주소를 할

당하지 않을 경우 널리 이용할 수 있는 무료 터널 브로커가 있으며, 이것은 엔맵에서 잘 작동한다. 나는 http://www.tunnelbroker.net에 있는 무료 IPv6 터널 브로커 서비스를 이용한다. 다른 터널 브로커들은 위키피디아[4]에 열거 돼 있다. 6to4 터널도 무료로 이용할 수 있는 또 다른 대중적인 터널이다.

- **-A(침투적인 스캔 옵션들)** 이 옵션은 진보적이고 침투적인 추가 옵션들을 활성 화한다. 나는 아직 이것이 정확히 무엇을 나타내는지 결정하지 않았다. 현 재 운영체제 탐지(-O), 버전 탐지(-sV), 스크립트 스캐닝(-sC)과 트레이스라우 트(--traceroute)를 활성화한다. 장래에는 더 많은 기능이 추가될 수도 있다. 요컨대 많은 종류의 플래그를 기억하지 않고도 포괄적인 집합의 스캔 옵션 들을 활성화하는 옵션이다. 하지만 기본 집합의 스크립트 스캐닝은 침투적 이라고 생각되기 때문에 대상 네트워크에 대해 허가 없이 -A 옵션을 이용해 서는 안 된다. 이 옵션은 기능들만을 활성화하며, 여러분이 원할 수도 있는 타이밍 옵션(-T4 같은)이나 상세도 옵션(-v)은 활성화하지 않는다.

- **--datadir 〈디렉토리 명〉(맞춤형 엔맵 데이터 파일의 위치를 지정한다)** 엔맵은 실행 시 일부 특수한 데이터를 nmap-service-probes, nmap-services, nmap-protocols, nmap-rpc, nmap-mac-prefixes, nmap-os-db 파일들에서 얻는 다. 이 파일 중 어떤 것이든 위치가 지정되면(--servicedb 옵션이나 --versiondb 옵션을 이용해) 해당 파일을 위해 지정된 위치가 이용된다. 그런 후 엔맵은 --datadir 옵션(있을 경우)에 지정된 디렉토리에서 이 파일들을 검색한다. 거 기에서 발견되지 않은 모든 파일은 NMAPDIR 환경 변수에 의해 지정된 디렉 토리에서 검색된다. 다음으로는 실제 UID와 유효한 UID를 위한 ~/.nmap (POSIX 시스템에서만)이나 엔맵 실행 파일의 위치(윈도우 32에서만)가 검색되며 다 음으로 /usr/local/share/nmap이나 /usr/share/nmap 같이 컴파일 시에 들어간 위치들이 검색된다. 마지막 수단으로 엔맵은 현 디렉토리를 찾는다.

- **--servicedb 〈서비스 파일〉(맞춤형 서비스 파일을 지정한다)** 엔맵에게 엔맵과 함 께 딸려 온 nmap-services 데이터 파일보다는 지정된 서비스 파일을 이용 하게 요청한다. 이 옵션을 이용하면 빠른 스캔(-F)을 사용하게 한다. 엔맵의 데이터 파일들에 관한 자세한 정보는 --datadir의 설명을 참조하라.

---

[4]. http://en.wikipedia.org/wiki/List_of_IPv6_tunnel_brokers

- **--versiondb 〈서비스 probe 파일〉**(맞춤형 서비스 프로브 파일을 지정한다) 엔맵과 함께 딸려 온 `nmap-service-probes` 데이터 파일보다는 지정된 서비스 파일을 이용하게 요청한다. 엔맵의 데이터 파일들에 관한 자세한 정보는 `--datadir`의 설명을 참조하라.

- **--send-eth**(raw 이더넷 전송을 이용한다) 엔맵에게 높은 레벨의 IP(네트워크) 레이어에서보다는 raw 이더넷(데이터 링크) 레이어에서 패킷들을 전송하게 요청한다. 기본적으로 엔맵은 자신이 실행되는 플랫폼에 최적의 레이어를 일반적으로 선택한다. 일반적으로 유닉스 시스템들에서는 raw 소켓(IP 레이어)이 가장 효과적인 반면 마이크로소프트가 raw 소켓 지원을 비활성화했기 때문에 윈도우 운영체제에서는 이더넷 프레임이 필요하다. 엔맵은 이 옵션이 있음에도 불구하고 유닉스에서는 다른 선택의 여지가 없을 때(비이더넷 연결처럼) 여전히 raw IP 패킷들을 이용한다.

- **--send-ip**(raw IP 레벨에서 전송한다) 엔맵에게 하위 레벨의 이더넷 프레임들을 전송하기보다는 raw IP 소켓을 경유해 패킷들을 전송하게 요청한다. 이것은 앞서 설명한 `--send-eth` 옵션에 대한 보완 옵션이다.

- **--privileged**(사용자가 완전한 권한을 갖는다고 가정한다) 유닉스 시스템에서 보통은 root 권한을 필요로 하는 raw 소켓 전송, 패킷 스니핑과 유사한 작업 등을 수행하기에 충분한 권한을 사용자가 갖고 있다고 단순히 가정하게 만든다. 기본적으로 엔맵은 그런 작업들이 요청됐지만 `geteuid`가 0이 아니라면 그냥 종료한다. `--privileged` 옵션은 권한이 없는 사용자들이 raw 패킷 스캔을 수행하도록 허용하게 설정할 수도 있는 리눅스 커널과 유사한 시스템에서 유용하다. 권한을 필요로 하는 옵션들(SYN 스캔, 운영체제 탐지 등)을 위한 플래그를 입력하기 전에 이 옵션 플래그를 확실하게 제공하기 바란다. `--privileged`에 대한 동등한 대안으로 `NMAP_PRIVILEGED` 환경 변수가 설정될 수도 있다.

- **--unprivileged**(raw 소켓 권한이 부족하다고 가정한다) 이 옵션은 `--privileged`의 반대 옵션이다. 이것은 엔맵이 사용자를 네트워크 raw 소켓과 스니핑 권한이 부족한 것으로 처리하게 한다. 이것은 테스트 목적이나 디버깅, 운영체제의 raw 네트워크 기능이 어떤 식으로든 깨졌을 때 유용하다. `--unprivileged`에 대한 동등한 대안으로 `NMAP_UNPRIVILEGED` 환경 변수가 설정될 수도 있다.

- **--release-memory**(종료 전에 메모리를 해제한다) 이 옵션은 메모리 누설leak의 디버깅을 위해서만 유용하다. 이 옵션을 지정하면 실제의 메모리 누설을 더 찾기 쉽게 엔맵 종료 직전에 할당된 메모리들을 해제한다. 정상적으로는 프로세스 종료 시에 운영체제가 어떤 식으로든 메모리를 해제하므로 엔맵은 이것을 그냥 지나친다.

- **--interactive**(대화형 모드에서 시작한다) 엔맵을 대화형 모드로 시작하는데, 이것은 멀티스캔을 (동시나 백그라운드로) 쉽게 가동할 수 있게 하는 대화형 엔맵 프롬프트를 제공한다. 이것은 다중 사용자 시스템에서 그들이 정확히 어떤 시스템을 스캐닝하는지 모르게 한 상태로 보안을 테스트하고 싶어 하는 사람들에게 유용한 옵션이다. 이 모드를 활성화하기 위해 --interactive 옵션을 이용한 후 도움말을 위해서는 h를 입력하면 된다. 보통은 적절한 셸이 더 친숙하고 기능도 완벽하므로 이 옵션은 드물게 이용된다. 이 옵션은 셸 명령들을 실행하기 위한 bang(!) 연산자를 포함하는데, 이것은 엔맵을 setuid root로 설치하지 않는 많은 이유 중 하나다.

- **-V; --version**(버전 번호를 프린트한다) 엔맵 버전 번호를 프린트하고 종료한다.

- **-h; --help**(도움말 요약 페이지를 출력한다) 가장 일반적인 명령 플래그들에 대한 짧은 도움말 화면을 출력한다. 어떤 인자도 주지 않은 상태로 엔맵을 실행해도 동일한 작업을 한다.

15.15 실행 시의 상호 작용

엔맵을 실행하는 동안 모든 키 눌림이 캡처된다. 이것은 여러분이 종료하거나 다시 시작하는 일이 없이 프로그램과 상호 작용할 수 있게 한다. 일부 특수 키들은 옵션을 바꾸는 반면 어떤 키들은 스캔에 관한 것을 알려주는 상태 메시지를 출력한다. 관례로 소문자는 옵션의 양을 늘리고, 대문자는 옵션의 양을 줄인다. 또한 도움말을 위해 ?를 누를 수도 있다.

- v / V 상세도 레벨을 높이거나 낮춘다.
- d / D 디버깅 레벨을 높이거나 낮춘다.
- p / P 패킷 추적을 켜거나 끈다.

- **?** 실행 시 상호 작용 도움말 화면을 출력한다.
- **기타** 다음과 같은 상태 메시지를 프린트한다.

    ```
    Stats: 0:00:08 elapsed; 111 hosts completed (5 up), 5 undergoing Service Scan
    Service scan Timing: About 28.00% done; ETC: 16:18 (0:00:15 remaining)
    ```

15.16 활용 예

다음은 간단한 예, 보통의 예에서부터 약간 복잡한 예, 비법에 이르는 예까지 엔맵을 활용한 몇 가지 예를 살펴본다. 내용을 더 구체적으로 알 수 있게 몇 개의 실제 IP 주소와 도메인명을 이용했다. 이들 위치를 자신의 네트워크 주소/이름들로 대체해야 한다. 나는 다른 네트워크를 포트 스캐닝하는 것이 불법이거나 불법이어야 한다고 생각하지 않지만 일부의 네트워크 관리자는 자신의 네트워크에 대한 요청받지 않은 스캐닝을 용인하지 않고 불평할 수도 있다. 먼저 허가를 얻는 것이 최선의 접근법이다.

테스트 목적으로 여러분은 호스트 scanme.nmap.org를 스캔할 허가권을 가진다. 이 허가에는 엔맵을 경유한 스캐닝만 포함되며, 익스플로잇들을 테스트하거나 서비스 거부denial of service 공격들에는 허가되지 않는다. 대역폭을 유지해야 하므로 이 호스트에 대해 하루에 몇 십 개 이상의 스캔을 개시하지 말기 바란다. 이 무료 스캐닝 대상 서비스가 남용되면 이 서비스는 다운될 것이며, 그 결과 엔맵은 Failed to resolve given hostname/IP: scanme.nmap.org를 보고할 것이다. 이들 허가는 현재는 존재하지 않지만 호스트 scanme2.nmap.org, scanme3.nmap.org 등에도 역시 적용된다.

```
nmap -v scanme.nmap.org
```

이 옵션은 시스템 scanme.nmap.org에 있는 모든 예약된 TCP 포트를 스캔한다. -v 옵션은 상세 모드를 활성화한다.

```
nmap -sS -O scanme.nmap.org/24
```

scanme가 존재하는 '클래스 C' 네트워크에 있는 255개의 시스템 중에서 up 상태에 있는 각 시스템에 대해 스텔스 SYN 스캔을 발진한다. 이것은 또한 up 상태에서 실행되는 각 호스트에 어떤 운영체제가 실행되고 있는지를 결정하는 작업도 시도한다. SYN 스캔과 운영체제 탐지로 인해 이 작업은 root 권한이 필요하다.

```
nmap -sV -p 22,53,110,143,4564 198.116.0-255.1-127
```

198.116 클래스 B 주소 공간에서 가능한 255개의 8비트 서브넷 중 첫 번째 절반에서 호스트 발견enumeration 스캔과 TCP 스캔을 발진한다. 이것은 그들 시스템이 그들의 표준 포트에서 SSH, DNS, POP3, IMAP을 실행하는지, 포트 4564에서 무엇이 실행되는지 테스트한다. 열린 상태로 발견된 포트들에 대해 모두 어떤 애플리케이션이 실행되는지 결정하기 위해 버전 탐지가 이용된다.

```
nmap -v -iR 100000 -PN -p 80
```

엔맵에게 무작위로 100,000개의 호스트를 선택하고 그들에 대해 웹서버(포트 80)를 스캔하게 요청한다. 각 대상 호스트에 대해 어쨌든 한 개의 포트만 프로브할 때 호스트가 up 상태인지를 결정하기 위해 먼저 2개의 프로브를 전송하는 것은 낭비이므로 -PN 옵션으로 호스트 발견이 비활성화된다.

```
nmap -PN -p80 -oX logs/pb-port80scan.xml -oG logs/pb-port80scan.gnmap
  216.163.128.20/20
```

이것은 4096개의 IP들에서 웹서버를 스캔하고(핑을 하지 않은 상태로) 그 결과를 그렙 가능한 포맷과 XML 포맷으로 저장한다.

15.17 버그

나처럼 엔맵도 완전하지 않다. 하지만 여러분은 버그 리포트를 전송하거나 패치를 작성함으로써 엔맵을 더 낫게 만드는 데 도움을 줄 수 있다. 엔맵이 기대하는 대로 작동하지 않으면 먼저 http://nmap.org에서 구할 수 있는 최신 버전으로 업그레이드하기 바란다. 문제가 지속된다면 이 문제가 이미 발견돼 지적됐는지 알아보기 위해 몇 가지 조사를 하기 바란다. 구글이나 http://insecure.org/search.html에 있는 우리의 검색 페이지에서 오류 메시지를 검색해보기 바란다. 또한 http://seclists.org/에 있는 nmap-dev archive들도 뒤져보고 이 매뉴얼 문서도 잘 읽어보기 바란다. 여기에 아무것도 나오지 않으면 버그 리포트를 <nmap-dev@insecure.org>에 메일로 보내주기 바란다. 어떤 버전을 실행했고, 어떤 운영체제에서 실행됐는지 뿐만 아니라 그 문제로 여러분이 알게 된 모든 정보를 포함하기 바란다. 나Fyodor에게 직접 전송된 것보다는 <nmap-dev@insecure.org>에 전송된 문제 리포트와 엔맵 사용 질문이 대답을 받을 가능성이 훨씬 더 많다. 포스팅하기 전에 nmap-dev 목록에 이것을 올리면 여러분의 메시지는 제약moderation을 우회하고 더 빨리 도달할 것이다. http://cgi.insecure.org/mailman/listinfo/nmap-dev에 올리기 바란다.

버그들을 수정하는 코드 패치는 버그 리포트보다 훨씬 더 환영한다. 변경 내용을 갖고 패치 파일들을 생성하는 기본 소개 내용은 http://nmap.org/data/HACKING에서 구할 수 있다. 패치들은 nmap-dev(권장함)이나 Fyodor에게 직접 전달될 수 있다.

15.18 저자

Fyodor <fyodor@insecure.org> (http://insecure.org)

몇 백 명의 사람들이 몇 년간에 걸쳐 엔맵에 대해 귀중한 기여를 해줬다. 엔맵과 함께 배포되는 CHANGELOG 파일에 세부 내용이 적혀 있는데, 이것은 http://nmap.org/changelog.html에서도 구할 수 있다.

15.19 법적 고지

[15.19.1] 엔맵 저작권과 특허

엔맵 보안 스캐너는 Copyright (C) 1996-2008 Insecure.Com LLC다. 또한 엔맵은 Insecure.Com LLC의 등록 상표다. 이 프로그램은 무료 소프트웨어이며, 여러분은 자유 소프트웨어 재단Free Software Foundation에서 발행된 아래에 설명된 명시와 예외 조항을 가진 버전 2의 GNU 일반 공중 사용 라이선스GNU General Public License의 조건하에서 이것을 배포하거나 변경할 수 있다. 이것은 특정 조건하에서 이 소프트웨어를 이용하고, 변경하고, 배포할 권리를 보증한다. 엔맵의 기술을 상용 소프트웨어에 끼워 넣기를 원할 경우 우리는 다른 라이선스를 판다(<sales@insecure.com>에 문의 바람). 몇 십 개의 소프트웨어 회사가 이미 호스트 발견, 포트 스캐닝, 운영체제 탐지, 버전 탐지 같은 엔맵 기술의 라이선스를 얻었다. GPL은 '파생 작업들derived works'에는 중요한 제한을 가하지만 GPL이 아직 이용어에 관한 세부 정의를 제공하지 않았다는 점에 주의하기 바란다. 오해를 피하기 위해 우리는 이 라이선스의 목적을 볼 때 아래의 어느 사항에든 해당되면 그 애플리케이션이 '2차적 저작물derivative work'의 요건에 맞는다고 생각한다.

- 엔맵에서 소스코드를 가져간다.
- `nmap-os-db`나 `nmap-service-probes` 같이 엔맵이 저작권을 가진 데이터 파일들을 읽거나 포함한다.
- 엔맵을 실행하고 그 결과들을 파싱한다(단순히 raw 엔맵 출력을 디스플레이하기 때문에 2차적 저작물이 아닌 전형적인 셸이나 실행 메뉴 애플리케이션에 반해).
- InstallShield에 의해 생성되는 것 같은 상용 실행 인스톨러에 엔맵을 통합하거나, 포함하거나, 합친다.
- 라이브러리를 링크하거나 위의 사항 중 어느 것인가를 하는 프로그램을 실행한다.

'엔맵Nmap'이라는 용어는 엔맵의 어떤 부분이나 파생 작업들도 포함하는 것으로 받아들여져야 한다. 이 목록은 절대적이지는 않지만 몇 가지 일반적인 예와 함께 우리의 파생 작업들에 대한 해석을 명료화할 의도였을 뿐이다. 이들 제한은 여러분이 실제로 엔맵을 재배포할 때에만 적용된다. 예를 들어 그 어느 것도 여러분이 엔맵에 대한 상용 프론트엔드front-end를 작성하고 파는 것을 막을 수는 없다. 단지 이것을 그대로 배포하고 엔맵을 다운로드하기 위해 http://nmap.org를 강조할 뿐이다.

우리는 위 내용이 GPL에 덧붙여 추가되는 제한이 되리라고 생각하지는 않지만 GPL 라이선스를 가진 우리의 엔맵 제품에 적용되기 때문에 우리가 '파생 작업들'을 어떻게 해석하는지 명확히 했을 뿐이다. 이것은 리누스 토발즈Linus Torvalds가 '파생 작업들'이 리눅스 커널 모듈들에 어떻게 적용되는지 그의 해석을 공표했던 것과 유사하다. 우리의 해석은 엔맵에만 관계된다. 즉, 우리는 다른 GPL 제품들에 대해 말하는 것이 아니다.

엔맵을 GPL이 아닌 작업들에서 이용할 때의 GPL 라이선스 제한에 관한 질문이 있다면 우리는 기꺼이 도와 줄 것이다. 위에서 언급한 대로 우리는 엔맵을 상용 애플리케이션이나 장치에 통합하기 위한 또 다른 라이선스를 제공한다. 이들 계약은 많은 보안 회사와 이뤄졌는데, 일반적으로 우선적인 지원과 업데이트를 지원할 뿐만 아니라 영구적인 라이선스를 포함하며, 엔맵 기술의 지속적인 개발, 투자에도 도움을 준다.

COPYING.OpenSSl 파일에 들어있는 목록화된 식별 라이선스하에서 배포되는 OpenSSL 라이브러리의 어떤 버전과 함께 이 프로그램의 코드에 연결하기 위한 권한을 부여하고, 이 두 개가 포함돼 있는 링크된 조합을 배포한다. 여러분은 OpenSSL 이외에 이용된 모든 코드에서 GNU GPL을 모두 준수해야 한다. 이 파일의 내용을 변경하면 이 예외를 여러분의 버전의 파일에도 확장할 수 있겠지만 그렇게 해야 할 의무는 없다.

여러분이 위의 조건들 외에 서명된 라이선스 계약서나 계약을 서술하는 약정이 적힌 이 파일을 수신했다면 이 라이선스 계약서는 지금까지 내용보다 더 높은 우선권을 가진다.

[15.19.2] 이 엔맵 가이드를 위한 Creative Commons License

이 엔맵 레퍼런스 가이드는 Copyright (C) 2005-2008 Insecure.Com LLC다. 이것은 Creative Commons Attribution License[5]의 버전 2.5에 의거해 여기에 위치하게 됐다. 이것은 원래의 내용을 신뢰하는 한 원하는 대로 저작물을 수정하고 재배포를 허용한다. 또는 이 문서를 엔맵 자체와 동일한 라이선스(앞서 설명한)에 속하는 것으로 취급할 수도 있다.

[15.19.3] 소스코드 가용성과 공공 기여

우리는 사용자들이 프로그램을 실행하기 전에 해당 프로그램이 무엇을 하려고 하는지 정확히 알 권리가 있다고 믿고 있기 때문에 이 소프트웨어에 대한 소스를 제공란다. 또한 여러분이 보안 허점(아직까지 아무것도 발견되지 않았음)을 위해 이 소프트웨어를 검사하는 것도 허용한다.

소스코드는 여러분이 엔맵을 새 플랫폼으로 이식하고, 버그를 수정하고, 새 기능을 추가하는 것도 허용한다. 주 배포본에 편입될 수 있게 <fyodor@insecure.org>에 여러분의 변경 내용을 전송하는 것은 매우 많이 장려된다. 이들 변경 내용을 Fyodor나 Insecure.Org 개발 메일링 리스트 중 하나에 전송하는 것은, 여러분이 Fyodor와 Insecure.Com LLC에게 그 코드를 재이용하고, 변경하고, 코드를 다시 라이선스하는 무제한의 비독점적인 권리를 제공한 것이라고 가

---

5. http://creativecommons.org/licenses/by/2.5/

정된다. 엔맵은 항상 오픈소스로서 이용할 수 있겠지만 코드를 다시 라이선스하는 것이 불가능하다는 것은 다른 무료 소프트웨어 프로젝트(KDE와 NASM 같은)들에게 곤혹스러운 문제들을 일으키기 때문에 중요하다. 우리는 또한 위에서 설명했던 대로 종종 써드파티들에게 코드를 다시 라이선스한다. 여러분의 기여에 특수한 라이선스 조건을 지정하고 싶다면 전송할 때 그 내용을 말해주기 바란다.

[15.19.4] 보증을 하지 않음

이 프로그램은 유용할 것이라는 희망하에 배포되지만 어떤 보증도 하지 않으며, 상용이나 특별한 목적을 위한 적합성에 관한 묵시적인 보증조차도 하지 않는다. 자세한 내용은 http://www.gnu.org/licenses/gpl-2.0.html에 있는 GNU 일반 공중 사용 허가서GNU General Public License v2.0이나 엔맵에 포함된 COPYING 파일을 참조하라.

또한 엔맵은 종종 잘못 작성된 애플리케이션들, TCP/IP 스택들, 운영체제조차도 크래시한다고 알려졌다는 점에 주의하기 바란다. 이런 일은 지극히 드물지만 기억해둘 필요가 있다. 고장 나는 것을 감수할 준비가 돼 있지 않은 한 엔맵은 절대적으로 필요한 시스템에 대해 실행해서는 안 된다. 여기에서 우리는 엔맵이 여러분의 시스템이나 네트워크를 크래시할 수 있다는 점을 인정하며, 엔맵이 일으킬 수 있는 모든 손상이나 문제에 대한 책임을 질 수 없다는 점을 표명한다.

[15.19.5] 부적절한 이용

크래시할 아주 작은 위험성이 있다는 점과 소수의 블랙 햇black hat들이 시스템을 공격하기 전의 정찰을 위해 엔맵을 이용하는 것을 좋아한다는 점 때문에 그들의 시스템이 스캔될 때 격앙되고 불평을 토로하는 관리자들이 있다. 그래서 종종 네트워크의 가벼운 스캔조차도 하기 전에 허가를 요청할 것을 권장한다.

엔맵은 보안상의 이유 때문에 특수한 권한을 갖고(예를 들어 suid root) 설치돼서는 안 된다.

[15.19.6] 써드파티 소프트웨어

이 제품은 아파치Apache 소프트웨어 재단에서 개발된 소프트웨어를 포함한다. Libpcap 포터블 패킷 캡처 라이브러리의 수정된 버전이 엔맵과 함께 배포된다. 윈도우 버전의 엔맵은 대신 Libpcap에서 유도된 WinPcap 라이브러리를 활용했다. 정규 표현식 지원은 PCRE 라이브러리에 의해 제공되는데, 이것은 Philip Hazel에 의해 작성된 오픈소스 소프트웨어다. 특정 raw 네트워킹 기능들은 Libdnet 네트워킹 라이브러리를 이용하는데, 이것은 Dug Song에 의해 작성된 것이다. 수정된 버전이 엔맵과 함께 배포됐다. 엔맵은 SSL 버전 탐지를 지원하기 위해 OpenSSL 암호화 툴킷과 선택적으로 링크할 수 있다. 엔맵 스크립팅 엔진은 Lua 프로그래밍 언어의 임베디드 버전을 이용한다. 이 절에서 서술된 모든 써드파티 소프트웨어는 BSD 스타일의 소프트웨어 라이선스하에서 자유롭게 재배포할 수 있다.

[15.19.7] 미국 수출 통제 분류

미국의 수출 통제 Insecure.Com LLC는 엔맵이 ECCN(수출 통제 분류 번호) 5D992에 해당된다고 믿고 있다. 이 카테고리는 '5D002에 의해 통제되지 않는 정보 보안 소프트웨어'라 부른다. 이 분류의 유일한 제한은 반 테러리즘인데, 이것은 거의 모든 상품에 적용되며 이란과 북한 같은 소수의 불량 국가들에 대한 수출을 금지한다. 그래서 엔맵을 수출하는 것은 특별한 라이선스, 허가, 다른 정부 승인을 필요로 하지 않는다.

엔맵 XML 출력 문서 유형 정의

A.1 목적

문서 유형 정의Document Type Definition, DTD는 XML 해석기로 엔맵 XML 출력을 검증하는 데 사용한다. 문서 유형 정의의 가장 최신 버전은 http://nmap.org/data/nmap.dtd에서 다운로드할 수 있다. 초기에는 프로그래밍 목적으로 사용됐지만 사용자가 엔맵 XML 출력을 해석하는 데 도움이 되는 값을 갖고 있으므로 여기에 포함했다. DTD는 포맷의 법적 요소들을 정의하고, 사용하는 데 필요한 값과 속성들을 나열한다. DTD의 사용법은 '13.6 XML 산출물(-oX)'에서 자세히 설명했다.

A.2 전체 DTD

```
<!--
nmap.dtd

is is the DTD for Nmap's XML output (-oX) format.
$Id: nmap.dtd 11010 2008-11-10 19:05:12Z david $

Originally written by:
```

William McVey <wam@cisco.com> wam+nmap@wamber.net

Now maintained by Fyodor <fyodor@insecure.org> as part of Nmap.

이 파일을 사용하려면 프롤로그(첫 번째 줄) 아래 부분에
`<!DOCTYPE nmaprun SYSTEM "nmap.dtd">`처럼 DOCTYPE 줄을 간단히 추가한다.
이것은 출력에 대해 유효한 해석기가 실행하게 한다.
(DTD가 여러분 해석기의 DTD 검색 경로에 있는 동안)

버그:
정말로 특정 순서가 필요 없을 때 대부분의 요소들은 `nmap`이 생성하는 특정 순서로
"잠겨"있다. 이것은 내가 `xml` DTD이 "어떤 순서든지 요소 목록의 각 하나"를
지정하기 위해 구성됐는지 잘 모르기 때문이다.
SGML의 '&' 연산자와 유사한 구성 요소가 있으면 나에게 알려주길 바란다.

Portions Copyright (c) 2001-2008 Insecure.Com LLC
Portions Copyright (c) 2001 by Cisco systems, Inc.

Permission to use, copy, modify, and distribute modified and
unmodified copies of this software for any purpose and without fee is
hereby granted, provided that (a) this copyright and permission notice
appear on all copies of the software and supporting documentation, (b)
the name of Cisco Systems, Inc. not be used in advertising or
publicity pertaining to distribution of the program without specific
prior permission, and (c) notice be given in supporting documentation
that use, modification, copying and distribution is by permission of
Cisco Systems, Inc.
Cisco Systems, Inc. makes no representations about the suitability
of this software for any purpose. THIS SOFTWARE IS PROVIDED ``AS
IS'' AND WITHOUT ANY EXPRESS OR IMPLIED WARRANTIES, INCLUDING,
WITHOUT LIMITATION, THE IMPLIED WARRANTIES OF MERCHANTABILITY AND
FITNESS FOR A PARTICULAR PURPOSE.
-->

```
<!-- 보통 "유형"을 지정하기 위해 매개변수 ENTITY들은 DTD 어디든지 사용된다. -->
<!ENTITY % attr_alpha "CDATA" >
<!ENTITY % attr_numeric "CDATA" >
<!ENTITY % attr_ipaddr "CDATA" >
<!ENTITY % attr_percent "CDATA" >
<!ENTITY % attr_type "(ipv4 | ipv6 | mac)" >
```

```
<!ENTITY % host_states "(up|down|unknown|skipped)" >

<!-- 포트 상태 목록은 nmap.c:statenum2str를 살펴본다. -->
<!-- 아래 scan_types처럼 목록화될 것인데, -->
<!-- 어떻게 정확하게 open|filtered 상태로 보여주는지는 모르겠다.-->
<!ENTITY % port_states "CDATA" >

<!ENTITY % hostname_types "(PTR)" >

<!-- 스캔 유형은 output.c:output_xml_scaninfo_records을 살펴본다.  -->
<!ENTITY % scan_types
        "(syn|ack|bounce|connect|null|xmas|window|maimon|fin|udp|ipproto)" >

<!-- <!ENTITY % ip_versions "(ipv4)" > -->

<!ENTITY % port_protocols "(ip|tcp|udp)" >

<!-- 이것이 뭔지 정확히는 모르겠지만, 해당 값은
    grep "conf=" *를 통해 목록화된다.
-->
<!ENTITY % service_confs "( 0 | 3 | 5 | 10)" >

<!-- 이 요소는 nmap.c:nmap_main()에 작성됐다.
  It represents to the topmost element of the output document.
-->
<!ELEMENT nmaprun (scaninfo*, verbose, debugging,
        ((taskbegin, taskprogress*, taskend) | host | output)*,
        runstats) >
<!ATTLIST nmaprun
 scanner (nmap) #REQUIRED
 args CDATA #IMPLIED
 start %attr_numeric; #IMPLIED
 startstr CDATA        #IMPLIED
 version CDATA         #REQUIRED
 profile_name CDATA    #IMPLIED
 xmloutputversion CDATA #REQUIRED
>

<!-- 이 요소들은 output.c:doscaninfo()에 작성됐다. -->
<!ELEMENT scaninfo EMPTY >
<!ATTLIST scaninfo
 type %scan_types; #REQUIRED
```

```
  scanflags CDATA #IMPLIED
  protocol %port_protocols; #REQUIRED
  numservices %attr_numeric; #REQUIRED
  services CDATA #REQUIRED
>

<!-- 이 요소들은 nmap.c:nmap_main()에 작성됐다. -->
<!ELEMENT verbose EMPTY >
<!ATTLIST verbose level %attr_numeric; #IMPLIED >


<!ELEMENT debugging EMPTY >
<!ATTLIST debugging level %attr_numeric; #IMPLIED >

<!-- 이 요소는 timing.c:beginOrEndTask()에 작성됐다. -->
<!ELEMENT taskbegin EMPTY >
<!ATTLIST taskbegin
  task CDATA #REQUIRED
  time %attr_numeric; #REQUIRED
  extrainfo CDATA #IMPLIED
>

<!-- 이 요소는 timing.c:printStats()에 작성됐다. -->
<!ELEMENT taskprogress EMPTY >
<!ATTLIST taskprogress
  task CDATA #REQUIRED
  time %attr_numeric; #REQUIRED
  percent %attr_percent; #REQUIRED
  remaining %attr_numeric; #REQUIRED
  etc %attr_numeric; #REQUIRED
>

<!-- 이 요소는 timing.c:beginOrEndTask()으로 작성됐다. -->
<!ELEMENT taskend EMPTY >
<!ATTLIST taskend
  task CDATA #REQUIRED
  time %attr_numeric; #REQUIRED
  extrainfo CDATA #IMPLIED
>

<!--
```

이 요소는 nmap.c:nmap_main()에서 시작하고,
output.c:write_host_status(), output.c:printportoutput(),
output.c:printosscanoutput()로 채워진다.
-->
<!ELEMENT host (status, address , (address | hostnames |
                smurf | ports | os | distance | uptime |
                tcpsequence | ipidsequence | tcptssequence |
                hostscript | trace)*, times) >
<!ATTLIST host
 starttime %attr_numeric; #IMPLIED
 endtime %attr_numeric; #IMPLIED
 comment CDATA #IMPLIED
>

<!-- 이 요소들은 output.c:write_xml_initial_hostinfo()로 작성됐다. -->
<!ELEMENT status EMPTY >
<!ATTLIST status state %host_states; #REQUIRED
 reason CDATA #REQUIRED
>

<!ELEMENT address EMPTY >
<!ATTLIST address
 addr %attr_ipaddr; #REQUIRED
 addrtype %attr_type; "ipv4"
 vendor CDATA #IMPLIED
>

<!ELEMENT hostnames (hostname)* >
<!ELEMENT hostname EMPTY >
<!ATTLIST hostname
 name CDATA #IMPLIED
 type %hostname_types; #IMPLIED
>

<!-- 이 요소들은 output.c:write_host_status()으로 작성됐다. -->
<!ELEMENT smurf EMPTY >
<!ATTLIST smurf responses %attr_numeric; #REQUIRED >

<!-- 이 요소들은 output.c:printportoutput()으로 작성됐다. -->

<!ELEMENT ports (extraports* , port*) >

```
<!ELEMENT extraports (extrareasons)* >
<!ATTLIST extraports
 state %port_states; #REQUIRED
 count %attr_numeric; #REQUIRED
>

<!ELEMENT extrareasons EMPTY >
<!ATTLIST extrareasons
 reason CDATA #REQUIRED
 count CDATA #REQUIRED
>

<!ELEMENT port (state , owner? , service?, script*) >
<!ATTLIST port
 protocol %port_protocols; #REQUIRED
 portid %attr_numeric; #REQUIRED
>

<!ELEMENT state EMPTY >
<!ATTLIST state
 state %port_states; #REQUIRED
 reason CDATA #REQUIRED
 reason_ttl CDATA #REQUIRED
 reason_ip CDATA #IMPLIED
>

<!ELEMENT owner EMPTY >
<!ATTLIST owner name CDATA #REQUIRED >

<!ELEMENT service EMPTY >
<!ATTLIST service
 name CDATA #REQUIRED
 conf %service_confs; #REQUIRED
                method (table|detection|probed) #REQUIRED
                version    CDATA    #IMPLIED
                product    CDATA    #IMPLIED
                extrainfo  CDATA    #IMPLIED
 tunnel (ssl) #IMPLIED
 proto (rpc) #IMPLIED
 rpcnum %attr_numeric; #IMPLIED
```

```
            lowver %attr_numeric; #IMPLIED
            highver %attr_numeric; #IMPLIED
                            hostname    CDATA    #IMPLIED
                            ostype      CDATA    #IMPLIED
                            devicetype  CDATA    #IMPLIED
                            servicefp   CDATA    #IMPLIED
>

<!ELEMENT script EMPTY >
<!ATTLIST script
 id CDATA #REQUIRED
 output CDATA #REQUIRED
>

<!ELEMENT os ( portused* , osclass*, osmatch*, osfingerprint* ) >

<!ELEMENT portused EMPTY >
<!ATTLIST portused
 state %port_states; #REQUIRED
 proto %port_protocols; #REQUIRED
 portid %attr_numeric; #REQUIRED
>

<!ELEMENT osclass EMPTY >
<!ATTLIST osclass
            vendor    CDATA    #REQUIRED
            osgen     CDATA    #IMPLIED
            type      CDATA    #IMPLIED
            accuracy  CDATA    #REQUIRED
            osfamily  CDATA    #REQUIRED
>

<!ELEMENT osmatch EMPTY >
<!ATTLIST osmatch
 name CDATA #REQUIRED
 accuracy %attr_numeric; #REQUIRED
 line %attr_numeric; #REQUIRED
>

<!ELEMENT osfingerprint EMPTY >
<!ATTLIST osfingerprint
```

```
  fingerprint CDATA #REQUIRED
>

<!ELEMENT distance EMPTY >
<!ATTLIST distance
  value %attr_numeric; #REQUIRED
>

<!ELEMENT uptime EMPTY >
<!ATTLIST uptime
  seconds %attr_numeric; #REQUIRED
  lastboot CDATA #IMPLIED
>

<!ELEMENT tcpsequence EMPTY >
<!ATTLIST tcpsequence
  index %attr_numeric; #REQUIRED
  difficulty CDATA #REQUIRED
  values CDATA #REQUIRED
>

<!ELEMENT ipidsequence EMPTY >
<!ATTLIST ipidsequence
  class CDATA #REQUIRED
  values CDATA #REQUIRED
>

<!ELEMENT tcptssequence EMPTY >
<!ATTLIST tcptssequence
  class CDATA #REQUIRED
  values CDATA #IMPLIED
>

<!ELEMENT trace (hop*, error?) >
<!ATTLIST trace
  proto CDATA #REQUIRED
  port CDATA #REQUIRED
>

<!ELEMENT hop EMPTY>
<!ATTLIST hop
```

```
  ttl CDATA #REQUIRED
  rtt CDATA #IMPLIED
  ipaddr CDATA #IMPLIED
  host CDATA #IMPLIED
>

<!ELEMENT error EMPTY>
<!ATTLIST error
  errorstr CDATA #IMPLIED
>

<!ELEMENT times EMPTY>
<!ATTLIST times
  srtt CDATA #REQUIRED
  rttvar CDATA #REQUIRED
  to CDATA #REQUIRED
>

<!-- 젠맵(Zenmap)이 하는 것과 같이 다른 출력 유형(화면 출력)을 넣기 위해 -->
<!ELEMENT output (#PCDATA)>
<!ATTLIST output type (interactive) #IMPLIED>

<!-- 이 요소들은 output.c:printfinaloutput()에서 생성된다. -->
<!ELEMENT runstats (finished, hosts) >

<!ELEMENT finished EMPTY >
<!ATTLIST finished time %attr_numeric; #REQUIRED
          timestr    CDATA    #IMPLIED
>

<!ELEMENT hosts EMPTY >
<!ATTLIST hosts
  up %attr_numeric; "0"
  down %attr_numeric; "0"
  total %attr_numeric; #REQUIRED
>

<!ELEMENT hostscript ( script+ )>
```

찾아보기

[숫자/기호]

$crlpT kIddI3 0uTPut 538
$SUBST( ) 275
@fields 배열 551
113 포트 397
2차적 저작물 636
404 오류 403
64비트 리눅스 사용자용 x86_64 87
7-Zip 유틸리티 93
802.11 무선 접속장치 133, 334

[ㄱ]

가능한 포트 프로브 259
가독성 487
가비지 컬렉션 392
가일 스키마 해석기 351
가중형 502
가치 있는 도전 603
간편 네트워크 관리 프로토콜 트랩 포트 151
강조 정도 503
개발자 리스트 626
개인적 포트 148
거짓 양성 응답 217, 336
거짓 음성 308
게라드 리거 69
결과 비교 512
경계 보안 49
경고 메시지 533
경량 디렉터리 접근 프로토콜 138
경로 그룹핑 500
고급 목록 스캔 120
고급 스캔 유형 236
고정 스케일 447
공개 프록시 429
공개 relay 376
공격 대상 영역 118
공격적인 타이밍 모드 174
공극 50
공유 레벨 372
공유 IP ID 순서 불린 306
공유된 셸 계정 178
공헌자 MadHat 51

과부하 65
관련된 IP 주소 레지스트리 113
관리자 계정 365
관심 포트 496
관할권 58
광대역 연결 614
교란 미끼 451, 602, 617
구글의 썸머 오브 코드 70
구문 155
구조화된 문법 166
구획 정리 500, 501
권한 부여 430
권한 상승 취약점 457
그래픽 데스크탑 공유 시스템 150
그래픽 인터페이스 76
그래픽 프론트엔드 72, 76
그레이 햇 477
그렙 가능한 로그 535
그렙 가능한 산출물 526, 549
글로벌 경로 100
글로벌 공개 네트워크 409, 614
기가 비트 이더넷 240
기가바이트 176
기본 스캔 233, 607
기소 64
긴급 플래그 301

[ㄴ]

난이도 295
남용법 61
내부 위협 469
네트워크 거리(Network Distance) 294
네트워크 균일성 465
네트워크 도달 불가능 179
네트워크 디버깅 154
네트워크 라우트 620
네트워크 매퍼 5, 39
네트워크 바이트 순서 215, 305
네트워크 보안 스캐너 5
네트워크 인벤토리 488
네트워크 조건 158
네트워크 조사 39, 41

네트워크 주소 변환 615
네트워크 주소 해석 장치 458
네트워크 타임 프로토콜 150
네트워크 탭 439
네트워크 토폴로지 137
네트워크 트랜잭션 405
네트워크의 매핑 409, 615
네트워킹 구루 6
넷블록 41, 108, 172
넷서스 67
넷캣 67, 282, 438
넷필터/iptables 방화벽 128
노크 클라이언트 478
높은 레벨의 IP 631
뉴욕 타임즈 62
느린 스캔 241
느린 타이밍 모드 67
느슨한 소스 라우팅 431
능동적 프로브 467
님다 251

[ㄷ]
다단계 보안 접근법 470
다단계 접근법 241
다이내믹 호스트 구성 프로토콜 서버 150
다이얼업 계정 458
다이제스트 79
다중 핑 프로브 427
단계형 서버 170
단일 스키마 547
단편 조립 시간 초과 449
단편화 410, 428
단편화 공격 615
단편화 금지 309
닫힌 상태 152
닫힌 포트 129
닫힌 포트의 Idle 스캔 209
닫힌|필터된 상태 153
대상 명세 576
대상 열거 55
대상 호스트 지정 106
대역폭 613
대역폭 제한 192, 435
대역폭 차이 185
대중 시장 63
대칭형 502
대화형 모드 524, 632
대화형 출력 625
더그 호이트(Doug Hoyte) 283
데몬 600

데비안 리눅스 90
데스크탑 유닉스 시스템 178
데이터 섹션 146
데이터 파일 83
데이터마이닝 52
데이터베이스 액세스 모듈 547
데프콘 73
도달 불가 메시지 178
도달 불가능한 패킷 129
도메인 네임 시스템 118
도메인 네임 시스템 서버 150
도메인 정보 groper 112
도메인 NS 레코드 112
동적(dynamic) 148
동적 스캔 지연 245
드라이 런 108
드림 캐스트 속이기 481
득점 226
등록된 포트 148
디렉터리 포함 509
디렉티브(지시문) 83
디버그 모드 334
디버깅 레벨 165, 362, 535, 626, 632
디버깅 로그 533
디버깅 모드 532
디버깅 정보 523
디버깅 컨트롤 76
디버깅 활성화 532
디스크 이미지 97
디코이 스캐닝 64, 210
디코이 136
디폴트-드롭 필터 137

[ㄹ]
라우터 210, 500
라우터 경로 추적 451
라우팅 정보 프로토콜 150
라우팅 프로토콜 117
라운드 트립 시간 463, 470
라이선스 계약서 637
래디얼넷 499
래리티 262
래리티 매트릭 259
래핑 156
랜덤 IP 선택 모드 212
랜드 서비스 거부 공격 419
랜드어택 317
런타임 정보 158
레드 햇 87
레드몬드 117

레지스트리 394
레코드 라우트 443, 620
로그 모니터링 도구 472
로그 파일 옵션 플래그 527
로그인 권한 223
로드 밸런서 458, 461
로우 IP 모드(--send-ip) 132
로우 IP 패킷 39, 178
로우 이더넷 프레임 71, 428
로우 패킷 조작 384
로우레벨 TCP 180
로우레벨 타이밍 제어 244
루트 셸 477
루트킷 416
루프백 419
리누스 토발즈 636
리눅스 Netfilter/iptables 583
리눅스 iptables 시스템 412
리눅스 배포판 86
리눅스 커맨드라인 110
리버스 SSH 터널 477
리셋 속임 332
리셋 패킷 126
리소스 경합 238
리스닝 서비스명 350
리스프 384
리액티브 기능 472
리터럴 문자열 35
리틀 엔디언 장치 215
링 간격 503

[ㅁ]
마이크로소프트 SQL 서버 인스턴스 359
마이크로소프트 비주얼 스튜디오 386
마이크로소프트 아웃룩 웹 액세스 175
맞춤형 UDP 서비스 421
맞춤형 nmap-services 파일 599
맞춤형 쿼리 118
맞춤형 프로브 459
매치 604
매치 줄 그래핑 284
매트릭스 49
매핑 352
맥 메타 패키지 파일 98
맥포트 99
맨 페이지 110
맨드레이크 87
맹목적인 스푸핑 417
머더 로드 112
멀웨어 감염 354

멀티 포트 모드 136
멀티캐스트 107
멀티캐스트 주소 범위 578
메모 184
메모리 누설 632
메시지 서명 373
메일 검색 서비스 46
메타버스 40
메타스플로잇 340
메타정보 395
명령 마법사 504
명시적 혼잡 통지 310
모사드 비밀 서비스 61
모의 침투 테스트 계약 40
모의 해킹 테스터 546
모질라/파이어폭스 542
모호한 방화벽-침투 스캔 161
목록 스캔 105, 120
목적지 도달 불가 178
무결성 검증 77
무료 비주얼 C++ 94
무료 소프트웨어 프로젝트 638
무료 운영체제 배포판 75
무료 터널 브로커 630
무료 IPv6 터널 168
무선 랜 진단 40
무선 스니퍼 335
무선 액세스 포인트 154, 500
무선 접속장치 291
무작위 순서 599
무작위화 449
무차별 대입 공격 254, 476
무차별 대입 SNMP 커뮤니티 스트링 191
묵시적인 규칙 410
문서 유형 정의 542, 641
문자 생성기 프로토콜 130, 584
물리적 보안 41
뮤텍스 391
뮤텍스 객체 392
뮤텍스 점유 392
미국 레지스트리 170
미국 레코딩 협회 212
미국 수출 통제 분류 639
미국 연방법 59
미숙한 사용자 177
밉스 아미가 102

[ㅂ]
바운스 오프 223
바이너리 패키지 81

바이너리 패키지 관리 지속성 88
바이너리 SSL 세션 요청 601
반 테러리즘 639
반복성 487
반열린 스캐닝 181
반열린 연결 185
반응 블로킹 456
반환된 프로브 IP 전체 길이 값 314
반환된 프로브 IP ID 값 314
발견된 열린 포트 158
발전형 서버 170
방화벽 규칙 45, 411
방화벽 규칙 우회 422
방화벽 액세스 컨트롤 52
방화벽 우회 598
방화벽/IDS 회피 614
방화벽 166, 469, 500
백도어 376
버그 86, 634
버그 tracking 소프트웨어 442
버그트랙 424
버보스 모드 212
버전 정보 553
버전 컬럼 252
버전 탐지 54, 56, 233, 253, 338, 592, 600
버전 탐지 스캔 192
버전 탐지 장비 유형 338
버클리 소켓 API 36, 146
버퍼 오버플로우 290
범용 XML 파서 542
법적 이슈 57
벤더 338
병렬 구조 607
병렬 스캐닝 214
병렬적 스텝 해석기 586
보안 감사 39, 62, 133,141, 289, 571
보안 셸 251
보안 소프트웨어 467
보안 업데이트(KB835732) 92
보안 통지 목록 154
부정적인 응답 411
분리된 서명 77
불릿 목록 400
불법적인 트래픽 469
불분명함 170
브랜던 엔라이트 363
브로드캐스트 577
브로드캐스트 주소 106
블라인드 스푸핑 공격 554
블라인드 TCP 스푸핑 공격 294

블라인드 TCP 시퀀스 예측 321
블랙 햇 62, 73, 638
블록 전송 쿼리 46
비공식적인 측정 610
비교 486
비대칭 경로 310
비보안 스캔 152
비블록킹 소켓 254
비상태 기반 방화벽 594
비상태 방법 128
비상태 보존형 방화벽 137, 194
비스타 93
비응답 UDP 포트 187
비의존성 287
비정상 네트워크 환경 224
비주얼 스튜디오 스위트 94
비주얼 C++ 94
비표준 포트 376
빅 엔디언 215
빌드 시스템 81
빠른 스캔 241
빠른 포트 스캐닝 155

[ㅅ]
사법 관할권 65
사설 서비스 468
사설 주소 106, 107
사설 주소 범위 578
사소한 농담 603
사용 가능성 테스팅 154
사용자 레벨 372
사용자 정책 59
사이버 범죄법 61
사회 공학 291
사회 공학 작업 41
산출물 파일 517
산출물의 상세도 527
삼바 319
삽입 전 275
상세 모드 532
상세도 레벨 625, 632
상용 프론트엔드 636
상태 보존형 방화벽 129, 197, 414
상태 비저장 스캐너 225
상태 비저장 접근법 414
상태 552
상태 엔트리 67
상호 작용 486
샌드박스 606
생명주기 309

생일 축하 메시지 528
서명 디렉터리 77
서버 메시지 블록 384
서버의 역방향 DNS명 378
서브넷 네트워크 106
서브버전 버전 관리 시스템 80
서브버전 소스코드 저장소 71
서브버전 저장소 80
서브테이블 606
서비스 552
서비스 거부 317
서비스 거부 공격 457, 476
서비스 버전 탐지 데이터베이스 76
서비스 스크립트 350
서비스 시그니처 데이터베이스 56
서비스 은신처 476
서비스 타입 301
서비스 타입에 대한 네트워크 도달 불가능 179
서비스 타입에 대한 호스트 도달 불가능 179
서비스 탐지 44, 600
서비스 핑거프린터 254
서비스 핑거프린트 보내기 279
선데빌 작전 40
선택한 프로파일 수정 507
선행 차단 179
선형 추론 294
성능 튜닝 124
세그먼트 387
세그먼트 실패 616
셸 스크립트 487
소스 라우팅 431
소스 포트 조작 423
소스 포트 트리 101
소스 IP 64
소스코드 가용성 637
소스코드 검사 41
소유자 552
소켓 API 91
소프트 매치 258
소프트웨어 라이선스 추적 154
속도 제한 528
솔라 디자이너 453
솔라리스 97
솔라리스 시스템 611
수동 장치 439
수동 최적화 163
수동적 핑거프린팅 317
수세 87
숨김 모드 119
쉬무콘 컨퍼런스 110

스노트 67, 135, 445
스노트 IDS 352
스니킹 416
스니퍼 616
스레드 392
스위치 500
스캐닝 487
스캔 강도 163
스캔 결과 검색 508
스캔 기술 선택 160
스캔 모으기 488
스캔 순서 598
스캔 시간 초과 191
스캔 시간 축소 기술 235
스캔 완료 시간 예측 527
스캔 완료 예상 시간 통보 529
스캔 지연 230
스캔 코드 224
스캔 타이밍 158
스캔 프로파일 516
스캔 verbosity 623
스콧 몰튼 60
스크리닝 방화벽 191
스크립트 스캐닝 57, 236
스크립트 키드 154, 177, 473
스크립트 키드 출력 622
스크립트 키디 산출물 538
스크립팅 엔진 347, 407
스크립팅 엔진 조사 87
스타일시트 548
스택 핑거프린팅 318
스텔스 119
스텔스 모드 258
스팍 스테이션 97
스패머 47
스팸 사용자 47
스푸핑 603
스프레드시트 프로그램 543
슬라이딩 스케일 447
슬라이딩 시간 스케일 447
슬래머 웜 247
승인 번호 450
시간 관련 옵션 163
시도 응답 372
시맨텍 Raptor 방화벽 442
시스코 보안 에이전트 483
시스템 충돌 66
시스템 크래시 614
시퀀스 생성 299
시퀀스 점프 219

시큐리티포커스 펜 테스트   433
신뢰 수준   604
신뢰된 소스 주소   419
신속 스캔   490
신원 확인   430
실시간 스트림 컨트롤 프로토콜   138
실제 UID   630
실행 운영체제(Running)   293
싱글 포트 TCP 탐색   176
써드파티 소프트웨어   639

[ㅇ]
아드리안 라모   47
아미가 포트   102
아바타 온라인   40
아웃소싱   113
아이콘   496
아키텍처 독립적   88
아파치 서버   48
아파치 Xerces 파서   544
안티 해킹   59
알고리즘   224
알파   87
암호화 계층   600
암호화된 권한   170
애니메이션 컨트롤   501, 502
애드리안 라모   62
애플 맥 OS X   97
애플리케이션 레벨   618
애플리케이션 배타적인 방법   253
액션 컨트롤   500
액티브 모드 전송   147
액티브 FTP 전송   423
야기 안테나   45
어도비 장치   212
어안   503
어안 컨트롤   503
엄격한 소스 라우팅   431
업스트림 제한   234
업타임 추측   293, 294
에릿 하지와라   180
엔맵(Nmap)   5
엔맵 2.0   68
엔맵 4.00   71
엔맵 기능 대체   261
엔맵 다운로드   77
엔맵 다이렉트 RPC 스캐닝   410
엔맵 데모 사이트   74
엔맵 라이선스   39
엔맵 래퍼   52

엔맵 레퍼런스 가이드   36, 134
엔맵 발견 단계   123
엔맵 버전 탐지 시스템   339
엔맵 변화   67
엔맵 변화 로그   67
엔맵 브랜치   80
엔맵 산출물의 포맷   156
엔맵 소켓 라이브러리   389
엔맵 솔루션 파일   95
엔맵 스캔   163
엔맵 스캔 탐지   471
엔맵 스크립팅 엔진   5, 57, 157, 339, 604
엔맵 스크립팅 엔진 통합   267
엔맵 애드온   80
엔맵 인스턴스   238
엔맵 저작권   67
엔맵 제거   103
엔맵 커맨드라인   106
엔맵 트리   220
엔맵 패키지   75
엔맵 포트 등록 파일   148
엔맵 GUI   536
엔맵 Idle 스캔   219
엔맵 IP ID Idle 스캔   69
엔맵 Security Scanner   485
엔맵 Summer of Code 행사   521
엔맵 tarball   224
엔맵은 Lua   383
엔맵의 버전 탐지 프로브 데이터   191
엔맵FE   68
역방향 이름 조회   551
역방향 프로브   440
역방향 프록시   429
역방향 DNS 레졸루션   55
역방향 DNS 요청   155
역방향 DNS 조회   236
역방향 DNS 쿼리   511
역방향 DNS 해석   239, 454
역방향 DNS 호스트명   252
역방향 DNS   41, 114, 169
연결 스캔(-sT)   91
연결성   409, 615
열린 포트   129
열린 포트 패턴   319
열린 포트의 Idle 스캔   209
열린|필터된 상태   152
열반의 세계   85
영구 HTML 보고서   548
영역 전송 시도   41
예비 조사 임무   105

예비 포트 146
예약된 UDP 헤더 비트 299
예외 처리 393
예측 불가능한 지연 시간 612
오류 산출물 521
오류 처리 533
오버라이드 272
오탐 410
오픈 프록시 286
오픈 프록시 탐지 561
오픈소스 보안 테스팅 방법 매뉴얼 58
오픈소스 IDS 473
옥텟 범위 주소 107
옥텟 577
옵션 목록 종단 옵션 300
옵션 플래그 134
와이어샤크 스니퍼 352
와이어샤크 67, 282, 428
와이파이 40, 64, 433
와일드카드 163
왕복 시간 226
왕복 시간 추정 124
왕복 시간 측정 226
우분투 배포판 90
운영체제 매치 알고리즘 329
운영체제 상세 정보(OS Details) 293
운영체제 세대 602
운영체제 탐지 50, 56, 338, 505
운영체제 탐지 재시도 횟수 297
운영체제 패밀리 600
운영체제 핑거프린터 43
울트라스캔 70
워 드라이버 64
워 드라이빙 40
원격 운영체제 탐지 464
원본 라우트 실패 179
월터 노바코브스키 64
웹 메일 175
웹 스파이더 343
웹 토론 시스템 74
위조 감별 서비스 회사 61
위조 TCP 체크섬 트릭 462
위조된 플래그 299
위키피디아 168, 427
윈누크 317
윈도우 네트워킹 API 91
윈도우 스케일 307
윈도우 스케일링 480
윈도우 인스톨러 103
윈도우 인스톨러 3.1 92

윈도우 SMB 319
윈도우 XP 93
윈도우에서 엔맵 95
유리엘 마이몬 206
유일한 식별자 430
유효 UID 568
유휴 상태 239
윤리적인 전문가 62
응답 대역폭 제한 233
응답 테스트 302
응답성 308
응답을 보이지 않기 451
의존성 프로그램 92
이더넷 디바이스 565
이더넷 스위치 326
이더넷 연결 614
이더넷 인터페이스 91
이더넷 핸들 391
이름 변환 442
이벤트 기반 콜백 접근법 545
익명 223
익스체인지 253
익스플로잇 289, 424, 588
익스플로잇 연대기 317
익스플로잇 제작 290
인라인 모드 456
인벤토리 490
인증 212
인증 스키마 357
인터넷 뉴스(NNTP) 285
인터넷 라우팅 정보 117
인터넷 연구 프로젝트 471
인터넷 프린팅 프로토콜 150
인터랙티브 모드 524
인터랙티브 산출물 525, 536
인텐시브 262
인텐시브 레벨 262
일련번호 136
일반적인 프로브 260
임계치 기반 공격 472
임계치 기반 접근법 445
임계치 기반 611
임시 포트 범위 147

[ㅈ]
자동 시스템 번호 117
자유 소프트웨어 재단 77, 635
잘 알려진 포트 129, 147
장치 유형(Device type) 293
재귀적 DNS 서버 120

재위임 115
재전달 시간 318
저속 출발 227
적응 재전송 230
전 세계적인 접속 가능성 615
절반이 열린 스캐닝 591
점대점 터널링 프로토콜 서비스 361
정규 로그 535
정규 산출물 525, 536
정규 스캐닝 산출물 529
정보 보기 500
정보 보안 임원 51
정보 요청 130
정상 출력 622
정확성 225
제3자 패키지 99
제로 데이 익스플로잇 469
제외할 호스트 108
젠맵 72, 485
젠맵 멀티 플랫폼 34
젠맵과 NSE 시스템 73
젠맵의 주 설정 파일 516
조각 616
조각 모으기 461
조각 식별자 207
조건 핑거프린트 320
조건 핑거프린팅 포맷 320
조건 핑거프린트 포맷 디코딩 564
조지아 응급 911 시스템 59
조직 고유 식별자 565
존 더 리퍼 67
존 전송 112
좀비 216
좀비 호스트 596
좀비 후보 네트워크 212
종단 시스템 199
종료 에뮬레이터 100
주소 마스크 139
주소 마스크 요청 130
주소 마스크 응답 585
죽음의 핑 317
줄임말 510
줌 503
중간에 가로채는 공격 373
즉시 처리 모드 441
증분 603
지수 백오프 227
지연 171, 502
지연 시간 211, 239, 609
지연 시간 추정 224

[ㅊ]
차이 배열 304
참조 핑거프린트 320
참조 핑거프린트 포맷 디코딩 324
책임 소재 430
체크포인트 방화벽 289
체크포인트 방화벽-1 252
초기 일련번호 299
최대 왕복 시간 609
최대한의 스캔 비율 231
최소 링 간격 503
추가 노트 528
추가적인 경고 528
추론 데이터베이스 289
추적 줄 215
추정 스캔 완료 시간 193
추정 완료 시간 165
추측된 인접 시간 229
축약된 형태 510
출구 필터링 211
출력 57, 621
취약점 분석 시스템 469
치트와 폴백 260
침입방지 시스템 410, 438
침입탐지 시스템 135, 207, 410, 438
침입탐지 시스템 현혹 451
침투 쿼리 46
침투 테스터 33, 58, 105
침투 테스팅 회사 40

[ㅋ]
카인과 아벨 67
칼데라 배포 ISO 70
캐시 포이즈닝 공격 46
커널 ARP 테이블 132
커닝용 쪽지 155
커맨드라인 76, 123
커맨드라인 옵션 520
커맨드라인 플래그 159, 525
커뮤니티 스트링 189
커스텀 스크립트 66
커스텀 스텝 해석기 118
커스텀 SYN/FIN 스캔 199
컬러 하이라이트 491
컴파일 오류 85
케이스 인센시티브 348
케이스 인센시티브 일치 274
캔섹웨스트 보안 컨퍼런스 252
코드 패치 635
코드레드 251

코로케이션 서버 123
콜백 기반의 파서 544
크래커 154
크리스마스 트리 패킷 299
클래스 C 크기 608
클린 패치 102

[ㅌ]
타르 피트 482
타이밍 매개변수 237
타이밍 변수 230
타이밍 템플릿 163, 234, 245
타이밍 프로브 229
타이밍 프로파일 224
타임라인 67
타임스탬프 130, 139, 307
타임스탬프 옵션 293
타임스탬프 응답 585
타임스탬프 카운터 294
타임아웃 227
타임아웃 기간 132
타입 0 584
타입 0(에코 답변) 130
타피팅 230
탐험 벡터 221
터널 브로커 서비스 168
터널링 615
터미널 서비스 138
터미널 서비스 관리 포트 149
테스트 표현식 328
테이블 검색 159
텔넷 패스워드 스니핑 437
텔넷 118, 149
토폴로지 맵 486, 493, 498
통신 절도 64
트래킹 546
트러블슈팅 52
트레이드오프 46
트레이스 줄 215
트레이스라우트 56, 113, 236, 442
트로이목마 77, 291
트리니티 49
특별 지시자 260
특화된 XML 프로세서 543
티어드롭 317

[ㅍ]
파생 작업 635
파싱 384, 385
파워PC 87

파이썬 스크립팅 언어 83
파이썬 ConfigParser 517
파일 공유 애플리케이션 560
패스워드 지원 372
패치 597
패킷 63
패킷 단편화 449
패킷 드롭율 171
패킷 버림 318
패킷 손실 탐지 224
패킷 손실 탐지 알고리즘 233
패킷 손실 통계 182, 230
패킷 스니핑 631
패킷 스톰 429
패킷 왕복 시간 499
패킷 위조 탐지 458
패킷 추적 632
패킷 추적 플래그 536
패킷 추적 활성화 534
패킷 트레이싱 183
패킷 필터링 라우터 194, 594
패킷 필터링 방화벽 210
패킷 헤더 필드 36
패킷 tracing 435
펄 고유 배열 544
펄 호환 정규표현식 384
페도라 87, 176
페이로드 450
펭귄 아이콘 490
편리성 487
편집 규약 34
포괄성 225
포맷 스트링 익스플로잇 290
포스트 오피스 프로토콜 버전 149
포스트 프로세서 267
포워드 DNS 113
포이즈닝 공격 355
포인트 투 포인트 터널링 프로토콜 138, 149
포커스 변경 500
포트 145
포트 88 424
포트 노킹 476
포트 대역폭 제한 235
포트 도달 불가능 179
포트 등록 파일 161
포트 번호 552
포트 병행화 226
포트 스윕 192
포트 스캐너 63
포트 스캐닝 33, 56, 151, 251, 357

포트 스캐닝 소개   145
포트 스캐닝 통합 IP   112
포트 스캔   43
포트 스캔 속이기   453
포트 스캔 타입 옵션   160
포트 스캔 흔적   471
포트 제로   146, 147
포트 지정   598
포트 테이블   157
포트 포워딩   253
포트 혼돈   474
포트가 필터된 시스템   500
폴백   258
폴백 지시자   261
표준 출력   622
표준 출력 스트림   622
표현식   509
표현식 인터페이스   509
풀(pool)   147
프락Phrack 잡지   5
프랑켄슈타인 버전   557
프랙 매거진   68
프로브   56
프로브 문자   258
프로브/매치 정의 문법   254
프로빙   581
프로토콜   146, 552
프로토콜 도달 불가능   179
프로토콜 스캔   69, 161
프로토콜 파싱   618
프로토콜 파싱 방화벽   423
프로파일   485, 488, 506
프로파일 편집기   505
프록시   429
프록시 매치 줄   286
프록시 방화벽   297
프록시 스캔 옵션   429
프록시 FTP 연결   222, 597
플러딩   192
플레이스테이션 2   102
플레임 워   6, 57
필터되지 않은 상태   152, 203
필터된 상태   152
필터링에 의해 권한적으로 금지된 통신   179
핑 스윕   122, 580
핑 스캐닝   55
핑 스캔   105, 121
핑크   99

[ㅎ]
하드웨어 주소   585
하스켈   384
한계 값   228
한정된 포트   599
한정자   598
해결책   40
해시   77
핸드셰이크   267
허니넷 프로젝트   478
허니넷   458
허점   193
헤더   395
헤더 필드   358
형 보호된 클래스   544
호스트 도달 불가능   179
호스트 바이트 순서   305
호스트 발견   578
호스트 발견 기술   125
호스트 발견 컨트롤   119
호스트 발견(핑 스캐닝)   55
호스트 방화벽 규칙   419
호스트 별명   461
호스트 병렬 증가   192
호스트 병렬화   224
호스트 뷰어   504
호스트 선행 위반   179
혼다 어코드   235
혼잡 윈도우   228
혼잡 제어   142, 227
혼잡 제어 알고리즘   225, 239
혼잡 한계점   228
혼잡 회피 모드   228
홉 숫자   190
화이트 목록   456
화이트 잡음   63
화이트 햇   62, 410
확산 정도   503
확장 가능한 마크업 언어   539
활성 FTP 전송   618
회피 방법   126
효율성   607
훌륭한 펄 호환 정규식   274
휴리스틱   159
흥미로운 포트 테이블   572

[A]
ABS   227
accelerator   458
accountability   430

accumulator 303
ACK 스캔 205, 413
ACK 플래그 161, 594
ACK 핑 시도 129
acknowledgment number 450
action 메소드 인자 387
aDSL라인 474
aggressive 레벨 44
aggressive 모드 245, 613
Aggressive OS guesses 293
aggressive(4) 245
air gap 50
American Registry 170
American Registry for Internet Numbers 115
anonymous 223
anti-hacking 59
Apache 서버 48
API 351
apt-get install nmap 90
ARIN 컨텍트 117
ARIN 41, 115
ARP 스캔 131, 586
ARP 요청 55, 123
ARP 주소 585
ARP 테이블 247
ARP 핑 프로브 240
ARP request 581
ASCII 드래곤 그림 82
ASN 352
auditing 571
AUP 59
auth 데몬 353
auth 서버 396
auth 스크립트 342
auth(idented) 서비스 138
authentication scheme 357
author 필드 349
authorization 430
Avatar 온라인 게임 회사 40
awk 커맨드라인 165

[B]
bandwidth 613
bang(!) 연산자 632
Bash 셸 문법 446
BGP 117
BGP Prefix 352
bit 385
black hat 73, 638
BlackICE 440

BlackICE IDS 457
Border Gateway Protocol 117
bounce off 223
Brandon Enright 363
BSD 스타일 639
BSD 형식 349
Bugtraq 424

[C]
C 클래스 범위 109
Cain and Abel 67
Caldera 배포 ISO 70
Canned 타이밍 옵션 135
CanSecWest 보안 컨퍼런스 252
case-insensitive 348
categories 필드 348
Challenge/response 372
chargen 프로토콜 130, 584
chargen 280
cheat sheet 155
cheats 261
checksum 462
chill out 193
chunk 608
CIDR 개념 45
CIDR 스타일 576
CIDR 표기 41
cipher 380
Cisco Security Agent 483
closed|filtered 145
closed 145, 152
closed|filterd 153
CodeRed 251
Color Descriptions 버튼 513
Comcast 59
Comments 문자열 필드 494
Comprehensive Perl Archive Network 544
comprehensiveness 225
config 516
configure 스크립트 83
connectivity 615
COPYING.OpenSSl 파일 637
coroutine 408
CPAN 176, 544
CRC16 체크섬 313
CRC32 보상 공격 탐지 50
CRC32 compensation attack detector 50
Creative Commons License 637
cron 스케줄러 238
crontab 468

cryptic 오류 메시지 184
CSA 483
custom 프로브 459
custom stub resolver 118
custom traceroute 460
CVS pserver 285
Cygwin 93

[D]

daemon 600
datadir 383
DCOM RPC exploit 48
decoy 451
decoy 스캐닝 64
default scan 233
Defcon 73
defense in depth 470
defragment 616
defragmentation 461
description 필드 348, 395, 506
destination unreachable 178
Device type 293
DHCP 186, 189
DHCP 서버 107
DHCP 클라이언트 포트 150
dhcpserver 포트 190
diff 툴 514
dig(도메인 정보 groper) 도구 112
dig 171
directive 601
Discovered open port 158
discovery 스크립트 344
DMZ 발견 465
DMZ 영역 275
DNS 186
DNS 기록 171
DNS 레코드 타입 110
DNS 블랙리스트 261
DNS 서버 352, 354
DNS 서버 상태 요청 266
DNS 속임수 110
DNS 역레졸루션 113
DNS 질의 41
DNS 쿼리 결과 문자열 387
DNS 프록시 455
DNS 프록싱 120, 454
DNS 해석 118
DNSVersionBindReq 265
Docsrv 198
Document Type Definition, DTD 641

DoS 317
DoS 공격 454
DOS/명령 창 93
double C 형태 407
drop rate 171
dry run 108
DSA SSH 341
Dshield 472
DSL 접속 59
Dsniff 123
DTD 542

[E]

e-커머스 회사 62
ECCN(수출 통제 분류 번호) 5D992 639
ECN 프로브 310
ECONNREFUSED 실패 126
Edit Selected Profile 507
eEye 92
eggdrop 285
EGP 221
egrep 175
egress 필터링 211
Elk 해석기 351
embedded 327
encryption 계층 600
end systems 199
end-of-options-list 옵션 300
Ereet Hagiwara 180
Ereet 181
Ettercap 123
Exchange 253
--exclude 옵션 108
Exclude 지시자 257, 271, 601
--excludefile 옵션 108
exploit 289
Expressions 509
extensible markup language 539
extra verbosity 435

[F]

FakeBO 473
fallback 258
fallback 지시자 277
False negative 252
false positive 410, 615
filtered 145, 152
FIN 스캔 194, 204, 416, 422, 590, 593
FIN 153
finger 서비스 356

Fingerprint 줄   325
Fink   97, 99
Flame war   6
flooding   192
Flow-portscan   445
FooBar FTP 2.7   280
Fragment assembly timeout   449
fragment   428
fragmentation attack   615
Fragroute   429
Free BSD   100
Free Software Foundation   77, 635
FTP 바운스   357
FTP 바운스 공격   411
FTP 바운스 스캔   160, 223, 432, 528, 590
FTP-DATA   134
ftp-anon   344

[G]

gcc/g++   95
general purpose   327
generic probe   260
GenericLines   286
GenericLines 프로브   259
Gerhard Rieger   69
GetRequest   258
gmake   82
GNU 일반 공중 사용 라이선스   635
GNU 프라이버시 가드   78
GNU General Public License   635
GNU GPL   39, 349, 637
GNU Make   82
GPG 명령   78
graphic front end   72
gray hat   477
GRE   221
grep 유틸리티   283
grepable 산출물   526
Grepping   284
grinder   260
grinding   267
GTK+   99
GTK2   71
Guile Schema 해석기   351
Gzipped tarball   68

[H]

half-open 스캐닝   591
Haskell   384
HD Moore   48

Honda Accord   235
honeynet   458
Hop 숫자   190
Host 필드   551
host unreachable   435
--host-timeout   192
HP JetDirect   223
HP-ChaiServer   275
hping2   173
HP-UX   103
HTML 보고서   542, 547
HTML title   159
html-title   344, 345
HTTP GET 요청   403, 601
HTTP redirect   357
http//seclist.org   36
http://sectools.org   36
http-auth   344
http-open-proxy   344
HTTPOptions 프로브   262
HTTPS(443)   139

[I]

i386   102
IANA 사이트   567
IANA   54, 146, 147, 381, 559
ICANN   110
ICMP 도달 불가능 오류   597
ICMP 도착지 금지 오류   195
ICMP 에러 대역폭 제한   237
ICMP 에코   155
ICMP 에코 요청   125, 535
ICMP 에코 요청 패킷   105
ICMP 오류   129
ICMP 오류 메시지   182, 411, 588, 612
ICMP 오류 트래픽   237
ICMP 응답 코드   315
ICMP 일련번호   311
ICMP 타입 8   130, 584
ICMP 포트 도달 불가   470
ICMP 포트 도달 불가능 오류   592
ICMP 표준   584
ICMP 표준(RFC 792)   130
ICMP 핑   130, 579
ICMP 호스트 도달 불가   435
ICMP destination prohibited error   195
ICMP echo   301
ICMP echo 요청   619
ICMP IP ID 시퀀스 생성 알고리즘   305
ICP 플래그   136

ID 생성 알고리즘 295
identd 394
identd 스푸핑 354
identd-owners 344
identification 430
Idle 스캐닝 211
Idle 스캔 161, 207, 528
IDS 경고 62, 110
IDS 우회 64
IDS 임계치 455
IDS 침입 옵션 166
IDS 회피 458
IDS 회피용 613
IDS 135, 441
IEEE 430
Ignored State 필드 554
IIS 익스플로잇 64
Include Directory 509
incremental 212
Information Security Officer 51
--initial-rtt-timeout 174
inline 441
insane 모드 613
insane 타이밍 정책 248
insane(5) 245
insertion 전 275
instanceRTT 226
intense scan 511
Intense scan 프로파일 488
intensive 262
Interesting ports 167
Interpolation 502
interrogation 267
intrusive 스크립트 344
INVALID 상태 128
IP 기반의 신뢰 관계 603
IP 단편화 318
IP 단편화 금지 플래그 308
IP 데이터 길이 316
IP 레이어 616
IP 레지스트리 115
IP 서비스 유형 313
IP 소스 라우팅 437
IP 식별 필드의 속성 454
IP 전체 길이 314
IP 주소를 해석 111
IP 초기 생명주기 309
IP 초기 생명주기 추측 310
IP 패킷 단편 428
IP 프로토콜 숫자 220

IP 프로토콜 스캔 162, 219
IP 프로토콜 핑 131
IP DF 비트 301
IP ID 50
IP ID 샘플링 602
IP ID 속임수 416
IP ID 순번 생성(IP ID sequence generation) 295
IP ID 순서 생성 방법 212
IP ID 순서 생성: 증분 212
IP ID 시퀀스 417
IP ID 시퀀스 생성 298
IP ID 일련번호 528
IP ID 트릭 417
IP ID Idle 5
IP ID Idle 스캐닝 427
IP ID Idle 스캔 153, 211, 589
IP ID Seq 필드 554
IP ID sequence generation 295
IP ID를 프로브 209
IP Personality 479
IP way point 431
IP-in-IP(프로토콜 4) 131
IPS 332, 441
IPsec 221
IPsec 필터 424
IPsecVPN 150
iptables 방화벽 470
iptables 연결 트래킹 모듈 428
iptables 호스트 기반 방화벽 191
IPv4 소스 라우팅 432
IPv4 주소 388
IPv6 공격 425
IPv6 스캔 587
IPv6 주소 목록 55
IPv6 터널 브로커 서비스 427
ISC BIND 46
ISC BIND 네임 서버 190
ISN 누산기 303
ISN 생성 알고리즘 295
ISP 39
ISP 컴캐스트 59
ISS BlackICE Defender 440

[J]
JD FTP Server 223
John the Ripper 67

[K]
Kerberos 424
Kismet 335

[L]

l_md5 386
Land denial of service attack 419
latency 171, 211, 609
LDAP 138
libbind 46
Libcap 래퍼 390
libdnet 라이브러리 래퍼 391
Libdnet 85
Libpcap의 최신 복사본 84
libxml C 라이브러리 544
license 필드 349
Linus Torvalds 636
Lisp 384
LM 372
LMv2 372
--log-errors 옵션 533
Logwatch 472
lookup 테이블 381
loopback 419
loophole 193
loose 소스 라우팅 620
Loose Source Routing 431
low TTL(time-to-live) 586
LSA 함수 368
Lua 57
Lua 네임스페이스 351
Lua 메소드 396
Lua 번역기 406
Lua 변수 348
Lua 스레드 408
Lua 참조 매뉴얼 406
Lua 코루틴 408
Lua 테이블 347
Lua 프로그래밍 언어 340
Lua 함수 350
Lua 해석기 350
Lua C 함수 407
lua_CFuntion 385
LuaDoc 문서 시스템 399
LWN 123

[M]

MAC 430
MAC 주소 235, 397, 430
MAC 주소 속이기 430
MAC 주소 탐지 539
MAC 주소 프리픽스 맵 565
MAC 주소 확인 338
MacPorts 97, 99

MadHat 51
Maimon 스캔 206
make 명령 82
make install 83
malware 스크립트 344
man page 110
man-in-the-middle 공격 373
mapping 409
Maps SunRPC 150
mass-market 63
match 지시자 273
MatchPoints 구조 330
MatchPoints 요소 330
math 라이브러리 407
Max UserPort 92
--max-retries 옵션 612
--max-rtt-timeout 174
--max-scan-delay 164
MD5 386
Media Access Control 430
Message signing 373
Metasploit 340
Metaverse 40
--min-rate 300 611
MIT 오픈소스 정책 351
mother lode 112
MPAA 51
MS 메신저 서비스 48
MS SQL 서버 2000 247
MSDE 2000 247
MSRPC 384
MSS 옵션 307
mutex 함수 391
MX 서버 172
MySQL 로깅 기능 547
MySQL 서버 359

[N]

Naming convention 442
NAT 게이트웨이 296, 459
NAT 박스 331
NAT/방화벽 67
Ndiff 468
negative response 411
Nessus 67, 536
Nessus 스캐너 238
Net BSD 100
NetBIOS 384
NetBIOS 세션 서비스 149
netblock 41

Netcat 67, 282, 438
Netscape/AOL 69
NetShareEnumAll 367
netstat 154
NetStumbler 335
Network Distance 294
network tap 439
New Window 490
nexthost 142
NFS export 419
NFS 267
nil 388
Nimda 251
Nlog 52
nmap 351
nmap <호스트명> 233
nmap 접두어 351
Nmap Changelog 67
nmap --version 명령 75
Nmap::Parser 544
Nmap::Scanner 544
nmap-dev 86, 626
nmap-dev 메일링 리스트 36
nmap-diff 53
NMAPDIR 환경 변수 569
NmapFE 68
nmap-hackers 메일링 리스트 36, 60, 220
nmap-mac-prefixes 557, 565
nmap-os-db 195, 320, 557, 563
nmap-protocols 557
nmap-protocols 데이터베이스 221
nmap-report 54, 468
nmap-rpc 557, 562
nmap-services 146, 148, 161, 255
nmap-service 데이터베이스 43
nmap-service-probes 188, 257, 557, 561
nmap-svn 메일링 리스트 72
nmap-wrapper 52
nmap-writers라는 검토 그룹 8
Non-blocking 소켓 254
non-RFC-complaint 호스트 153
non-stateful 방법 128
non-stateful 방화벽 137, 194
normal 모드 245
normal(3) 245
NSE 네트워크 I/O 프레임워크 351
NSE 라이브러리 351
NSE 레지스트리 392
NSE 소켓 389
NSE 스크립트 287, 339, 346, 386

NSE 스크립트 스캐닝 408
NSE 호스트 스크립트 580
NSE 57, 157, 238, 567
NSEDoc 402
NSEDoc 정보 395
NSEDoc 주석 399
nselib 383, 385
nselib 디렉터리 407
Nsock 라이브러리 387
Nsock 인터페이스 389
NTLM 372
NTLMv2 372
NULL 153
Null 스캔(-sN) 194
NULL 스캔 590, 593
NULL 프로브 258
Nullsoft Scriptable Install System 93
NumMatchPoints 누산기 329

[O]
-oA <베이스명> 166
octet 107, 577
OEM 장치 326
-oG(grapable) 164
-oN(정상) 164
open 145
Open BSD 100
open(열린 상태) 151
open|filtered 145, 152, 186
OpenSSL 384
OpenSSL 라이브러리 271, 637
openssl 385
OPS 테스트 라인 307
organizationally unique identifier, OUI 430
OrgID 117
OrgName 116
OrgTechEmail 117
OS Details 293
OS detection 56
OSI 7 계층 모델 36
-osscan-guess 297
-osscan-limit 297
OSSTMM 58
OUI 565, 621
Output 57
override 272
owner 변수 399
-oX(XML) 164

[P]

-p http 163
P2P 147
P2P 클라이언트 591
-p- 43
Packet Storm 429
--packet-trace 142, 165, 435
Para 195
paranoid (0) 245
parsing 방화벽 423
passive device 439
payload 146
PBNJ 547
PC(x86 아키텍처)용 87
pcre 84, 385
PCRE 라이브러리 85
Peer ASN 352
Perl Compatible Regular Expressions 274
PGP 서명 77, 79
PGP 키 78
Phrack 54 기사 68
Phrack Magazine 68
ping sweep 580
Playboy 169
polite 모드 245
polite(2) 245
pool 147
POP3 384
POP3 계정 361
Port Sentry 456
portmapper 268, 341, 410, 602
Ports 필드 551
ports tree 100
ports와 sslports 지시자 276
PortSentry 472
porttest 서버 354
PossiblePoints 누산기 329
post-processor 260
PPTP 서비스 361
--prefix=<디렉터리명> 83
private networks 119
probable 포트 프로브 259
probe 56
Probe 라인 286
probe 문자열 273
probe 이름 272
Probe 지시자 272
Protocols 필드 553
PSH 스캔 200

PTR 기록 156
-PU<port list> 129
public 189
public 함수 400
PVC 옷 50
PyGTK 99

[Q]

Qmail 266
Quake 핑 타임 225
qualifier 598
quick scan 241, 490

[R]

RAM 225
rarity 매트릭 259
rarity 지시자 277
RAS 연결 91
rate limit 192
rate limiting 235, 435
raw 소켓 631
raw 이더넷 631
raw 이더넷 프레임 616, 621
raw 패킷 590
raw ethernet frame 71
raw IP 패킷 585
raw IPv6 패킷 582
rDNS 119, 440
rDNS 정보 587
reactive 시스템 456
Real Time Stream Control Protocol 138
RealSecur 457
RealVNC 인증 우회 361
record route 443
reference fingerprints 320
Referral Whois 115
referral 381
regex 274
require 383
response rate limiting 233
response-dropping 451
reverse DNS name 551
Reverse-DNS resolution 55
RFC 1122 125, 139
RFC 1323 603
RFC 1413 395
RFC 1918 사설 네트워크 418
RFC 792 584
RFC 793 194
RFC 프로토콜 298

RFT 텍스트 194
RIAA 213
RID 369
RIP 150
RIPE 115
RIR 381
rlogin 419
rndc 257
rogue 패킷 457
rootkit 416
round trip 463
route-views.routeviews.org 118
RPC 그라인더 260
RPC 그라인딩 267, 270
RPC 취약성 48, 363
rpcbind 268, 552
rpcinfo 341
rpcinfo 명령 268
RPM 87
RPM 기반 배포판 87
RSA 341
RST 응답 416
RST 패킷 126, 181, 582
RTSPRequest 258
RTT 124, 226
RTT 변위 464
RTT 추정 124
rttvar 226
runlevel 필드 349
Running 293
Rwho 데몬 290
RWhois 115

[S]
SAFRPUEC 535
SAMR 368
sandbox 606
Save Scan 497
-sC 스크립트 345
-sC 옵션 341
SCAN 줄 디코딩 323
Scan timing 158
--scanflags 인자 595
--scanflags 198
Scanlogd 453, 472, 482
scanme.nmap.org 65
Scanrand 234, 523
SCO 70
sCRiPt KiDDi3 0utPut 526, 622
script kiddies 154

Script scanning 57
Scripting Engine Integration 267
Search Scan Results 508
Secure Shell 46
SecurityFocus IP 454
SecurityFocus pen-test 433
segmentation fault 616
--send-ip 132
Seq Index 554
Seq Index 필드 554
seq_rates 304
sequence 점프 219
setuid root 632
SGI IRIX 103
Shared WhoisS 115
shenanigan 416
SID 364, 369
Skype 버전 403
-sL 옵션 41
-sL -n 옵션 55
Slammer 웜 247
sliding scale 447
sliding time scale 447
slow scan 241
SMB 공유 365
smb 모듈 364
SMB 인터로게이션 267
SMB 통신 149
SMB 프로토콜 371
SMB 후처리기 260
smb-enum-shares 344
smb-os-discovery 341
Smurf 555
sneaking 416
sneaky(1) 245
sniffer 616
sniffer-detect 343
SNMP 커뮤니티 문자열 무차별 대입 공격 470
SNMP 패킷 188
SNMP(161) 139
SNMP 186, 385
snmp-brute 344
snmp-sysdescr 344
Snort 67, 135
SoC 70
SOCKS 프록시 287
softmatch 지시자 276
soft-match 258
Solar Designer 453
Solaris 97

source-IP 스푸핑   64
SPARC 스테이션   97
SPARC   87
spoofing 공격   417
spoofing   430, 603
SQL 인젝션 공격   283, 377
sql-injection   343
Squid 프록시   47
srtt   226
-sS SYN 스캔   43
SSH   251, 343
SSH 데몬   477
SSH 서버   379
SSH 익스플로잇   477
SSH 포트   203
SSH 프로토콜   379
SSH 프로토콜 버전   285
SSH 호스트 키   378
SSH(상호작용적 로그인)   210
SSH-1   385
SSH-2   385
ssh-hostkey   341, 345
SSHv1   46
SSL   343
SSL 가속기   458
SSL 암호화   47, 450
SSL 터널링   267
SSL 포스트 프로세서   270
SSL-v2   379
--state 옵션   128
stateful 방화벽   129, 197
stateless 스캐너   225
Status 필드   555
stealth   119
strict 소스 라우팅   620
Strict Source Routing   431
StrictTimeWaitSeqCheck   92
stub resolver   586
stunnel   257
--stylesheet   629
subdelegate   115
subject fingerprint   320
sudo   100
Sun 원격 프로시저 호출   267
SunRPC   267, 552
SunRPC 서비스   254
SunRPC 포트   147
SunRPC 프로그램   602
SunRPC(포트 111)   45
survey   610

Swatch   472
sweep   122
SWIP   115
SWIPE   221
Symantec Raptor 방화벽   442
Symmetric   502
SYN 스캔   160, 162, 177, 225
SYN 스틸스 스캔   156
SYN 패킷   209
SYN 프로브   129
SYN 플래그   126
SYN 플러드   317
SYN 핑 프로브   128
SYN flood   453
SYN flooding   437
SYN/RST 옵션   200
syntax   155
sysinternal   366
syslog   184

[T]
-T insane   63
Tar pits   482
Target 필드   488
Target enumeration   55
target.com   110
tarpitting   230
TCP 3-way 핸드셰이크   126, 181
TCP 래퍼   419
TCP 래퍼(tcpd)   152
TCP 명시적 혼잡도 통지   299, 301
TCP 순서 예측 구분   603
TCP 스캔 타입   595
TCP 스택   203
TCP 스트림   228
TCP 시퀀스 예측   294
TCP 시퀀스 예측 어려움   298
TCP 연결   123, 160
TCP 연결 스캔   183, 184
TCP 옵션 지원   602
TCP 윈도우 스캔   203
TCP 인증 번호   312
TCP 일련번호   311
TCP 체크섬   462, 463
TCP 초기 윈도우 크기   308
TCP 타임스탬프 시퀀스   300
TCP 타임스탬프 옵션   603
TCP 타임스탬프 옵션 알고리즘   306
TCP 통신 혼잡 명백하게 알리기   535
TCP 패킷   535

TCP 프로브   137
TCP 플래그   312
TCP 핑거프린트   296
TCP ACK   123
TCP ACK 스캔   201
TCP ACK 핑   127
TCP DNS   112
TCP FTP 바운스   161
TCP FTP 바운스 스캔   222
TCP Idle   161
TCP Idle 스캔   207, 596
TCP IP ID 시퀀스 생성 알고리즘   304
TCP ISN   528
TCP ISN 계산 비율   303
TCP ISN 샘플링   602
TCP ISN 순서 예측성 인덱스   304
TCP ISN 최대공약수   295, 303
TCP Maimon   161
TCP Maimon 스캔   206
TCP MSS 옵션   308
TCP RFC   593
TCP RST 자료 체크섬   313
TCP Sequence Prediction   294
TCP Sequency Predictability Classification   603
TCP SYN 스캔   505
TCP SYN 스텔스   160
TCP SYN 핑   126
TCP SYN(스텔스) 스캔   179
TCP three-way-handshake   582
TCP timpstamp 옵션   462
TCP Window   161
TCP/IP 레퍼런스   36
TCP/IP 스택   187
TCP/IP 핑거프린팅   248, 298
TCP/IP 핑거프린팅 방법   298
TCP/IP 핑거프린팅 상세 사항   337
TCP/IP 핑거프린팅 장치 유형   337
tcpd   152
tcpdump 윈도우   252
tcpdump   67, 282, 463
TCPTImedWaitDelay   92
Team Cymru   352
Terminal   100
Text Mode 버튼   513
threshold 기반   444
timeout   226, 227
time-to-live, TTL   309
timing Templates   234
--top-ports 옵션   236
totalwaitms 지시자   277, 287

traceroute   56, 236
--traceroute   56
translation 장치   615
trusted-source-address   419
TTL 값   136
TTL 과다   129
tunneling   615
txidtest 서버   355
type-of-service, TOS   301

[U]
Ubuntu   90
UDP 버전 스캐닝   420
UDP 서비스   162
UDP 스캐닝   233
UDP 스캔   186
UDP 스캔 분리   237
UDP 스캔 최적화 요구   193
UDP 트랜스포트 프로토콜   267
UDP 프로브에 응답하는 방법   188
UDP 핑   129
UDP DNS   423
ultra_scan 알고리즘   178
ultra_scan   70, 142, 224
Umit   521
unauthorized 단어   284
unfiltered   145, 152
universal connectivity   409, 615
unreachable 패킷   129
unreliability   287
upstream 제한   234
Uptime guess   293
urgent 플래그   301
Uriel Maimon   206

[V]
VAX   102
verbose 모드   134, 212, 241
verbose 옵션   248
verbosity   193, 362
version 스크립트   345
VERSION 줄   159
version 카테고리   403
VERSION 칼럼   252
version detection   56, 233
--version-all   263
--version-intensity   262
VoIP   359
VoIP 폰   154
VPN   468

VPN 대안 210
VPN 클라이언트 91
vuln 스크립트 345

[W]
wap 118, 291
war driving 40
Weighted 502
white noise 63
whitelist 옵션 456
whodb 381
whois 명령 113
Wi-Fi 40
Wi-Fi 스니핑 장비 433
Wikipedia 168
WinPcap 92, 94, 103, 589
WINREG 바인딩 375
wireless 118
Wireshark 67
--with-openssl 84
--without-zenmap 83
Worldscan 프로젝트 73
wrapping 156

[X]
X 서버 274
X11 프로브 272
X11Probe 258
Xcode 98
Xmas 스캔(-sX) 194
Xmas 스캔 153, 195, 590, 593
XML 데이터 547
XML 산출물 539, 542
XML 산출물(-oX) 526
xml 스타일시트 지시자 628
XML 처리 지시문 548
XML 출력 326, 334
XML 파서 542
XML 파일 527
XML 포맷 525
XML 해석기 641
XML 형식 249
XPath 표현식 337
XSL 스타일시트 548, 624
XSLT 처리기 548

[Y]
Yagi 안테나 45
yak 윈도우 챗 클라이언트 252
Yum 88
Yum 저장소 88
yum update 89

[Z]
zenmap.conf 516
zenmap.db 497
zenmap.exe.log 521
ZENMAP_DEVELOPMENT 환경 변수 521
Zenmap 72
Zip 바이너리 93
Zone Alarm 개인 방화벽 424
zone transfer 112, 355

에이콘 해킹·보안 시리즈

series editor 민병호

1. 리눅스 해킹 퇴치 비법

James Stanger Ph.D 지음 | 강유 옮김 |
8989975050 | 666페이지 | 2002-05-20 | 40,000원

오픈 소스 보안 툴을 정복하기 위한 완전 가이드. 오픈 소스 툴을 사용해서, 호스트 보안, 네트웍 보안, 경계선 보안을 구현하는 방법을 설명한다.

2. ISA Server 2000 인터넷 방화벽

Debra Littlejohn Shinder 외 지음 | 문일준, 김광진 옮김
8989975158 | 774페이지 | 2002-11-08 | 45,000원

기업 ISA 서버 구현을 위한 완벽한 지침서. ISA Server의 두 가지 상반되는 목표인 보안과 네트워크 성능은 오늘날의 상호접속 환경에서 필수불가결한 요소이며 전체적인 네트워크 설계에서 ISA Server는 중요한 역할을 한다.

3. 네트웍 해킹 퇴치 비법

David R.Mirza Ahmad 지음 | 강유 옮김
8989975107 | 825페이지 | 2002-12-06 | 40,000원

네트웍을 보호하기 위한 완변 가이드 1판을 개정한 최신 베스트 셀러로 당신의 보안 책 목록에 반드시 들어 있어야 할 책이다. 네트웍 해킹 방지 기법, 2판은 해커를 막는 유일한 방법이 해커처럼 생각하는 것이라는 사실을 당신에게 알려 줄 것이다.

4. 솔라리스 해킹과 보안

Wyman Miles 지음 | 황순일, 정수현 옮김
8989975166 | 450페이지 | 2003-04-03 | 30,000원

인가된 사용자에게 적절한 접근을 허가하고 비인가된 사용자를 거부하는 구현을 얼마나 쉽게 할 수 있을까? 솔라리스에 관리자가 사용할 수 있는 많은 도구를 제공한다.

5. 강유의 해킹 & 보안 노하우

강유, 정수현 지음
8989975247 | 507페이지 | 2003-04-15 | 35,000원

이 책은 지금까지 저자가 보안 책을 보면서 아쉽게 생각했던 부분을 모두 한데 모은 것이다. 보안의 기본이라 할 수 있는 유닉스 보안에서 네트웍 보안, 윈도우 보안에 이르기까지 반드시 알아야 할 보안 지식을 설명한다.

6. 사이버 범죄 소탕작전 컴퓨터 포렌식 핸드북

Debra Littlejohn Shinder, Ed Tittel 지음 | 강유 옮김
8989975328 | 719페이지 | 2003-08-25 | 30,000원

IT 전문가에게 증거 수집의 원칙을 엄격히 지켜야 하고 사이버 범죄 현장을 그대로 보존해야 하는 수사현황을 소개한다. 수사담당자에게는 사이버 범죄의 기술적 측면과 기술을 이용해서 사이버 범죄를 해결하는 방법을 알려준다. 사이버 범죄의 증거를 수집하고 해석하는 법을 이해함으로써 컴퓨터 포렌식에 대한 전문적인 지식을 얻을 수 있다.

7

스노트 2.0 마술상자 오픈 소스 IDS의 마법에 빠져볼까

Brian Caswell, Jeffrey Posluns 지음 | 강유 옮김
8989975344 | 255페이지 | 2003-09-25 | 28,000원

Snort 2.0에 관한 모든 것을 설명한다. Snort의 설치법에서부터 규칙 최적화, 다양한 데이터 분석 툴을 사용하는 법, Snort 벤치마크 테스트에 이르기까지 Snort IDS에 대해서 상상할 수 있는 모든 것을 설명한다.

8

네트워크를 훔쳐라
상상을 초월하는 세계 최고 해커들의 이야기

Ryan Russell 지음 | 강유 옮김
8989975354 | 340페이지 | 2003-10-27 | 18,000원

이 책은 매우 특이한 소설이다. 실제 해커들의 체험한 이야기를 바탕으로 허구와 실제를 넘나드는 해킹의 기술을 재미있게 소개하고 해킹은 고도의 심리전임을 알려준다.

9

해킹 공격의 예술 (절판)

Jon Erickson 지음 | 강유 옮김
8989975476 | 254페이지 | 2004-05-21 | 19,000원

이 책에서는 해킹의 이론뿐만 아니라 그 뒤에 존재하는 세부적인 기술을 설명한다. 또한 다양한 해킹 기법을 설명하는데 그중 대부분은 매우 기술적인 내용과 해킹 기법에서 쓰이는 핵심 프로그래밍 개념을 소개한다.

10

구글 해킹

Johnny Long 지음 | 강유 옮김
8989975662 | 526페이지 | 2005-06-16 | 19,800원

이 책에서는 악성 '구글 해커'의 공격 기법을 분석함으로써, 보안 관리자가 흔히 간과하지만 실제로는 매우 위험한 정보 유출로부터 서버를 보호하는 방법을 설명한다.

11

시스코 네트워크 보안

Eric Knipp 외 지음 | 강유 옮김
8989975689 | 784페이지 | 2005-10-13 | 40,000원

이 책에서는 IP 네트워크 보안과 위협 환경에 대한 일반 정보뿐만 아니라 시스코 보안 제품에 대한 상세하고 실용적인 정보를 제공한다. 이 책의 저자들은 실전 경험이 풍부한 업계 전문가들이다. 각 장에서는 PIX 방화벽, Cisco Secure IDS, IDS의 트래픽 필터링, Secure Policy Manager에 이르는 여러 보안 주제를 설명한다.

12

웹 애플리케이션 해킹 대작전 웹 개발자들이 알아야 할 웹 취약점과 방어법

마이크 앤드류스 외 지음 | 윤근용 옮김 | 강유 감수
9788960770102 | 240페이지 | 2007-01-30 | 25,000원

이 책에서는 웹 소프트웨어 공격의 각 주제(클라이언트, 서버에서의 공격, 상태, 사용자 입력 공격 등) 별로 두 명의 유명한 보안 전문가가 조언을 해준다. 웹 애플리케이션 구조와 코딩에 존재할 수 있는 수십 개의 결정적이고 널리 악용되는 보안 결점들을 파헤쳐 나가면서 동시에 강력한 공격 툴들의 사용법을 마스터해나갈 것이다.

13

오픈소스 툴킷을 이용한 **실전해킹 절대내공**

Johnny Long 외 지음 | 강유, 윤근용 옮김
9788960770140 | 744페이지 | 2007-06-25 | 38,000원

모의 해킹에서는 특정한 서버나 소프트웨어의 취약점을 알고 있는 것도 중요하지만 정보 수집, 열거, 취약점 분석, 실제 공격에 이르는 전 과정을 빠짐없이 수행할 수 있는 자신만의 체계를 확립하는 것이 더욱 중요하다. 체계적인 모의 해킹 과정을 습득하는 데 많은 도움을 주는 책이다.

14

윈도우 비스타 보안 프로그래밍

마이클 하워드, 데이빗 르블랑 지음 | 김홍석, 김홍근 옮김
9788960770263 | 288페이지 | 2007-11-27 | 25,000원

윈도우 비스타용으로 안전한 소프트웨어를 개발하려는 프로그래머를 위한, 윈도우 비스타 보안 관련 첫 서적으로 윈도우 애플리케이션 개발자가 안전한 소프트웨어 제품을 만들 수 있는 보안 모범 사례를 보여주고 있다.

15

루트킷 윈도우 커널 조작의 미학

그렉 호글런드, 제임스 버틀러 지음 | 윤근용 옮김
9788960770256 | 360페이지 | 2007-11-30 | 33,000원

루트킷은 해커들이 공격하고자 하는 시스템에 지속적이면서 탐지되지 않은 채로 교묘히 접근할 수 있는 최고의 백도어라고 할 수 있다. rootkit.com을 만들고 블랙햇에서 루트킷과 관련한 교육과 명강의를 진행해오고 있는 저자들이 집필한 루트킷 가이드.

16

와이어샤크를 활용한 실전 패킷 분석
시나리오에 따른 상황별 해킹 탐지와 네트워크 모니터링

크리스 샌더즈 지음 | 김경곤, 장은경 옮김
9788960770270 | 240페이지 | 2007-12-14 | 25,000원

와이어샤크를 이용해 패킷을 캡처하고 분석하는 방법을 익힘으로써 실제 네트워크 환경에서 발생할 수 있는 다양한 시나리오에 대한 문제를 분석하고 해결하는 방법을 배울 수 있다. 네트워크에서 오가는 패킷을 잡아내어 분석해냄으로써, 해킹을 탐지하고 미연에 방지하는 등 네트워크에서 벌어지는 다양한 상황을 모니터링할 수 있다.

17

리눅스 방화벽
오픈소스를 활용한 철통 같은 보안

마이클 래쉬 지음 | 민병호 옮김
9788960770577 | 384페이지 | 2008-09-12 | 30,000원

해커 침입을 적시에 탐지하고 완벽히 차단하기 위해, iptables, psad, fwsnort를 이용한 철통 같은 방화벽 구축과 보안에 필요한 모든 내용을 상세하고 흥미롭게 다룬 리눅스 시스템 관리자의 필독서.

18

웹 개발자가 꼭 알아야 할
Ajax 보안

빌리 호프만, 브라이언 설리번 지음 | 고현영, 윤평호 옮김
9788960770645 | 496페이지 | 2008-11-10 | 30,000원

안전하고 견고한 Ajax 웹 애플리케이션을 제작해야 하는 웹 개발자라면 누구나 꼭 알아야 할 Ajax 관련 보안 취약점을 알기 쉽게 설명한 실용 가이드.

19

웹 해킹 & 보안 완벽 가이드
웹 애플리케이션 보안 취약점을 겨냥한 공격과 방어

데피드 스터타드, 마커스 핀토 지음 | 조도근, 김경곤, 장은경, 이현정 옮김
9788960770652 | 840페이지 | 2008-11-21 | 40,000원

악의적인 해커들이 웹 애플리케이션을 어떻게 공격하는지, 실제 취약점을 찾기 위해 어떤 방법으로 접근하는지, 웹 애플리케이션에서 존재하는 취약점을 찾고 공격하기 위해 어떤 과정을 거쳐야 하는지를 자세히 설명하는 웹 해킹 실전서이자 보안 방어책을 알려주는 책이다.

20

리버싱 리버스 엔지니어링 비밀을 파헤치다

엘다드 에일람 지음 | 윤근용 옮김
9788960770805 | 664페이지 | 2009-05-11 | 40,000원

복제방지기술 무력화와 상용보안대책 무력화로 무장한 해커들의 리버싱 공격 패턴을 파악하기 위한 최신 기술을 담은 해킹 보안 업계 종사자의 필독서. 소프트웨어의 약점을 찾아내 보완하고, 해커의 공격이나 악성코드를 무력화하며, 더 좋은 프로그램을 개발할 수 있도록 프로그램의 동작 원리를 이해하는 데도 효율적인 리버스 엔지니어링의 비밀을 파헤친다.

21

크라임웨어 쥐도 새도 모르게 일어나는 해킹 범죄의 비밀

마커스 야콥슨, 줄피카 람잔 지음 | 민병호, 김수정 옮김
9788960771055 | 696페이지 | 2009-10-30 | 35,000원

우리가 직면한 최신 인터넷 보안 위협을 매우 포괄적으로 분석한 책. 이 책에서는 컴퓨터 사이버 공격과 인터넷 해킹 등 수많은 범죄로 악용되는 크라임웨어의 경향, 원리, 기술 등 현실적인 문제점을 제시하고 경각심을 불러일으키며 그에 대한 대비책을 논한다.

22

엔맵 네트워크 스캐닝 네트워크 발견과 보안 스캐닝을 위한 Nmap 공식 가이드

고든 '표도르' 라이언 지음 | 김경곤, 김기남, 장세원 옮김
9788960771062 | 680페이지 | 2009-11-16 | 35,000원

엔맵 보안 스캐너를 만든 개발자가 직접 저술한 공식 가이드로 초보자를 위한 포트 스캐닝의 기초 설명에서 고급 해커들이 사용하는 상세한 로우레벨 패킷 조작 방법에 이르기까지, 모든 수준의 보안 전문가와 네트워크 전문가가 꼭 읽어야 할 책이다.

23

프로그래머라면 누구나 할 수 있는 파이썬 해킹 프로그래밍

저스틴 지이츠 지음 | 윤근용 옮김
9788960771161 | 280페이지 | 2010-01-04 | 25,000원

해커와 리버스 엔지니어가 꼭 읽어야 할 손쉽고 빠른 파이썬 해킹 프로그래밍. 디버거, 트로이목마, 퍼저, 에뮬레이터 같은 해킹 툴과 해킹 기술의 기반 개념을 설명한다. 또한 기존 파이썬 기반 보안 툴의 사용법과 기존 툴이 만족스럽지 않을 때 직접 제작하는 방법도 배울 수 있다.

24

구글해킹 절대내공

Johnny Long 지음 | 강유, 윤평호, 정순범, 노영진 옮김
9788960771178 | 612페이지 | 2010-01-21 | 35,000원

악성 '구글해커'의 공격기법을 분석함으로써 보안관리자가 흔히 간과하지만 매우 위험한 정보 유출로부터 서버를 보호하는 방법을 설명한다. 특히 구글해킹의 갖가지 사례를 스크린샷과 함께 보여주는 쇼케이스 내용을 새롭게 추가해 해커의 공격 방식을 한눈에 살펴볼 수 있다.

25

버그 없는 안전한 소프트웨어를 위한 CERT® C 프로그래밍
The CERT® C Secure Coding Standard

로버트 C. 시코드 지음 | 현동석 옮김 | 9788960771215 | 740페이지 | 2010-02-16 | 40,000원

보안상 해커의 침입으로부터 안전하고, 버그 없이 신뢰도가 높은 소프트웨어를 개발할 수 있도록 컴퓨터 침해사고대응센터인 CERT가 제안하는 표준 C 프로그래밍 가이드. C 언어로 개발되는 소프트웨어 취약성을 분석해 근본 원인이 되는 코딩 에러를, 심각도, 침해 발생가능성, 사후관리 비용 등에 따라 분류하고, 각 가이드라인에 해당하는 불안전한 코드의 예와 해결 방법을 함께 제시한다.

26

(개정판) 해킹: 공격의 예술

존 에릭슨 지음 | 장재현, 강유 옮김 | 9788960771260 | 676페이지 | 2010-03-19 | 30,000원

프로그래밍에서부터 공격 가능한 기계어 코드까지 해킹에 필요한 모든 것을 다룸으로써 해킹의 세계를 좀 더 쉽게 이해할 수 있도록 해킹의 예술과 과학을 설파한 책. 해킹을 공부하고 싶지만 어디서부터 시작해야 할지 모르는 초보 해커들에게 해킹의 진수를 알려주는 한편, 실제 코드와 해킹 기법, 동작 원리에 대한 설명이 가득한 간결하고 현실적인 해킹 가이드다. 기본적인 C 프로그래밍에서부터 기본 공격 기법, 네트워크 공격, 셸코드 공격과 그에 대한 대응책까지 해킹의 거의 모든 부분을 다룬다.

27

해킹 초보를 위한 웹 공격과 방어

마이크 셰마 지음 | 민병호 옮김 | 9788960771758 | 236페이지 | 2011-01-26 | 20,000원

보안 실무자와 모의 해킹 전문가가 바로 활용할 수 있는 최신 기술이 담긴 책!
웹 보안의 개념과 실전 예제가 모두 담긴 책!
적은 분량임에도 불구하고 매우 실질적인 공격 예제와 최선의 방어법을 모두 담고 있는 책이 바로 『해킹 초보를 위한 웹 공격과 방어』다.

28

실용 암호학 보안 실무자를 위한 정보 보호와 암호화 구현

닐스 퍼거슨, 브루스 슈나이어, 타다요시 쿄노 지음 | 구형준, 김진국, 김경신 옮김
9788960771970 | 448페이지 | 2011-04-29 | 30,000원

암호학의 이론적 배경에 기반을 두고 동작 원리를 설명한다. 또한 실무에서 암호학을 어떻게 적용할 수 있는지에 초점을 맞춘 실전 암호학 가이드다. 보안 실무자와 실제 암호를 구현하는 개발자 모두를 위한 필수 지침서로서, 단순 이론을 배우는 데 그치지 않고 실용적 측면에서 암호학을 이해할 수 있는 최고의 암호학 서적이다.

29

해킹 초보를 위한 USB 공격과 방어

브라이언 앤더슨, 바바라 앤더슨 지음 | 윤민홍, 남기혁 옮김
9788960772007 | 324페이지 | 2011-05-31 | 25,000원

편리해서 널리 사용되는 USB 메모리가 사실 얼마나 위험한 존재인지 깨닫게 해주는 책이다. 악성 코드를 심어 사용자 몰래 컴퓨터의 자료를 훔치는 일부터 전원이 꺼진 컴퓨터의 메모리에서 정보를 빼가는 일까지 USB 메모리로 할 수 있는 공격 방법들을 분석하고 방어 전략을 세울 수 있게 도움을 준다. 또한 사회공학적인 방법이 더해져 상상할 수 없을 만큼 확장될 수 있는 공격 방법들도 분석하고 대처하는 방법을 알려준다.

30

넷 마피아 국경 없는 인터넷 지하경제를 파헤치다

조셉 멘 지음 | 차백만 옮김 | 9788960772014 | 364페이지 | 2011-05-31 | 15,800원

이 책은 웹사이트 공격에서 신원도용으로 발전한 사이버 범죄조직에 맞서 싸운 두 남자에 대한 실화를 다룬다. 저자는 이 책에서 사이버 범죄로 인해 현대사회가 전자상거래의 추락뿐만 아니라 금융시스템의 붕괴까지 직면하고 있다고 지적한다. 한마디로 사이버 조직범죄는 국제 마약거래나 핵 확산만큼 심각한 문제다. 나아가 러시아나 중국 정부는 국익을 위해 자국 해커들을 보호하고 심지어 전략적 수단으로 활용한다. 이 책은 영화처럼 흥미진진하지만 한편으론 인터넷 시대에 대한 매우 위험한 통찰이 담겨 있다.

31

해킹 초보를 위한 무선 네트워크 공격과 방어

브래드 하인스 지음 | 김경곤, 김기남 옮김
9788960772175 | 212페이지 | 2011-07-29 | 20,000원

무선 네트워크 세계에서 발생할 수 있는 7가지 주요 공격 방법과 대응 방법을 소개한다. 와이파이 무선 네트워크 기반 공격과, 무선 클라이언트에 대한 공격, 블루투스 공격, RFID 공격, 아날로그 무선 장치 공격, 안전하지 않은 암호, 휴대폰, PDA, 복합 장치에 대한 공격 실패 사례, 공격과 방어 방법에 대한 지식을 얻을 수 있을 것이다.

32

BackTrack 4 한국어판 공포의 해킹 툴 백트랙 4

샤킬 알리, 테디 헤리얀토 지음 | 민병호 옮김
9788960772168 | 436페이지 | 2011-07-29 | 30,000원

최초로 백트랙(BackTrack) 운영체제를 다룬 책으로서, 침투 테스트(모의 해킹)의 A에서 Z까지를 모두 다룬다. 워낙 다양한 해킹 툴을 다루다 보니 독자 입장에서는 '양날의 칼과 같은 해킹 툴이 악용되면 어쩌려고 이런 책을 출간했나'하는 걱정을 할 수도 있다. 하지만 구더기 무서워 장 못 담그랴. 해킹 툴을 널리 알려 윤리적 해커인 침투 테스터 양성에 기여하는 게 바로 이 책의 목적이다. 이를 위해 이 책에서는 해킹 툴뿐만 아니라 보고서 작성과 발표 등 전문 침투 테스터에게 반드시 필요한 내용도 충실히 다룬다.

33

와이어샤크 네트워크 완전 분석

로라 채플 지음 | 김봉한, 이재광, 이준환, 조한진, 채철주 옮김
9788960772205 | 912페이지 | 2011-08-19 | 50,000원

와이어샤크(Wireshark)는 지난 10여 년간 산업계와 교육기관에서 가장 많이 사용하는 사실상 표준이다. 이 책은 IT 전문가들이 트러블슈팅, 보안과 네트워크 최적화를 위해 사용하는 필수 도구인 와이어샤크를 설명한 책 중 최고의 지침서가 될 것이다. 이 책의 저자인 로라 채플은 HTCIA와 IEEE의 회원으로, 1996년부터 네트워크와 보안 관련 책을 10여 권 이상 집필한 유명한 IT 교육 전문가이자 네트워크 분석 전문가다.

34

BackTrack 5 Wireless Penetration Testing 한국어판
백트랙 5로 시작하는 무선 해킹

비벡 라마찬드란 지음 | 민병호 옮김
9788960772397 | 224페이지 | 2011-10-24 | 25,000원

어디서나 편리하게 이용할 수 있는 무선 랜이 공격에 얼마나 취약할 수 있는지 자세히 다룬다. 업무상 무선 랜의 보안을 점검해야 하는 사람은 물론이고 집과 사무실의 무선 랜 환경을 안전하게 보호하고 싶은 사람이라면 반드시 이 책을 읽어보기 바란다.

35

2013 문화체육관광부 우수학술도서 선정
사회공학과 휴먼 해킹 인간의 심리를 이용해 어떻게 원하는 것을 얻는가?

크리스토퍼 해드네기 지음 | 민병교 옮김
9788960772939 | 444페이지 | 2012-04-09 | 30,000원

이 책은 사람을 통제해 자신이 원하는 것을 얻어내는 데 활용할 수 있는 기본적인 심리이론, 정보수집 방법, 구체적인 질문, 위장, 속임수, 조작, 설득방법, 그리고 다양한 도구와 장비들의 사용법 등 사회공학의 모든 것을 자세히 소개한다.

36

악성코드 분석가의 비법서 Malware Analysis Cookbook and DVD

마이클 할레 라이, 스티븐 어드에어, 블레이크 할스타인, 매튜 리차드 지음
여성구, 구형준 옮김 | 이상진 감수 | 9788960773011 | 896페이지 | 2012-05-22 | 45,000원

악성코드 분석에 필요한 여러 비법을 소개한 책이다. 악성코드 분석 환경 구축에서 다양한 자동화 분석 도구를 이용한 분석 방법까지 차근히 설명한다. 또한 디버깅과 포렌식 기법까지 상당히 넓은 영역을 난이도 있게 다루므로 악성코드 분석 전문가도 십분 활용할 수 있는 참고 도서다.

37

모의 해킹 전문가를 위한 메타스플로잇 Metasploit

데이비드 케네디, 짐 오고먼, 데본 컨즈, 마티 아하로니 지음
김진국, 이경식 옮김 | 9788960773240 | 440페이지 | 2012-07-20 | 33,000원

2003년부터 시작된 메타스플로잇 프로젝트는 꾸준한 업데이트와 다양한 부가 기능으로 모의 해킹 전문가들에게 필수 도구로 자리를 잡았다. 하지만 처음 메타스플로잇을 접하는 초보자들은 한글로 된 매뉴얼이 부족해 활용하는 데 어려움을 겪는다. 이 책은 메타스플로잇 초보에게 좋은 길잡이가 되며, 기초적인 내용부터 고급 기능까지 두루 다루므로 전문가에게도 훌륭한 참고서가 될 것이다.

38

(개정판) 와이어샤크를 활용한 실전 패킷 분석
상황별 시나리오에 따른 해킹 탐지와 네트워크 모니터링

크리스 샌더즈 지음 | 이재광, 김봉한, 조한진, 이원구 옮김
9788960773288 | 368페이지 | 2012-07-31 | 30,000원

이 책은 패킷 분석 도구 중 가장 대표적인 와이어샤크를 이용해 패킷을 캡처하고 분석하는 기법을 소개한다. 패킷 분석이란 무엇이고, 어떠한 방법들을 통해 분석할 수 있는지 설명한다. 또한 TCP/IP의 기본이 되는 TCP, UDP, IP, HTTP, DNS와 DHCP 프로토콜들이 어떻게 동작하는지도 보여준다. 뿐만 아니라 실전에서 유용하게 사용할 수 있는 예제를 이용해 설명하며, 최근에 중요한 이슈가 되고 있는 보안과 무선 패킷 분석 기법도 소개한다.

39

The IDA Pro Book (2nd Edition) 한국어판 리버스 엔지니어링에 날개를 달다

크리스 이글 지음 | 고현영 옮김 | 9788960773325 | 780페이지 | 2012-08-23 | 45,000원

IDA Pro를 사용해보고 싶은데 어떻게 시작해야 할지 잘 모른다면 이 책으로 시작해보길 바란다. 이 책은 IDA Pro에 대한 훌륭한 가이드로, IDA Pro의 구성부터 기본적인 기능, 스크립트와 SDK를 활용한 당면한 문제를 쉽게 해결할 수 있는 방법 등 IDA의 모든 것을 알려준다. 이 책을 보고 나면 IDA Pro를 이용한 리버스 엔지니어링의 마스터가 되어 있을 것이다.

40

2013 문화체육관광부 우수학술도서 선정

해킹 사고의 재구성
사이버 침해사고의 사례별 해킹흔적 수집과 분석을 통한 기업 완벽 보안 가이드

최상용 지음 | 9788960773363 | 352페이지 | 2012-08-29 | 25,000원

이 책은 해킹사고 대응을 다년간 수행한 저자의 경험을 바탕으로, 해킹사고 대응 이론을 실무에 적용하는 방법과 실무적으로 가장 빠른 접근이 가능한 사고 분석의 실체를 다룬다. 이 책을 통해 독자들은 해킹사고 시 해킹흔적 분석/조합을 통한 해커의 행동 추적 기법과, 사이버 침해사고 실제 사례를 통한 기업을 위한 최적의 대응모델에 대한 지식과 기술을 빠르고 완벽하게 습득하게 될 것이다.

41

보안 전문가와 아이폰 개발자를 위한 iOS 해킹과 방어

조나단 지드자스키 지음 | 민병호 옮김 | 9788960773370 | 472페이지 | 2012-08-31 | 35,000원

모바일 앱 개발자, 특히 금융/쇼핑 앱, 개인정보 저장 앱, 또는 사내 전용 앱을 개발하는 개발자라면 주목하자. 애플의 보호 클래스를 사용해서 데이터를 암호화하니 안전하다고 생각하는가? 지금 바로 이 책을 읽어보자. 신혼의 단꿈이 무너지듯 현실은 냉혹하기 그지 없을 것이다. 이 책은 iOS 보안의 불완전함을 알기 쉽게 설명하고 개발자 입장에서 이를 어떻게 보완할 수 있는지 친절하게 알려준다. 모바일 보안이 이슈인 요즘, 미래를 대비하는 개발자라면 꼭 한 번 읽어보자.

42

백트랙을 활용한 모의 해킹

조정원, 박병욱, 임종민, 이경철 지음 | 9788960774452 | 640페이지 | 2013-06-28 | 40,000원

백트랙 라이브 CD는 모든 네트워크 대역의 서비스를 진단할 수 있는 종합 도구다. 백트랙은 취약점 진단과 모의해킹 프로세스 단계별 도구로 구성되어 있으므로, 이에 바탕해 설명한 이 책에서는 실제 업무에서 모의해킹이 어떻게 진행되는지 손쉽게 배울 수 있다. 저자들이 컨설팅 업무를 하면서 느낀 점, 입문자들에게 바라는 점 등 실무 경험을 바탕으로 이해하기 쉽게 설명했다. 백트랙 도구들을 다루는 실습 부분에서는 프로세스별로 활용할 수 있는 주요 도구들을 선별해 알아보고, 단계별로 좀더 중요도가 높은 도구는 자세히 다뤘다.

 에이콘출판의 기틀을 마련하신 故 정완재 선생님 (1935-2004)

엔맵 네트워크 스캐닝
네트워크 발견과 보안 스캐닝을 위한 Nmap 공식 가이드

인　　쇄 | 2009년 11월 6일
발　　행 | 2013년 7월 17일

지 은 이 | 고든 '표도르' 라이언
옮 긴 이 | 김 경 곤 • 김 기 남 • 장 세 원

펴 낸 이 | 권 성 준
엮 은 이 | 김 희 정
　　　　　 박 창 기
디 자 인 | 황 지 영

인　　쇄 | 한일미디어
용　　지 | 다올페이퍼

에이콘출판주식회사
경기도 의왕시 내손동 757-3 (437-836)
전화 02-2653-7600, 팩스 02-2653-0433
www.acornpub.co.kr / editor@acornpub.co.kr

한국어판 ⓒ 에이콘출판주식회사, 2009
ISBN 978-89-6077-106-2
ISBN 978-89-6077-104-8 (세트)
http://www.acornpub.co.kr/book/nmap

이 도서의 국립중앙도서관 출판시도서목록(CIP)은 e-CIP 홈페이지(http://www.nl.go.kr/cip.php)에서 이용하실 수 있습니다. (CIP제어번호: 2009003510)

책값은 뒤표지에 있습니다.